Uwe Wittstock

Marcel Reich-Ranicki

Uwe Wittstock

Marcel Reich-Ranicki

Geschichte eines Lebens

Karl Blessing Verlag

Umwelthinweis:
Dieses Buch und sein Schutzumschlag
wurden auf chlorfrei gebleichtem Papier gedruckt.
Die Einschrumpffolie (zum Schutz vor Verschmutzung)
ist aus umweltschonender recyclingfähiger PE-Folie.

Der Karl Blessing Verlag ist ein Unternehmen
der Verlagsgruppe Random House GmbH.

1. Auflage

Umschlaggestaltung: Hauptmann und Kampa
Werbeagentur, München/Zürich
Satz: Uhl + Massopust, Aalen
Druck und Bindung: GGP Media GmbH, Pößneck
Printed in Germany
ISBN 3-89667-274-6
www.blessing-verlag.de

Inhalt

Bellevue

»Sie kenn ich ausm Fernsehn.« Der Taxifahrer mustert im Rückspiegel den Mann, der sich am Berliner Gendarmenmarkt auf den hinteren Sitz seines Wagens hat fallen lassen. Er zögert einen Moment, wendet den Kopf, studiert das Gesicht seines Fahrgasts und läßt Sendungen, Serien, Shows vor dem inneren Auge vorüberziehen. Dann hellt sich sein Blick auf. »Ja«, brummt er und nickt befriedigt, »Sie sind der Kritiker.« Dreht sich wieder nach vorn, fährt zur gewünschten Adresse und sagt kein weiteres Wort.

Nicht: ein Kritiker. Auch nicht: dieser Kritiker. Sondern: *der* Kritiker. Wenn die Kritik, die in Deutschland traditionell zu den meist mißverstandenen, oft verhaßten Institutionen zählte, heute ein Gesicht hat, ein populäres Gesicht, dann ist dies das Verdienst von Marcel Reich-Ranicki. Ihm ist gelungen, was hierzulande zuvor undenkbar schien: Er hat die Kritik zu einem vom Publikum gespannt verfolgten, nicht selten bewunderten und in vollen Zügen genossenen Schauspiel gemacht. Er hat die Debatte über Literatur – also über so luftige, schwer faßbare Fragen wie die, ob der Roman X des Autors Y nun gelungen sei oder nicht – konsequent demokratisiert. Er hat den öffentlichen Streit über Bücher aus dem Zirkel der Fachleute, Akademiker und Intellektuellen herausgeführt und zu den gewöhnlichen Lesern gebracht – und

das in Zeiten, in denen der Literatur nachgesagt wird, sie sei im Begriff, alle Ausstrahlungskraft einzubüßen.

Zum Zeitpunkt jener Berliner Taxifahrt war Reich-Ranicki auf einem Gipfel der Prominenz und Wirkungsmacht angelangt, den vor ihm wohl kein anderer Kritiker in Deutschland erreicht hatte. Nicht einmal der legendäre Alfred Kerr in der Blütezeit der Berliner Theater zwischen den Weltkriegen. Schon als Literaturkritiker der *Zeit* und als Chef der Literaturredaktion der *Frankfurter Allgemeinen Zeitung* wuchs Reich-Ranicki zu einer beherrschenden, den Kulturbetrieb zuverlässig polarisierenden Gestalt heran. Mit einer kaum noch überschaubaren Zahl von Sammel- und Essaybänden, Monographien und Anthologien, Reden und bücherfüllenden Gesprächen manifestierte er über Jahrzehnte hinweg seinen Anspruch auf umfassende literaturkritische Zuständigkeit. Und mit dem von ihm konzipierten und dominierten *Literarischen Quartett* begann schließlich in den neunziger Jahren seine Karriere zum Popstar der Kritik. Er krönte sie 1999 mit seiner Autobiographie *Mein Leben*, die inzwischen beinahe anderthalb Millionen Käufer fand und mit der er auch noch zu einem der meistgelesenen deutschen Autoren jener Jahre avancierte.

Wenn also Bundespräsident Johannes Rau im Dezember 2001 vorschlug, die Abschiedssendung des *Literarischen Quartetts* in seinen Berliner Amtssitz zu verlegen – und Reich-Ranickis eingangs erwähnte Taxifahrt deshalb vom Gendarmenmarkt zum Schloß Bellevue führte –, dann war dies zweifellos in erster Linie als politische Geste zu verstehen. Dreiundsechzig Jahre nachdem der Jude Marcel Reich achtzehnjährig von den Nationalsozialisten aus Berlin deportiert worden war, bereitete ihm das Oberhaupt des Landes nun in ebendieser Stadt die große offiziöse Bühne für einen weithin beachteten, im Literaturbetrieb noch nie dagewesenen Auftritt: eine Verbeugung Deutschlands vor der nicht nur beruflichen Lebensleistung Reich-Ranickis.

Aber darüber hinaus war diese Einladung des Bundespräsidenten natürlich auch als geschickter Schachzug eines auf Öffentlichkeitswirkung bedachten Politikers zu verstehen. PR-Fachleute sprechen in solchen Fällen von positivem Imagetransfer: Rau wollte einen Abend lang an dem kulturellen Ansehen teilhaben, das Reich-Ranicki genießt, wollte sich vorteilhaft mit ins Bild setzen, wenn die Kameras den großen Schlußapplaus für das *Quartett* einfingen. Wann hat es so etwas je gegeben: Der höchste Repräsentant des Landes und ein Literaturkritiker stehen sich in der Öffentlichkeit nicht allein auf Augenhöhe gegenüber, sondern es liegt der Verdacht nahe, der Kritiker könnte gar der Prominentere von beiden sein.

Selbstverständlich ist die Versuchung groß, Reich-Ranickis unbeirrbaren Aufstieg zum mächtigsten Mann des deutschen Literaturbetriebs biographisch durch sein Schicksal zu erklären, durch seine Erfahrung, ohnmächtiges Opfer von Deportation und

Verfolgung gewesen zu sein. Fünf Jahre mußte er im Warschauer Getto und auf der Flucht vor den Nationalsozialisten tagtäglich mit seiner Ermordung rechnen – seine Eltern, sein Bruder und die Eltern seiner Frau Teofila, genannt Tosia, überlebten den Holocaust nicht. Derartige Erlebnisse erschüttern einen Menschen bis in den Kern der Persönlichkeit. Kein Zweifel, Reich-Ranicki ist, auch wenn er selten darüber spricht, tief geprägt durch die Zeit, in der er Freiwild war für Rassisten in deutschen Uniformen. Noch heute wählt er in jedem Restaurant oder Café seinen Sitzplatz so, daß er die Eingangstür im Blick hat – wie in den Jahren, in denen er mit möglichen Razzien rechnen mußte. Noch heute gehört seine ganze Leidenschaft den jeweils neuesten Nachrichten – wie in der Zeit, in der er als Mitarbeiter der Warschauer Gettoverwaltung lernte, daß von verläßlichen Informationen das Überleben abhängen kann. Noch heute rasiert er sich zweimal täglich – wie in jenen Tagen, in denen deutschen Soldaten schon ein Bartschatten ausreichte, um einen Juden im Getto als heruntergekommen auszusondern und den Transporten zuzuteilen, die im Gas endeten.

Doch selbstverständlich läßt sich aus einem in der Vergangenheit erlittenen Trauma der spätere Lebensweg nicht zureichend erklären. Reich-Ranicki trat nie als bedauernswertes, hilfsbedürftiges Verfolgungsopfer auf, sondern eher als Verfolger, glaubt man den Schriftstellern, die sich von ihm mißverstanden fühlen. Er hat die Literatur zu seiner Fluchtburg gemacht und sich selbst in dieser Festung zweifellos den Part eines Herrschers zugedacht. Doch zugleich ist er kein weltferner Träumer, vielmehr verfügt er über einen strengen Realismus, der ihn die Wirklichkeit sehen läßt, wie sie ist, und nicht so, wie er sie gern hätte oder wie sie nach idealistischen Vorstellungen sein sollte. Sein energisches Engagement für das Fernsehen ist ohne diesen kühlen Realitätssinn nicht zu begreifen. Denn natürlich zieht der Thomas-Mann-

Verehrer Reich-Ranicki jedes geschriebene literaturkritische Wort einem Dutzend in die Kamera gesprochener Sätze vor. Doch er hat erkannt, daß er mit keiner gedruckten Rezension einen so großen Einfluß ausüben kann wie mit einem effektvollen Auftritt im Fernsehen. Die Konsequenz, mit der er nach dieser Einsicht gehandelt hat, unterscheidet ihn von fast allen seinen Konkurrenten im Literaturbetrieb. Und so widerfährt ihm, den die Nationalsozialisten einst aus der deutschen Kultur verbannten und ermorden wollten, heute die Genugtuung, für viele Menschen überhaupt erst zu definieren, was deutsche Kultur ausmacht.

Aber Reich-Ranicki ist mehr als nur der erfolgreichste Kritiker der deutschen Literaturgeschichte, er ist zugleich in manchen Zügen ein exemplarischer Intellektueller des zwanzigsten Jahrhunderts. An seiner Biographie werden, wie nur am Schicksal weniger anderer Menschen, die politischen Katastrophen und kulturellen Umbrüche der Epoche sichtbar. Er war Opfer des nationalsozialistischen Terrors, verspürte vorübergehend die geistige Verführungskraft des Totalitarismus kommunistischer Prägung und bekannte sich schließlich entschieden zur offenen, pluralistischen Gesellschaft. Und wie viele Juden und Literaten gehörte er zeitlebens zu den Außenseitern und war schon deshalb beständig auf Heimatsuche. Er hat diese Heimat, wie er immer wieder betont, nicht in einer Region, nicht in einer Stadt, nicht in einem Staat gefunden, sondern in der deutschen Literatur. Allerdings stilisiert er die Literatur deshalb nicht, wie viele andere Intellektuelle des vergangenen Jahrhunderts von Theodor W. Adorno über Herbert Marcuse bis hin zu George Steiner, zu einer elitären, hermetischen, lebensabgewandten Gegenwelt. Sondern sein Ziel ist es immer gewesen – und das ist das Herausragende seiner Rolle –, die Literatur zu popularisieren, ihr in der Alltagskultur, im Alltagsbewußtsein einen Platz zu verschaffen. So wird er zur

Symbolfigur für einen Rollenwandel der Kultur, die heute ihren ehemals exklusiven, normativen Anspruch für die Gesellschaft weitgehend verloren hat und doch – wenn sie eine hohe Verbreitung erreicht – in dieser Gesellschaft eine integrierende Funktion erfüllt.

Kindheit in Wloclawek, Jugend in Berlin

Die politischen Verwerfungen des zwanzigsten Jahrhunderts haben schon in der Geschichte seiner Namen ihre Spuren hinterlassen: Marcel Reich-Ranicki wurde am 2. Juni 1920 als Marcel Reich in der polnischen Kleinstadt Wloclawek geboren. Zumindest trugen die Standesbeamten diesen Namen in seine Geburtsurkunde ein.[1] Später, nachdem er von Deutschland nach Polen deportiert worden war, ging die Urkunde im Warschauer Getto verloren. In jener Zeit waren die antideutschen Affekte in dem von der Wehrmacht besetzten und verwüsteten Land derart übermächtig, daß er sich Marceli nannte, nachdem ihn Freunde davon überzeugt hatten, der Vorname Marcel sei in Polen ungebräuchlich. Nach dem Zweiten Weltkrieg nahm er dann auf Wunsch seiner damaligen Vorgesetzten in Warschau auch einen polnisch klingenden Nachnamen an und hieß nun Marceli Ranicki. Als er schließlich 1958 in die Bundesrepublik übersiedelte, entschied er sich, den selbstgewählten Namen mit seinem Geburtsnamen zu Marcel Reich-Ranicki zu verschmelzen. Kurz, die politischen Konfrontationen griffen so tief in sein Leben ein, daß sie mehrfach sogar die sonst selbstverständlich erscheinende Einheit von Name und Person zerrissen. Das Gefühl einer ungefährdeten, weitgehend bruchlosen, fraglos anerkannten Identität kannte er zumindest in der ersten Hälfte seines Lebens nicht. Geprägt wurde

Der Vater: David Reich

Die Mutter: Helene Reich

er vielmehr, wie sich schon an diesen Namen symbolisch ablesen läßt, durch das Ringen zwischen hartnäckigem Selbstbehauptungswillen und einem politischen Anpassungsdruck, der für lange Jahre in mörderische Verfolgung umschlug.

In seiner Familie war der kleine Marcel Reich ein Nachzügler, das mit deutlichem Abstand jüngste von drei Geschwistern. Sein Bruder Alexander Herbert war neun Jahre, seine Schwester Gerda dreizehn Jahre älter als er. Der Vater, David Reich, Jahrgang 1880, und die Mutter, Helene Reich, Jahrgang 1884, konnten sich bei seiner Geburt nicht mehr zu den jungen Eltern zählen. Ob er deshalb in seiner frühesten Kindheit in besonderer Weise bemuttert und verwöhnt wurde, ob er also die Rolle eines typischen Nesthäkchens spielte, läßt sich nicht rekonstruieren. Seine Erinnerungen setzen erst ein zur Zeit kurz vor oder zeitgleich mit seiner Einschulung: »Ich war fünf oder sechs Jahre alt, als meine Mutter während eines kurzen Besuchs bei ihrer Berliner Familie

Weichselufer in Wloclawek zwischen den Weltkriegen

in einem Kaufhaus Kindergarderobe mit der Aufschrift ›Ich bin artig‹ sah. Das fand sie amüsant. Ohne die möglichen Folgen zu bedenken, ließ sie auf meine Blusen und Kittel (...) ebendiese Aufschrift in polnischer Übersetzung sticken. Rasch wurde ich zum Gespött der Kinder – und reagierte darauf mit Wut und Trotz: Brüllend und prügelnd wollte ich jenen, die sich über mich lustig machten, beweisen, daß ich besonders unartig war. Das trug mir den Spitznamen ›Bolschewik‹ ein.«[2]

Die Geburtsstadt Wloclawek lag bis zum November 1918, also anderthalb Jahre bevor Reich-Ranicki geboren wurde, nur wenige Kilometer von der deutsch-russischen Grenze entfernt. Polen war seit 1795 von der politischen Landkarte verschwunden gewesen, aufgeteilt zwischen Rußland, Österreich und Preußen, und konnte seine nationale Unabhängigkeit erst mit dem Ende des Ersten Weltkriegs zurückgewinnen. Wloclawek war zu der Zeit von Reich-Ranickis Geburt, so erinnerte sich später einer seiner Freunde, Tadeusz Nowakowski, ein lebendiges Industriestädtchen an der Weichsel mit der »größten Papierfabrik in Polen«, mit »stets überfüllten Gassen, die sich, sobald die Bauern zum Einkaufen kommen, in einen Basar verwandeln. Viele Tauben und Spatzen. Weiße Kopftücher der Dorffrauen. Flottillen von Panjewagen auf dem Grünen Markt.«[3] Reich-Ranicki selbst hält sich, wenn er seiner Geburtsstadt gedenkt, nicht bei solch pittoresken Reizen auf, sondern steuert, wie üblich, rasch zu aufs Zentrum des kulturellen Angebots: »Es gab dort mehrere große Fabriken, drei Kinos und kein Theater.«[4] Wloclawek zählte in den zwanziger Jahren rund sechzigtausend Einwohner, ein Viertel davon waren Juden. Die Stadt gehörte zum ehemals russischen Gebiet des aufgeteilten Polens, zum sogenannten Kongreßpolen, doch die Juden von Wloclawek hatten, wie Reich-Ranicki schreibt, »eine auffallende Schwäche für die deutsche Kultur«[5].

Nach der Wiederherstellung Polens befand sich Wloclawek mit einem Mal nicht mehr an der Peripherie Rußlands, sondern im Zentrum des neuen Staates. Die folgenden Jahre waren politisch extrem unruhig, das junge, sehr nationalbewußte Polen trug mit fast allen Nachbarländern blutige Grenzkonflikte aus: mit der Tschechoslowakei wegen des Gebietes um Teschen, mit Deutschland wegen Oberschlesiens und Danzigs, mit Litauen wegen der Region um Wilna und mit der frisch gegründeten Sowjetunion wegen der Ukraine und der weißrussischen Gebiete bis Minsk. Schon die früheste Kindheit Reich-Ranickis fällt in nicht eben friedliche Zeiten. Im April 1920 befahl Marschall Józef Piłsudski, der starke Mann Polens, den Einmarsch in die Ukraine. Am 7. Mai, also vier Wochen bevor der kleine Marcel Reich zur Welt kommt, eroberten die polnischen Truppen Kiew. Doch die Gegenoffensive der Roten Armee drang fast bis Warschau vor und konnte von Piłsudski erst Mitte August, sechs Wochen nach Marcel Reichs Geburt, durch das »Wunder an der Weichsel« zurückgeworfen werden. Schon allein in Erinnerung an diesen Feldzug dürfte der Spitzname »Bolschewik« seinerzeit in polnischen Ohren einen wenig schmeichelhaften Beiklang gehabt haben. Sämtliche Grenzstreitigkeiten des noch jungen Landes blieben weitgehend unausgeräumt und überschatteten das Verhältnis zu den Nachbarstaaten in der folgenden Zeit. So konnte Polen dort kaum mit Sympathien rechnen, als es zwanzig Jahre später, gleich nach Beginn des Zweiten Weltkriegs, zwischen Deutschland und der Sowjetunion erneut aufgeteilt wurde.

Reich-Ranickis Mutter, Helene Reich, geborene Auerbach, war in Deutschland aufgewachsen, im Grenzgebiet zwischen Schlesien und der Provinz Posen. Sie entstammte einer materiell armen, aber an Traditionen reichen Rabbiner-Familie, die nach einer gern gepflegten und nie überprüften Legende weitläufig verwandt war mit dem schwäbischen Erzähler Berthold Auerbach (1812–1882), einem der populärsten deutschen Schriftsteller seiner Zeit. Helene Auerbach hatte eine Schwester und fünf Brüder, von denen nur der älteste als Rabbiner die Familientradition fortsetzte. Die übrigen vier wurden Patent- beziehungsweise Rechtsanwälte – womit sie sich allerdings, wie Reich-Ranicki einmal anmerkt, vom Beruf ihrer Vorfahren nicht allzu weit entfernten.[6] Denn Rabbiner waren über Jahrhunderte hinweg nicht nur Geistliche, sondern übernahmen in ihren Gemeinden zugleich das Amt des Lehrers und das des Richters. Bedenkt man, welcher geradezu forensische Furor und pädagogische Eifer die Arbeit des Kritikers Reich-Ranicki prägt, darf man auch ihm eine gewisse Treue zu den beruflichen Vorlieben der Familie seiner Mutter nachsagen.

Über den väterlichen Zweig der Familie ist nur wenig bekannt. Reich-Ranickis Großvater, Markus Reich, soll ein erfolgreicher

Familientreffen: im Vordergrund als zweiter von links der Großvater väterlicherseits, Kaufmann in Plozk. Als zweite von rechts die Großmutter. Ganz rechts im Vordergrund und nur halb zu sehen: Vater David Reich. Im Hintergrund als erste von rechts die Mutter Helene Reich.

Kaufmann gewesen sein, der in Plozk, einer zwischen Wloclawek und Warschau an der Weichsel gelegenen Kleinstadt, ein Mietshaus besaß. Die Familie pflegte musische Interessen; David Reich, Reich-Ranickis Vater, spielte in seiner Jugend Geige, und er sprach neben Polnisch auch fließend Russisch, Jiddisch und Deutsch. Eine seiner Schwestern wurde Zahnärztin, eine andere ließ sich am Warschauer Konservatorium zur Opernsängerin ausbilden und trat in Lodz unter anderem als Madame Butterfly auf. Die Kinder David Reichs zeigten dann später ganz ähnliche Neigungen: Reich-Ranickis Bruder Alexander Herbert promovierte

Die Geschwister Gerda und Alexander Herbert Reich

Marcel Reich

an der Berliner Universität in Zahnmedizin, seine Schwester Gerda spielte voller Begeisterung Klavier und studierte in Warschau Philologie. Und an der Leidenschaft Marcels für Literatur und Musik ist schlechterdings kein Zweifel möglich.

David Reich hat sich nicht zuletzt um die musikalische Bildung seines jüngsten Sohnes bemüht und damit bei ihm bleibende Eindrücke hinterlassen: »Als kleines Kind hörte ich immer wieder Schallplatten. Mein Vater (...) hatte diese Platten ausgewählt. Meist waren es Arien und Duette aus Opern, die in seiner Jugend schlagartig bekannt wurden: *Othello*, *La Bohème*, *Madame Butterfly*, *Cavalleria rusticana*. Aus jener Zeit rührt meine Schwäche für die italienische Oper, zumal für Verdi und Puccini; und noch heute werden, wenn Mimi stirbt, meine Augen feucht.«[7]

Die jüdische Religion spielte im Alltag der Familie keine große Rolle. Der Vater war auf eine gewohnheitsmäßige, zurückhaltende Weise gläubig, er besuchte am Sabbat und an Feiertagen die Synagoge, doch nicht unbedingt aus spirituellen Bedürfnissen. Für viele Juden ist die Synagoge ja nicht nur ein Gotteshaus, sondern auch ein geselliger Ort. Man trifft sich dort zum Gebet, aber auch, um mit Bekannten und Freunden zu sprechen. Der Vater wollte seinen Sohn gern regelmäßig mit in die Synagoge nehmen, doch da der sich dort langweilte und lieber zu Hause bleiben wollte, gab er bald nach. Reich-Ranickis Mutter zeigte, obwohl ihre Familie seit Generationen viele Rabbiner hervorgebracht hatte, eine deutliche Distanz zu jeder Form von Religiosität. Als ihr Mann einen orthodoxen Juden ins Haus brachte, der dem kleinen Marcel Hebräisch beibringen sollte, schickte sie ihn umgehend wieder fort mit der Begründung, ihr Sohn sei dafür noch zu jung. Weitere innerfamiliäre Versuche, dem Buben so etwas wie eine religiöse Erziehung angedeihen zu lassen, hat es nicht gegeben. Was immer er in seiner Jugend über das Judentum lernte, verdankt er »paradoxerweise vor allem dem preußischen Gymnasium in den Jahren des Dritten Reichs«.[8]

Helene Reich hatte statt dessen ein auffälliges Interesse für deutsche Literatur, ihre Sehnsucht nach dem damals unvergleichlich vitalen Kulturleben in Berlin muß sehr groß gewesen sein. Sie ließ sich zeitgenössische Neuerscheinungen aus Deutschland nach Wloclawek schicken, flocht gern Zitate deutscher Klassiker in ihre Gespräche ein und erinnerte ihren jüngsten Sohn alljährlich am 28. August daran, daß sie ihren Geburtstag mit Johann Wolfgang von Goethe teilte. Kurz, die Reichs waren eine weitgehend assimilierte, gebildete und so sehr an deutscher Kultur orientierte Familie, daß sie, obwohl sie rund fünfhundert Kilometer von Berlin entfernt lebten, das liberale *Berliner Tageblatt* des legendären jüdischen Chefredakteurs Theodor Wolff abonnierten.

Eins der wesentlichen Lebensthemen Reich-Ranickis klingt schon in diesen ersten Jahren an. Als Jude gehörte er in Wloclawek einer keineswegs kleinen, aber trotzdem vielfach benachteiligten, nicht selten verachteten, ja mitunter verfolgten Minderheit an. Er wuchs auf in dem Gefühl, ein Außenseiter zu sein, ein Ausgegrenzter, und entwickelte folgerichtig eine besondere Sensibilität dafür, ob er von Gemeinschaften, Gruppen, Organisationen angenommen oder zurückgewiesen wird. Von Kindheit an hat er um Anerkennung und Zugehörigkeit kämpfen müssen und verspürt schon deshalb ein ausgeprägtes, oft enttäuschtes Bedürfnis nach beiden. »Natürlich bin ich«, sagt er einmal in einem Gespräch mit der Fotografin Herlinde Koelbl, »durch die Folgen der jüdischen Herkunft in hohem Maße geprägt worden. Denn den Antisemitismus habe ich von früher Kindheit an in Polen kennengelernt – in der Kleinstadt, in der ich geboren bin. Es war ein Antisemitismus in relativ gemäßigter Form.«[9]

In seinen Erinnerungen taucht Reich-Ranicki die Eltern keineswegs nur in positives oder gar verklärendes Licht. Er attestiert seiner Mutter ein »ruhiges, ja nobles Wesen«, beschreibt sie jedoch zugleich als »weltfremd« und »vollkommen unpraktisch«.[10] Schlechter noch kommt aus seiner Sicht der Vater weg. Er nennt ihn »solide und anspruchslos, gütig und liebenswert«, bezeichnet ihn aber auch als »willensschwachen Menschen« und »Versager«, tadelt seine »Hilflosigkeit«, seine »erschreckende Untüchtigkeit«, seine »Charakterschwäche und Passivität«.[11] Eine wesentliche Ursache für die Unzufriedenheit Reich-Ranickis mit seinem Vater ist unübersehbar im Bankrott von dessen Fabrik für Baumaterialien, die er kurz nach dem Ersten Weltkrieg gegründet hatte, zu suchen. Im Frühjahr 1929 mußte David Reich sein Unternehmen schließen: »Das Scheitern meines Vaters, kläglich und erbärmlich zugleich, warf einen düsteren Schatten nicht nur auf meine Jugend.«[12] Erstaunlicherweise erwähnt Reich-Ranicki die äußeren

Rahmenbedingungen dieses Konkurses, wie unter anderem die allgemeine Wirtschaftskrise Polens, nur sehr kurz. Tatsächlich war Polen das einzige Land in Europa, das bis 1929 die Produktivkraft aus der Zeit vor dem Ersten Weltkrieg noch nicht wieder erreicht hatte.[13] Hinzu kam, daß antisemitische und antideutsche Ressentiments für das Nationalgefühl des hundertdreiundzwanzig Jahre lang geteilten, nun unter großen Mühen und Spannungen wieder zusammenwachsenden Polen eine erhebliche politische Rolle spielten. Juden wurden in den Schulen, Universitäten und in der Arbeitswelt benachteiligt, jüdische Beamte aus dem Dienst entfernt, jüdische Geschäftsleute wiederholt boykottiert.[14] 1922 erschoß ein Fanatiker den ersten polnischen Staatspräsidenten Gabriel Narutowicz, weil dieser bei seiner Wahl die Unterstützung jüdischer Abgeordneter akzeptiert hatte, um sich gegen den Gegenkandidaten durchzusetzen.

Sicher, David Reichs weiterer Berufsweg belegt, daß man ihn schwerlich einen großen Geschäftsmann nennen konnte. Aber ein Jude – der zudem mit einer Deutschen verheiratet war, die nur unvollkommen Polnisch sprach – traf seinerzeit in Polen nicht eben auf die idealen Voraussetzungen, um wirtschaftliche Erfolge zu feiern. Über solche Aspekte geht Reich-Ranicki in seinen Erinnerungen mit knappen Andeutungen hinweg, er neigt hier ebenso wie in seinen Literaturkritiken eher zu klaren, entschiedenen Urteilen als dazu, mildernden Umständen nachzuspüren. Seine von ihm als »weltfremd« bezeichnete Mutter scheint jedoch realitätstüchtig genug gewesen zu sein, um sich über die geschäftlichen Fähigkeiten ihres Ehemannes keine Illusionen gemacht zu haben: »Hätte ihr Mann, pflegte sie zu sagen, Särge hergestellt, dann würden die Menschen aufhören zu sterben.«[15]

Ökonomisch erholte sich die Familie Reich von dem Zusammenbruch ihrer Firma in Wloclawek nie wieder. Die Situation in Polen, wo sich Marschall Piłsudski nach einem Putsch im Mai

1926 zwar nicht zum Diktator, aber doch zur autoritär herrschenden Grauen Eminenz aufschwang, war für die Familie weder in politischer noch in wirtschaftlicher Hinsicht aussichtsreich. Also beschloß sie, nach Berlin zu übersiedeln. Dort hatten sich bereits vier Brüder und die Schwester Helene Reichs niedergelassen und bestens etabliert. Der Umzug nach Deutschland kam Reich-Ranickis Mutter in jeder Hinsicht entgegen, und die Entscheidung dazu ist vermutlich von ihr betrieben worden. »Dort würde sich, hofften meine Eltern, eine neue Existenz gründen lassen, wobei, wie sich später zeigte, konkrete Vorstellungen von der künftigen beruflichen Tätigkeit meines Vaters noch gar nicht vorhanden waren.«[16]

Doch wenn David Reich nach seiner Ankunft in Berlin 1929 keine einträgliche Beschäftigung fand, dürfte dies nicht allein auf seine mangelnde Geschäftstüchtigkeit zurückzuführen sein, sondern auch auf den Börsensturz am Schwarzen Freitag, dem 25. Oktober 1929. Mit ihm begann die Weltwirtschaftskrise, die Millionen Menschen in Deutschland arbeitslos machte und politisch radikalisierte. Historische Tatsachen, die Reich-Ranicki in seinem Buch *Mein Leben* mit keinem Wort erwähnt, die aber das berufliche Scheitern David Reichs sofort verständlicher machen und eben nicht allein als dessen persönliches Versagen erscheinen lassen. Vielleicht setzt Reich-Ranicki die Kenntnis dieser fatalen politischen Zusammenhänge als so weithin bekannt voraus, daß er glaubte, sie nicht mehr erwähnen zu müssen. Vielleicht aber ist sein Unmut über den eigenen Vater auch so groß, daß er die für David Reich entlastenden Zeitumstände schlicht verdrängte.

In seinem Buch über Marcel Reich-Ranicki betrachtet Thomas Anz das Verhältnis des jungen Marcel Reich zu seinen Eltern mit psychoanalytischem Blick. Es entspricht nur mit Einschränkungen den zeittypischen ödipalen Strukturen, wie sie Sigmund Freud beschreibt. »Zwar liebt der Sohn die Mutter«, resümiert Anz, »aber er rivalisiert nicht mit dem übermächtigen Vater.«[17] Helene Reich war innerhalb der Familie die Repräsentantin der deutschen Kultur und Sprache, der Skepsis gegenüber der Religion und der Begeisterung für Literatur. In all diesen Punkten folgte der junge Marcel der von ihm offenbar anhaltend und zärtlich verehrten Mutter. Doch davon abgesehen helfen die klassischen Interpretationsmuster der Psychoanalyse in diesem Fall nicht weiter. Der Vater nämlich wird vom Sohn in keiner Weise als Autorität anerkannt, sondern wegen seiner Unfähigkeit, die Familie zu ernähren, bedauert, wenn nicht gar als eine klägliche Figur betrachtet: »Den beinahe traditionellen Konflikt zwischen Vater und Sohn habe ich also nie kennengelernt. Wie hätte auch ein solcher Konflikt entstehen können, da ich meinen Vater niemals gehaßt und leider auch niemals geachtet, sondern immer bloß bemitleidet habe.«[18]

Früh schon schämte sich Marcel Reich für die wirtschaftliche Situation seiner Eltern. Fast hat man das Gefühl, daß er, der Jüngste, sich aufgerufen fühlte, Verantwortung für die Familie zu übernehmen. Zumal sein älterer Bruder in seinen Augen offenbar ebenfalls nicht über das notwendige kämpferische Naturell verfügte. Zwar wählt Reich-Ranicki die Begriffe, mit denen er Alexander Herbert beschreibt, deutlich positiver, aber im Grunde ähnelt das Bild, das er von ihm entwirft, stark dem des Vaters: »Er war in vielerlei Hinsicht ein anderer Typ als ich, vielleicht der Gegentyp: Etwas kleiner, zarter und schmächtiger, gewiß auch schüchterner und in höherem Maße gehemmt. Vor allem war er ein liebenswerter, ein überaus liebenswürdiger Mensch, er hatte ein gewinnendes Wesen, frei von Selbstbewußtsein, von Arroganz oder gar Aggressivität.«[19] Offenbar war Reich-Ranicki in seiner Kindheit von weichen, nachgiebigen Menschen umgeben, die ihm aber nicht zum Vorbild, sondern – angesichts der massiven Gefahren für die Familie – in ihrer Hilflosigkeit zu einem Warnbild wurden. »Die Angst vor Verachtung oder gar Mitleid«, schreibt Anz, »die Furcht vor sozialer Deklassierung und Abhängigkeit scheint eine der Triebkräfte zu sein, die das Leben des Sohnes prägten und seinen forcierten Selbstbehauptungswillen hervorbrachten.«[20] Eine Deutung, die sich mit Reich-Ranickis Selbsteinschätzung weitgehend deckt: »Als Halbwüchsiger sah ich sehr genau die Abhängigkeit meiner Eltern von jenen Verwandten, die ihnen halfen. Die Furcht, ich selber könnte je in eine solche demütigende Abhängigkeit geraten, hat noch viele Jahre auf manche meiner Lebensentscheidungen einen starken Einfluß gehabt.«[21]

In Wloclawek hatte der neunjährige Marcel seit Frühjahr 1927 eine deutschsprachige Volksschule besucht und die erste Klasse gleich übersprungen, weil er bereits vor der Einschulung fließend lesen konnte. Seine Lehrerin war eine Deutsche, deren Name, Laura, und deren großer Busen ihm dauerhaft in Erinnerung blieben. Als er sich von ihr verabschiedete, um nach Deutschland aufzubrechen, gab sie ihm den ebenso pathetischen wie kühnen Satz mit auf den Weg: »Du fährst, mein Sohn, in das Land der Kultur.«[22]

Da er Schüler einer deutschen Schule gewesen war, erwarteten Reich-Ranicki keine unüberwindlichen sprachlichen Schwierigkeiten. Er wurde von seinen Eltern im Sommer 1929 nach Berlin vorausgeschickt, um mit der Familie seines wohlhabenden Onkels Jacob Auerbach Urlaub in Westerland auf Sylt zu machen. Als seine Mutter ihm wenige Wochen später folgte und ihn auf polnisch ansprach, antwortete er bereits auf deutsch.

Die Reichs kamen bei Helenes Vater unter, zunächst provisorisch, doch wie sich dann herausstellte, blieben sie dauerhaft bei ihm. Mannheim Auerbach war ein schon seit geraumer Zeit emeritierter Rabbiner, der später erblindete. Er wohnte in der Güntzelstraße 53 in Berlin-Wilmersdorf und wurde von seinen Söhnen finanziell unterstützt. Ihre Zuwendungen hielten fortan auch die Familie Reich über Wasser.

Der Enkel Marcel scheint zu seinem Großvater keine enge

Bindung entwickelt zu haben. In seiner Autobiographie erwähnt er, daß er ihm täglich eine Viertelstunde Gesellschaft zu leisten hatte – eine Pflicht, der er offenbar ohne Enthusiasmus nachkam. Mannheim Auerbach jedoch muß den Jungen geschätzt haben, er versuchte, ihn davon zu überzeugen, ebenfalls Rabbiner zu werden, denn, so seine Begründung, die unüberhörbar mit der ironischen Intelligenz des noch jungen Gesprächspartners rechnete, »man könne als Rabbiner viel faulenzen«.[23] Nach dem Tod des Großvaters 1936 entschied die Familie, Reich-Ranicki solle dessen einziges Erbe, eine goldene Uhr, erhalten, denn Mannheim Auerbach »habe keines seiner Enkelkinder mehr geliebt als mich (...). Ich nahm sie nicht ohne Stolz entgegen und besaß sie noch im Warschauer Getto. Ebendort mußte ich diese schöne altmodische Uhr, so leid es mir tat, verkaufen. Aber ich brauchte dringend Geld – um eine Abtreibung bezahlen zu können.«[24]

In der Schule machte Reich-Ranicki seinen Eltern keinen Kummer. Nach den Sommerferien 1929 besuchte er für die letzten Monate des laufenden Schuljahres die Volksschule in der Witzlebenstraße in Berlin-Charlottenburg. Im Frühjahr 1930 wechselte er in das Werner-von-Siemens-Realgymnasium in Berlin-Schöneberg. Die Aufnahmeprüfung stellte keinerlei Hindernis für ihn dar: »Ich hatte die schriftliche Prüfung so gut bestanden, daß ich von der mündlichen befreit worden war. Meine Mutter war stolz auf mich.«[25] Gleichwohl spürte er als Jude und als ein in der polnischen Provinz aufgewachsener Nichtberliner von Anfang an deutliche Vorbehalte seiner neuen Schulkameraden. Wieder war er, vielleicht sogar in höherem Maße als zuvor in Wloclawek, ein Außenseiter. Später hat der Literaturkritiker Reich-Ranicki vielen deutsch-jüdischen Schriftstellern eine spezifische Trotzhaltung bescheinigt, die sie in ihrer Arbeit vorangetrieben habe: »Bloß formal anerkannt und in Wirklichkeit überall diskriminiert, versuchten viele Juden durch außergewöhnliche geistige und künstlerische

Leistungen Ansehen zu erlangen und auf diese Weise die tatsächliche Emanzipation zu erzwingen.«[26] Der Autobiograph Reich-Ranicki beschreibt seine eigene Reaktion auf die Zurückweisung, die er als Schüler empfand, zwar nicht wortgleich, aber in der Argumentation identisch: »Ich wußte ja: Wollte ich integriert oder gar geachtet werden, mußte ich mich durch Leistung im Unterricht auszeichnen.«[27] Zunächst bemühte sich der Gymnasiast, in Mathematik zu glänzen, doch als er zwölf, dreizehn Jahre alt wurde, begann ihn sein Enthusiasmus für Literatur und Theater in solchem Maße zu beherrschen, daß daneben alles andere in den Hintergrund trat.

Bezeichnend ist, daß ihn beide Leidenschaften ziemlich genau parallel zu Hitlers Machtübernahme erfaßten. Sicherlich hätten seine spezifische Sensibilität, Intelligenz und Erregbarkeit Reich-Ranicki auch ohne derart katastrophale Zeitumstände auf dem einen oder anderen Weg zur Literaturkritik geführt. Doch die Besessenheit, mit der sich der Heranwachsende gerade vom Winter 1932/33 an der Bühne und den Büchern widmete, ist aufschlußreich. Reich-Ranicki selbst hat sich die Diagnose gestellt: »Von einer feindlichen, bestenfalls frostigen Welt umgeben, sehnte ich mich, bewußt oder unbewußt, nach einer Gegenwelt.«[28] Er nennt das Theater sein »Asyl«, seine »Zuflucht« und spricht, um seine tiefe emotionale Abhängigkeit sowohl von der Literatur als auch vom Theater zu unterstreichen, programmatisch von »Liebesgeschichten«[29], die ihn mit beidem verbanden. Ende 1932 schenkte ihm seine Mutter eine Eintrittskarte zu einer *Wilhelm-Tell*-Inszenierung von Jürgen Fehling im Schauspielhaus am Gendarmenmarkt. Mit diesem Abend sind die Würfel für die kommenden Jahre und – nach Unterbrechungen durch den Krieg und einen wenig segensreichen Ausflug in die Politik – für Reich-Ranickis Leben gefallen.

Hingerissen von seinem Theatererlebnis, stöberte er nach sei-

Deutliche Distanz zwischen Sohn und Vater: Marcel und David Reich im Strandbad Wannsee

ner Rückkehr im Bücherschrank der Eltern eine Schiller-Ausgabe auf und fing umgehend zu lesen an. Der Band beginnt mit dem Text der *Räuber* – also, wie es der Zufall will, mit einem Schauspiel, das unter anderem von einem gütigen, aber weltfremden und hilflosen Vater handelt, der von seinem jüngsten Sohn für seine offenkundige Schwäche verachtet wird. Reich-Ranicki weist in *Mein Leben* auf die Parallele zur eigenen Familienkonstellation nicht hin, aber dem vom Theater heimgekehrten, aufgeregt lesenden Marcel dürfte diese Entsprechung – ob bewußt oder unbewußt – nicht entgangen sein. Zumindest wäre es sehr überraschend, wenn ihn das Fehlen einer starken, bewunderten Vaterfigur als Heranwachsenden nicht beschäftigt und er keine besondere Empfänglichkeit für eine literarische Behandlung dieses Themas entwickelt hätte. Er hat also durch eine glückliche Fügung die Literatur von Beginn an als ein Medium kennengelernt, in dem ureigene Lebensprobleme beschrieben und dadurch begreifbarer gemacht werden: Tua res agitur. Und noch Jahrzehnte später wird er als Literaturkritiker beharrlich die Ansicht vertreten, daß es zu den vornehmsten Aufgaben der Literatur gehört, dem Leser das eigene Seelenleben transparenter und verständlicher zu machen.

Die Menge der Bücher, die er dann während seiner Gymnasialzeit in sich hineinschlingt, muß überwältigend, ja beängstigend gewesen sein. So beängstigend, daß ihn schließlich selbst einer seiner Lehrer und auch sein späterer Schwager Gerhard Böhm warnten, über der Begeisterung für die Welt der Dichtung und des Dramas nicht die Banalitäten des alltäglichen Daseins aus den Augen zu verlieren. Doch was Reich-Ranicki schon in jenen Jahren an der Literatur reizte, war offensichtlich nicht die Möglichkeit, sich von den gesellschaftlichen oder auch psychischen Realitäten abzukapseln, sondern eben jene eigentümlich ambivalente Fähigkeit der Bücher und der Bühne, solche Realitäten im Bewußtsein des Lesers vorübergehend außer Kraft zu setzen und sie ihm zugleich in konzentrierter Form vor Augen zu führen. Für ihn war Theater nicht nur Ablenkung, Unterhaltung und Traumwelt. Vielmehr registrierte der hellwache Vierzehn-, Fünfzehn-, Sechzehnjährige zugleich jede Regieidee, jede Publikumsreaktion, die sich als heimliche Protestkundgebungen gegen die Nazis betrachten ließen. Er war nicht ausschließlich mit den Sinnen, sondern immer auch mit dem Verstand bei der Sache. Seine Beziehung zu Literatur und Theater gleicht eher einem unentwegten Flirt, bei dem er zwar leidenschaftlich die Nähe seiner beiden Geliebten sucht, aber nie ganz mit ihnen verschmilzt, nie einen letzten Rest kritischer Distanz aufgibt. Bücher und Bühne gewähren ihm Asyl und Geborgenheit, sind aber zugleich auch Herausforderungen an seine Intelligenz. Wenn Reich-Ranicki, um dieses Wechselspiel zu beschreiben, den Begriff »Liebesgeschichte« wählt, darf man ihn nicht im naiv-romantischen Sinn verstehen. Sein Verhältnis zu Literatur und Theater ist in hohem Maße libidinöser, erotischer Natur, aber eben nicht durch Weltflucht geprägt.

Der Schauspieler und Regisseur Gustaf Gründgens, der als Intendant die Staatlichen Schauspiele in Berlin leitete, wurde für den jungen Marcel Reich in jenen Jahren zu einem geschätzten, verehrten, bewunderten Star. In *Mein Leben* beschreibt er ihn als eine Kontrastfigur zur Ideologie der Nationalsozialisten, als die Verkörperung des Antihelden, des Skeptikers, des Intellektuellen, des schillernden Bohemiens. Zwar diente Gründgens den neuen Machthabern in Deutschland unübersehbar als kulturelles Aushängeschild, doch rettete er zugleich bis in die Kriegszeit hinein etwas von der urbanen, frechen, dekadenten Kultur der Weimarer Republik – eine Epoche, die Marcel Reich zwar nicht als intensiver Leser oder Theaterbesucher miterlebt hatte, die er sich aber trotzdem sehnsüchtig zurückwünschte. Es war nicht die gesetzte, gutbürgerliche Bildung, die ihn anzog, sondern es waren die schwankenden, ironischen, fiebrig suchenden Künstler, mit denen er sich als Heranwachsender identifizierte. Kein Wunder, daß der ewige Zweifler Hamlet – den Gründgens von Januar 1936 an sechs Jahre lang in insgesamt hundertsechzig Vorstellungen spielte – eine unwiderstehliche Anziehungskraft auf ihn ausübte und bis heute ausübt.

Ungefähr zur Zeit seines ersten Theaterbesuchs wurde Marcel Reich von seiner Schwester Gerda zu seiner ersten Aufführung der *Meistersinger von Nürnberg* mitgenommen. Sie hatte ihm die Motive der Oper am Klavier vorgespielt, und obwohl die nationalsozialistische Propaganda Richard Wagner stark vereinnahmte, ist er von diesem Werk »sofort entzückt – vermutlich auch deshalb, weil es eine Oper über Musik und Literatur ist, über den Künstler und das Publikum, über die Kritik«.[30] Bis heute betrachtet er Wagners Figur des Sixtus Beckmesser zwar nicht gerade als das Vorbild, aber in vieler Hinsicht doch als das typische Beispiel eines Kritikers.

Der halbwüchsige Marcel Reich fühlte sich, so hat er später immer wieder bekannt, in jenen Jahren in quälender Weise ausgegrenzt und isoliert. Sein Lebenstrauma nahm allmählich deutliche Konturen an. Er wurde von Lehrern oder Klassenkameraden zwar nicht offen schikaniert, war aber von allen üblichen gemeinsamen Freizeitaktivitäten wie Schulfeiern oder Ausflügen per Anordnung der Behörden ausgeschlossen. Gerade die Jahre der Pubertät, in denen die Zugehörigkeit zu festen Gruppen und die Anerkennung durch Freunde für Jugendliche eine wesentliche Bedeutung hat, waren für ihn eine Zeit der Vereinsamung. Er wurde, ohne daß er irgendeine Schuld dafür trug, tagtäglich mal subtil, mal handfest zurückgewiesen. Die Schauspiel- und Opernhäuser Berlins entwickelten sich für ihn neben der Schule zu den wichtigsten und beinahe einzigen Möglichkeiten, soziale Erfahrungen zu sammeln. Daraus hat sich eine verblüffende, bis heute ungebrochene Anhänglichkeit Reich-Ranickis ans Theater, an die Oper und an den Konzertsaal als Orte gesellschaftlicher Kommunikation und Selbsterkenntnis entwickelt.

Als er 1997 mit der Stadt, in der er heute lebt, ins Gericht ging – »Um es gleich zu sagen: Ich liebe Frankfurt nicht.« –, lieferte er für seine fortdauernde Zuneigung zu Berlin eine recht eigenwillig klingende Begründung: Nicht die Atmosphäre der Stadt, nicht deren Architektur und auch nicht die Menschen, die in ihr lebten, hatten es ihm angetan und ihm in seiner Jugend so etwas wie ein Heimatgefühl vermittelt. Sondern »es gab in diesen düsteren Jahren (die Dreißiger waren es) in Berlin mindestens drei sehr gute Theater, zwei hervorragende Opernhäuser und ein wunderbares Orchester. Sie bildeten jenen elfenbeinernen Turm, in dem ich in der Zeit des schrecklichen Terrors – ähnlich wie viele andere Menschen – Schutz suchte.«[31] Nicht die Stadt ist die Heimat, sondern buchstäblich das Schauspiel- oder Opernhaus, und von beiden strahlt, wenn sie denn gut, hervorragend oder wunderbar sind, dieses Heimatgefühl auf die betreffende Stadt aus. Doch wenn die Bühnen schlecht sind, wächst auch keine Bindung zu dem Ort, an dem sie stehen – weshalb es um Reich-Ranickis Verhältnis zu Frankfurt schlecht bestellt ist.

Nach Beginn der Naziherrschaft endeten Reich-Ranickis Freundschaften mit den nichtjüdischen Mitschülern rasch. Das Gefühl, von seinen ehemaligen Kameraden grundlos verlassen, verraten, verachtet und in die Rolle eines Einzelgängers gedrängt zu werden, dürfte bei dem Jugendlichen sehr stark gewesen sein. Wenn er auf diese Ausgrenzung mit wütendem Trotz und seinerseits mit Verachtung reagierte, so ist das nur zu verständlich – und beides, sowohl eine hohe Empfindlichkeit angesichts jeder tatsächlichen oder auch nur vermuteten Ausgrenzung als auch eine unübersehbare Neigung zum Trotz, beherrschen Reich-Ranickis Leben bis heute.

Um so dankbarer war der Schüler Marcel Reich für jedes Zeichen von Zuwendung oder Anerkennung durch die Lehrer. Und es waren – was für die weitere Entwicklung Reich-Ranickis sicherlich nicht ohne Einfluß blieb – seine auffälligen literarischen Interessen und bald auch Kenntnisse, mit denen er trotz der allgemeinen Absonderung die Aufmerksamkeit der Lehrer erringen konnte. Einen außergewöhnlich engagierten Pädagogen, Reinhold Knick, den er noch auf dem Siemens-Realgymnasium ken-

Der junge Gelehrte: sechzehnjährig mit Buch im Berliner Strandbad Stölpchensee unweit des Wannsees. Im Strandbad Wannsee waren Juden zu dieser Zeit bereits unerwünscht.

nenlernte, durfte er mehrfach zu Hause besuchen, um ihm über seine jeweils neuesten Lese- und Theatereindrücke zu berichten. Diese Treffen waren ihm so wichtig, daß er sich sorgfältig auf sie vorbereitete und jeweils mit langen Autoren- und Buchtitellisten zu Knick ging. Nach dem Wechsel zum Fichte-Gymnasium in der Emser Straße im Winter 1935 ist es dann sein Deutschlehrer Carl Beck, dem er gelegentlich morgens auf dem Schulweg begegnete und mit Vorliebe in Gespräche über Heinrich Heine verwickelte. Beck war es auch, der in einer hellsichtigen Bemerkung als erster aussprach, welcher Berufsweg sich für Reich-Ranicki anbot, und den er dann fünfzehn Jahre später tatsächlich einschlagen sollte: »›Aber wenn Sie in Paris Kritiker geworden sind, dann schreiben Sie mir mal eine Postkarte.‹ Paris war in jener Zeit das Zentrum der deutschen Exilliteratur.«[32]

Neben diesen höchst respektablen, ja bewunderungswürdigen Lehrern gab es an den Schulen, die Reich-Ranicki besuchte, selbstverständlich etliche durchschnittliche oder auch dubiose Gestalten. Heininger, der Direktor des Fichte-Gymnasiums, war ein »Goldfasan«, ein höherer Funktionär der NSDAP, der an nationalen Feiertagen mit goldverzierter brauner Uniform in der Schule erschien. Musikunterricht hatte Reich-Ranicki bei einem Mann namens Fritz Steineck, der zu einem Lied von Hoffmann von Fallersleben eine neue Melodie komponiert hatte, weil die bislang auf Schulfesten gespielte von Felix Mendelssohn Bartholdy, einem Juden, stammte und deshalb als nicht mehr akzeptabel galt. Die Präzision, mit der Reich-Ranicki noch sechzig Jahre später in seiner Autobiographie selbst geringfügige Details aus seiner Schulzeit beschreibt, bestätigt sein erstaunlich gutes Gedächtnis, das heute im deutschen Literaturbetrieb einen fast legendären Ruf genießt. Zugleich aber gibt die Genauigkeit seiner Erinnerungen eine Ahnung davon, wie sehr er als Schüler auf der Hut war, wie konzentriert er seine Umwelt beobachtete und wie empfindlich er auf jedes Anzeichen von Ablehnung oder auch Anerkennung reagierte.

Weshalb er, im Vergleich zu vielen anderen deutschen Juden seines Alters, in seiner Gymnasialzeit trotz allem relativ wenig benachteiligt wurde, ist heute kaum mehr eindeutig zu klären. Gut möglich, daß er dies hauptsächlich glücklichen Zufällen verdankte. In seiner Autobiographie berichtet er mit ironischem Unterton vom Vertrauen seiner Mutter in die preußischen Traditionen der Berliner Schulen, an denen »immer noch wackere Männer dafür sorgten, daß Recht und Ordnung nicht überall mit Füßen getreten würden«[33]. Ob diese Traditionen tatsächlich dafür verantwortlich waren, daß Reich-Ranicki in seiner Schule einigermaßen fair behandelt wurde? Daß seine spätere Arbeit als Kritiker jedoch von Eigenschaften geprägt ist, wie sie preußische Schulen im Idealfall vermitteln sollten, also von Disziplin, Vertrauen in Vernunft, Genauigkeit, Fleiß, Ordnungssinn, läßt sich kaum bestreiten.

Reich-Ranickis Energie, seine literarische Wißbegier und seine Theaterbesessenheit müssen in jenen Jahren in einem seltsamen Kontrast zum stagnierenden Leben seiner Eltern gestanden haben. Sein Vater konnte in dem erst von der Weltwirtschaftskrise, dann von der Nazi-Herrschaft gezeichneten Deutschland beruflich nicht Fuß fassen, seine Mutter war wohl vor allem mit der Pflege des hinfälligen Großvaters beschäftigt. So hätte, nachdem Mannheim Auerbach 1936 gestorben war, einer Emigration der Reichs nicht allzuviel im Wege gestanden. Jedenfalls hatten sie nur wenig aufzugeben und, bedenkt man ihr weiteres Schicksal, alles zu gewinnen. Tatsächlich eröffnete der ältere Sohn Alexander Herbert, der sein Studium 1935 abgeschlossen hatte, in Warschau eine Zahnarztpraxis, und der Vater wohnte gelegentlich bei ihm. Doch, so schreibt Reich-Ranicki, »meine Eltern hatten weder Geld noch Kontakte, es mangelte ihnen ebenso an Initiative wie an Energie und an Tüchtigkeit. Sie haben an Auswanderung nicht einmal gedacht.«[34] Hier ist wohl eine zweite Wurzel für das sehr kritische Urteil Reich-Ranickis über den Charakter seines Vaters zu suchen. Obwohl die Gefahren, in denen die Familie schwebte, immer konkreter wurden, obwohl nach dem Erlaß der Nürnberger Rassengesetze ein menschenwürdiges Leben für Juden in Deutschland nicht mehr möglich war und sie keine beruflichen Aussichten mehr hatten, zögerte und zögerte er – wie viele andere Juden auch.

Reich-Ranicki macht ihm dieses Zögern in seinen Erinnerungen nicht explizit zum Vorwurf. Vielmehr berichtet er davon, daß auf Familienfeiern mit den weitaus besser gestellten Verwandten die Vor- und Nachteile einer Emigration oft erwogen wurden und daß viele wohlmeinende »Arier«, die nicht bedroht waren, den bedrohten Juden zum Bleiben in Deutschland rieten. Doch selbst bei sehr beschränkten Mitteln war es nicht unmöglich auszuwandern: Reich-Ranickis Schwester Gerda gelang es, sich zusammen mit ihrem Mann Gerhard Böhm noch kurz vor dem Beginn des Zweiten Weltkriegs nach Großbritannien zu retten. Auch fünf Cousinen und Cousins Reich-Ranickis wurden von ihren Eltern rechtzeitig auf Colleges in England geschickt. Unter diesen Kindern befand sich der 1931 geborene Frank Auerbach, den der elf Jahre ältere Marcel Reich gelegentlich als Babysitter betreut hatte und der heute zu den bedeutendsten britischen Malern seiner Zeit zählt. Von den Eltern dieser Kinder jedoch, von Reich-Ranickis Onkeln und Tanten, überlebten viele die Verfolgung durch die Nationalsozialisten nicht. Insgesamt wurden vierzehn enge Verwandte ermordet.

Die abwartende, unentschlossene Haltung des Vaters hat, um es milde zu formulieren, dem Naturell seines Sohns Marcel nicht entsprochen. Vielleicht ist ihm auch deshalb die private Lesung eines Briefes von Kurt Tucholsky, die im Frühjahr 1936 bei einem Freund Gerhard Böhms stattfand, so nachdrücklich in Erinnerung geblieben. Das Schreiben ist im Grunde ein einziger großer Wutausbruch über die Duldsamkeit, Leidensbereitschaft und Untätigkeit der noch nicht vor den Nazis aus Deutschland emigrierten Juden. »Hätten Sie dem Durchschnitts-Juden«, schreibt Tucholsky, »im Jahr 1933 gesagt, er würde Deutschland unter Bedingungen verlassen, wie sie ihm das Jahr 1935 ff. bietet, er hätte Sie ausgelacht. (...) Und jetzt schleichen sie heraus, trübe, verprügelt, beschissen bis über beide Ohren, pleite, des Geldes beraubt – und ohne Würde.«[35] Die Familie Reich zögerte aber noch länger, und so erfaßte den im Vergleich zu Vater und Bruder ungleich aktiveren und weitaus mehr auf seine Selbstbehauptung und seinen Stolz bedachten Marcel Reich »Angst, nahezu panische Angst vor dem, was uns wahrscheinlich bevorstand«[36].

Noch heute zeigt Reich-Ranicki – wohl nicht zuletzt unter dem Eindruck der Erfahrungen jener Jahre – wenig Verständnis für träge, bedächtige Menschen und hat als Literaturkritiker kaum Geduld mit zaudernden, zurückhaltenden Autoren. Seine Sympathie gehört unübersehbar denen, die zielstrebig und aktiv sind, zupackend und ruhelos, voller Interessen und Initiativen. Diese bezeichnende Vorliebe hat allerdings eine spektakuläre Ausnahme: Reich-Ranickis jahrzehntelange Bemühungen um Wolfgang Koeppen, den größten Meister des Hinhaltens, Verschiebens und Versäumens in der deutschen Nachkriegsliteratur. Es wäre reizvoll, dieses unbeirrbare Engagement Reich-Ranickis für den deutlich älteren Schriftsteller einmal unter dem Gesichtspunkt einer einst unausgelebten und später unbewußt auf eine andere Person übertragenen Vaterliebe zu betrachten.

Der Entschluß des Vaters und seines älteren Sohnes, vor den Nationalsozialisten nach Polen auszuweichen, war unter den sich anbietenden Möglichkeiten sicherlich die am leichtesten zu realisierende Option, denn alle Angehörigen der Familie besaßen noch immer polnische Pässe. Zwar hatte die Familie sich um die deutsche Staatsangehörigkeit bemüht, und die Behörden stellten zunächst eine positive Entscheidung in Aussicht, doch nach der Machtübernahme Hitlers wurde der Antrag endgültig abgelehnt. Die Entscheidung, nach Warschau zurückzukehren, führte David und Alexander Herbert Reich allerdings in ein für sie ebenfalls ungastliches Land. Marschall Piłsudski, der den Antisemitismus in Polen zumeist eher gebremst als gefördert hatte, war 1935 gestorben. Nach seinem Tod verschlechterte sich die Lage der Juden rasch, der Antisemitismus nahm zu und wurde gezielt eingesetzt, um von anderen politischen Schwierigkeiten abzulenken. Aufrufe zum Boykott jüdischer Geschäfte arteten Mitte der dreißiger Jahre auf dem Land zu Pogromen aus. An den Universitäten galt für jüdische Studenten ein besonderer Numerus clausus, der Anwaltsverband nahm keine Juden mehr auf, andere Berufsverbände schlossen sie aus. Seit 1936 förderte die polnische Regierung offen die Auswanderung von Juden, und die Parteien der deutschsprachigen Minderheit des Landes zeigten unverkennbar national sozialistische Tendenzen.

Im Frühjahr 1938 absolvierte Reich-Ranicki seine Abiturprüfungen. In seinem Glanz- und Vorzeigefach Deutsch erhielt er, obwohl er in den vorangegangenen Jahren immer mit »sehr gut« benotet worden war, zu seiner Empörung nur ein »Gut«. Dem Direktor der Schule, dem »Goldfasan« Heininger, schien es vielleicht unangebracht, einem Juden ausgerechnet in Deutsch ein »Sehr gut« zu geben. Ermutigt durch das Vorbild seines Bruders, der noch drei Jahre zuvor als polnischer Staatsbürger in Berlin hatte promovieren können, bewarb er sich um Aufnahme in die Philosophische Fakultät der Friedrich-Wilhelms-Universität, der heutigen Humboldt-Universität – und wurde zurückgewiesen. Auf seinem Immatrikulationsgesuch lassen sich noch die Aktenvermerke »jüd(isch)« und »Abgel(ehnt) 7. 4. 38 von der Reichszentralstelle im Ministerium« entziffern. Bestärkt durch seine Mutter, bat der noch nicht Achtzehnjährige um ein Gespräch mit

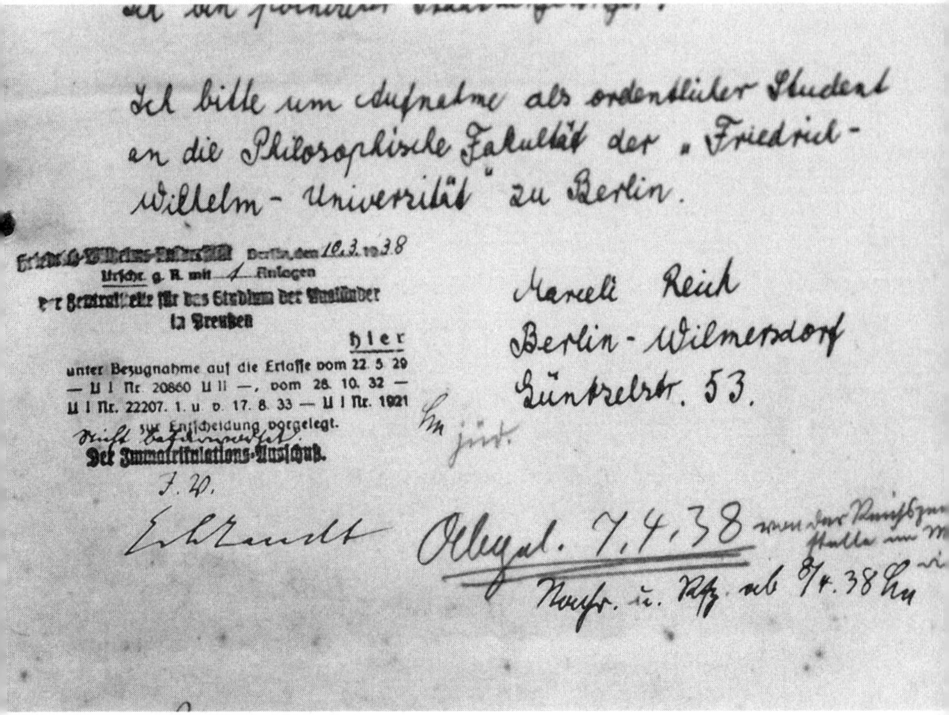

Ich bitte um Aufnahme als ordentlicher Student an die Philosophische Fakultät der „Friedrich-Wilhelm-Universität" zu Berlin.

Friedrich-Wilhelms-Universität Berlin, den 10.3.1938
Urschr. g. R. mit 1 Anlagen
der Zentralstelle für das Studium der Ausländer in Preußen
hier
unter Bezugnahme auf die Erlasse vom 22. 5. 29 — U I Nr. 20860 U II —, vom 28. 10. 32 — U I Nr. 22207. 1. u. v. 17. 8. 33 — U I Nr. 1921 zur Entscheidung vorgelegt.
Der Immatrikulations-Ausschuß.

Marceli Reich
Berlin-Wilmersdorf
Güntzelstr. 53.

jüd.

Abgel. 7.4.38

Bewerbung an der Friedrich-Wilhelms-Universität zu Berlin 1938. Marcel Reich unterschreibt sie, da er sich nach Erlaß der Nürnberger Rassengesetze als Ausländer bessere Chancen auf Immatrikulation verspricht, mit dem Namen Marceli Reich. Auch auf dem Abiturzeugnis führt er diesen Namen. Erkennbar sind die Aktenvermerke: »jüd.« und »Abgel. 7. 4. 38 von der Reichszentralstelle im Ministerium«.

dem Rektor der Universität, das ihm überraschend bewilligt wurde, aber an der Entscheidung nichts änderte.

Obwohl nun auch seine Mutter zu ihrem Mann und Alexander Herbert nach Warschau zog, wollte Reich-Ranicki von einer Rückkehr nach Polen nichts wissen. Das Land lockte ihn in keiner Weise. Er bleibt in Berlin, findet eine Lehrstelle in einer Exportfirma, die einen jüdischen Teilhaber hat, und hofft, seiner Schwester und deren Mann folgen zu können, sobald es ihnen gelungen ist, nach England zu emigrieren. Doch am 28. Oktober 1938 wird er in seinem möblierten Zimmer in der Charlottenburger Spichernstraße frühmorgens von einem Polizisten geweckt. Der Beamte verlangt, den Paß zu sehen, prüft das Dokument eingehend und überreicht danach einen Ausweisungsbescheid. Reich-Ranicki muß dem Polizisten sofort zum Revier folgen, darf nicht mehr als fünf Mark und eine Aktentasche mitnehmen. In der Hektik des Aufbruchs packt er neben einem Reservetaschentuch lediglich noch den Roman, den er gerade liest, in die Aktentasche: Honoré de Balzacs *Die Frau von dreißig Jahren*. Am Nachmittag desselben Tages wird er mit mehreren hundert anderen Berliner Juden am Schlesischen Bahnhof zu einem langen Zug geführt, der die unfreiwilligen Passagiere zur polnischen Grenze bringt. »Beim Grenzübergang wurde viel geschossen. Aber ob bei dieser Gelegenheit Menschen erschossen wurden, weiß ich nicht.«[37] Marcel Reich muß sich mit seinen Leidensgefährten in einen viel kürzeren Zug der polnischen Eisenbahn drängen, der sie noch ein Stück weiter fährt. Danach läßt man sie aussteigen.

Reich-Ranicki, der sich erst zwanzig Jahre später wieder in einem deutschen Staat – in der noch jungen Bundesrepublik – niederlassen wird, befindet sich nun in einem Land, dessen Sprache er zwar versteht, aber kaum noch spricht. Sein ganzer materieller Besitz beschränkt sich neben der Kleidung, die er am Körper trägt, auf fünf Mark, eine Aktentasche, ein zusätzliches Taschentuch und einen Roman, der ihm nicht sonderlich gefällt. Er muß ganz und gar neu anfangen – eine Erfahrung, die er in seinem Leben insgesamt viermal machen wird. »Aber ich hatte noch etwas aus Deutschland mitgenommen, nur konnte ich damals nicht ahnen, welche Rolle in meinem künftigen Leben diesem unsichtbaren Gepäck zufallen würde – die Sprache und die Literatur.«[38]

Vom Überleben

Ohne Schuld zum Außenseiter gestempelt zu werden – das ist die beherrschende Jugenderfahrung Reich-Ranickis, die sich nach seiner Ankunft im Vorkriegspolen weiter verstärkt. Anders als viele Obdachlose unter den Deportierten, die in Flüchtlingslagern an der deutschen Grenze bleiben müssen, findet er zwar sofort Unterkunft in der Wohnung seines Bruders und seiner Eltern in Warschau, doch die Stadt und ihre Menschen sind ihm fremd. Er hat keinen Beruf, und mit seinen vorerst noch eingeschränkten Sprachkenntnissen gibt es für ihn kaum Chancen, einen Ausbildungsplatz zu finden. Zudem ist das Land nach wie vor von Wirtschaftsproblemen und antijüdischen Stimmungen geprägt. So entwickeln sich die elf Monate zwischen seiner Abschiebung aus Deutschland und dem Überfall auf Polen am 1. September 1939 für den nach Selbstbestätigung hungernden Achtzehn-, Neunzehnjährigen zu einer Zeit des peinigenden Leerlaufs. »Ich war ein arbeitsloser, ein überflüssiger Mensch.«[1] Er liest weiter ungeheuer viel, gibt gelegentlich Schülern Nachhilfeunterricht in Deutsch und besucht von dem so verdienten Geld Theater- und Konzertaufführungen, die für ihn wieder einmal zur Zuflucht werden. Aber im Grunde hat er, wie schon zuvor in Berlin, keinerlei Zukunftsperspektive. »Das Schlimme war«, sagt er in seinem langen Fernsehgespräch mit Joachim Fest, »die totale Hoffnungslosigkeit, die qualvolle Unsicherheit. Es war vollkommen unklar, was eigentlich aus mir werden sollte. Wo werde ich einen Beruf erlernen können und welchen? Es gab ja überhaupt keine Möglichkeit, irgend etwas zu tun, was mit meinen Interessen zusammenhing. Dies eben lastete auf meiner ganzen Jugendzeit.«[2]

Man darf sich den jungen Marcel Reich dieser Jahre psychisch nicht allzu stabil vorstellen. Wiederholt berichtet er in seiner Autobiographie davon, daß ihm »die Angst in den Gliedern saß«[3], daß vorübergehende Beschäftigungen dazu beitrugen, Depressionen[4] zu vermeiden, und einmal heißt es sogar ausdrücklich, die Frage, ob sich Thomas Mann im Schweizer Exil zu einem Anhänger oder Gegner der Nationalsozialisten entwickeln werde, »gewann für mich, ich übertreibe nicht, lebenswichtige Bedeutung«[5]. Bezeichnend ist, daß er in dieser Situation zum ersten Mal bereit ist, seinen Namen zu ändern: Er nennt sich von nun an Marceli Reich, um den ausgeprägten antideutschen Ressentiments in Polen eine geringere Angriffsfläche zu bieten. Vor dem Hintergrund dieser beruflich und seelisch prekären Situation wird es verständlicher, daß er den Kriegsbeginn zunächst als eine Art Befreiungsschlag erlebt – nicht zuletzt, weil er fest mit einer Niederlage der Deutschen innerhalb einiger weniger Monate rechnet. Seine kurzfristige Euphorie wird, zumindest als Frankreich und Großbritannien an der Seite Polens in den Krieg gegen Deutschland eintreten, von vielen Menschen in Warschau geteilt.

Doch die militärische Lage des Landes erweist sich rasch als katastrophal. Binnen Tagen bricht Polens Verteidigung zusammen. »Jetzt rächte es sich«, schreibt der Historiker Manfred Alexander, »daß die polnische Armee nur auf dem Papier stark war, daß Ausrüstung, Kommunikation und Motorisierung sträflich vernachlässigt worden waren.«[6] Bereits am 7. September fordert ein Offizier des polnischen Generalstabes über Rundfunk die wehrfähigen Männer in Warschau auf, die Stadt in östliche Richtung zu verlassen. Deutsche Panzer seien auf dem Vormarsch, und im Hinterland solle eine neue Verteidigungslinie aufgebaut werden. Die Brüder Marceli und Alexander Reich folgen dem Aufruf, müssen ihre Eltern in Warschau zurücklassen und auf einer kurzen Irrfahrt durch den Osten Polens mit ansehen, wie das weitgehend führungslose Land im Chaos versinkt. Am 16./17. September beginnt der Einmarsch der sowjetischen Truppen bis zu der kurz zuvor im geheimen Hitler-Stalin-Pakt vereinbarten neuen Grenze zwischen Deutschland und der Sowjetunion. Zwanzig Jahre nach seiner Neugründung ist Polen damit wieder zwischen seinen Nachbarstaaten aufgeteilt. Am 17. September, zweieinhalb Wochen nach Kriegsbeginn, gehen die höchsten zivilen und militärischen Vertreter Polens ins Exil oder werden in Rumänien interniert. Seine volle politische Unabhängigkeit von der Sowjetunion gewinnt das Land erst fünfzig Jahre später zurück, im Herbst 1989.

Wegen der angeordneten Flucht nach Osten haben die Brüder Reich das Luftbombardement und den massiven Artilleriebeschuß Warschaus durch die Deutschen nicht miterlebt. Bei ihrer Rückkehr bietet sich ihnen ein aufwühlendes Bild, das der deutschen Zivilbevölkerung in ihren Städten gegen Kriegsende nur zu vertraut werden sollte: Warschau liegt in Schutt und Asche, ganze Viertel haben sich in Trümmerfelder verwandelt. Die beiden sind entsetzt und wegen der Eltern in höchster Sorge: »Die meisten Häuser waren zerstört, die anderen schienen, da keine Fenster heil geblieben waren, ebenfalls ruiniert und unbewohnt. Mein Bruder und ich – wir waren vollkommen erschöpft, wir hatten seit bald einer Woche nur sehr wenig geschlafen, aber wir wollten uns nicht ausruhen. So müde wir auch waren, wir gingen, je mehr wir uns dem Ziel näherten, immer schneller. Mit jeder Stunde, mit jeder Minute wuchsen unsere Aufregung und unsere Furcht.«[7] Doch die Wohnung, in der Vater und Mutter zurückgeblieben sind, ist teilweise erhalten. Die beiden Brüder finden ihre Eltern verstört, erschüttert, fassungslos, aber körperlich unverletzt vor. »Zitternd klopften wir an die Tür, doch niemand öffnete uns, erregt klopften wir noch einmal, noch ungeduldiger und lauter. Plötzlich hörten wir zögernde Schritte, die Tür wurde langsam und offenbar ängstlich geöffnet. Vor uns standen zwei, wie uns schien, sehr alte Menschen, die uns in der Dunkelheit nicht erkannten und denen offenbar der Schreck die Sprache verschlagen hatte – meine Mutter und mein Vater.«[8]

Die Schikanen der deutschen Besatzer gegen die jüdische Bevölkerung Polens beginnen umgehend. Innerhalb weniger Wochen werden sie jedes gesetzlichen Schutzes beraubt. Bereits am 21. September 1939 erteilt Reinhard Heydrich den Einsatzgruppen der deutschen Sicherheitspolizei erste Befehle mit Blick auf die »Judenfrage im besetzten Gebiet«, am 26. Oktober erläßt der inzwischen ernannte Generalgouverneur Hans Frank ein Gesetz über den Arbeitszwang für Juden, am 20. November eines zur »Sicherstellung jüdischen Vermögens«. Ab dem 1. Dezember müssen alle Juden eine breite, weiße Armbinde mit hellblauem Davidstern auf ihrer Kleidung tragen. Die Juden sind damit öffentlich gebrandmarkt und zum Freiwild geworden. Übergriffe, bei denen Juden auf offener Straße verfolgt, erniedrigt, mißhandelt oder getötet werden, gehören nun zur Tagesordnung.

Aber schon bevor die Vermögenswerte der jüdischen Bürger die Begehrlichkeit der deutschen Behörden wecken, nehmen sich deutsche Soldaten dieser Besitztümer auf eigene Faust und zur persönlichen Bereicherung an. Bereits im Oktober erlebt die Familie Reich in ihrer Wohnung einen ersten Überfall durch bewaffnete Angehörige der Wehrmacht. Sie rauben den Schmuck der Mutter und das Zahngold aus der Praxis Alexander Reichs. Wenige Wochen später werden die Brüder Reich von Soldaten aus der Wohnung geholt und unter wüsten Drohungen zusammen mit etlichen Juden dazu gezwungen, ein von den Deutschen als Kaserne genutztes Gebäude zu putzen. Im Januar 1940 entgeht Alexander Reich dann nur durch glückliche Umstände seiner Verhaftung: Als eine von hundert Geiseln soll er interniert werden, doch er ist, als ihn die Soldaten abholen wollen, zufällig nicht im Hause und kann von einem kleinen Mädchen rechtzeitig vor seiner Rückkehr abgefangen und gewarnt werden. Alle verhafteten Geiseln werden später hingerichtet wegen der Flucht einiger polnischer Widerstandskämpfer aus einem Gestapo-Gefängnis. »So war es: Jeder Deutsche, der eine Uniform trug und eine Waffe hatte, konnte in Warschau mit einem Juden tun, was er wollte.«[9] Marceli Reich muß begreifen, daß er jetzt nicht mehr nur als Außenseiter gilt, sondern einer schikanierten, schutzlosen Minderheit angehört, der jedes Existenzrecht abgesprochen wird. Die »panische Angst«, die ihn gut drei Jahre zuvor, nach der Lesung des Abschiedsbriefes von Kurt Tucholsky in Berlin ergriffen hatte, war mehr als nur berechtigt gewesen. Von nun an wird er für fünf schier endlos lange Jahre tagtäglich um sein Leben und um das seiner Angehörigen fürchten müssen.

Zum großen Erfolg der Autobiographie *Mein Leben* trägt vermutlich nicht zuletzt bei, daß Reich-Ranicki parallel zur Verfolgung und Vernichtung der Juden in Polen eine bewegende und zugleich erschütternde Liebesgeschichte erlebt, die er in seinen Erinnerungen ebenso bewegend wie erschütternd zu erzählen versteht. Eine Liebesgeschichte, deren Auftakt er präzise datieren kann: Am 21. Januar 1940 gegen Mittag wird ein jüdischer Nachbar der Familie Reich in seiner Wohnung tot aufgefunden. Es ist Paweł Langnas, ein ehemals erfolgreicher Geschäftsmann aus Lodz, der nach dem Sieg der Deutschen enteignet und auf offener Straße von einem deutschen Soldaten geohrfeigt worden war. Dieser Raub und diese Demütigung stürzen ihn in schwere Depressionen, und er spricht mehrfach von Selbstmord. Nachdem er mit seiner Familie nach Warschau umgezogen ist, scheint sich sein

Marceli Reich im Getto

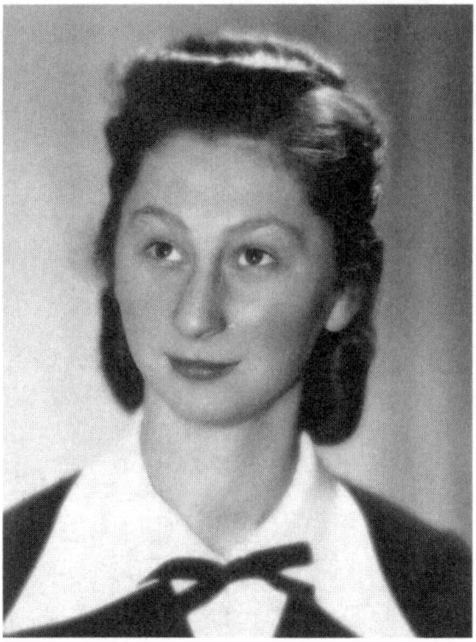

Tosia Langnas im Ghetto

Zustand zu bessern. Seine Frau und Tochter haben keine so großen Bedenken mehr, ihn vorübergehend allein in der Wohnung zu lassen. Doch am 21. Januar genügt ihm die kurze Zeitspanne, um sich am Hosengürtel zu erhängen. Seine Tochter Teofila, genannt Tosia, versucht nach ihrer Rückkehr noch, ihn vom Gürtel loszuschneiden, doch es mißlingt ihr – der Arzt kann nur noch den Tod feststellen. Helene Reich schickt daraufhin ihren jüngsten Sohn umgehend in die Wohnung der Nachbarn, damit er der um wenige Monate älteren Teofila beistehe: »›Geh sofort dahin, der Langnas hat doch eine Tochter, ihrer muß man sich jetzt annehmen.‹ Schon auf der Treppe, hörte ich die Stimme meiner Mutter: ›Kümmere dich um das Mädchen!‹ Ich habe diesen Satz, diese Ermahnung – ›Kümmere dich um das Mädchen!‹ – nie vergessen, ich höre sie immer noch.«[10]

Tatsächlich entwickelt sich aus der Begegnung der beiden Neunzehnjährigen in der Wohnung des soeben aus dem Leben geschiedenen Vaters Langnas eine innige Liebe und eine bis heute, also über fast fünfundsechzig Jahre hinweg bestehende Ehe. In der folgenden Zeit ist das Paar tagtäglich unendlich vielen Gefahren ausgesetzt, doch die Bedrohung zerrüttet die Bindung nicht, sondern läßt sie fester werden: Als Marceli Reich beispielsweise im Warschauer Getto erfährt, daß eine Heirat die Überlebenschancen von Tosia Langnas vorübergehend erhöhen könnte, arrangiert er innerhalb weniger Stunden seine Hochzeit mit ihr. Oder als eine Verwandte der Familie Langnas ein Versteck vor den Deutschen für Tosia allein anbietet, entscheidet sie sich, trotz allem bei ihrem Mann zu bleiben, und nimmt damit unabsehbare Risiken, ja im Grunde ein nahezu sicheres Todesurteil in Kauf. Auch später retten die beiden einander in verschiedenen Situationen reaktionsschnell und mit enormem Mut das Leben.

Das literarisch so wirkungsvolle Motiv einer Liebe, die sich angesichts von Elend und Lebensgefahr bewähren muß, wird von Reich-Ranicki und seiner Frau in maßloser Brutalität durchlitten und entfaltet dann in der Autobiographie seine enorme Ausstrahlungskraft: Nicht nur von einigen der übelsten Grausamkeiten, die während des Krieges von Menschen an Menschen verübt wurden, ist in *Mein Leben* die Rede, sondern zugleich auch von einigen der anrührendsten, humansten Handlungen und Gesten, deren Menschen in solcher Lage fähig sind.

Zunächst allerdings wird die häusliche Nachbarschaft zwischen den Familien Reich und Langnas auseinandergerissen. Die deutschen Behörden bereiten seit Anfang 1940 die Errichtung eines »jüdischen Wohnbezirks« in Warschau vor, und obwohl sie den Begriff sorgfältig vermeiden, ist offensichtlich, daß sie nach spätmittelalterlichem Vorbild[11] ein Getto schaffen wollen. Am 16. Oktober 1940 verfügt Ludwig Fischer, der deutsche Gouverneur Warschaus, daß alle Juden der Stadt innerhalb von wenigen Tagen in dieses Viertel übersiedeln müssen. Tosia Langnas kommt ge-

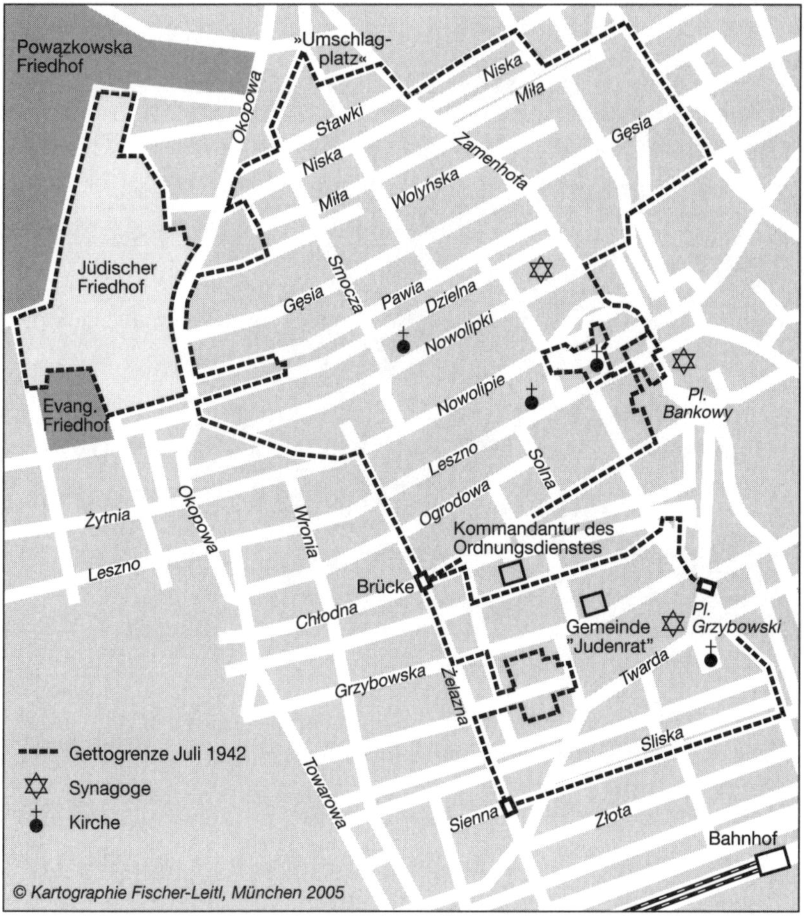

meinsam mit ihrer Mutter in einem möblierten Zimmer in der Sienna-Straße unter. Die Familie Reich findet Unterkunft in einem Haus Chłodna-Straße, Ecke Żelazna-Straße. Die neue Wohnung der Reichs liegt in unmittelbarer Nähe zu einer Holzbrücke, die das sogenannte Kleine Getto mit dem Großen Getto verbindet. Denn der von den Deutschen festgelegte »Wohnbezirk« wird von einer wichtigen westöstlichen Verkehrsader War-

Die Holzbrücke über der Chłodna-Straße, die das Große und das Kleine Getto in Warschau miteinander verband. In unmittelbarer Nähe zu dieser Brücke wohnte die Familie Reich nach ihrem erzwungenen Umzug in das von den deutschen Behörden eingerichtete Getto.

schaus durchschnitten. Diese Ausfallstraße ist schon aus militärischen Gründen für die Besatzer von großer Bedeutung und wird deshalb aus dem Getto ausgegrenzt. Um eine Verbindung zwischen den beiden so entstandenen Gettoteilen herzustellen, muß die jüdische Gemeinde auf ihre Kosten eine von deutschen Soldaten kontrollierte Überführung bauen lassen.

Die Lebensbedingungen im Warschauer Getto werden anschaulicher, wenn man sich einige Zahlen und Daten vergegenwärtigt. Die jüdische Gemeinde in Warschau war die größte Europas und – nach New York – die zweitgrößte der Welt. Laut einer

Volkszählung aus dem Jahr 1931 hatte Warschau 352 650 jüdische Einwohner, das war rund ein Drittel der Gesamtbevölkerung.[12] Nach Kriegsbeginn setzten sich viele von ihnen in den sowjetisch besetzten Osten des Landes ab, zugleich strömten zahlreiche jüdische Flüchtlinge aus allen Teilen des Landes in die Hauptstadt – wie zum Beispiel die Familie Langnas aus Lodz. Der von den Deutschen als »jüdischer Wohnbezirk« ausgewiesene Bereich umfaßte allerdings nur 2,4 Prozent der Stadtfläche Warschaus. Nachdem er im November 1940 bis auf wenige ständig bewachte Zugänge von seiner Umwelt abgeriegelt worden war – die Eingeschlossenen mußten, wiederum auf eigene Kosten, eine über drei Meter hohe Mauer um das Areal bauen lassen –, zwangen die Deutschen weitere Juden aus dem Umland, sich im Getto niederzulassen, so daß die Bevölkerungsziffer bald auf 450 000 anstieg. »Nach deutschen Quellen«, heißt es in einer Studie, »betrug die Wohnraumbelegung im Getto durchschnittlich sechs bis sieben Menschen pro Zimmer. Nach Berechnungen, die nach dem Krieg angestellt wurden, hausten nicht selten bis zu dreizehn Personen in einem Raum. Die Einwohnerdichte im Getto betrug zeitweise 128 000 Menschen pro Quadratkilometer. Dazu kam die beißende Kälte. Juden erhielten keine regelmäßige Zuteilung von Heizmaterial; nur gelegentlich bekamen sie winzige Mengen von Kohlenstaub und Kohlenabfällen. Das Schlimmste jedoch war der Hunger. Die im Getto eingeschlossenen Juden waren ihrer Arbeitsplätze und Erwerbsquellen beraubt und vom Wirtschaftsleben des Landes abgeschnitten. (…) Die Zahl der Menschen, die hungerten oder von ansteckenden Krankheiten befallen waren, wuchs von Tag zu Tag. Nach verfügbaren Angaben war die offizielle Lebensmittelzuteilung im Generalgouvernement Polen pro Tag nach Kalorienwert wie folgt: a) Deutsche – 2310; b) Polen – 654; c) Juden – 184.«[13]

Schon diese wenigen Angaben belegen, daß die deutschen

Besatzer am Überleben der jüdischen Bevölkerung offenkundig nicht interessiert waren. Ohne die zahllosen Schmuggler, die täglich Lebensmittel in großen Mengen aus Warschau in das eingemauerte Viertel brachten und zu überteuerten Preisen verkauften, hätten die Eingeschlossenen nicht existieren können. »Über hunderttausend Menschen lebten allein von einer Wassersuppe, die täglich von einer jüdischen Selbsthilfeorganisation ausgegeben wurde und oft nur aus gekochtem Heu bestand«, heißt es in dem Bericht eines Zeitzeugen. »Im Februar 1941 starben im Getto von Warschau 1025 Menschen, im März 1608, im April 2061 und im Mai 3821. Im ganzen Jahr 1941 starben über zehn Prozent der Gettobevölkerung, nämlich 44 630 Menschen, meist an Hunger, 15 780 an Typhus, und ein unbekannter Teil erfror während der Wintermonate. Zynisch meinte Gouverneur Fischer: ›Die Juden werden vor Hunger und Elend eingehen, und von der jüdischen Frage wird nur noch ein Friedhof übrigbleiben.‹«[14]

Im Vergleich zu den Aufzeichnungen anderer Überlebender wirken Reich-Ranickis Beschreibungen des Alltags im Getto zurückhaltend. Sicher, er erwähnt die ständigen, willkürlichen Übergriffe der deutschen Soldaten, verschweigt nicht die Not der zahllosen Bettler oder die an den Straßenrändern liegenden Leichen, die nur notdürftig mit Zeitungspapier abgedeckt wurden, und berichtet sogar von einem Fall von Kannibalismus. Doch beläßt er es bei recht knappen, kühlen, sachlichen Auskünften, er verzichtet darauf, das erlittene Elend wortreich auszumalen. Die Schilderungen anderer Augenzeugen sind oft weit drastischer. Der deutsche Soldat Joe J. Heydecker zum Beispiel besuchte und fotografierte das Getto trotz offiziellem Verbot im Februar 1941 mehrfach aus eigenem Antrieb. Es war zu diesem Zeitpunkt erst ein Vierteljahr vom übrigen Stadtgebiet abgetrennt. Dennoch stieß Heydecker bei seiner Suche nach einer polnischen Bekannten bereits auf unfaßbare Lebensbedingungen: »Wir betraten einen fast dunklen

Hausflur und stiegen eine Holztreppe hinauf. Flur und Treppe waren voll Menschen. Sie lagen auf dem Boden, saßen auf den Stufen, in Mäntel, Decken und Lumpen gehüllt. Frauen hielten eingemummte Kinder auf den Knien. (...) Die Wohnungstür war ohne Schloß. Ein kleiner Junge hielt sie weit geöffnet; meine Ankunft und Begehr hatten sich längst im Haus herumgesprochen. Ich konnte ungehindert eintreten und stand gleich in einem geräumigen Zimmer, im ehemals herrschaftlichen Salon eines bürgerlichen Stadthauses. Der Raum war von mehreren Familien und Gruppen bewohnt, die sich in den Ecken und entlang den Wänden auf dem Boden eingerichtet hatten. Es gab nur zwei Stühle, einen ovalen, einbeinigen Tisch und einen Diwan, der in der Mitte des Zimmers stand. Etwa zwanzig Menschen waren anwesend. Die meisten schliefen auf dem stumpfen Parkettboden auf untergelegten Decken oder Zeitungspapier, mit Mänteln zugedeckt. In einer Ecke saß eine Frau und versuchte, ein wimmerndes Kind zu beruhigen. Es fiel mir jetzt auf, daß nur Frauen in diesem Raum waren, Mädchen und Kinder. Auf den ersten Blick waren ihnen Entbehrungen, notdürftige Hygiene und seelische Qualen anzusehen. Eine erstickende Luft herrschte, die Fenster waren geschlossen, zugenagelt, das Glas mit blauer Ölfarbe undurchsichtig gemacht.«[15]

Ein anderer Überlebender des Gettos, Władysław Szpilman, dessen Autobiographie 2002 von Roman Polanski unter dem Titel *Der Pianist* verfilmt wurde, schildert eindrucksvoll die entsetzliche Überfüllung der Straßen. Jeder Körperkontakt mit einem Passanten war bereits eine Gefahr, denn dabei konnten Läuse weitergegeben werden, die nicht selten das grassierende Fleckfieber übertrugen. Zugleich veranschaulicht Szpilmans Bericht das krasse soziale Gefälle im Getto zwischen den armen, meist orthodoxen Juden und ihren assimilierten und mitunter noch vergleichsweise begüterten Glaubensgenossen: »Durch die vollgestopften Straßen zogen klappernd und klingelnd die Pferdebahnen (...) mit Deichseln und Pferdekörpern die Menschenmassen zerteilend, wie ein Boot das Wasser zerteilt. (...) Von der Haltestelle auch nur zum nächsten Laden zu gelangen, war nicht leicht. Auf diesen kurzen Augenblick des Zusammentreffens mit einem wohlhabenden Bürger lauerten Dutzende von Bettlern, die ihn bedrängten, indem sie an seinen Kleidern zerrten, ihm den Weg verstellten, baten, weinten, schrien, drohten. Doch unvernünftig handelte, wer sich vom Mitleid fortreißen ließ und einem Bettler ein Almosen gab. Dann schwoll das Schreien zum Geheul an; von allen Seiten strömten auf dieses Zeichen hin neue Elendsgestalten herbei, und der Samariter sah sich umlagert, dicht umringt, von zerlumpten Gestalten, die ihren tuberkulösen Geifer verspritzten, von Kindern, die man vor ihn hinschob, mit eitrigen Geschwüren bedeckt, von gestikulierenden Armstümpfen, erblindeten Augen und zahnlosen, stinkenden Mundhöhlen, die alle um Erbarmen flehten im letzten Augenblick vor dem Verenden, als könne es nur durch eine sofortige Unterstützung hinausgezögert werden. Wollte man ins Innere des Gettos, mußte man durch die Karmelicka, die einzige Straße, die dorthin führte. Hier nicht die Straßenpassanten zu streifen, wäre ein Ding der Unmöglichkeit gewesen. Die dichte Menschenmasse ging nicht, sondern stieß und drängelte sich vorwärts, Strudel bildend vor den Krämerbuden und Buchten vor den Haustoren, die kalten, fauligen Dunst ungelüfteten Bettzeugs, alter Fette und verwesenden Abfalls auf die Straße hauchten. Aus jedem x-beliebigen Anlaß stürzte die Menge in Panik und strömte dann bald nach der einen, bald nach der anderen Seite, erstickte, erdrückte, schrie und fluchte.«[16]

Zu den glücklichen Umständen, die zu Reich-Ranickis Überleben beitrugen, gehörte, daß er eine Anstellung beim »Judenrat« des Gettos fand. Dieses fünfundzwanzigköpfige Gremium wurde von der jüdischen Gemeinde auf Anweisung der Deutschen gebildet. Es hatte die Verwaltung des Gettos, einer Großstadt auf unerträglich engem Raum, zu übernehmen und die jüdischen Bürger den deutschen Behörden gegenüber zu vertreten. Der Rat spielte damit in der Geschichte des Gettos eine moralisch heikle Rolle: Er arbeitete mit den Deutschen zusammen und sorgte durch eine jüdische Miliz für die Ausführung ihrer Befehle. Zugleich aber war er, wie aus vielen Dokumenten hervorgeht, immer darauf bedacht, die Anordnungen der Besatzer abzuschwächen und möglichst vielen Juden das Leben zu retten. Die Mitarbeiter des »Judenrates«, also auch der junge Marceli Reich, hatten einigen Einfluß, genossen manche Privilegien und wurden schon deshalb von großen Teilen der Gettobevölkerung mit Mißtrauen oder auch Furcht betrachtet.

Um seine Aufgaben zu erfüllen, mußte der Rat täglich zahllose Schriftstücke aus dem Deutschen ins Polnische oder aus dem Polnischen ins Deutsche übersetzen lassen. Da Reich inzwischen fehlerfrei Polnisch sprach und Deutsch weit besser beherrschte als die meisten Soldaten oder Offiziere der Wehrmacht, war er für diese Aufgabe wie geschaffen. Er wurde trotz seiner Jugend zum Leiter des Übersetzungs- und Korrespondenzbüros des »Judenrates« ernannt, in dem neben ihm drei weitere Übersetzer arbeiteten. Seine Tätigkeit verschaffte Reich nicht nur ein schmales, aber regelmäßiges Einkommen und vorübergehend einen gewissen, wenn auch sehr unzuverlässigen Schutz vor einigen Willkürmaßnahmen der Deutschen, sondern vor allem Zugang zu entscheidenden Nachrichten über das künftige Schicksal der Warschauer Juden. Mit einem Mal war er kein »überflüssiger Mensch«[17] mehr, sondern er avancierte zum Miternährer der Familie und zählte zu den bestinformierten Personen des Gettos.

Vielleicht ist dies – neben seiner verständlichen permanenten Unruhe und nervlichen Anspannung in jener Zeit – auch ein Grund dafür, daß Bücher im Getto für Reich fast keine Rolle spielten. Er, der zuvor jahrelang in der Literatur eine Gegenwelt sah und über seine literarischen Kenntnisse Anerkennung zu erringen versuchte, genießt nun erhebliche Anerkennung durch seine Arbeit: »Romane habe ich damals, soweit ich mich erinnern kann, kaum gelesen, eher schon Lyrik, deutsche und polnische, Goethe und Heine.«[18] Seine spätere Frau Tosia schreibt für ihn einen Band mit Erich Kästners *Lyrischer Hausapotheke* ab, den er sich kurzfristig hat ausleihen können, illustriert die Blätter, heftet sie und schenkt ihm das selbstgefertigte Buch am 2. Juni 1941 zum einundzwanzigsten Geburtstag. Es ist erhalten geblieben und wurde im Jahr 2000 als Faksimile veröffentlicht. Darüber hinaus jedoch ist Reichs Interesse an Literatur oder den literarischen Veranstaltungen im Getto gering. Die Rolle einer ersehnten Gegenwelt übernimmt für ihn statt dessen die Musik. Die arbeitslosen Musiker des Gettos organisieren, um sich und ihre Familien ernähren zu können, ein reges Konzertleben, an dem sich Marceli Reich zunächst nur als Zuhörer, später als Kritiker und Mitveranstalter beteiligt. Kammermusik wurde auf hohem Niveau gespielt – »es gab im Getto drei Streichquartette, und alle drei waren gut«[19], erinnert sich Reich-Ranicki –, aber auch das Jüdische Symphonieorchester muß unter der Leitung des renommierten Dirigenten Szymon Pullman allen technischen und Besetzungsschwierigkeiten zum Trotz eine beeindruckende Qualität erreicht haben. Unter dem Kürzel W. H., dem Namen W. Hart und schließlich Wiktor Hart schreibt Marceli Reich über diese Auftritte in der Getto-Zeitung *Gazeta Żydowska* seine ersten Artikel – der einflußreichste Literaturkritiker der Bundesrepublik hat seine journalistische Karriere mit Musikrezensionen in polnischer Sprache begonnen. Er ist vorausschauend genug, für seine damals schon entschlossen urteilenden Kritiken ein Pseudonym zu wählen, um Konflikte mit ungünstig besprochenen Musikern zu vermeiden.[20] Was ihm, als er schließlich im Hauptgebäude des »Judenrates« selbst Solisten- und Kammermusikabende organisiert,

Szene aus dem Warschauer Getto: Eine ältere Frau bietet als Straßenhändlerin frisch gestärkte Armbinden mit dem Davidstern an. Im Hintergrund ein Plakat, das für ein Konzert mit dem von Reich-Ranicki geschätzten Dirigenten Szymon Pullman wirbt.

den Umgang mit den auftretenden Interpreten zweifellos erleichtert haben dürfte.

So unerträglich die Lebensbedingungen im Getto waren, so unermeßlich waren die Anstrengungen der jüdischen Bevölkerung, sich mit ihrem Elend zu arrangieren. Statistische Angaben und die Aufzeichnungen des Obmanns des Warschauer »Judenrates«, Adam Czerniaków, lassen erkennen, daß sich nach den katastrophalen Anfängen 1941 die Situation in den ersten Monaten des Jahres 1942 allmählich beruhigte: »Das Leben verlief«, schreibt der Historiker Israel Gutman, »in einigermaßen geregelten Bahnen, die Sterblichkeit nahm ab, immer mehr Leute fanden Arbeit. Eine gewisse Stabilisierung war zu spüren, die Hoffnung keimte auf, daß ein Überleben vielleicht doch noch möglich war.«[21] Parallel dazu hatte aber am 20. Januar 1942 in Berlin unter der Leitung Reinhard Heydrichs die sogenannte Wannsee-Konferenz getagt. Auf Anordnung Hitlers wurden dort die Maßnahmen zur »Endlösung der Judenfrage« festgelegt, sprich: die vollständige Ausrottung aller jüdischer Menschen in den von Deutschland beherrschten Gebieten besiegelt.

Die ersten Vorzeichen dieser Beschlüsse innerhalb des Gettos waren verschärfte Terrormaßnahmen der Deutschen. Sie verhafteten ohne Begründung Männer, die sie als Anführer einer möglichen Widerstandsbewegung betrachteten, und erschossen sie umgehend. »Es fiel auf«, notiert Reich-Ranicki später, »daß es meist Intellektuelle waren, darunter viele Ärzte.«[22]

Am 22. Juli 1942 wurde Marceli Reich dann Zeuge, wie SS-Offiziere Adam Czerniaków und dem »Judenrat« die Befehle zur Liquidierung des Gettos erteilten. Bereits kurz nach dem Krieg, noch bevor er Literaturkritiker wurde, baten ihn polnische Zeithistoriker, die Vorgänge dieses entscheidenden Tages schriftlich festzuhalten, seine Aussage ging in die Geschichtsschreibung des Holocaust ein: Begleitet von zwei Lastwagen mit Soldaten, fahren die Offiziere unangekündigt vor dem Hauptgebäude des »Judenrates« vor, setzen eine Konferenz an, zu der Reich als Protokollführer hinzugerufen wird, und eröffnen den Verantwortlichen der jüdischen Gemeinde, daß alle Juden von Warschau, »gleichgültig welchen Alters und Geschlechts«, nach Osten »umgesiedelt« würden. Ausgenommen seien nur einige wenige Personengruppen samt Familien – darunter all jene, die in deutschen Betrieben oder Behörden angestellt sind, die in Krankenhäusern oder die für den »Judenrat« arbeiten. Noch am selben Tag soll die jüdische Miliz die ersten sechstausend Menschen zum »Umschlagplatz« an den Bahngleisen nördlich des Gettos bringen, damit sie von dort in Waggons abtransportiert werden können. Täglich müssen jeweils weitere rund sechstausend Personen folgen. Danach erheben sich die Offiziere, stellen den Angehörigen des »Judenrates« in Aussicht, auf dem nahegelegenen Kinderspielplatz gehenkt zu werden, falls sie die Anweisungen nicht sofort und präzise erfüllen, und fahren ab.

Reich sorgt für die Übersetzung der deutschen Befehle, die binnen weniger Stunden im ganzen Getto plakatiert sein müssen. Danach überzeugt er einen Theologen, ihn sofort mit der eilig herbeigerufenen Tosia zu trauen, da sie dann als Familienmitglied eines Angestellten des »Judenrates« gilt und angeblich vom Deportationsbefehl ausgenommen wird. Die SS-Männer kümmern sich allerdings in den folgenden Wochen herzlich wenig um diese Zusage und treiben meist wahllos Menschen zum »Umschlagplatz«, ohne auf deren Papiere oder Funktion im Getto Rücksicht zu nehmen. Daß die Transporte nicht lediglich einer »Übersiedlung« dienen, sondern in den Tod führen, liegt auf der Hand. Doch viele Bewohner des Gettos wollen es nicht wahrhaben. Wie Marek Edelman, einer der späteren Führer des Gettoaufstandes, in seinen Erinnerungen berichtet, ist ein Abgesandter von Edelmans Untergrundorganisation den von Warschau abfahrenden Zügen gefolgt und hat dann in der illegalen Zeitung *Ojf der Wach* (Auf Wachposten) von den Transporten nach Treblinka berichtet: »Auf dieser Strecke fährt täglich aus Warschau ein Güterzug voller Menschen und kehrt dann leer zurück. Lebensmittel werden keine dorthin gebracht. Der Zutritt zum Bahnhof Treblinka ist der Zivilbevölkerung verboten.« Der Beobachter beschreibt sogar die Vorgänge im Lager und die Gaskammern, dazu beruft er sich auf die Aussagen zweier Flüchtlinge aus Treblinka. »Doch auch jetzt noch weigern sich die Juden beharrlich, es zu glauben. Angesichts der harten Wahrheit schließen sie Augen und Ohren«[23], schreibt Edelman. Noch heute ist es schwer, sich die maßlose Brutalität dieser Vorgänge in aller Deutlichkeit und ganz ungeschminkt vor Augen zu führen. »Auschwitz und Treblinka«, erklärt Reich-Ranicki einmal in einem Interview, »das sind zwei verschiedene Dinge. Auschwitz ist ja günstiger gewesen, besser als Treblinka. Warum? Da gab es ein Konzentrationslager und eine Gaskammer. Aber in Treblinka gab's nur Gaskammern. Da kamen die Züge an, die Menschen wurden sofort in die Gaskammern geschickt. Wenn man erst in einem Konzentrationslager war wie Auschwitz, wo ich nicht war, da waren noch vielleicht zwei, drei Tage bis zur Vergasung, da gab's vielleicht eine Möglichkeit der Rettung. In Treblinka gab es sie nicht.«[24]

Innerhalb des gut informierten »Judenrates« macht man sich jedoch von Anfang an keine Illusionen. Einen Tag nachdem die SS-Offiziere ihm ihre Befehle diktierten, begeht der Obmann Czerniaków Selbstmord. Sie hatten von ihm verlangt, für die ersten Transporte vor allem die Kinder aus den Waisenhäusern vorzusehen: »Ich kann doch nicht wehrlose Kinder dem Tod ausliefern«[25], schreibt er in seinem Abschiedsbrief und nimmt Zyankali. Reich-Ranicki widmet ihm, dem er als Übersetzer rund zwei Jahre lang direkt zugearbeitet hat, in seiner Autobiographie ein keineswegs unkritisches und doch von großer Sympathie getragenes, bewegendes Porträt: »Er war im Getto nur von wenigen geachtet, von vielen wurde seine Tätigkeit mißbilligt; er wurde sogar verabscheut und gehaßt. Denn man machte ihn für barbarische Maßnahmen der Deutschen mitverantwortlich, zumal kaum jemand wußte, daß er sich nahezu täglich bemühte, das Elend der Bevölkerung zu mildern – was in den meisten, doch nicht in allen Fällen vergeblich war.«[26] Ganz entschieden wendet er sich gegen den Vorwurf, Czerniaków und der von ihm geführte »Judenrat« hätten mit den Deutschen über das notwendige Maß hinaus kollaboriert. Auch Marek Edelman, der dem »Judenrat« nicht angehörte, nimmt ihn gegen diese Behauptungen ausdrücklich in Schutz: Czerniaków »war ein ehrlicher Mensch, der aus seiner Stellung keinen Vorteil schlug. Von den Deutschen wurde er systematisch gequält und beleidigt. Sie schlugen ihn sogar. Er hat ihnen gegenüber stets die Würde gewahrt.«[27] Doch sieht Reich-Ranicki andererseits auch die problematischen Seiten der Haltung Czerniaków – und benennt die Gefahr, Menschen, die damals unter unfaßbaren Bedingungen handeln mußten, heute vorschnell moralisch abzuurteilen: »Der Vorsitzende des ›Judenrates‹ in Warschau, Adam Czerniaków«, erzählt er im Gespräch mit Herlinde Koelbl, »den ich gekannt habe, war ein hochanständiger Mensch, der zu keiner Kollaboration mit deutschen Behörden bereit war. Er hat am zweiten Tag der sogenannten Umsiedlungsaktion – das bedeutete: der Deportation zu den Gaskammern – Selbstmord verübt, um nicht zum Vollstrecker dieser Grausamkeit zu werden. Mehr können Sie von einem Menschen nicht verlangen. Ich habe auch nicht gehört, daß einem anderen Mitglied des ›Judenrates‹ in Warschau je das Geringste vorgeworfen worden wäre. Im Unterschied zu den jüdischen Polizisten, die, um ihr Leben zu retten, in Todesnot andere in die Waggons gesteckt haben. Was übrigens diesen Polizisten nichts genützt hat. Auch sie wurden allesamt deportiert. Und jetzt komme ich zu einem anderen Punkt. An der Spitze des großen Gettos von Lodz stand ein Mann namens Mordechai Chaim Rumkowski. Dieser Rumkowski hat uneingeschränkt mit den deutschen Behörden zusammengearbeitet. Er war ein Kollaborateur. Im Warschauer Getto hat kein einziger Mensch überlebt. Es haben nur Menschen überlebt, die aus dem Getto geflohen sind wie wir beide. Und von den Aufständischen im Getto hat eine kleine Gruppe in der Kanalisation unter der Erde Zuflucht gefunden. Alle anderen wurden ermordet. Im Getto von Lodz haben zwanzigtausend oder dreißigtausend Menschen überlebt. Darüber mag urteilen, wer will. Rumkowski ist ermordet worden. Wenn er überlebt hätte, hätte er gesagt: Mir wollt ihr Vorwürfe machen? Ich habe einige zehntausend Menschenleben gerettet. Czerniaków ist wie ein Held gestorben. Aber er hat keinen Menschen gerettet. Was ist besser? Heroisch sein oder Leben retten? Ich bin nicht berufen, das zu entscheiden.«[28]

Die Familie Reich läßt sich nicht täuschen von der deutschen Propaganda, die »Umsiedlungen« führten lediglich in weiter östlich gelegene Arbeitslager. In den ersten Tagen der Deportationen wollen noch Hunderte von Gettobewohnern an diese Lüge glauben und ziehen freiwillig zum Bahnhof, da sie annehmen, die Deutschen bauten in Rußland gigantische Verteidigungsanlagen, für die sie Zwangsarbeiter bräuchten. Nicht zuletzt wegen der hervorragenden Informationen Marceli Reichs sind seine Angehörigen gewarnt. Dennoch wird Tosias Mutter Emilie Langnas schon im August 1942 aus einer Textilfirma, in der sie Zuflucht gesucht hatte, direkt zum »Umschlagplatz« getrieben, von dem aus die Züge nach Treblinka in den Tod abfahren. David und Helene Reich überstehen erste Selektionen, sind aber zu alt, um Arbeit in einem der Betriebe zu finden, die den Deutschen erhaltenswert erscheinen. Schließlich werden am 6. September alle verbliebenen Bewohner des Gettos auf den »Umschlagplatz« kommandiert. Da David Reich – er ist zu diesem Zeitpunkt zweiundsechzig Jahre alt – und Helene Reich – die wenige Tage zuvor ihren achtundfünfzigsten Geburtstag gefeiert hat – »Kraft und Lust« fehlen, sich vor den Deutschen »irgendwo zu verbergen«, wie ihr Sohn später schreibt, gibt es für sie keinen Ausweg mehr: »Ich sagte ihnen, wo sie sich anstellen mußten. Mein Vater blickte mich ratlos an, meine Mutter erstaunlich ruhig. Sie war sorgfältig gekleidet: Sie trug einen hellen Regenmantel, den sie aus Berlin mitgebracht hatte.

Ich wußte, daß ich sie zum letzten Mal sah. Und so sehe ich sie immer noch: meinen hilflosen Vater und meine Mutter in dem schönen Trenchcoat aus einem Warenhaus unweit der Berliner Gedächtniskirche. Die letzten Worte, die Tosia von meiner Mutter gehört hat, lauten: ›Kümmere dich um Marcel.‹«[29]

Nachdem diese vorläufig letzte Selektion »am 10. September endet, erlauben die Deutschen rund 35 000 Personen, im Getto zu bleiben. Weiteren 25 000 Personen ist es gelungen, sich zu verstecken«.[30] Andere Quellen berichten von 65 000 bis 70 000 Juden, die den Zügen nach Treblinka vorerst entgingen und nun in einem »Bezirk von etwa 950 mal 280 Meter im Nordosten des alten Gettos zusammengedrängt wurden«.[31] Anfang Oktober meldet SS-Obergruppenführer Jürgen Stroop, es seien 310 332 Bewohner des Warschauer Gettos »umgesiedelt« worden – die Bevölkerung einer Stadt in der Größenordnung des heutigen Mannheim oder Bielefeld ist innerhalb von sieben Wochen systematisch deportiert und ermordet worden. Insgesamt wurden zwischen Juli 1942 und Oktober 1943 in Treblinka 750 000 Menschen vor allem aus den Distrikten Warschau, Radom, Bialystok und Lublin getötet.[32]

Die »Große Aktion« zur Vernichtung der Menschen im Getto ist damit abgeschlossen, dennoch folgen ihr sporadisch noch kleinere Selektionen und Transporte zu den Gaskammern. Marcelis Bruder Alexander wird im November aus dem Getto in ein Lager bei Lublin, später in ein anderes bei Poniatowa verlegt – wo ihn SS-Leute am 4. November 1943 zusammen mit seiner Lebensgefährtin ermorden.

Marceli und Tosia Reich erhalten nach der »Großen Aktion« zunächst eine Wohnung in der Miła-Straße, also in der Nachbarschaft zu jenem Kellerbunker, in dem einige Monate später die meisten Kommandanten des Gettoaufstandes umkommen werden. Reich ist weiterhin als Übersetzer für den »Judenrat« tätig und kann dort auch seiner Frau Beschäftigung verschaffen. Kopien der Papiere, die durch seine Hände gehen und die die katastrophale Lage der Warschauer Juden widerspiegeln, gibt er an das illegale Archiv des Historikers Emanuel Ringelblum weiter. Sie werden zusammen mit anderen Dokumenten, Briefen, Aufzeichnungen oder Plakaten kurz vor der totalen Liquidation des Gettos in Metallbehältern vergraben. Mehrere der Behälter sind nach dem Krieg wiedergefunden worden. Die Papiere, darunter etliche, die mit Marceli Reichs Kürzel »mr« versehen sind, bilden bis heute eine Grundlage für Forschungen zur Geschichte des Gettos.

Die vorläufig von den Deutschen Verschonten dürfen sich in den Monaten nach der »Großen Aktion« nicht mehr allein auf den Straßen bewegen. Sie werden in Kolonnen unter Bewachung zu ihren Arbeitsstellen und zurück geführt. »Da geschah es«, erinnert sich Reich-Ranicki, »daß ich einmal ohne Tosia im Büro war, denn sie sollte mit einer anderen Kolonne etwas später nachkommen – und kam nicht. Plötzlich wurde ich benachrichtigt, sie sei auf dem ›Umschlagplatz‹. Niemand konnte wissen, wann der nächste Zug abgehen würde. Man mußte sofort handeln: Ich suchte jenen rabiaten Kommandanten der jüdischen Miliz auf dem ›Umschlagplatz‹, der meinen Eltern für die Fahrt zur Gaskammer ein Brot gegeben hatte. Ich fand ihn. Es war gerade ein ruhiger Tag, an dem es keine SS-Leute auf dem ›Umschlagplatz‹ gab. So konnte er Tosia freilassen. Sie kam zu mir, aufgeregt und aufgelöst. Wie sie auf den ›Umschlagplatz‹ geraten war und was sie dort erlebt hatte, wollte oder konnte sie mir nicht erzählen. Ich habe es nie erfahren. Nur glaube ich bis heute, daß die Krankheit, an der sie nach dem Krieg, zumal ab 1950, leiden mußte, in jenen Stunden ihren Anfang genommen hat. Wer, zum Tode verurteilt, den Zug zur Gaskammer aus nächster Nähe gesehen hat, der bleibt ein Gezeichneter – sein Leben lang.«[33]

Die Tatsache, daß es Reich-Ranicki gelingen konnte, einen

Unterschlupf für seine Frau beim »Judenrat« zu finden und bei der jüdischen Miliz ihre Freigabe vom »Umschlagplatz« durchzusetzen, darf wohl als ein Indiz für die Autorität gewertet werden, über die der gerade zweiundzwanzigjährige Chefübersetzer im Getto verfügte. Dennoch – oder gerade deshalb – verfolgte ihn sogar hier sein Lebensschicksal, jederzeit und überall als Außenseiter, als ein Nicht-Dazugehörender betrachtet zu werden. Zum einen begegneten viele Bewohner des Gettos den Mitarbeitern des »Judenrates« mit Zurückhaltung, da sie sie wegen ihrer Kontakte zu den Deutschen ablehnten. Zum anderen lebte Reich erst seit rund vier Jahren und seine aus Lodz stammende Frau erst seit drei Jahren in Warschau. Schon allein deshalb bestanden zwischen ihnen und den in der Stadt aufgewachsenen Juden ihres Alters gewisse Vorbehalte – wie sich indirekt aus einer Bemerkung Marek Edelmans ablesen läßt, der als einer der wenigen Anführer der jüdischen Kampforganisation ŻOB den späteren Gettoaufstand überlebte: »Man ließ keinen in die Organisation hinein, den man nicht von Kindheit an kannte. Wir waren Freundeskreise, die seit Jahren miteinander verkehrten, Schulkameraden aus demselben Hinterhof, Mitglieder von Jugendorganisationen. (...) Nicht von ungefähr hat es bei uns keinen einzigen Fall von Verrat gegeben.«[34]

Trotzdem kommt es zwischen Tosia und Marceli Reich und der ŻOB zu einer kurzen, für beide Seiten hilfreichen Zusammenarbeit. Am 18. Januar 1943 beginnen die Deutschen erneut mit massiven Deportationen aus dem Getto. Auch das junge Ehepaar Reich wird gleich morgens um sechs Uhr aus seiner Wohnung getrieben und in einer langen Menschenkolonne Richtung »Umschlagplatz« geführt. Auf jeden, der aus der Kolonne auszuscheren versucht, wird von den Bewachern geschossen. Dennoch entscheiden sich die beiden, ihr Leben zu riskieren. »Schon wollte ich fliehen, doch den tödlichen Schuß befürchtend, zögerte ich noch einen Augenblick. Da zerrte mich Tosia aus der Reihe, wir rannten in das Tor eines schon im September 1939 zerstörten Hauses.«[35] Einer der Wachleute zielt mit seinem Gewehr auf sie, schießt aber nicht, wie die beiden von anderen erfahren, die Minuten später aus der Kolonne entkommen können. Zu ihrer Überraschung stellen die beiden Geflohenen fest, daß die Keller der Miła-Straße weitläufig untereinander verbunden sind. So können sie durch endlose labyrinthische Gänge fliehen. In einem abgelegenen Winkel verbergen sie sich bis zum Abend. Die Nacht verbringen sie mit anderen Flüchtlingen in einem unbenutzten Haus des »Judenrates«, wo sie sich hinter einem Stapel aus Tausenden alter Bücher verstecken: »In der Tat: Die Bücher haben uns das Leben gerettet.«[36]

Schon kurz darauf werden die neuen Deportationsaktionen von den Deutschen gestoppt, denn ihnen schlägt zu ihrer Überraschung bewaffneter Widerstand im Getto entgegen. Die ŻOB hat nach dem Beginn der Transporte nach Treblinka mit improvisierten Mitteln aufgerüstet und bemüht sich nun mit Erfolg, den SS-Truppen Verluste beizubringen. Nach der Unterbrechung der Deportationen liegt gespannte Ruhe über dem Restgetto. Alle verbliebenen Bewohner sind sich bewußt, daß die endgültige Liquidation nur aufgeschoben ist, daß sie also unausweichlich der Tod in den Gaskammern erwartet. Tosia und Marceli Reich beschließen daraufhin, die Flucht aus dem Getto zu wagen. Da sie weder Geld noch Freunde in Warschau haben, die ihnen uneigennützig helfen würden, und zumindest Reich-Ranicki leicht als Jude zu erkennen ist, sind ihre Überlebenschancen jenseits der Gettomauern minimal. Um diese Chancen wenigstens geringfügig zu erhöhen, versucht Reich-Ranicki, Geld zu beschaffen. Er macht ein Mitglied der jüdischen Kampforganisation darauf aufmerksam, daß der »Judenrat« nach wie vor wöchentlich Geld an die deutschen Behörden zahlt, und schlägt vor, die Kasse des »Judenrates« zu berauben. Tatsächlich kann die ŻOB mit Hilfe des Ehepaars Reich einen Überfall organisieren, bei dem niemand körperlich zu Schaden kommt. Von den erbeuteten 100 000 Złoty[37] will die ŻOB Waffen kaufen, um die im Getto verbleibenden Juden zu verteidigen, sie gewährt aber Tosia und Marceli Reich jeweils etwa fünf Prozent als Prämie. Mit der Adresse einer ihnen unbekannten Familie ausgestattet, die ihnen vielleicht – gegen Bezahlung – Unterschlupf gewährt, lassen sie sich von einem bestochenen Grenzposten am 3. Februar 1943 aus dem Getto schmuggeln.

Zu den größten Gefahren für die Gettoflüchtlinge gehörten, neben den deutschen Patrouillen, die sogenannten »Schmalzowniks«: Polen, die nach jüdisch aussehenden Passanten Ausschau hielten, um sie mit der Drohung zu erpressen, sie den deutschen Behörden auszuliefern. Untergetauchte Juden in Warschau verloren auf diese Weise schnell ihr letztes Vermögen, ihre Habseligkeiten, ja sogar ihre Kleidung. Kaum hatten die Reichs das Getto verlassen, fielen sie zwei polnischen Polizisten in die Hände, die ihnen umgehend erhebliche Zahlungen abnötigten. Eine ernüchternde Erfahrung, die sich in den nächsten Wochen bei verschiedenen Gelegenheiten wiederholte. Allerdings waren die Risiken für Polen, die Juden versteckten, nicht gering. Wurden die Flüchtlinge entdeckt, mußte jeder, der ihnen Zuflucht gewährt oder der auch nur ihren Aufenthaltsort gekannt hatte, damit rechnen, von den Deutschen mitsamt seiner ganzen Familie erschossen zu werden. Dennoch haben, schreibt Marek Edelman, »bis zum Beginn des Warschauer Aufstandes im August 1944 auf der arischen Seite noch über zwölftausend Juden gelebt. Um ihnen das Überleben zu ermöglichen, mußten sich rund hunderttausend Menschen engagieren. In Warschau hat also jeder siebte Pole an der Unterstützung der Juden mitgewirkt. Ob er es für Geld getan hat oder aus anderen Motiven, ist dabei unwichtig. Wichtig ist, daß er es getan hat.«[38]

Das Ehepaar Reich übersteht die ersten Wochen unbeschadet in wechselnden Verstecken. Doch nachdem zwischen dem 19. April und dem 16. Mai 1943 der Aufstand der ŻOB von den

Tosia Reich nach der Flucht aus dem Getto
frisiert und gekleidet als polnisches Dienstmädchen

deutschen Truppen mit erheblichem militärischem Aufwand niedergerungen worden ist, müssen die wenigen noch überlebenden Juden aus dem nun vollständig zerstörten Getto fliehen – und die »Schmalzowniks« sind aufmerksamer denn je. Tosia Reich hat sich inzwischen mit gefälschten Papieren, die sie als »Arierin« ausweisen, Arbeit als Dienstmädchen bei einer Warschauer Familie verschaffen können, wo sie den größten Teil ihrer Zeit verbringt. Doch Marceli Reich wird von einem jungen Mann in einem Versteck aufgestöbert, erpreßt und so um sein letztes Bargeld, einen Füllfederhalter und Kleider gebracht.

Der Mann kehrt in den nächsten Tagen wieder, zeigt sich überraschend umgänglich und stellt ein sicheres Versteck im Haus seines Bruders am östlichen Stadtrand Warschaus in Aussicht – offenbar in der Hoffnung, nach dem Krieg für diese Rettung bezahlt zu werden. Reich-Ranicki gibt dem Erpresser in seiner Autobiographie den Namen Antek. Tatsächlich hieß er, wie Gerhard Gnauck, der Polen-Korrespondent der *Welt*, 2004 ermittelte, Janek Gawin.[39] Reich-Ranicki hat ihm, um mögliche Konflikte wegen der gegen ihn erhobenen Vorwürfe zu vermeiden, in *Mein Leben* einen falschen Namen gegeben.[40] Obwohl Reich-Ranicki nach der vorangegangenen Erpressung zu dem Mann verständlicherweise wenig Vertrauen hat, bleibt ihm keine andere Wahl: Er läßt sich von ihm mit einer alten Eisenbahnerjacke, einer Mütze, einer großen, rostigen Zange und etwas Ruß in einen Bahnarbeiter verwandeln und folgt ihm so zu dem Vorort Goclawek auf der rechten Weichselseite der Stadt. Bolek Gawin, der ältere Bruder des Erpressers, und seine Frau Genia erweisen sich als einfache, aber freundliche und mutige Menschen: »Kaum hatten wir uns eine Viertelstunde unterhalten, da verblüffte mich Bolek mit einem ganz schlichten und ganz ohne Nachdruck gesprochenen Satz: ›Es wäre doch so schön, wenn Sie diesen schrecklichen Krieg hier bei uns überleben könnten.‹«[41]

Bolek ist ein arbeitsloser Setzer, der gern und viel Wodka trinkt, Genia eine etwas vernachlässigte Rothaarige, die wöchentlich bei einer benachbarten Bäckerfamilie putzt und dafür mit Brot für ihre Familie bezahlt wird. Die beiden sind knapp fünfzehn Jahre älter als der Flüchtling aus dem Getto und haben zwei Kinder, einen Sohn und eine Tochter. Trotz der damit verbundenen Risiken erlauben sie Marceli Reich zu bleiben. Und sie nehmen kurz darauf auch seine Frau Tosia auf, die wegen einer Unbedachtheit als Jüdin erkannt wird, ihre Arbeit als Dienstmädchen verliert und ihre »arischen« Papiere nicht mehr benutzen kann. Sechzehn Monate lang, vom Juni 1943 bis zum September 1944,

Bolek Gawin

Genia Gawin

leben die sechs Personen in dem Zweizimmerhaus auf engstem Raum zusammen, immer in Gefahr, durch irgendein Versehen, durch einen banalen Zufall oder eine unvorsichtige Bemerkung der Kinder verraten zu werden: »Tagsüber waren wir in einem Keller, einem Erdloch oder auf dem Dachboden versteckt, nachts haben wir für Bolek gearbeitet: Wir fertigten mit den primitivsten Mitteln Zigaretten an – Tausende, Zehntausende. Er verkaufte sie, machte jedoch nur geringen Gewinn. So lebten Bolek und seine Familie in Armut. Unser Elend indes war noch viel schlimmer: Wir hungerten.«[42]

Die Situation ist für alle Beteiligten entbehrungsreich und physisch wie psychisch extrem belastend. Zwar bekommt Tosia Reich auf Umwegen kleine Geldbeträge von einer Verwandten. Aber sie reichen bei weitem nicht für die Versorgung der Flüchtlinge aus. So sind die beiden völlig abhängig von der Familie Gawin, die jetzt zwar Lebensmittel für sechs Personen beschaffen muß, aber dabei keinen Verdacht erregen darf. »Überhaupt«, schreibt Reich-Ranicki, »war diese Zeit die weitaus schwerste in meinem Leben. Sie war viel, viel schwerer als die Zeit im Getto. Das ist überhaupt nicht vergleichbar.« Auch in diesem Fall ist es bezeichnenderweise das Gefühl, isoliert und ausgeschlossen zu sein, das ihm besonders zusetzt: »Im Getto war man immerhin in einer großen, sagen wir pathetisch, Schicksalsgemeinschaft. (...) Jetzt dagegen waren wir vollkommen allein bei diesem einfachen Mann und seiner Frau. Und wir sahen sehr deutlich, daß dieser Mann, je länger die Sache dauerte, uns im Grunde loswerden wollte. Nicht deshalb, weil er Angst hatte vor den deutschen Behörden und fürchtete, man werde ihn erschießen. Er war wie viele Polen ein etwas leichtsinniger Mensch, und er nahm diese Bedrohung nicht gar so ernst. Aber er sagte oft: ›Es geht nicht. Ihr müßt uns verlassen, sonst werden wir hier alle zusammen verhungern. Ganz einfach verhungern.‹«[43] Dennoch halten sich die Gawins immer wieder gegenseitig davon ab, die schutzlosen Flüchtlinge aus ihrem Haus zu weisen. Eine Situation, die vor allem Boleks Selbstwertgefühl gelegentlich zu schmeicheln scheint: »Wenn er etwas mehr als üblich getrunken hatte, pflegte er bedeutungsvoll und lauter als sonst zu sprechen. So blickte er uns eines Tages – wir waren noch nicht lange bei ihm – übermütig an und erklärte mit verwegener Miene, besonders langsam und nicht ohne Feierlichkeit: ›Adolf Hitler, Europas mächtigster Mann, hat beschlossen: Diese beiden Menschen hier sollen sterben. Und ich, ein kleiner Setzer aus Warschau, habe beschlossen: Sie sollen leben. Nun wollen wir mal sehen, wer siegen wird.‹«[44]

Boleks und Genias Tochter Barbara Rochowska, das einzige heute noch lebende Mitglied der damaligen Familie Gawin, bestätigt Reich-Ranickis Bericht über diese Zeit, auch wenn ihre Erinnerungen in Details von seinen abweichen. So ist sie sich zum Beispiel sicher, daß Tosia beim Zigarettendrehen geholfen habe,

»aber der Herr Marceli nicht, der war dafür nicht geeignet«. Außerdem erinnert sie sich an Geschehnisse, die Reich-Ranicki unerwähnt läßt: Ein vorlauter Junge aus der Nachbarschaft scheint die Reichs und ihre Beschützer in größte Gefahr gebracht zu haben, als er sich damit brüstete zu wissen, daß die Familie Gawin zwei Juden verstecke. Die Tochter begriff, was das bedeutete: »Ich rannte zur Mutter. Ihr wurden die Beine weich. Sie ging zu den Nachbarn und schlug Krach: ›Wer hat bei mir Juden gesehen? Das war doch Onkel Janek mit seiner Freundin, die haben sich bei uns getroffen, um sich zu küssen, verstanden? Wenn ihr weiter von Juden redet, gehe ich zur Gestapo und verklage euch!‹« Der Bluff gelang und rettete allen Beteiligten das Leben. Auch ein ernster Streit zwischen ihrem Vater und Marceli Reich ist Barbara Rochowska im Gedächtnis geblieben: Tosia war tagsüber für einige Stunden aus dem Haus verschwunden. Bolek Gawin fürchtete offenbar, sie sei den Deutschen in die Hände gefallen, und wollte deshalb auch ihren Mann sofort aus dem Haus haben: »Marceli, der immer eine Schnur zwischen den Fingern hin- und herdrehte, antwortete ihm: ›Wenn sie schlagen, tut es weh.‹«[45] Reich, der noch sechzig Jahre später gern und oft Gummiringe zwischen den Fingern dreht, deutete so an, daß er im Falle einer Festnahme durch die Deutschen vermutlich gefoltert werden würde und möglicherweise preisgeben könnte, bei wem er so lange versteckt war – was die Familie Gawin in Lebensgefahr brächte. Also besann sich Bolek, schickte Marceli Reich nicht auf die Straße, und Tosia tauchte wieder auf, ohne von Deutschen behelligt worden zu sein.

Wie Scheherazade in *Tausendundeiner Nacht* betätigte sich Reich in diesen Monaten des Wartens, Hoffens und Zitterns als ein Geschichtenerzähler, der redet, um Zeit zu gewinnen, Lebenszeit: »Unterhalten haben wir uns oft und lange, zumal wenn es dunkel war, also während der Sperrzeit. Das Licht war dann im ganzen Stadtteil abgeschaltet. Man hatte keine andere Beleuchtung als

Barbara Rochowska, die Tochter von Bolek und Genia Gawin, heute vor dem Haus, in dem sich das Ehepaar Reich von Juni 1943 bis September 1944 vor den Deutschen verbarg.

Petroleum oder Karbidlampen. Diese Beleuchtung kostete aber Geld, das man möglichst sparen wollte. Also saß man im Dunkeln und unterhielt sich über alle möglichen Dinge. Irgendwann kam die Frau des Setzers auf die Idee, ich solle denen mal was erzählen, und damit begann eine lange, monatelang dauernde Zeit, wo ich täglich stundenlang dem Setzer und seiner Frau Geschichten erzählte – möglichst spannende Geschichten, die einfach den Zweck hatten, die beiden zu unterhalten. Je besser eine Geschichte war, je spannender, desto mehr wurden wir belohnt. Mit einem Stück Brot, mit zwei Mohrrüben oder dergleichen. (...)

Übrigens habe ich keine Geschichten erfunden, keine einzige. Ich erzählte vielmehr, woran ich mich erinnern konnte: *Werther, Rigoletto, Immensee, Madame Butterfly, Kabale und Liebe, Schimmelreiter, Hamlet, Traviata, Effi Briest, Romeo und Julia, Aida* – kurz, alles durcheinander: Romane, Opern, Dramen, Novellen, auch Filme.« Und der spätere Literaturkritiker Reich-Ranicki beobachtete die Reaktionen seines Publikums auf diese Geschichten genau: »Ich hatte damals die Möglichkeit, mich davon zu überzeugen, wie literarische Figuren und Motive auf einfache Menschen wirken. Ich entsinne mich, daß *Kabale und Liebe* beispielsweise ungleich stärker wirkte als *Hamlet.*«[46]

Als sich endlich die Rote Armee Warschau nähert und damit das Ende der Furcht vor den Deutschen in greifbare Nähe rückt, soll Bolek Gawin zur deutschen Wehrmacht eingezogen werden. Er hatte Jahre zuvor mit zweifelhaften Argumenten beantragt, als Volksdeutscher anerkannt zu werden, da er sich von diesem Status eine bessere Lebensmittelversorgung für seine Familie erhoffen konnte. Die militärische Niederlage vor Augen, geben die deutschen Behörden solchen Anträgen nun statt und wollen mit den kampffähigen Männern aus den betreffenden Familien die immer größer werdenden Lücken in den Reihen der Wehrmacht auffüllen. Ein Uniformierter kommt ins Haus, um Bolek abzuholen. Doch der versteckt sich, erinnert sich seine Tochter Barbara Rochowska: »Im Keller saßen diesmal Marceli, Tosia und mein Vater. Der Deutsche stieß mit dem Gewehrkolben auf die Dielen. Doch die waren dick genug, er hat nichts gemerkt.«[47]

Kurze Zeit später, am 7. September 1944, endet für das Ehepaar Reich nach einer Frist von fünf Jahren und einer Woche die Zeit permanenter Demütigung, Verfolgung und Todesangst. Die deutschen Soldaten müssen sich vor dem Druck der anrückenden Roten Armee vom rechten Weichselufer zurückziehen, das Haus der Gawins befindet sich für einige gefahrvolle Minuten zwischen den Fronten, dann pocht ein russischer Infanterist an die Tür, und die beiden Versteckten sind frei.

Am 8. September 1944 verabschieden sich Marceli und Tosia Reich von ihren Rettern: »Wir wollten schon aufbrechen, da sagte Bolek: ›Ich hab hier etwas Wodka, laßt uns ein Gläschen trinken.‹ Ich spürte, daß er uns noch etwas mitzuteilen hatte. Er sprach ernst und langsam: ›Ich bitte euch, sagt niemandem, daß ihr bei uns gewesen seid. Ich kenne dieses Volk. Es würde uns nie verzeihen, daß wir zwei Juden gerettet haben.‹ Genia schwieg. Ich habe lange gezögert, ob ich diesen erschreckenden Ausspruch hier anführen soll. Wir, Tosia und ich, haben ihn nie vergessen. Aber wir haben auch nie vergessen, daß es zwei Polen waren, denen wir unser Leben verdanken, Bolek und Genia.«[48] Erst Stunden zuvor der Bedrohung durch die Deutschen entkommen, wird den beiden Juden sofort in schmerzlicher Härte bewußtgemacht, daß sie keineswegs alle Gefahren hinter sich haben und auch in Zukunft, um das mindeste zu sagen, Außenseiter bleiben werden.

Marceli Reich und seine Frau fürchten, die deutschen Truppen könnten wieder vorstoßen, und wollen deshalb die Front so schnell wie möglich hinter sich lassen. Sie werden zusammen mit mehreren Leidensgenossen auf einem offenen Militärlastwagen nach Lublin transportiert, der provisorischen Hauptstadt des erst halb befreiten Polens. Die beiden tragen Lumpen, sie sind stark abgemagert, die Entbehrungen der zurückliegenden Jahre haben tiefe Spuren in den Gesichtern hinterlassen. Ein Mitreisender schätzt Reich-Ranickis Alter auf knapp fünfzig, er war damals vierundzwanzig. Wieder beschränkt sich sein gesamter materieller Besitz auf die Kleidung, die er am Körper trägt. Wieder muß er, wie knapp sechs Jahre zuvor, als er nach Polen kam, ganz und gar von vorn anfangen.

Der lange Weg zurück zur Literatur

Weit über ein Drittel der Infrastruktur war zerstört, ein Fünftel der Menschen umgekommen, die Militärmaschinerien zweier massenmordender Diktatoren beherrschten das Land und zerfleischten einander ohne Rücksicht auf die Bevölkerung – aus heutiger Sicht ist es nicht leicht, sich das Leben in Polen während der Monate der Eroberung durch die Rote Armee vorzustellen. Von geordneten gesellschaftlichen Verhältnissen konnte nicht mehr die Rede sein, die zivilen Institutionen waren weitgehend zerrüttet und zu schwach, um den Bürgern auch nur ein Minimum an Sicherheit zu garantieren. In dieser Situation bereitete sich in Lublin das sogenannte Polnische Komitee der Nationalen Befreiung unter kaum getarnter sowjetischer Führung auf die Übernahme der Macht vor – was bei den meisten Polen auf Mißtrauen stieß. Denn sie pflegten in Erinnerung an die oft grausame russische Besatzungspolitik während der gut hundertzwanzigjährigen Teilung, an den polnischen Feldzug gegen die Sowjetunion von 1920 und an den Hitler-Stalin-Pakt einen soliden Haß auf den östlichen Nachbarstaat. Sie fühlten sich von der Roten Armee nicht nur befreit, sondern zugleich okkupiert, und sahen in dem in Lublin konstituierten Komitee mit Recht eine bloße Marionette Stalins.

Deshalb vor allem erhob sich in Warschau am 1. August 1944 die größte militärische Untergrundorganisation Polens, die Heimatarmee (AK), mit Wissen der nichtkommunistischen Londoner Exilregierung gegen die deutsche Wehrmacht. Sie wollte die Hauptstadt aus eigener Kraft befreien, bevor die Sowjets anrückten. Es sollten politische Tatsachen geschaffen werden, die den Anspruch des Lubliner Komitees auf Übernahme der Regierungsgewalt zumindest in Frage stellen konnten. Die erbitterten Straßenkämpfe zwischen AK und den Deutschen wüteten noch auf dem linken Weichselufer, als die Rote Armee im September den Warschauer Vorort Goclawek auf der rechten Weichselseite unter ihre Kontrolle brachte – und damit auch das Haus der Gawins samt dem dort versteckten Ehepaar Reich. Allerdings beeilten sich die sowjetischen Truppen nun keineswegs, den aufständischen Polen zu Hilfe zu kommen. Vielmehr stoppten sie ihren Vormarsch an der Weichsel und warteten bis zum Januar 1945 tatenlos ab. In diesem Zeitraum wurde die AK von Wehrmacht und SS-Truppen vernichtend geschlagen, ein großer Teil der nichtkommunistischen Elite des Landes getötet, die ohnehin stark zerstörte Stadt Warschau auf Befehl Hitlers systematisch dem Erdboden gleichgemacht und deren Bevölkerung in deutsche Lager verschleppt.

Angesichts dieser Lage scheint es zunächst überraschend, daß die Reichs, die vor und während ihrer Zeit im Getto keinen kommunistischen Organisationen angehörten, nach ihrer Rettung sofort nach Lublin fuhren, um sich dort ausgerechnet bei den polnischen Einheiten zum Militärdienst zu melden, die unter sowjetischem Oberbefehl standen. Reich-Ranicki schreibt in *Mein Leben*, seine Frau und er hätten es für ihre »selbstverständliche Pflicht« gehalten, »im Rahmen unserer Möglichkeiten wenigstens im letzten Augenblick zum Kampf gegen jene beizutragen, die die Unsrigen ermordet und uns gepeinigt hatten. Daß man im Militär zu essen bekam und überdies eine Uniform, mag dabei auch eine Rolle gespielt haben.«[1] Verständliche Motive, doch es waren, wenn man sich die historische Situation genauer vor Augen führt, nicht die einzigen Gründe, die dafür sprachen, den Militärlastwagen nach Lublin zu besteigen. Hinzu kam, daß sich das Leben in den von der Roten Armee eroberten Territorien keineswegs sofort normalisierte. »Die Sowjetunion«, schreibt Bogdan Musial, Mitarbeiter des Deutschen Historischen Institutes in Warschau, »betrachtete Polen und seine Menschen, besonders Frauen, als Kriegsbeute. Vergewaltigungen, Plünderungen, mutwillige Zerstörungen und Morde waren an der Tagesordnung.«[2] Menschen, die durch den Krieg entwurzelt worden waren wie Tosia und Marceli Reich, die ihre Identität und die Geschichte ihres Überlebens nicht mit anerkannten Personalpapieren dokumentieren konnten, liefen Gefahr, von der sowjetischen Geheimpolizei NKWD als Mitglieder der AK betrachtet und in Straflager geschafft zu werden: »Östlich von Warschau suchte der NKWD«, so der Historiker Norman Davies, »weiterhin nach Aufständischen und anderen ›Illegalen‹. ›Illegal‹ war jeder, der keine ausdrückliche Genehmigung des NKWD besaß.«[3] Mehr als fünfzigtausend wirkliche oder vermeintliche Angehörige der AK wurden in die Sowjetunion deportiert[4] und kehrten, wenn überhaupt, erst Jahre später zurück. Es wäre also für die gerade geretteten Reichs mit Gefahren verbunden gewesen, sich im östlichen Teil Polens aufzuhalten, ohne sich der Roten Armee anzuschließen.

Andererseits war eine Begegnung mit der nichtkommunistischen AK für Juden in jenen Wochen ebenfalls nicht ohne Risiko. Marek Edelman, der sich nach dem gescheiterten Gettoaufstand mit bewaffneten Freunden am Warschauer Aufstand beteiligen wollte, berichtet, daß er mehrfach beobachten mußte, wie Angehörige der AK während der Straßenschlachten aus fadenscheinigen Gründen jüdische Kämpfer aus den eigenen Reihen erschossen, einmal sogar eine ganze Gruppe von Juden ermordeten, die sich monatelang vor den Deutschen verborgen hatte. Schließlich schloß sich Edelman der Volksarmee (AL) an, einem kleineren kommunistischen Partisanenverband, bei dem er sich zumindest vor den eigenen Kameraden sicher fühlte.[5] Die kommunistische Partei hatte vor dem Krieg in der polnischen Bevölkerung zwar nur einen sehr geringen Rückhalt gehabt. Fast ein Drittel ihrer Mitglieder waren jedoch Juden gewesen, weshalb in ihren Reihen der Antisemitismus verhältnismäßig schwach ausgeprägt war. Aber selbst unabhängig von direkten Kampfhandlungen, so berichtet Edelman, wurden manche Juden, die 1939 vor den Deutschen in die Sowjetunion geflohen waren und nun mit der Roten Armee zurückkehrten, von polnischen Nachbarn, die sich in der Zwischenzeit deren zurückgelassenen Besitz angeeignet hatten, gleich nach ihrer Ankunft umgebracht. Angaben, die nicht zuletzt deshalb Glaubwürdigkeit gewinnen, weil Edelman zwar seinerzeit bei der kommunistischen AL Schutz suchte, aber aus seinen antikommunistischen Überzeugungen und seiner Ablehnung des durch die Sowjets in Polen installierten Regimes nie einen Hehl machte. Es gab also für Juden, die dem deutschen Terror entronnen waren, in diesen letzten Kriegsmonaten neben marxistischen Überzeugungen oder der Aussicht auf Lebensmittel und Kleider noch andere Gründe, sich den polnischen Einheiten innerhalb der Roten Armee anzuschließen. Diese Entscheidung diente 1944 wohl schlicht dem Überleben – und stellte wichtige Weichen für den weiteren Lebensweg eines so begabten und zugleich so ehrgeizigen und nach Anerkennung strebenden jungen Mannes wie Marceli Reich.

Zunächst allerdings lehnt der Militärarzt Tosia und Marcel Reich bei der Musterung in Lublin wegen Unterernährung ab. Die beiden müssen regelrecht um ihre Aufnahme in die Armee kämpfen und werden schließlich nur mit Blick auf eine geplante Propaganda-Einheit des polnischen Militärs doch noch mobilisiert. Die Uniformen, die sie von nun an tragen, verschaffen ihnen im Kriegschaos einen anerkannten Status und umgehend gewisse

Sicherheiten. Die Planungen für die Propaganda-Abteilung verlaufen jedoch schnell im Sand. Reich-Ranicki verdankt ihnen letztlich nur die Bekanntschaft mit dem Satiriker und Aphoristiker Stanisław Jerzy Lec, der jene Einheit führen sollte und dem er bei der Übersetzung von Gedichten Bertolt Brechts assistiert. Sobald die Vorbereitungen für diese Propaganda-Abteilung wieder eingestellt werden, teilt man die Reichs der Postzensur irgendwo in der »trostlosen Einöde«[6] Ostpolens zu. Diese Behörde hatte darauf zu achten, daß Soldaten in privaten Briefen keine militärischen Geheimnisse ausplauderten. Sie unterstand, was ihre beiden neuen Mitarbeiter zunächst nicht sonderlich interessierte, was aber für deren Zukunft entscheidende Bedeutung haben sollte, dem Ministerium für Öffentliche Sicherheit (MBP).

In der Hierarchie der Postzensur steigt Marceli Reich in den nächsten Monaten rasch auf. Im Januar 1945 wird er in die Lubliner Zentrale versetzt, und wenig später schickt man ihn in das kurz zuvor von der Roten Armee eroberte Kattowitz in Oberschlesien, wo er, wie er schreibt, »die Zensur zu organisieren hatte«[7]. Daß man ihm, der zu diesem Zeitpunkt erst vierundzwanzig Jahre alt war und gerade mal drei Monate der Behörde angehörte, bereits die Leitung einer »Organisationsgruppe« anvertraute, wirft ein bemerkenswertes Licht auf den inneren Zustand dieses Amtes. Laut eines Handbuchs des MBP arbeitete Reich vom 5. Februar bis zum 25. März in Kattowitz.[8] Seiner Erinnerung nach hielt er sich dort jedoch nicht so lang auf, staatlich angeordnete Maßnahmen zur Vertreibung der dort lebenden Deutschen beobachtete er in dieser Zeit nicht, und auch von spontanen Übergriffen weiß er wenig zu berichten: »In Kattowitz, wo ich in dieser Zeit ganz kurz war, zehn, zwölf Tage, da habe ich einmal Polen gehört, die sagten: ›Na, heute abend knöpfen wir uns mal ein paar Deutsche vor.‹ Da ging es darum, diesen Deutschen irgendwelche Habseligkeiten wegzunehmen: Schuhe, Anzüge,

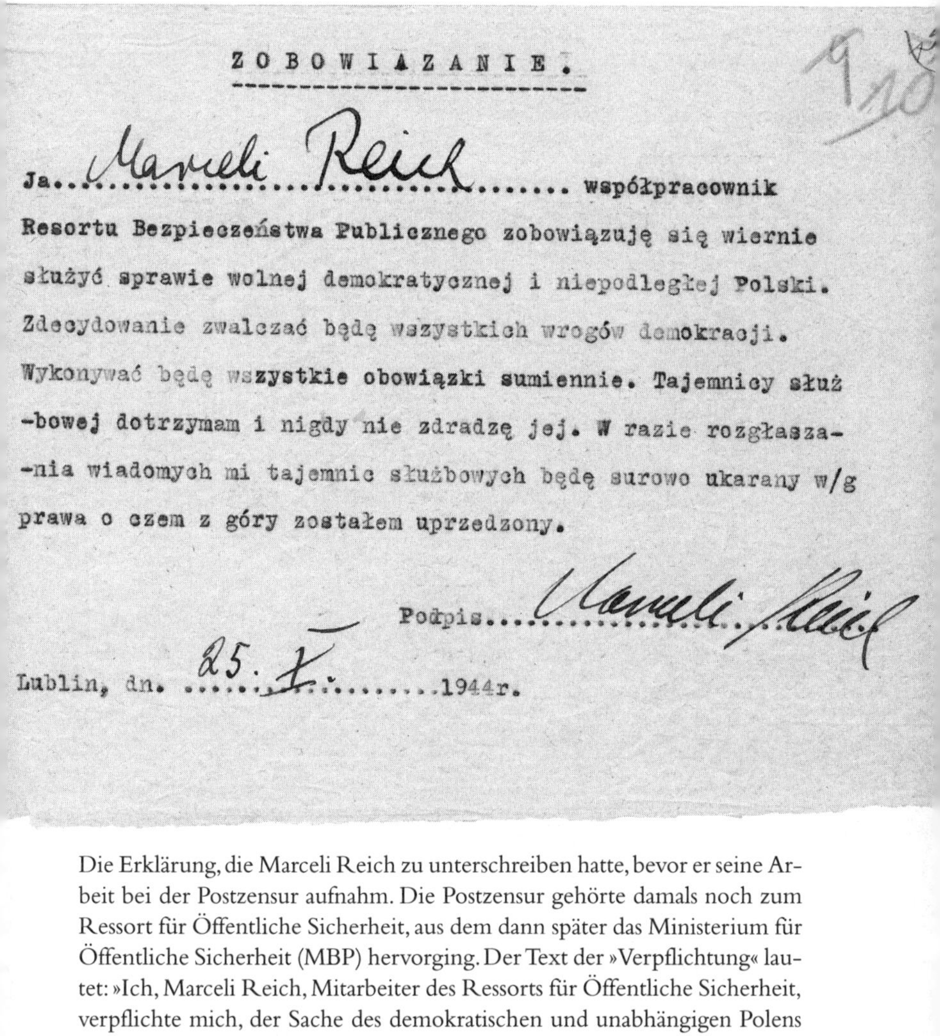

ZOBOWIAZANIE.

Ja....Marceli Reich.......... współpracownik Resortu Bezpieczeństwa Publicznego zobowiązuję się wiernie służyć sprawie wolnej demokratycznej i niepodległej Polski. Zdecydowanie zwalczać będę wszystkich wrogów demokracji. Wykonywać będę wszystkie obowiązki sumiennie. Tajemnicy służ-bowej dotrzymam i nigdy nie zdradzę jej. W razie rozgłasza-nia wiadomych mi tajemnic służbowych będę surowo ukarany w/g prawa o czem z góry zostałem uprzedzony.

Podpis....Marceli Reich

Lublin, dn. ....25. X.........1944r.

Die Erklärung, die Marceli Reich zu unterschreiben hatte, bevor er seine Arbeit bei der Postzensur aufnahm. Die Postzensur gehörte damals noch zum Ressort für Öffentliche Sicherheit, aus dem dann später das Ministerium für Öffentliche Sicherheit (MBP) hervorging. Der Text der »Verpflichtung« lautet: »Ich, Marceli Reich, Mitarbeiter des Ressorts für Öffentliche Sicherheit, verpflichte mich, der Sache des demokratischen und unabhängigen Polens treu zu dienen. Ich werde alle Feinde der Demokratie entschieden bekämpfen. Alle Pflichten werde ich gewissenhaft erfüllen. Das Dienstgeheimnis werde ich bewahren und niemals verraten. Sollte ich mir bekannte Dienstgeheimnisse verraten, werde ich nach dem Gesetz streng bestraft, worüber ich im vorhinein gewarnt worden bin. Unterschrift Marceli Reich, Lublin, 25. X. 1944.«

2376

R. 32. 8/II. 45 r.

Poufne.

Na wszystkie pytania należy dawać prawdziwą i ścisłą odpowiedź.

KWESTJONARIUSZ

Dla współpracowników Resortu Bezpieczeństwa Publicznego.

1. Nazwisko Reich imię Marceli
2. Imiona rodziców Helena (z domu Auerbach) i Dawid
3. Data urodzenia 2. VI. 20
4. Miejsce urodzenia (wieś, gmina, powiat, województwo) Włocławek (woj. Warszawskie)
5. Zawód (ewn. zajęcie) biuralista
6. Jaki majątek posiada Żaden
7. Narodowość polska
8. Wyznanie mojżeszowe
9. Obywatelstwo (przynależność państwowa) polskie
10. Wykształcenie (ogólne oraz fachowe) matura gimnazjum w Berlinie
11. Znajomość języków obcych (biegle) niemiecki, angielski, francuski
12. Stan rodzinny (kawaler czy żonaty) żonaty
    a) nazwisko panieńskie, imię żony Teofila Langnas
    b) ilość, wiek i imiona dzieci —
    c) imiona braci, sióstr, ich zajęcia w chwili obecnej oraz adres siostra: Gerda Böhm zamieszkała w Londynie N. 6 Hampstead Hill Gardens (od 1939 r.)
    d) gdzie zamieszkują rodzice (dokładny adres) nie żyją
13. Zajęcie rodziców i posiadany majątek kupiec – majątku nie posiadał
14. Służba w wojsku (w jakim) Polskim
    a) stopień wojskowy szeregowy
    b) w jakich latach służył od 9. X. 44
    c) udział w wojnie (przeciwko komu i w jakich latach)
    d) czy ma odznaczenia i jakie
    e) czy był ranny

Pelze und so weiter. Ob diese Polen ihren Plan verwirklicht haben, das weiß ich nicht.« Reich-Ranicki bemüht sich, angesichts der sprunghaft angewachsenen Aufmerksamkeit, die das Thema Vertreibung in Deutschland in jüngster Zeit findet, die damalige geschichtliche Situation verständlicher zu machen: »Die Leute, mit denen wir zu tun hatten, kamen alle aus der Sowjetunion. Das waren Leute, die aus Polen stammten, meist Juden, die mit der Roten Armee oder den polnischen Divisionen innerhalb der Roten Armee nach Polen kamen. Das waren Soldaten, die einen Weg von Tausenden von Kilometern zurückgelegt hatten, aus Innerasien, aus Samarkand oder Taschkent. Sie waren oft miserabel ausgerüstet, die Uniformen waren dürftig, die Verpflegung war oft schlecht. Diese Leute kamen nun nach Polen, in die Provinz Posen, nach Schlesien oder so. Und wenn die etwas zum Anziehen brauchten oder Hunger hatten, meinen Sie, die machten sich lange Gedanken? Die gingen in eine deutsche Wohnung, ein deutsches Haus und nahmen Pullover oder Schuhe oder Mäntel mit, was immer sie gerade brauchten. Einer dieser Soldaten hat mir mal gesagt, er habe sich bei Deutschen was geholt, und sagte dann noch: ›Sonst habe ich denen nichts angetan.‹ Er hat sich gerühmt, daß er sie nicht erschossen hat, was er vielleicht auch hätte tun können. Dann gab es Leute, die, nachdem sie an der Weichsel angekommen waren, erfuhren, daß ihre ganzen Familien ermordet worden waren, von Deutschen ermordet, daß sie keine Eltern mehr hatten, daß sie keinen Bruder, keine Schwester mehr hatten. Glauben Sie, daß sich diese Leute lange Gedanken darüber

Personalbogen beim Ressort für Öffentliche Sicherheit, ausgefüllt von Marceli Reich Ende 1944/Anfang 1945, mit Porträtfoto aus dieser Zeit. Bemerkenswert wieviel Raum unter Punkt 2 der Name der Mutter, »Helena (geb. Auerbach)«, und wie wenig Raum der Name des Vaters, »David«, einnimmt. Unter Punkt 12 c) die damalige Adresse der Schwester Gerda Böhm in London.

machten, ob den Deutschen jetzt, bei der Vertreibung, möglicherweise ein Unrecht geschieht? Es war nicht der Zeitpunkt für großes Mitleid mit den deutschen Opfern dieses Kriegs. Denn Sie dürfen eins nicht vergessen, was oft viele vergessen: Es waren die Deutschen, die diesen Krieg begonnen haben.«[9]

Schon kurz nach der Rückkehr aus Kattowitz wurde Reich auf einen leitenden Posten der Auslandspostzensur nach Warschau versetzt. Seine Vorgesetzten erwarteten offenkundig eine Menge von diesem rasch aufstrebenden jungen Mann. Allerdings muß er im Umgang nicht immer einfach gewesen sein. In seinen Personalunterlagen aus diesen und den folgenden Jahren werden seine Fähigkeiten einhellig gelobt, aber seine Arroganz und »intelligenzlerhaften Manieren«[10] beanstandet. Noch Jahrzehnte später läßt er die Leser seiner Autobiographie spüren, daß er sich von den meisten seiner damaligen Kollegen geistig nicht eben überfordert fühlte. Doch dürfte das nicht der einzige Grund für sein mitunter wohl schroffes Auftreten gewesen sein. Seine Frau und er waren, wie viele andere Überlebende des Holocaust, durch die Zeit der Verfolgung seelisch schwer belastet. Bis heute wird gelegentlich spürbar, daß Reich-Ranicki sich panzert mit einer »oft verletzenden Kruste, die seine Verletzungen schützt«[11], wie Hansjakob Stehle, einer seiner ältesten Freunde, einmal schrieb. Doch existierten im verwüsteten Polen nicht einmal die primitivsten materiellen Voraussetzungen, um auf ein solches Schicksal Rücksicht oder gar therapeutisch Einfluß nehmen zu können. Auch die Nachricht von der endgültigen Niederlage der Deutschen, die das Ehepaar am 9. Mai 1945 in Warschau erreichte, konnte ihre Traumata naturgemäß nicht lindern. Es »blieb uns zu unserer Überraschung die jetzt fällige Daseinsfreude versagt, von Glück konnte keine Rede sein. Wir hatten doch überleben wollen. Und wir hatten, um überleben zu können, Leid erfahren, das wir für unsagbar hielten. Wir hatten Erniedrigungen und Demütigungen erduldet.

September 1945: das Ehepaar Reich
während eines Urlaubs in Zoppot

Wir hatten Hunger ertragen müssen, den wir nie vergessen würden. Wir schwebten in tausend Ängsten, die Todesangst gehörte jahrelang zu unserem Alltag. Je näher jetzt das Ende des Krieges kam, desto schwerer lastete auf uns, den Befreiten, eine einfache Frage: Warum? Warum durften gerade wir überleben? (...) Ich spürte: Diese Wolke über uns, sie würde sich nie verziehen, sie würde bleiben, unser Leben lang.«[12]

Offenbar kam es bald zu einem Zerwürfnis zwischen Marcel Reich und der Chefin der Zensurbehörde. Er bat schriftlich um seine Versetzung. Offiziell schickte man ihn nun nach Berlin, um Industriegüter zurückzuführen, die von den Deutschen während des Krieges in Polen demontiert worden waren. Reich war begeistert: »Um Berlin wiederzusehen – wer weiß, vielleicht hätte ich einen Pakt auch mit dem Teufel geschlossen.«[13] Tatsächlich hatte er, bevor er seine Reise antrat, einen Pakt geschlossen – mit dem

Tosia und Marceli Reich nach Kriegsende

noch sehr jungen, im Aufbau begriffenen polnischen Auslandsnachrichtendienst. Dieser zeigte sich an seiner Mitarbeit in Berlin zunächst höchst interessiert und wollte ihm nach seiner Ankunft dort weitere geheime Aufträge zukommen lassen. Doch meldete er sich in den rund drei Monaten nicht, die Reich in Berlin zubrachte. Man hatte ihn im Durcheinander der Gründung des Dienstes anscheinend schlichtweg vergessen.

Über diese frühe Wiederbegegnung mit der Stadt seiner Jugend zwischen Januar und April 1946 hat Reich-Ranicki Jahre später die einzige Erzählung seines Lebens geschrieben: *Eine sehr sentimentale Geschichte* – die er selbst als »unbeholfen und streckenweise klischeehaft«[14] abtut. Er mußte sich in diesen Wochen recht isoliert vorgekommen sein, besuchte einen Lehrer aus seiner Gymnasialzeit, traf eine ältere Geliebte aus Warschau, ging häufig ins Theater und in Konzerte und genoß die Vorzüge einer im Vergleich zu Warschau weitaus weniger zerstörten Stadt. »Ich fuhr 1946 mit dem Auto nach Berlin hinein«, berichtet er 2003 in einem Gespräch, »ich sah den Alexanderplatz, ich sah Unter den Linden, sah das Brandenburger Tor, ich erkannte alles wieder. Von Warschau war ja fast nichts geblieben. Der Lebensstandard war damals in Berlin viel höher als in Warschau. Es gab Läden, es gab Waren, man konnte einkaufen. Es waren viele Häuser stehengeblieben, und die Wohnungen waren zum Teil glänzend möbliert. All das gab es in Warschau nicht. In Berlin spielten Theater und Opernhäuser, Konzerte wurden gegeben. In keiner Stadt Europas fanden so gute Aufführungen und Konzerte statt wie in Berlin, denn die vier Besatzungsmächte konkurrierten untereinander, jeder schickte das beste aus seinem Land nach Berlin.«[15] Doch alles in allem war der Aufenthalt in Berlin für Marceli Reich »eine traurige und einsame Zeit, erschreckend, doch bisweilen auch beglückend. Sie machte mir meine Heimatlosigkeit bewußt. Denn daß Polen mir fremd geblieben war, das spürte und erkannte ich

Vor der Berliner Gedächtniskirche
mit einer Unbekannten Anfang 1946

nirgends so deutlich wie gerade in Berlin. Ich frage mich heute, was wohl geschehen wäre, wenn man mir damals, 1946, von deutscher Seite irgendeine Tätigkeit im Kulturleben angeboten hätte. Vielleicht wäre ich in Berlin geblieben.«[16]

Ein solches Angebot hätte allerdings einem zwar kulturell interessierten, damals aber vor allem politisch engagierten jungen Mann gelten müssen. Marceli Reich trat 1946 der kommunistischen Partei Polens bei, er hatte den entsprechenden Antrag vor seinem Aufenthalt in Berlin gestellt und erhielt nach der Rückkehr seinen Mitgliedsausweis.[17] Schon die von ihm bewunderten linken Schriftsteller der Weimarer Republik und sein Schwager Gerhard Böhm, der vor dem Krieg zeitweise der KPD angehörte, hatten ihn »für den Kommunismus vorbereitet«[18]. Auch daß die Kommunisten neben den Juden zu den ersten gehört hatten, die von den Nazis verfolgt worden waren, dürfte seine Sympathie für sie verstärkt haben. In den Nachkriegsjahren übte der Marxismus auf ihn, wie auf viele Menschen in Ost- und Westeuropa, beträchtliche Anziehungskraft aus. Schon in einem frühen, 1959 publizierten Rückblick auf seine polnischen Erfahrungen schreibt Reich-Ranicki: »Nicht wenige junge Intellektuelle, die während der Okkupationszeit eine grausam beschleunigte Lebensschule durchmachen mußten, sahen im Kommunismus die Heilslehre, die endlich die vielen Probleme Polens lösen würde.«[19]

Daß sich viele jüdische Intellektuelle zum Kommunismus bekannten, wird oft auf deren angeblich besonders ausgeprägte Schriftgläubigkeit zurückgeführt – in den Werken von Marx und Engels hätten sie scheinbar schlüssige und deshalb für sie fast unwiderstehliche Welterklärungstexte gefunden. Doch gerade für polnische Juden, die schon seit den zwanziger Jahren einem rabiaten Antisemitismus ausgesetzt waren, gab es daneben noch sehr viel handfestere Gründe, sich für die kommunistische Partei zu begeistern: Der Marxismus versprach eine umfassende Neugestaltung der Gesellschaft auf der Grundlage einer strikten Gleichbehandlung und Emanzipation aller Menschen, also auch der Juden.

Vor allem aber legte Marceli Reich mit seinem Parteieintritt die Rolle des schikanierten Außenseiters ab. Zum ersten Mal im Leben bot sich ihm die Chance auf soziale Anerkennung und Aufstiegsmöglichkeiten. Er war endlich kein Ausgeschlossener mehr, sondern gehörte, im Gegenteil, jetzt einem Kreis von Auserwählten an. Er löste gleichsam die Eintrittskarte zu einer »universalen Bewegung«, die ihm »Zuflucht«, ja »Geborgenheit«[20] versprach und die zugleich die Zukunft des Landes in Händen hielt.

Die Parteimitgliedschaft bot damit sowohl den Zugang zu Macht und Einfluß als auch einen gewissen Schutz – denn der Antisemitismus war in Polen auch nach dem Krieg noch immer eine hochvirulente Gefahr. So fielen im Juli 1946 in Kielce einundvierzig Menschen einem spontanen Pogrom nach klassischem Muster zum Opfer: »Der Vorwand? Ein Junge war verschwunden. Man streute das Gerücht, die Juden hätten ihn entführt, um sich so Christenblut für die Matze zu beschaffen«[21], schreibt Marek Edelman.

Tatsächlich machte der Parteigenosse Marceli Reich nun im Sicherheitsministerium MBP Karriere. Er wurde mehrfach befördert, erhielt drei Orden, nahm an der Reise einer polnischen Delegation durch die Westzonen Deutschlands teil und stieg schnell zum Leiter der für Großbritannien zuständigen Abteilung des MBP auf. Diese Abteilung war schon deshalb von besonderer Bedeutung für die neue politische Führung in Warschau, weil in London nach wie vor die nichtkommunistische Exilregierung Polens residierte, die sie als eine von großen Teilen der Bevölkerung unterstützte Rivalin um die Macht betrachten mußte.

Schließlich bot man Reich an, ihn nach London zu versetzen, wo er sowohl für das polnische Außenministerium im Konsulardienst als auch verdeckt für den Auslandsgeheimdienst des MBP arbeiten sollte. Der Vorschlag kam ihm sehr entgegen, wohnte doch in London seine Schwester Gerda – die einzige Überlebende seiner Familie – mit ihrem Mann Gerhard Böhm. Darüber hinaus war der Lebensstandard in England weit höher als im nach wie vor stark zerstörten Warschau. Er zögerte nicht und nahm auch dieses Angebot, Polen zu verlassen, umgehend an. Allerdings beanstandeten seine Vorgesetzten den deutsch klingenden Familiennamen Reich: Er sei, hieß es, für einen polnischen Konsul im Ausland unpassend. Also nannte er sich fortan Marceli Ranicki. »Der Name Ranicki ist mir eingefallen, weil ich gerade ein Mäd-

Der achtundzwanzigjährige polnische Diplomat Marceli Ranicki in London mit seinem Dienstwagen

chen kannte, das Ranicka hieß. Ein reiner Zufall.«[22] Von solchen oberflächlichen Retuschen abgesehen, wurde er offenbar auf seine künftige Doppelrolle nur recht einseitig vorbereitet. Im Außenministerium wurde er einige Wochen lang über Paß- und Visaangelegenheiten unterrichtet. Das MBP dagegen zeichnete sich, folgt man Reich-Ranickis Schilderungen, selbst ein bis zwei Jahre nach der Gründung des neuen kommunistischen polnischen Staates noch immer eher durch Improvisation als durch Organisation aus. Es nimmt in seiner Autobiographie geradezu operettenhafte, hochstaplerische Züge an: Beispielsweise wurde der erst siebenundzwanzigjährige Ranicki, obwohl er nur über minimale Erfahrungen in geheimdienstlicher Arbeit verfügte, nicht etwa entsprechend geschult, sondern selbst als Ausbilder eingesetzt – die Kenntnisse seiner Schüler dürften folglich noch weit geringer gewesen sein als die seinen.

In der Zeit, die die Ranickis zwischen Anfang 1948 und November 1949 in London verbrachten, manifestierte sich für sie ihr steiler sozialer Aufstieg. Im September 1944 hatten sie noch im Keller der Familie Gawin hungern und um ihr Leben fürchten müssen. Dreieinhalb Jahre später war Marceli Ranicki in London der Diplomat einer nicht unbedeutenden europäischen Nation – und der jüngste Konsul der Stadt. Seine Frau und er verfügten über ein beachtliches Einkommen, eine gut ausgestattete Wohnung und einen großen amerikanischen Wagen. Sie reisten gelegentlich nach Paris, machten Urlaub in Italien und der Schweiz. Am 30. Dezember 1948 wurde ihr einziges Kind, der Sohn Andrzej Alexander, geboren. Rückblickend nennt Tosia Reich-Ranicki die Zeit direkt nach dem Krieg die schönste Phase ihres Lebens: »Alles war neu. Wir hatten das Leben und viel Hoffnung.«[23]

Die Behörde, der Ranicki in London vorstand, hatte rund vierzig Angestellte, zu deren Pflichten offiziell vor allem das Ausstellen von Pässen und Visa gehörte. Neben ihm selbst waren von diesen Mitarbeitern »noch drei oder vier für den Geheimdienst tätig«[24]. Für das MBP hatte er, so erinnert sich Reich-Ranicki, insbesondere die politischen Aktivitäten der in Großbritannien lebenden Exilpolen zu beobachten. Da er als Konsul der kommunistischen Regierung selbst an den öffentlichen Versammlungen der Emigranten nicht gut teilnehmen konnte, schickte er Informanten dorthin, »meist arbeitslose oder pensionierte Journalisten«[25]. Deren Berichte sammelte er, faßte sie zusammen und schickte sie mit seinen Kommentaren versehen nach Warschau.

Auf die Frage nach der schönsten Phase ihres Lebens nennt Tosia Reich-Ranicki die Zeit nach dem Krieg: »Alles war neu. Wir hatten das Leben und viel Hoffnung.« Das Ehepaar Ranicki mit dem Säugling Andrzej 1949 in London.

Wie vergleichsweise unspektakulär seine Arbeit im Alltag war, zeigen neuere Nachforschungen des Historikers Krzysztof Tarka. Einer der führenden Männer der polnischen Exilregierung in London, ihr Außenminister und späterer Ministerpräsident Stanisław Cat Mackiewicz, verhandelte insgeheim bereits seit 1947 mit den kommunistischen Behörden über seine Rückkehr nach Warschau. Im Juni 1949 traf er sich deshalb mit Marceli Ranicki und führte mit ihm ein anderthalbstündiges Gespräch auf einer Bank im Waterloo-Park. Reich-Ranicki habe dabei von ihm Loyalitätsbeweise dem kommunistischen Regime gegenüber gefordert und Cat Mackiewicz angeboten, gegen gute Bezahlung für den internen Gebrauch des Geheimdienstes eine Geschichte der polnischen Emigration von 1939 bis 1949 zu schreiben. Als er sich weigerte, auf diese Weise gleichsam zum Autor und Mitar-

Eine Delegation der polnischen Botschaft und des Generalkonsulats in London legt am Grab von Karl Marx einen Kranz nieder. Marceli Ranicki ganz links.

beiter des MBP zu werden, wurde das Gespräch folgenlos abgebrochen, und Cat Mackiewicz kehrte erst 1956 nach Polen zurück.[26]

Ranickis Tätigkeit für das polnische Sicherheitsministerium, in dem er schließlich den Rang eines Hauptmanns bekleidete, war in der Bundesrepublik lange unbekannt. Am 29. Mai 1994 wies der Journalist Tilman Jens, ein Sohn des mit Reich-Ranicki jahrzehntelang befreundeten Walter Jens, in einem Beitrag für die ARD-Sendung *Kulturweltspiegel* erstmals auf sie hin. Daraufhin stritt Reich-Ranicki zunächst alles ab, sprach öffentlich nur vage von »Kontakten« zum MBP und räumte erst später ein, Angehöriger des Sicherheitsministeriums gewesen zu sein. Wochenlang wurden dem damals Vierundsiebzigjährigen in zahlreichen Berichten, Kommentaren, Polemiken sowohl seine knapp ein halbes Jahrhundert zurückliegende Arbeit für den Geheimdienst als auch sein Schweigen über diese Tätigkeit zum Vorwurf gemacht. Diese Debatte verletzte Reich-Ranicki spürbar, er fürchtete, man wolle ihn wieder einmal, wie schon so oft im Leben, ausgrenzen und stigmatisieren: »Mir soll der Mund verboten werden.«[27] Zunächst verteidigte er sich zögernd, dann aber immer offensiver: »Bin ich als Jude, der ich 1938 von Deutschen nach Polen deportiert wurde und jahrelang im Warschauer Getto und später außerhalb des Gettos unter deutscher Bestialität gelitten habe, bin ich denn ausgerechnet der deutschen Öffentlichkeit Auskunft und Rechenschaft schuldig darüber, was ich noch während des Krieges und in den ersten Nachkriegsjahren als polnischer Staatsbürger in der polnischen Armee und in den polnischen Behörden getan habe?«[28]

Mehrere Journalisten haben diese Episode in der Vergangenheit Reich-Ranickis inzwischen mit großem Aufwand durchleuchtet, doch wurden keine Anhaltspunkte dafür sichtbar, daß er mit seiner Arbeit für das MBP den polnischen Emigranten in London oder anderen Personen geschadet hätte. Und auch sein langjähriges Schweigen in dieser Sache wußte er plausibel zu begründen: Als er 1950 aus dem MBP ausschied, war er gezwungen, sich schriftlich zu verpflichten, niemals ein Wort über seine Geheimdiensttätigkeit verlauten zu lassen. »Sollte ich mich daran nicht halten, müsse ich – darüber wurde ich mit besonderem Nachdruck belehrt – der schlimmsten und schärfsten Konsequenzen gewärtig sein. (...) Obwohl das Wort ›Todesstrafe‹ nicht verwendet wurde, hatte ich keinen Zweifel, worauf meine Gesprächspartner anspielten.«[29]

Daß Reich-Ranickis Befürchtungen in diesem Punkt nicht aus der Luft gegriffen waren, belegen Berichte eines Mitarbeiters von ihm beim MBP: Krzysztof Starzyński lief 1949 zum britischen Geheimdienst über und wurde deshalb zusammen mit seiner Frau von einem polnischen Gericht in Abwesenheit zum Tode verurteilt. 1997 publizierte er in Deutschland seine Erinnerungen *Doppelagent zwischen Diensten, Diplomaten und Dementis*, in denen er davon berichtet, daß er vierzig Jahre lang in Angst vor polnischen Agenten lebte und daß seine Frau 1962 in Neuseeland an einer Vergiftung starb. Wenn dieser Tod tatsächlich, wie Starzyński behauptet, dem polnischen Geheimdienst anzulasten ist, dann hatte das MBP am Anfang der sechziger Jahre offenkundig alle operettenhaften Züge abgelegt: »Ich glaube bis heute, daß damals die Todesstrafe an meiner Frau vollstreckt wurde, die die Kommunisten 1950 gegen uns beide verhängt hatten.«[30]

Die publizistische Affäre des Jahres 1994 hinterließ ihre Spuren bei allen Beteiligten. Reich-Ranickis Angst, wieder einmal in ein Abseits gedrängt und zum Außenseiter gestempelt zu werden, machte ihm deutlich zu schaffen. Doch seine wichtigsten Publikationsorgane in jener Zeit – das ZDF, für das er das *Literarische Quartett* leitete, die *FAZ* und der *Spiegel*, für die er Kritiken oder Kommentare schrieb – rückten nicht von ihm ab, so daß er zumindest keine beruflichen Nachteile hinnehmen mußte. Tilman Jens sah sich wiederholt dem Vorwurf ausgesetzt, seine Angriffe ließen, milde formuliert, das nötige historische Verständnis für die Nachkriegsjahre vermissen und liefen auf Denunziationen hinaus: Reich-Ranickis Arbeit für den Geheimdienst Polens sei, schrieb etwa der Dramatiker Rolf Hochhuth, »seine Ehrenpflicht gewesen«, und Tilman Jens sei ein »junger, glückverdummter Deutscher, glückverdummt, weil ahnungslos, was die Zwänge und Zerreißproben der Weltkriege betrifft!«.[31] Vor allem aber fand mit dieser Affäre die drei Jahrzehnte währende, enge Freundschaft zwischen Reich-Ranicki und Walter Jens einen vorläufigen Endpunkt. Sie war zuvor bereits in eine ernste Krise geraten und zerbrach nun endgültig. Erst 2004 begann zwischen beiden wieder eine behutsame Annäherung.

Doch erhielt Reich-Ranicki während der öffentlichen Angriffe auf ihn wegen seiner Geheimdienstmitgliedschaft auch Zuspruch, mit dem er nicht rechnen konnte. So zum Beispiel von dem Schriftsteller und Übersetzer Lothar Baier, der nie im Verdacht gestanden hatte, ein Parteigänger des Literaturkritikers Reich-Ranicki zu sein. Am 28. Juni 1994, einen Monat nachdem die Debatte begonnen hatte, schrieb Baier ihm in einem Brief: »Ich wollte Ihnen ganz einfach sagen, daß ich alles an der derzeitigen öffentlichen Beschäftigung mit Ihrer Biographie abscheulich finde: den Zeitpunkt, den Ton mitsamt seinen Untertönen, die satte Selbstgerechtigkeit, die sich aus historischer Vorstellungsarmut nährt. Warum sind die Leute jetzt auf einmal so furchtbar daran interessiert, was ein polnischer Konsul vor fünfundvierzig Jahren getan und gelassen hat, warum halten sie sich, wenn es schon um Marcel Reich-Ranicki geht, nicht an dessen hiesige literaturkritische Praxis und deren Prämissen? Sie wissen, daß beides mir nicht gefallen hat, und ich hätte mir manchmal gewünscht, daß sich dagegen etwas Einspruch rührt. Damals schwieg man, doch jetzt spielt man selbstzufrieden den Richter über die biographische Moral. Leute, die im Windschatten des Literaturblattchefs Reich-Ranicki großgeworden sind und manche sonstige Förderung entgegengenommen haben, werden auf einmal furchtbar mutig und unbestechlich und rufen ›Lügner‹. Ich kann mir nicht helfen, ich sehe die Bilder aus Veit Harlans scheußlichem *Jud Süß* vor mir, wenn ich jetzt verschiedene Artikel über Ihre Person lese: wenn der Verteiler so mancher Gaben ausgedient hat, wird er fallen gelassen oder hochgezogen, je nachdem. Ich finde das empörend.«[32]

Doch zurück ins Jahr 1949: Während Marceli Ranicki in London seinen Pflichten im Konsular- und Geheimdienst nachging, änderte sich die politische Lage im Ostblock rapide. In der ersten Nachkriegszeit hatte das kommunistische Regime in Polen seine Machtposition noch nicht gefestigt und mußte sowohl sozialistische wie demokratische Oppositionsparteien tolerieren. Nach und nach drängte es seine Gegner jedoch, gestützt auf die sowjetische Militärmacht, zielstrebig zurück. Dabei ging es keineswegs harmlos zu: Bei den Untergrundkämpfen in jenen Jahren starben mehrere zehntausend Menschen.[33] Als sich Jugoslawien 1948 von der Sowjetunion lossagte und einen unabhängigen politischen Weg einschlug, sorgte Stalin in allen übrigen Ländern des Ostblocks für eine straffe Führung und ließ selbst behutsame Ansätze zu innerparteilicher Opposition ausschalten. Für Polen hieß das: Die sozialistische und die kommunistische Partei mußten sich zwangsweise zusammenschließen. Zudem wurde Władysław Gomułka, der bisherige Chef der kommunistischen Partei, mitsamt seinen Anhängern im November aus der Partei ausgeschlossen. Denn Gomułka, der während des Zweiten Weltkriegs nicht in die Sowjetunion emigriert war, pflegte, wie der britische Historiker Davies anmerkt, »ein Minimum unabhängigen Denkens«[34]. Er wurde durch den strammen »Moskowiter« Bolesław Bierut ersetzt.

Ranicki war über diese Vorgänge »entsetzt«.[35] Es fiel ihm immer schwerer, die politischen Entwicklungen als offizieller Repräsentant Polens zu rechtfertigen. Er reiste in der zweiten Oktoberhälfte 1949 nach Warschau und fragte dort in der Zentrale des Auslandsnachrichtendienstes, ob seine Tätigkeit in London überhaupt noch erwünscht sei. Man werde ihm innerhalb von einigen Wochen Bescheid geben, bekam er zu hören. »Ich wartete nicht ab, ich bat um meine Abberufung.«[36]

Im nachhinein hat es Reich-Ranicki oft als schweren Fehler bezeichnet, daß er, konfrontiert mit dem Mißtrauensvotum des Ministeriums, nicht wie andere Diplomaten osteuropäischer Länder mitsamt seiner Familie im Westen blieb, also, wie das damals hieß, »absprang«. Denn es lag auf der Hand, daß er nach seiner Rückkehr mit strengen Untersuchungen und Sanktionen durch seine Partei zu rechnen hatte. Doch gab es andererseits auch mehr als nur ein Argument für den Heimflug nach Polen: Ranickis damalige marxistische Überzeugungen dürften bei seiner Entscheidung ebenso eine Rolle gespielt haben wie die Scheu, zum Verräter zu werden, seine Angst vor Verfolgung durch den polnischen Geheimdienst genauso wie die Furcht davor, in England wieder ein Außenseiter zu sein, ein Ausländer, Exilant und Kommunist ohne Ausbildung und Beruf.

Im November 1949 trafen Tosia und Marceli Ranicki mit ihrem knapp einjährigen Sohn in Warschau ein – also ausgerechnet in jenen Wochen, in denen Gomułka entmachtet wurde. Vermutlich waren Ranickis Aussichten auf eine Verständigung mit seinen Vorgesetzten schon allein deshalb äußerst gering, weil er den Krieg in Polen erlebt hatte, sich also bei den innerparteilichen Grabenkämpfen nicht zu den ehemals in die Sowjetunion emigrierten »Moskowitern« zählen konnte. Der polnische Journalist Janusz Tycner wertete 1994 die Parteiakte Reich-Ranickis aus.[37] Sie enthielt zahlreiche Dokumente über die verschiedenen Verfahren, die Marceli Ranicki nun bevorstanden. Nach diesen Unterlagen wurde er vordergründig Opfer einer innerfamiliären Gefälligkeit: Man warf ihm insbesondere vor, für seinen Schwager Gerhard Böhm in London ein Visum ausgestellt zu haben, als der geschäftlich für wenige Tage nach Warschau reisen wollte. Böhm galt, weil er vor dem Krieg aus der KPD ausgeschlossen worden war, als »Trotzkist« – was im stalinistischen Weltbild einer Todsünde gleichkam und oft genug auch einem Todesurteil. Doch vielleicht wurde diese Gefälligkeit, so deutet Tycner an, nur als Vorwand benutzt, und das Verfahren gegen Ranicki war schlicht Teil einer willkürlichen innerparteilichen Säuberung.

Tosia Ranicka in den fünfziger Jahren

Nach Warschau zurückgekehrt, verteidigte sich Marceli Ranicki gegen alle Vorwürfe jedenfalls so heftig, daß aus disziplinarischen Gründen sogar eine zweiwöchige Haftstrafe gegen ihn verhängt wurde. Aber seine Auflehnung half ihm nicht: Ende Januar 1950 wurde er aus dem MBP entlassen, Anfang März 1950 aus der Partei ausgeschlossen. Ranickis kurze politische Laufbahn war damit beendet. Obwohl erst neunundzwanzig Jahre alt, stand er zum dritten Mal im Leben vor dem Nichts. Er mußte sich zumindest beruflich vollständig umorientieren.

In anderer Hinsicht konnte jedoch von einem wirklichen Neubeginn nicht die Rede sein: Das Leiden an der Vergangenheit, an den Schatten des Holocaust, ließ Tosia und Marceli Ranicki nicht los. Die Erinnerungen an die Verfolgung durch die Nationalsozialisten müssen gerade in den Wochen der Verfolgung durch die Stalinisten übermächtig geworden sein. Wieder sah sich das Ehepaar einem totalitären Regime gegenüber, das seine Lebensgrundlage zerschlug. »Ich war verfemt und bekam es täglich zu spüren. Wenn mich Bekannte auf der Straße sahen, machten sie plötzlich einen großen Bogen um mich, sie zogen es vor, mich nicht mehr zu kennen.«[38] Tosia Ranicka wurde sogar nahegelegt, sich von ihrem Mann scheiden zu lassen. »Kurze Zeit darauf erlitt sie einen schweren, äußerst heftigen Nervenzusammenbruch. War es eine Spätfolge ihrer Erlebnisse während der deutschen Okkupation? Oder hatte dieser Zusammenbruch eher damit zu tun, was sie nach unserer Rückkehr aus London durchmachen mußte? Die Ärzte waren sicher, daß beides zutraf und sich gegenseitig steigerte. Nach mehreren Wochen im Krankenhaus konnte sie zwar entlassen werden, mußte aber noch viele Jahre in medizinischer Behandlung bleiben.«[39]

Außergewöhnlich und psychologisch bezeichnend war die Reaktion Marceli Ranickis auf die neue politische Bedrohung, deren Dimension man nicht unterschätzen darf: In den Jahren des Terrors durch den frisch avancierten Parteichef Bierut kamen nach heutigen Schätzungen rund 115 000 Polen ums Leben.[40] Wie schon siebzehn Jahre zuvor, als Ranicki als Berliner Gymnasiast vor den Nazis bei den deutschen Klassikern Schutz gesucht hatte, wandte er sich auch diesmal wieder der Literatur zu. Während er seine zweiwöchige Haftstrafe absaß, las er den Roman *Das siebte Kreuz* von Anna Seghers, der ihn stark beeindruckte – und beschloß, sein künftiges berufliches Glück in der Beschäftigung mit der deutschen Literatur zu suchen. Auf den ersten Blick eine unverständliche, ja geradezu paradoxe Entscheidung, wenn man bedenkt, was die Deutschen ihm und seiner Familie angetan hatten und wie gering das Interesse des polnischen Publikums an deutscher Kultur in dieser ersten Nachkriegszeit war. Andererseits folgt sie einem für ihn psychologisch bewährten Muster: Angesichts einer »feindlichen, bestenfalls frostigen Welt«[41] emigrierte er in die Literatur. Er machte die Bücher wie schon einmal zu einem seelischen Zufluchtsort, an dem er die Augen vor der politischen Realität zwar nicht verschloß, an dem diese Realität aber ihre Macht über ihn vorübergehend verlor. Den Wechselfällen politischer Willkür hilflos ausgeliefert, suchte er Halt bei den überzeitlichen Werten des Geistes. Die Literatur erlangte so in seinem Weltbild eine Bedeutung, die kaum mehr zu übertreffen war – und die ihm als einem kritischen Diener der Literatur zugleich einen herausragenden Rang verlieh.

Mit dieser Entscheidung stellt er die maßgebliche Weiche für seine nun folgende überragende Karriere. Doch bereits vor jenem Entschluß nimmt die Literatur einen breiten Raum ein – so zumindest stellt er es in seinen Erinnerungen *Mein Leben* dar. Reich-Ranicki läßt von den ersten Seiten dieses Buches an kaum eine Gelegenheit aus, darauf hinzuweisen, wie prägend, ja schicksalhaft die Begegnung mit der deutschen Dichtung für ihn seit der Kindheit war. Wie fast alle Menschen, die ihre Autobiographie schreiben, hebt er so aus der eigenen Vergangenheit jene Erlebnisse hervor, die rückblickend als Vorbereitung auf wichtige Stationen des späteren Werdegangs betrachtet werden können. Er knüpft kunstvoll einen roten Faden, der die Flut von Zu- und Wechselfällen, die sein Leben beeinflußten, übersichtlich zusammenhält. Er macht die Literatur zu einem durchgängigen Leitmotiv seiner Existenz. Mit diesem typisch erzählerischen Mittel verleiht er dem Erlebten nachträglich eine als sinnvoll empfundene Einheit und Stringenz – und macht seine Autobiographie zu einem außerordentlich lesbaren Buch.

Läßt man jedoch die Fakten und seine entsprechenden Selbstaussagen nüchtern Revue passieren, wird deutlich, daß ihn die Literatur vor jenem Aufenthalt in der Arrestzelle des MBP nur während seiner Schulzeit und kurz danach stark beschäftigt hat. Im Warschauer Getto las er kaum, im Haus der Gawins gab es keine Bücher, und in den ersten Nachkriegsjahren konzentrierte er sich auf seine politische Arbeit: »Ich hatte in dieser Zeit mit Literatur eigentlich gar nichts mehr im Sinn«, resümiert er 1982 in einem langen Fernsehgespräch mit Joachim Fest. »Die Literatur schien mir ein Erlebnis meiner frühen Jahre – und nicht mehr.«[42] Marceli Ranickis Entscheidung, beruflich künftig ganz auf die Beschäftigung mit deutscher Literatur zu setzen, war also zu diesem Zeitpunkt durchaus verblüffend und letztlich ein wenig abenteuerlich. Was zum einen belegt, wie groß die Krise gewesen sein muß, in die er mit dem Parteiausschluß geriet, zum anderen, wie stark er in diesen Tagen – bewußt oder unbewußt – spürte, welche Chancen zur psychischen Entlastung ihm die Literatur bieten konnte, welche Möglichkeiten zur Bewältigung einer übermächtigen Angst, die seine Frau um jedes seelische Gleichgewicht gebracht hatte.

Als ihm die Partei anbot, einen neuen Arbeitsplatz zu vermitteln, bat Ranicki darum, in einem Buchverlag als Lektor für deutschsprachige Literatur eingesetzt zu werden. In einem planwirtschaftlichen Staat war es für die Administration kein Problem, selbst einen solch exotischen Wunsch zu erfüllen. Ranicki wurde im Verlag des Verteidigungsministeriums eingesetzt, wo er nun Literatur aus der noch sehr jungen DDR in polnischer Übersetzung publizieren sollte. Er brachte unter anderem Bücher von Willi Bredel, Bodo Uhse und einige Bände von Egon Erwin Kisch heraus. Doch das allein genügte seinem Ehrgeiz nicht. Kaum hatte er sich auf seinem neuen Berufsfeld orientiert, entfaltete er eine rastlose, unerschöpfliche Produktivität – die im Grunde ohne wesentliche Unterbrechungen bis heute anhält. Er

Tosia, Andrzej und Marceli Ranicki
Anfang der fünfziger Jahre

begann nebenher für die Wochenzeitung *Nowa Kultura* die in Polen verlegte deutsche Literatur zu rezensieren, suchte die Begegnung mit deutschen Schriftstellern, die Warschau besuchten (darunter Anna Seghers, Bertolt Brecht, Peter Huchel, Heinrich Böll, Günter Grass), schrieb Vor- und Nachworte und hielt nicht zuletzt Ausschau nach einem anderen, besseren Verlag, durch den seine Tätigkeit ein größeres Gewicht erhalten könnte. Er war, trotz des Zerwürfnisses mit der Partei, nicht bereit, sich auf eine Arbeit im stillen Winkel zurückzuziehen. Janusz Tycner schreibt, nachdem er die Vorgänge um den Parteiausschluß recherchiert und das Haus aufgesucht hat, in dem die Ranickis seinerzeit wohnten: »Nur eins ist den wenigen Nachbarn von damals, die noch nicht gestorben oder ausgezogen sind, in Erinnerung geblieben: das ständige Klappern der Schreibmaschine in der 58 Quadratmeter großen, eher karg eingerichteten, aber dennoch für die (...) elenden polnischen Nachkriegsverhältnisse komfortablen Zweizimmerwohnung mit Bad und Küche.«[43]

Mit seiner enormen Energie errang Ranicki schnell die ersten Erfolge in seinem neuen Beruf, mußte aber auch immer wieder Rückschläge hinnehmen. Ende 1951 kündigte er seine Stelle im Verlag des Verteidigungsministeriums, weil er leitender Lektor bei Czytelnik, einem der besten literarischen Verlage des Landes, werden sollte. Doch die Partei erhob Einspruch gegen den rasanten Aufstieg des gerade erst aus ihren Reihen Ausgeschlossenen: Er durfte die neue Position nicht antreten. Da er aber die Kündigung bei seinem alten Verlag nicht mehr rückgängig machen konnte, war er plötzlich ganz auf seine Arbeit als freier Autor angewiesen. Er schrieb von nun an mit ungeheurem Fleiß Rezensionen, Berichte, Schriftstellerporträts für polnische Zeitungen, Zeitschriften und den Rundfunk. Beinahe über Nacht war er geworden, was ihm sein Lehrer in Berlin prophezeit hatte: ein Kritiker.

Doch auch in dieser Eigenschaft konnte er ohne Billigung der Partei im kommunistischen Polen nie eine einflußreiche oder herausragende Stellung erreichen. Und sich mit bescheideneren Zielen zufriedenzugeben, widersprach seinem Naturell. So überrascht es letztlich nicht, daß Ranicki zahlreiche Anträge stellte, um wieder in die Partei aufgenommen zu werden: »Ich bitte darum, mir die Teilnahme am Kampf um den Sozialismus in den Reihen der Polnischen Vereinigten Arbeiterpartei zu ermöglichen.«[44] Ob und inwieweit diese Anträge über seine wahren politischen Ansichten in dieser Zeit Auskunft geben, ist offen. Laut Reich-Ranickis Erinnerungen wandte er sich ab Anfang der fünfziger Jahre allmählich vom Marxismus ab. Trotzdem mußte er, wenn er in dieser Phase des Kalten Krieges in einem kommunistischen Land publizieren wollte, den äußeren Anschein strenger Linientreue wahren. Bevor Tilman Jens 1994 Marceli Ranickis Mitarbeit im polnischen Geheimdienst publik machte, wies er zuvor schon auf das marxistische Vokabular in dessen polnischen Artikeln aus den frühen fünfziger Jahren hin. Doch verriet er damit, obwohl Jens dies suggerierte, kein Geheimnis: Reich-Ranicki hat sich verschiedentlich dazu bekannt, daß er zu Beginn seiner Arbeit als Kritiker deutlich unter dem Einfluß von Georg Lukács stand, dem in jenen Jahren prägenden marxistischen Literaturtheoretiker, der bis zum Aufstand in Ungarn 1956 auch von kommunistischen Kulturpolitikern im ganzen Ostblock gern zitiert wurde. Daß sich Marceli Ranickis politische Überzeugungen jedoch noch in Polen entscheidend wandelten, bezeugen die Aufzeichnungen Hansjakob Stehles, der ihn 1957/58 als Korrespondent der *Frankfurter Allgemeinen* in Warschau kennenlernte und ihn als gründlich »ernüchtert«[45] beschreibt.

Im Frühjahr 1953 erschien ein erster Text des Kritikers Marceli Ranicki in deutscher Sprache – und sorgte prompt für einen Eklat. Der Lyriker Peter Huchel, der in jenen Jahren die prestigeträchtigste Literaturzeitschrift der DDR, *Sinn und Form*, herausgab, hatte einen in *Nowa Kultura* erschienenen Artikel Ranickis über den kurz zuvor verstorbenen wackeren Propagandadichter Erich Weinert übersetzen lassen und veröffentlicht. Als das Heft erschien, befand sich Huchel gerade mit einer Schriftstellerdelegation in Moskau. Das hinderte den zum Kulturminister der DDR aufgestiegenen Schriftsteller Johannes R. Becher jedoch nicht, Huchels Ehefrau Monica, die dem Redaktionsstab von *Sinn und Form* angehörte, am Telefon mit dem ihr unvergeßlichen Satz zu überfallen: »Ihr benutzt einen toten Genossen, um einen lebenden zu beschmutzen«[46] – und sie ersatzweise für ihren Mann ins Ministerium zu kommandieren. Dort wurde ihr das ganze Ausmaß der Verfehlungen ihres Mannes enthüllt. Erich Weinert war erst einige Monate zuvor mit dem Nationalpreis der DDR ausgezeichnet worden, und Ranicki lobte ihn aus vollem Herzen – folglich schien der Beitrag politisch unbedenklich zu sein. Allerdings fand sich in dem Artikel ein kleiner Seitenhieb auf die literarische Vergangenheit anderer sozialistischer Schriftsteller: Erich Weinert habe es, hieß es da, »im Unterschied zu Becher oder Brecht, Toller oder Wolf« verstanden, »sich der Versuchung des Expressionismus zu widersetzen«, der »so fatal auf die damals entstehende deutsche revolutionäre Dichtung einwirkte«.[47]

Das war zuviel. Dem Lyriker Becher, der als Kulturminister alle Abweichungen vom rechten Pfad des Sozialistischen Realismus als ideologische Häresie verteufelte, seine eigenen expressionistischen Anfänge in der wichtigsten Literaturzeitschrift der DDR vorzuhalten – das traf viel zu genau und schmerzte viel zu sehr, um von Becher klaglos hingenommen zu werden. Aber damit noch nicht genug: Dieser in Deutschland gänzlich unbekannte Kritiker namens Ranicki ließ sich die Gelegenheit nicht entgehen, Becher unter die Nase zu reiben, daß seine frühen Gedichte bereits damals, als sie entstanden, für »die Durchschnittsleser nicht verständlich« waren, daß sie mithin die Arbeiter, an die sie sich vorgeblich richteten, gar nicht erreichten. Weinert dagegen habe sich in seiner Lyrik stets »um größte Verständlichkeit, Einfachheit und Klarheit« bemüht und so als Rezitator der eigenen Texte »fast täglich Tausende von Zuhörern«[48] gefunden.

So unbeholfen der aus dem Polnischen übersetzte Text in manchen Passagen klingt, so deutlich werden einige der literarischen Vorlieben sichtbar, denen Reich-Ranicki bis heute treu geblieben ist – und vor allem seine Fähigkeit, Schriftsteller auf wunde Stellen ihres Werks zu stoßen, die sie selbst nur zu gern übersehen. Der Hinweis auf seine expressionistische Phase brachte Becher in politische Verlegenheit, der Hinweis auf die größere Leser-

Mitte der fünfziger Jahre:
Familie Ranicki in Polen

schaft Weinerts kränkte seine Autoreneitelkeit. Also unterbreitete er Monica Huchel gleich einen ganzen Katalog von Strafmaßnahmen. Ihr Mann müsse, so kündigte er an, die Leitung von *Sinn und Form* an den braven, linientreuen Erzähler und Essayisten F. C. Weiskopf abtreten. Darüber hinaus solle in der nächsten Nummer der Zeitschrift eine Erklärung veröffentlicht werden, die mit Huchels Namen unterzeichnet war und in der er sich selbst schwerer ideologischer Verfehlungen beschuldigte. Monica Huchel überflog die vorbereitete Selbstbezichtigung und erklärte Becher, daß er sich mit ihrem Abdruck einen Bärendienst erweisen würde. Denn der Text war im steifen Funktionärsjargon abgefaßt – jeder Leser würde erkennen, daß er unmöglich von dem Stilisten Peter Huchel stammen konnte. Daraufhin, erinnert sich Monica Huchel, sei Becher wütend aufgesprungen, habe sich erregt auf die Oberschenkel geschlagen und seinen Staatssekretär Alexander Abusch angeschrien: »Was hast Du da geschrieben? So können wir das gar nicht bringen!«[49] Womit er den wahren Autor der fingierten Selbstkritik und einen der wesentlichen Gegner von *Sinn und Form* in der Kulturbürokratie der DDR verriet.

Die obskure Erklärung wurde nie gedruckt und F.C. Weiskopf niemals Chefredakteur. Becher hatte nicht mit dem Widerstand Bertolt Brechts gerechnet. Als Huchel in Moskau von den Maßnahmen gegen seine Arbeit hörte, wollte er sein Amt von sich aus niederlegen. Doch nach seiner Rückkehr beschwor ihn Brecht, die Zeitschrift trotz der Anfeindungen nicht im Stich zu lassen: »Sie müssen Ihren Laden verteidigen, genauso wie ich meinen verteidige. Das Berliner Ensemble und *Sinn und Form* sind die beste Visitenkarte der DDR.«[50] Noch Jahre später erinnerte sich Huchel lebhaft an die entscheidende Sitzung, auf der über das Schicksal seiner Zeitschrift entschieden wurde: »Nie zuvor hatte ich Brecht so erregt gesehen.«[51] Der sonst so listige, ironische Dramatiker scheute in diesem Fall nicht den direkten Zusammenstoß mit seinen Kontrahenten. Schließlich konnte sich Brecht durchsetzen, die Zeitschrift blieb vorerst in Huchels Händen – und Reich-Ranickis erstaunliches Talent, durch seine Literaturkritiken öffentliche Debatten anzuzetteln, Skandale auszulösen oder eben biedere Kulturfunktionäre aus der Fassung zu bringen, hatte sich zum ersten Mal unter Beweis gestellt.

Vorerst jedoch waren für ihn die Konflikte mit der ehemals eigenen Partei in Polen noch nicht ausgestanden. Während des Ausschlußverfahrens hatte man Ranicki unter anderem vorgeworfen, im Warschauer Getto mit den Deutschen kollaboriert zu haben. Zwanzig Monate nach dem Ausschluß beschäftigten sich seine Gegner noch immer mit diesem Verdacht und baten im November 1951 das Jüdische Historische Institut in Warschau um ein entsprechendes Gutachten. Die Antwort war unzweideutig: »Marceli Ranicki arbeitete im Warschauer Judenrat als Hauptdolmetscher für Deutsch. Belastendes über ihn und seine Tätigkeit in dieser Behörde ist uns nicht bekannt.«[52]

Auch Tosia Ranicka, die bereits 1947 aus dem MBP ausgeschieden war und nun in der englischsprachigen Redaktion des Polnischen Rundfunks arbeitete, bekam nach ihrer Rückkehr aus London Schwierigkeiten mit der Partei. Sie hatte ihren Mitgliedsausweis vor der Abreise nach England den damaligen Vorschriften folgend bei der Auslandsabteilung des ZK deponiert. In ihrer Abwesenheit muß sie, die von ihren Eltern Anteile an drei Häusern in Lodz geerbt hatte, dann ein Unbekannter als heimliche Kapitalistin denunziert haben. Auf jeden Fall wurde ihr das Parteibuch, als sie wieder nach Warschau kam, nicht zurückgegeben. Gemeinsam mit ihrem Mann kämpfte sie nun um ihre Mitgliedschaft in der KP und schenkte ihre Immobilien im August 1952 dem polnischen Staat: »Meine Entscheidung wird bestimmt von meiner Weltanschauung, mit der ich das Besitzen kapitalistischen Vermögens nicht vereinbaren kann.«[53] Die Vermutung, ein solch gravierender Schritt sei als Ausdruck tatsächlicher politischer Überzeugungen und nicht nur als ein taktisches Manöver zu betrachten, um das Wohlwollen der Partei wiederzuerringen, ist nicht von der Hand zu weisen. Allerdings war der Besitz von Häusern im Ostblock, in dem alle Immobilien, auch die von Privatleuten, staatlich bewirtschaftet wurden, oft mit weitaus mehr Problemen und Pflichten als mit Vorteilen verbunden. Das Opfer Tosia Ranickas war also unter Umständen geringer, als es sich aus heutiger Sicht ausnimmt. Jedenfalls erhielt sie ihren Parteiausweis im Februar 1954 zurück, wurde jedoch vom Mitglied zur Kandidatin herabgestuft.

1953 verhängte die Partei, ohne es näher zu begründen, ein Publikationsverbot über Marceli Ranicki. Keine Zeitung, kein Verlag durfte auch nur eine Zeile von ihm drucken. Damit schien, nachdem er seine Arbeit als Diplomat und als Verlagslektor hatte aufgeben müssen, auch seine Laufbahn als Kritiker gescheitert zu sein.

Tosia und Marceli Ranicki

Verzweifelt versuchte er festzustellen, wer das Verbot verhängt hatte und wie es wieder aufgehoben werden konnte – ohne Erfolg. Die Familie mußte allein vom geringen Einkommen seiner Frau leben, das nicht ausreichte. Tycner glaubt, in den Parteiunterlagen Hinweise dafür erkennen zu können, daß Marceli Ranicki mit seinen permanenten Bitten um Wiederaufnahme in die Partei den zuständigen Stellen lästig geworden sei. »Eine der internen Notizen beginnt mit dem Seufzer eines Parteibürokraten: ›Schon wieder hat sich Reich-Ranicki an uns mit der Bitte gewandt (…).‹ Er redete zuviel in der Öffentlichkeit, machte zuviel Wirbel um seinen Parteiausweis, bedrängte die Partei. Das konnte nicht ohne

Ausweis des polnischen Schriftstellerverbandes. Marceli Ranicki erhielt, kurz nach dem er aus der kommunistischen Partei des Landes ausgeschlossen wurde, den Status eines »Anwärters auf Mitgliedschaft«.

Folgen bleiben. Ende April 1953 forderte Oberst Fejgin, einer der übelsten Schergen vom Untersuchungsdepartement des MBP, Ranickis Parteiakte an. Bald darauf lehnte eine Redaktion nach der anderen ab, Ranickis Manuskripte zu drucken.«[54]

Ranicki hielt sich und die Seinen mit anonym geführten Rundfunkinterviews über Wasser. Wie schon so oft mußte er sich wieder einmal als ein Ausgestoßener, als ein Verfolgter, als ein in die Namenlosigkeit abgedrängter Paria empfinden. Als ehemaliges und nun ausgeschlossenes Parteimitglied hat er erheblich größere

Nachteile und Schikanen hinzunehmen als Menschen, die niemals in der Partei waren. Sein verständlicher Wunsch nach Zugehörigkeit, nach einem sozial anerkannten Platz innerhalb einer Gemeinschaft schlägt sich deutlich sichtbar nieder in seinem Versuch, in den polnischen Schriftstellerverband aufgenommen zu werden. Zu seiner Verblüffung wurde der Antrag akzeptiert – wieder einmal war es die Welt der Literaten und der Literatur, die ihm so etwas wie eine Heimat bot. Doch gegen das Publikationsverbot kämpfte auch der Verband vergeblich. Erst gut ein Jahr nach Stalins Tod wurde es mit Beginn des politischen »Tauwetters« in Polen ohne weitere Erklärung aufgehoben.

Während der folgenden Jahre, die von einer spürbaren kulturpolitischen Lockerung geprägt waren, läßt Ranicki in seinen Rezensionen und Aufsätzen, in seinen Vor- und Nachworten zu polnischen Ausgaben deutscher Klassiker das marxistische Vokabular mehr und mehr hinter sich. Volker Hage hat in seinem biographischen Essay über Reich-Ranicki dessen frühe polnische Arbeiten, die bislang nicht ins Deutsche übersetzt wurden, wohl am genauesten beschrieben und analysiert: »Es fällt leicht, sich heute über die holprigen und dogmatischen Anfänge eines Kritikers zu erheben. Man muß sich in Erinnerung rufen, daß Reich-Ranicki nicht freiwillig auf ein Studium verzichtet hat, daß er Gründe hatte, sich für einige Jahre von der Literatur fernzuhalten, zumal der deutschen, daß er schließlich in Polen zunächst keinerlei Möglichkeiten hatte, die literarischen Entwicklungen und theoretischen Debatten im Westen zu verfolgen. Zwischen 1950 und 1956 konnte er nicht einmal westliche Zeitungen lesen. So standen seine ersten literarkritischen Versuche notgedrungen unter dem Einfluß jener marxistischen Literaturtheorie, die – wie Reich-Ranicki später nicht ohne Ironie anmerken sollte – ›1968 in der Bundesrepublik so gefeiert wurde‹. (…) Im Bann dieser Theorie stand der junge Kritiker Ranicki zumindest in der ersten Hälfte der fünfziger Jahre. Manche dieser frühen Arbeiten und Bewertungen machen übrigens die eine oder andere Schärfe des Kritikers später im Westen erst recht erklärlich. Ein nicht unerheblicher Teil seiner Verrisse und Angriffe, die er später in der Bundesrepublik geschrieben hat, ist heimliche Selbstkritik: Nachprüfung alter Urteile, Entgegnung auf sich selbst.«[55]

Die Zeit des »Tauwetters« gipfelte in Polen im Juni 1956 im Aufstand der Posener Arbeiter und Studenten gegen die alte Parteiführung. Der Aufstand kostete fünfundsiebzig Menschen das Leben und führte im Oktober 1956 zur Wiedereinsetzung Władysław Gomułkas als Parteichef. Gomułka versprach daraufhin, das Land aus der umfassenden Abhängigkeit von der Sowjetunion heraus- und in eine liberalere, wirtschaftlich bessere Zukunft zu führen. Dieses Comeback auf höchster politischer Ebene hatte auch für Ranicki Folgen: So wie er, kurz nachdem man Gomułka aus der Partei entfernt hatte, ebenfalls aus der Partei ausgeschlossen worden war, wird er jetzt kurz nach Gomułkas Rückkehr an die Macht wieder in die Partei aufgenommen. Am 22. Februar 1957 trifft die zuständige Kommission die entsprechende Entscheidung, am 18. März teilt man sie ihm – so heißt es in einem Aktenvermerk – per Post mit. Reich-Ranicki kann sich allerdings an eine solche Nachricht nicht erinnern, er ist sich sicher, sie nie erhalten zu haben. 1986 merkt er – Volker Hage weist darauf hin – in einem Gespräch zu diesem Thema an: »Ich bin auch zur kommunistischen Partei nie wieder zurückgekehrt, obwohl man es mir während des ›Tauwetters‹ angeboten hat.«[56] Es habe sich dabei, ergänzt er heute, nur um »inoffizielle Anfragen«[57] gehandelt.

Daß sich seine Situation spürbar verbessert hat, daß er nicht mehr verfemt ist, entgeht Marceli Ranicki jedoch nicht. Schon 1956 kann er – über Vermittlung durch den Schriftstellerverband – in die Sowjetunion und die DDR reisen, 1957 sogar nach Österreich und in die Bundesrepublik. Einem neuen Versuch Ranickis, seine Position

Marceli Ranicki (links) mit Freunden beim Skilaufen in Polen während der fünfziger Jahre. Als dritter von links der polnische Schriftsteller Leopold Tyrmand.

innerhalb des polnischen Kulturbetriebes auszubauen und zu sichern, hätte also wenig im Wege gestanden. Aber seine marxistischen Hoffnungen haben sich inzwischen offenbar gründlich erschöpft. Ranicki glaubt nicht an die vollmundigen Ankündigungen Gomułkas, er fürchtet, wie Hansjakob Stehle von Gesprächen mit ihm aus jener Zeit in Warschau berichtet, »ein neuer Eishauch werde die zarten Pflanzen des Oktober 1956 vernichten«[58]. Tatsächlich wurde bereits im Oktober 1957 die Studentenzeitschrift *Po prostu* (Geradeheraus), die das kulturpolitische »Tauwetter« in Polen vorangetrieben hatte, trotz tagelanger Proteste und Demonstrationen verboten.[59] Parallel dazu breitete sich wieder einmal eine deutlich antisemitische Stimmung im Lande aus, mehr oder weniger offen wurde den verbliebenen Juden die Emigration nach Israel nahegelegt. Während des kurzen Aufenthalts in der Bundesrepublik, bei dem Ranicki unter anderem Siegfried Lenz, Siegfried Unseld,

In seiner Wohnung in Warschau 1958

Joachim Kaiser, Wolfgang Koeppen und Hans Werner Richter kennenlernt, überzeugt er sich davon, daß es ihm gelingen kann, auch im Westen als Kritiker Fuß zu fassen und seine Familie zu ernähren. Bereits im November 1957 beginnt er, noch unter dem Namen Marceli Ranicki, erste Artikel über das Kulturleben Polens in der damals in Hamburg residierenden *Welt* zu veröffentlichen – und läßt die entsprechenden Honorare bei einer westdeutschen Bank deponieren. Auf die Parteifunktionäre im eigenen Land nimmt er in diesen Berichten immer weniger Rücksicht: »Ab 1950 machte sich in Polen«, heißt es da zum Beispiel, »eine engstirnige und oft genug vollkommen sinnlose Kulturpolitik in steigendem

Maße bemerkbar.«[60] Es sind offenkundig die Artikel eines Mannes, der mit seiner polnischen und kommunistischen Vergangenheit abgeschlossen hat und der aufbrechen möchte zu neuen Ufern.

Der Westen lockt ihn nicht zuletzt, weil in Deutschland die deutsche Literatur naturgemäß eine ungleich größere Rolle spielt als in Polen und sich ihm deshalb dort ein weit reizvolleres Arbeitsfeld anbietet. Er plant und organisiert die Ausreise für seine Familie und sich heimlich. Er beantragt eine weitere Studienreise in die Bundesrepublik und parallel dazu für seine Frau und seinen Sohn die Erlaubnis, zu einem Urlaub nach England zu Gerda Böhm zu reisen. Das Vorhaben ist allerdings nicht derart feinsinnig entworfen, als daß es den Behörden eines totalitären Staates vollständig entginge. Eine Beamtin des Paßamtes ruft Ranicki an und weist ihn auf die zeitliche Überschneidung der beiden Westreisen hin, doch der reagiert, wie immer, sehr schnell und entgegnet, solche Terminüberschneidungen der Reisen von ihm und seiner Frau habe es in der Vergangenheit bereits gegeben. Ob diese Begründung der Anruferin ausreicht oder ob in jener Zeit die mögliche Emigration einer jüdischen Familie von den Behörden billigend in Kauf genommen worden ist, muß offenbleiben – die Pässe werden ausgestellt.

Im Juli 1958 fliegen Tosia Ranicka und Andrzej Alexander nach London. Nicht einmal ihren damals neunjährigen Sohn haben die Eltern in ihre Fluchtpläne eingeweiht. »Als ich die Maschine nach Amsterdam, wo die beiden umsteigen mußten, in der Luft entschwinden sah, fragte ich mich, wann ich sie wiedersehen würde.«[61] Kurz darauf besteigt Marceli Ranicki einen Zug in Richtung Frankfurt am Main, in der Tasche den Reisepaß mit polnischem Ausreise- und bundesdeutschem Einreisevisum für einen Studienaufenthalt von drei Monaten, dazu zwanzig Mark, mehr darf er als polnischer Bürger nicht an Devisen ausführen. Er hat einen mittelgroßen Koffer mit Kleidern bei sich, eine Aktentasche mit sämtlichen Artikeln und Büchern, die er in Polen publiziert hat, und seine alte Schreibmaschine. Ausgestattet mit diesem Gepäck, bricht er auf, um als Achtunddreißigjähriger zum vierten Mal in seinem Leben neu anzufangen.

Kritik, nichts als Kritik

Der Mann mittleren Alters, der am 21. Juli 1958 in Frankfurt am Main aus dem Zug steigt, ist im Literaturbetrieb der Bundesrepublik nahezu unbekannt. Und er hat auf den ersten Blick nicht eben die besten Voraussetzungen, um in diesem Betrieb bekannt zu werden. Er verfügt kaum über nennenswerte Kontakte zu Redaktionen oder Verlagen, von einem klug gesponnenen, jahrelang gepflegten beruflichen Netzwerk, das ihm den Weg in die richtigen Positionen ebnen könnte, kann keine Rede sein. Das letzte Zeugnis, das ihm ausgestellt wurde, ist zwanzig Jahre alt und bescheinigt ihm die Hochschulreife – doch eine Universität hat er nie besucht, über Diplome, Zertifikate oder Titel verfügt er nicht. Bis vor zwei Jahren hat er noch nicht einmal Bücher oder Zeitungen aus dem Westen lesen dürfen, die Institutionen, Traditionen und ungeschriebenen Spielregeln des kulturellen Lebens der Bundesrepublik sind ihm, um es behutsam auszudrücken, unvertraut. Ja, er hat seit zwanzig Jahren – über die Hälfte seines Lebens – nicht mehr in einem deutschsprachigen Land gelebt: Zwischen dem Deutsch, das er als Berliner Schüler sprach, und dem Deutsch, das nun Alltag und Literatur der Bundesrepublik bestimmt, liegt der Abgrund eines Weltkriegs.

Diese Ausgangsbedingungen muß man sich bewußt machen, will man ermessen, welchen erstaunlichen, welchen enormen

Aufstieg Marcel Reich-Ranicki in den nächsten Monaten im deutschen Literaturbetrieb bewältigt. Am 18. August 1958, vier Wochen nach seiner Ankunft, erscheint sein erster Artikel in der *Frankfurter Allgemeinen*, Ende September eine Rezension von ihm über Arnold Zweig als Aufmacher der Messebeilage der *FAZ*, und im Oktober desselben Jahres nimmt er bereits an der jährlichen Tagung der Gruppe 47 teil – eine Chance, auf die ungezählte andere Kritiker jahrelang vergeblich warten. 1959 vertraut ihm dann die *Welt*, zu deren regelmäßigem Mitarbeiter er inzwischen aufgestiegen ist, den neuen Roman von Heinrich Böll, *Billard um halb zehn*, zur Besprechung an[1], und die *Zeit* gibt ihm gleich zum Auftakt seiner Tätigkeit dort *Die Blechtrommel* von Günter Grass, das wohl wichtigste deutschsprachige Buch des Jahrzehnts. Sein Artikel über Grass, nahezu ein Verriß, erscheint am 1. Januar 1960. Reich-Ranicki ist erst anderthalb Jahre in der Bundesrepublik und schon als einer der entscheidenden Kritiker des Landes weithin anerkannt.

Will man diesen verblüffenden Erfolg verständlich machen, muß man sich vor Augen halten, welche Fähigkeiten, Kenntnisse, Eigenschaften jener Mann mittleren Alters mitbringt, als er im Juli 1958 mit dem festen Vorsatz, nicht nach Polen zurückzukehren, durch den Frankfurter Hauptbahnhof eilt. Er hat mit der ihm eigenen Besessenheit als Autodidakt ein so immenses Wissen über Literatur, speziell über deutsche Literatur erworben, daß er sich mit akademisch gebildeten Fachleuten problemlos messen kann – ist aber zugleich frei von jedem akademischen Dünkel oder Jargon, was seiner journalistischen Arbeit sehr zugute kommt. Er verfügt über eine Eloquenz, die ihn, gepaart mit Schlagfertigkeit und bissigem Witz, zu einem rasanten Gesprächspartner macht, der allen, die ihm begegnen, dauerhaft in Erinnerung bleibt. Er ist erfüllt von einer wahrhaft unersättlichen Neugier auf Literatur, Literaten und literarisches Leben, die dafür sorgt, daß er immer neue Kontakte knüpft und buchstäblich nie zur Ruhe kommt. Er besitzt ein überaus leicht entzündliches Temperament, das ihn – wie es Günther Rühle, einer seiner späteren Kollegen bei der *Frankfurter Allgemeinen*, formuliert – »jederzeit streitbereit«[2] sein läßt, was ihm bald schon zahlreiche Gegenspieler einträgt, die sich öffentlich an ihm und seiner Angriffslust reiben und ihn so schnell zu einem vielgenannten, vielzitierten Kritiker machen.

Damit noch nicht genug. Er fällt aufgrund seines Schicksals in zumindest drei Punkten aus dem Rahmen des bundesdeutschen Literaturbetriebs dieser Zeit: Er ist wie manch andere sensibilisiert für jeden noch so geringen Anklang an nationalsozialistische Sprachregelungen und Ideen, aber als Opfer des Holocaust ist er wie wenige andere legitimiert, solche geistigen Überreste der deutschen Vergangenheit öffentlich zu kritisieren. Außerdem hat er in seiner Zeit als Lektor und Kritiker in Polen die Literatur der DDR weitaus gründlicher studiert als seine Kollegen in der Bundesrepublik, die sich in den Nachkriegsjahren zunächst vor allem an der Kultur Westeuropas und Nordamerikas orientierten. Und er hat jetzt schon, was ihm dann in der zweiten Hälfte der sechziger Jahre wiederum eine Art Sonderstellung einräumen wird, die Spielarten der marxistischen Literaturtheorie erschöpfend kennengelernt – und hinter sich gelassen.

Zudem ist Reich-Ranicki, was seinen blitzartigen Aufstieg sicherlich unterstützt, mit Leib und Seele Literaturkritiker. Er hat keine anderen Ziele, er kennt keine berufliche Ablenkung, genauer: Er kennt *keine* Ablenkung. Von einigen sporadischen Ausflügen zur Theaterkritik während der sechziger Jahre abgesehen, bei denen er sich oft mehr mit dem aufgeführten Stücktext beschäftigt als mit den Schauspielern oder der Regie, konzentriert er sich in seiner Arbeit fast ausschließlich auf die Literatur und das literarische Leben. Im Gegensatz zu den meisten seiner profilierten Kritikerkollegen gibt es für ihn kein zweites journalistisches

Arbeitsfeld, das ihn reizt: Er verspürt nicht das Bedürfnis, Biographien, politische Reflexionen oder Feuilletons zu schreiben wie Friedrich Sieburg, er publiziert keine kulturhistorischen Aufsätze oder Essays zur ästhetischen Theorie wie Hans Mayer, Ludwig Marcuse und später Karl Heinz Bohrer, er hat keine Ambitionen, sich wie Hilde Spiel, Walter Jens und Reinhard Baumgart als Romancier zu versuchen oder als Lyriker wie Walter Höllerer und Peter Hamm, er betrachtet sich nicht zugleich als Filmkritiker wie Wolfram Schütte, als Theaterkritiker wie Hellmuth Karasek oder als Musikkritiker wie Joachim Kaiser. Er ist halt Literaturkritiker nur und sonst gar nichts. Und will auch nichts anderes sein. Was vermutlich sehr dazu beiträgt, seinen Namen zunächst in der Branche, aber überraschend schnell auch beim Publikum zu einem journalistischen Markenzeichen zu machen für kenntnisreiche, oft polemische, nie langweilige Berichte über Literatur, über deutsche Literatur zumal.

In Frankfurt kommt Reich-Ranicki zunächst einmal provisorisch bei seinem Onkel Leo Auerbach unter, der vor den Nationalsozialisten noch rechtzeitig aus Berlin emigrierte und den Zweiten Weltkrieg in der französischen Fremdenlegion als Bibliothekar überlebte. Reich-Ranickis Sohn Andrzej, der in England geboren wurde, darf vorläufig in London bleiben und kann, da er Englisch spricht, dort auch die Schule besuchen. Doch seine Frau muß England nach Ablauf des Visums verlassen und lebt vorübergehend bei einer Tante in Paris. Die Familie ist also über drei Länder verteilt und hat nur eine Gewißheit: An eine Rückkehr nach Polen ist nicht zu denken. Kaum in Frankfurt eingetroffen, bricht Reich-Ranicki deshalb auf, um sich in den Redaktionen vorzustellen, deren Mitarbeiter er werden will. Er verliert keine Zeit – zum einen, weil Zögerlichkeit keiner seiner hervorstechenden Charakterzüge ist, zum andern, weil er sich ein Zögern gar nicht leisten kann: Er hat für sich und seine Familie nur minimale Ersparnisse und will, in Erinnerung an das Los seines Vaters, auf keinen Fall seinen Verwandten zur Last fallen.

Die Haltung, mit der er zu solchen Vorstellungsgesprächen ging, hat bei Hansjakob Stehle – der als Warschaukorrespondent der *Frankfurter Allgemeinen* zumindest einen Teil der zurückgelassenen Bibliothek Reich-Ranickis aus Polen nach Deutschland schmuggeln konnte – beträchtlichen Eindruck hinterlassen. Er zeigte eine »Entschlossenheit«, an »der er auch künftig eisern festhielt und die er mir erst viel später ganz verständlich machte: nämlich keinen Augenblick als Verfolgter, als bittstellender oder gar anbiederungsbereiter Emigrant aufzutreten und niemals die – wie er glaubt – ›in Deutschland tief verwurzelte Abneigung gegen Kritik‹ zu respektieren, sondern eher zu provozieren. Warum? Aus Stolz, aus Arroganz? Im Grunde aus dem Willen zur psychischen Selbsterhaltung.«[3] Schließlich lebte Reich-Ranicki jetzt, nur dreizehn Jahre nach Kriegsende, wieder in dem Land, dessen Kultur er zwar immer bewundert hatte, in dessen Namen aber seine Familie ermordet und er selbst in unfaßbarem Maße terrorisiert worden war. Wäre er den Deutschen gegenüber, vor allem jenen, die während des Krieges Soldaten gewesen waren, nun unterwürfig oder servil aufgetreten, hätte er letztlich jede Selbstachtung, jeden Stolz aufs Spiel gesetzt. Schon allein aus diesem Grund mußte er, so meint sein späterer Kollege Günther Rühle, seine ganze Energie und Kraft einsetzen, um in diesem Land eine respektierte Rolle zu spielen: »Er konnte in Deutschland überhaupt nur existieren, indem er sich eine solche Rolle verschaffte. In der Anonymität wäre er hier zugrunde gegangen.«[4]

Bereits die erste Bewerbung bringt positive Resultate. Reich-Ranicki spricht mit dem damaligen Feuilletonchef der *Frankfurter Allgemeinen,* Hans Schwab-Felisch, und kann immerhin auf die in der *Welt* publizierten Berichte aus Warschau als Referenzen verweisen sowie einen noch ungedruckten Aufsatz über den polnischen Schriftsteller Jarosław Iwaszkiewicz vorlegen. Schwab-Felisch zeigt sich beeindruckt und will den Artikel veröffentlichen. Fraglich war nur, erinnert sich Reich-Ranicki, unter welchem Namen der Text veröffentlicht werden sollte. »Ich hätte in Polen, teilte ich ihm mit, mich stets des Pseudonyms ›Ranicki‹ bedient, doch mein wirklicher Name sei ›Reich‹. Wie ich jetzt meine Beiträge zeichnen solle? Er reagierte prompt: ›Machen Sie es wie ich, nehmen Sie einen Doppelnamen, aber unbedingt erst den einsilbigen, dann den anderen – schon aus rhythmischen Gründen.‹ Das leuchtete ein, ich zögerte nicht: ›Einverstanden, schreiben Sie: Marcel Reich-Ranicki.‹«[5]

Reich-Ranicki beginnt das neue Kapitel seines Lebens, des Lebens in Deutschland, also mit einer Art Taufe, bei der er seinen Geburtsnamen, den er noch in seinen Berliner Jugendjahren trug, verknüpft mit dem Namen, den er sich 1948 in Warschau selbst gab. Er entscheidet sich somit, psychologisch betrachtet, weder für das deutsche noch für das polnische Kapitel seiner Vergangenheit, sondern läßt beide zu einer neuen Identität verschmelzen. Es gibt verstreute Hinweise darauf, daß der Doppelname bereits in polnischen Akten benutzt wurde, doch Reich-Ranicki führte ihn bis zu diesem Augenblick weder als Autor noch im Alltag. Zugegeben, Pseudonyme sind unter Journalisten und Schriftstellern nichts Ungewöhnliches, ihre Wahl ist oft zufällig, und man gerät leicht in Gefahr, sich lächerlich zu machen, wenn man sie allzu sorgfältig auf vermeintliche Bedeutungsnuancen hin abklopft und abhorcht. Reich-Ranicki hat aber oft genug betont, daß er die Literatur als seine eigentliche Heimat betrachtet, als sein, wie er Heinrich Heine zitiert, »portatives Vaterland«[6]. So ist es vielleicht doch bemerkenswert, daß er nie die Chance hatte, sich in dieses imaginäre Heimatland unter seinem ursprünglichen Namen einzuschreiben: Im Getto verfaßte er seine ersten Artikel als Wiktor Hart, im Nachkriegspolen wurde er zum Literaturkritiker als

Marceli Ranicki, und in Deutschland feierte er dann seine Triumphe als Marcel Reich-Ranicki. Der verstörte Gymnasiast Marcel Reich jedoch, der noch nicht dreizehnjährig von den Nationalsozialisten verfolgt, bedroht, zu Tode geängstigt und schließlich deportiert wurde und der in seiner Not die Literatur zu seinem geistigen Zufluchtsort machte, ist dort nie als Bürger unter seinem Geburtsnamen angekommen. So bleibt, symbolisch gesprochen, trotz der überragenden Position, die Reich-Ranicki heute in unserem Kulturbetrieb einnimmt, und des Claims, den er sich schreibend in der deutschen Literaturgeschichte abgesteckt hat, ein leidvoller Teil seiner Vergangenheit nach wie vor unabgegolten.

Zu den Menschen, die Reich-Ranicki in diesen ersten Wochen in Deutschland am meisten helfen, gehören Hansjakob Stehle und Siegfried Lenz. Nachdem er bei Schwab-Felisch günstig aufgenommen wurde, verschafft ihm Stehle einen Termin bei Friedrich Sieburg, dem damaligen Literaturchef der *Frankfurter Allgemeinen*, der, wie Stehle schreibt, »die Literatur – und sich selbst – wie ein Papst zelebrierte«. Sieburg ist zunächst durchaus interessiert an diesem Unbekannten aus Polen, der »ein wenig auch von deutscher Literatur zu verstehen« scheine: »Wohl Jude, wie?«[7] fragt er Stehle nach dem Treffen.

Wenige Tage später reist Reich-Ranicki nach Hamburg, wo er sich bei der *Welt* ebenfalls erfolgreich um weitere Mitarbeit bewirbt. Dort besucht er Siegfried Lenz, den er bereits auf seiner ersten Reise durch die Bundesrepublik 1957 kennengelernt hat. Lenz rät ihm, nicht allein für Zeitungen, sondern auch für das Radio zu arbeiten, weil die Honorare dafür ungleich höher seien: »Er ging mit mir von einem Abteilungsleiter des Norddeutschen Rundfunks zum nächsten, er telefonierte mit den Chefs der Nachtprogramme, der Nachtstudios und der Kulturabteilungen des Rundfunks. Er wollte mir überall den Weg bahnen – und in den meisten Fällen gelang ihm dies.«[8] Solche Vermittlungen sind das eine, Reich-Ranickis energisches und hellwaches Auftreten das andere. Offenbar legt er bei allen Begegnungen ein überragendes Talent an den Tag, sich selbst zu verkaufen. Mit wem er auch redet, er prägt sich seinen Gesprächspartnern ein. Und da sie ihm zu diesem Zeitpunkt ganz unvorbelastet gegenübertreten, ist fast jeder bereit, ihm eine Chance zu geben. Chancen, die er zu nutzen versteht, indem er hochinformative, stilistisch herausragende und präzise urteilende Buchbesprechungen abliefert.

Die Arbeit geht Reich-Ranicki leicht von der Hand, trotzdem sind seine materiellen Lebensbedingungen in der ersten Zeit äußerst dürftig. Sobald es möglich ist, macht er sich unabhängig von seinem Onkel Leo Auerbach und lebt für einige Wochen in der Frankfurter Wohnung von Hansjakob Stehle. Danach bezieht er mit seiner Frau die erste eigene Unterkunft in Deutschland, in der Westendstraße 14. »Wir wohnten in Frankfurt in einem kleinen Zimmer zur Untermiete. Das war unser Wohn- und Schlaf- und Arbeitszimmer. Einen Schreibtisch gab es dort nicht. Später meinten manche, zu unserer Begrüßung in der Bundesrepublik seien rote Teppiche ausgerollt worden. Das trifft nicht zu, wir haben es auch nicht erwartet.«[9] Immerhin wird die Frage der Aufenthaltsgenehmigung Reich-Ranickis – und damit auch seiner Familie – recht schnell und ohne übergroßen bürokratischen Aufwand geregelt. Da die polnischen Behörden seinen Paß nicht verlängern, er aber auch nicht in der Bundesrepublik offiziell um politisches Asyl nachsuchen will, beantragt er die deutsche Staatsangehörigkeit. Sie wird ihm mit Blick auf seine Schulzeit in Deutschland, auf die Deportation 1938 und wohl auch, wie er 1959 in einem Brief[10] schreibt, auf die deutsche Herkunft seiner Mutter sofort bewilligt.

Doch es läuft nicht alles glatt: Sein erster größerer journalistischer Coup fordert gleich einen Preis. Für die *Welt* schreibt er 1959 eine vierzehnteilige Porträtserie über Schriftsteller aus der

DDR. In rascher Folge stellt er unter anderem Arnold Zweig, Anna Seghers, Erwin Strittmatter, Peter Huchel, Stephan Hermlin und Franz Fühmann vor, die damals in der Bundesrepublik kaum bekannt waren. Er zieht damit für ein großes Publikum effektvoll einen Vorhang zur Seite vor einer ganzen deutschen Literaturlandschaft, die in der Bundesrepublik aus politischen Gründen ein Jahrzehnt lang kaum wahrgenommen worden war. Das Tempo, mit dem er diese umfangreichen Artikel abliefert, verschafft ihm zudem bei den Kollegen Respekt – können sie doch nicht wissen, daß er in diesen Aufsätzen auf Rezensionen und Essays zurückgreift, die er bereits in Polen publiziert hat. Friedrich Sieburg jedoch – der, wie Günther Rühle sagt, »wohl dieses Expansive«[11] des künftigen Großkritiker-Konkurrenten spürt – nimmt die Vielzahl der Artikel Reich-Ranickis für die *Welt* zum Anlaß, ihm die Mitarbeiterschaft in der *Frankfurter Allgemeinen* aufzukündigen.

Damit entfällt für Reich-Ranicki einer der letzten Gründe, weiterhin in Frankfurt zu wohnen. Der Schwerpunkt seiner Arbeit hat sich fast vollständig nach Hamburg verlagert. Dort ist die Redaktion der *Welt*, dort ist der Norddeutsche Rundfunk, dort ist auch das *Sonntagsblatt*, in dem er ebenfalls ungezählte Artikel untergebracht hat, dort lebt der Freund Siegfried Lenz, und dort residiert nicht zuletzt *Die Zeit*, die ihm das Angebot macht, gegen eine monatliche Pauschale von 1000 Mark ihr ständiger Literaturkritiker zu werden. Zudem gibt es in Hamburg eine internationale Schule, auf der in Englisch unterrichtet wird, die der Sohn Andrzej Alexander, der sich jetzt Andrew nennt, besuchen kann. Also zieht die Familie Reich-Ranicki um, zunächst in eine provisorische Unterkunft, dann bekommt sie im Ubierweg 10b eine Zweieinhalbzimmer-Wohnung im Erdgeschoß eines Sozialbaus. Es ist, berichtet Peter Rühmkorf, den Reich-Ranicki bald in Hamburg kennenlernt, »so ein richtiger Kleineleutekarton, bißchen beengt

In seiner Wohnung in Hamburg-Niendorf

und kombüsenmäßig«.[12] Das Haus steht in Niendorf, einem reich begrünten kleinbürgerlichen Stadtteil im Norden Hamburgs. Inzwischen wird es von mächtigen Birken überragt, sie dürften damals frisch gepflanzt worden sein. Im schmalen Arbeitszimmer Reich-Ranickis scheint sich bis heute noch immer etwas vom Geist seiner trotzigen Bestimmtheit gehalten zu haben – jedenfalls hat der gegenwärtige Mieter neben sein Regal mit einer eher spärlichen Buchauswahl ein Plakat geheftet, auf dem es heißt: »Entweder man ist Teil des Problems, oder man ist Teil der Lösung. Ich habe mich für letzteres entschieden.« Aus dieser kleinen Wohnung wird die Familie erst 1973 wieder ausziehen, als Reich-Ranicki das Angebot erhält, Literaturchef der *Frankfurter Allgemeinen* zu werden.

Die kommenden Jahre sind für Reich-Ranicki wie für die *Zeit* außerordentlich erfolgreich. 1957 beträgt die Auflage der *Zeit* knapp 50 000 Exemplare, 1968 sind es 250 000 Exemplare[13], schon 1963 überflügelt sie die bis zu diesem Zeitpunkt auflagenstärkste deutsche Wochenzeitung *Christ und Welt*[14]. Reich-Ranicki veröffentlicht im Feuilleton in schneller Folge umfangreiche Rezensionen, die er mit rhetorischem Schwung und dramatischem Gespür inszeniert, dazu ungezählte Berichte, Polemiken, Glossen, Kommentare. Außerdem noch eine Kolumne unter dem Titel »Hüben und Drüben«, die – damit sein Name nicht in inflationärem Maße im Blatt erscheint – nur mit Marcel gezeichnet wird und in der er sich wieder vornehmlich mit der Literatur aus der DDR und Osteuropa beschäftigt. Ein Themenfeld, das gerade nach dem Bau der Mauer 1961 reiche publizistische Ernte trägt. Die Redaktion läßt ihm wenn nicht alle, so doch viele Freiheiten. 1963 stellt ihn die Zeitung fest an, mit monatlichem Gehalt und Sozialversicherungen, sein Salär wird 1967 auf 2000 Mark erhöht.[15] Doch redaktionelle Pflichten hat er nicht, er kann sich ausschließlich dem Schreiben widmen. »Eine der Lokomotiven, die den Auflagenanstieg des Blattes beschleunigen halfen«, heißt es in Karl-Heinz Janßens Buch über die Geschichte der *Zeit*, »war bis in die frühen siebziger Jahre unbestritten Marcel Reich-Ranicki, der hier den ganzen Reichtum seiner Talente spielen lassen kann.«[16]

Auch in politischer Hinsicht darf sich Reich-Ranicki in seinem neuen Stammblatt zu Hause fühlen: 1954 hatte Richard

Tüngel, der zweite Chefredakteur der *Zeit,* versucht, die Wochenzeitung in ein »radikal rechtes Lager«[17] zu steuern, hatte Carl Schmitt und andere führende Nazi-Intellektuelle zu Mitarbeitern gemacht. Marion Gräfin Dönhoff suchte deshalb als *Zeit*-Redakteurin die Machtprobe mit ihm: »Wer den Geist des Nationalsozialismus gepredigt hat oder die Sprachregelungen der Presse gelenkt hat, der soll für alle Zeiten von der Mitarbeit an einer politischen Zeitung ausgeschlossen werden.«[18] Sie verließ aus Protest gegen den Abdruck eines Artikels von Carl Schmitt die Redaktion, wurde aber schon ein Jahr später, nachdem Tüngel seinen Posten verloren hatte, vom Verleger Gerd Bucerius als Leiterin des politischen Ressorts zurückgeholt und steuerte nun einen konsequent liberalen Kurs.

Die größten Sorgen Reich-Ranickis in jenen Jahren sind nicht beruflicher, sondern persönlicher Natur. Die wenigen Verwandten von seiner Frau und von ihm, die dem Holocaust entkamen, leben weit verstreut. Alle Freunde, die sie nach dem Ende des Krieges fanden, mußten sie in Polen zurücklassen. Neue Bekanntschaften entwickeln sich, so haben sie den Eindruck, nur sehr zögerlich: »Ich war in Hamburg«, schreibt Reich-Ranicki in einem für ihn ungewöhnlichen, klagenden Tonfall, »zu einem monologischen Dasein verurteilt: Auf Lesen folgte Schreiben, auf Schreiben Lesen.«[19] Es geht der Familie materiell allmählich besser, aber noch »nach mehreren Jahren in Hamburg fühlten wir uns in der Stadt ziemlich einsam, genauer: isoliert«[20]. Für das Ehepaar, das sich in der Vergangenheit lange in die Rolle von Außenseitern verwiesen sah, ist das Gefühl, allein zu sein, keine Gesellschaft zu haben, nicht dazuzugehören, wohl besonders quälend. Peter Rühmkorf erinnert sich allerdings in diesem Punkt anders. Er gewann den Eindruck, daß Reich-Ranicki und seine Frau eifrig am kulturellen Leben der Stadt teilnahmen und beispielsweise regelmäßig zum privaten wöchentlichen Jour fixe des Rowohlt-Lek-

»Ziemlich einsam, genauer: isoliert« – in Hamburg-Niendorf

tors und Lyrikers Rino Sanders eingeladen wurden. In diesem Kreis seien sie mit aller Offenheit aufgenommen worden, auch wenn, wie Rühmkorf sagt, Reich-Ranicki bei den Treffen mitunter »das Wort an sich gerissen und nicht wieder hergegeben hat«[21]. Ähnliche Beobachtungen machte Joachim Fest, der Marcel Reich-Ranicki 1966 in Hamburg zum ersten Mal begegnete. Fest traf ihn im Theater, in der Oper und häufiger bei Partys, die der Journalist Peter Coulmas für einen größeren Kreis von Intellektuellen der Stadt, darunter Rudolf Augstein, Ulrike Meinhof, Klaus Rainer Röhl, ausrichtete. Auch auf Fest machte Reich-Ranicki nie den Eindruck eines vereinsamten Menschen.[22] Doch solche Erinnerungen Dritter besagen letztlich wenig, bekanntlich klaffen Außen- und Innenwahrnehmung vieler Leute auseinander. Wie immer es objektiv um sie stand, wenn es in diesen Dingen so etwas wie Objektivität überhaupt gibt: Das Ehepaar Reich-Ranicki fühlte sich isoliert, empfand Hamburg als fremd, als abweisend und kühl – und man kann sich fragen, ob Menschen, die einmal derart brachial und lange ausgegrenzt wurden wie sie, später nicht verständlicherweise so erwartungsvolle Bedürfnisse nach Gesellschaft, Nähe und Zugehörigkeit entwickeln, daß sie von ihrer Mitwelt nur noch schwer zu stillen sind.

Vielleicht ist die fortwährende Rastlosigkeit Reich-Ranickis nicht nur in jener Zeit als eine ständige Suche nach menschlichen Begegnungen zu verstehen. Er moderiert zusammen mit Hans Mayer in Hannover die Radioserie *Das literarische Kaffeehaus*, die gelegentlich parallel vom Fernsehen übertragen wird, er übernimmt ein Semester lang einen Lehrauftrag an der Washington University in St. Louis, Missouri, er arbeitet wiederholt als Gastprofessor an den Universitäten in Stockholm und Uppsala und geht dazu noch auf ausgedehnte Lese- und Vortragsreisen.

Zu den wichtigsten literarischen Ereignissen werden für ihn die Treffen der Gruppe 47. Auch wenn sie sich nur an drei Tagen im Jahr zusammenfindet, hat sie doch in seinem Bewußtsein bis zu ihrem Ende 1967 eine hohe Bedeutung. Sie ist für ihn vieles zugleich: ein Podium, auf dem er vor fachkundigem Publikum seine beneidenswerten Fähigkeiten als Redner und Stegreifkritiker genüßlich demonstriert, eine Kontaktbörse, auf der er Beziehungen knüpft und neue Geschäftsverbindungen anbahnt, eine glänzende Informationsquelle über die neuesten literarischen Trends und den jüngsten literaturbetrieblichen Klatsch – und neben alldem noch ein Ort, an dem sich jenes imaginäre literarische Vaterland, als dessen Bürger er sich empfindet, für ein paar Stunden auf wunderbare Weise im Diesseits realisiert. »Das war zu spüren«, sagt Günter Grass in Erinnerung an Reich-Ranickis Auftritte bei den Tagungen der Gruppe 47, »diese drei Tage waren für ihn mehr als für andere. Es war eine Art Heimatersatz.«[23]

Reich-Ranicki hatte Hans Werner Richter – den »spiritus movens, Leiter, Chef, ja sogar Diktator der Gruppe 47«[24] – bereits während seiner ersten Studienreise durch die Bundesrepublik im Dezember 1957 kennengelernt. Im März darauf schickte ihm Richter eine Einladung zum kommenden Treffen der Gruppe in Großholzleute nach Warschau: »Auf einer solchen Tagung übersehen Sie schnell Strömungen und Richtungen in der deutschen Nachkriegsliteratur, außerdem sind Atmosphäre und Art der Diskussionen und Kritiken für Sie wahrscheinlich von großem Interesse.«[25] Auch Hans Magnus Enzensberger war, in Norwegen lebend, auf Reich-Ranicki aufmerksam geworden und bat Richter nur drei Wochen später brieflich um eine Einladung für diesen »führenden Kritiker«, der »sehr gut deutsch spricht«.[26] In Großholzleute im Oktober 1958, wo Günter Grass aus seinem noch unveröffentlichten Manuskript *Die Blechtrommel* las, begeistert gefeiert wurde und den Preis der Gruppe 47 erhielt, trat Reich-Ranicki dann zunächst zurückhaltend auf und beteiligte sich erst nach und nach an den Diskussionen: »Er saß dort«, schreibt Richter, »irgendwo am Ende einer Stuhlreihe, und machte sich Notizen, viele Notizen, ja, einen so fleißigen Zuhörer hatte ich bis dahin in diesem Kreis noch nicht erlebt. Er schrieb fast so schnell, wie ein anderer las. Er schien dabei immer von angespannter Nervosität, als sei Literatur, welcher Art auch immer, etwas wie Opium für ihn.«[27]

Bei der Gruppe 47: Dieter Wellershoff, Günter Herburger und Marcel Reich-Ranicki

Tatsächlich muß das Ritual der Gruppe 47 für Reich-Ranicki ein Wirklichkeit gewordener Traum gewesen sein. Es drehte sich alles ausschließlich um Literatur: Autoren lasen Prosastücke oder Gedichte, danach konnten alle Zuhörer, Schriftsteller wie Kritiker, spontan ihre Meinung über das Gehörte sagen, sie lobten, tadelten, regten Änderungen an, bejubelten, verwarfen. Die Wortmeldungen hatten sich eng an den vorgetragenen Text zu halten, allgemeine theoretische Ausführungen waren verpönt. Damit entwickelten sich die Treffen zu einer Mixtur aus öffentlicher Lektoratssitzung, Rednerwettstreit und literarischem Salon. Kurz, für einen von der Literatur Besessenen wie Reich-Ranicki, für den nichts Schöneres denkbar ist, als über Literatur zu streiten, war es der Himmel auf Erden. Er nahm, wie Hans Werner Richter schreibt, mit der ganzen Person Anteil an den gelesenen Texten, die sich bei ihm einen buchstäblich körperlichen Ausdruck verschafften: »Ich sah sie an seinem Gesicht. Nicht, daß er nur fröhlich oder traurig war, abweisend oder anerkennend, nein, er war durchwühlt von den Wörtern und Sätzen, die er gerade gehört hatte.«[28]

Kein Wunder, daß Reich-Ranicki seine anfängliche Zurückhaltung in der Gruppe 47 rasch ablegt. Nicht zuletzt ermutigt ihn Richter dazu, als er ihn 1959 zur nächsten Tagung auf Schloß Elmau einlädt: »Sie müssen auf jeden Fall kommen, denn ich kann Sie als Kritiker nicht mehr entbehren. Es wird Ihnen wahrscheinlich nicht entgangen sein, daß Sie einen neuen Ton in die Diskussion getragen haben, bei aller Schärfe ein Ton echter und nicht angenommener Toleranz, und genau dieser Ton ist es, den die Gruppe braucht.«[29] Nun beteiligt sich Reich-Ranicki noch engagierter und vehementer an allen Debatten. Seine Wortmeldungen sind, wie später auch seine Auftritte beim Wettbewerb um den Ingeborg-Bachmann-Preis in Klagenfurt oder im *Literarischen Quartett*, angriffslustig, geschliffen, unterhaltsam und setzen sich oft ein für eine zwar nicht konventionelle, aber doch traditionell erzählende Literatur mit klaren Bezügen zur gesellschaftlichen Gegenwart.

Nicht wenige Mitglieder der Gruppe bringt er, zumal durch seine apodiktisch formulierten Urteile, bald gegen sich auf. Sie werfen ihm vor, was er dann in den sechziger und siebziger Jahren von seinen Gegnern immer wieder zu hören bekommt: Von moderner oder experimenteller Literatur verstünde er zu wenig, um sie hinreichend beurteilen zu können, seine literaturkritischen Maßstäbe seien engherzig und altbacken und seine Vorstellungen von »engagierter Literatur« deutlich spürbar vom Sozialistischen Realismus beeinflußt. »Für mich ist Ranicki immer«, meint Grass heute im Rückblick auf die Diskussionen in der Gruppe 47, »mein Westentaschen-Lukács gewesen.«[30]

1961 unternimmt Richter den Versuch, Reich-Ranicki wieder aus der Gruppe 47 herauszudrängen. Dies war im Grunde nichts Unübliches, viele Autoren oder Kritiker wurden zunächst zwei- oder dreimal zu den Tagungen gebeten und dann von Richter – meist nach kurzer Rücksprache mit wichtigen Gruppenmitgliedern wie Wolfgang Hildesheimer, Martin Walser, Enzensberger oder Grass – nicht mehr eingeladen. In diesem Fall machen offenbar einige Autoren, die der Gruppe schon lange angehören, energisch Front gegen Reich-Ranicki. Richter bittet den gemeinsamen Freund Siegfried Lenz brieflich um Rat: »Nun aber hat sich gegen Ranicki eine starke Opposition innerhalb der Gruppe 47 gebildet. Sie geht vorwiegend aus von Eich, Aichinger und Hildesheimer, aber inzwischen haben sich auch andere angeschlossen. (...) Was soll ich tun? Sie alle wollen an den Tagungen der Gruppe nicht mehr teilnehmen, wenn ich Ranicki weiterhin einlade. Der angegebene Grund ist: Die Kritik wird allzu akademisch, offiziell, hat innerhalb der Gruppe ein Eigenleben und dient nicht dem Autor, sondern schadet ihm. Das, was dort gesagt wird, eben von jenen Berufskritikern, könne man auch in den Zeitungen lesen, und damit hätte die Gruppe ihre eigentlich ursprüngliche Aufgabe verfehlt, nämlich das kritische Gespräch unter Autoren. Die Fachkritik, wobei es fragwürdig sei, ob diese Fachkritiker überhaupt über ein Privileg dieser Art verfügten, sei von Übel. Dabei würden nicht Freundschaften gebildet, sondern zerstört, und auch das Kommunikationselement der Gruppe, das sich so stark in den letzten und auch vorletzten Nachkriegsjahren ausgewirkt hätte, ginge verloren. Ranicki sei gerade hier ein toter und störender Punkt. Sein mangelndes Gefühl für Freundschaften, seine Eitelkeit, sein sich Anpassen an gerade herrschende Linien, seine, wie man sagt, Verballhornung der literarischen Nach-

Treffen der Gruppe 47 in Saulgau 1963. Lesung von Erich Fried

kriegsentwicklung, das alles sei auf die Dauer unerträglich. Es genüge, wenn man das in den Zeitungen läse. In der Gruppe möchte man das nicht haben. Ranicki gehöre einfach nicht zur Clique, so wenig wie Hans Mayer. Diese Ansicht teilen auch Leute wie Enzensberger, Kaiser und andere.«

Der Unmut, der sich hier gegen Reich-Ranicki artikuliert, ist nur vor dem Hintergrund der Entwicklungsgeschichte der Gruppe richtig zu verstehen und einzuordnen. Nach dem Welterfolg der *Blechtrommel*, der in der Wahrnehmung der Öffentlichkeit seinen Ausgang nahm in Grass' Lesung aus dem Manuskript auf der Tagung in Großholzleute, stieg das Interesse der Medien an der Gruppe 47 rapide an. Aus dem anfangs noch recht informellen, kaum am Buchmarkt orientierten Freundeskreis von Autoren wurde eine vielumraunte, genau beobachtete Institution des deutschen Literaturbetriebs, die großen Einfluß auf Erfolg oder Nichterfolg neuer Bücher haben konnte. Vor allem mit der wachsenden Zahl von »Fachkritikern«, die nun danach drängten, an den Tagungen teilzunehmen, begann sich die literarische Diskussion in der Gruppe zu professionalisieren. Viele der langjährigen Mitglieder bedauerten diese Entwicklung, und ihr Mißbehagen verbanden sie nicht zuletzt mit Reich-Ranicki. Denn der hatte ausgerechnet in Großholzleute zum ersten Mal an einer Tagung teilgenommen, gehörte zu den profilierten, polemisch formulierenden Kritikern und verspürte erklärtermaßen nicht die geringste Scheu davor, mit seinen Urteilen über das Schicksal von Büchern maßgeblich zu entscheiden. Ihm ging es eben, was Richter in seinem Brief an Siegfried Lenz zutreffend beklagt, nicht in erster Linie um Freundschaften oder darum, den lesenden Autoren zu dienen, sondern um die Literatur, genauer: um eine Literatur, die seinen Maßstäben standhielt. So trat er bei den Tagungen tatsächlich schärfer, fordernder und bisweilen wohl unerbittlicher auf, als dies zuvor üblich gewesen war – und setzte sich so ab von dem ursprünglichen Geist einer kameradschaftlichen Clique. Doch mit oder ohne Reich-Ranicki – der Prozeß zur Professionalisierung literarischer Debatten hätte sich auf dem Buchmarkt der Bundesrepublik, der sich in jenen Jahren zunehmend kommerzialisierte, ohnehin nicht aufhalten lassen.

Ob und in welchem Maße sich die Gruppenmitglieder über diesen Trend und seine Konsequenzen klar waren oder wurden, läßt sich heute nur schwer ausmachen. Jedenfalls verliefen die Bemühungen, Reich-Ranicki aus der Gruppe zu entfernen, kurz vor der Tagung 1961 in Lüneburg im Sande. Siegfried Lenz und der Kritiker Christian Ferber setzten sich bei Richter für seine Teilnahme ein, Günter Eich und Ilse Aichinger baten, nachdem sie erfahren hatten, daß Reich-Ranicki ihrer Vorbehalte wegen nicht mehr in der Gruppe zugelassen werden sollte, ausdrücklich bei

Richter um eine Einladung für ihn. Zwar kündigte Richter in dieser brieflichen Einladung Reich-Ranicki noch einmal ausdrücklich an, die »Fachkritik« solle abgebaut werden, »wir wollen wieder zurück zur Autorenkritik, so wie es früher war«, denn die sei »zwar unbeholfener, aber liebenswerter und fast immer auch treffsicherer« gewesen.[31] Doch die Geschichte der Gruppe 47 spricht eine andere Sprache: Der Einfluß der professionellen Kritiker auf die Diskussionen nahm von nun an bis zur letzten Tagung 1967 kontinuierlich zu.

In diesem frühen Konflikt sind in den Grundzügen bereits jene Vorwürfe erkennbar, die Reich-Ranicki drei Jahrzehnte später wegen des *Literarischen Quartetts* gemacht werden. Er betrachtet Literaturkritik nicht allein als intellektuelle Auseinandersetzung mit einem Buch, sondern zugleich und sehr entschieden als den Versuch, Einfluß zu gewinnen auf den Buchmarkt. Er will, so wird er nicht müde zu betonen, den Verkauf von Titeln, die er schätzt, gezielt unterstützen und andererseits einen Auflagenerfolg von Titeln, die er ablehnt, nach Kräften verhindern. Eine solche, deutlich auf die Resonanz beim Publikum ausgerichtete Kritik löste bei den Gegnern des *Quartetts* noch in den neunziger Jahren starke Widerstände aus. Sie muß bei etlichen Autoren der Gruppe 47 – die sich in einer für viele Schriftsteller jener Zeit typischen Ambivalenz der Gefühle zwar einerseits eine große Leserschaft wünschten, andererseits aber jede Kommerzialisierung und Modernisierung des Literaturbetriebs für Teufelswerk hielten – wie eine Provokation gewirkt haben. Natürlich argumentierte Reich-Ranicki Anfang der sechziger Jahre anders als später vor den Fernsehkameras des *Quartetts*. Aber schon damals ging es ihm nicht in erster Linie um Werkstattgespräche mit Autoren, mit denen er sich freundschaftlich verbunden fühlte, sondern um eine möglichst effektvolle, publizistisch wirksame Kritik, die um der Literatur willen auf ihre Unabhängigkeit – auch von Freundschaften – achtete.

Daß er mit diesem Verständnis seiner Rolle bei manchen Schriftstellern der Gruppe aneckte, liegt auf der Hand.

Einige Mitglieder schätzten ihn aber gerade deshalb. Walter Jens zum Beispiel bewunderte vor allem den Esprit, das rhetorische Feuer in seinen Diskussionsbeiträgen. Jens und Reich-Ranicki begegneten einander 1959 auf der Tagung in Schloß Elmau erstmals und freundeten sich rasch an. Mit seinem Eintritt in die Gruppe 47 sei, meint Jens heute, ein anderer Geist in die Gespräche eingezogen: »Für mich war das ungeheuer anrührend. Ich erinnerte mich, als einer, der die alte *Literarische Welt* von Willy Haas genau kannte, an den Witz der zwanziger Jahre.«[32] Die Schriftstellerin Barbara König argumentiert ganz ähnlich: »Ich habe ihn erst nach einiger Zeit wahrgenommen, und zwar als atmosphärische Veränderung. (...) Ranicki hatte etwas Geschärftes, nicht immer ganz Überzeugendes, weil zu gut, zu schön, zu glatt und zu gekonnt, und er saß da in der Gruppe 47 mit seinem hochintelligenten Gesicht und verbreitete Weltatmosphäre. Es war ein bißchen London, ein bißchen New York drin, und ich erinnere mich an meinen alten Freund Heinz Pol, der einer meiner besten Freunde war und schon bei der *Literarischen Welt* gearbeitet hatte, und siehe da, Ranicki hatte ihn damals schon gekannt.« Auch Grass spricht davon, daß er sich mit Reich-Ranicki allen Differenzen zum Trotz auf den Tagungen »befreundete«[33]. Alles in allem scheint er also nach den ersten Schwierigkeiten in das Ensemble der Gruppe 47 als vollgültiges, schwer wegzudenkendes Mitglied aufgenommen worden zu sein. Nicht zuletzt, weil er sich als wichtigster Kritiker der *Zeit* Anerkennung und Respekt verschaffte. Zwar teilten viele Autoren seine Ansichten auch künftig ganz und gar nicht, aber ihr Verständnis von und ihre Erwartungen an Kritik wandelten sich allmählich. Doch war er, wie Grass betont, in der Gruppe 47 nie so dominant wie später in der Klagenfurter Jury oder im *Literarischen Quartett*: »Wenn Ranicki aus meiner Sicht irgendeinen Unsinn sagte nach einer Lesung zu einem Autor, dann waren da die Meinungen von Joachim Kaiser oder von Walter Jens und von anderen Kritikern, von Raddatz, oder auch von den Autoren, die sich ja beteiligten an der Kritik. Das relativierte ihn. So daß er sich manchmal auch bei einer zweiten Wortmeldung, im Maße seiner Möglichkeiten, revidierte. Das machte ihn umgänglich.« Er war, betont Grass, in der Gruppe 47 kein Außenseiter, man räumte ihm seinen Platz ein: »Er gehörte auch in diesem Sinne dazu.«[34]

Öffentlich setzt sich Reich-Ranicki nach Kräften für die Gruppe und viele ihrer Mitglieder ein. In der ihm eigenen Nachdrücklichkeit streicht er bei jeder Gelegenheit ihre Bedeutung für die Nachkriegsliteratur heraus, wirbt und trommelt für sie: »Eine literarische Gruppe ist – mag sie auch eine Gesellschaft mit sehr beschränkter Haftung sein – immer soviel wert, wie die literarische Leistung derer, die sich ihr zugehörig fühlen. Die Aichinger und die Bachmann, Böll, Eich, Enzensberger, Grass, Hildesheimer, Höllerer, Jens, Lenz, Walser – immerhin, diese Liste, die man noch ergänzen könnte, kann sich sehen lassen.«[35] Dazu verteidigt er die Gruppe wirkungsvoll gegen ihre publizistischen Verächter wie Günter Blöcker oder Hans Habe[36] und trägt so dazu bei, ihren Ruhm und ihren Rang im Bewußtsein der Bundesrepublik weiter zu festigen. Selbst als sie sich bereits aufgelöst hatte, hält er ihr hartnäckig die Treue: So schildert Hans Werner Richter eine Veranstaltung in einer Stockholmer Akademie, in der er über Funktion und Bedeutung der Gruppe 47 Auskunft geben sollte. Doch Richter – ohnehin kein begnadeter Redner – ist schlecht vorbereitet, er hat kein Manuskript, aus dem er vorlesen könnte, und verstummt nach wenigen Minuten. Auch bei der nachfolgenden Befragung durch das Publikum wird er unsicher, und als ein junger Universitätsassistent »in bestem Deutsch aggressive, ja absolut feindselige Fragen« stellt, fühlt er sich so bedrängt, daß er schließlich zu keinerlei Auskünften mehr fähig ist und hilflos schweigend

Der Herr der Bücher in einem Fernsehstudio

auf dem Podium sitzt. »Doch nun geschah etwas Seltsames, jetzt antwortete ein anderer für mich. Die Antworten waren kenntnisreich und gut formuliert. Es war Marcel Reich-Ranicki, der dort im Publikum antwortete. Ich hatte ihn bis dahin nicht bemerkt. Er war wohl erst spät gekommen, und zwar aus Uppsala, wo er zu dieser Zeit an der Universität eine Art Gastdozentur hatte. Auch er war wohl gespannt, was ich über das Ende der ›Gruppe 47‹ zu sagen hatte. Wahrscheinlich habe ich auch ihn an diesem Abend enttäuscht. Doch nun verteidigte er mich, bravourös und so, wie ich es gar nicht gekonnt hätte. Bei jeder provokativen Frage sprang er auf, ein elastisches und sehr mobiles Stehaufmännchen, und gab scharfe und geschliffene Antworten. So ging es wohl eine halbe Stunde zwischen dem Assistenten und Reich-Ranicki hin und her, und das Publikum schien auf seine Kosten zu kommen.«[37]

Doch trotz solcher Erlebnisse und trotz des öffentlichen Engagements von Reich-Ranicki für die Gruppe 47 häufen sich in Richters Erinnerungen und Briefen die negativen Äußerungen über ihn: »Er gefiel mir nicht sonderlich. Seine Intellektualität schien mir zu groß, zu sehr ohne Bauch und Unterleib«, schreibt Richter über ihre erste Begegnung. »Ja, er erschien mir schon nach wenigen Sätzen wie ein wandelndes Literaturlexikon.«[38] 1960 heißt es in einem Brief Richters an Rudolf Walter Leonhardt, den damaligen Feuilletonchef der *Zeit*, also Reich-Ranickis journalistischer Auftraggeber: »Dafür soll Ranicki wieder viel dummes Zeug geschrieben haben. Gott helfe ihm.«[39] Und 1961 beklagt sich Richter in einem Brief an Wolfgang Hildesheimer: »Schwer fällt mir Ranicki. Was mache ich nur mit dem? Ich mag ihn gar nicht mehr. Er ist in einer Gruppe von Freunden ein toter Punkt (...) oder ein blindes Huhn, das immerfort gackert (...) und Windeier legt.«[40] Bedenkt man, mit welchem Enthusiasmus Richter (»Sie müssen auf jeden Fall kommen, denn ich kann Sie als Kritiker nicht mehr entbehren.«) Reich-Ranicki erst 1959 zur weiteren Teilnahme an den Tagungen der Gruppe aufgefordert hatte, und bedenkt man, daß Richter ab 1962 als Duzfreund an Reich-Ranicki schreibt, so sind hier zumindest recht rasche Meinungsschwankungen zu konstatieren. Natürlich ist eine gewisse Doppelzüngigkeit im Literaturbetrieb, und nicht nur im Literaturbetrieb, nichts Ungewöhnliches: Äußerungen über einen Menschen klingen in Briefen, die an ihn direkt gerichtet sind, gewöhnlich höflicher und moderater als in Briefen, die vom selben Absender an Dritte gerichtet sind. Und sicher hat das zunehmend selbstbewußte Auftreten Reich-Ranickis zum Meinungswandel über ihn seinen Teil beigetragen.

Doch nicht diese abfälligen Bemerkungen haben Reich-Ranicki enttäuscht und verletzt, sondern eine andere, sehr unbedachte Äußerung Richters – allerdings erst Jahrzehnte später. Schon 1958 hatte Reich-Ranicki einen ersten Bericht über die Gruppe 47 in der Wochenzeitung *Die Kultur* veröffentlicht, in dem er Richter scherzhaft seine autokratische Herrschaft über die jährlichen Tagungen vorhielt, die sich die Autoren allerdings gern gefallen ließen: »Wir sind ein für allemal gegen jegliche Diktatur, aber wir sind für Richter, der seine Macht ein Dezennium lang sanft und weise auszuüben verstand«[41], heißt es in dem Artikel. »Nun kann man«, schreibt Richter knapp drei Jahrzehnte später in seinen Erinnerungen, »darüber streiten, ob ich in der ›Gruppe 47‹ eine Diktatur ausübte oder nicht. Eine Diktatur beruht nicht auf Übereinstimmung, Autorität, nun gut, das war es wohl. Aber es ging um etwas anderes. Darüber habe ich mich nicht weiter gewundert, ein solcher Vorwurf war schon öfter erhoben worden. Was mich erstaunte, war etwas anderes. Reich-Ranicki schrieb ›wir‹, er gehörte also schon dazu, ganz selbstverständlich, obwohl ich nichts Dementsprechendes gesagt hatte. Und tatsächlich, ich lud ihn wieder ein und immer wieder, doch er blieb irgendwie ein Außenseiter, einer, der dazugehörte und doch nicht dazu-

Von links nach rechts: Inge Jens, Peter Wapnewski, Tosia Reich-Ranicki, Walter Jens, Silvia Hildesheimer, Wolfgang Hildesheimer, Marcel Reich-Ranicki, eine Unbekannte, Siegfried Unseld

gehörte.«[42] Es ist dieser Versuch einer gleichsam rückblickenden Ausgrenzung, die den durch Ausgrenzungen traumatisierten Reich-Ranicki naturgemäß schwer trifft: »Als ich dies 1986 las, begriff ich erst, wie groß damals mein Irrtum, mein Mißverständnis war. Ich war überzeugt, daß Richter und die Leute der ›Gruppe 47‹ in mir einen Kritiker sahen, den die deutsche Literatur geprägt hatte und dessen Arbeitsgebiet ausschließlich eben die deutsche Literatur war. Ob mir die Zugehörigkeit zur ›Gruppe 47‹ gebührte, das wußte ich nicht. Jedenfalls konnte ich darauf keinen Anspruch erheben. Nur glaubte ich, daß mir ein Platz – und sei es der bescheidenste im literarischen Leben Nachkriegsdeutschlands – zustünde. Beschämt will ich die peinliche Wahrheit gestehen: Ich meinte wirklich, daß ich ›ganz selbstverständlich‹ dazugehörte. Darauf zielte das Wort ›wir‹ ab, das ich leichtsinnig gebraucht hatte und das mir offenbar nicht zukam.«[43]

Natürlich ist es schwer, die gruppendynamischen Vorgänge in der Gruppe 47 im nachhinein bis in die Feinheiten zu rekonstruieren. Viele Aufzeichnungen wichtiger Mitglieder sind noch nicht veröffentlicht, und manches Entscheidende hat sich vermutlich nur in Gesprächen niedergeschlagen und wurde nie schriftlich festgehalten. Dennoch ist das Verhältnis zwischen der Gruppe 47 und Reich-Ranicki wohl in vielen Punkten charakteristisch für jenes erste Jahrzehnt Reich-Ranickis im bundesdeutschen Kulturbetrieb. Ein Verhältnis, das alles andere als spannungsfrei war und in dem beide Seiten Blessuren davontrugen: Zunächst trat man Reich-Ranicki mit einigem Wohlwollen und Interesse entgegen, und er nutzte seine Chancen, sich zu profilieren. Doch gerade weil er, anders als es Richter in seinem Brief an Siegfried Lenz behauptet, sich eben nicht an die »gerade herrschenden Linien« des Betriebs anpaßte, sondern seine eigenen Vorstellungen von Kritik verfolgte, bekam er sehr bald auch Abwehr und Zurückweisung zu spüren. Sicher, die langjährigen Mitglieder der Gruppe 47 waren keine Anhänger Hitlers gewesen, aber viele von ihnen hatten den Krieg als Soldaten in der Wehrmacht erlebt, und so ist es vielleicht verständlich, daß Reich-Ranicki ihnen gegenüber nie demütig auftrat, sondern mit einem eher forcierten Selbstbewußtsein. Doch die Widerstände und Vorbehalte, die er deshalb gegen sich spürte, dürften bei ihm nicht allein den Reflex des ehemals Verfolgten ausgelöst haben, sich keinesfalls wieder ausgrenzen zu lassen, sondern zugleich den Antrieb, sich einen Platz im Literaturbetrieb mit Macht zu ertrotzen. Seine Macht aber, seine publizistische Macht, konnte er ausbauen, indem er sich noch nachdrücklicher um eben das bemühte, was er nach Ansicht seiner Gegner schon jetzt im Übermaß besaß: um noch mehr Einfluß auf den Buchmarkt.

Vom Bewußtsein der Republik

Über den politischen Zustand des Landes, in das Reich-Ranicki mit seiner Familie 1958 übersiedelte, verliert er in seiner Autobiographie kein Wort. Statt dessen erzählt er von dem Milieu, in dem er sich von nun an bewegt, also vom deutschen Literaturbetrieb. In einem langen Fernsehgespräch fragt ihn Joachim Fest ein Vierteljahrhundert danach, ob es für ihn in diesen Anfangsjahren in der Bundesrepublik »Schwierigkeiten von seiten der Deutschen« gab oder ob er, »was nach Ihrer Biographie nur allzu begreiflich wäre, subjektive Schwierigkeiten« gehabt habe, nach Deutschland zurückzukehren. Reich-Ranicki entgegnet daraufhin knapp, daß er »für diese, wie Sie sagen, subjektiven Schwierigkeiten« damals »keine Zeit« hatte, er sei ganz damit beschäftigt gewesen, den Lebensunterhalt für sich und seine Familie zu verdienen.[1] Keine fünf Zeilen braucht er, um von der Frage nach seinem Verhältnis zur Bundesrepublik der späten fünfziger Jahre zu Details seiner literaturkritischen Arbeit zu gelangen.

Es liegt nahe, in dieser entschiedenen Konzentration Reich-Ranickis auf seinen Beruf ein ähnliches Bedürfnis nach dem Vergessen des Vergangenen zu erkennen, wie es bei vielen Deutschen in den ersten Nachkriegsjahren wirksam war. Ihm allerdings kann man ein Recht auf Verdrängung schlecht absprechen. »Im Grunde«, so erinnert sich Reich-Ranicki fünfundvierzig Jahre später im Gespräch, sei in jener Zeit über die Vernichtung der Juden nicht geredet worden: »Ich habe das Thema auch nicht angeschnitten. Bitte stellen Sie sich meine Situation richtig vor: Ich kam 1958 nach Deutschland mit einem kleinen Koffer. Mein Sohn war vorläufig bei meiner Schwester in London untergebracht. Meine Frau hatte keine Erlaubnis, in England zu bleiben, sie ist deshalb nach Paris gegangen zu einer Tante. Wir hatten nichts, wir mußten kämpfen ums Dasein. Ich habe damals Rundfunksendungen geschrieben, um Geld zu verdienen, und habe für das miserable Honorar, das *FAZ* und *Welt* zahlten, Rezensionen geschrieben, um mir einen Namen zu machen. Die Vergangenheit der Leute hat mich unter diesen Bedingungen nicht so sehr interessiert. Ich konnte die Menschen, die ich kennenlernte, doch nicht gleich fragen: Was haben Sie eigentlich im Krieg gemacht? Über diese Zeit wurde mir gegenüber allenfalls in Nebensätzen geredet, in Andeutungen. (…) Unter jüdischen Emigranten hieß es damals, es sei schwer, nach Deutschland zurückzureisen, denn wem könne man dort noch die Hand geben? Ich habe mir diese Frage nicht gestellt.«[2]

Doch ganz ohne »subjektive Schwierigkeiten« verlief diese erste Zeit für Reich-Ranicki nicht. Selbstverständlich beobachtete er, der erst vierzehn Jahre zuvor der Verfolgung durch Deutsche entkommen war, seine neue Umwelt genau und achtete hellhörig darauf, wie man ihm, einem Juden, begegnete. »Ich war vielleicht sechs Wochen in Deutschland«, berichtet er, »da traf ich auf der ersten Frankfurter Buchmesse, die ich miterlebte, den Cheflektor des Hanser Verlags Herbert G. Goepfert. Irgendwie sind wir ins Gespräch gekommen, er wußte, daß ich aus Warschau kam und vorhatte, in Deutschland zu bleiben. Kurz zuvor war meine Kritik über Arnold Zweigs Roman *Die Zeit ist reif* als Aufmacher der Messebeilage der *FAZ* erschienen. Ich lobte im Gespräch die Klassiker-Ausgaben des Hanser Verlags, und Goepfert sagte einen

Satz, der mir unvergeßlich ist. Als ich ihn hörte, glaubte ich, die kommunistische Propaganda über die Bundesrepublik hat doch in einigen Punkten recht. Wissend, wer ich bin, sagt er zu mir: ›Wenn es um Klassiker geht, sind meine und Ihre Positionen gewiß sehr unterschiedlich, Sie schätzen wahrscheinlich Heine sehr‹ – meinte er: Heine, den Juden? –, ›den ich zu schätzen keinen Grund sehe, für mich ist Hölderlin viel wichtiger.‹«[3]

Auch wenn man die Bemerkung Goepferts nicht überbewerten sollte, macht diese Episode doch zweierlei deutlich: zum einen, wie dünnhäutig Reich-Ranicki damals Anspielungen auf sein Judentum registriert haben muß, wenn ihm dieser kurze Dialog noch Jahrzehnte später in Erinnerung ist. Zum anderen, daß Überlebende des Holocaust im Literaturbetrieb dieser Jahre gelegentlich auf wenig Einfühlungsvermögen stießen. Und keineswegs nur im Literaturbetrieb: Ende 1959 – die Familie Reich-Ranicki ließ sich in dieser Zeit gerade in Hamburg nieder – wurde die erst kurz zuvor eingeweihte Kölner Synagoge mit Hakenkreuzen und der Parole »Deutsche fordern: Juden raus!« beschmiert. Obwohl die Täter, zwei junge Mitglieder der rechtsextremen Deutschen Reichspartei, rasch festgenommen wurden, fanden sie zahlreiche Nachahmer. Innerhalb weniger Wochen gab es in der Bundesrepublik eine Serie von mehreren hundert antisemitischen Friedhofsschändungen und Hakenkreuzschmierereien an jüdischen Einrichtungen. Vor allem das westliche Ausland zeigte sich über die sogenannte »Schmierwelle« empört. In Großbritannien kam es zu Protestkundgebungen, und zahlreiche Zeitungen stellten die Frage, ob und inwieweit die westdeutsche Gesellschaft den Nationalsozialismus überwunden habe. Nicht zuletzt dieser außenpolitische Druck sorgte für ein zunehmend wacheres, selbstkritischeres Verhältnis der Bundesrepublik zur jüngsten Vergangenheit Deutschlands. Während im Jahr zuvor eine Schändung der Düsseldorfer Synagoge noch ohne größere Resonanz in der Öffentlichkeit geblieben war, verurteilten nun Politiker, Kommentatoren, Gewerkschaftler die »Schmierwelle« energisch und forderten eine gründlichere Aufklärung über die NS-Zeit in den Schulen. Der Prozeß gegen Adolf Eichmann in Jerusalem 1961 und der Auschwitz-Prozeß in Frankfurt von 1963 bis 1965 trugen dann weiter dazu bei, das historische Bewußtsein des Landes zu schärfen. Heute darf mit einigem Recht behauptet werden, daß die Erinnerung an die Verbrechen des Holocaust zu den intellektuellen Grundlagen der Bundesrepublik gehört, zu ihrem »Gründungsmythos«. Doch entwickelte sich dieser »Gründungsmythos« eben nicht im Gründungsjahr 1949, sondern begann sich erst gut zehn Jahre später, Ende der fünfziger, Anfang der sechziger Jahre auszuformen.

Reich-Ranicki beteiligte sich publizistisch mit Vehemenz an diesem Prozeß, auch wenn er private Gespräche über die Vergangenheit lieber vermied. Er war Literaturkritiker und sah es als seine Aufgabe an, das Gespür der Öffentlichkeit für Sprache und Ideologie nationalsozialistischer Literatur zu schärfen. Als beispielsweise in Hamburg das Theaterstück *Im Zeichen der Fische* von Hans Baumann aufgeführt wurde, veröffentlichte Rudolf Walter Leonhardt in der *Zeit* vom 2. März 1962 ein Plädoyer für den Autor: Baumann habe zwar 1932 als Achtzehnjähriger das berühmte Nazi-Lied *Es zittern die morschen Knochen* … geschrieben und dann lange mit Begeisterung für die Reichsjugendführung gearbeitet. Doch Baumann sei, meinte Leonhardt, im Grunde nur ein »naiv gutgläubiger«, von den Nazis verführter Jugendlicher gewesen, der inzwischen als Schriftsteller wegen seiner frühen Verfehlungen zu Unrecht »verfemt« werde. Er habe, stellte Leonhardt fest, bei »sorgfältigem Durchblättern aller Lieder, die je unter dem Namen Baumann gedruckt wurden, kaum eines gefunden, das nicht gradesogut heute gedruckt werden könnte«.

Obwohl Leonhardt Feuilletonchef der *Zeit* und damit der entscheidende Auftraggeber Reich-Ranickis war, und obwohl

Der Kritiker bei der Arbeit in seiner Hamburger Wohnung

Reich-Ranicki zu diesem Zeitpunkt lediglich als freier Mitarbeiter mit Monatspauschale für die *Zeit* arbeitete, schrieb er auf diesen Artikel Leonhardts eine polemische Erwiderung: Er führte darin nicht nur einige Beispiele unverfälschter Hitler-Hymnik aus Baumanns lyrischem Œuvre an (»Führer, gib die Marschbefehle, / die uns kein Zweifel bricht. / Leuchtend steht vor unsrer Seele / Deutschland groß im Morgenlicht«), die Leonhardt offenbar überblättert hatte. Er wies zudem darauf hin, daß der angeblich »verfemte« Dichter nach dem Krieg Literaturpreise erhalten hatte und seine Lieder in rund zweihundert Anthologien nachgedruckt worden waren, »unter anderem für den Schulgebrauch, für die Bundeswehr und für die Gewerkschaften«. Schließlich zeigte Reich-Ranicki, daß Baumann in seinem Theaterstück unbeirrt den Jargon des Nationalsozialismus benutzte und die Taten eines Massenmörders zu bagatellisieren versuchte, da dieser lediglich seine Pflicht erfüllt und Befehle ausgeführt habe. Am Ende seines Artikels hielt Reich-Ranicki dann Leonhardt vor, bei dem Versuch, vereinfachende Urteile zu Baumanns Lasten zu vermeiden, eine beschönigende Legende zu dessen Gunsten gestrickt zu haben: »Derartige Legenden können noch gefährlicher als Vereinfachungen sein.«[4]

Solche offen ausgetragenen Kontroversen wurden zwar damals in der *Zeit* – wie der langjährige *Zeit*-Redakteur Dieter E. Zimmer sich erinnert – als »nicht allzu dramatisch«[5] betrachtet. Im Gegenteil, Leonhardt habe sein Feuilleton mit großer intellektueller Liberalität geführt und bei allen herausragenden Themen Wert darauf gelegt, unterschiedliche Standpunkte zu Wort kommen zu lassen. Aber die Entschlossenheit, mit der Reich-Ranicki hier einen Mann abkanzelte, von dem er zu diesem Zeitpunkt in hohem Maße abhängig war, läßt erkennen, daß er bei diesem Thema wenig Rücksichten nahm – auch nicht auf die eigene, noch keineswegs gesicherte berufliche Situation.

Allerdings bemühte er sich in seiner Kritik an Schriftstellern, die in ihrer Vergangenheit den Nationalsozialisten nahegestanden hatten, um ein nüchternes, abgeklärtes Urteil. Es gehe ihm, so lautete seine in solchen Fällen regelmäßig wiederholte Argumentation, nicht darum, welche Überzeugungen ein Autor vor 1945 vertreten habe, sondern welche er seit Kriegsende vertrete – und welche literarische Qualität seine Arbeit besitze. Schließlich habe er in Polen selbst dezidiert ideologischen Vorstellungen angehangen und sie erst vor nicht allzulanger Zeit hinter sich gelassen. »Er wog sehr ab«, betont Walter Jens. »Er ist in diesem Punkt nie eine Hexenjagd-Figur gewesen.«[6] Bezeichnend für diese Haltung ist Reich-Ranickis Aufsatz über den Lyriker und Erzähler Franz Fühmann – ein eindringliches Porträt, das bemerkenswerte Spuren im Werk dieses Schriftstellers hinterließ. Fühmann, 1922 in

Böhmen als Sohn deutschsprachiger Eltern geboren, veröffentlichte 1942 als begeisterter Soldat Hitlers einen ersten Lyrikband. In russischer Kriegsgefangenschaft entwickelte er sich auf einer Antifaschule zu einem hingebungsvollen Anhänger des Marxismus und publizierte nun in der DDR pathetische SED-Propagandaverse. In seinem Aufsatz über Fühmann zeigt Reich-Ranicki zunächst einmal die Parallelen zwischen diesen neuen Lobgesängen auf den Sozialismus und den früheren auf den Nationalsozialismus auf: »Das alles ist, schlicht gesagt, unverfälschte NS-Lyrik aus der Feder eines Mannes, der mit dem Nationalsozialismus nichts mehr zu tun haben wollte und ihn – kein Zweifel kann hier bestehen – zutiefst haßte. Man hatte ihn in der ›Antifaschule‹ nur ›umfunktioniert‹: Daher schrieb er HJ-Gedichte mit FDJ-Vorzeichen.« Doch dieses Verdikt hält Reich-Ranicki nicht davon ab, im selben Artikel Fühmanns Novellen emphatisch zu loben und den Lesern den im Westen noch weitgehend unbekannten Autor eindringlich ans Herz zu legen. Vor allem dessen Erzählung *Das Judenauto* brauche, schreibt Reich-Ranicki, »keinerlei Vergleiche in der deutschen Gegenwartsliteratur zu scheuen«.

Franz Fühmann ist Jahre später in seinem Buch *Zweiundzwanzig Tage oder Die Hälfte des Lebens* auf diese Kritik zurückgekommen. Seine Reaktion belegt Reich-Ranickis Fähigkeit, Schriftstellern manche Schwächen ihrer literarischen Arbeit bewußtzumachen, die sie zuvor offenbar für ganz undenkbar hielten – was bei diesen Autoren zwar nicht selten wütende Abwehr auslöst, ihnen aber überhaupt erst eine Chance zur Selbstkorrektur eröffnet. Beides wird exemplarisch spürbar in Fühmanns Sätzen über den namentlich nicht genannten Kritiker, »der hämisch auf ein Gedicht wies, das ich 1950 geschrieben hatte, und dazu jene Worte [sagte]: ›Da drin steckt noch die ganze HJ!‹ (...) Es war noch hämischer gesagt, aber der Hämische hatte recht; ich hätte ihm den Finger möglichst nahe am Halse abhauen wollen (...). Er hatte recht; er hatte auf die richtige Stelle gezeigt; nicht auf eine schmerzende Stelle, die findet man selbst, nein, auf jene, die man heil glaubt (...). Er sei bedankt, aber: Hätte nicht ein Freund darauf zeigen müssen?«[7]

Am heftigsten war Reich-Ranickis Ablehnung des Schriftstellers Gerd Gaiser. Mehrfach hat er später begründet, weshalb seine Kritik in diesem Fall so radikal ausfiel. Gaiser, ein 1908 in Württemberg geborener ehemaliger Jagdflieger, schrieb deutschtümelnde, gleichermaßen naturschwärmerische wie zivilisationskritische Erzählungen und Romane. Auf den Spuren Ernst Jüngers verherrlichte er den inneren Adel großer einsamer Individuen und pflegte eine elitäre Verachtung gegenüber der liberalen, auf Wohlstand fixierten Demokratie. Eine ganze Riege konservativer Literaturkritiker, darunter Günter Blöcker und Friedrich Sieburg, hatte ihn als bedeutendes Talent gefeiert, und Curt Hohoff hatte über ihn ein kleines Buch[8] geschrieben. Gaiser war mit etlichen Preisen ausgezeichnet worden und im Begriff, in die Rolle eines Maßstäbe setzenden, vorbildlichen Gegenwartsautors hineinzuwachsen. Reich-Ranicki bot in dieser Situation seine ganzen argumentativen und rhetorischen Fähigkeiten auf, um die Verwandtschaft zwischen dem Geist der Bücher Gaisers und der Ideologie des Nationalsozialismus nachzuweisen. Seine Analyse kulminierte in den Sätzen: Gaiser »zeigt nicht das Leben, er mystifiziert es. Er möchte die Seele gegen den Geist ausspielen, die Stimme des Blutes gegen die Stimme der Kritik, die Beschwörung gegen die Analyse, die Schwärmerei gegen die Vernunft, das Völkische gegen den Intellekt. Statt zu klären, verklärt er, statt zu verdeutlichen, verschleiert er, statt zu erhellen, verdunkelt er. Aus der Realität macht er einen Mythos. Er stellt sich nicht den Problemen, er entstellt sie, indem er sie poetisiert. Sein Werk dient nicht der Wahrheit.«[9]

Walter Jens hatte bereits 1960 einen Verriß Gaisers in der *Zeit* veröffentlicht.[10] Zudem durften sich Reich-Ranicki und Jens wohl in der Ablehnung dieses Schriftstellers mit vielen anderen Angehörigen der Gruppe 47 einig fühlen. In welchem Maße bei seinem Urteil nicht allein literaturkritische, sondern auch literaturpolitische Gründe eine Rolle spielten, läßt Reich-Ranicki fast dreißig Jahre später im Gespräch mit Herlinde Koelbl erkennen: »Die konservative Kritik wollte Gerd Gaiser zur Galionsfigur der Literatur machen. Den antisemitischen, exnazistischen Schriftsteller. Das konnten wir nicht zulassen. Wir haben uns auf Böll als Gegenkandidaten geeinigt.«[11] Reich-Ranicki ist für diese Bemerkung angegriffen worden, weil sie seine »Lust an geistiger Machtausübung«[12] erkennen lasse wie auch den Einfluß politischer Erwägungen auf sein literarisches Urteil. Doch dieser Einwand übersieht, daß es in der Literaturkritik jener Jahre in weit höherem Maße als heute nicht allein um die Bewertung einzelner Bücher ging. Es wurde zugleich um das intellektuelle Profil der noch jungen Bundesrepublik gerungen. Wenn dem Werk Gaisers im Rückblick auf die deutsche Nachkriegsliteratur inzwischen keine wesentliche Bedeutung mehr eingeräumt wird, dann hat Reich-Ranicki hierzu nach Kräften beigetragen.

Als ein Indiz dafür, wie gering das öffentliche Interesse an der nationalsozialistischen Vergangenheit und den entsprechenden personellen Verflechtungen in der Bundesrepublik damals noch war, darf auch der Lebenslauf von Hans Rössner gelten. Rössner gehörte ab 1958 zur Leitung des Münchner Piper Verlages, in dem Reich-Ranicki, neben Autoren wie Hannah Arendt, Ingeborg Bachmann, Ralf Dahrendorf, Alexander und Margarete Mitscherlich, bis in die siebziger Jahre hinein seine Bücher veröffentlichte. Und Rössner hatte eine bemerkenswerte Biographie: Er war 1933 mit dreiundzwanzig Jahren in die SA, 1934 in den Sicherheitsdienst (SD) eingetreten und wurde damit in die SS übernommen. Gemeinsam mit dem Germanisten Karl Justus Obe-

Der Verleger, sein Autor und der Geschäftsführer mit Vergangenheit: Klaus Piper, Marcel Reich-Ranicki und hinter ihm Hans Rössner

nauer betrieb er 1936 an der Universität Bonn erfolgreich die Aberkennung der Ehrendoktorwürde Thomas Manns – was Thomas Mann im Schweizer Exil zu jenem berühmten Brief der Abrechnung mit den Nationalsozialisten provozierte, der den Gymnasiasten Marcel Reich dann in Berlin bei einer privaten Lesung mit großer »Dankbarkeit«[13] erfüllte. Als 1939 unter der Führung Reinhard Heydrichs aus Gestapo, Kriminalpolizei und dem Sicherheitsdienst der SS das Reichssicherheitshauptamt (RSHA) entstand, avancierte Rössner dort im Amt III zum Referenten für Volkskultur und Kunst. Dieses Amt III, schreibt der Historiker Michael Wildt, sei im Vergleich zu den übrigen Abteilungen des RSHA wohl »am unscheinbarsten und unschuldigsten«[14] gewesen. Gleichwohl müssen die Vorwürfe gegen Rössner ausgereicht haben, ihn nach Kriegsende in Internierungshaft zu nehmen. Beim

Nürnberger Prozeß sagte er als Zeuge gegen die Hauptkriegsverbrecher aus und kam erst 1948 wieder auf freien Fuß.

Hans Rössner war mithin kein einfacher Mitläufer, sondern ein relativ prominenter Nationalsozialist, der auch nach Kriegsende Kontakte zu alten Kollegen aus dem RSHA pflegte. Seine nationalsozialistische Vergangenheit hätte allgemein bekannt sein können, zumal er den Verleger Klaus Piper zumindest über seine Mitgliedschaft in der NSDAP aufgeklärt hatte. Doch die Autoren des Piper Verlags wußten nichts über seine Biographie. So nahm sich Rössner, wie Michael Wildt nachweist, im Verlag wiederholt der Manuskripte Hannah Arendts an, ohne daß die Autorin ahnte, mit wem sie verhandelte: Unter anderem bewog er Hannah Arendt dazu, die Widmung »Der Erinnerung an Rosa Luxemburg« aus ihrer Studie über die ungarische Revolution zu streichen, bat sie, im Titel ihres Buches über Rahel Varnhagen auf jeden Hinweis zu verzichten, daß die Autorin Jüdin war, und bemühte sich, ihr aufgrund eines Rechtsgutachtens eine Entschärfung ihres Essays über den Eichmann-Prozeß abzuringen. Kurz nach dem Tod Hannah Arendts notierte Rössner dann auf dem Formular mit der verlagsinternen Anfrage, ob der zu diesem Zeitpunkt offenbar schwerverkäufliche Band *Eichmann in Jerusalem. Ein Bericht über die Banalität des Bösen* nachgedruckt werden solle: »Keine Nachauflage«[15] – eine Anweisung, die Klaus Piper rückgängig machte.

Ob und inwieweit sich Rössner im Piper Verlag auch mit den Büchern Reich-Ranickis beschäftigte, ist schwer zu klären. Über viele Details der täglichen Verlagsarbeit wird gewöhnlich in Gesprächen und Konferenzen entschieden, und deren Ergebnisse werden üblicherweise nicht oder nur summarisch in schriftlicher Form festgehalten. Doch zumindest ein – allerdings vergeblicher – Versuch Rössners, Reich-Ranicki in seinem Sinne zu beeinflussen, läßt sich nachweisen. Reich-Ranicki stellte in den sechziger Jahren fünf Anthologien mit deutscher Prosa des zwanzigsten

Jahrhunderts zusammen. Der erste Band, *Erfundene Wahrheit. Deutsche Geschichten seit 1945,* war sehr erfolgreich und stand monatelang auf den Bestsellerlisten. Als Reich-Ranicki seinen Entwurf für den Inhalt des nächsten Bandes, *Notwendige Geschichten 1933–1945,* an den Verlag schickte, meldete sich Rössner, mit dem er sonst nur über finanzielle oder organisatorische Fragen verhandelte, am 25. Oktober 1966 bei ihm: »Ohne mich mit den Texten Ihrer Auswahl für den zweiten Band schon beschäftigt zu haben, muß ich Ihnen doch sagen, daß ich etwas überrascht bin über die, nun sagen wir, Perspektive der Auswahl. Die Übersicht zeigt eindeutig, daß kaum ein Vertreter der ›rechten Seite‹ aufgenommen wurde. (…) Dadurch wird der Band möglicherweise uninteressanter.«[16] Da ihm Rössner in diesem Brief für die geplante Anthologie aber nur so dürftige Autoren wie Hans Grimm und Erwin Guido Kolbenheyer empfahl, und das auch nur indirekt und recht halbherzig, ging Reich-Ranicki auf seine Vorschläge nicht weiter ein. Es war, das belegt auch die Korrespondenz mit dem Piper Verlag, niemals leicht, ihn von seinen literarischen Vorstellungen abzubringen. »Meine Lektoren in dem Verlag waren Reinhard Baumgart, dann Walter Hinderer und dann Otto F. Best. Nur mit diesen Lektoren habe ich über die Inhalte meiner Bücher verhandelt. Rössner hatte keinen Einfluß auf sie. Ich habe ihn mehrfach gesehen in dieser Zeit, aber ich bin doch nie auf die Idee gekommen zu fragen, was für eine Vergangenheit er habe. Das war damals nicht üblich. Es war eigentlich doch selbstverständlich, daß alle über ihre Vergangenheit nicht reden wollten, weil sie alle mehr oder weniger Nazis gewesen waren. Nicht gleich im Reichssicherheitshauptamt. Wenn ich das von Rössner gehört hätte, das hätte mir einen Schock versetzt.«[17]

Doch letztlich ist es erstaunlich, daß Rössners Zugehörigkeit zu SS und RSHA bis zu seinem Tod 1999 unerkannt blieb. Denn schon 1974 erschien die minuziöse Studie *Thomas Mann, die Uni-*

versität Bonn und die Zeitgeschichte von Paul Egon Hübinger, in der die Hintergründe der Aberkennung der Ehrendoktorwürde Thomas Manns auf fast siebenhundert Seiten ausgeleuchtet werden. Das Buch schildert Rössner als einen der Universitätsmitarbeiter, die seinerzeit entschieden gegen Thomas Mann vorgingen und nennt alle Stationen seiner Karriere als Nationalsozialist. Dennoch wurde die Verbindung zwischen dem SS-Mann Rössner und dem zu diesem Zeitpunkt noch amtierenden Verlagsleiter Rössner – zumindest öffentlich – von niemandem hergestellt. Auch der Zeithistoriker Joachim Fest, der Hübingers Studie am 5. April 1975 in der *Frankfurter Allgemeinen* eine ausführliche Rezension widmete, hat diese Verbindung offenbar nicht erkannt – obwohl er selbst Autor bei Piper war und ihm also die personellen Verhältnisse des Verlages nicht unbekannt gewesen sein dürften.

Auch wenn Reich-Ranicki mit seiner beharrlichen Ablehnung jeder Literatur, die an nationalsozialistische Vorstellungen anschloß, und mit seiner vielfach betonten Vorliebe für »engagierte Literatur« den vorherrschenden Ideen in der nachwachsenden Autorengeneration keineswegs fernstand, genoß er unter diesen Autoren wenig Sympathie. »Bei den Schriftstellern«, sagt Dieter E. Zimmer, »die damals die ›jüngeren‹ hießen, war er verhaßt auf eine Weise, die sich heute niemand mehr vorstellen kann. Keine zwei Literaten konnten sich damals irgendwo treffen, ohne erst einmal im Duo über Reich-Ranicki herzuziehen. Es war ein Haß, der aus der Furcht kam, und hinter der stand auch eine Menge Respekt.«[18] Die Gründe dafür sind leicht zu benennen: Reich-Ranicki war ungeheuer produktiv, besprach außergewöhnlich viele zeitgenössische Autoren, beteiligte sich an nahezu allen aktuellen Debatten des Literaturbetriebs und war nie zimperlich in seinen Urteilen. »Jede Kritik, die es verdient, eine Kritik genannt zu werden, ist auch eine Polemik«[19], bekannte er – und schrieb entsprechend. In einer Zeit, in der etliche jüngere Schriftsteller behutsam tastend die Entwicklungslinien einer literarischen Moderne nachvollzogen, die während des Dritten Reichs aus Deutschland ausgesperrt gewesen war, und dabei viele ihrer ästhetischen Gewißheiten schwinden sahen, urteilte Reich-Ranicki mit einer Entschiedenheit, der man innere Zweifel selten anmerkte. Da er mit seinem rhetorischen Talent aber spürbaren Einfluß auf das Leserpublikum gewann, konnten es sich weder Autoren noch Verlage leisten, seine Urteile zu ignorieren. Außerdem betrachtete er die zunehmend linken Überzeugungen vieler Autoren mit unverhohlener Skepsis und konnte als ehemaliger Kommunist, der aus seiner Enttäuschung über den Marxismus kein Geheimnis machte, einen Erfahrungsvorsprung für sich in Anspruch nehmen, dem seine Gegner wenig entgegenzusetzen hatten.

Dieses angespannte Verhältnis zwischen Reich-Ranicki und den meisten Autoren zeichnete sich frühzeitig ab. Schon 1961 wurde es bei einem Hamburger Streitgespräch deutscher Autoren aus Ost und West[20] in wesentlichen Zügen sichtbar. Das Treffen hatte eine denkwürdige Vorgeschichte: Das PEN-Zentrum Ost-West mit Sitz in Ostberlin – das zu dieser Zeit noch in Anspruch nahm, für ganz Deutschland zuständig zu sein, obwohl bereits 1951 die meisten westdeutschen Schriftsteller ein PEN-Zentrum der Bundesrepublik gegründet hatten – wollte 1960 seine Generalversammlung in Hamburg abhalten. Als die Autoren aus der DDR eintrafen, torpedierte der Innensenator der Stadt ihre Tagung. Er sorgte dafür, daß ihnen die zuvor zugesagten Veranstaltungsräume in der Universität verweigert und ihre Pressekonferenz polizeilich verboten wurde. Schließlich setzte der Geschäftsführer des Hotels die politisch unliebsamen Gäste kurzerhand vor die Tür. Der Eklat empörte die *Zeit*, und deren Verleger Gerd Bucerius entschied, die brüskierten PEN-Mitglieder auf Kosten der Zeitung wieder nach Hamburg einzuladen. An das erneute Treffen hefteten sich sofort hohe politische Erwartungen, die Bucerius in einem Interview weiter anheizte: »Wir wollen ein Streitgespräch – wir wollen uns offen mit den Gästen aus der Zone auseinandersetzen, um wieder einmal die Überlegenheit unserer Auffassung des Lebens zu beweisen.«[21] Doch die Autoren aus der DDR, darunter Arnold Zweig, Hans Mayer, Stephan Hermlin und Peter Hacks, hatten sich auf die Begegnung in Hamburg bestens vorbereitet. »Da kamen«, berichtet Dieter E. Zimmer, neben den Schriftstellern auch »versierte SED-Funktionäre wie Heinz Kamnitzer, und schon kurz nach Beginn der Diskussionen war allen klar, daß hier der Westen untergehen würde. Es gab damals in der Bundesrepublik eigentlich niemanden, der irgendeine Ahnung hatte, wie marxistische Diskussionen verlaufen, welche Argumente da kommen und was man denen entgegenhält. Alles lief bald auf eine große Blamage des Westens hinaus. Und da ist Reich-Ranicki unerwartet – er war ja noch ein jüngerer Mann, der gerade erst Fuß zu fassen begann – aufgetreten und zu ungeheurer Form aufgelaufen. Er hat dann fast im Alleingang den Westen gerettet.«[22]

Tatsächlich verlief, wie das Protokoll erkennen läßt, das Streitgespräch anfangs recht einseitig, nicht zuletzt, weil die Autoren aus der DDR den Eindruck zu erwecken verstanden, die sozialistische Literatur leiste im Gegensatz zur westlichen einen bedeutenden Beitrag zur endgültigen Herstellung von Gerechtigkeit und Frieden auf Erden. Zunächst beschränkte sich Reich-Ranicki darauf, manche dieser Wortmeldungen durch Zitate von Marx und Engels als unmarxistisch zu bezeichnen. Am zweiten Diskussionstag holte er dann aber zu einer längeren Anklagerede aus, in der er kurzerhand aufzählte, welche wichtigen westlichen Schriftsteller in der DDR verboten seien, welche sowjetischen Avantgardisten der zwanziger Jahre in der DDR nicht verlegt würden und schließlich, welche DDR-Autoren aus politischen Gründen in Gefängnissen säßen – und reduzierte damit den literaturpolitischen Systemvergleich auf simple Grundfragen: Wo kann Literatur ungehindert veröffentlicht werden? Wo dürfen auch unliebsame Schriftsteller ihre Meinung frei äußern? Was tut der DDR-PEN, um sich für verhaftete Kollegen einzusetzen?

Daß die Gäste aus dem Osten daraufhin Probleme hatten, ihre Glaubwürdigkeit als Streiter für Frieden und Gerechtigkeit wiederherzustellen, überrascht nicht. Bemerkenswert dagegen ist die Reaktion der jungen, gerade gut dreißigjährigen Diskussionsteilnehmer aus dem Westen, Hans Magnus Enzensberger und Martin Walser. Beide ließen erkennen, daß sie Reich-Ranickis Fragenkatalog als grobschlächtig und letztlich als fehl am Platze betrachteten, da der PEN der DDR nicht für die Literaturpolitik der DDR verantwortlich sei. Enzensberger: »Was Herr Ranicki hier gesagt hat, war uns allen und war auch unseren Gästen, glaube ich, nicht neu. Vielleicht war es gut, daß es gesagt worden ist. Wir müssen uns aber, wenn wir solche Fragen stellen, natürlich überlegen, wieweit sie sinnvoll sind.«[23] Walser: »Ich glaube nicht, daß Ranicki einen solchen Katalog einem grundsätzlich anderen System so präsentieren kann. (...) Es war einen Augenblick so, daß ich mich erinnert fühlte an die normale, übliche Pressediskussion Ost und West. Das war kein Schriftstellergespräch mehr.«[24] Diese Vorhaltungen sind natürlich nicht falsch, doch lassen sie offenkundig außer acht, daß die DDR-Autoren die Debatte zuvor ihrerseits als Propagandainstrument benutzt hatten – weshalb man den Eindruck nicht los wird, daß in Walsers und Enzensbergers Einwänden gegen die Argumentation Reich-Ranickis letztlich auch Neid auf dessen effektvollen Auftritt mitschwang. Später dann, beim Klagenfurter Bachmann-Preis oder mit Blick aufs *Literarische Quartett*, wurde Reich-Ranicki immer wieder gern vorgeworfen, er stehle als Kritiker den Schriftstellern die Schau.

In den folgenden Jahren änderte sich an diesem Verhältnis wenig. Während Enzensberger zum Studium der Revolution Fidel Castros nach Kuba reiste, Walser einige Jahre lang mit der DKP

Im Urlaub in der Schweiz

flirtete, Peter Weiss sich zum Kommunismus bekannte, Erich Fried im Akkord Gedichte auf die Revolutionen aller Erdteile verfertigte, blieb Reich-Ranicki ein unbeirrbarer Verteidiger der liberalen Demokratie – schon weil er sie dem Geist permanenter Kritik verpflichtet sah: »Demokratie wird durch Kritik geradezu definiert, da ja die allen Demokratien nach wie vor zugrundeliegende Konzeption der Gewaltenteilung nichts anderes besagt, als«, so zitiert er Adorno, »daß jeweils die eine dieser Gewalten an der anderen Kritik übt und dadurch die Willkür einschränkt, zu der eine jegliche, ohne jenes kritische Element, tendiert.«[25] Mit dem Beginn der Studentenbewegung wurde somit der ideologische Graben zwischen ihm und einem großen Teil der deutschsprachigen Autoren immer breiter. Reich-Ranicki, ein gebranntes Kind seiner marxistischen Jahre, beobachtete den rasant zunehmenden politischen Eifer des Literaturbetriebs halb besorgt, halb belustigt. Als beispielsweise im Oktober 1967 die Tagung der Gruppe 47 im

Gasthaus Pulvermühle bei Nürnberg von demonstrierenden Studenten unterbrochen wurde, konnte er darin nichts anderes als eine unqualifizierte Störung der von ihm so geliebten literaturkritischen Diskussionen sehen. Zu seiner Verblüffung suchten aber »manche, vor allem entschieden linke Autoren, wie Martin Walser, Erich Fried und Reinhard Lettau, (…) dringend den Dialog mit jenen, von denen sie auf Transparenten als ›Dichtergreise‹ verspottet wurden. Sie beeilten sich, die jugendlichen Demonstranten ihrer wärmsten Sympathien zu versichern und ihrer Bereitschaft zum aufrichtigen, ja brüderlichen Gespräch. In den kurzen Ansprachen der Schriftsteller kehrte refrainartig eine geradezu flehentliche Beteuerung wieder: Freunde, Gefährten, Kameraden, Genossen – wir sitzen doch alle in einem Boot, wir ziehen doch alle an einem Strang.«[26] Reich-Ranicki dagegen hatte, das ist unübersehbar, nicht das Gefühl, in diesem Boot zu sitzen oder mit an jenem Strang zu ziehen, und mußte sich deshalb bald schon vorwerfen lassen, »Klassenbester in Verfassungstreue«[27] zu sein. Hält man sich zudem vor Augen, wie unerschöpflich Reich-Ranickis Bedürfnis nach Bestätigung, nach Zustimmung, ja nach Zuneigung ist, wird vielleicht begreiflich, weshalb er sich trotz seiner spürbaren Erfolge auch in dieser Zeit innerhalb des literarischen Lebens, wenn nicht als Außenseiter, so doch oft als Einzelgänger empfand.

Mit der Politisierung des Literaturbetriebs Ende der sechziger Jahre veränderten sich auch Reich-Ranickis ästhetische Positionen. Allerdings bezeichnenderweise nicht im Einklang mit, sondern in zunehmender Opposition zu diesem Trend. 1963 bekannte er noch: »Ich bin Anhänger einer engagierten Literatur. Ich glaube, daß Schriftsteller sich nicht damit begnügen dürfen, das Leben mit reizvollen Arabesken zu schmücken und allerlei Ornamente beizusteuern. Ich glaube, daß es ihre Hauptaufgabe ist, bewußt in einer bestimmten Richtung zu wirken, also auf ihre

Mit Hilde Spiel, Horst Krüger und Hans Schwab-Felisch (im Hintergrund)

Zeitgenossen Einfluß auszuüben. Daher suche ich in der Literatur, zumal in der erzählenden Prosa, vor allem die Auseinandersetzung mit den großen moralischen Fragen der Gegenwart.«[28] Doch zehn Jahre später, 1973, rechnete er mit der Studentenbewegung ab, da sie die »Kunst und Literatur lediglich dann gelten lassen« wolle, »wenn sie sogleich und unmittelbar zur angestrebten Weltveränderung beitragen können. (...) Der Klassenkampf ernährt seinen Mann – jedenfalls im bundesrepublikanischen Kulturleben. Wer in diesem Land ein Schriftsteller sein will, doch nicht schreiben kann, der wendet sich geradezu automatisch der Gesellschaftskritik zu. (...) Das alles hat dazu geführt, daß wir, die wir immer schon für das Engagement der Dichtung waren und die wir die Gesellschaftskritik in der Literatur für etwas Selbstverständliches hielten und halten, das Wort ›Gesellschaftskritik‹ nicht mehr verwenden können, und daß wir uns mit Widerwillen von jenen abwenden müssen, die meist Konjunkturritter sind und jedenfalls im Kulturleben dieses Landes zur Zeit den größten Lärm machen.«[29] Er erwarb sich so unter linken Schriftstellern den Ruf eines konservativen Kritikers – blieb aber aus der Perspektive konservativer Autoren weiterhin ein Anhänger der als links beargwöhnten Gruppe 47. Kein Wunder, wenn er sich zumindest in schwachen Momenten von Gegnern geradezu umzingelt fühlte.

Ein halbes Jahr nach dem Treffen in der Pulvermühle schrieb er an den Reiseschriftsteller und Journalisten Horst Krüger einen Brief, in dem er sich darüber beklagt, wie sehr er angefeindet werde und wie wenig Anerkennung seine Arbeit finde. Die Antwort Krügers ist außergewöhnlich, vor allem außergewöhnlich klug. Sie läßt etwas davon erkennen, wie Reich-Ranicki seinerzeit wirkte, und macht verständlicher, wieso er unausgesetzt haderte mit der Resonanz, die er in der Öffentlichkeit fand: »Sie schreiben eine scharfe, vollkommen ehrliche und damit natürlich auch unbarmherzige Kritik«, resümiert Krüger, »wie können Sie erwarten, damit beliebt, geehrt und sozusagen in Ämter der Literatur gehoben zu werden? Sie dürfen es mir, einem Außenstehenden und freundlich Interessierten, glauben: Ihre radikal ehrliche, sozusagen hemmungslos durchstoßende Art zu werten, die eine gewisse Apodiktik, bei aller kritischen Offenheit auch einen Hauch von Autorität spüren läßt, ist in der deutschen Szene originell, einmalig, befremdend, auch verärgernd, natürlich. (...) Sie sind wirklich sehr ›undeutsch‹, mein Bester, was Sie bitte aus meinem Mund als hohes Lob nehmen wollen. (...) Mit dieser Art moralischer Entschlossenheit, die Wahrheit restlos auszusprechen, können Sie kein freundliches Echo erwarten. Sie stehen nur auf sich. (...) Auch der Fritz Bauer [der Staatsanwalt, der den Auschwitz-Prozeß initiierte] ist in seiner Staatsanwaltskaste nicht beliebt, ja eher verhaßt. Trotzdem, ja gerade deswegen ist er dringend

Der erste eigene Wagen

notwendig in der deutschen Justiz. Bitte, ziehen Sie sich diesen Schuh an. Es gibt einige Leute, die solche Leute wie Sie für wichtig halten. Sie sind wichtig. Sie aber, lieber M. R.-R. (und jetzt müßte ich im Sinne psychoanalytischer Beratung eigentlich honorarpflichtig werden: 30 Dollar pro Stunde), wollen in der Tiefe geliebt werden. Das ist Ihr Narzißmus, der sich verletzt fühlt. Wahrscheinlich haben Sie im Tiefsten immer eine Welle von Sympathie und Liebe erwartet. Geben Sie diese kindliche Wunschphantasie auf. Sie entspricht nicht der Art Ihres Wirkens und der Art dieses Landes. Ertragen Sie Ihr Stückchen ›Umstrittenheit‹ – im Grunde paßt es sehr gut zu Ihnen.«[30]

Doch mindestens ebenso wie an der beruflichen Isolation litt Reich-Ranicki an seiner als isoliert empfundenen Lebenssituation in Hamburg. Denn in den Augen anderer, so glaubte er, fand allenfalls seine Arbeit Interesse, nicht seine Person: »Mein Kontakt mit der Welt ging nur selten über Telefongespräche hinaus.«[31] Erkennbar wird hier wohl etwas von dem im zwanzigsten Jahrhundert so häufig beschriebenen Schicksal des Emigranten, der nicht nur im Exil, sondern auch nach seiner Rückkehr ein fortdauerndes Gefühl der Fremdheit und des Ausgesperrtseins nicht ablegen kann. Der Erfahrungsunterschied zwischen denen, die das Land für Jahrzehnte verließen oder verlassen mußten, und jenen, die blieben, läßt sich nur schwer überwinden. Hinzu kommt, daß Reich-Ranicki den Eindruck hatte, selbst Freunde interessierten sich nicht für seine Vergangenheit als Verfolgter – was Walter Jens, in dieser Zeit einer seiner engsten Freunde, allerdings entschieden bestreitet.[32]

»Die erste«, erzählt Reich-Ranicki rückblickend, die ihn nach der Zeit im Warschauer Getto befragt habe, »war Ulrike Meinhof. Das hat großen Eindruck auf mich gemacht. Sie war damals Journalistin und bat mich um ein Interview im Hamburger Café Funk-Eck gegenüber vom NDR. Sie brauchte nur dreißig Minuten Gespräch für ihre Sendung, aber sie sprach fast eine Stunde mit mir. Ich erzählte ihr von den Zuständen im Getto, vom Hunger, von der Angst. (...) Nach dieser Stunde hatte Ulrike Meinhof Tränen in den Augen. Sie war die erste, die sich in diesem Land für meine Vergangenheit interessierte.«[33] Bettina Röhl, die Tochter Ulrike Meinhofs, behauptete später, ihre Mutter habe jenes Interview nicht aus eigenem Antrieb, sondern im Auftrag der illegalen KPD oder der polnischen KP geführt. Man habe sie gedrängt, »herauszubekommen«, ob Reich-Ranicki »im Warschauer Getto irgendwie kollaboriert« habe mit den nationalsozialistischen Behörden – möglicherweise, um Reich-Ranicki deshalb unter Druck setzen zu können. Doch hatte Bettina Röhl für ihre Behauptung wenige Beweise, weshalb sich für Reich-Ranicki, wie er betont, an seinem Urteil über das Gespräch mit Ulrike Meinhof »gar nichts (...) überhaupt gar nichts«[34] ändert.

Mit Ulrike Meinhof

Was Reich-Ranicki in seiner Hamburger Zeit offenbar fehlte, war ein tägliches soziales Umfeld, in das er sich eingebunden fühlen konnte und durch das sich für ihn so etwas wie eine selbstverständliche Verbundenheit und eine Normalität der Zugehörigkeit herstellte. In einem Brief an ihn klagte Leonhardt, der Feuilletonchef der *Zeit*, über seine zeitraubende Redaktionsarbeit und nannte Reich-Ranickis Status als festangestellter Kritiker ohne redaktionelle Pflichten ein Privileg.[35] Doch der betrachtete es mehr und mehr als Zurücksetzung, nicht wenigstens zu den Konferenzen des Feuilletons eingeladen zu werden. »Ich fühlte mich ausgeschlossen – und je länger und erfolgreicher ich für die *Zeit* schrieb, desto mehr steigerte sich dieses Gefühl.«[36] Als Leonhardt 1973 von Dieter E. Zimmer als Leiter des Feuilletons abgelöst wurde, machte sich Reich-Ranicki Hoffnungen, die nunmehr frei gewordene Position des Literaturredakteurs übernehmen zu können. Aber Zimmer entschloß sich, statt seiner Rolf Michaelis zu engagieren, der zuvor für die *FAZ* gearbeitet hatte.

Wie sehr ihn das kränkte, verschweigt Reich-Ranicki in seiner Autobiographie nicht. Er deutet sogar an, bei der Entscheidung der *Zeit* könnten antisemitische Motive eine Rolle gespielt haben. Denn 1996 habe er einem Buch zum fünfzigjährigen Bestehen der *Zeit* entnehmen müssen, daß man sich sehr wohl Gedanken gemacht habe, »ob man mich in der Redaktion beschäftigen sollte. Doch hätten die Redakteure des Feuilletons – erfuhr ich jetzt, 1996 – ›größte Bedenken‹ gehabt, ›ob sie einen so machtbewußten, rabulistischen Mann aushalten würden‹.[37] Ich erschrak. Denn das Wort ›Rabulistik‹ hat keinen angenehmen Klang.« Es sei, schreibt Reich-Ranicki, mit Vorliebe von Joseph Goebbels verwandt worden. »Er gebrauchte diese Vokabel beinahe immer mit einem Adjektiv – entweder hieß es bei ihm ›jüdische Rabulistik‹ oder ›jüdisch-marxistische Rabulistik‹.«[38]

Nachdem Reich-Ranickis Autobiographie 1999 erschienen war, nahm Zimmer in der *Zeit* zu diesem Vorwurf Stellung: »Antisemitismus, latenter oder offener, kann MRR bei der *Zeit* nicht begegnet sein, weil es keinen gab. Aber bei einem Überlebenden des Warschauer Gettos akzeptiere ich, daß er welchen argwöhnt, auch wo keiner ist. Das Feuilleton der *Zeit* hatte sich ostentativ zu einer Plattform für emigrierte jüdische Literaten gemacht, die regelmäßig hier schrieben, besonders im Literaturteil, während sie sonst keine deutsche Zeitung drucken wollte: Ludwig Marcuse, Ernst Stein, Robert Neumann, Hermann Kesten, später Hans Mayer (...). Die Entscheidung, nicht ihn, sondern Michaelis zu berufen, war im wesentlichen mein Werk. Alle Welt gab mir Ratschläge, solche und solche; aber die Entscheidung war am Ende allein meine. (...) Um es knapp und deutlich zu sagen: Ich hielt MRR für den Inbegriff eines Monolithen und für völlig unbereit zu einer Teamarbeit, wie ich sie mir in meiner damaligen Naivität für das Feuilleton wünschte. Sein Wunsch, in die Redaktion geholt zu werden, kam mir als ein stupendes Mißverständnis vor, auch ein

Selbstmißverständnis seinerseits. Der Mann, dachte ich, ahnt gar nicht, welche Fähigkeit ihm abverlangt würde, den schreiberischen und menschlichen Eigenheiten seiner Kollegen gute Seiten abzugewinnen, sobald er in der Redaktion drin wäre und nicht mehr nur ihr kritischer Beobachter von außen.«[39]

Die überraschenden Vorwürfe Reich-Ranickis gegen die *Zeit* werden am ehesten verständlich durch seine allzu reichen Erfahrungen mit Versuchen, ihn zum Außenseiter abzustempeln. Diese Versuche gingen in der Vergangenheit immer wieder auf antisemitische Ressentiments zurück. So lag es für ihn wohl nahe, hinter der Entscheidung, ihn von der Redaktion der *Zeit* fernzuhalten, die gleiche Ursache zu vermuten. Doch Dieter E. Zimmer besteht darauf: »Wenn die *Zeit* etwas war, dann war sie philosemitisch.«[40]

Reich-Ranicki mußte sich allerdings nicht lange grämen, daß ihm die Position des Literaturredakteurs der *Zeit* entgangen war. Noch im selben Jahr fragte ihn Joachim Fest, dem man angeboten hatte, Mitherausgeber der *Frankfurter Allgemeinen* zu werden und dort für das Feuilleton zuständig zu sein, ob er die Literaturredaktion dieser Zeitung übernehmen wolle. Ohne zu zögern, sagte er zu.

Der Literaturchef

Marcel Reich-Ranicki war, als er im Dezember 1973 seine neue Aufgabe als Leiter der Literaturredaktion der *Frankfurter Allgemeinen* antrat, dreiundfünfzig Jahre alt. In diesem Alter gelten Arbeitssuchende gewöhnlich als »schwer vermittelbar«, neigen sich viele Karrieren bereits sacht ihrem Ende zu, ist heute häufiger von »vorgezogenen Ruhestandsregelungen« die Rede als von steilen Aufstiegen. Zudem hatte Reich-Ranicki bis zu diesem Zeitpunkt noch nie in einer Redaktion gearbeitet. Seine Erfahrungen mit einer regelmäßigen Kooperation in einem festen Kollegenkreis lagen über zwanzig Jahre zurück und stammten aus einem anderen Land: Seitdem er seine Stelle als Lektor im polnischen Verlag des Verteidigungsministeriums 1951 aufgegeben hatte, war er ausschließlich als Kritiker tätig gewesen, der vom eigenen Schreibtisch aus Zeitungen und Zeitschriften mit Manuskripten belieferte. Dieter E. Zimmers Zweifel, ob er zur Teamarbeit überhaupt fähig und tatsächlich bereit sein würde, die zahllosen Routinetätigkeiten zu übernehmen, aus denen ein Redaktionsalltag besteht, waren also keineswegs aus der Luft gegriffen. Joachim Fests Entscheidung, ihn zum Leiter der Literaturredaktion zu machen, barg durchaus Risiken. Wieviel er Fest verdankt, der ihn allen Bedenken und Widerständen zum Trotz bei den übrigen Herausgebern der *FAZ* durchsetzte, hat Reich-Ranicki ungeachtet des späteren Zerwürfnisses zwischen ihnen mehr als einmal betont.

Und die Widerstände innerhalb der Redaktion waren sowohl gegen Reich-Ranicki als auch gegen Fest beträchtlich. Der Redaktionsrat der Zeitung stimmte der Berufung Fests, wie Günther Rühle berichtet, erst nach langen Diskussionen mit den Herausgebern »zähneknirschend« zu. Die Feuilletonredakteure betrachteten ihn als »konservativen Menschen«, der sie »bändigen sollte«. In der Nacht, bevor sich Fest als designierter Mitherausgeber vorstellte, hatten Redakteure die Wände der Redaktion mit früheren Artikeln von ihm tapeziert, was wie »ein Affront« wirkte: Fest mußte gleichsam »durch seine Vergangenheit marschieren« und blieb während dieses ersten Zusammentreffens »total isoliert, kein Mensch sprach mit ihm«. Und Reich-Ranicki begann seine Tätigkeit mit einer doppelten Hypothek. Er galt wegen seiner konsequent auf das Leserpublikum ausgerichteten Arbeit bei der *Zeit* unter seinen künftigen Kollegen als »Marktschreier«, als »unseriös« und »nicht intellektuell«. Außerdem verdrängte er, indem er von Fest als neuer Literaturchef eingesetzt wurde, seinen fünfzehn Jahre jüngeren Vorgänger Karl Heinz Bohrer, der, wie Rühle sich erinnert, seinerzeit »der Liebling der Redaktion«[1] war und nun als Kulturkorrespondent der *FAZ* nach London ging.

Dennoch setzte sich Reich-Ranicki in der Redaktion schnell durch, nicht zuletzt wegen seiner engen Verbindung mit Fest, dessen Machtposition innerhalb des Feuilletons im Grunde unanfechtbar war. Alle Befürchtungen Dieter E. Zimmers erwiesen sich als unbegründet, wie dieser jetzt aus der Ferne reuevoll erkannte. In den ersten Monaten schrieb Reich-Ranicki kaum einen Artikel, konzentrierte sich ganz auf die Redaktionsarbeit und entwickelte sich zu einem außerordentlich sorgfältigen, ja besessenen Redakteur. Da er Unabhängigkeit, wie er oft betont hatte, für eine der wesentlichen Voraussetzungen der Arbeit eines

Kritikers hielt, bestand er darauf, die Literaturredaktion vom übrigen Feuilleton weitgehend abzutrennen. Es ging ihm darum, allein Joachim Fest unterstellt und keinem Redaktionskollegen Rechenschaft schuldig zu sein. Bei den Vertragsverhandlungen konnte er diesen Wunsch weitgehend durchsetzen, erhielt eine entsprechende schriftliche Zusicherung[2], und ab 1979 wurde er auch im Impressum der Zeitung offiziell als der Verantwortliche für Literatur und literarisches Leben genannt. Für alle Sachbücher – ein Bereich, der ihn nur mäßig interessierte – wurde eine eigene Redaktion eingerichtet, die Helmut Scheffel leitete.

Reich-Ranicki entfaltete, was bei seinem Temperament keine Überraschung ist, in der täglichen Arbeit eine ungeheure Energie. In der gesamten Zeitung durfte keine Zeile zu literarischen Themen erscheinen, ohne daß er sie gesehen, geprüft und für gut befunden hatte. Er entschied, welche Neuerscheinungen für eine Rezension in Frage kamen, welcher Rezensent welches Buch besprechen sollte, ob die abgelieferten Texte zu lang, zu kurz, inhaltlich angemessen und stilistisch zufriedenstellend waren, und schließlich, wann welche Besprechung an welchem Platz der Zeitung erscheinen sollte. Und dies bei sechs- bis achthundert Rezensionen pro Jahr, fünfzehn Jahre lang. Er bemühte sich um neue Mitarbeiter, die seinen Vorstellungen einer publikumswirksamen Literaturkritik entsprachen, und gewann populäre Schriftsteller als Beiträger, darunter Wolf Biermann, Heinrich Böll, Erich Fried, Peter Härtling, Wolfgang Koeppen, Karl Krolow, Günter Kunert, Golo Mann, Peter Rühmkorf, dazu seine Freunde Walter Jens und Siegfried Lenz. Er sorgte für die Schriftstellerporträts und, wenn nötig, -nachrufe im Feuilleton und beschloß, welcher Fortsetzungsroman gedruckt werden sollte. Er ließ die alte *FAZ*-Tradition wiederaufleben, gelegentlich neue, noch unveröffentlichte Gedichte zu publizieren, und kümmerte sich um Berichte über germanistische Tagungen, Autorentreffen und Ausstellungen zu literarischen Themen. Er durchforstete alle relevanten Tages- und Wochenzeitungen, Magazine, ja sogar Vierteljahresschriften nach frischen Informationen aus dem Literaturbetrieb, diktierte täglich eine Flut von Briefen, telefonierte ausgiebig mit Autoren, Verlagen, Kritikerkollegen, kurz: Er erwies sich als ein nahezu unerschöpfliches redaktionelles Kraftwerk. Nicht zuletzt setzte er bei Joachim Fest durch, daß ihm für sein Literaturblatt drei Redakteursstellen zugebilligt wurden; es waren dort im Laufe der Jahre Renate Schostack, Thomas Anz, Franz Josef Görtz, Ulrich Greiner, Volker Hage, Jochen Hieber, Hans Christian Kosler und der Autor dieses Buches tätig. Doch jedes Manuskript, das seine Mitarbeiter redigierten, wurde danach von ihm noch einmal überprüft. Er bestand auf totaler redaktioneller Kontrolle und erntete dafür bei den übrigen Redakteuren des Feuilletons nicht selten Kopfschütteln.

Günter Grass, der viele Konflikte mit Reich-Ranicki austrug und mit seinen literarischen Urteilen selten übereinstimmt, spricht über die Arbeit des Redakteurs Reich-Ranicki mit großem Respekt. Er zählt dessen Beitrag zur Gestaltung des Feuilletons der *FAZ* zu einem der wesentlichen Verdienste Reich-Ranickis: »Da hat er wirklich etwas Dolles draus gemacht.« 1974 startete Reich-Ranicki die »Frankfurter Anthologie«, eine Rubrik, in der noch heute allwöchentlich ein deutsches Gedicht vorgestellt und von einem Interpreten knapp erläutert wird. In dieser Reihe sind bislang tausendfünfhundert Beiträge erschienen, die inzwischen in siebenundzwanzig Bänden gesammelt vorliegen. »Das ist eine bleibende Leistung«, sagt Grass, »sie entspringt seiner Liebe zur Literatur.« Diese Reihe und andere Serien, die Reich-Ranicki für die *FAZ* entwickelte, seien »tragende Einfälle gewesen, die das Feuilleton belebt haben und bis heute beleben«.[3]

Mit dem Wechsel von Hamburg nach Frankfurt änderte sich für Reich-Ranicki und seine Frau auch privat vieles. Aus der

Zweieinhalbzimmer-Sozialbauwohnung in Hamburg-Niendorf zogen sie um in eine geräumige Eigentumswohnung im Dichterviertel Frankfurts, einer der angenehmen Wohngegenden der Stadt. Der Sohn Andrew Alexander Ranicki lebte bereits seit Ende der sechziger Jahre in Großbritannien, wo er – nach Zwischenstationen unter anderem in Cambridge und Princeton – heute als Professor für Mathematik an der University of Edinburgh lehrt. Von der Einsamkeit, über die Reich-Ranicki in seiner Hamburger Zeit geklagt hatte, war bei ihm am neuen Wohnort keine Rede mehr. Er führte nun allerdings auch nicht mehr das Leben eines heimarbeitenden Autors, sondern war Ressortleiter der größten überregionalen Tageszeitung am Platz und wurde schon in dieser Funktion in anderer Weise als zuvor in das soziale Leben eingebunden. Sein Verhältnis zur Stadt bleibt allerdings auch langfristig gespannt – noch nach fast fünfundzwanzig Jahren wird er 1997 in der offiziellen Festrede zum Neujahrsempfang Frankfurts mit typischer Lust an der Provokation verkünden: »Die Stadt ist wohnlicher geworden, man kann hier gut arbeiten, das ist sicher. Aber anders als München oder Hamburg läßt sich Frankfurt schwerlich lieben. Ich fürchte, diese Stadt ist ein Riesenhotel geblieben, nüchtern und nützlich, ein verhältnismäßig gut funktionierendes Hotel, doch leider ohne Atmosphäre.«[4]

Viele Journalisten, die ihr Renommee in erster Linie ihren herausragenden Artikeln verdanken, haben Schwierigkeiten, ihre Rolle zu finden, sobald sie leitende Funktionen innerhalb einer Redaktion übernehmen. Nicht so Reich-Ranicki. Er wandelte sich mit seinem Wechsel von der *Zeit* zur *FAZ* ohne sichtbare Probleme vom Solisten zum Dirigenten. Hatte er zuvor nur durch seine Rezensionen, Kommentare, Polemiken Einfluß ausüben können, stand ihm nun ein ganzer Apparat zur Verfügung. Und er war nicht der Mann, sich eine solche Chance entgehen zu lassen. Er knüpfte Beziehungen, warb um Verbündete, machte hinter den

Mit Wolfgang Koeppen

Kulissen des Literaturbetriebs Stimmung und organisierte lautstarke Debatten. Er lud die einen zur Mitarbeit in der *Frankfurter Allgemeinen* ein, darunter auch altgediente Gegenspieler wie Reinhard Baumgart, schlug anderen ihre Bitte um Mitarbeit ab, behutsam oder auch schroff. Er war Mitglied und auch Vorsitzender zahlloser Jurys, die Literaturpreise vergaben, und initiierte zusammen mit Humbert Fink und Ernst Willner 1977 das alljährliche Wettlesen um den Ingeborg-Bachmann-Preis in Klagenfurt.

Natürlich hatten es seine Kollegen bei der *FAZ* nicht immer leicht mit Reich-Ranicki. So wie er in literarischen Fragen nie die Kontroverse fürchtete, so ging er auch in Konferenzen, bei journalistischen Bewertungen oder Kompetenzfragen nur selten einem Streit aus dem Weg. Er gehört zu den Menschen, die Widerstand nicht schreckt, sondern die ihn genießen: »Er spornt mich erst recht an.«[5] Und mit seinen rhetorischen Fähigkeiten und seiner Schlagfertigkeit war er im Disput kein angenehmer Gegner. Doch seine Kollegen blieben ihm wenig schuldig. So berichtet Jürgen Busche, damals Redakteur der *FAZ*: »Vor Beginn einer Feuilleton-Konferenz – man wartete noch auf den Herausgeber – hatte sich ein lebhaftes Gespräch über die Frankfurter Eintracht (den Fußballverein) entwickelt. Immer wieder fiel der Name Hölzenbein. Reich-Ranicki, rasch verstimmt, weil er zu dem Gespräch nichts beitragen konnte, polterte schließlich los: ›Hölzenbein! Wer ist Hölzenbein? Ich kenne diesen Mann nicht!‹ Darauf antwortete der Filmkritiker Michael Schwarze: ›Der kennt Sie auch nicht.‹ Großes Gelächter.«[6]

Reich-Ranickis geringe Scheu vor Konflikten trug dazu bei, daß die meisten Spannungen in der Redaktion rasch ausgetragen werden konnten und selten Probleme unausgesprochen oder unerledigt blieben. Die Atmosphäre war mithin nicht intrigant oder verbissen. »Ich ließ mich nicht von ihm vereinnahmen«, resümiert Günther Rühle, der das Feuilleton der *FAZ* von 1974 bis 1984 leitete und in dieser Zeit fast täglich Meinungsverschiedenheiten mit Reich-Ranicki auszufechten hatte, »aber er hat mir das nie nachgetragen. Ich habe ihm auch Widerstand geleistet. (…) Wir waren trotzdem Partner in der gemeinsamen Sache, auch im Denken und im Entwickeln des Blattes. (…) Wir haben nie Freundschaft miteinander gehabt, aber immer eine sehr sachliche Partnerschaft.«[7]

Reich-Ranickis politische Ansichten stimmten mit der Linie der *FAZ* häufig genug nicht überein. Anders als deren Leitartikler begrüßte er beispielsweise die Ostpolitik Willy Brandts oder lehnte den Radikalenerlaß ab, mit dem in den siebziger Jahren vor allem Linke aus dem Staatsdienst entfernt werden sollten. Und er machte seinem Unmut über die aus seiner Sicht falschen Kommentare der Zeitung in den ressortübergreifenden, sogenannten Großen Konferenzen nachdrücklich Luft. Doch zeigte Reich-Ranicki auch, wenn er es für nötig hielt, diplomatisches Geschick – zumal wenn es darum ging, die Zusammenarbeit zwischen linken Schriftstellern und der eher konservativen *FAZ* weiterhin möglich zu machen. In einem Fall, so berichtet er, »ging es um meinen alten Freund Erich Fried. Er hat einmal – übrigens nicht nur einmal in seinem Leben – ein törichtes Gedicht geschrieben. Es war im Herbst 1977, auf dem Höhepunkt des RAF-Terrorismus. Fried schrieb da sinngemäß, seine Muse habe ihm gesagt, es sei ein Fehler gewesen, Buback zu ermorden; man hätte Friedrich Karl Fromme [einen leitenden Redakteur des innenpolitischen Ressorts] von der *FAZ* ermorden sollen. Wer Fried kannte, wußte, daß dies ein Scherz war, wenn auch ein geschmackloser. In Wirklichkeit hätte er, ein gütiger Mensch, dem Fromme nicht einmal ein Haar gekrümmt. Wie auch immer: Dieses Gedicht hat in der *FAZ* verständlicherweise Empörung ausgelöst. Ich habe sofort erklärt: Unsere Zusammenarbeit mit Erich Fried wird einstweilen abgebrochen. Einer der Herausgeber beanstandete das Wort ›einstweilen‹. Aber ich habe ihm dann brieflich mitgeteilt, daß die Literaturgeschichte lebenslängliche Urteile nicht kenne. Nach einem gewissen Zeitabschnitt, das war etwa ein Jahr, habe ich Erich Fried angerufen und ihm gesagt: ›Schick mir wieder mal 'n paar Gedichte.‹ Wir haben im Feuilleton ein Gedicht von ihm gedruckt – seitdem immer wieder, sobald was da war. Niemand in der *FAZ* hat das Wiederauftauchen des Namens Erich Fried in dieser Zeitung beanstandet.«[8]

Sein rastloses Engagement als Redakteur diente der Zeitung und zugleich auch dem Ausbau seiner Position im Literaturbetrieb. War er während seiner Jahre bei der *Zeit* meist »Großkritiker« genannt worden, stieg er als Literaturchef der *FAZ* im Jargon der Branche zum »Literaturpapst« auf. Er wurde zu einem Machtfaktor, mit dem die Verlage rechnen mußten. Man sagte ihm nach, Autoren nicht nur fördern, sondern sie im Alleingang durchsetzen zu können – und führte als Beweise die Karrieren von Ulla Hahn und Hermann Burger an. Als er einmal mit dem Vorwurf konfrontiert wurde, er habe als Literaturchef der *Frankfurter Allgemeinen* »auf mehreren Schienen des Literaturbetriebs dafür gesorgt, daß Burger zum bedeutenden Autor emporgepriesen und emporgeredet« worden sei, antwortete er: »Sehr treffend! Dazu war ich da in diesen fünfzehn Jahren. Aber selbstverständlich! Ich halte Burger für einen äußerst originellen Erzähler und einen Meister der Sprache, er ist einer der besten Stilisten unserer Jahre. Und auf wie vielen Schienen habe ich Wolfgang Koeppen gepriesen und gefördert! Wenn ich mich für einen Autor entscheide, wenn ich an sein Talent glaube, halte ich es für meine Pflicht, mit allen mir zugänglichen Mitteln diesen Autor in der deutschen Öffentlichkeit durchzuboxen. Ich habe mitunter auch manipuliert, selbstverständlich! Aber immer nur zugunsten eines Buches, nie zuungunsten.«[9]

Am Beispiel der Lyrikerin Ulla Hahn läßt sich wohl am besten demonstrieren, wie Reich-Ranicki auf der Klaviatur seiner publizistischen Einflußmöglichkeiten spielte, um einem Autor die Aufmerksamkeit zu verschaffen, die ihm seiner Meinung nach gebührte. Er lernte Ulla Hahn 1979 bei einer Fernsehdiskussion kennen, sie war zu diesem Zeitpunkt eine nahezu unbekannte Autorin, von der er nie zuvor gehört hatte. Als sie bei dieser Gelegenheit erwähnte, Gedichte zu schreiben, bot Reich-Ranicki ihr an, ihm unpublizierte Texte zur Prüfung zuzusenden. Schon die ersten vier, die bei ihm eintrafen, gefielen ihm ausnehmend gut, auch Ulrich Greiner, der zu diesem Zeitpunkt in seiner Redaktion arbeitete, war angetan: »Sofort alle drucken.«[10] Am

Mit Ulla Hahn und Siegfried Unseld

22. August 1979 erschien das erste Gedicht Ulla Hahns im Feuilleton der *FAZ*, es folgten in kurzen Zeitabständen mehrere Dutzend weitere. Im März 1981 wurde die Autorin mit dem Leonce-und-Lena-Preis ausgezeichnet – der Jury gehörten neben Reich-Ranicki zwei Stammrezensenten seiner Literaturredaktion an. Der Bericht, der in der *Frankfurter Allgemeinen* über den Wettbewerb um den Preis veröffentlicht wurde, schloß sich dem vollmundigen Lob der Jury an. Ein halbes Jahr später erschien in der Deutschen Verlags-Anstalt, die mit der *FAZ* wirtschaftlich verbunden ist und die auch Reich-Ranickis Bücher publiziert, Ulla Hahns erster Gedichtband *Herz über Kopf*. In einem ganzseitigen Aufmacher der Buchmessenbeilage stimmte Reich-Ranicki eine Hymne an auf die junge Lyrikerin. Die mit ihm befreundeten Schriftsteller Günter Kunert und Karl Krolow, deren Gedichte ebenfalls häufig in der *Frankfurter Allgemeinen* gedruckt wurden, rezensierten den

Band sehr beifällig in der *Zeit* und im *Tagesspiegel*. Ein Jahr später erschien dann das erste Gedicht Ulla Hahns in der »Frankfurter Anthologie«, versehen mit einer Interpretation Walter Hinderers, der Reich-Ranickis Bücher seinerzeit im Piper Verlag als Lektor betreut hatte und nun als Literaturwissenschaftler zu den Rezensenten der *FAZ* gehörte. Diese unübersehbare Kampagne provozierte parallel dazu im Literaturbetrieb natürlich permanente Kritik sowohl an Ulla Hahn als auch an Reich-Ranicki – wodurch nicht nur das Interesse an den Gedichten Ulla Hahns, sondern auch Reich-Ranickis Ruf als Pate der Branche weiter anwuchs. Bisher sind von *Herz über Kopf* rund 50 000 Exemplare verkauft worden[11], für einen Lyrikband ein sensationelles Ergebnis.

Sicher, Reich-Ranicki hat, worauf er großen Wert legt, die Macht, die er als Leiter der Literaturredaktion der *FAZ* erworben hat, vor allem dazu genutzt, die Literatur immer wieder ins öffentliche Gespräch zu bringen, also dem mitunter etwas zähen literarischen Leben tatsächlich Leben einzuhauchen und so Bücher und ihre Autoren zu popularisieren. Doch zugleich erreichte er mit seiner Machtentfaltung bei der *Frankfurter Allgemeinen* endlich, worum er sich wohl schon bei der *Zeit* bemüht hatte. Er, der ehemals Verfolgte, brauchte nun keine Befürchtungen mehr zu haben, im Literaturbetrieb ausgegrenzt oder zum Außenseiter gemacht zu werden. Man kam an ihm einfach nicht mehr vorbei. Er hatte Gegner, er hatte Feinde, es gab Autoren, die ihn mieden, oder solche, die ihn zu ignorieren versuchten, aber niemand konnte ihn jetzt noch ins Abseits rücken, dafür liefen zu viele Fäden bei ihm zusammen. Zu den Antrieben, sich diese Position zu erobern, gehörte unbestreitbar seine besessene Leidenschaft für Literatur, die ihn bis heute über nichts anderes schreiben und nur über wenig anderes reden läßt als eben über Literatur. Doch war und ist sein Machtwille – bewußt oder unbewußt – wohl letztlich immer auch motiviert durch seine Erfahrungen, gefährdet zu sein: »Ich bin auf-

Der britische Zweig der Familie. Ganz links stehend: Frank Auerbach, über den Marcel Reich in Berlin gelegentlich als Babysitter wachte und der heute zu den bedeutendsten Malern Englands zählt. Vor ihm seine Frau Julia Auerbach, daneben Reich-Ranickis Schwiegertochter Ida Thompson-Ranicki, der Sohn Andrew Ranicki und die Enkelin Carla Ranicki sowie die Schwester Gerda Böhm.

gewachsen in einer Zeit«, sagt er im Gespräch mit Herlinde Koelbl, »als täglich in den Zeitungen stand, die Juden seien eine minderwertige Rasse, unfähig, den deutschen Geist und die deutsche Literatur zu verstehen, in deutscher Sprache zu schreiben. Heine war Dreck, alles, was Juden schrieben, galt als Dreck. Ich bin täglich an den Schaukästen des *Stürmer* vorbeigegangen und habe die Juden-Karikaturen gesehen. Ich habe täglich die antisemitische Propaganda erlebt. Das hat mich ein für allemal geprägt. Bei allem, was ich tue, handle ich auch aus Trotz.«[12]

Freundschaften, Feindschaften

Auf die Frage, welches die schönste Zeit seines Lebens gewesen sei, antwortete Reich-Ranicki nach Abschluß seiner Autobiographie: »Die fünfzehn Jahre, in denen ich den Literaturteil der *FAZ* geleitet habe, das war schon eine sehr schöne Zeit. Ich konnte machen, was ich wollte. Ich war da, wo ich hinwollte.«[1] Er stand im Zentrum des Literaturbetriebs der Bundesrepublik, ja man übertreibt vielleicht nur ein wenig, wenn man behauptet, er war dieses Zentrum. Wollte man eine vollständige Bilanz seiner Arbeit zwischen 1973 und 1988 ziehen mit all ihren Verästelungen, Nebenwirkungen und indirekten Folgen, müßte man wohl eine nahezu vollständige Geschichte der deutschen Literatur dieser anderthalb Jahrzehnte schreiben. Es gab nur wenige bemerkenswerte Autoren oder herausragende Bücher in jener Zeit, zu denen er sich nicht geäußert, kaum signifikante Kontroversen oder Debatten, an denen er sich nicht beteiligt hätte, seine Kenntnis der Buchbranche war umfassend, sein Einfluß ebenfalls. Aber Vollständigkeit ist hier letztlich weder möglich noch sinnvoll. In exemplarischen Episoden aus jenen Jahren lassen sich jedoch charakteristische Züge seiner Person und seiner Karriere hervorheben. Sie stehen stellvertretend für eine Vielzahl anderer Kapitel seiner Arbeit, die letztlich alle belegen, mit welcher Ausschließlichkeit die Literatur sein Leben formte.

Die Deutsche Akademie für Sprache und Dichtung

Es gibt in der Bundesrepublik vier große Akademien, denen verdiente Geisteswissenschaftler, Schriftsteller, Verleger oder Kritiker angehören: die Akademie der Künste in Berlin, die Bayerische Akademie der Schönen Künste in München, die Akademie der Wissenschaften und der Literatur in Mainz und die Deutsche Akademie für Sprache und Dichtung in Darmstadt. Keine davon hat Reich-Ranicki je als Mitglied aufgenommen.

In der Darmstädter Akademie wurde mehrfach die komplizierte Aufnahmeprozedur in Gang gesetzt, doch alle Versuche scheiterten spätestens bei den Abstimmungen. So ist im Deutschen Literaturarchiv in Marbach beispielsweise nachzulesen, daß am 21. August 1981 Joachim Kaiser, Horst Krüger und Martin Walser als Angehörige der Deutschen Akademie für Sprache und Dichtung gemeinsam den Antrag stellten, Reich-Ranicki zu berufen, »weil er Literatur nicht nur gelegentlich, nicht nur abwechslungshalber, nicht nur im prominenten Gelingens- oder spektakulären Mißlingensfall ernstzunehmen bereit ist, sondern weil er sich mit wohlerworbener Kompetenz und riesiger Belesenheit auch für die Erzeugnisse des literarischen Alltags, der literarischen Mitte einsetzt«.[2]

Schon die etwas gewundene Begründung läßt ahnen, wie groß die Widerstände gegen Reich-Ranicki bei anderen Mitgliedern der Akademie gewesen sein müssen: Statt nüchtern festzustellen, daß er als einer der ausschlaggebenden Literaturkritiker des Landes ganz selbstverständlich in die Akademie gehöre, versuchen Kaiser, Krüger und Walser hier vorab den kuriosen Einwand zu entschärfen, ihr Kandidat beschäftige sich zu häufig mit der »literarischen Mitte«, sprich: mit dem literarischen Mittelmaß – obwohl doch auf der Hand liegt, daß es zum Berufsbild jedes Kritikers gehört, sich mit der Literatur der Gegenwart auseinanderzusetzen, also mit dem

»literarischen Alltag«, und daß er sich nicht wie Literaturwissenschaftler vor allem auf die Höhepunkte der Weltliteratur beschränken kann. Vielen Kollegen Reich-Ranickis, die sich nicht seltener der »literarischen Mitte« widmeten als er, wurde zur gleichen Zeit die Mitgliedschaft in der Akademie angetragen. Mehr noch: Viele von ihnen wurden zudem mit dem von der Darmstädter Akademie ab 1964 jährlich vergebenen Johann-Heinrich-Merck-Preis für literarische Kritik und Essay ausgezeichnet – den Reich-Ranicki, obwohl er ohne Zweifel zu den markantesten Vertretern der literarischen Kritik in Deutschland gehört, nie erhielt.

Die Gründe der Darmstädter Akademie für ihre Ablehnung und Zurücksetzung Reich-Ranickis sind unklar. Klar dagegen ist, daß

Reich-Ranicki seit Mitte der siebziger Jahre aus seinem Unmut über den Zustand dieser Akademie kein Geheimnis macht. »Sie verdient es, daß man sie ernst nimmt, also kritisiert«, schreibt er 1975 anläßlich einer ihrer Tagungen, »denn so geht es doch wohl nicht weiter. Eine wichtige Institution ist auf dem Wege, ein Panoptikum zu werden, jedenfalls ein Altherrenverein, dessen Vertrottelung teils komisch, teils ärgerlich scheint.« In seiner Polemik wirft er der Akademie vor, daß sie zu einem »Hobby« für emeritierte Professoren verkomme, die sich in dürftigen Vorträgen ihren literaturhistorischen Liebhabereien widmeten, anstatt mit ihrer Arbeit einen spürbaren Einfluß auf die Gegenwart und die kulturelle Öffentlichkeit zu nehmen. Hinter Reich-Ranickis Kritik steht nicht zuletzt der Gedanke an die Académie française, die im kulturellen Leben Frankreichs eine ungleich größere Rolle spielt als ihr Pendant hierzulande. »Wie auch immer: Die Deutsche Akademie für Sprache und Dichtung hat eine wichtige Funktion zu erfüllen. Aber sie wird dies nur tun können, wenn sie sich ändert. So wie sie jetzt ist, demonstriert sie leider die in Deutschland so oft auffallende Kluft zwischen der Literatur und dem Leben. Und dabei ist die Akademie, sollte man meinen, berufen, gerade diese Kluft zu überwinden.«[3]

Reich-Ranickis Vorwürfen wurde unter anderem entgegengehalten, die Deutsche Akademie begreife es eben nicht als ihre Aufgabe, an den Debatten des Literaturbetriebs teilzunehmen, sondern sie betrachte sich als eine Institution, in der Fachleute jenseits des üblichen Aktualitätsdrucks sich über Probleme ihrer Arbeit austauschen. An diesem Selbstverständnis der Akademie und folglich auch an ihrer Ausstrahlungskraft hat sich bis heute wenig verändert. Damit aber ist die Kluft, die beide Seiten trennt, klar benannt: Denn Reich-Ranicki begreift immer und unbedingt – um eine Formulierung Max Frischs zu verwenden – die »Öffentlichkeit als Partner« seiner Arbeit. Seine Ausbildung, sein

Temperament, seine Sprache sind durch und durch unakademisch, und jeder Rückzug in einen abgesonderten Kreis von Experten ist ihm fremd. Angesichts der ausgeprägten Tradition in der deutschen Kultur, dem Publikum mit Abwehr und Herablassung zu begegnen, spielt Reich-Ranicki bewußt und entschieden den Part eines Volkstribuns, für den Literatur ohne Blick auf den Leser zum weltfernen Glasperlenspiel wird.

Ingeborg-Bachmann-Preis in Klagenfurt

Der in Klagenfurt stattfindende Wettbewerb um den Ingeborg-Bachmann-Preis zeigt in konzentrierter Form und gleichsam im Zeitraffer die Mechanismen unseres Literaturbetriebs. Er wurde 1977 von dem Schriftsteller Humbert Fink und dem Kärntner ORF-Intendanten Ernst Willner zusammen mit Reich-Ranicki gegründet und folgt im großen und ganzen dem Vorbild der Tagungen der Gruppe 47: Autoren lesen vor Publikum und Fernsehkameras eine halbe Stunde aus ihren Arbeiten, unmittelbar nach jeder Lesung kommentiert eine Kritikerjury mündlich das Gehörte und vergibt am Ende der drei- bis viertägigen Veranstaltung die Preise. Von Anfang an ist dem Wettbewerb allerdings der Vorwurf gemacht worden, er diene nicht in erster Linie der kritischen Analyse der vorgestellten Texte, sondern sei eher ein Versuch, Literatur als Medienspektakel zu inszenieren. Ein Spektakel zudem, das die Bedeutung der Kritik unangemessen hervorhebe, denn während die Kritiker bei der Gruppe 47 wie alle anderen Zuhörer im Saal Platz zu nehmen hatten, sitzt die Jury in Klagenfurt mit den Autoren auf der Bühne und hat nach jedem gelesenen Text ihr Rederecht, wogegen die Autoren nach ihrer einmaligen Lesung abtreten müssen. Zweifellos hat Reich-Ranicki durch die Auftritte in der Klagenfurter Jury von 1977 bis 1986 sein Fernsehprofil geschärft. Er war souverän, wirkungsvoll, amüsant – und dieser Eindruck dürfte seinen Anteil daran gehabt haben, das ZDF 1987 auf die Idee zu bringen, ihm die Leitung einer eigenen Literatursendung, des *Literarischen Quartetts*, anzutragen.

Der Wettbewerb entwickelte sich in kurzer Zeit zu einer der zentralen Kontaktbörsen des deutschsprachigen Literaturbetriebs. Lektoren und Agenten reisen noch heute alljährlich nach Klagenfurt auf der Suche nach neuen Autoren, Kritiker auf der Suche nach den neuesten literarischen Trends und Moden, die Pressevertreter der Verlage kommen, um ihre Kontakte mit den Kritikern zu pflegen, und zahllose Leser, um sich selbst einmal ein Bild vom literarischen Leben zu machen. Reich-Ranicki bemühte sich von Anfang an darum, dem Ingeborg-Bachmann-Preis über alle ihm zur Verfügung stehenden Kanäle das höchstmögliche öffentliche Interesse zu verschaffen. In die Jury, die er leitete, lud er renommierte Freunde ein wie Walter Jens und Joachim Kaiser, oder bekannte Schriftsteller wie Peter Härtling, Günter Kunert, Adolf Muschg, Manès Sperber und Friedrich Torberg – sorgte aber zugleich dafür, daß seine regelmäßigen Mitarbeiter aus der *FAZ*-Literaturredaktion dort gut vertreten waren. Den Vorwurf, mit seiner rhetorisch ebenso furiosen wie schonungslosen Kritik zwar das Publikum zu gewinnen, sich aber zugleich auf Kosten der Autoren zu profilieren, kannte er schon aus seiner Zeit bei der Gruppe 47, und er schreckte ihn nicht.

Die hohe Publizität des Bachmann-Preises und damit die Chance, sich vor einem ungewöhnlich großen Publikum zu produzieren, verführte allerdings immer wieder einzelne Autoren zu bizarren Verhaltensweisen. Die Chancen und Risiken des Klagenfurter Wettbewerbs lassen sich vielleicht am eindrucksvollsten an dem Auftritt von Rainald Goetz ablesen, der sich 1983 während seiner Lesung vor laufenden Kameras mit einer Klinge in die Stirn schnitt und dann die letzten Absätze seines Textes blutüber-

Mit Rainald Goetz beim Ingeborg-Bachmann-Wettbewerb 1983: Goetz schnitt sich während seiner Lesung vor laufenden Kameras in die Stirn. Auf Wunsch von Goetz kommentierte Reich-Ranicki dessen Prosa, ohne auf die Verletzung des Autors zu achten.

strömt vortrug. Der Moment war ebenso gespenstisch wie symbolisch: Waren die Zuhörer und Fernsehleute der Stimme des Autors zuvor eher träge gefolgt, so fuhren die Kameras eine Schrecksekunde nach dem Schnitt gierig mehrere Schritte auf den Autor zu und mochten von nun an nicht mehr von ihm lassen. Der zuvor namenlose Debütant Goetz wurde umgehend zu einem weit über die Buchbranche hinaus bekannten Autor. Er fütterte die in Klagenfurt versammelte Medienmaschinerie mit den von ihr geliebten sensationellen Bildern und häufte binnen weniger Augenblicke in der Ökonomie unserer öffentlichen Aufmerksamkeit ein Kapital an, von dem er und seine Arbeit bis heute im Guten wie im Schlechten zehren.

Nach dem Ende seiner Lesung bemühte sich Rainald Goetz,

die Blutung auf der Stirn zu stillen, beruhigte das Publikum – er sei Arzt und seine Verletzung nicht bedrohlich – und bat die Jury um die übliche kritische Diskussion seines Textes. Nicht jeder Juror hatte die Nerven, sich auf Feinheiten literarischer Wertung zu konzentrieren, während das weiße Hemd von Goetz sich tiefrot einfärbte und die Blutlache unter seinem Stuhl weiter wuchs, Reich-Ranicki jedoch holte zu einer Analyse des gehörten Prosastücks aus, so lange, bis einzelne Zuhörer die Situation nicht mehr ertrugen und durch Zwischenrufe den Abbruch der Debatte erzwangen. Der Text von Goetz – ein Pamphlet gegen die angebliche Biederkeit, Heuchelei und Selbstgefälligkeit des Kulturbetriebs – enthielt allerdings auch eine Passage, die Reich-Ranicki faszinieren mußte. Sie spielte zwar in seiner Stegreifkritik keine Rolle, doch ist es undenkbar, daß er sie überhört haben sollte: »Das Beste an Klagenfurt«, hatte Goetz gelesen, »das Beste an Klagenfurt, außer der Scheiße, ist der Unterschied zwischen Null und Titan. Denn es geht dort ja nicht um die fade Literatur, sondern um die lustige Hüftschußkritik. Vier Tage lang geht das, vier Tage lang kannst Du es Dir anschauen, vier Tage lang sabbeln die Nullenkritiker ihr gut abgewogenes gut abgehangenes Nullengesabbele daher, und der Titan wischt es gelangweilt oder angeätzt oder emphatisch, in jedem Fall mit grandios apodiktischer Gebärde, einfach und sauber, wie sich das gehört, vom Tisch. Das taugt mir. Das ist das Beste an Klagenfurt, noch viel besser als die ganze Klagenfurter Branchenscheiße ist der viertagelange unübersehbare und von jeder zweiten Null immer wieder dumpf attackierte Triumph des Titans. Vier Tage lang ist sichtbar: Die Null hat kein Recht zu reden. Noch viel weniger hat die Null ein Recht zu schreiben, auch wenn die Papiere von Nullengeschreibe überquellen. So zeigt sich in Klagenfurt die Wahrheit. Die Null kennt keine Kühnheit, kein Vollgas, keinen Fehler, keinen Wagemut kennt die Null, die Null kennt nur das Nummersicherdenken, das meist auch noch mit drögem Wortwitz nullenmäßig aufgefitschte Nienixfalschdenken, das nie einen Fehler macht und nie die Wahrheit weiß, ein Denken, das gar kein Denken ist, sondern logisch und ewig bloß die dümmste Dummheit.«[4] Ist es ganz falsch, in diesen Sätzen einen Anklang zu hören an Reich-Ranickis oft wiederholtes Bekenntnis zur Eindeutigkeit, zur Zuspitzung, ja zur Übertreibung im kritischen Geschäft? Und dazu einen Anklang an seine vielfach formulierte Behauptung, daß die Kritiker, denen nie Fehlurteile unterlaufen, »die allerschlechtesten« seien, »weil sie nie ein eindeutiges Urteil riskiert haben, sich nie pro oder contra entschieden haben«[5]?

Reich-Ranicki kennt, soviel zeigt seine Unerschütterlichkeit angesichts der Selbstverstümmelung eines Autors, keine Berührungsangst auch vor den schrillen, zynischen Seiten des Showgeschäfts. Er ist zumindest in dieser Hinsicht der Popliteratur, als deren Avantgardist Goetz in Deutschland gilt, mitunter näher als dem Literaturverständnis eines gebildeten Bürgertums, als dessen Identifikationsfigur Reich-Ranicki so oft bezeichnet wird. Und Welten trennen ihn, das ist unübersehbar, vom wohlgesetzten, gut abgehangenen Literaturbegriff der Universitäten und Akademien.

Heinrich Böll

»Die Einsamkeit«, schreibt Reich-Ranicki über den Kritiker Gotthold Ephraim Lessing, »schien ihm die Voraussetzung für die Unabhängigkeit des Kritikers, die Unabhängigkeit die Bedingung für sein Amt.«[6] Reich-Ranicki hat, seitdem er in die Bundesrepublik kam, nach Unabhängigkeit gestrebt und nicht selten über Einsamkeit geklagt. Denn Freundschaften innerhalb des Literaturbetriebs bringen einen Kritiker leicht in die Situation, bei seiner Arbeit Rücksichten nehmen zu müssen oder zu wollen, die sich mit sei-

Mit Siegfried Lenz

ner Funktion nicht vereinbaren lassen. Zu den wenigen bekannten Schriftstellern, die Reich-Ranicki dauerhaft zu seinen Freunden zählt, gehören Siegfried Lenz und Eva Demski. Doch über deren Bücher schreibt er, wie er zu betonen nicht müde wird, deshalb auch keine Rezensionen – von einer Ausnahme abgesehen, die er zum sechzigsten Geburtstag Eva Demskis machte.

Einer der ersten westdeutschen Schriftsteller, den Reich-Ranicki nach dem Krieg kennenlernte, war Heinrich Böll. Er hat in seiner Autobiographie ausführlich Auskunft gegeben über ihre Begegnung und darüber, wieviel er Böll verdankt. Böll intervenierte für ihn im Bonner Außenministerium, als Reich-Ranicki 1957 zum ersten Mal in die Bundesrepublik reisen wollte und ihm westdeutsche Dienststellen das notwendige Visum verweigerten. Böll lud ihn ein, während dieses Aufenthaltes bei ihm zu wohnen. Als Reich-Ranicki 1958 Polen endgültig verlassen wollte, verlangten die polnischen Behörden die Zusage eines deutschen Bürgers, bei möglichen Notfällen finanziell für ihn einzustehen. Böll hatte die entsprechende Erklärung für ihn ohne Zögern unterschrieben. Als Reich-Ranicki noch provisorisch in einem möblierten Zimmer in Frankfurt untergekommen war, gehörte Böll zu den ersten, die ihn besuchten. Und als Reich-Ranicki 1959 nach Hamburg umzog, war es Böll, an den er sich brieflich wandte – »Ich würde mich sehr, sehr freuen, wenn Sie Zeit hätten, um mir ein paar Worte zu schreiben. (...) In Hamburg sind wir vorläufig noch sehr einsam«[7] – und der ihm in seiner Antwort einen gemeinsamen Besuch im Hamburger Zoo zusammen mit Ehefrauen und Kindern vorschlug.

Das Verhältnis zwischen Reich-Ranicki und Böll hätte, so scheint es, leicht eine Freundschaft werden können. Doch der Kritiker Reich-Ranicki entschied anders und demonstrierte in seiner jahrzehntelangen Beschäftigung mit dem Werk Bölls immer wieder seine radikale Unabhängigkeit. Er lobte Bölls *Billard um halb zehn* und *Die verlorene Ehre der Katharina Blum*, doch er ließ kein gutes Haar an Bölls *Entfernung von der Truppe* und *Fürsorgliche Belagerung*. Er bemühte sich nach Kräften, Böll zur Galionsfigur der deutschen Nachkriegsliteratur zu machen, und stellte einen Sammelband über ihn zusammen, für den er von Theodor W. Adorno bis Ludwig Marcuse, von Georg Lukács bis Eduard Goldstücker, von Rudolf Augstein bis Carl Zuckmayer einige der wichtigsten Intellektuellen und Schriftsteller der Zeit als Beiträger gewann. Und doch ließ er kaum eine Gelegenheit aus, mit brutaler Deutlichkeit darauf hinzuweisen, wo in seinen Augen die Grenzen dieses Schriftstellers lagen: »Er nötigt uns«, heißt es im ersten großen Böll-Porträt von 1963, »mit dem Vortrefflichen und dem Unvergeßlichen fast immer auch das Schwache, oft Mißlungene, bisweilen das Peinliche hinzunehmen.«[8] Über den Roman *Gruppenbild mit Dame*, den manche für Bölls Meisterwerk halten, befindet er: »Noch nie hat ein deutscher Klassiker so schlampig geschrieben wie diesmal Heinrich Böll.«[9] Und über den Band *Drei Tage im März* des erst kurz zuvor mit dem Nobelpreis ausgezeichneten Böll schreibt er: »Wer immer dieses Buch liest, wird des angenehmen Gefühls teilhaftig, er könne sich doch ein bißchen besser ausdrücken als Deutschlands repräsentativer Schriftsteller.«[10]

Böll hat nicht verschwiegen, wie sehr er sich sowohl durch Reich-Ranickis Tadel als auch durch dessen gelegentlich »herablassendes« Lob verletzt fühlte: »Die Großkritiker, die Tonangeber, die Trendsetter, sie ahnen nicht, welch eine Meute sie in Bewegung setzen, wenn sie wieder einmal eine Schweißspur gelegt haben.«[11] Doch so heftig Reich-Ranicki mitunter über Bölls Bücher urteilte, so hartnäckig hielt er an der Verbindung zu ihm fest. Als er 1979 einen Verriß mit den Sätzen eröffnete: »Nein, nichts kann meine Verehrung für Heinrich Böll erschüttern. Nicht einmal der Roman *Fürsorgliche Belagerung*«[12], setzte sich Böll in einem Fernsehgespräch gegen die Kritik zur Wehr. Reich-Ranicki schrieb ihm daraufhin in einem Brief: »Jetzt reicht es. Ich habe über Ihren letzten Roman geschrieben, was ich zu schreiben für richtig hielt. Es war, ich gebe es zu, hart. Sie haben sich geärgert und im Fernsehen erklärt, was Sie von mir halten. Nur zu einem Punkt Ihrer Äußerung muß ich etwas sagen. Sie meinten, der erste Satz meiner Kritik (›Nein, nichts kann meine Verehrung für Heinrich Böll erschüttern.‹) sei Heuchelei. Diese Äußerung war und ist, ich erkläre es hiermit feierlich, totaler Blödsinn. Ich bleibe bei diesem ersten Satz, was immer Sie noch zu sagen und zu schreiben gedenken sollten. Aber ich meine: Jetzt reicht es – und also reiche ich Ihnen ganz unfeierlich die Hand.«[13] Noch inständiger klingt ein Brief, den Reich-Ranicki anderthalb Jahre später an Böll schickte, nachdem der sich wieder in einem Interview über ihn beschwert hatte: »Was ich über Sie im Laufe der Jahre und Jahrzehnte geschrieben habe – allein in meinem Buch *Entgegnung* finden sich, in der Neufassung von 1981, nicht weniger als fünf Aufsätze über Sie –, ist ein Stück meines Lebens. Nichts liegt mir ferner, als mich davon zu trennen. Und so muß ich, ob ich will oder nicht, Sie auch dann verteidigen, wenn ich zu wissen glaube, daß Sie irren. Ich habe es schwer mit Ihnen. Sie werden antworten: Sie hätten es schwer mit mir. Und wahrscheinlich haben wir beide recht.«[14]

Reich-Ranicki warb um Böll, dem er in seinen Rezensionen bitterste Urteile zumutete. Er wahrte ihm gegenüber die Freiheit des Kritikers und wünschte sich gleichwohl, nicht auf Bölls Anerkennung, auf seine Sympathie, ja seine Zuneigung verzichten zu müssen. Er wollte seine Ansichten rücksichtslos äußern und dennoch – wenn nicht sogar: dafür – geliebt werden. Der Einwand liegt nahe, daß er dieses Ziel leichter hätte erreichen können, wenn er seine literarischen Urteile behutsamer, zurückhaltender, schonender formuliert hätte. Doch das ist in Reich-Ranickis Augen mit dem Ethos des Kritikers nicht zu vereinbaren: »Schwierig sei es – ich glaube es war Bernard Shaw, der das bemerkt hat –, ein Kritiker und zugleich ein Gentleman zu sein. Jeder Kritiker weiß aus Erfahrung, daß es zahllose Situationen gibt, in denen Höflichkeit dem Autor gegenüber nur auf Kosten der Klarheit möglich ist. Hinter einer solchen Unklarheit verbirgt sich aber immer eine gewisse Unaufrichtigkeit, die wiederum von der bewußten Irreführung nur ein kleiner Schritt trennt.«[15]

Doch auch Böll wollte von seinem Kritiker nicht lassen. Trotz der mitunter massiven Angriffe Reich-Ranickis blieb er Mitarbeiter der *FAZ*-Literaturredaktion. Reich-Ranickis Bitte, an der Serie »Meine Schulzeit im Dritten Reich« mitzuarbeiten, gab dem schwer erkrankten Böll, so schreibt dessen Biograph Heinrich

Vormweg, »in seiner niederdrückenden Lage offensichtlich einen Halt«[16]. Dennoch wurde die Korrespondenz zwischen beiden nicht harmonischer, im Gegenteil, Kürzungen an Bölls überlangem Beitrag für die Serie sorgten für neue Konflikte. Als sich die beiden schließlich 1983 nach etlichen Jahren zum ersten Mal wieder trafen, war Reich-Ranicki, wie er in *Mein Leben* schreibt, nicht sicher, wie diese Begegnung ausgehen werde. Nach kurzem Dialog beugte sich Böll zu Reich-Ranicki und flüsterte ihm ein einziges Wort ins Ohr: »Arschloch« – und umarmte ihn dann.

Gut ein Jahr später schrieb Böll einen Aufsatz zu Reich-Ranickis fünfundsechzigstem Geburtstag im Juni 1985. Es war eine der letzten Arbeiten Bölls vor dem Tod im Monat darauf. Er machte keinen Hehl aus seinem Zorn, aber auch keinen aus dem Gefühl seiner Verbundenheit mit Reich-Ranicki: »Ich erleichtere mich, indem ich ihm – gelegentlich – offen ins Gesicht ein Schimpfwort zumute, und diese einst grobe Beschimpfung ist ja durch Verschleiß inzwischen zu einem fast brüderlichen Schimpfwort geworden; und wenn ich das dann ausspreche, bin ich überrascht, wenn ich hinter der aufgesetzten Frechheit seiner Augen Spuren einer Angst vor deutscher Brutalität entdecke, die ich – ja! – nicht nur *nach*-, sondern auch selbst empfinde.«[17]

Fritz J. Raddatz

Reich-Ranicki ist Autodidakt. Nachdem sein Immatrikulationsgesuch 1938 von der Berliner Friedrich-Wilhelms-Universität abgelehnt worden war, hatte er keine Möglichkeit mehr, eine Hochschule zu besuchen. Erst seit den sechziger Jahren war er regelmäßig an Universitäten zu Gast – doch jetzt in der Rolle des Dozenten, nicht der des Studenten. Als Außenseiter des akademischen Betriebs ist seine Sorge, ihm könnten Fehler oder Irrtümer unterlaufen, besonders ausgeprägt. Die Unbekümmertheit mancher Gelehrter und Kritiker im Hinblick auf Zitate, Autorennamen oder Buchtitel ist ihm fremd. Was für die Leser jedenfalls den Vorteil mit sich bringt, daß seine Bücher, anders als literaturkritische Sammelbände von Reinhard Baumgart oder Joachim Kaiser, Peter Hamm oder Martin Lüdke[18], fast immer mit umfangreichen Anhängen versehen sind, in denen er jeden zitierten Titel, jeden zitierten Satz akribisch mit Nachweisen versieht.

Nicht allein in dieser, aber besonders in dieser Hinsicht ist Fritz J. Raddatz eine Kontrastfigur zu Reich-Ranicki. Er wurde 1931 in Berlin geboren, studierte an der Humboldt-Universität, promovierte und habilitierte sich. Von 1977 bis 1985 leitete er das Feuilleton der *Zeit* und galt nicht nur in diesen Jahren als gewichtiger Gegenspieler Reich-Ranickis. Die offene Kontroverse zwischen beiden begann, als Raddatz am 12. Oktober 1979 in der *Zeit* unter dem Titel *Wir werden weiterdichten, wenn alles in Scherben fällt* ein Dossier zur deutschen Nachkriegsliteratur veröffentlichte. Der umfangreiche Artikel bemühte sich, angebliche Verstrickungen einiger prominenter deutscher Schriftsteller im Kulturbetrieb der Nazizeit zu belegen: »War Günter Eich Mitglied der NSDAP? Blieb Peter Huchel Mitglied der Reichsschrifttumskammer? Schrieb Erich Kästner Nazi-Filme? Verlegte Wolfgang Koeppen im Dritten Reich? Hat Peter Suhrkamp Nazi-Oden gedruckt?« Sechs Tage später publizierte Reich-Ranicki in der *FAZ* eine polemische Erwiderung auf dieses Dossier: »Einen ähnlich fahrlässigen und böswilligen Artikel hat es schon lange nicht mehr gegeben. Das offenbar in größter Eile verfertigte Elaborat wimmelt von falschen Informationen und entstellten Zitaten, absurden Behauptungen und abenteuerlichen Gedankensprüngen.« Reich-Ranicki warf Raddatz einen »verantwortungslosen und auch perfiden Umgang mit Fakten und Daten« vor, nannte seinen Artikel »denunziatorisch« und »niederträchtig«[19].

Der massiven Attacke folgte eine ungestüme Debatte, an der sich unter anderem Alfred Andersch, Erich Fried, Günter Grass, Wolfgang Hildesheimer, Rolf Hochhuth, Walter Jens und Hans Mayer beteiligten. Das Verhalten der Schriftsteller zwischen 1933 und 1945 wurde dabei höchst unterschiedlich beurteilt. Raddatz bezog einen rigoristischen Standpunkt und betrachtete jede Veröffentlichung in Deutschland während jener Jahre als moralisch fragwürdig. Reich-Ranicki dagegen erwies sich wieder nicht als eine »Hexenjagd-Figur«[20] – um das Wort von Walter Jens aufzugreifen – und nahm, obwohl er während der Nazizeit zu den Verfolgten zählte, eine weit weniger radikale Position ein: »Es ist nicht zu fragen, ob jemand etwas im ›Dritten Reich‹ publiziert hat. Sondern: *was* er publiziert hat. Nur darauf kommt es an.«[21] Doch letztlich ging es bei diesem journalistischen Schlagabtausch nicht um Fragen der literaturhistorischen Bewertung. Es ging vielmehr – wie die Herausgeber der *Zeit* als Schlußwort der Diskussion schrieben – »um die Stichhaltigkeit der Fakten, auf die Raddatz seinen Essay stützte«. Und ihr Resümee ließ an Deutlichkeit wenig zu wünschen übrig: »Raddatz hat weder die Redaktionskonferenz noch die Herausgeber davon überzeugt, daß die Sorgfalt seiner Recherchen dem Elan seines Angriffs entsprochen hätte.«[22]

Natürlich ist auch Reich-Ranicki im Laufe seiner journalistischen Karriere Irrtümern und Fehlinformationen aufgesessen. So hielt er beispielsweise Christa Wolf vor, sie habe 1976 ihre Unterschrift unter die Protesterklärung von DDR-Schriftstellern gegen die Ausbürgerung Wolf Biermanns auf Druck der Partei zurückgezogen.[23] Christa Wolf hat dieser Darstellung immer widersprochen und, wie ihr Biograph Jörg Magenau berichtet, finden sich in den Akten der Staatssicherheit Hinweise, die dafür sprechen, daß diese Falschmeldung auf ein von der Stasi gezielt gestreutes Gerücht zurückging.[24] Dennoch genießt Reich-Ranicki nicht zuletzt deshalb beträchtliche Glaubwürdigkeit, weil auch jene, die seine literaturkritischen Urteile nicht teilen, sich immer wieder von seiner großen Genauigkeit im Umgang mit Fakten und Daten überzeugen können.

Gegner, Feinde, Todfeinde

Wer, wie Reich-Ranicki, vehement Kritik übt, darf sich nicht wundern, wenn er selbst ebenso vehement kritisiert wird. Schon bald nachdem er bei der *Zeit* mit beträchtlicher Kampfeslust seine journalistische Arbeit aufgenommen hatte, avancierte er zu einem der am meisten angegriffenen Journalisten des Literaturbetriebs. »Da ich einige Bücher verfaßt und mehrere Sammelbände herausgegeben habe«, schreibt er 1970 im Vorwort seines Buches *Lauter Verrisse*, »konnte ich schon oft Kritiken meiner Arbeit lesen. Es waren darunter auch viele, sehr viele Verrisse, und sie ließen an Aggressivität und Härte nichts zu wünschen übrig. Ich will nicht verheimlichen, was ich mir während der Lektüre dieser Verrisse in der Regel dachte – daß hier von sachlicher und fundierter Kritik überhaupt nicht die Rede sein könne, daß es sich vielmehr um oberflächliche, ungerechte und bösartige Attacken handele, die meine Absichten gänzlich verkennen und auf perfide Weise entstellen und zu diesem Zweck Bagatellen hochspielen und auch noch unentwegt Zitate aus dem Zusammenhang reißen. Kurz und gut: Ich reagierte ebenso wie jeder andere Autor.«[25]

Doch wenn solche Rezensionen auf seine Arbeit zielen, sind sie selbstverständlich akzeptabel – weshalb Reich-Ranicki in jenen Band *Lauter Verrisse* auch einen Verriß des eigenen Buches *Literatur der kleinen Schritte* von Peter Handke aufnahm, der mit der Feststellung beginnt: »Es ist schwierig, über die Arbeit des Literaturkritikers Marcel Reich-Ranicki keine Satire zu schreiben«, und der mit den Sätzen endet: »Er, der unwichtigste, am wenigsten anregende, dabei am meisten selbstgerechte deutsche Literaturkritiker seit langem, kann freilich alle Angriffe mit seinem Kommuniquésatz abwehren: ›Ein Literaturkritiker, der etwas taugt, ist immer eine umstrittene Figur.‹ Von mir aus ist Reich-Ranicki unumstritten.«[26] Die Reihe solcher wütender Ausfälle gegen ihn setzt sich bis in die Gegenwart hinein fort, und die Autoren arbeiten sich – wie etwa Eckhard Henscheid in seiner Polemik *Unser Lautester*[27] – mit Vorliebe ab an Reich-Ranickis erklärtem Ziel, durch effektvolle Rezensionen oder Fernsehauftritte ein möglichst großes Publikum zu erreichen: Die hervorstechenden Qualitäten seiner Tätigkeit, ihre entschiedene Klarheit, ihre Unterhaltsamkeit, ihre Wirkungsmacht, werden hier als Mängel betrachtet.

Doch neben solchen durchaus vertretbaren Polemiken wird in erstaunlich vielen anderen Reaktionen auf Reich-Ranickis Arbeit ein Bedürfnis nach der Ausgrenzung seiner Person spürbar. So wenn Robert Menasse behauptet, nach dem Holocaust hätten die Deutschen zur Beruhigung ihres Gewissens »einen polnischen Juden zum Literaturpapst gewählt«.[28] Oder wenn Maxim Biller ihn zum stalinistischen »Täter« erklärt, obwohl man ihm »kein einziges konkretes Politverbrechen nachweisen kann, was aber auch gar nicht nötig ist«.[29] Oder wenn Christian Schultz-Gerstein Reich-Ranicki einen »furchtbaren Kunst-Richter«[30] nennt und damit einen direkten Bezug herstellt zu Hans Filbinger, der von Rolf Hochhuth ein »furchtbarer Richter« genannt worden ist, weil er – ehemals Mitglied von SA und NSDAP – als Militärjurist an mehreren Todesurteilen mitgewirkt hatte. Oder wenn Peter Handke in einem seiner Bücher vorgibt, seinen »Feind« Reich-Ranicki in einer blutrünstigen Dogge wiederzuerkennen, die in ihrer »von dem Getto vielleicht noch verstärkten Mordlust jedes Rassemerkmal verlor und nur noch im Volk der Henker das Prachtexemplar war«.[31]

Noch auffälliger ist das Bedürfnis vieler Schriftsteller, sich in literarischer Form – oder auch sehr direkt – Sterben und Tod

Reich-Ranickis vorzustellen. Helmut Heißenbüttel zum Beispiel schrieb auf ihn »einen Nachruf zu Lebzeiten, denn er ist für mich, so wirksam er auch immer sein mag, so sehr er auch agieren, taktieren und intrigieren mag, ein Gestorbener«.[32] Christa Reinig phantasierte in ihrem Buch *Die Frau im Brunnen* von seinem Ableben durch »ein Krebsgeschwür, einen Herzinfarkt, eine Geisteskrankheit (...), einen Verkehrsunfall«.[33] Daß er Opfer eines Mordes werden könnte, stellt sich Martin Walser in seinem Roman *Tod eines Kritikers*[34] vor, und Rolf Dieter Brinkmann, über den Reich-Ranicki zuvor zwei positive, rühmende Kritiken geschrieben hatte, brüllte ihn während einer Podiumsdiskussion ohne erkennbaren Grund an: »Ich sollte überhaupt nicht mit Ihnen reden, ich sollte hier ein Maschinengewehr haben und Sie niederschießen.«[35] Noch bizarrer war die unverhüllte Drohung, zu der sich Hermann L. Gremliza, der Herausgeber der Zeitschrift *Konkret*, 1976 in einem Kommentar hinreißen ließ: Reich-Ranicki, schrieb Gremliza, habe mit seinem kurz zuvor in der *FAZ* erschienenen Verriß eines Romans von Martin Walser »seinen Anspruch auf bloß literarische Befassung« verloren. »Fragen der Hygiene verlangen nach anderen Antworten. Im Wiederholungsfall werden sie gegeben werden.«[36]

Die hier sichtbar werdenden Ausgrenzungs- und Vernichtungswünsche sind in jedem Fall beklemmend und sprechen nicht eben für die Souveränität ihrer Urheber. Die Tatsache aber, daß die Autoren in diesem Fall bewußt – oder bestenfalls aus Gedankenlosigkeit – auf die psychischen Traumata eines jahrelang ausgegrenzten, von Deutschen verfolgten und mit dem Tod bedrohten Mannes zielen, macht ihre Angriffe menschlich besonders fragwürdig.

Günter Grass

Das Verhältnis zwischen Günter Grass und Reich-Ranicki war von Beginn an durch Mißhelligkeiten und Rivalitäten gekennzeichnet. Reich-Ranicki lernte Grass, wie zwei Jahre zuvor Heinrich Böll, bereits 1958 in Polen kennen. Während jedoch Böll ihre Begegnung in Warschau in angenehmer Erinnerung behielt, verlief das erste Zusammentreffen mit Grass dagegen weniger harmonisch. Nicht einmal über dessen Verlauf können sich die beiden Beteiligten einigen. Reich-Ranicki erzählt in *Mein Leben*, er habe Grass auf Bitten eines Freundes im Warschauer Hotel Bristol getroffen, doch Grass sei »nachlässig gekleidet und auch nicht rasiert« und keineswegs nüchtern gewesen: »Er hatte, was er mir freilich erst zwei Stunden später sagte, zum einsamen Mittagessen eine ganze Flasche Wodka getrunken.«[37] Deshalb, aber auch weil Reich-Ranicki vor allem über Literatur reden wollte, wozu Grass wenig Lust hatte, verlief das Gespräch stockend, und nach einem Spaziergang verabschiedeten sich die beiden rasch und ohne Bedauern voneinander. Danach rief Reich-Ranicki jenen Freund an, der das Treffen vermittelt hatte, und teilte ihm mit, Grass sei im Hotel nicht zu finden gewesen, der einzige Mann, der im Foyer »saß, habe nicht wie ein Schriftsteller aus dem Wirtschaftswunderland ausgesehen, sondern wie ein ehemaliger bulgarischer Partisan«.[38]

In Grass' Bericht über dieselbe Begegnung ist weder von Alkohol noch von einem Gespräch die Rede, vielmehr habe Reich-Ranicki ihn »einer Art Verhör« zur deutschen Literatur unterzogen: »Aber ich war damals sehr frech und habe auf so etwas allergisch reagiert. Er sagte zum Beispiel: Kennen Sie Hesse? Und ich sagte: Hesse? Hesse? Hat der nicht irgendwas über eine Glasfabrik geschrieben? Darauf er: Sie meinen das *Glasperlenspiel*!« Auch auf Reich-Ranickis Frage nach dem Roman, an dem er schreibe, *Die Blechtrommel*, habe Grass abwehrend reagiert und lediglich »im *Spiegel*-Stil eine Inhaltsangabe gegeben: Junge, dreijährig, stellt Wachstum ein.« Wenig später hätten sich die beiden getrennt – doch Grass habe, erzählt er weiter, kurz darauf einen Anruf jenes Freundes erhalten, der den Kontakt zu Reich-Ranicki hergestellt hatte und der ihn nun am Telefon konsterniert fragte: »Was hast Du denn mit dem Ranicki angestellt? Der hat mich eben angerufen und hat gesagt: Paß auf, das ist kein deutscher Schriftsteller, das ist ein bulgarischer Agent.«[39] Und bulgarische Agenten hatten zu dieser Zeit einen besonderen Ruf, denn kurz zuvor hatten Angehörige des bulgarischen Geheimdienstes in London mit einem Regenschirm, dessen Spitze vergiftet war, einen Mord begangen, der weltweites Aufsehen erregt hatte.

Schon wenige Monate später begegneten Grass und Reich-Ranicki einander wieder bei dem Treffen der Gruppe 47 in Großholzleute 1958. Reich-Ranicki hatte den endgültigen Absprung nach Westdeutschland gewagt, und Grass erlebte hier mit seiner Lesung aus der *Blechtrommel* die Initialzündung zu seiner Weltkarriere. Aber ihr Verhältnis wurde deshalb nicht unkomplizierter: In seinem Bericht über die Tagung lobte Reich-Ranicki die gehörten zwei Kapitel des Romans: »Grass schreibt eine unkonventionelle, kräftige, ja sogar wilde Prosa.«[40] Doch die Besprechung des ganzen Buches für die *Zeit* geriet ihm dann fast zu einem Verriß: »Seine große stilistische Begabung wird dem Grass zum Verhängnis. Denn er kann die Worte nicht halten.«[41] Drei Jahre später wiederum korrigierte Reich-Ranicki diese Rezension behutsam: Was er geschrieben habe, sei »im großen und ganzen richtig. Dennoch könnte ich diese Kritik nicht mehr unterschreiben. Ich würde heute die Akzente anders setzen und mich insbesondere mit dem Neuartigen in der Prosa von Grass eingehender befassen.«[42]

In den folgenden Jahren und Jahrzehnten nimmt der Konfliktstoff zwischen beiden nicht ab. In der Gruppe 47 zum Beispiel beteiligt sich Grass als Autor gern und oft an den Debatten über die Lesungen seiner Kollegen, ist aber nur in seltenen Fällen der gleichen Meinung wie der mindestens ebenso engagiert diskutierende Reich-Ranicki. Außerdem gehört Grass zu jenen Autoren, die das kollegiale Werkstattgespräch aus der Frühzeit der Gruppe bevorzugen und wenig von der professionellen »Fachkritik« der späten Jahre halten. Dennoch betont Grass heute, Reich-Ranicki und er hätten sich »befreundet in dieser Zeit«[43]. Reich-Ranicki dagegen, und das belegt noch einmal, wie unterschiedlich die Wahrnehmungen dieser beiden Menschen sind, gewann den Eindruck, Grass habe sich darum bemüht, »daß man mich wieder rausschmeißt aus der Gruppe«[44] – wofür sich allerdings in den veröffentlichten Briefen von und an Hans Werner Richter kein Hinweis findet.

Auch die Rezensionen Reich-Ranickis über die Bücher von Grass waren nicht minder konfliktträchtig, denn wieder einmal erweist er sich als ein Kritiker, der sich nicht zu den konsequenten Anhängern oder Widersachern eines bestimmten Autors zählen läßt, sondern der von Buch zu Buch zu mitunter extrem unterschiedlichen Urteilen kommt: So lehnt er die Theaterstücke von Grass ab, lobt aber dessen Lyrik, erklärt den *Butt* für weitgehend gescheitert, feiert jedoch begeistert *Das Treffen in Telgte*, nennt *Die Rättin* »ungenießbar«, die *Unkenrufe* ein »Malheur«, *Ein weites Feld* »mißraten« und zählt Grass dennoch zu den »größten Meistern der deutschen Sprache unserer Zeit«.[45] Das Titelbild des *Spiegel*-Heftes, in dem seine Kritik zu *Ein weites Feld* erscheint, zeigt Reich-Ranicki überdies in einer Fotomontage[46], die den Eindruck erweckt, als reiße er ein Exemplar des Romans auseinander. Damit habe sich Reich-Ranicki, so meint Grass, durch den *Spiegel* »mißbrauchen« lassen, zu einem symbolischen Akt von Büchervernichtung, der »weit über eine Literaturkritik hinausgeht«.[47] Mit merklicher Genugtuung erfüllt Grass jedoch, daß er den Kampf um die Gunst des Publikums trotz allem gewonnen hat und binnen weniger Monate von seinem Roman über eine viertel Million Exemplare verkauft wurden.[48] Reich-Ranickis Talent, die Lesermassen in seinem Sinne zu lenken, stieß bei diesem Buch offenkundig an seine Grenzen.

Am deutlichsten wurde die Rivalität der beiden Männer wohl bei einem Schlagabtausch 1994: Grass beklagte damals in einer Rede, daß Kritiker inzwischen größere Aufmerksamkeit genössen als Schriftsteller. Das Rezensionsgewerbe habe sich in der Öffentlichkeit gleichsam vor die zu rezensierenden Bücher gedrängt: »Es herrscht nicht nur vor, es beherrscht den Betrieb.« Und er verschwieg nicht, welchen Kritiker er bei diesem Angriff vor allem im Sinn hatte: »Der einzelne Entertainer, der sich als Quartett aufspielt, der literarische Stammtisch gibt den Ton an.«[49] Reich-Ranicki nahm den Fehdehandschuh auf und antwortete mit einer Polemik in der *Frankfurter Allgemeinen*. Es sei wahr, schrieb er, »daß sich bei uns gelegentlich ein Mißverhältnis zwischen dem Primären und dem Sekundären bemerkbar macht. Alle wissen wir, daß nicht nur Grass in eine Krise geraten ist, sondern die ganze deutsche Gegenwartsliteratur. (...) Ein Zeichen der Krise mag es auch sein, daß die deutschen Kritiker bisweilen besser schreiben als die Autoren, mit denen sie sich beschäftigen. Was Grass so ärgert, trifft teilweise zu: Für manche Kritiker interessiert man sich heutzutage mehr als für diesen oder jenen Schriftsteller, der uns in den sechziger, in den siebziger Jahren entzückt hat. So ist das: Wenn Seuchen um sich greifen, werden die Ärzte immer wichtiger.«[50] Streiten hier zwei Platzhirsche des Literaturbetriebs um die Vorherrschaft im Revier?

Nachdem Grass 1999 den Literaturnobelpreis erhalten hatte, entspannte sich die Situation zwischen den Kontrahenten, Reich-Ranicki gratulierte Grass öffentlich, und 2003 begegneten sie sich im Lübecker Grass-Haus, obwohl zuvor jahrelang jedes Gespräch zwischen ihnen nahezu unmöglich schien. Dennoch hält Grass

Mit dem Ehepaar Grass in Lübeck 2003

auch heute an seiner Kritik fest: »Ich glaube schon«, sagt er über Reich-Ranicki, »daß er sich als ein Kritiker versteht in der Schlegelschen Tradition: Kritik als Kunstform, gleichberechtigt neben der Literatur, und in dürren Zeiten der Literatur überlegen. Es ist eine gewisse Hybris bei ihm da.«[51] Zwar hat Reich-Ranicki die betreffenden Thesen Friedrich Schlegels[52] ausdrücklich zurückgewiesen, mehr noch, er hat auch Alfred Kerrs »waghalsigen Versuch, die Kritik zur gleichberechtigten poetischen Gattung zu erheben«, immer wieder abgelehnt und als »Irrweg«[53] bezeichnet. Doch setzt er in Grass' Augen die löbliche Absicht, lediglich ein Diener der Literatur sein zu wollen, nicht oft und nicht konsequent genug in die entsprechenden Taten um.

Peter Rühmkorf

Als Reich-Ranicki 1958 in die Bundesrepublik kam, verfügte er weder über ein Netz an Verbindungen und Beziehungen im Literaturbetrieb, noch hatte er – da er nie eine Universität besuchen konnte – den unter Literaturwissenschaftlern und -kritikern üblichen akademischen »Stallgeruch«. Er fiel als Autodidakt, als ein in Polen geborener Jude, als ein ehemaliges Mitglied einer kommunistischen Partei, das mit dem Kommunismus gebrochen hatte, in mehrfacher Hinsicht aus dem Rahmen des Üblichen. Schriftsteller dagegen, zumal jüngere, linke Autoren, die am Anfang ihrer Karriere standen wie Peter Rühmkorf zu Beginn der sechziger Jahre, konnten eher Gemeinsamkeiten mit Reich-Ranicki entdecken. »Erkennbarer Überfluß«, so erinnerte sich Rühmkorf in einer Geburtstagsrede für Reich-Ranicki an einen frühen Besuch in dessen Hamburger Wohnung, »herrschte bei uns und bei Ihnen einzig an Büchern. Sämtliche Wände Ihres Niendorfer Gehäuses waren bis zur Decke vollgekachelt, selbst über den Türen noch Konsolen, um die Erzeugnisse des Aufbauverlages, des Rütten und Loening-Verlags, der Bibliothek fortschrittlicher deutscher Schriftsteller und des Verlags der Nation aufzunehmen, das haben wir uns gleich bei Ihnen abgesehen, um die auch bei uns etwas überrepräsentierten DDR-Bücher ordentlich auf die Reihe zu bringen.«[54]

Doch diese Nähe und Vertrautheit war nicht von langer Dauer, je weiter und rascher Reich-Ranicki seinen Einfluß im Literaturbetrieb ausbaute, desto nachdrücklicher wurde er von diesen Schriftstellern nicht mehr als ein Verwandter in Geist und sozialer Situation betrachtet, sondern als ein Machthaber – dem es, naturgemäß, zu mißtrauen galt. So konnte Rühmkorf in den siebziger Jahren Reich-Ranickis Angebot, als Rezensent regelmäßig für das Literaturblatt der bürgerlichen *Frankfurter Allgemeinen* zu schreiben,

Mit Peter Rühmkorf

nicht mehr ohne Vorbehalte begrüßen. Als Mitarbeiter der *FAZ* erlebte Rühmkorf zwar, wie er selbst freimütig einräumt, »zehn der angenehmsten, produktivsten Jahre meines freien Schriftstellerlebens«, denn kaum daß er ein Manuskript an den vorbildlichen Redakteur Reich-Ranicki abgesandt hatte, »kam auch schon der Telegrammbote« mit einer begeisterten Eingangsbestätigung ins Haus, was dem »Beiträger natürlich Laune und seiner Schreibmaschine Beine machte«.[55] Doch scheint Rühmkorf dieses Interesse Reich-Ranickis für seine Arbeit zugleich auch als den Versuch empfunden zu haben, ihn in ein anderes politisches Lager zu locken. Hinter der Gunst des mächtigen Kritikers vermutete er sofort geheime, strategische Absichten – und das nicht nur, wenn sich diese Gunst auf die eigene Person richtete. Kurz nachdem Reich-Ranicki seine Arbeit als Literaturchef der *FAZ* beendet hatte, notierte Rühmkorf in seinem Tagebuch: »Über Ranickis nun schon jahre-, wenn nicht jahrzehntelange Rolle im Betrieb. Er ist ein Renegatenmacher, der versucht, schwankend gewordene Sozialisten/Kommunisten im Sinne seiner eigenen Biographie zu knikken und sie über *FAZ*-Beiträgerschaft und Preiszuwendungen auf den rechtsliberalen Tugendpfad zu lenken. So früher bereits Erika Runge, Martin Walser, Erich Fried, Franz Xaver Kroetz, Peter Maiwald, Ulla Hahn – und natürlich auch mich. Man darf sich nur nicht auf die Dauer als unerziehbar erweisen.«[56]

Natürlich verfolgt Reich-Ranicki, wie viele andere Journalisten, bei seiner Arbeit gelegentlich strategische Hintergedanken und Ziele. Doch scheint es ein wenig übertrieben anzunehmen, er habe geglaubt, mit den Mitteln der *FAZ*-Literaturredaktion dem marxistischen Denken in Deutschland den Kampf ansagen zu können. Viel näher liegt es, daß er vor dem Hintergrund der eigenen politischen Erfahrungen eine verständliche Sympathie für »schwankend gewordene Sozialisten/Kommunisten« empfand und dieser Sympathie auch in seinen Artikeln oder der Auswahl seiner Mitarbeiter Ausdruck gab und gibt. So sind Rühmkorfs Überlegungen letztlich wohl eher als typisches Indiz für die Kommunikationsstörungen zwischen Reich-Ranicki und vielen Schriftstellern zu verstehen. Weil Autoren in ihm immer einen Richter über Erfolg und Mißerfolg sehen, und weil man, wie Rühmkorf schreibt, »sich mit einem Machtfaktor nicht derart entre nous unterhalten kann wie mit einem Künstlerkollegen«[57], geht es in ihren Gesprächen mit Reich-Ranicki selten ohne Befangenheiten und Rücksichten ab – und in den Gesprächen der Schriftsteller über ihn kaum je ohne Verdächtigungen und Mutmaßungen zu seinen angeblichen literaturpolitischen oder gar ideologischen Absichten.

Joachim Fest und der Historikerstreit

Noch bevor Reich-Ranicki und Joachim Fest ihre gemeinsame Arbeit für das Feuilleton der *Frankfurter Allgemeinen* aufnahmen, ereignete sich ein Zwischenfall, der, wie es in *Mein Leben* heißt, »die dramatische Kontroverse, die viele Jahre später zwischen uns entstanden ist«[58], modellhaft vorwegnahm. Im September 1973 wurde Fests *Hitler*-Biographie veröffentlicht, der Verlag veranstaltete aus diesem Anlaß einen Empfang, zu dem neben vielen anderen Gästen nicht nur das Ehepaar Reich-Ranicki, sondern auch Albert Speer, einer der engsten Mitarbeiter Adolf Hitlers, eingeladen waren. Die Begegnung mit dem vom Nürnberger Militärtribunal zu zwanzig Jahren Haft verurteilten Kriegsverbrecher konnte für Reich-Ranicki und seine Frau verständlicherweise nur eine Zumutung sein. Zwar hatte Speer seine Strafe verbüßt, doch war er als Organisator der nationalsozialistischen Kriegswirtschaft dafür verantwortlich gewesen, daß Hunderttausende von KZ-Häftlingen und Zwangsarbeitern – darunter auch Bewohner des Warschauer Gettos – durch unmenschliche Arbeitsbedingungen in der Rüstungsproduktion regelrecht verheizt worden waren. Reich-Ranicki war enttäuscht von Fest, ja verletzt: »Wieso hatte er mich nicht gewarnt oder, zumindest, informiert? Ich glaube es zu wissen: Vermutlich ist ihm überhaupt nicht eingefallen, ich könne, um es vorsichtig auszudrücken, Bedenken haben, einem der führenden Nationalsozialisten die Hand zu reichen und mich mit ihm an einen Tisch zu setzen.«[59] Natürlich hätte Reich-Ranicki, nachdem er Speer erkannte, den Empfang sofort verlassen können. Doch wäre das von Fest wahrscheinlich als Affront aufgefaßt worden. Also fügte sich Reich-Ranicki in die Situation und blieb. Mit entwaffnender Offenheit schreibt er: »An einem Streit mit Fest war ich, zumal zu diesem Zeitpunkt, nicht im geringsten interessiert.«[60] So kurz bevor er endlich die so lang ersehnte Chance hatte, eine der wichtigsten Literaturredaktionen in Deutschland zu übernehmen, wollte er einen Konflikt mit seinem künftigen Vorgesetzten nicht riskieren.

In der wenige Wochen später beginnenden Zusammenarbeit von Reich-Ranicki und Fest hinterließ dieses Erlebnis keine sichtbaren Spuren. Wenn Reich-Ranicki den übrigen Herausgebern der *Frankfurter Allgemeinen* gegenüber nachdrücklich darauf bestanden hatte, allein Fest und sonst niemandem in der Zeitung unterstellt zu sein, so nicht zuletzt, weil er sich sicher war, daß dieser ihm freie Hand lassen würde. Tatsächlich nahm Fest dann nahezu niemals Einfluß auf die Entscheidungen seines Literaturchefs. Reich-Ranickis stolzes Resümee »Ich konnte machen, was ich wollte«[61] ist nicht übertrieben. Das Verhältnis zwischen ihm und Fest war, soweit es sich in der Redaktion beobachten ließ, vollkommen ungetrübt, ihr Umgang vertraut, der Ton ihrer Gespräche freundschaftlich frotzelnd – bis dann am 6. Juni 1986 auf Fests Wunsch der Artikel *Vergangenheit, die nicht vergehen will* des Historikers Ernst Nolte im Feuilleton gedruckt wurde. Er eröffnete den später sogenannten Historikerstreit[62], in dem während der folgenden Monate in den Feuilletons der großen Zeitungen des Landes einige der sensibelsten Punkte der deutschen Zeitgeschichtsschreibung verhandelt wurden.

Nolte stellte in seinem Aufsatz unter anderem die Frage, ob und inwieweit der nationalsozialistische Terror gegen die Juden als eine Reaktion auf den stalinistischen Terror in der Sowjetunion verstanden werden konnte: »War der ›Klassenmord‹ der Bolschewiki das logische und faktische Prius des ›Rassenmords‹ der Nationalsozialisten?«[63] Der Artikel wurde unter den Redakteuren des Feuilletons sofort hitzig diskutiert, manche verstanden ihn als den Versuch, einen Teil der historischen Verantwortung für die Judenverfolgung in Deutschland der Sowjetunion zuzuweisen. Damit rührte er an dem weithin unbestrittenen Konsens, den

Mit Joachim Fest

Holocaust als eine *deutsche* Schuld im Bewußtsein des Landes zu halten – und folglich an jenem höchst realen, gar nicht mythischen »Gründungsmythos« der Bundesrepublik, an dessen Ausformung sich Reich-Ranicki als Literaturkritiker immer beteiligt hatte. Auch unter den mehr oder minder fachkundigen Lesern der Zeitung wurden Noltes Ansichten sehr zwiespältig aufgenommen. Dennoch erschienen vorerst keine weiteren Beiträge in der *FAZ* zu diesem Thema, obwohl es gängige journalistische Praxis ist, derart umstrittene Thesen durch verschiedene Mitarbeiter ausführlich und von unterschiedlichen Standpunkten aus beleuchten zu lassen. Fest betont, daß er versucht habe, entsprechende Artikel für die *FAZ* in Auftrag zu geben, doch sei es ihm nicht gelungen, adäquate Autoren zu gewinnen.[64] Fünf Wochen später legte die *Zeit* einen Aufsatz von Jürgen Habermas vor, der einigen deutschen Historikern vorwarf, mit ihren jüngsten Arbeiten zum Nationalsozialismus »die Hypotheken einer glücklich entmoralisierten Vergangenheit« abschütteln zu wollen. Nolte zählte er zu diesen »Revisionisten« und nannte seinen *FAZ*-Beitrag »militant«, seine Thesen »unappetitlich«.[65] Drei Wochen darauf publizierte Fest in der *FAZ* eine polemische Entgegnung auf Habermas von Klaus Hildebrand[66] und noch einmal vier Wochen später einen Artikel, in dem er selbst Nolte verteidigte und eine ganze Serie von Argumenten gegen die These anführte, die systematische Vernichtung der europäischen Juden durch Deutsche sei ein singulärer, unvergleichlicher historischer Vorgang: Es gehe ihm darum, schrieb er, »Zweifel an der monumentalen Einfalt und Einseitigkeit der vielfach herrschenden Vorstellung über die vorbildlose Besonderheit der NS-Verbrechen zu wecken«.[67]

Vielen Redakteuren des *FAZ*-Feuilletons bereitete die einseitige Auswahl der Artikel Sorgen, die Fest zu diesem Thema veröffentlichte. Seine Unnachgiebigkeit war überraschend und beklemmend. Die internen Diskussionen verstummten nicht, wurden aber wegen Fests sehr entschiedenem, oft abruptem Auftreten in dieser Frage nicht immer mit der nötigen Offenheit geführt. Die meisten Redakteure waren, wie Reich-Ranicki, keine Zeithistoriker, also konnten sie sich eine streng wissenschaftliche Würdigung der Thesen Noltes nicht anmaßen. Dennoch blieb irritierend, daß Fest in einer geschichtspolitisch so brisanten Frage nicht eine Vielfalt von Meinungen zu Wort kommen ließ. »Es entstand eine beispiellose Situation«, schreibt Reich-Ranicki. »Die von der *Frankfurter Allgemeinen* ausgelöste Debatte fand überall statt, nur nicht in der *Frankfurter Allgemeinen* selber. Dem Ansehen des Feuilletons dieser Zeitung, das gern (und oft nicht zu Unrecht) auf seine Toleranz und seine Liberalität verwies, war ein ernster Schaden zugefügt worden – unzweifelhaft von Joachim Fest.«[68]

Beides, sowohl die Ansichten, die Fest verteidigte, als auch die Ausschließlichkeit, mit der er sie in die Zeitung brachte, hat dafür gesorgt, daß die Freundschaft zwischen Reich-Ranicki und Fest ihr Ende fand. Einem Menschen mit dem Schicksal Reich-Ranickis, der von den Nationalsozialisten verfolgt und von der Roten Armee vor dieser Verfolgung gerettet worden war, mußten Noltes Überlegungen zwangsläufig zutiefst fremd sein. Sie liefen für ihn darauf hinaus, manche Ursachen und damit auch einen Teil der historischen Verantwortung für den von Deutschen verübten Massenmord an den Juden bei der Sowjetunion zu suchen. Und daß sich Fest nicht nachdrücklicher darum bemühte, auch Gegenpositionen in der *FAZ* vertreten zu lassen, obwohl Reich-Ranicki diese Fragen offenkundig biographisch so massiv und schmerzlich berührten, war für ihn dazu menschlich enttäuschend.

Erst Ende November 1986, fast ein halbes Jahr nachdem Noltes Artikel die Kontroverse eröffnet hatte, erschien in der *Frankfurter Allgemeinen* ein Aufsatz von Christian Meier, der behutsam Kritik an Noltes und auch an Fests Thesen übte. Doch inzwischen waren die Fronten verhärtet, und der Ton zwischen Reich-Ranicki und Fest erreichte Kältegrade, die für immer neue Verletzungen auf beiden Seiten sorgten. Welche fortdauernde Bedeutung der Historikerstreit in jenen Jahren für die Redaktion der *FAZ* gehabt hat, läßt auch ein kurzer Artikel Dolf Sternbergers erkennen, der am 6. April 1988 gedruckt wurde: Sternberger, ein hochgeschätzter intellektueller Berater der Zeitung, rechnete darin geradezu demonstrativ mit Nolte ab: »Auch wenn nachgewiesen würde, daß der Plan zur ›Endlösung der Judenfrage‹ in Hitlers Gehirn als eine Art Antwort auf frühere (›ursprünglichere‹) Untaten des Bolschewismus ausgeheckt worden wäre, so würde das die wirkliche Ausführung, nämlich den tatsächlichen fabrikmäßigen Massenmord nicht um einen Deut verstehbarer machen. Allenfalls würde ein neues Licht auf die Kolportage-

Phantasie des handelnden Verbrechers fallen, und wenn man diese trübe Sphäre für einen Gegenstand der Geistesgeschichte ansehen will, so würde von solcher Erkenntnis vielleicht die Geistesgeschichte einen kleinen Gewinn haben.«

Zum Zeitpunkt des Zerwürfnisses mit Fest war Reich-Ranicki sechsundsechzig Jahre alt. Redakteure der *Frankfurter Allgemeinen* beenden ihre Tätigkeit üblicherweise mit dem fünfundsechzigsten Geburtstag. Doch im Einverständnis mit den Herausgebern der Zeitung können sie ihren Vertrag um zwei weitere Jahre verlängern. Reich-Ranicki wollte allerdings noch über das siebenundsechzigste Lebensjahr hinaus Literaturchef bleiben, weshalb er sich in dieser Situation von Fest in besonderem Maße hätte abhängig fühlen können. Doch nahm er darauf während des Historikerstreits, soweit erkennbar, keine Rücksicht. Tatsächlich war er, als er die Leitung der Literaturredaktion der *FAZ* aufgeben mußte und an Frank Schirrmacher übergab, achtundsechzig Jahre alt. Die Herausgeber der Zeitung hatten ihm noch zusätzliche achtzehn Monate zugestanden.

Auch nach dem Historikerstreit gab es jenseits der Redaktionsarbeit noch gelegentliche Kontakte zwischen Reich-Ranicki und Fest. Sie endeten, nachdem Reich-Ranicki 1999 seine Autobiographie *Mein Leben* veröffentlichte. Darin schreibt er im Rückblick auf den Historikerstreit und sein Verhältnis zu Fest: »Wenn ich mich recht erinnere, hat Fest nie versucht, die nationalsozialistischen Verbrechen direkt zu rechtfertigen; und er hat es unterlassen, sie etwa zu verkleinern. Aber relativiert hat er sie sehr wohl und sehr oft. Er liebte es, unentwegt auf jene Massenmorde zu verweisen, die sich andere Diktaturen zuschulden kommen ließen. Der Satz ›Stalin hat nicht weniger gemordet als Hitler‹ wurde zum Refrain vieler seiner Äußerungen.« Diese Passage ist in Fests Augen bis heute unverzeihlich. Er habe, sagt er, das Buch Reich-Ranickis nicht gelesen, aber er sei nach dem Erscheinen durch einen Journalisten über die entsprechenden Sätze informiert worden: »Das lasse ich mir einmal sagen, und dann ist das Tischtuch eben zerschnitten. Schluß. Das wird von der Meinungsfreiheit, finde ich, nicht gedeckt. Einem jüngeren Menschen hätte so etwas das Genick brechen können. (...) Ich war zu etabliert, mir hat das nichts ausgemacht.«[69]

Im nachhinein kann man fragen, wie es überhaupt möglich war, daß sich diese beiden sehr unterschiedlichen Männer über einen so langen Zeitraum hinweg so gut verstanden und eng zusammenarbeiteten. Fest, der größten Wert legt auf ein kühles, distanziertes Auftreten, auf traditionelle Umgangsformen und der die zeitgenössische Literatur für kaum der Rede wert erachtet. Und der leidenschaftliche, zu Ausbrüchen neigende, an formellem Benehmen nicht interessierte, oft polternde, literaturbesessene Reich-Ranicki. Allerdings betont Fest heute, daß Reich-Ranicki nie sein Freund gewesen sei: »Ich habe Reich-Ranicki immer für einen sehr guten Redakteur gehalten und auch für einen unterhaltsamen Menschen. Befreundet sein konnte ich nie mit ihm. Wir haben zu verschieden gedacht, und unsere literarischen Kategorien, auch unsere musikalischen Kategorien und das, worüber wir sprachen, das war alles völlig divergent.«[70] Doch vielleicht schließt er hier von seinen gegenwärtigen Empfindungen auf die früheren. Jedenfalls findet sich im Deutschen Literaturarchiv in Marbach ein Exemplar seines Buches *Aufgehobene Vergangenheit* mit gesammelten Essays, das er am 24. August 1981 mit der Widmung versah: »Für Marcel Reich-Ranicki, den Freund (und für das eine und andere dieser Stücke auch Geburtshelfer) in Dankbarkeit, Joachim Fest.«[71]

Nachdem sie sich 1959 auf einer Tagung der Gruppe 47 kennengelernt hatten, verband Reich-Ranicki und Walter Jens dreißig Jahre lang eine intensive Freundschaft. Sie waren, zumal in ihrem engen, vertrauensvollen Zusammenwirken, zwei der mächtigsten Männer des literarischen Lebens. Um so überraschter nahm der Literaturbetrieb Anfang der neunziger Jahre zur Kenntnis, daß sie keineswegs mehr am gleichen Strang zogen und aus ihrem Streit bald auch öffentlich kein Geheimnis machten.

1989 war Jens zum Präsidenten der Berliner Akademie der Künste gewählt worden und übernahm sein Amt 1990 in der Zeit der Wiedervereinigung Deutschlands. In dieser Funktion fiel ihm unverhofft die Aufgabe zu, den Zusammenschluß mit der Akademie der DDR in Ostberlin zu betreiben. Vor dem Hintergrund der politischen und kulturellen Debatten während der Wendezeit entwickelten die Details dieser Fusion eine ansehnliche Sprengkraft. Ehemalige DDR-Schriftsteller, die als Dissidenten mehr oder minder unfreiwillig in den Westen übersiedelt und dort in die West-Akademie aufgenommen worden waren, wollten nicht mit parteitreuen Autoren aus dem Osten, die sich in der Vergangenheit an ihrer politischen Verfolgung beteiligt hatten, gemeinsam in der neuen, vereinigten Akademie sitzen. Viele Mitglieder der Ost-Akademie dagegen mochten sich nicht nach den Maßstäben des Westens auf ihre politische Gesinnung und Unbescholtenheit hin überprüfen lassen – sie bestanden, so lautete das damals oft benutzte Stichwort, auf ihrer DDR-Identität.

Für Reich-Ranicki, den ehemaligen Kommunisten, der sich in den fünfziger Jahren endgültig von seinen marxistischen Überzeugungen verabschiedet hatte, klang dieser Begriff jedoch nach jener Verklärung der gesellschaftlichen Realitäten der DDR, die später Ostalgie getauft wurde, und nach einem unbeirrten Fest-

Mit Walter Jens

halten an sozialistischen Zielen. Bereits zwei Jahre vor dem Mauerfall hatte er Christa Wolf in einer Polemik eine »Staatsdichterin« genannt und ihr mangelnde Entschlossenheit in den diversen Konflikten mit dem Regime der DDR vorgeworfen: »Mut und Charakterfestigkeit gehören nicht zu den hervorstechenden Tugenden der geschätzten Autorin Christa Wolf.«[72] Dies habe ihm, schrieb er bald darauf, den Widerspruch von Walter Jens eingetragen, da er mit solchen Urteilen über sie nach Jens' Ansicht seine »Kompetenz als Literaturkritiker«[73] überschreite. Dieser Widerspruch scheint recht heftig ausgefallen zu sein, zumindest erinnerte Jens bei dieser Gelegenheit in einem kurzen Artikel daran, daß Lessing jene Kritiker, die, »statt Bücher zu rezensieren, sich über die Charaktereigenschaften« von Autoren ausließen, »Klätscher, Anschwärzer, Pasquillanten«[74] genannt habe.

Nachdem Christa Wolf dann 1990 die Erzählung *Was bleibt?* publizierte – in der sie sich als eine in der DDR verfolgte und drangsalierte Autorin darstellt –, eskalierte der öffentliche Streit um sie zu einer der grimmigsten und zugleich grundsätzlichsten Literaturdebatten der deutschen Nachkriegsliteratur. Am Beispiel ihrer Person und ihres Werkes bemühte man sich, das Verhältnis der oppositionellen, aber gleichwohl privilegierten DDR-Schriftsteller zu den Machthabern des Landes zu klären, fragte nach der moralischen Verantwortlichkeit von Künstlern, nach ihrer gesellschaftlichen Stellvertreterfunktion in einer Diktatur und also letztlich nach den Grenzen zwischen Ethik und Ästhetik. Die Kontroverse wurde vor allem von jüngeren Kritikern vorangetrieben, darunter Ulrich Greiner, Volker Hage und Frank Schirrmacher. Reich-Ranicki äußerte sich dazu nicht. Gleichwohl wurden die politischen Differenzen zwischen ihm, der spätestens seit dem Beginn der Studentenbewegung alle dezidiert linken Tendenzen unter Schriftstellern mit Mißtrauen oder zumindest ironischer Distanz betrachtete, und Walter Jens, der nach wie vor aus seiner Sympathie für »Sozialisten in der Weise Gramscis und Gorbatschows, Münzenbergs und Rosa Luxemburgs«[75], kein Hehl machte, immer offensichtlicher.

Im September 1991 erhielt der zunächst noch halb verdeckt schwelende Konflikt zwischen beiden dann eine neue, eine familiäre Dimension. Walter Jens' Sohn Tilman veröffentlichte in der Zeitschrift *Forbes* einen Artikel, in dem er auf die bis zu diesem Zeitpunkt in der Bundesrepublik noch wenig bekannten Anfänge Reich-Ranickis als Literaturkritiker in Polen hinwies. Er zitierte einige der deutlich marxistisch eingefärbten Aufsätze Marceli Ranickis und zog dann das Fazit: »Der Mann, der dies schrieb, verlangt heute von Stephan Hermlin und Christa Wolf öffentliche Abbitte, weil sie einst – nicht einmal parteiergebene – Kommu-

nisten waren. Eine Abbitte, die er selbst niemals geleistet hat.«[76] Diese Sätze sind zum einen verfälschend, denn Hermlin und Christa Wolf waren in frühen Jahren ihrer Partei loyal bis hin zur Stalinhymne. Zum andern grenzen sie in doppelter Hinsicht hart an Unterstellung, denn Reich-Ranicki hatte niemals von den beiden gefordert, »öffentliche Abbitte« zu leisten, und nie die eigene kommunistische Vergangenheit verheimlicht.

In den folgenden Monaten schaukelte sich der Unmut zwischen den beiden ehemals unzertrennlichen Freunden weiter auf: Jens äußerte sich skeptisch über das *Literarische Quartett*, Reich-Ranicki nannte Jens wegen seiner Tätigkeit als Akademiepräsident einen »geradezu fanatischen Verbandsfunktionär«[77] – bis dann im Mai 1994 im *Kulturweltspiegel* der ARD der Bericht von Tilman Jens über Reich-Ranickis Tätigkeit für das polnische Sicherheitsministerium MBP zwischen 1944 und 1949 ausgestrahlt wurde. Reich-Ranicki empfand die Sendung als eine gezielte Denunziation, und tatsächlich trug sie ihm in den folgenden Wochen eine Flut von Anfeindungen ein. Nach dieser Affäre gab es dann keinen Kontakt mehr zwischen ihm und Walter Jens. Doch ließ Reich-Ranicki in seiner Autobiographie erkennen, wieviel ihm der regelmäßige Austausch mit Jens bedeutet hatte: »Daß es in unserer Freundschaft innerhalb von dreißig Jahren auch Krisen gab, versteht sich von selbst. Doch haben wir nie vergessen, was wir aneinander hatten. Es gab Zeitabschnitte, in denen die Telefongespräche mit Walter Jens die Höhepunkte meines Lebens waren.«[78] Jens denkt ebenfalls mit melancholischer Anhänglichkeit an diese Zeit zurück: »Es war nicht langweilig mit ihm. (…) Ich bin traurig, ich bin sehr betrübt über den Streit.«[79] Seit Sommer 2004 versuchen beide nun allem Vorgefallenen zum Trotz das freundschaftliche Verhältnis von einst wiederherzustellen. Da sie sich in der Öffentlichkeit gestritten hatten, haben sie auch aus diesen Bemühungen um Versöhnung öffentlich kein Geheimnis gemacht: Am 28. August 2004 erschien in Reich-Ranickis »Frankfurter Anthologie« eine Interpretation von Theodor Fontanes Gedicht *Summa Summarum* von Walter Jens. Fontane hatte dieses Gedicht zu seinem siebzigsten Geburtstag als kurze Lebensbilanz geschrieben. Er zählt darin alle Titel, Orden und Ehren auf, die er für seine Arbeit erhalten hatte, um mit dem Vers zu enden: »Alles in allem – es war nicht viel.« Offenbar wollten Reich-Ranicki und Jens, die beiden langjährigen Freunde und langjährigen Kontrahenten, mit der Auswahl dieses Gedichtes nicht nur signalisieren, daß sie sich um eine Wiederannäherung bemühen, sondern, auch, daß in ihren Lebensbilanzen Titel und Ehren, der Wunsch, recht zu behalten oder sich durchzusetzen, mittlerweile keine so gewichtigen Plätze mehr einnehmen – die Freundschaft dagegen schon.

Popstar der Kritik

Reich-Ranickis Leben ist in vielfacher Hinsicht exemplarisch für das eines Literaten im zwanzigsten Jahrhundert. Und zwar nicht allein, weil er immer wieder Grund hatte, sich als ein Außenseiter oder Ausgeschlossener zu betrachten, und früh lernen mußte, auf Heimat zu verzichten. Nicht allein, weil er von dem einen totalitären Regime verfolgt wurde und den ideologischen Heilsversprechen eines anderen totalitären Regimes vorübergehend erlag, bevor er schließlich die liberale Demokratie schätzenlernte. Darüber hinaus läßt sich an seiner Biographie nahezu idealtypisch ablesen, welchen Einfluß das Fernsehen als prägendes neues Medium des zwanzigsten Jahrhunderts auf Kultur und Kulturvermittlung gewonnen hat, und in welchem Maße sich die gesellschaftliche Wertschätzung auch eines Intellektuellen mittlerweile an den Grad seiner Prominenz, also an das Ausmaß seiner medialen Präsenz heftet.

Die Entstehungsgeschichte des *Literarischen Quartetts* ist oft erzählt worden: 1987 besuchten die ZDF-Redakteure Dieter Schwarzenau und Johannes Willms Reich-Ranicki in seiner Frankfurter Wohnung und baten ihn um ein Konzept für eine regelmäßige Fernsehsendung, die ausschließlich der Literatur gewidmet sein solle. Es brauchte nur Augenblicke, bis Reich-Ranicki entschlossen und – wie es seine Art ist – von seinem Entschluß nicht mehr abzubringen war. Seine Ideen klangen einfach, ja allzu einfach: Vier Kritiker sollten vor den Kameras eine gute Stunde lang über literarische Neuerscheinungen diskutieren – und einer dieser Kritiker solle er, Reich-Ranicki, selbst sein. Diese Diskussionsrunde dürfe zudem weder von Film- noch von Musikeinspielungen unterbrochen werden, es seien keine optischen oder akustischen Ablenkungen erlaubt, im Mittelpunkt der Sendung müsse allein das gesprochene Wort stehen. Die Programmacher des ZDF hätten sich, berichtete Willms später, köstlich über dieses karge Konzept amüsiert. Allenfalls, so meinten die Fernsehprofis, könne man noch eine mitternächtliche Radiosendung mit solch dürftigen Mitteln bestreiten – und im Grunde auch die nicht mehr, wenn man den Ehrgeiz habe, mehr als zwei Dutzend Hörer an den Geräten zu halten. Reich-Ranickis Vorschlag war in ihren Augen vollständig fernsehuntauglich und eignete sich ihrem Empfinden nach nur dazu, wieder einmal unter Beweis zu stellen, wie wenig Verständnis Literaturliebhaber für moderne audiovisuelle Medien besäßen.

Doch das wie im Vorübergehen entworfene *Literarische Quartett* entwickelte sich nach dem Start im März 1988 in den darauffolgenden dreizehn Jahren zu einer der erfolgreichsten, wenn nicht sogar zu der erfolgreichsten Kultursendereihe der deutschen Fernsehgeschichte. Die Fernsehmacher, die so genau zu wissen glaubten, was Zuschauer wollen und was nicht, hatten ihre Rechnung ohne Reich-Ranicki gemacht. Der nämlich verfügte schon von Beginn an einerseits über das jahrzehntelang gewachsene Vertrauen eines großen Publikums in seine fachliche Kompetenz und andererseits über unabweisbare Qualitäten als Entertainer: Er verband die Fähigkeit und Bereitschaft zur radikalen Vereinfachung komplexer literaturkritischer Fragen mit seinem beneidenswerten rhetorischen Talent, verknüpfte die Lust am Streitgespräch mit dem Mut zu provokativen, politisch wenig korrekten

Das literarische Quartett im Studio: Sigrid Löffler, Joachim Kaiser, Marcel Reich-Ranicki, Hellmuth Karasek

Ansichten, vereinte Leidenschaft in der Sache mit einem ausgeprägten Gespür für die dramaturgischen Notwendigkeiten einer Fernsehsendung. Auch die personelle Zusammenstellung der Diskussionsrunde erwies sich nach einigen anfänglichen Experimenten als glücklich und spannungssteigernd: Zwischen dem Patriarchen der Sendung, Reich-Ranicki, der zumeist auf einem Sofa Platz nahm, und seinen kontinuierlichen Mitstreitern Sigrid Löffler und Hellmuth Karasek, die auf einfachen Sesseln saßen, entwickelte sich eine sehr simple und doch immer wieder belebende Dynamik: »Zwischen uns gab es«, schreibt Karasek in seinen Erinnerungen, »wie in jedem Trio (...) Spannungen, Reibungen, ärgerlich, anregend, hemmend. Jede Dreierbeziehung ist darauf angelegt, daß zwei sich gegen einen verbünden. Auch darauf, daß diese Koalitionen wechseln.«[1] Der von Sendung zu Sendung ausgetauschte Gast wiederum war als der Vierte in der Runde geeignet, das Bedürfnis der Zuschauer nach Abwechslung und Überraschung zu befriedigen. Kurz: Das scheinbar so simple Konzept Reich-Ranickis entwickelte bei näherem Hinsehen erstaunliche Qualitäten und erwies sich auch langfristig als belastbar. Wenn sich seither in diversen Rundfunkanstalten, Literaturhäusern oder sonstigen Kulturinstitutionen zahllose andere Kritiker-Quartette zusammengefunden haben, um regelmäßig öffentlich über Neuerscheinungen zu diskutieren, belegt das die Ausstrahlungskraft dieses Modells und zugleich seinen Erfolg bei der Verbreitung und Vermittlung von Literatur.

An welchen Vorbildern sich Reich-Ranicki für seine Sendung orientierte, liegt auf der Hand, und die Entwicklungsgeschichte dieser Vorbilder ist bemerkenswert. Die mündliche Literaturkritik hatte Reich-Ranicki in der Gruppe 47 kennen- und als begnadeter Redner schnell liebengelernt. Doch mußten die Kritiker hier noch wie alle anderen Zuhörer mit einem Platz im Publikum vorliebnehmen, während der Autor, der aus seinen Arbeiten las, vor aller Augen auf dem Podium saß. Beim Wettbewerb um den Bachmann-Preis in Klagenfurt hatte Reich-Ranicki die Jury der Kritiker bereits auf der Bühne vor den Kameras plaziert, und die vorlesenden Schriftsteller waren dort lediglich wechselnde Gäste. Im *Literarischen Quartett* nun ist die Zahl der Kritiker stark reduziert, die Bedeutung des einzelnen also entsprechend gestiegen, und die Autoren sind vollends aus dem Geschehen verbannt – ihre Arbeit tritt nur noch in den Inhaltsangaben und Kommentaren der Kritiker in Erscheinung. Der Zuwachs an medialer Aufmerksamkeit für die Kritiker ist unübersehbar. Dennoch wäre es voreilig, aus dieser Entwicklung auf pure Eitelkeit bei den Kritikern oder auf eine unheilvolle Rolle des Fernsehens bei der zeitgenössischen Literaturvermittlung schließen zu wollen – und also die angeblichen Tugenden der Gruppe 47 gegen die angeblichen Untugenden des *Literarischen Quartetts* auszuspielen. Denn genau betrachtet, zeichnete sich die gleiche Tendenz bereits bei der Gruppe 47 ab. War sie zu Anfang noch ein Freundeskreis von Autoren gewesen, die ihre Arbeiten gegenseitig zwar kollegial, aber oft grobschlächtig kommentierten, nahmen auch hier die effektvoll argumentierenden Kritiker bald eine herausgehobene Position ein. Als sich die Gruppe 1966 im amerikanischen Princeton zu ihrer vorletzten Tagung traf, schrieb die kluge Beobachterin Sabina Lietzmann: »Nirgendwo sonst haben wir je Kritik als solche Selbstfeier erlebt. Da treten Professionals auf, kaum daß der letzte Satz verklungen ist, und singen ihre Bravourarien so virtuos, daß sich der Anlaß, der Text, darüber oft vergißt. Mit anderen Worten: So viel Brillanz braucht keinen Anlaß mehr, sie ist pure Selbstdarstellung.«[2] Aber diese Selbstdarstellung konnte wohl nur deshalb so gut gelingen, weil eine temperamentvoll präsentierte, diskursive Kritik beim mündlichen Vortrag schlicht und einfach besser wirkt als das oft monotone Verlesen eines belletristischen Textes – der wiederum in gedruckter Form gewöhnlich mehr Leser findet als literaturkritische Essays.

So war es nur konsequent, das *Literarische Quartett* ganz auf Kritiker zu beschränken und sie gleich ihre Bravourarien anstimmen zu lassen. Schließlich gab es daneben nach wie vor etliche andere Kulturmagazine, in denen keineswegs die Kritiker, sondern ganz traditionell die Autoren im Vordergrund standen. Daß aber die Zuschauer im Vergleich mit diesen Sendungen häufig dem *Quartett* den Vorzug gaben, kann man Reich-Ranicki schwerlich vorwerfen. Die Gesetze des Mediums bestimmen seine Inhalte: Die gekonnt provokante Selbstdarstellung des Kritikers erwies sich als fernsehtauglicher und publikumswirksamer als die zurückhaltende Selbstdarstellung vieler Autoren. Allerdings sangen die Kritiker des *Literarischen Quartetts* ihre Arien auch nicht, wie es Autoren tun müssen, in eigener Sache, sondern über die Bücher Dritter, was naturgemäß glaubwürdiger wirkt. Und sie sangen mit einem einmaligen Erfolg: Siebenundsiebzig Sendungen, in denen zusammen knapp vierhundert Bücher besprochen wurden, lockten jeweils eine halbe bis anderthalb Millionen Zuschauer vor die Bildschirme. Für die Verkaufsstrategen der Verlage spielten die jährlich sechs Termine des *Quartetts* bald eine zentrale Rolle. Schon vor den Sendungen türmten sich in vielen Buchhandlungen die Stapel jener Romane, deren Besprechung angekündigt worden war. Erfahrene Verleger versicherten glaubhaft, daß eine enthusiastische Lobeshymne aus dem Mund Reich-Ranickis die Auflage des betreffenden Buches um 25 000 Exemplare oder mehr anheben konnte. Stimmten ihm die übrigen drei Diskutanten zu, verkauften sich nicht selten 40 000 bis 50 000 Bücher zusätzlich. Das *Literarische Quartett* war in einem Literaturbetrieb, der nicht selten in ein unüberschaubares Stimmen- und Meinungsgewirr zu zerfasern droht, zu einem wesentlichen Orientierungspunkt geworden – und übernahm damit eine für den Buchhandel überaus wichtige ökonomische Funktion. Es wäre naiv zu glauben, Reich-Ranicki hätte die Macht, die ihm auf diese Weise zuwuchs, nicht in vollen Zügen genossen. »Ich glaube, daß mir ein großes Unrecht antun würde, wer meine berufliche Leistung lediglich auf Grund des *Literarischen Quartetts* beurteilte. Was ich zur Literatur zu sagen hatte und habe, ist nach wie vor in meinen Aufsätzen für Zeitungen und Zeitschriften zu finden und in meinen Büchern. Doch was ich in meinem langen Kritikerleben wollte und was mir nie ganz gelungen ist, was ich nie ganz geschafft habe – die breite öffentliche Wirkung auf das Publikum –, das hat mir erst das Fernsehen ermöglicht.«[3]

Dennoch – oder gerade wegen dieses Erfolges, der ihm so große Macht in die Hände legte – ist Reich-Ranicki für das *Quartett* oft und wütend angegriffen worden. Was in dieser Sendung betrieben werde, habe, meinten seine Gegner, mit seriöser Literaturkritik nichts mehr zu tun, sie sei banal, populistisch und oberflächlich. Und Reich-Ranicki gab diesen Gegnern in allen Punkten recht: »Da stets innerhalb von fünfundsiebzig Minuten von fünf Büchern die Rede war, standen für jedes im Durchschnitt vierzehn bis fünfzehn Minuten zur Verfügung – und somit für jeden der vier Teilnehmer etwa dreieinhalb Minuten pro Titel. In diesen kaum mehr als zweihundert Sekunden sollte etwas über die Eigenart des Autors gesagt werden, über das Thema und die Problematik seines neuen Buches, über dessen Motive und Personen, über die angewandten künstlerischen Mittel und mitunter auch über bestimmte aktuelle, zumal politische Aspekte. Gab es im *Quartett* ordentliche literarische Analysen? Nein, niemals. Wurde hier vereinfacht? Unentwegt. War das Ergebnis oberflächlich? Es war sogar sehr oberflächlich.«[4]

Das *Literarische Quartett* konnte kein Ersatz sein für gediegene Literaturkritik. Angemessener ist es wohl, die Sendereihe als einen Versuch zu betrachten, auf dem Bildschirm so etwas wie einen literarischen Salon zu präsentieren, also ein Gespräch über Literatur und Schriftsteller abzufilmen, in dem die schnelle Pointe stets mehr gilt als die strenge Beweisführung, die effektvolle rhetorische Volte mehr als eine langatmige Interpretation. Doch damit habe Reich-Ranicki, so warf Günter Grass ihm vor, die Literaturkritik also nicht nur popularisiert, sondern auch trivialisiert. Selbst gegen diesen Protest erhob Reich-Ranicki keinen Einwand: »Das ist keineswegs falsch. Wir haben die Kritik in hohem Maße popularisiert. Und leider läßt sich vieles nicht popularisieren, ohne es auch zu trivialisieren.«[5] Allerdings hatte das literarische Streitgespräch auf den Bildschirmen im Vergleich zu den sonst üblichen Buchrezensionen zumindest einen Vorzug: Während der Autor einer gedruckten Kritik den Leser naturgemäß von der eigenen Meinung über das besprochene Buch zu überzeugen versucht, war der Zuschauer des *Literarischen Quartetts* gleich mit vier – oft genug kontroversen – Meinungen zu einem Buch konfrontiert. Da ästhetische Urteile sich gegenwärtig aber weniger denn je auf allgemein anerkannte Kriterien zurückführen lassen, sondern eben auf subjektiven Maßstäben und Empfindungen beruhen, ist es nur angemessen, bei der Bewertung eines Buches nicht nur eine, sondern eine Vielfalt von Ansichten zu Wort kommen zu lassen. Zumal weil der Zuschauer auf diese Weise unausgesprochen dazu angehalten wird, sich selbst von der Qualität des einen oder anderen Buches zu überzeugen. So kann man mit einigem Recht behaupten, daß Reich-Ranicki durch das *Quartett* die Beschäftigung mit Literatur für eine große Öffentlichkeit nicht allein popularisiert und zugleich trivialisiert, sondern eben auch – nach dem Vorbild der Gruppe 47 – modernisiert hat. Günter Grass hält dem allerdings entgegen, daß Reich-Ranicki im *Literarischen Quartett* nicht wirklich eine Vielfalt von Meinungen zugelassen, sondern die Sendung durch sein Showtalent und die Wucht seiner Argumentationen dominiert habe. Das ist in seinen Augen eine entscheidende Differenz zur Gruppe 47: Bei deren Tagungen war Reich-Ranicki nur »eine Stimme, und er konnte nie vernichtend wirken, weil sich das alles durch andere Stimmen, die gleichgewichtig oder bedeutender waren, relativiert hat«.[6]

Mit dem Erfolg des *Literarischen Quartetts* änderte sich das Leben Reich-Ranickis noch einmal entscheidend. Hatte er zuvor schon größere Popularität genossen als fast alle anderen Literaturkritiker hierzulande, wuchs er nun zu einem Popstar heran, zu einer Größe des Showbusineß, ausgezeichnet mit Bambi und Goldener Kamera, zu einem begehrten Gast in ungezählten Talk-

Am 75. Geburtstag mit dem Noch-nicht-Kanzler Gerhard Schröder

Runden und bei *Wetten, daß ...?*, zur Werbe-Ikone für Schreibtischstühle oder Telefonbücher. Hellmuth Karasek hat beschrieben, was das *Literarische Quartett* in seinem Fall bedeutete: »Ich bekam Fanpost, in guten Restaurants immer einen Platz, bei guten Ärzten immer einen Termin, von Kollegen gehässige Verrisse oder hämische Bemerkungen – kurz: Ich bekam Aufmerksamkeit – mit all ihren Segnungen und Flüchen.«[7] Bei Reich-Ranicki waren diese Auswirkungen noch um einige Grade heftiger. Er war nicht mehr nur der Einflußreichste seines Gewerbes, sondern zählte jetzt zu jenen Fernsehprominenten, mit denen es sich die Zuschauer regelmäßig in ihren Wohnzimmern gemütlich machen. Was immer er tat oder unterließ, worüber er sich ärgerte oder freute, mit wem er sich stritt oder versöhnte, es wurde durch die

Mühlen des täglichen Klatschjournalismus gedreht. Und im Literaturbetrieb handelte man von nun an die unbestreitbaren Fragwürdigkeiten des Kritikerberufs fast ausschließlich am Beispiel seiner Person und seiner Auftritte ab: Kein Kritiker kann allen Formen von Literatur gerecht werden, keiner ist frei von subjektiven Beschränktheiten, jeder neigt zumindest gelegentlich zu allzu apodiktischen Formulierungen, jeder möchte neben der eigenen Meinung die übrigen nur ungern gelten lassen – aber kein Kritiker wurde für all das so oft und so grundsätzlich angegriffen wie Reich-Ranicki. Der Status des Stars hat eben nicht nur Vorteile. »Das Fernsehen ist ein Moloch«, schreibt Karasek im Rückblick auf das *Quartett*, »und deshalb war da nichts von Selbstherrlichkeit – so absurd es klingen mag: fast am wenigsten bei Reich-Ranicki. Er war vor jeder Sendung vor Nervosität wie aufgefressen und gestand mir, daß er vor Sendungen, wo es um folgenschwere Urteile ging – wie beim Buch von Ulla Hahn –, Nächte vorher nicht schlafen konnte und unter Bluthochdruck litt. Es waren für ihn keine zelebrierten Messen mit Weihrauch für das Ego, sondern strenge Prüfungen – immer mehr auch Prüfungen, ob er den Kampf gegen das Alter, den man nicht gewinnen kann, noch weiter führen könne.«[8]

Den literarischen Leidenschaften und der so fernsehwirksamen Eruptionsbereitschaft Reich-Ranickis fiel schließlich Sigrid Löffler zum Opfer. Die Meinungsverschiedenheiten zwischen beiden hatten sich mit den Jahren verschärft. Als am 30. Juni 2000 im *Literarischen Quartett* der Roman *Gefährliche Geliebte* von Haruki Murakami besprochen wurde, beanstandete Sigrid Löffler die sexistische Sprache des Buches. Eine Formulierung wie »hirnerweichendes Vögeln« bezeichnete sie als »literarisches Fast food«. Reich-Ranicki, der erotische Motive in Lyrik und Prosa seit jeher schätzt und den Roman vehement verteidigte, warf ihr daraufhin vor, für Sexualität in der Literatur und vielleicht auch dar-

Ungezählte Anekdoten berichten davon, wie wenig Interesse Reich-Ranicki an den visuellen Reizen seiner Umwelt hat. Allerdings hatte sich seine Sehfähigkeit bis in die achtziger Jahre hinein stark verschlechtert. Nachdem er sich zwei Operationen unterzog, bei denen er in beiden Augen künstliche Linsen erhielt, kommt er heute mit weit weniger starken Brillengläsern aus.

über hinaus wenig Verständnis zu haben. »Sie halten die Liebe für etwas anstößig Unanständiges, aber die Weltliteratur befaßt sich nun einmal mit diesem Thema. Gott sei Dank.« Woraufhin sich Sigrid Löffler mit gleichen Mitteln wehrte und ihn ebenfalls persönlich angriff: »Ich will überhaupt keinen Einspruch dagegen erheben, woran Sie sich ergötzen. Aber das ist wahrscheinlich auch eine Altersfrage.« Als der Streit nach der Sendung in und von den Boulevardzeitungen fortgesetzt wurde, entschloß sich Sigrid Löffler, das *Literarische Quartett* zu verlassen. Ihren Platz übernahm Iris Radisch, die Literaturredakteurin der *Zeit* – sie bat sich allerdings aus, die Sendereihe, die Ende 2000 auslaufen sollte, noch bis Ende 2001 zu verlängern.

Doch auch Reich-Ranicki eilte im Fernsehen keineswegs nur von Erfolg zu Erfolg. Nach dem großen Finale des *Literarischen Quartetts* im Dezember 2001 im Schloß Bellevue, dem Berliner Amtssitz des Bundespräsidenten, versuchte er sich an einer jeweils halbstündigen Sendung, die er allein bestritt: *Reich-Ranicki Solo* wurde vom Februar 2002 an neunmal ausgestrahlt. Doch als Alleinunterhalter konnte er seine advokatorische Rhetorik, seinen Witz und seine Schlagfertigkeit, durch die er vor allem im Streitgespräch zu glänzen vermochte, nicht entfalten. So beendete er diese Serie schon nach knapp einem Jahr.

Eine spürbare Veränderung seiner beruflichen, aber auch seiner privaten Situation brachte 1999 nicht zuletzt die Veröffentlichung seiner Erinnerungen *Mein Leben*. Natürlich hatte Reich-Ranicki wie jeder andere Autor darauf gehofft, daß sein Buch mit Neugier und Interesse aufgenommen werde. Doch die Resonanz übertraf alle Erwartungen. Die Rezensionen waren größtenteils wohlwollend, nicht wenige sogar begeistert, das Buch stand monatelang auf allen Bestsellerlisten, es zählt heute mit einer Auflage von rund anderthalb Millionen Exemplaren zu den meistverkauften Autobiographien der deutschen Nachkriegsliteratur – und es bescherte seinem Autor damit weitgehende finanzielle Unabhängigkeit. Zu diesem überragenden Erfolg hatte natürlich Reich-Ranickis enorme Prominenz beigetragen. Zudem hat er nicht nur eine außerordentlich spannende Lebensgeschichte, sondern verstand sich auch darauf, sie klug und gekonnt zu erzählen. Vor allem die Kapitel über seine Zeit im Warschauer Getto sind durch den beherrschten, sachlichen Ton, in dem hier über Verbrechen von gigantischem Ausmaß berichtet wird, überaus anrührend und erschütternd. Diese dramatischen Abschnitte seiner Biographie, die vielen Menschen zuvor nicht oder nur vage bekannt waren, machten einige seiner Charakterzüge, seine gelegentliche Schroffheit, seinen Machtwillen, sein radikales Bedürfnis nach Aufmerksamkeit, mit einem Mal nicht nur für viele Leser, sondern auch für Kollegen und Konkurrenten begreiflich. »Sein Leben lang«, schrieb Iris Radisch in einer Rezension von *Mein Leben*, habe sich Reich-Ranicki vergeblich nach jenem wunderbaren Ring gesehnt, von dem Lessing einmal schrieb, er besäße »die geheime Kraft, denjenigen vor Gott und den Menschen angenehm zu machen, der ihn in dieser Zuversicht trage. Vielleicht hat er diesen Ring jetzt gefunden. Er ist, was sonst, aus Papier. Er ist, was sein Schöpfer am meisten auf der Welt liebt: ein Roman, der Roman seines Lebens.«[9]

Doch der erstaunliche Triumph des Kritikers Reich-Ranicki als autobiographischer Erzähler brachte ihm nicht nur Zustimmung, sondern auch gesteigerten Zorn und Neid ein. Mit Martin Walser verband ihn eine von Beginn an beruflich wie menschlich hochgespannte, gelegentlich explosive Beziehung. »Am 28. Oktober 1961, kurz nach zwei Uhr morgens«, schrieb Reich-Ranicki in einem seiner frühen Artikel für die *Zeit*, richtete Walser an ihn auf einer Tagung der Gruppe 47 »in Gegenwart mehrerer prominenter Zeugen eine kraftvoll-männliche, militärisch-knappe Ansprache, in der er die Literaturkritiker aller Länder und Zeiten mehrfach und nachdrücklich als ›Lumpenhunde‹ bezeichnete.«[10] Obwohl Reich-Ranicki 1961 auf Wunsch unter anderem von Günter Eich, Ilse Aichinger und Wolfgang Hildesheimer um ein Haar aus der Gruppe herausgedrängt worden wäre, nahm er diesen Angriff Walsers eher von der heiteren Seite und warb in seiner Erwiderung um Verständnis für die Kritik, die, auch wenn sie einzelne Bücher ablehne, für die Literatur insgesamt notwendig und förderlich sei. Doch das konnte an dem Unverständnis Walsers für die streng distanzierte Haltung, die Reich-Ranicki bei der Bewertung von Büchern einnahm, nichts ändern. Walser berief sich statt des-

Am Arbeitsplatz

sen gern auf den Satz Goethes, daß nur derjenige, der ihn liebe, auch das Recht habe, ihn zu beurteilen – und unterstellte Kritikern, daß sie durch ihre Weigerung, Literatur distanzlos anzunehmen, gerade das Wesentliche der Literatur versäumten: »Die tiefsinnigsten Interpretationen, die ich in Büchern gelesen habe, habe ich genauso vergessen wie die Fanfarenstöße irgendeines Rezensenten, der in der Samstagsbeilage regelmäßig verkündet, daß mit diesem Buch des Herrn Sowieso ein neues Kapitel der Literaturgeschichte beginne. Das geht alles so ungeheuer rasch. Ich bedaure jeden, der durch seinen Beruf gezwungen wird, schon am Nachmittag zu sagen, daß das, was er am Vormittag las, gut oder schlecht sei. Der Intellekt müßte als ein verschlafener Wiederkäuer organisiert sein. Sobald man über ein Buch oder über ein Gedicht eine

Meinung hat, ist das Buch oder das Gedicht aller weiteren Wirkungsmöglichkeiten beraubt.«[11]

Spitzt man die Positionen der beiden Kontrahenten zu – und in einem Buch über Reich-Ranicki hat man wohl nicht nur das Recht, sondern geradezu die Pflicht zuzuspitzen –, läßt sich in diesen Positionen der tiefwurzelnde Gegensatz zwischen einem aufklärerisch-intellektuellen (Reich-Ranicki) und einem romantisch-sentimentalen (Walser) Verhältnis zur Literatur erkennen. Und eine Vermittlung zwischen beidem ist bei den ausgeprägten Persönlichkeiten dieser Männer wohl nahezu unmöglich. In den folgenden Jahrzehnten blieben sie einander wenig schuldig: Reich-Ranicki lehnte Walsers Theaterstücke ausnahmslos ab und verriß seinen Roman *Jenseits der Liebe* demonstrativ: »Ein belangloser, ein schlechter, ein miserabler Roman. Es lohnt sich nicht, auch nur ein Kapitel, auch nur eine einzige Seite dieses Buches zu lesen.«[12] Andererseits feierte er fast ebenso demonstrativ Walsers Novelle *Ein fliehendes Pferd* und lobte hymnisch dessen Essays: »Die Leser der *Liebeserklärungen* Martin Walsers haben mehr von der Literatur. Und also vom Leben.«[13] Walser wiederum porträtierte Reich-Ranicki gut erkennbar als Romanfigur in *Ohne einander* und beschrieb in kurzen Prosastücken zunächst, wie sehr er sich von ihm verfolgt fühle[14], und dann, wie sehr für ihn dieses »Verfolgtwerden zum Lebensinhalt geworden«[15] sei. Zwei Literaten, die im Guten wie im Schlechten nicht voneinander lassen konnten.

Die Spannungen zwischen beiden radikalisierten sich, nachdem Walser im Oktober 1998 seine Friedenspreis-Rede in der Frankfurter Paulskirche gehalten hatte. Ignatz Bubis, der Vorsitzende des Zentralrates der Juden in Deutschland, griff diese Rede als »geistige Brandstiftung« an und sorgte damit für eine langanhaltende Debatte über Walser und sein Verhältnis zur deutschen Vergangenheit. »Jeder kennt unsere geschichtliche Schande, kein

Tag, an dem sie uns nicht vorgehalten wird«, hatte Walser in seiner Rede gesagt. »Manchmal, wenn ich nirgends mehr hinschauen kann, ohne von einer Beschuldigung attackiert zu werden, muß ich mir zu meiner Entlastung einreden, in den Medien sei auch eine Routine des Beschuldigens entstanden. Von den schlimmsten Filmsequenzen aus Konzentrationslagern habe ich bestimmt schon zwanzigmal weggeschaut. Kein ernstzunehmender Mensch leugnet Auschwitz; kein noch zurechnungsfähiger Mensch deutelt an der Grauenhaftigkeit von Auschwitz herum; wenn mir aber jeden Tag in den Medien diese Vergangenheit vorgehalten wird, merke ich, daß sich in mir etwas gegen diese Dauerrepräsentation unserer Schande wehrt. Anstatt dankbar zu sein für die unaufhörliche Präsentation unserer Schande, fange ich an wegzuschauen.«[16]

Mit dieser Rede, meinten etliche Kommentatoren, verginge sich Walser am Grundkonsens der Bundesrepublik, die historische Verantwortung für den Holocaust nicht zu verdrängen, sondern im Bewußtsein zu halten. Die Angriffe gegen ihn wurden bald schon maßlos, aufgebrachte Demonstranten warfen ihm bei Lesungen Antisemitismus vor und nannten ihn einen Auschwitzleugner. Obwohl Reich-Ranicki mit Walsers Rede keineswegs einverstanden war und ihn drängte, einige seiner Überlegungen nachträglich zu präzisieren, um Beifall von rechtsradikaler Seite zu vermeiden, nahm er ihn gegen den Vorwurf, ein Antisemit zu sein, ausdrücklich in Schutz. Und Reich-Ranickis Stimme hatte, nicht nur, weil er der landesweit bekannteste Literaturkritiker, sondern auch, weil er Jude und Opfer des Holocaust war, in diesem Fall besonderes Gewicht.

Vielleicht aber hatte Reich-Ranicki mit dieser Fürsprache den in allen literaturbetrieblichen Machtfragen hochempfindlichen Walser erst recht schmerzhaft gekränkt. So zumindest will es Frank Schirrmacher scheinen, der für die *Frankfurter Allgemeine* das einzige Gespräch zwischen Walser und Ignatz Bubis moderierte. Angesichts der Attacken gegen seine Rede steigerte sich Walser in immer tieferen Trotz hinein und habe es schließlich übelgenommen, sagt Schirrmacher, »daß er durch Reich-Ranicki verteidigt werden mußte, um gut dazustehen, so kam mir das vor«, er habe es als Demütigung empfunden, daß er gerade von ihm »den ›Persilschein‹ benötigte«.[17] Zusätzlich dürfte es Walser zugesetzt haben, daß Reich-Ranicki in seinen kurz darauf erschienenen Erinnerungen mit Kritik nicht sparte: »Hat Walser in dieser monatelang heftig diskutierten Rede das Wegschauen von der deutschen Vergangenheit empfohlen, wollte er das Kapitel Auschwitz beenden und den berüchtigten Schlußstrich ziehen? Er hat es bestritten. Daß aber viele Zeitgenossen seine Rede, in der es von vagen Formulierungen und bösartigen Anspielungen wimmelt und von Beschuldigungen, denen die Adressaten fehlen, so und nicht anders verstanden haben – konnte das wirklich Walser überraschen? Sicher ist: Er hat nichts getan, um den voraussehbaren Mißverständnissen, wenn es denn welche waren, vorzubeugen. Im Gegenteil: Sein trotziges Bekenntnis zum Wegschauen von nationalsozialistischen Verbrechen war, ob er es wollte oder nicht, ein Aufruf zur Nachahmung seines Verhaltens.«[18]

Im Frühjahr 2002 dann schickte Walser über seinen Verlag den Roman *Tod eines Kritikers* an die *Frankfurter Allgemeine* mit der Anfrage, ob die Zeitung ihn, bevor er im Herbst in die Buchhandlungen komme, als Fortsetzungsroman publizieren wolle. Am 29. Mai antwortete ihm Frank Schirrmacher als Mitherausgeber der Zeitung in einem offenen Brief: Die *FAZ* werde das Buch keinesfalls vorab drucken, denn es sei eine als Schlüsselroman nur notdürftig getarnte Abrechnung mit Reich-Ranicki. Mehr noch, Walser entwerfe hier nicht nur lustvoll ein Mordszenario an dem jüdischen Kritiker André Ehrl-König, sondern greife dabei auf »das Repertoire antisemitischer Klischees« zurück.[19] In Erinne-

Das Ehepaar Reich-Ranicki mit Maruscha und Salomon Korn am Grab von Franz Kafka in Prag

rung an die Attacken gegen Walser wegen seiner Friedenspreis-Rede war dies der schwerste Vorwurf, der ihm gemacht werden konnte. Sofort machte sich in fast allen deutschen Zeitungen erwartbare Entrüstung Luft – die einen kritisierten Schirrmacher dafür, daß er ein Buch angriff, bevor es überhaupt erschienen und Lesern zugänglich war, andere, die den Buchtext vom Verlag erhalten hatten, empörten sich über das Bild des Starkritikers, das Walser zeichnet. Denn Walser hat seiner Figur Ehrl-König wenig

Menschliches mitgegeben, sondern läßt sie als ein jüdisches Monster an Vulgarität, perverser Geilheit und Machtgier auftreten, als einen zutiefst korrupten Popanz, der von Literatur keine Ahnung hat und von einem gebildeten – natürlich: »arischen« – Freund intellektuell vollständig abhängig ist. Daß Walser damit unübersehbar viele typische judenfeindliche Ressentiments bedient, ist offensichtlich, dennoch wurde sich die Literaturkritik selbst bei der Beurteilung eines solchen Romans nicht einig: Manche Rezensenten wie Joachim Kaiser und Sigrid Löffler zeigten sich begeistert, andere wie Ruth Klüger und Jan Philipp Reemtsma ließen an der antisemitischen Tendenz des Buches keinen Zweifel und nannten es »übel«[20] und eine »literarische Barbarei«[21].

Natürlich machte man es sich dennoch zu leicht, wollte man Walser wegen *Tod eines Kritikers* kurzerhand zum Antisemiten erklären. Er hat sich seit seinem 1965 publizierten Essay *Unser Auschwitz*[22] intensiv, ja manchmal selbstquälerisch mit der deutschen Vergangenheit und der Judenverfolgung beschäftigt. Er hat als Schriftsteller, so wie Reich-Ranicki als Kritiker, auf seine Weise dazu beigetragen, die Erinnerung an die Verbrechen des Holocaust zu einer intellektuellen Grundvoraussetzung der Bundesrepublik zu machen. Er hat aber auch oft erkennen lassen, daß er bei alldem zwar Meinungen vertritt, die er für richtig und notwendig hält, zugleich jedoch »sein Eigentliches oder ein Eigentliches immer verschweigt«. Mitunter, schreibt Walser, wachse allerdings die Versuchung, das Unterdrückte doch einmal auszusprechen: »Endlich keine Kritik mehr an der eigenen Neigung, sondern Zustimmung zur bisher ununterbrochen bekämpften Neigung. Zulassung des Widerspruchs, endlich! Ein plötzliches Einlassen jahrelang bekämpfter, immer auf Einlaß drängender Gedankengespenster und Meinungsmonster.«[23] Kann es sein, daß Walser in *Tod eines Kritikers* einige dieser Meinungsmonster doch einmal von der Kette ließ?

Als ein Symptom für eine allmählich sinkende Hemmschwelle

gegen Antisemitismus jedenfalls betrachtete Reich-Ranicki diesen Roman und seinen beträchtlichen Verkaufserfolg. »Was ist so schrecklich an diesem Buch?« fragte er, kurz nachdem das Buch erschienen war. »Einen Autor, der im ›Dritten Reich‹ aufgewachsen ist und, wie er uns selbst berichtete, im nationalsozialistischen Geist erzogen wurde, überkommt die Wut: Er kann seine Affekte nicht mehr beherrschen. Das ist zunächst einmal abstoßend. Daß aber dieser Autor tatsächlich glaubte, jetzt, gerade jetzt sei in der Bundesrepublik Deutschland endlich der Augenblick, seinem Haß freien Lauf zu lassen – das ist das Beunruhigende, das Gefährliche.«[24] Wie schon den Historikerstreit und Walsers Friedenspreis-Rede betrachtete Reich-Ranicki auch den *Tod eines Kritikers* vor allem als ein Indiz für einen allmählichen Wandel im politischen Klima der Bundesrepublik. In seiner Autobiographie verknüpfte er diesen Wandel mit der Formel vom »Ende der Schonzeit«[25]: Die in der Bundesrepublik lange geübte Achtsamkeit im Umgang mit Opfern des Holocaust wird zumindest von einigen Zeitgenossen demonstrativ aufgekündigt. So kann man Reich-Ranickis Leben – er war an allen genannten Affären in der einen oder anderen Form beteiligt – vielleicht auch als einen Indikator betrachten für den Zustand der Beziehungen zwischen Juden und Nichtjuden im Deutschland jener Jahre.

Doch diese Beziehungen lassen sich auf keinen einfachen Nenner bringen. Sie sind zum einen sicherlich – siehe Walser – von Lust am politischen Tabubruch geprägt und von einem erstaunlichen Mangel an Mitgefühl für ein Leid, das über das Leid eines sich mißverstanden fühlenden Schriftstellers hinausgeht. Andererseits und wohl in weit überwiegendem Maße sind diese Beziehungen aber geprägt von Anteilnahme und hoher Wertschätzung. Nur wenige Wochen, nachdem der *Tod eines Kritikers* die Republik erregt hatte, nahm Reich-Ranicki in Frankfurt den Goethe-Preis entgegen, eine der höchsten kulturellen Auszeichnungen, die in ebendieser Republik vergeben werden. »Das alles darf ich noch erleben«, lautete der erste Satz seiner Dankrede. »Im Namen Goethes ausgezeichnet zu werden, ist die höchste Ehre, die einem Schreibenden widerfahren kann. Dies ist der Höhepunkt meines Lebens. Ein helleres, strahlenderes Licht kann auf mein Dasein nicht mehr fallen.« Die Situation muß für Reich-Ranicki erhebend, aber zugleich auch irritierend gewesen sein. Denn als alles vorüber war, die obligatorischen Fotos gemacht, die Urkunde überreicht, alle Ansprachen gehalten, stand er für einen Moment neben dem Rednerpult, an dem er eben noch gesprochen hatte, und das Publikum überschüttete ihn mit einem Beifall, der kein Ende fand. Er stand lange dort, zögerte, hob den Arm zu einer weit ausholenden, rührend wehrlosen Geste des Grußes in den Saal. Dann ließ er den Arm sinken und ging ab.

Nach allem, was Reich-Ranicki zeitlebens über das Schicksal großer Kritiker in Deutschland geschrieben hat, muß dies ein seltsamer, ein verblüffender Moment für ihn gewesen sein. Haß sei es, so hat er immer wieder erklärt, was Kritiker in diesem Land ernten, und führte den Beweis in Essays über den Lebensweg einiger der berühmtesten Vertreter dieses Standes, von Friedrich Schlegel über Ludwig Börne und Alfred Kerr bis zu Kurt Tucholsky und Walter Benjamin. Mit Wut habe man ihre Bemühungen um eine öffentliche Literaturdebatte quittiert, mit Feindschaft und Verachtung, ja mit Verfolgung und Verbannung. Doch was das Publikum Reich-Ranicki an diesem Tag in Frankfurt bekundete, war unzweifelhaft Respekt, Hochachtung, Verehrung, wenn nicht Zuneigung. Und der Goethe-Preis war beileibe nicht die erste Auszeichnung, mit der man ihn ehrte und ihn anhaltender Bewunderung versicherte. Anders als viele seiner Vorgänger konnte sich Reich-Ranicki, dieser Volkstribun unter den Kritikern, vielleicht nicht immer der Sympathie der Intellektuellen sicher sein, wohl aber der Verehrung des größten Teils der Leser.

Familienausflug: Tosia Reich-Ranicki, Andrew Ranicki, Marcel Reich-Ranicki, Carla Ranicki

Natürlich wäre es falsch, wollte man bei Reich-Ranicki heute von Altersmilde sprechen. Er ist, wenn er schreibt oder im Fernsehen spricht, so entschieden, so provokant, ja so aggressiv wie je. Zugleich aber scheint sein Bedürfnis nach Ausgleich und nach Friedensschlüssen zu wachsen. 2003 nutzte er einen Besuch in Lübeck zu einer Begegnung mit Günter Grass, der lange Zeit sämtliche Brücken abgebrochen hatte, und erzählte danach freudig, daß ihnen ein Gespräch ohne Streit gelang. Beglückt sorgte er im Sommer 2004 für Berichte über den Beginn einer Aussöhnung mit dem alten Gefährten Walter Jens und deutete in Interviews an, auch die Konflikte mit ehemaligen Vertrauten wie Joachim Fest oder Sigrid Löffler, soweit es in seiner Macht steht, beenden zu wollen. Und auch mit Frankfurt, mit der Stadt, in der er mittlerweile seit über dreißig Jahren lebt, machte er jetzt – zumindest im Konjunktiv – seinen Frieden. In einer Rede erinnert er an Goethes Feststellung »Wo ich nütze, ist mein Vaterland« und fügt dann mit Blick auf Frankfurt hinzu: »Um es rundheraus zu sagen: Es geht mir gut hier, und ich glaube, daß ich hier zu etwas nütze bin. Wenn also Goethe recht hätte, wäre dann hier mein Vaterland? Nein, das ist nun doch ein für mich zu großes Wort. Aber zumindest hätte ich hier mittlerweile und zum ersten Mal in meinem Leben so etwas wie eine Heimat gefunden. Wer weiß?«[26]

Eine Heimat für einen literarischen Ruhestörer, für einen notorischen Provokateur, für einen Kritiker? Ist aus dem so oft Ausgegrenzten schließlich doch ein Angekommener geworden? Manchmal sieht es so aus. Am 2. Juni 2004 zum Beispiel, seinem vierundachtzigsten Geburtstag. In Bad Homburg, also am Rande des Taunus auf Frankfurt zu, klingt dieser Tag nicht mit herrlichem, aber immerhin mit heiterem Frühsommerwetter aus. Freunde haben hier in ihrem Haus zu einem Abendessen für Tosia und Marcel Reich-Ranicki eingeladen. Drei, vier Dutzend Gäste stehen erst auf der Terrasse im Abendlicht, verteilen sich dann an zwei lange Tafeln und schließlich um Klavier und Kamin. Die Bücherregale wuchern an allen Wänden bis zur Decke hoch, der Hausherr spielt auf Wunsch Beethoven, Verdi, Mozart, und Reich-Ranicki lauscht und redet dann und hört manchmal zu und lacht und rückt vor an die Sesselkante und erzählt von seinem neuen Lieblingsprojekt, dem Kanon der deutschen Literatur, den er in fünf großen Kassetten zusammenstellt, ringt die Hände, rutscht auf seinem Sessel nach rechts, nach links, läßt sich zurück-

fallen in die Lehne, es sei, erklärt er, das Fazit, die Summe seiner lebenslangen Arbeit als Kritiker, hebt die Arme fast flehend über den Kopf, stöhnt über die endlose Arbeit, die für eine gültige Gedichtauswahl zu leisten ist, er lese noch einmal die gesamte deutsche Lyrik von Walther von der Vogelweide bis zur Gegenwart, »Ihr könnt euch das nicht vorstellen«, reißt die Brille von der Nase, fährt sich mit der Brille zwischen den Fingern über die Stirn, nickt, wirft den Kopf weit in den Nacken. »Ist dieser Stefan George denn heute noch lesbar? Hugo von Hofmannsthal, ja, der hat noch immer Charme, vor allem seine frühen Gedichte, aber George? Sind von dem noch mehr als sieben, acht Gedichte geblieben?« fragt er, oder: »Wird dieser Ringelnatz nicht entsetzlich überschätzt?« Oder: »Kennen Sie Mascha Kaléko? Das ist eine Lyrikerin! Und Sarah Kirsch, hervorragend, großartig!« Oder: »Gestern habe ich Uhland gelesen, noch einmal alle Gedichte, mein

Gott, seine schwachen Gedichte sind noch schwächer geworden! Aber seine guten noch besser.« Er sendet Dichternamen aus wie Sensoren, es ist seine Art, Kontakt zu suchen, Kontakt zu pflegen, Kontakt zu halten. Was er liebt, was er braucht, ist schnelle Resonanz, sind originelle Antworten, eben Mitspieler, und alle, die an diesem Abend da sind, alle spielen ihren Part, so gut sie eben können. »Was, Herr Reich-Ranicki, was ist von diesem Frankfurter Dichter zu halten, von diesem Goethe, kann der was?« Er lacht, beide Arme schwingen hoch nach vorn, wie die eines Dirigenten. »Jaaaaah, mein Lieber, jaaaaah, Goethe, das ist kein leichter Fall, Frankfurter Lokalpoet, sicher, aber doch ganz begabt, passen Sie auf, ich werde Ihnen das erklären, hören Sie ...«

ANHANG

Nachbemerkung

Es war Sommer, wir saßen im Restaurant der Deutschen Bibliothek in Frankfurt, der kleine Platz vor dem Gebäude lag in der Mittagssonne. Mein Gesprächspartner hatte mir einen Stapel Zeitungsartikel mitgebracht, die ich für das vorliegende Buch brauchte und die ich ohne seine großzügige Hilfe erst mühevoll hätte zusammentragen müssen. Er überließ sie mir, obwohl er wußte, daß ich sie in wesentlichen Punkten anders beurteilen würde als er. »Zu dumm«, sagte er, während wir unsere Teller an der Salattheke füllten, »und schwierig für jeden Biographen, daß so vieles von Reich-Ranickis Vergangenheit und seiner Zeit beim Geheimdienst noch immer im dunkeln liegt.«

Solche Bemerkungen habe ich während meiner Recherchen für dieses Buch häufiger gehört. Viele, mit denen ich über Reich-Ranicki sprach, glauben, daß noch nicht alles bekannt ist über seine Vergangenheit im Getto, in Kattowitz, in Warschau, in London. Und dies, obwohl Historiker und Journalisten die verschiedenen Stationen seiner Biographie vielfach überprüft haben und die Ergebnisse ihrer Nachforschungen lange bekannt sind. Schon 1951 erhielt zum Beispiel der Direktor des Jüdischen Historischen Institutes in Warschau von der Kontrollkommission der kommunistischen Partei Polens den Auftrag, die Arbeit Reich-Ranickis im Getto zu durchleuchten. Die damals mächtigen KP-

Funktionäre erhofften sich Material, das sie gegen den in Ungnade gefallenen Reich-Ranicki verwenden konnten. Doch der Institutsleiter teilte ihnen mit, daß nichts »Belastendes über ihn und seine Tätigkeit« vorläge. Bedenkt man, wie viele Zeugen der Getto-Geschehnisse 1951 noch lebten und dieses Gutachten anhand eigener Erfahrungen überprüfen konnten, kommt ihm besondere Aussagekraft zu. Aber wie auch immer: Vermutlich muß sich jeder, dessen Leben abenteuerliche Kapitel enthält, damit abfinden, daß sich die abenteuerlichen Phantasien seiner Gegner wieder und wieder an diesen Kapiteln entzünden. Allerdings wäre es, wie die Debatten um die Stasi-Unterlagen zeigten, naiv zu glauben, gerade in den Akten eines Geheimdienstes die Wahrheit und nichts als lautere Wahrheit finden zu können.

»Seltsam«, sagte ich über unsere Teller hinweg zu meinem Gesprächspartner, »daß Reich-Ranickis Geheimdienstzeit im deutschen Literaturbetrieb so große Bedeutung beigemessen wird. Jeder zweite aus Deutschland emigrierte Schriftsteller hat doch damals in Großbritannien oder den USA für den Geheimdienst gearbeitet.«

»Es ist«, meinte mein Gegenüber, »schon ein Unterschied, ob man für die Geheimdienste Churchills und Roosevelts arbeitet oder für einen Geheimdienst Stalins.«

»Sicher«, sagte ich, »aber 1944, als Reich-Ranicki zum polnischen Geheimdienst kam, waren Churchill und Roosevelt enge Alliierte Stalins. Sie kannten seine Verbrechen, doch das hinderte sie nicht daran, mit ihm gemeinsame Sache gegen Hitler zu machen. Auch nicht daran, das mit ihnen verbündete Polen dem Machtbereich Stalins zu überlassen. Keine angenehme Zeit, niemand konnte sich Freunde oder Feinde aussuchen. Reich-Ranicki dagegen war damals gerade mit einer Menge Glück vierundzwanzig Jahre alt geworden – in den letzten fünf davon standen ihm im Getto oder im Warschauer Untergrund nicht eben die besten

Nachrichtenquellen zur Verfügung. Und die Informationen, die er nach 1944 bei der polnischen Zensur und im Geheimdienst über Stalin bekam, dürften, fürchte ich, nicht ganz objektiv gewesen sein.«

Mein Gegenüber schob seinen geleerten Teller von sich: »Sie betrachten die Dinge«, entgegnete er, »stark aus Reich-Ranickis Perspektive.«

»Ja«, sagte ich, »und ich halte das für angemessen. Wer, wie ich, nach dem Krieg in Deutschland geboren wurde, ist unter vergleichsweise friedlichen Umständen aufgewachsen, und wer, wie ich, in der wohlhabenden, braven Bundesrepublik lebte, hat keine größeren politischen Lebensrisiken zu bestehen gehabt als den gelegentlichen Wechsel zwischen SPD- und CDU-Regierungen. Wäre es da angebracht, einen Menschen, der von Deutschen terrorisiert und um ein Haar getötet wurde, darüber belehren zu wollen, wann und wo er während der mörderischen vierziger Jahre in Polen angeblich von jenem Pfad politischer Tugend abgewichen ist, den wir heute als den einzig richtigen betrachten?«

Auch ich war mit dem Salat fertig, wir wandten uns dem Kaffee zu. »Reich-Ranicki hat mich«, fuhr ich fort, »als Redakteur zur *Frankfurter Allgemeinen* geholt. Ich habe von 1980 bis 1988 in seinem Literaturblatt gearbeitet, viel von ihm gelernt und verdanke ihm so manches. Kurz, ich mag ihn. Und außerdem: Was immer von seinen Gegnern gegen Reich-Ranickis Vergangenheit in Polen vorgebracht wurde oder wird, es ändert nichts an seinen Verdiensten um die deutsche Literatur. Und davon soll meine Biographie handeln. Von einem Mann, der Grund gehabt hätte, nie wieder ein deutsches Wort in den Mund zu nehmen, der aber stattdessen Erstaunliches für die deutsche Literatur geleistet hat.«

Wir lehnten uns zurück und schauten für einen Moment auf den sonnenüberfluteten Platz vor dem Restaurant der Bibliothek.

»Na ja«, sagte mein Gegenüber schließlich, »letztlich ist Reich-

Ranicki wohl mehr als ein Literaturkritiker, er ist heute der Repräsentant eines Gewerbes, das in Deutschland lange verachtet und zwischenzeitlich sogar verboten wurde, er ist Repräsentant einer Streitkultur, wie sie jede Demokratie braucht.«

Anmerkungen

Die Autobiographie von Marcel Reich-Ranicki, *Mein Leben*, Stuttgart 1999, wird im folgenden kurz zitiert als *Mein Leben* samt der entsprechenden Seitenangabe.

Zusätze des Autors Uwe Wittstock innerhalb von Zitaten zur Erleichterung des Verständnisses werden durch eckige Klammern gekennzeichnet, Auslassungen innerhalb von Zitaten durch drei Punkte.

Kindheit in Wloclawek, Jugend in Berlin

1 Auskunft von Marcel Reich-Ranicki im Gespräch mit Uwe Wittstock am 29. Juni 2004
2 *Mein Leben*, S. 19
3 Jens Jessen (Hg.): *Über Marcel Reich-Ranicki. Aufsätze und Kommentare.* München 1985, S. 23/24
4 Karl B. Schnelting (Hg.*): Zwischen Diktatur und Literatur. Marcel Reich-Ranicki im Gespräch mit Joachim Fest*. Frankfurt am Main 1987, S. 24
5 *Mein Leben*, S. 17
6 *Mein Leben*, S. 14
7 Marcel Reich-Ranicki: *Vom Tag gefordert. Reden in deutschen Angelegenheiten*. Stuttgart/München 2001, S. 163
8 *Mein Leben*, S. 60
9 Peter Wapnewski (Hg.): *Betrifft Literatur. Über Marcel Reich-Ranicki.* München 1995, S. 200
10 *Mein Leben*, S. 23 und S. 18, 19, 23
11 *Mein Leben*, S. 22 und S. 13 und S. 56 und S. 22, 23
12 *Mein Leben*, S. 24

13 Manfred Alexander: *Kleine Geschichte Polens*. Stuttgart 2003, S. 290
14 Frank Golczewski: *Polnisch-Jüdische Beziehungen 1881-1922. Eine Studie zur Geschichte des Antisemitismus in Osteuropa*. Wiesbaden 1981
15 *Mein Leben*, S. 23
16 *Mein Leben*, S. 24
17 Thomas Anz: *Marcel Reich-Ranicki*. München 2004, S. 18
18 *Mein Leben*, S. 56
19 *Mein Leben*, S. 312
20 Thomas Anz: *Marcel Reich-Ranicki*. A.a.O., S. 20
21 *Mein Leben*, S. 24
22 *Mein Leben*, S. 25
23 *Mein Leben*, S. 34
24 *Mein Leben*, S. 138
25 *Mein Leben*, S. 32
26 Marcel Reich-Ranicki: *Über Ruhestörer. Juden in der deutschen Literatur*. Frankfurt am Main/Berlin/Wien 1973, S. 32
27 *Mein Leben*, S. 34
28 *Mein Leben*, S. 112
29 *Mein Leben*, S. 107 und S. 82
30 *Mein Leben*, S. 127
31 Marcel Reich-Ranicki: *Vom Tag gefordert*. A.a.O., S. 79
32 *Mein Leben*, S. 89
33 *Mein Leben*, S. 69
34 *Mein Leben*, S. 62
35 Kurt Tucholsky: *Gesamtausgabe*. Band 21. Reinbek 1997, S. 473/474
36 *Mein Leben*, S. 102
37 Karl B. Schnelting (Hg.): *Zwischen Diktatur und Literatur*. A.a.O., S. 46
38 Marcel Reich-Ranicki: *Vom Tag gefordert*. A.a.O., S. 168

Vom Überleben

1 *Mein Leben*, S. 163
2 Karl B. Schnelting (Hg.): *Zwischen Diktatur und Literatur*. A.a.O., S. 42
3 *Mein Leben*, S. 125
4 *Mein Leben*, S. 155 und S. 169
5 *Mein Leben*, S. 103/104
6 Manfred Alexander: *Kleine Geschichte Polens*. A.a.O., S. 311
7 *Mein Leben*, S. 176

8 *Mein Leben*, S. 177

9 *Mein Leben*, S. 186

10 *Mein Leben*, S. 189

11 Das erste Getto wurde im ausklingenden Mittelalter 1462 in Frankfurt am Main eingerichtet. Siehe: *Europas Juden im Mittelalter*. Herausgegeben vom Historischen Museum der Pfalz, Speyer. Ostfildern-Ruit 2004

12 *Im Warschauer Getto. Das Tagebuch des Adam Czerniaków 1939-1942*. München 1986, S. VII

13 *Im Warschauer Getto*. A.a.O., S. XIV

14 Joe J. Heydecker: *Das Warschauer Ghetto*. München 1983, S. 10/11

15 Joe J. Heydecker: *Das Warschauer Ghetto*. A.a.O., S. 27

16 Władysław Szpilman: *Das wunderbare Überleben*. München 1998, S. 54/55

17 *Mein Leben*, S. 163

18 Karl B. Schnelting (Hg.): *Zwischen Diktatur und Literatur*. A.a.O., S. 56

19 *Mein Leben*, S. 224

20 Auskunft von Marcel Reich-Ranicki im Gespräch mit Uwe Wittstock am 11. März 2004

21 *Im Warschauer Getto*. A.a.O., S. XXIII

22 *Mein Leben*, S. 232

23 Marek Edelman: *Das Getto kämpft*. Berlin 1993, S. 49

24 Peter Laemmle (Hg.): *Marcel Reich-Ranicki. Kritiker als Beruf*. Frankfurt am Main 2002, S. 19

25 *Im Warschauer Getto*. A.a.O., S. 285

26 *Mein Leben*, S. 245

27 Rudi Assuntino/Wlodek Goldkorn: *Der Hüter. Marek Edelman erzählt*. München 2002, S. 44

28 Peter Wapnewski (Hg.): *Betrifft Literatur. Über Marcel Reich-Ranicki*. A.a.O., S. 213/214

29 *Mein Leben*, S. 260

30 Assuntino/Goldkorn: *Der Hüter. Marek Edelman erzählt*. A.a.O., S. 142

31 Joe J. Heydecker: *Das Warschauer Ghetto*. A.a.O., S. 14

32 Raul Hilberg: *Die Vernichtung der europäischen Juden*. Frankfurt am Main 1999, S. 956

33 *Mein Leben*, S. 266

34 Assuntino/Goldkorn: *Der Hüter. Marek Edelman erzählt*. A.a.O., S. 54

35 *Mein Leben*, S. 270

36 *Mein Leben*, S. 271

37 *Mein Leben*, S. 273/274. Marek Edelman bestätigt die Summe in seinem Buch *Der Hüter*. A.a.O., S. 56

38 Assuntino/Goldkorn: *Der Hüter. Marek Edelman erzählt.* A.a.O., S. 106/107
39 Gerhard Gnauck: »Nachbarin, was brauchst du so viel Brot?« In: *Die Welt,* 9. März 2004
40 Auskunft von Marcel Reich-Ranicki im Gespräch mit Uwe Wittstock am 11. März 2004
41 *Mein Leben*, S. 282
42 *Mein Leben*, S. 283
43 Karl B. Schnelting (Hg.): *Zwischen Diktatur und Literatur.* A.a.O., S. 76
44 *Mein Leben*, S. 284
45 Alle Zitate aus: Gerhard Gnauck: »Nachbarin, was brauchst du so viel Brot?« A.a.O.
46 Karl B. Schnelting (Hg.): *Zwischen Diktatur und Literatur.* A.a.O., S. 78
47 Gerhard Gnauck: »Nachbarin, was brauchst du so viel Brot?« A.a.O.
48 *Mein Leben*, S. 293

Der lange Weg zurück zur Literatur

1 *Mein Leben*, S. 299
2 Bogdan Musial: »Unter Stalins Regie.« In: *Frankfurter Rundschau*, 29. Juni 2004
3 Norman Davies: *Aufstand der Verlorenen. Kampf um Warschau 1944.* München 2004, S. 543
4 Manfred Alexander: *Kleine Geschichte Polens.* A.a.O., S. 320
5 Assuntino/Goldkorn: *Der Hüter. Marek Edelman erzählt.* A.a.O., S. 78/79
6 *Mein Leben*, S. 300
7 *Mein Leben*, S. 311
8 Gerhard Gnauck: »Kennt die Psyche des Agenten.« In: *Die Welt*, 12. August 2002
9 »Nicht Fragen. Überleben.« Gespräch mit Uwe Wittstock. In: *Die Welt,* 13. Dezember 2003
10 Gerhard Gnauck: »Kennt die Psyche des Agenten.« A.a.O.
11 Jens Jessen (Hg.): *Über Marcel Reich-Ranicki.* A.a.O., S. 36
12 *Mein Leben*, S. 312/314
13 *Mein Leben*, S. 316
14 Volker Hage/Mathias Schreiber: *Marcel Reich-Ranicki.* Köln 1995, S. 209-224
15 Auskunft von Marcel Reich-Ranicki im Gespräch mit Uwe Wittstock am 17. Oktober 2003

16 *Mein Leben*, S. 319
17 Auskunft von Marcel Reich-Ranicki im Gespräch mit Uwe Wittstock am 12. Juni 2004
18 *Mein Leben*, S. 100
19 Marcel Reich-Ranicki: *Erst leben, dann spielen. Über polnische Literatur.* Göttingen 2002, S. 54
20 *Mein Leben*, S. 323
21 Manfred Alexander: *Kleine Geschichte Polens.* A.a.O., S. 326; Assuntino/Goldkorn: *Der Hüter. Marek Edelman erzählt.* A.a.O., S. 89
22 Hage/Schreiber: *Marcel Reich-Ranicki.* A.a.O., S. 39
23 »Wir waren zusammen in der Hölle – und im Himmel.« Gespräch mit Mathias Döpfner. In: *Die Welt*, 18. September 1999
24 *Mein Leben*, S. 326
25 *Mein Leben*, S. 326
26 Krzysztof Tarka: »Powrot Cata.« In: *Newsweek Polska*, Heft 25/04
27 »Mir soll der Mund verboten werden.« Gespräch mit Peter Michalzik. In: *Süddeutsche Zeitung*, 17. Juni 1994
28 »Es waren harmlose Berichte.« Gespräch mit Volker Hage und Mathias Schreiber. In: *Der Spiegel*, 20. Juni 1994; ebenfalls in: Hage/Schreiber: *Marcel Reich-Ranicki.* A.a.O., S. 191
29 *Mein Leben*, S. 332
30 Krzysztof Starzyński: *Doppelagent zwischen Diensten, Diplomaten und Dementis. Erinnerungen eines polnischen Geheimdienstoffiziers.* Berlin 1997, S. 199
31 Rolf Hochhuth: *Und Brecht sah das Tragische nicht. Plädoyers, Polemiken, Profile.* Darmstadt 1996, S. 193
32 Jochen Hieber (Hg.): *Lieber Marcel. Briefe an Reich-Ranicki.* Stuttgart/München 2000, S. 18
33 Norman Davies: *Aufstand der Verlorenen.* A.a.O., S. 567
34 Norman Davies: *Aufstand der Verlorenen.* A.a.O., S. 570
35 *Mein Leben*, S. 329
36 *Mein Leben*, S. 330
37 Janusz Tycner: »Die Akte Ranicki.« In: *Die Zeit*, 15. Juli 1994
38 *Mein Leben*, S. 334
39 *Mein Leben*, S. 334/335
40 Manfred Alexander: *Kleine Geschichte Polens.* A.a.O., S. 333
41 *Mein Leben*, S. 112
42 Karl B. Schnelting (Hg.): *Zwischen Diktatur und Literatur.* A.a.O., S. 85
43 Janusz Tycner: »Die Akte Ranicki«. A.a.O.

44 Zitiert nach: Janusz Tycner: »Die Akte Ranicki«. A.a.O.
45 Jens Jessen (Hg.): *Über Marcel Reich-Ranicki*. A.a.O., S. 43
46 Auskunft von Monica Huchel im Gespräch mit Uwe Wittstock im September 1988
47 Marceli Ranicki: »Erich Weinert. Ein Dichter des deutschen Volkes.« In: *Sinn und Form*, Heft 2/1953, S. 139
48 Marceli Ranicki: »Erich Weinert.« A.a.O., S. 138/139
49 Auskunft von Monica Huchel im Gespräch mit Uwe Wittstock im September 1988
50 Peter Huchel: *Gesammelte Werke*. Band 2. Frankfurt am Main 1984, S. 327
51 Peter Huchel: *Gesammelte Werke*. A.a.O., S. 375
52 Zitiert nach: Janusz Tycner: »Die Akte Ranicki«. A.a.O.
53 Zitiert nach: Janusz Tycner: »Die Akte Ranicki«. A.a.O.
54 Zitiert nach: Janusz Tycner: »Die Akte Ranicki«. A.a.O.
55 Hage/Schreiber: *Marcel Reich-Ranicki*. A.a.O., S. 66/67
56 Marcel Reich-Ranicki: *Der doppelte Boden. Gespräch mit Peter von Matt*. Zürich 1992, S. 181/182
57 Hage/Schreiber: *Marcel Reich-Ranicki*. A.a.O., S. 70
58 Jens Jessen (Hg.): *Über Marcel Reich-Ranicki*. A.a.O., S. 36
59 Marcel Reich-Ranicki: *Erst leben, dann spielen*. A.a.O., S. 69-71; siehe auch Manfred Alexander: *Kleine Geschichte Polens*. A.a.O., S. 340
60 Marceli Ranicki: »Moderne deutsche Dichtung in Polen.« In: *Die Welt*, 23. Januar 1958. Weitere Artikel von Marceli Ranicki erschienen in: *Die Welt*, 30. November 1957, 7. Dezember 1957, 23. Januar 1958 und 15. April 1958
61 *Mein Leben*, S. 391

Kritik, nichts als Kritik

1 Marcel Reich-Ranicki: »Bitteres aus liebendem Herzen.« In: *Die Welt*, 8. Oktober 1959
2 Auskunft von Günther Rühle im Gespräch mit Uwe Wittstock am 18. Juni 2004
3 Jens Jessen (Hg.): *Über Marcel Reich-Ranicki*. A.a.O., S. 43/44
4 Auskunft von Günther Rühle im Gespräch mit Uwe Wittstock am 18. Juni 2004
5 *Mein Leben*, S. 396
6 *Mein Leben*, S. 373

7 Jens Jessen (Hg.): *Über Marcel Reich-Ranicki.* A.a.O., S. 43
8 *Mein Leben,* S. 400
9 *Mein Leben,* S. 427
10 Hans Werner Richter: *Briefe.* München 1997, S. 280
11 Auskunft von Günther Rühle im Gespräch mit Uwe Wittstock am 18. Juni 2004
12 Peter Rühmkorf: *Ich habe Lust, im weiten Feld ... Betrachtungen einer abgeräumten Schachfigur.* Göttingen 1996, S. 24
13 Haug von Kuenheim: *Marion Dönhoff.* Reinbek 1999, S. 69
14 Norbert Frei (Hg.): *Hitlers Eliten nach 1945.* München 2003, S. 238
15 Jochen Hieber (Hg.): *Lieber Marcel.* A.a.O., S. 266
16 Karl-Heinz Janßen: *Die Zeit in der* Zeit. *50 Jahre einer Wochenzeitung.* Berlin 1995, S. 165
17 Haug von Kuenheim: *Marion Dönhoff.* A.a.O., S. 63
18 Haug von Kuenheim: *Marion Dönhoff.* A.a.O., S. 65
19 *Mein Leben,* S. 421
20 *Mein Leben,* S. 434
21 Auskunft von Peter Rühmkorf im Gespräch mit Uwe Wittstock am 10. Juni 2004
22 Auskunft von Joachim Fest im Gespräch mit Uwe Wittstock am 28. Juli 2004
23 Auskunft von Günter Grass im Gespräch mit Uwe Wittstock am 8. Juli 2004
24 Marcel Reich-Ranicki: »Oktober 1958. Tagung in Großholzleute im Allgäu.« In: *Dichter und Richter. Die Gruppe 47 und ihre Gäste.* München 1962, S. 119
25 Hans Werner Richter: *Briefe.* A.a.O., S. 254
26 Hans Werner Richter: *Briefe.* A.a.O., S. 259
27 Hans Werner Richter: *Im Etablissement der Schmetterlinge. Einundzwanzig Portraits aus der Gruppe 47.* München 1988, S. 227
28 Hans Werner Richter: *Im Etablissement der Schmetterlinge.* A.a.O., S. 230 und S. 233
29 Jochen Hieber (Hg.): *Lieber Marcel.* A.a.O., S. 323
30 Auskunft von Günter Grass im Gespräch mit Uwe Wittstock am 8. Juli 2004
31 Hans Werner Richter: *Briefe.* A.a.O., S. 370
32 Auskunft von Walter Jens im Gespräch mit Uwe Wittstock am 2. Juli 2004
33 Auskunft von Günter Grass im Gespräch mit Uwe Wittstock am 8. Juli 2004

34 Auskunft von Günter Grass im Gespräch mit Uwe Wittstock am 8. Juli 2004
35 Marcel Reich-Ranicki: »Autoren auf dem Präsentierteller.« In: *Die Welt,* 28. Oktober 1959
36 Vor der fünfzehnten Tagung der Gruppe 47 hatte Rudolf Walter Leonhardt im Feuilleton der *Zeit* kontroverse Beiträge zu der Frage »Was gilt die deutsche Literatur im Inland?« versammelt. Günter Blöcker und Hans Habe griffen in ihren Artikeln die Gruppe 47 an, Leonhardt und Reich-Ranicki verteidigten sie. In: *Die Zeit,* 26. Oktober 1962
37 Hans Werner Richter: *Im Etablissement der Schmetterlinge.* A.a.O., S. 231/232
38 Hans Werner Richter: *Im Etablissement der Schmetterlinge.* A.a.O., S. 227/228
39 Hans Werner Richter: *Briefe.* A.a.O., S. 326
40 Hans Werner Richter: *Briefe.* A.a.O., S. 361
41 Marcel Reich-Ranicki: »Oktober 1958. Tagung in Großholzleute im Allgäu.« A.a.O., S. 119
42 Hans Werner Richter: *Im Etablissement der Schmetterlinge.* A.a.O., S. 229
43 *Mein Leben,* S. 410

Vom Bewußtsein der Republik

1 Karl B. Schnelting (Hg.): *Zwischen Diktatur und Literatur.* A.a.O., S. 98
2 Auskunft von Marcel Reich-Ranicki im Gespräch mit Uwe Wittstock am 17. Oktober 2003
3 Auskunft von Marcel Reich-Ranicki im Gespräch mit Uwe Wittstock am 28. Oktober 2003
4 Marcel Reich-Ranicki: *Literarisches Leben in Deutschland. Kommentare und Pamphlete.* München 1965, S. 63-69
5 Auskunft von Dieter E. Zimmer im Gespräch mit Uwe Wittstock am 15. September 2004
6 Auskunft von Walter Jens im Gespräch mit Uwe Wittstock am 2. Juli 2004
7 Franz Fühmann: *Das Judenauto. Kabelkran und Blauer Peter. Zweiundzwanzig Tage oder Die Hälfte des Lebens.* Rostock 1979, S. 467/468
8 Curt Hohoff: *Gerd Gaiser – Werk und Gestalt.* München 1962
9 Marcel Reich-Ranicki: *Deutsche Literatur in West und Ost. Prosa seit 1945.* München 1963, S. 80

10 Walter Jens: »Gegen die Überschätzung Gerd Gaisers.« In: *Die Zeit*, 25. November 1960

11 Peter Wapnewski (Hg.): *Betrifft Literatur*. A.a.O., S. 222; vgl.: Marcel Reich-Ranicki: *Der doppelte Boden*. A.a.O., S. 68 und S. 200

12 Günter de Bruyn: *Deutsche Zustände. Über Erinnerungen und Tatsachen, Heimat und Literatur.* Frankfurt am Main 1999, S. 268

13 *Mein Leben*, S. 104

14 Michael Wildt: *Generation des Unbedingten. Das Führungskorps des Reichssicherheitshauptamtes*. Hamburg 2002, S. 385

15 Michael Wildt: *Generation des Unbedingten*. A.a.O., S. 797-813

16 Hans Rössner an Marcel Reich-Ranicki am 25. Oktober 1966. Deutsches Literaturarchiv, Marbach. A: Piper

17 Auskunft von Marcel Reich-Ranicki im Gespräch mit Uwe Wittstock am 28. Oktober 2003

18 Dieter E. Zimmer: »Ein Monolith.« In: *Die Zeit*, 19. August 1999

19 Marcel Reich-Ranicki: *Lauter Verrisse*. Frankfurt am Main/Berlin/Wien 1973, S. 29

20 Josef Müller-Marein/Theo Sommer (Hg.): *Schriftsteller: Ja-Sager oder Nein-Sager? Das Hamburger Streitgespräch deutscher Autoren aus Ost und West*. Hamburg 1961

21 Karl-Heinz Janßen: *Die Zeit in der* Zeit. A.a.O., S. 140

22 Auskunft von Dieter E. Zimmer im Gespräch mit Uwe Wittstock am 15. September 2004

23 Müller-Marein/Sommer (Hg.): *Schriftsteller: Ja-Sager oder Nein-Sager?* A.a.O. S., 113

24 Müller-Marein/Sommer (Hg.): *Schriftsteller: Ja-Sager oder Nein-Sager?* A.a.O. S., 127

25 Marcel Reich-Ranicki: *Lauter Verrisse*. A.a.O., S. 10. Der von Reich-Ranicki zitierte Aufsatz Theodor W. Adornos erschien in: *Die Zeit*, 27. Juni 1969, unter dem Titel »Kritik«.

26 *Mein Leben*, S. 464

27 Christian Schultz-Gerstein: »Ein furchtbarer Kunst-Richter.« In: *Der Spiegel*, 21. August 1978

28 Marcel Reich-Ranicki: »Selbstkritik des ›Blechtrommel‹-Kritikers.« Erstsendung im Westdeutschen Rundfunk am 22. Mai 1963. Zitiert nach: Marcel Reich-Ranicki: *Günter Grass. Aufsätze.* Zürich 1992, S. 21/22

29 Marcel Reich-Ranicki: »Gegen die linken Eiferer.« In: *Die Zeit*, 11. Mai 1973

30 Jochen Hieber (Hg.): *Lieber Marcel.* A.a.O., S. 238-241
31 *Mein Leben,* S. 468
32 Auskunft von Walter Jens im Gespräch mit Uwe Wittstock am 2. Juli 2004
33 Auskunft von Marcel Reich-Ranicki im Gespräch mit Uwe Wittstock am 28. Oktober 2003
34 Das Gespräch zwischen Bettina Röhl und Marcel Reich-Ranicki ist bislang nur im Internet publiziert: www.bettinaroehl.de. Siehe auch: Thomas Anz: »Warum weinte Ulrike Meinhof?« In: *Frankfurter Rundschau,* 24. April 2004
35 Jochen Hieber (Hg.): *Lieber Marcel.* A.a.O., S. 265/266
36 *Mein Leben,* S. 468
37 Karl-Heinz Janßen: *Die Zeit in der* Zeit. A.a.O., S. 287
38 *Mein Leben,* S. 472
39 Dieter E. Zimmer: »Ein Monolith.« A.a.O.
40 Auskunft von Dieter E. Zimmer im Gespräch mit Uwe Wittstock am 15. September 2004

Der Literaturchef

1 Auskünfte von Günther Rühle im Gespräch mit Uwe Wittstock am 18. Juni 2004
2 Auskunft von Marcel Reich-Ranicki im Gespräch mit Uwe Wittstock am 22. September 2004
3 Auskunft von Günter Grass im Gespräch mit Uwe Wittstock am 8. Juli 2004
4 Marcel Reich-Ranicki: *Vom Tag gefordert. Reden in deutschen Angelegenheiten.* A.a.O., S. 80
5 *Mein Leben,* S. 484
6 Jürgen Busche: »Wer ist Hölzenbein?« In: *Frankfurter Allgemeine Zeitung,* 2. Juni 2004
7 Auskünfte von Günther Rühle im Gespräch mit Uwe Wittstock am 18. Juni 2004
8 »Ich habe manipuliert, selbstverständlich!« Gespräch mit Rolf Becker und Hellmuth Karasek. In: *Der Spiegel,* 2. Januar 1989
9 »Ich habe manipuliert, selbstverständlich!« Gespräch mit Rolf Becker und Hellmuth Karasek. A.a.O.
10 *Mein Leben,* S. 495

11 Auskunft der Deutschen Verlags-Anstalt, München, vom 30. September 2004
12 Peter Wapnewski (Hg.): *Betrifft Literatur.* A.a.O., S. 220

Freundschaften, Feindschaften

1 »Wir waren zusammen in der Hölle – und im Himmel.« Gespräch mit Mathias Döpfner. In: *Die Welt,* 18. September 1999
2 Deutsches Literaturarchiv, Marbach. A: Sternberger/Deutsche Akademie für Sprache und Dichtung
3 Marcel Reich-Ranicki: »Die Akademie: ein Hobby für Senioren?« In: *Frankfurter Allgemeine Zeitung,* 20. Oktober 1975
4 Rainald Goetz: *Hirn.* Frankfurt am Main 1986, S. 17/18
5 »Ich habe manipuliert, selbstverständlich!« Gespräch mit Rolf Becker und Hellmuth Karasek. A.a.O.
6 Marcel Reich-Ranicki: *Die Anwälte der Literatur.* Stuttgart 1994, S. 28
7 Marcel Reich-Ranicki an Heinrich Böll am 19. Juni 1959. Deutsches Literaturarchiv, Marbach. A: Reich-Ranicki
8 Marcel Reich-Ranicki: *Mehr als ein Dichter. Über Heinrich Böll.* München 1994, S. 34
9 Marcel Reich-Ranicki: *Mehr als ein Dichter.* A.a.O., S. 57
10 Marcel Reich-Ranicki: *Mehr als ein Dichter.* A.a.O., S. 75
11 Jens Jessen (Hg.): *Über Marcel Reich-Ranicki.* A.a.O., S. 18
12 Marcel Reich-Ranicki: *Mehr als ein Dichter.* A.a.O., S. 94
13 Marcel Reich-Ranicki an Heinrich Böll am 20. Dezember 1979. Deutsches Literaturarchiv, Marbach. A: Reich-Ranicki
14 Marcel Reich-Ranicki an Heinrich Böll am 22. Juli 1981. Deutsches Literaturarchiv, Marbach. A: Reich-Ranicki
15 Marcel Reich-Ranicki: *Lauter Verrisse.* A.a.O., S. 31
16 Heinrich Vormweg: *Der andere Deutsche. Heinrich Böll. Eine Biographie.* Köln 2000, S. 383
17 Jens Jessen (Hg.): *Über Marcel Reich-Ranicki.* A.a.O., S. 18
18 Zum Beispiel: Reinhard Baumgart: *Deutsche Literatur der Gegenwart. Kritiken – Essays – Kommentare.* München/Wien 1994; Joachim Kaiser: *Erlebte Literatur. Vom »Doktor Faustus« zum »Fettfleck«. Deutsche Schriftsteller in unserer Zeit.* München 1988; Peter Hamm: *Der Wille zur Ohnmacht.* München/Wien 1992; Martin Lüdke: *Für den* Spiegel *geschrieben. Eine kleine Literaturgeschichte.* Reinbek 1991

19 Marcel Reich-Ranicki: »Verleumdung statt Aufklärung.« In: *Frankfurter Allgemeine Zeitung,* 18. Oktober 1979

20 Auskunft von Walter Jens im Gespräch mit Uwe Wittstock am 2. Juli 2004

21 Marcel Reich-Ranicki: »Verleumdung statt Aufklärung.« A.a.O.

22 »Endgültig: das Schlußwort.« In: *Die Zeit,* 7. Dezember 1979

23 Marcel Reich-Ranicki: »Macht Verfolgung kreativ?« In: *Frankfurter Allgemeine Zeitung,* 12. November 1987; siehe hierzu auch: Thomas Anz (Hg.): *Es geht nicht um Christa Wolf. Der Literaturstreit im vereinten Deutschland.* Frankfurt am Main 1991, S. 30/31 und S. 35-40

24 Jörg Magenau: *Christa Wolf. Eine Biographie.* Berlin 2002, S. 282 und S. 353

25 Marcel Reich-Ranicki: *Lauter Verrisse.* A.a.O., S. 37

26 Peter Handke: *Prosa Gedichte Theaterstücke Hörspiele Aufsätze.* Frankfurt am Main 1969, S. 288-291

27 Eckhard Henscheid: *Polemiken.* Frankfurt am Main 2003, S. 60-65

28 Zitiert nach: *Frankfurter Allgemeine Zeitung,* 14. September 2004

29 Maxim Biller: *Deutschbuch.* München 2001, S. 102-104

30 Christian Schultz-Gerstein: »Ein furchtbarer Kunst-Richter.« A.a.O.

31 Peter Handke: *Die Lehre der Sainte-Victoire.* Frankfurt am Main 1980, S. 58

32 Helmut Heißenbüttel: »Nachruf zu Lebzeiten.« In: *Text und Kritik: Über Literaturkritik,* Heft 100/Oktober 1988, S. 26-28

33 Christa Reinig: *Die Frau im Brunnen.* München 1984, S. 124

34 Martin Walser: *Tod eines Kritikers.* München/Zürich 2003

35 *Mein Leben,* S. 446

36 Hermann L.Gremliza: »Jetzt reicht's, Ranicki!« In: *Konkret,* Heft 5/1976, S. 44

37 *Mein Leben,* S. 385

38 Marcel Reich-Ranicki: *Unser Grass.* München 2003, S. 131

39 Auskunft von Günter Grass im Gespräch mit Uwe Wittstock am 8. Juli 2004; siehe auch: Günter Grass: *Werkausgabe.* Band IX. Darmstadt/Neuwied 1987, S. 632

40 Marcel Reich-Ranicki: »Oktober 1958. Tagung in Großholzleute im Allgäu.« In: *Dichter und Richter. Die Gruppe 47 und ihre Gäste.* A.a.O., S. 120

41 Marcel Reich-Ranicki: *Unser Grass.* A.a.O., S. 14

42 Marcel Reich-Ranicki: *Unser Grass.* A.a.O., S. 24

43 Auskunft von Günter Grass im Gespräch mit Uwe Wittstock am 8. Juli 2004

44 »Memoiren. Eva Demski im Gespräch mit Marcel Reich-Ranicki.« Bayerischer Rundfunk, Nachtstudio, 30. Januar 1992

45 Marcel Reich-Ranicki: *Unser Grass.* A.a.O., S. 113, S. 140, S. 101 und S. 170
46 *Der Spiegel,* 21. August 1995
47 Auskunft von Günter Grass im Gespräch mit Uwe Wittstock am 8. Juli 2004
48 Auskunft des Steidl Verlags, Göttingen, vom 26. Oktober 2004
49 Günter Grass: »Über das Sekundäre aus primärer Sicht. Eine Rede zur Literaturkritik.« In: *Neue Zürcher Zeitung,* 9. Mai 1994
50 Marcel Reich-Ranicki: *Unser Grass.* A.a.O., S. 148/149
51 Auskunft von Günter Grass im Gespräch mit Uwe Wittstock am 8. Juli 2004
52 Marcel Reich-Ranicki: *Die Anwälte der Literatur.* A.a.O., S. 74
53 Marcel Reich-Ranicki: *Die Anwälte der Literatur.* A.a.O., S. 142
54 Peter Rühmkorf: *Ich habe Lust, im weiten Feld...* A.a.O., S. 24
55 Peter Rühmkorf: *Ich habe Lust, im weiten Feld...* A.a.O., S. 28/29
56 Peter Rühmkorf: *TABU I. Tagebücher 1989-1991.* Reinbek 1995, S. 34
57 Peter Rühmkorf: *Ich habe Lust, im weiten Feld...* A.a.O., S. 11
58 *Mein Leben,* S. 483
59 *Mein Leben,* S. 482
60 *Mein Leben,* S. 483
61 »Wir waren zusammen in der Hölle – und im Himmel.« Gespräch mit Mathias Döpfner. A.a.O.
62 Rudolf Augstein (Hg.): *Historikerstreit.* München 1986
63 Ernst Nolte: »Vergangenheit, die nicht vergehen will.« In: *Frankfurter Allgemeine Zeitung,* 6. Juni 1986
64 Auskunft von Joachim Fest im Gespräch mit Uwe Wittstock am 28. Juli 2004
65 Jürgen Habermas: »Eine Art Schadensabwicklung.« In: *Die Zeit,* 11. Juli 2004
66 Klaus Hildebrand: »Das Zeitalter der Tyrannen.« In: *Frankfurter Allgemeine Zeitung,* 31. Juli 1986
67 Joachim Fest: »Die geschuldete Erinnerung.« In: *Frankfurter Allgemeine Zeitung,* 29. August 1986
68 *Mein Leben,* S. 544
69 Auskunft von Joachim Fest im Gespräch mit Uwe Wittstock am 28. Juli 2004
70 Auskunft von Joachim Fest im Gespräch mit Uwe Wittstock am 28. Juli 2004
71 Deutsches Literaturarchiv, Marbach. A: Marcel Reich-Ranicki

72 Marcel Reich-Ranicki: »Macht Verfolgung kreativ?« A.a.O.
73 Thomas Anz (Hg.): *Es geht nicht um Christa Wolf.* A.a.O., S. 254
74 Thomas Anz (Hg.): *Es geht nicht um Christa Wolf.* A.a.O., S. 250
75 Walter Jens: »Plädoyer gegen die Preisgabe der DDR-Kultur.« In: *Süddeutsche Zeitung,* 16./17. Juni 1990
76 Tilman Jens: »Vom ›genialen Stalin‹.« In: *Forbes*, Heft 9/September 1991, S. 137
77 »Vorwürfe sind Komplimente.« In: *Der Spiegel,* 24. Mai 1993
78 *Mein Leben*, S. 425/426
79 Auskunft von Walter Jens im Gespräch mit Uwe Wittstock am 2. Juli 2004

Popstar der Kritik

1 Hellmuth Karasek: *Auf der Flucht. Erinnerungen.* Berlin 2004, S. 490
2 Sabina Lietzmann: »Darf man nach Auschwitz noch Rosen besingen?« In: *Frankfurter Allgemeine Zeitung*, 29. April 1966; zitiert nach: Horst Ziermann (Hg.): *Gruppe 47. Die Polemik um die deutsche Gegenwartsliteratur. Eine Dokumentation.* Frankfurt am Main 1966, S. 48
3 *Mein Leben*, S. 539
4 Marcel Reich-Ranicki: *Unser Grass.* A.a.O., S. 192
5 Marcel Reich-Ranicki: *Unser Grass.* A.a.O., S. 192
6 Auskunft von Günter Grass im Gespräch mit Uwe Wittstock am 8. Juli 2004
7 Hellmuth Karasek: *Auf der Flucht.* A.a.O., S. 484
8 Hellmuth Karasek: *Auf der Flucht.* A.a.O., S. 485
9 Iris Radisch: »Reich-Ranicki Kind des Grauens.« In: *Die Zeit*, 19. August 1999
10 Marcel Reich-Ranicki: *Literarisches Leben in Deutschland.* A.a.O., S. 118
11 Martin Walser: *Liebeserklärungen.* Frankfurt am Main 1983, S. 35
12 Marcel Reich-Ranicki: *Martin Walser. Aufsätze.* Frankfurt am Main 1996, S. 69
13 Marcel Reich-Ranicki: *Martin Walser.* A.a.O., S. 126
14 Jens Jessen (Hg.): *Über Marcel Reich-Ranicki.* A.a.O., S. 9
15 Peter Wapnewski (Hg.): *Betrifft Literatur.* A.a.O., S. 25
16 Martin Walser: *Erfahrungen beim Verfassen einer Sonntagsrede.* Frankfurt am Main 1998, S. 17/18
17 Auskunft von Frank Schirrmacher im Gespräch mit Uwe Wittstock am 5. August 2004

18 *Mein Leben*, S. 549

19 Frank Schirrmacher: »Tod eines Kritikers.« In: *Frankfurter Allgemeine Zeitung*, 26. Mai 2002

20 Ruth Klüger: »Sieh doch Deutschland.« In: *Frankfurter Rundschau*, 27. Juni 2002

21 Jan Philipp Reemtsma: »Ein antisemitischer Affektsturm.« In: *Frankfurter Allgemeine Zeitung*, 27. Juni 2002

22 Martin Walser: *Heimatkunde. Aufsätze und Reden*. Frankfurt am Main 1968, S. 7-23

23 Martin Walser: *Über Deutschland reden*. Frankfurt am Main 1988, S. 12/13

24 Marcel Reich-Ranicki: »Was ich empfinde.« In: *Frankfurter Allgemeine Zeitung*, 12. Juli 2002

25 *Mein Leben*, S. 541

26 Marcel Reich-Ranicki: *Vom Tag gefordert*. A.a.O., S. 190

Zeittafel

1920 Im polnischen Wloclawek am 2. Juni als Marcel Reich geboren – er ist das dritte Kind von David Reich, einem polnischen Juden, und von Helene Reich, geborene Auerbach, einer deutschen Jüdin.

1927 Marcel Reich wird in die zweite Klasse der deutschsprachigen Volksschule in Wloclawek eingeschult.

1929 Bankrott der Firma des Vaters in Wloclawek.
Übersiedlung der Familie nach Berlin.
Marcel Reich besucht nun die Volksschule in Berlin-Charlottenburg, Witzlebenstraße.

1930 Werner-von-Siemens-Gymnasium, Berlin-Schöneberg.

1934 Mitgliedschaft im Jüdischen Pfadfinderbund Deutschland (JPD).

1935 Fichte-Gymnasium, Berlin-Wilmersdorf.

1938 Im April Abitur am Berliner Fichte-Gymnasium.
Ablehnung des Immatrikulationsgesuches für das Fach Germanistik durch die Friedrich-Wilhelms-Universität Berlin.
Lehrling in der Firma Juan Casparius, Export, Berlin-Charlottenburg.
Ende Oktober Verhaftung und Deportation nach Polen.

1939 Marcel Reichs Schwester Gerda gelingt zusammen mit ihrem Mann Gerhard Böhm kurz vor Beginn des Zweiten Weltkriegs die Emigration nach England.
Nach dem Überfall auf Polen und der Einnahme Warschaus durch die deutsche Wehrmacht wird Marcel Reich in der jüdischen Gemeinde als deutscher Übersetzer angestellt.

1940 Die jüdische Gemeinde wird auf Veranlassung der deutschen Behörden in den »Judenrat« umgestaltet.
Einrichtung des Warschauer Gettos durch die deutschen Behörden.
Marcel Reich wird Leiter des Korrespondenz- und Übersetzungsbüros des »Judenrats«.

1941 Mitarbeiter des Getto-Untergrundarchivs (Ringelblum-Archiv).

1942 Marcel Reich veröffentlicht unter dem Pseudonym Wiktor Hart in polnischer Sprache Musikkritiken in der Zeitung des Getto: *Gazeta Żydowska*.
Am 22. Juli beginnen die Deportationen aus dem Warschauer Getto.
Am selben Tag heiratet Marcel Reich Teofila Langnas, genannt Tosia.
David und Helene Reich, die Eltern von Marcel Reich, werden im September von den Deutschen bei Selektionen den Transporten nach Treblinka zugeteilt und dort ermordet.
Der Bruder Alexander Reich wird im November in ein Lager bei Lublin verlegt, wenige Monate später kommt er in das Kriegsgefangenen- und Arbeitslager Poniatowa, wo er am 4. November 1943 von SS-Leuten ermordet wird.

1943 Marcel und Tosia Reich fliehen im Februar aus dem Getto.
Beide finden Unterschlupf bei der polnischen Familie Gawin in Warschau.

1944 Im September werden Marcel und Tosia Reich durch die sowjetische Armee befreit.
Beide treten in die polnische Armee ein.
Ab Oktober Einsatz bei der militärischen Postzensur.

1945 Versetzung zur militärischen Auslandspostzensur in Warschau.

1946 Von Januar bis April wird Marcel Reich in die polnische Militärmission in Berlin entsandt.
Ab April Angehöriger des polnischen Geheimdiensts MBP (Auslandsnachrichtendienst).
Beitritt zur kommunistischen Partei Polens.

1947 Weiterhin im Auslandsnachrichtendienst und zugleich im Außenministerium.

1948 Als Marceli Ranicki Vizekonsul der Republik Polen in London, später Konsul.
Geburt des Sohnes Andrzej Alexander Ranicki am 30. Dezember.

1949 Im November Abberufung aus London. Rückkehr nach Warschau.

1950 Inhaftierung. Entlassung aus dem Auswärtigen Dienst und aus dem Geheimdienst.
Im März Ausschluß aus der kommunistischen Partei.
Anstellung beim Verlag des Verteidigungsministeriums als Lektor für deutsche Literatur.

1951 Erste Veröffentlichungen in der Warschauer Wochenzeitung *Nowa Kultura*.

1952 Freier Schriftsteller in Warschau. Beginn der regelmäßigen Zusammenarbeit mit der Monatszeitschrift *Twórczość*.

1953 Generelles Publikationsverbot ab März.

1954 Im Oktober Aufhebung des Publikationsverbots.

1955 *Aus der Geschichte der deutschen Literatur 1871-1954* (in polnischer Sprache).

1956 Im Mai erster Besuch in der DDR.
Im Oktober Teilnahme an der Internationalen Heine-Konferenz in Weimar.

1957 *Die Epik der Anna Seghers* (in polnischer Sprache).
Erster Besuch in der Bundesrepublik.

1958 Im Juli Reise in die Bundesrepublik zu »Studienzwecken«.
Ständiger Wohnsitz: Frankfurt am Main.
Er führt jetzt den Namen Marcel Reich-Ranicki.
Beginn der Zusammenarbeit mit der *Frankfurter Allgemeinen Zeitung,* der *Welt* und mehreren Rundfunksendern.
Erste Teilnahme an einer Tagung der Gruppe 47.

1959 Umzug nach Hamburg.

1960 Ab Januar ständiger Mitarbeiter der *Zeit* (bis Ende 1973).
Anthologie *Auch dort erzählt Deutschland*, der ersten westdeutschen Sammlung von Prosa aus der DDR.

1962 Anthologie *Sechzehn polnische Erzähler.*

1963 Festangestellter Literaturkritiker der *Zeit* ohne redaktionelle Verpflichtungen.
Deutsche Literatur in West und Ost. Prosa seit 1945.

1964 Zusammen mit Hans Mayer Rundfunkserie *Das literarische Kaffeehaus* (bis 1967).

1965 *Literarisches Leben in Deutschland. Kommentare und Pamphlete.*
Mitarbeiter der *Encyclopaedia Britannica* (bis 1972).

1967 *Literatur der kleinen Schritte. Deutsche Schriftsteller heute.*

1968 Gastprofessur an der Washington University in St. Louis (USA).

1969 Gastprofessor am Middlebury College (USA).

1970 *Lauter Verrisse.*

1971 Ständiger Gastprofessor für Neue Deutsche Literatur an den Universitäten Stockholm und Uppsala (bis 1975).

1972 Ehrendoktorwürde der Universität Uppsala.
Vortragsreise nach Australien und Neuseeland.

1973 *Über Ruhestörer. Juden in der deutschen Literatur.*
Umzug nach Frankfurt am Main.
Leiter der Redaktion für Literatur und literarisches Leben (bis Ende 1988) in der *Frankfurter Allgemeinen Zeitung.*

1974 Honorarprofessor an der Universität Tübingen.
Start der wöchentlichen *FAZ*-Rubrik »Frankfurter Anthologie«, bis heute deren verantwortlicher Redakteur. Bisher in siebenundzwanzig Bänden erschienen.

1977 *Nachprüfung. Aufsätze über deutsche Schriftsteller von gestern.*
Mitinitiator des Klagenfurter Wettbewerbs um den Ingeborg-Bachmann-Preis und Sprecher der Jury bis 1986.

1979 *Entgegnung. Zur deutschen Literatur der siebziger Jahre.*
Vortragsreise nach China.

1981 Ricarda-Huch-Preis.

1983 Herausgabe (in Zusammenarbeit mit Ulrich Weinzierl) der *Kleinen Schriften* Alfred Polgars in sechs Bänden (erschienen bis 1986).
Wilhelm-Heinse-Medaille der Akademie der Wissenschaften und der Literatur in Mainz.

1984 Fernsehgespräch in der zweiteiligen ZDF-Sendung *Zeuge des Jahrhunderts*. Interviewer: Joachim Fest.
Goethe-Plakette der Stadt Frankfurt am Main.

1985 *Lauter Lobreden.*

1986 *Mehr als ein Dichter. Über Heinrich Böll.*
Herausgabe der *Gesammelten Werke* von Wolfgang Koeppen in sechs Bänden.

1987 *Thomas Mann und die Seinen.*
Thomas-Mann-Preis.

1988 *Literarisches Quartett* im Zweiten Deutschen Fernsehen (bis Dezember 2001).
Mit Ende des Jahres gibt er die Leitung der Literaturredaktion der *Frankfurter Allgemeinen* ab.

1989 Bambi-Kulturpreis.

1990 *Thomas Bernhard. Aufsätze und Reden.*

1991 *Ohne Rabatt. Über Literatur aus der DDR.*
Heinrich-Hertz-Gastprofessur an der Universität Karlsruhe.
Bayerischer Fernsehpreis.

1992 *Günter Grass. Aufsätze.*
Ehrendoktorwürde der Universitäten Augsburg und Bamberg.
Der doppelte Boden. Ein Gespräch mit Peter von Matt.

1994 *Die Anwälte der Literatur.*
Sommerdebatte in deutschen Zeitungen über die Tätigkeit des Kritikers im polnischen Geheimdienst vor rund fünfzig Jahren.
Im November in München *Rede über das eigene Land.*

1995 Ludwig-Börne-Preis.
Vladimir Nabokov. Aufsätze.

1996 Cicero-Rednerpreis.
Wolfgang Koeppen.

1997 Ehrendoktorwürde der Heinrich-Heine-Universität Düsseldorf.
Der Fall Heine.

1998 *Über Hilde Spiel.*

1999 Die Autobiographie *Mein Leben* erscheint.

2000 Hölderlin-Preis.

2001 Ehrendoktorwürde der Universität Utrecht.
Vom Tag gefordert. Reden in deutschen Angelegenheiten.

Mit einer Abschlußsendung aus dem Schloß Bellevue in Berlin wird die ZDF-Sendereihe *Das literarische Quartett* beendet.

2002 Ehrendoktorwürde der Ludwig-Maximilians-Universität München.
Goethe-Preis.
Großes Verdienstkreuz mit Stern.
Erst leben, dann spielen. Über polnische Literatur.
Sieben Wegbereiter. Schriftsteller des 20. Jahrhunderts.
Die erste von fünf Kassetten unter dem Titel *Der Kanon. Die deutsche Literatur* erscheint. Sie enthält zwanzig von Marcel Reich-Ranicki ausgewählte Romane.
Über Literaturkritik.
Neun Sendungen im ZDF: *Reich-Ranicki Solo.*

2003 *Der Kanon. Die deutsche Literatur. Erzählungen.*
Unser Grass.
Ausstellung *Die Sammlung Reich-Ranicki: Schriftstellerporträts aus zwei Jahrhunderten* im Jüdischen Museum Frankfurt.

2004 Capo-Circeo-Preis der Vereinigung für Italienisch-Deutsche Freundschaft.
Europäischer Kulturpreis: Medien- und Kommunikationspreis.
Der Kanon. Die deutsche Literatur. Dramen.
Über Amerikaner. Von Hemingway und Bellow bis Updike und Philip Roth.

2005 *Der Kanon. Die deutsche Literatur. Lyrik.*

Auswahlbibliographie der Bücher von und über Marcel Reich-Ranicki

A. Selbständige Veröffentlichungen:

Deutsche Literatur in West und Ost. Prosa seit 1945. München 1963. Taschenbuch-Ausgabe: München 1985.

Literarisches Leben in Deutschland. Kommentare und Pamphlete. München 1965. Taschenbuch-Ausgabe unter dem Titel: *Wer schreibt, provoziert. Kommentare und Pamphlete.* Frankfurt/M. 1993.

Literatur der kleinen Schritte. Deutsche Schriftsteller heute. München 1967. Erweiterte Taschenbuch-Ausgabe: München 1991.

Die Ungeliebten. Sieben Emigranten. Pfullingen 1968.

Lauter Verrisse. Mit einem einleitenden Essay. München 1970. Erweiterte Taschenbuch-Ausgabe: München 1992.

Über Ruhestörer. Juden in der deutschen Literatur. München 1973. Erweiterte Taschenbuch-Ausgabe: München 1993.

Zur Literatur der DDR. München 1974.

Nachprüfung. Aufsätze über deutsche Schriftsteller von gestern. München 1977. Erweiterte Taschenbuch-Ausgabe: München 1990.

Entgegnung. Zur deutschen Literatur der siebziger Jahre. Stuttgart 1979. Erweiterte Taschenbuch-Ausgabe: München 1982.

Betrifft Goethe. (Zusammen mit der Rede des Kanzlers Friedrich von Müller von 1832) Zürich/München 1982. Neuausgabe: Frankfurt/M. 1995.

Lauter Lobreden. Stuttgart 1985. Taschenbuch-Ausgabe: München 1992.

Nichts als Literatur. Aufsätze und Anmerkungen. Stuttgart 1985. Bibliographisch ergänzte Ausgabe: Stuttgart 1990.

Mehr als ein Dichter. Über Heinrich Böll. Köln 1986. Taschenbuch-Ausgabe: München 1994.

Herz, Arzt und Literatur. Zwei Aufsätze. Zürich 1987.

Thomas Mann und die Seinen. Stuttgart 1987. Taschenbuch-Ausgabe: Frankfurt/M. 1990.

Zwischen Diktatur und Literatur. Marcel Reich-Ranicki im Gespräch mit Joachim Fest. Frankfurt/M. 1987/1993.

Thomas Bernhard. Aufsätze und Reden. Zürich 1990. Taschenbuch-Ausgabe: Frankfurt/M. 1993.

Max Frisch. Aufsätze. Zürich 1991. Taschenbuch-Ausgabe: Frankfurt/M. 1994.

Ohne Rabatt. Über Literatur aus der DDR. Stuttgart 1991. Taschenbuch-Ausgabe: München 1993.

Reden auf Hilde Spiel. München 1991.

Der doppelte Boden. Ein Gespräch mit Peter von Matt. Zürich 1992. Taschenbuch-Ausgabe: Frankfurt/M. 1994.

Günter Grass. Aufsätze. Zürich 1992. Taschenbuch-Ausgabe: Frankfurt/M. 1994/1999.

»Der romantische Prophet. Anmerkungen zu Friedrich Schlegels Literaturkritik.« In: *Heidelberger Universitätsreden*, Band 5. Heidelberg 1993. Und in: *Jenaer philosophische Vorträge und Studien*, Band 5. Erlangen/Jena 1993.

Die Anwälte der Literatur. Stuttgart 1994. Taschenbuch-Ausgabe: München 1996.

Martin Walser. Aufsätze. Zürich 1994. Taschenbuch-Ausgabe: Frankfurt/M. 1996.

Die verkehrte Krone. Über Juden in der deutschen Literatur. Wiesbaden 1995.

Drei Reden. Sion 1995.

Vladimir Nabokov. Aufsätze. Zürich 1995. Taschenbuch-Ausgabe: Frankfurt/M. 1998.

Ungeheuer oben. Über Bertolt Brecht. Berlin 1996. Erweiterte Taschenbuch-Ausgabe: Berlin 2001.

Wolfgang Koeppen. Zürich 1996. Taschenbuch-Ausgabe: Frankfurt/M. 1998.

Der Fall Heine. Stuttgart 1997. Taschenbuch-Ausgabe: München 2000.

Über Hilde Spiel. München 1998.

Mein Leben. Stuttgart 1999.

Golo Mann. Ein Briefwechsel. Frankfurt 2000.

Vom Tag gefordert. Reden in deutschen Angelegenheiten. München 2001.

Erst leben, dann spielen. Über polnische Literatur. Göttingen 2002.

Goethe noch einmal. Reden und Anmerkungen. München 2002.

Lauter schwierige Patienten. Gespräche mit Peter Voß über Schriftsteller des 20. Jahrhunderts. Berlin/München 2002.

Sieben Wegbereiter. Schriftsteller des 20. Jahrhunderts. München 2002.
Über Literaturkritik. München 2002.
Meine Bilder. Porträts und Aufsätze. München 2003.
Wir sitzen alle im gleichen Zug. (Zusammen mit Teofila Reich-Ranicki.) Frankfurt/Leipzig 2003.
Unser Grass. München 2003.
Über Amerikaner. Von Hemingway und Bellow bis Updike und Philip Roth. München 2004.

B. Herausgegebene Bücher:

Auch dort erzählt Deutschland. Prosa von »drüben«. München 1960.
Sechzehn polnische Erzähler. Reinbek 1962.
Erfundene Wahrheit. Deutsche Geschichten seit 1945. München 1965.
Notwendige Geschichten 1933-1945. München 1967. Taschenbuch-Ausgabe: München 1994.
In Sachen Böll. Ansichten und Einsichten. Köln 1968. Erweiterte Taschenbuch-Ausgabe: München 1971.
Gesichtete Zeit. Deutsche Geschichten 1918-1933. München 1969. Taschenbuch-Ausgabe: München 1992.
Anbruch der Gegenwart. Deutsche Geschichten 1900-1918. München 1971. Taschenbuch-Ausgabe: München 1992.
Erfundene Wahrheit. Deutsche Geschichten 1945-1960. Veränderte Neuauflage: München 1972. Taschenbuch-Ausgabe: München 1995.
Verteidigung der Zukunft. Deutsche Geschichten seit 1960. München 1972. Taschenbuch-Ausgabe: München 1995.
Frankfurter Anthologie. Gedichte und Interpretationen. (Bisher siebenundzwanzig Bände.) Frankfurt/M. 1976-2004.
Ludwig Börne. Spiegelbild des Lebens. Aufsätze über Literatur. Frankfurt/M. 1977. Erweiterte Neuausgabe: Frankfurt/M. 1993.
Klagenfurter Texte zum Ingeborg-Bachmann-Preis 1977, 1978, 1979, 1980, 1981, 1982. Sechs Bände. Mitherausgeber: Humbert Fink und Ernst Willner. München 1977-1982.
Wolfgang Koeppen: *Die elenden Skribenten. Aufsätze.* Frankfurt/M. 1981. Taschenbuch-Ausgabe: Frankfurt/M. 1984.
Meine Schulzeit im Dritten Reich. Erinnerungen deutscher Schriftsteller. Köln 1982. Erweiterte Neuausgabe: Köln 1988. Taschenbuch-Ausgabe: München 1993.

Alfred Polgar: *Kleine Schriften*. Band 1: *Musterung*. Reinbek 1982. Taschenbuch-Ausgabe: Reinbek 1994. Band 2: *Kreislauf*. Reinbek 1983. Band 3: *Irrlicht*. Reinbek 1984. Band 4: *Literatur*. Reinbek 1984. Band 5: *Theater I*. Reinbek 1985. Band 6: *Theater II*. Reinbek 1986. Neuausgabe: Reinbek 2004.

Hundert Gedichte werden vorgestellt. Eine zeitgenössische Auswahl aus der Frankfurter Anthologie. Gütersloh o. J. (1983).

Klagenfurter Texte zum Ingeborg-Bachmann-Preis 1983, 1984, 1985, 1986. Vier Bände. Mitherausgeber: Humbert Fink. München 1983-1986.

Über die Liebe. Gedichte und Interpretationen aus der Frankfurter Anthologie. Frankfurt/M. 1985.

Erzählte Gegenwart. Zehn Jahre Ingeborg-Bachmann-Preis. München 1986.

Was halten Sie von Thomas Mann? Achtzehn Autoren antworten. Frankfurt/M. 1986. Taschenbuch-Ausgabe: Frankfurt/M. 1994.

Wolfgang Koeppen: *Gesammelte Werke*. Sechs Bände. Frankfurt/M. 1986.

Johann Wolfgang von Goethe. Alle Freuden, die unendlichen. Liebesgedichte und Interpretationen. Frankfurt/M. 1987/1989.

Horst Krüger – ein Schriftsteller auf Reisen. Materialien und Selbstzeugnisse. Hamburg 1989.

Romane von gestern – heute gelesen. Band 1: *1900-1918*. Frankfurt/M. 1989. Band 2: *1918-1933*. Frankfurt/M. 1989. Band 3: *1933-1945*. Frankfurt/M. 1990. Taschenbuch-Ausgabe: Frankfurt/M. 1996.

Johann Wolfgang von Goethe. Verweile doch. 111 Gedichte mit Interpretationen. Frankfurt/M. 1992. Taschenbuch-Ausgabe: Frankfurt/M. 1997.

Hermann Burger: Erzählungen. Frankfurt/M. 1994.

Deutsche Erzähler des 20. Jahrhunderts. Von Arthur Schnitzler bis Robert Musil. Zürich 1994.

Deutsche Erzähler des 20. Jahrhunderts. Von Joseph Roth bis Hermann Burger. Zürich 1994.

1000 deutsche Gedichte und ihre Interpretationen. Zehn Bände. Frankfurt/M. 1994.

Wolfgang Koeppen. Ohne Absicht. Gespräch mit Marcel Reich-Ranicki in der Reihe Zeugen des Jahrhunderts. Göttingen 1994.

Rainer Maria Rilke. Und ist ein Fest geworden. 33 Gedichte mit Interpretationen. Frankfurt/M. 1996. Taschenbuch-Ausgabe: Frankfurt/M. 2000.

Heinrich Heine. Ich hab im Traum geweinet. 44 Gedichte mit Interpretationen. Frankfurt/M. 1997.

Frauen dichten anders. 181 Gedichte mit Interpretationen. Frankfurt/M. 1998.

Hundert Gedichte des Jahrhunderts. Frankfurt/M. 2000.

Bertolt Brecht. Der Mond über Soho. 66 Gedichte mit Interpretationen. Frankfurt/Leipzig 2002.
Der Kanon. Die deutsche Literatur. Romane. Zwanzig Bände. Frankfurt/Leipzig 2002.
1400 deutsche Gedichte und ihre Interpretationen. Zwölf Bände. Frankfurt/Leipzig 2002.
Der Kanon. Die deutsche Literatur. Erzählungen. Zehn Bände. Frankfurt/Leipzig 2003.
Erich Kästner. Ein Dichter gibt Auskunft. 121 Gedichte. Zürich 2003.
Meine Gedichte. Von Walther von der Vogelweide bis heute. Frankfurt/Leipzig 2003.
Meine Geschichten. Von Johann Wolfgang von Goethe bis heute. Frankfurt/Leipzig 2003.
Der Kanon. Die deutsche Literatur. Dramen. Acht Bände. Frankfurt/Leipzig 2004.
Der Kanon. Die deutsche Literatur. Lyrik. Frankfurt/Leipzig 2005.

C. Tondokumente:

Sinn oder Unwert der Kritik? Ein Disput zwischen August Everding und Marcel Reich-Ranicki. München 1990.
Kritikers Kummer – Kritikers Freud. Eine öffentliche Unterhaltung zwischen Joachim Kaiser und Marcel Reich-Ranicki. München 1994.
Bertolt Brecht. Texte von und über Bertolt Brecht. Gelesen von Marcel Reich-Ranicki. Hamburg 1998.
Mein Leben. Gelesen von Marcel Reich-Ranicki. München 1999.
Ein Jüngling liebt ein Mädchen und andere Gedichte. Gelesen von Eva Gosciejewicz und Max Volkert Martens. München 2003.
Musik im Warschauer Getto. Deutschlandfunk 2003.
Erich Kästner. Ein Dichter gibt Auskunft. Gedichte. Ausgewählt von Marcel Reich-Ranicki. Hamburg 2004.

D. Über Marcel Reich-Ranicki:

Walter Jens: »Aufklärung und Polemik. Laudatio aus Anlaß der Verleihung der Heine-Plakette.« In: *Heine-Jahrbuch* 1977. Herausgegeben von Joseph A. Kruse. Hamburg 1977.

Walter Jens (Hg.): *Literatur und Kritik.* Stuttgart 1980.

Jens Jessen (Hg.): *Über Marcel Reich-Ranicki. Aufsätze und Kommentare.* München 1985. Biobibliographisch ergänzte Neuausgabe: München 1990.

Peter Wapnewski (Hg.): *Betrifft Literatur. Über Marcel Reich-Ranicki.* Stuttgart 1990. Taschenbuch-Ausgabe: München 1995.

Frank Schirrmacher: »Über Marcel Reich-Ranicki und das *Literarische Quartett.*« In: *Der Bayerische Fernsehpreis 89, 90, 91.* Herausgegeben vom Bayerischen Staatsministerium für Unterricht, Kultus, Wissenschaft und Kunst. München 1992.

Helmut Koopmann: »Die Wissenschaft der Literatur ist ihre Kritik. Laudatio anläßlich der Verleihung der Ehrendoktorwürde durch die Philosophische Fakultät II der Universität Augsburg.« In: *Schriften der Philosophischen Fakultäten der Universität Augsburg.* Sprach- und literaturwissenschaftliche Reihe. Herausgegeben von Helmut Koopmann und Henning Krauß. München 1992.

Thomas Anz: »Eine Studie über den Erfolg. Laudatio auf Marcel Reich-Ranicki.« In: *Kopfzeilen.* Bamberger Blätter zur Literaturkritik, Heft 5, Mai 1993.

Hansjakob Stehle: »Ein Mann mit Eigenschaften – von Reich zu Ranicki. Reflexionen eines Freundes.« In: *Europäische Rundschau,* Nr. 4/1994.

Volker Hage und Mathias Schreiber: *Marcel Reich-Ranicki. Ein biographisches Porträt.* Köln 1995. Taschenbuch-Ausgabe: München 1997.

Jochen Hieber (Hg.): *Lieber Marcel. Briefe an Reich-Ranicki.* Stuttgart 1995. Erweiterte Neuausgabe: Stuttgart 2000.

Franz Josef Czernin: *Marcel Reich-Ranicki. Eine Kritik.* Göttingen 1995.

Peter Rühmkorf: *Ich habe Lust, im weiten Feld … Betrachtungen einer abgeräumten Schachfigur.* Göttingen 1996.

Frank Schirrmacher: *Marcel Reich-Ranicki. Sein Leben in Bildern.* Stuttgart/München 2000.

Hubert Spiegel (Hg.): *Welch ein Leben. Marcel Reich-Ranickis Erinnerungen. Stimmen, Kritiken, Dokumente.* München 2000.

Peter Laemmle (Hg.): *Marcel Reich-Ranicki. Kritik als Beruf. Drei Gespräche, ein kritisches Intermezzo und ein Porträt.* Frankfurt/M. 2002.

Thomas Anz: *Marcel Reich-Ranicki.* München 2004.

Dank

Während der Arbeit an dieser Biographie habe ich Tosia und Marcel Reich-Ranicki mit einer Flut von Fragen behelligt. Ohne ihre Antworten hätte ich das Buch nicht schreiben können. Ich danke ihnen sehr für ihre Geduld, für ihre Gastfreundschaft und nicht zuletzt für die Großzügigkeit, mit der sie mir Fotografien aus ihrem Leben anvertraut haben.

Über ihre Begegnungen und Erfahrungen mit Marcel Reich-Ranicki konnte ich im Laufe des Jahres 2004 Joachim Fest, Günter Grass, Walter Jens, Günther Rühle, Peter Rühmkorf, Frank Schirrmacher und Dieter E. Zimmer in ausführlichen Gesprächen befragen. Monica Huchel hatte mir schon vor einigen Jahren von der Affäre um Marceli Ranickis Beitrag für die Zeitschrift *Sinn und Form* berichtet. Alle diese Auskünfte waren mir eine große Hilfe. Für das Entgegenkommen dieser Gesprächspartner und für die Zeit, die sie sich nahmen, möchte ich mich bedanken.

Torsten Stein hat für mich aus dem Polnischen übersetzt, er sei bedankt.

Thomas Anz, Susanne Bader, Werner von Bergen, Karl Blessing, Kristin Eilert, Gerhard Gnauck, Karin Graf, Volker Hage, Reinhard Helling, Anita Jantzer, Tilman Jens, Joachim Kaiser, Monika Kohler, Dorit Krusche, Monika Kunz, Peter Laemmle, Ralf-Peter Märtin, Jochen Meyer, Barbara Nietzer, Walter Pehle, Andrew Alexander Ranicki, Rachel Salamander, Berthold Seewald, Klaus Stadler, Jeanette Stickler, Katarzyna Taborska, Ulrich Weinzierl und Michael Wildt haben mich auf vielfältige Weise bei der Arbeit an diesem Buch unterstützt. Dafür schulde ich ihnen vielfältigen Dank.

Dank gebührt zudem der Deutschen Bibliothek in Frankfurt am Main und dem Deutschen Literaturarchiv in Marbach.

Und schließlich ein besonderer Dank an die nachsichtigen Bewohner des Familienplaneten: Annette, Nicolas, Marten und Lennart.

Abbildungsverzeichnis

Wir haben uns bemüht, alle Rechteinhaber ausfindig zu machen. Leider ist dies nicht in allen Fällen gelungen. Rechteinhaber, die nicht ermittelt werden konnten, bitten wir, sich beim Verlag zu melden. Berechtigte Ansprüche werden selbstverständlich angemessen abgeglichen.

Personenregister

Horst Hiller

Der gequälte Planet

Ueberreuter

Die Deutsche Bibliothek – CIP-Einheitsaufnahme
Hiller, Horst:
Der gequälte Planet / Horst Hiller. – Wien : Ueberreuter, 1994
ISBN 3-8000-3539-1

AU 309/1

Umschlag von Atelier Rendl

Printed in Slowenia
5 4 3 2 1

Inhalt

Vorwort

Seit es Menschen auf der Erde gibt, sind sie den Gewalten der Natur ausgesetzt. Stürme, Erdbeben, Vulkanausbrüche und Hochwasser brachten sie um Eigentum, Gesundheit und Leben. Dürren ließen die Familien hungern und verhungern. Lebte der Mensch an den Küsten der Meere, bedrohten ihn Sturmfluten und seismische Wogen – hatte er sich in den Tälern der Hochgebirge niedergelassen, konnte er in Lawinen umkommen. Dann waren da noch die wilden Tiere, die für den Menschen oft Gefahr bedeuteten. In Massen auftretende kleine Tiere verwüsteten seine Felder.

Die Gefahren der Natur bestehen für den Menschen auch weiterhin. Die Zahl der Opfer nimmt sogar zu, denn die Weltbevölkerung wächst, und die Menschen können gefährlichen Regionen längst nicht mehr ausweichen. Sie leben überall auf der bewohnbaren Erde: an den Hängen der Vulkane und in erdbebengefährdeten Zonen ebenso wie an gefährdeten Küsten und Strömen, in Gebirgen, Steppen und Halbsteppen. Neben den uralten Gefahren der Natur aber sehen sich die Menschen unserer Zeit Gefahren ausgesetzt, die sie selbst verursachen.

Wir Menschen gingen schon immer davon aus, daß die Erde eigens für unser Leben und Wohlergehen geschaffen wurde. Christentum und Islam verkünden diese Meinung seit ihrer Existenz. Der Mensch entnahm der Natur also bedenkenlos, was er brauchen konnte, und überließ der Natur, was ihm lästig war, nämlich seine Abfälle. Zu Zeiten, als der Mensch in weit voneinander entfernten Gruppen lebte, war dieses Verhalten unbedenklich. Dieses Verhalten war vielleicht auch noch tolerierbar bei einer Bevölkerung von einigen hundert Millionen Menschen mit bescheidenem Handwerk. Mit der 1994 erreichten Bevölkerungszahl von 5,7 Milliarden und weltweit verbreiteten gigantischen Industrien sind die Menschen allerdings längst dabei, diesen Planeten nachhaltig zu schädigen. Auf einem geschädigten Planeten wird es sich aber nur schlecht leben lassen. Der Mensch ist also zunächst Verursacher der Schädigung, um danach deren Opfer zu werden. Die Lage ist dramatisch. Wir müssen uns fragen, ob in absehbarer Zeit die Schädigung des Planeten nicht in seine Vernichtung übergehen könnte, ob also intelligentes Leben überhaupt noch Zukunft hat.

Die uralten Sünden gegen die natürliche Umwelt wie Waldvernichtung, Desertifikation und Ausrottung von Tierarten haben sich um Größenordnungen verstärkt. In der jüngsten Zeit aber haben sich ganz neue Gefahren hinzugesellt. Die heutige Lage ist gekennzeichnet durch Begriffe wie *Ozonloch, Treibhauseffekt, Radioaktivität, Müll* oder *Dioxin.* Die Ursachen und Zusammenhänge, die einzeln oder in ihrem Zusammenwirken zur Gefährdung der Menschheit führen könnten, sind nicht immer einfach zu durchschauen. Es ist anzunehmen, daß einzelne Auswirkungen noch folgenschwerer sind, als wir gegenwärtig glauben oder erkennen. Viele Zeitgenossen sind sich dessen auch durchaus bewußt, die Folgerungen, die insgesamt aus dieser Erkenntnis gezogen werden, sind jedoch völlig unzureichend. Auch heute noch werden technischer Fortschritt und wirtschaftliches Wachstum ökologisch kaum gebremst.

Da soll einerseits der Schadstoffausstoß der Kraftwerke bis zum Jahr 2000 um einige Prozente vermindert werden. Dafür wächst er andererseits durch neue Industrialisierung für eine schon wieder vermehrte Bevölkerung in Entwicklungsländern, die sich die kostspieligen Schutzmaßnahmen nicht leisten können, viel stärker an. Oder mächtige Staaten lehnen eine Schadstoffbegrenzung bei ihren Kohlekraftwerken rigoros ab, weil das Geld kostet, das Land hochverschuldet ist und in einer Wirtschaftskrise steckt, die Bürger weit über ihre Verhältnisse leben und im übrigen eine Wahl bevorsteht.

Wenn jemand wüßte, wie eine Verringerung der Erdbevölkerung bei Milliarden von gebärfähigen Menschen verwirklicht werden sollte – welches Land erhielte dann welches Menschenkontingent? Schließlich darf der Nachbar nicht stärker, er muß eher schwächer sein. Außerdem birgt ein hypothetischer Plan der weltweiten Verringerung der Bevölkerungszahl durchaus Risiken. Denn dann trüge die

Erde zunächst immer mehr alte, aber immer weniger junge Menschen. Wer weiß denn, was dann geschähe? Diese Situation könnte erneut zu Auseinandersetzungen führen. Vorerst, das steht zweifelsfrei fest, wächst die Zahl der Menschen um weitere Milliarden.

Mit den Menschen wachsen Industrie und Landwirtschaft. In den armen Ländern muß beides wachsen, um die zunehmende Zahl der Menschen zu ernähren und mit dem zu versorgen, was als lebensnotwendig gilt. In den reichen Ländern steigt die Bevölkerungszahl kaum noch an, und Nahrung wird längst genug erzeugt. Aber die Industrie muß dennoch immer weiter wachsen. Als Folge fortschreitender Erkenntnisse in den Naturwissenschaften und verbesserter Technik bedarf es immer weniger Menschen, um eine bestimmte Menge Waren zu produzieren. Das führt zu Arbeitslosigkeit, wenn nicht immer neue Arbeitsplätze durch Produktionssteigerung geschaffen werden. Längst reicht die Ausweitung der Produktion in den Industriestaaten aber nicht mehr aus, um die freiwerdenden Arbeitskräfte aufzufangen. Arbeitslosigkeit wurde so zur Dauererscheinung.

Die Wirtschaft des Industriezeitalters ist äußerst verwundbar. Sie stellt mathematisch ein instabiles System dar; geringe Störungen können sich ausweiten und verstärken. Wirtschaftskrisen aber sind längst nicht mehr lokal, sie sind immer global und schaffen weltweit zusätzliche Arbeitslosigkeit. Es ist damit zu rechnen, daß Arbeitslosigkeit ein wesentliches Merkmal der Wirtschaft während eines von uns überschaubaren Zeitraums bleiben wird.

Arbeitslosigkeit aber schafft soziale Spannungen. Eines der Merkmale unserer Zeit ist die wachsende Kriminalität. Darüber hinaus erleben wir überall auf der Erde Krieg und Bürgerkrieg. Die Ursachen dafür sind zwar komplex, unzweifelhaft aber spielen Übervölkerung und Technisierung der Gesellschaft eine ganz wesentliche Rolle bei Nationalismus, Radikalismus und Rassismus. Was aber wird geschehen, wenn sich nach einigen Jahrzehnten die Ölvorräte der Erde ihrem Ende nähern? Schließlich würde das restliche Öl um so länger reichen, je weniger Menschen es verbrauchen!

Die Menschen erkennen die wachsenden Schwierigkeiten auf der Erde durchaus. Dennoch sind sie aus Bequemlichkeit optimistisch. Sie betrachten sich als Herren der Erde und glauben noch immer, die Zukunft zu beherrschen. Sie sehen sich nur bedingt als Teil der

Natur. Sie glauben, ihr Intellekt und die damit geschaffene Technik hätten die einstmals auch für sie geltenden Naturgesetze außer Kraft gesetzt, zumindest aber wesentlich eingeschränkt. Es soll hier nicht bestritten werden, daß dies in Teilbereichen tatsächlich gelungen ist. Das Bevölkerungswachstum wird nicht mehr wie in vergangenen *normalen* Zeiten durch Regelungsgrößen wie Pest und Cholera gesteuert. Frauen sterben auch nur noch selten im Wochenbett, jedenfalls nicht in den Ländern der Ersten Welt. Können wir aber glauben, alle Naturgesetze, so sie unser Wohlleben und unsere Selbstzufriedenheit stören, überwunden zu haben? Müssen wir angesichts einer völlig neuen Lage auf unserem Planeten infolge Übervölkerung plus verbreiteter zerstörender Technik nicht mit neuen, uns noch unbekannten Regelungsprinzipien rechnen, mit Prinzipien, die die Zahl der Menschen irgendwann auf unzweifelhaft schreckliche Weise erheblich verringern würden?
In der Natur führt ungebremste Population stets in die Katastrophe. Heuschrecken können sich zu riesigen Schwärmen vermehren und große Schäden in begrenzten Gebieten verursachen. Irgendwann aber gehen die Tiere zugrunde, und die Natur erholt sich vom angerichteten Schaden. Kybernetische Grundgesetze begrenzen die Zahl der Individuen überall in der Natur und verringern sie drastisch, wenn sie zu groß wird. Soll das für den Menschen nicht mehr gelten, jetzt und in Zukunft? Oder ist die Katastrophe naturnotwendig? Und welcher Art könnten die Prinzipien der Natur zur Verminderung und Begrenzung der Gattung Mensch sein?
Wir können diese wesentlichen Fragen derzeit nicht beantworten. Wir wollen nicht glauben, daß die schreckliche Immunschwäche Aids ein Regulator der Zahl der Menschen sein könnte. Bevor es allerdings gelungen sein wird, erfolgreiche Impfstoffe und Medikamente zu entwickeln, werden im armen Teil der Welt viele Millionen Menschen sterben. Was aber sind Millionen Tote gegenüber Milliarden Lebenden?
Offen bleibt vorerst auch die Frage, ob die künftige Gentechnik eine Gefahr für die Menschheit sein könnte. Die Wissenschaft ist nicht aufzuhalten; das zeigen uns die Erfahrungen der letzten Jahrzehnte. Mancher Zeitgenosse ist der Meinung, die Kernspaltung wäre besser nicht entdeckt worden. Aber was immer gemacht werden kann, wird auch gemacht. Die Gentechnik, so wird offiziell gehofft, werde

im Dasein der Menschen manches verbessern. Die der Ernährung dienenden Pflanzen und Tiere könnten noch ertragreicher, Heilmittel noch billiger hergestellt werden. Das soll auch nicht bestritten werden. Die Gefahr liegt nicht in der gentechnischen Veränderung von Pflanzen und höheren Tieren. Hier lassen sich falsche Entwicklungen leicht korrigieren. Kritiker, die je nach Standpunkt Pessimisten oder Realisten genannt werden, sehen die Gefahr in manipulierten Bakterien und Viren, die sich der Kontrolle des Forschers entziehen und entweichen könnten. Hundertprozentige Sicherheit könne es hier ebensowenig geben wie bei den Atomkraftwerken, wird gesagt. Eine neue, genetisch veränderte Art Bakterium innerhalb der vorgegebenen Natur könnte das biologische Gleichgewicht auf der Erde aber erheblich durcheinanderbringen. Im schlimmsten Fall würden die Menschen von gefährlichen alten oder neuen Krankheiten befallen.

Wir wissen nicht, was in den kommenden Jahrzehnten auf uns zukommt. Niemand vermag zu sagen, wie der Planet um 2050 oder 2100 aussehen wird. Wir sollten aber sehr beunruhigt sein.

Die Bevölkerungs-explosion

Der Verlauf

Vor 10 000 Jahren sollen zwischen 5 und 10 Millionen Menschen auf der Erde gelebt haben. Wo immer festes Land war, hatte sich der *Homo sapiens* bereits niedergelassen und Rassen herausgebildet. Für die Zeit um Christi Geburt werden Bevölkerungszahlen zwischen 170 und 250 Millionen geschätzt. Das muß schon eine vergleichsweise große Zahl genannt werden, denn keine Tierart von der Größe des Menschen kam damals auf der Erde in einer derart starken Population vor.

Die aufstrebende Art mit einem besser ausgebildeten Gehirn als die Geschöpfe ihrer Umgebung trieb zwar schon damals Raubbau an der Natur, konnte diese aber nicht so weitreichend schädigen, daß sie Angst um ihre eigene Existenz hätte haben müssen. Die meisten Menschen lebten schon zu Beginn der Zeitrechnung in Asien. Amerika, Afrika und Australien waren mit insgesamt nicht mehr als 10 Millionen Bewohnern nur spärlich besiedelt.

Gehen wir von 250 Millionen Menschen aus, dauerte es 1650 Jahre bis sich ihre Anzahl auf 500 Millionen verdoppelte.

In diesen Zeitraum fielen zwei Ereignisse von europäischer Bedeutung, die die Bevölkerungsentwicklung wie keine anderen Vorkommnisse in der Menschheitsgeschichte beeinflußten.

Die Pest überzog Europa von1348 bis 1352. Die Sterblichkeitsrate wird auf 30 bis 40 Prozent der Gesamtbevölkerung geschätzt. Bei 75 Millionen Einwohnern Europas bedeutet das, daß die Krankheit zwischen 25 und 30 Millionen Opfer forderte. Mehr als eine kurze Unterbrechung des ungezügelten Bevölkerungswachstums hatte aber die Pest nicht bewirken können. Schon Ende des 15. Jahrhunderts hatte die europäische Bevölkerung wieder den Stand erreicht, der vor dem Ausbruch der Pandemie verzeichnet wurde. Auf die Gesamtheit gesehen, waren die Verluste ohnehin recht unbedeutend. Auf der ganzen Erde dürften um 1350 etwa 450 Millionen Menschen gelebt haben. 25 Millionen Opfer entsprechen nur 5,5 Prozent der Gesamtbevölkerung.

Der Dreißigjährige Krieg (1618–1648) wütete vorwiegend in den deutschen Ländern, in denen um 1620 etwa 15 Millionen Menschen lebten. Die Zahl der Opfer wird auf 30 bis 50 Prozent geschätzt. Die Bevölkerung von 15 Millionen Menschen konnte im Reich erst etwa 100 Jahre später, um 1720, wieder gezählt werden.

Schon 200 Jahre nach der letzten Verdoppelung, also um 1850, lebten auf der Erde eine Milliarde Menschen. Anfang des 20. Jahrhunderts kletterte der Stand auf 1,6 Milliarden Menschen. Eine erneute Verdoppelung erfolgte nun innerhalb von nur 80 Jahren: Um 1930 lebten 2 Milliarden Menschen auf der Erde. Zur nächsten Verdoppelung auf 4 Milliarden kam es von 1930 bis 1974, also innerhalb eines Zeitraums von nur noch 44 Jahren, obwohl in diese Zeit der Zweite Weltkrieg mit seinen hohen Verlusten fiel.

Um 1950 war die Gattung Mensch auf 2,5 Milliarden angewachsen. Eine ernste Gefährdung der Natur und des Menschen selbst wurde zu dieser Zeit noch nicht gesehen. In vielen Staaten der Erde wuchs damals die Wirtschaft schnell an. Wesentliche Voraussetzungen dafür waren zwar die rücksichtslose Ausplünderung der Natur und die Zerstörung der Umwelt des Menschen, das wurde aber als notwendig und richtig hingenommen. Die Wachstumskurve der Erdbevölkerung verzeichnete nun aber einen rasanten Anstieg. In den siebziger Jahren begannen die Menschen, eine Gefahr in der Übervölkerung zu erkennen. Trotzdem wurde im Jahr 1987 die 5-Milliarden-Grenze überschritten. Für 1994 beläuft sich die Weltbevölkerung nach Unterlagen der Vereinten Nationen auf 5,7 Milliarden Menschen!

Natürliche Regelung

Zu diesem schnellen Wachstum hat eine natürliche Eigenschaft des Menschen entscheidend beigetragen: Er kann sich nicht nur im

Herbst oder im Frühling vermehren wie andere Säugetiere. Von der Geschlechtsreife bis zum natürlichen Ende der Gebär- und Zeugungsfähigkeit gibt es zu keiner Zeit eine natürliche Pause. Dieser Tatsache stand in der Vergangenheit die hohe Säuglingssterblichkeit als begrenzender Faktor gegenüber. Die Medizin konnte diese frühe Todesursache aber weitgehend ausschalten. In den Industriestaaten sterben Säuglinge heute nur noch selten, auch in den armen Ländern konnte die Sterblichkeit ganz erheblich verringert werden. Zusätzlich steigt die durchschnittliche Lebenserwartung durch verbesserte Hygiene und ärztliche Versorgung. Damit hat der Mensch wesentliche Teile eines Lebensprinzips, dem auch er unterworfen war, außer Kraft gesetzt.

Während der langen Zeit evolutionärer und sozialer Entwicklung war die Vermehrung der Menschheit durch eine feindliche Umwelt, Krankheiten und Hunger beschränkt worden. Mit seiner im Laufe der Evolution erworbenen Intelligenz lernte es der Mensch, sich zu organisieren. Die in Stämmen, Banden, Staaten und Armeen organisierten Gruppen kämpften mit Waffen gegeneinander, bemüht, den Gegner zu töten. Diese radikale Form der Auseinandersetzung wird Krieg genannt und begleitet den Menschen schon von dessen Anfang an. Zahllos waren im Verlauf der menschlichen Geschichte die Opfer.

Der stetige Anstieg der Bevölkerungskurve würde daher bei genauerer Darstellung eine Sägezahnkurve zeigen, verursacht durch Kriege, Hungersnöte und die großen Epidemien auf der Erde, ihrerseits wiederum oft hervorgerufen durch Kriege und Hunger.

Der englische Nationalökonom Thomas Robert *Malthus* (1766 bis 1834) versuchte 1798, die geschichtliche Erfahrung einer andauernd wachsenden Bevölkerung wissenschaftlich zu beschreiben. Er behauptete: *Die Bevölkerung auf der Erde vermehrt sich in geometrischer Folge, die Nahrung hingegen nur in arithmetischer Folge,* etwa

geometrische Folge	1	4	9	16	25	. . . Bevölkerung
arithmetische Folge	1	2	3	4	5	. . . Nahrung.

Die Differenz zwischen benötigter und verfügbarer Nahrung muß daher immer größer werden, wodurch ein dauernder Mangel an Nahrung besteht. Dieses Mißverhältnis wird nach Malthus durch Seuchen, Kriege und Hunger zum Teil ausgeglichen. Dennoch wächst

die Bevölkerung nach dieser Hypothese stetig an, wenn auch durch natürliche Mittel verlangsamt. *Charles Darwin* übertrug die Lehre des Thomas Robert Malthus auf die gesamte Natur und schuf so seine Theorie vom *Kampf ums Dasein* und die *natürliche Auslese*.
Die Entwicklung läßt sich auch modern, vom Standpunkt der Kybernetik aus, betrachten. Die Kybernetik ist die Wissenschaft von Steuerungs- und Regelungsvorgängen in Technik, Biologie und Soziologie. Das sei an einem einfachen Beispiel aus der Natur erklärt. Die Zahl einer bestimmten Raubtiergattung wird durch die Zahl der Beutetiere geregelt und umgekehrt. Steigt die Zahl der Raubtiere innerhalb eines Gebiets, werden deren Freßgier entsprechend viele Beutetiere zum Opfer fallen. Die Verringerung der Anzahl der Beutetiere verursacht für das Raubtier Nahrungsmangel, so daß dessen Zahl in der Folge zurückgeht. Auf diese Weise stellt sich ein natürliches Gleichgewicht zwischen Raubtier und Beutetier ein. Die Wirklichkeit zeigt allerdings nur selten so einfache und durchschaubare Regelkreise. Meist wirken noch andere Einflüsse mit, beispielsweise schlechtes Wetter im Frühjahr, wodurch die Zahl der heranwachsenden Beutetiere erheblich reduziert werden kann, was sich ebenfalls auf den Bestand der Raubtiere auswirkt. Vor allem aber ist das kybernetische System Raubtier – Beutetier nicht isoliert. Es ist vielfach mit anderen Regelkreisen verbunden. Die Aufdeckung natürlicher Regelkreise ist daher oft schwierig. Die Wirksamkeit regelnder Prinzipien in der Natur aber ist unbestritten.
Auch in der Geschichte der Menschheit wirkten Regelprinzipien, die die Zahl der Individuen in Grenzen hielten, wenigstens aber das Wachstum der Art verringerten. Diese entsprechen genau der Theorie von Malthus, nur anders ausgedrückt.
Hunger, Seuchen und Kriege konnten das Wachstum der Weltbevölkerung zwar örtlich verlangsamen, sie konnten es aber nicht verhindern. Das natürliche System Mensch – Umwelt war somit instabil geworden. Wäre an die Stelle der selbsttätigen natürlichen Regelung der Bevölkerungsgröße aus der Ur- und Frühzeit der Menschen rechtzeitig die bewußte Steuerung getreten, hätte ein *Überschwingen* zunächst vermieden oder doch zumindest hinausgeschoben werden können. Das geschah aber nicht oder nur völlig ungenügend.

Das Wachstum

1950 erreichte die Weltbevölkerung einen Stand von 2,5 Milliarden und nahm jährlich um 45 Millionen zu. Zwanzig Jahre später lauteten die entsprechenden Zahlen 3,7 Milliarden und 72 Millionen. Da mehr Menschen auch immer mehr Menschen hervorbringen, wächst ihre Zahl 1994 theoretisch um 96 Millionen. Das sind mehr Menschen, als Deutschland Bewohner hat. Derzeit bringt die Art Mensch in zweieinhalb Jahren so viele mehr hervor als sterben, wie zu Beginn der Zeitrechnung auf der ganzen Erde lebten: 250 Millionen. In jeder Sekunde werden drei Babys mehr geboren, als Menschen jeglichen Alters sterben. Da die Zeiträume, in denen sich die Menschheit verdoppelte, immer kürzer wurden, sprechen wir von einem exponentiellen Wachstum.
Jeden Tag wächst die Erdbevölkerung um eine Großstadt mit 263 000 Einwohnern! Jeden Tag müßten dafür Wohnungen, Geschäfte, Schulen, Krankenhäuser, Fabriken, Straßen, Spielplätze, Gaststätten und Gefängnisse neu gebaut werden. Leitungen für Wasser und Abwasser sowie Kabel für die Versorgung mit Elektrizität müßten in die Erde gelegt werden. In Abständen von Tagen müßten daher neue Kraftwerke erbaut werden. In den wenigsten Ländern der Erde jedoch werden diese Kraftwerke mit Anlagen zur Reinigung der Abgase ausgerüstet. Kohlendioxid aus der Verbrennung von Kohle oder Öl entweicht in verstärktem Ausmaß in die Atmosphäre und fördert den Treibhauseffekt. Menschen müssen essen, daher ist es notwendig, der Erde mit Unterstützung von Chemie täglich für 263 000 mehr Menschen Nahrungsmittel abzuringen. Chemische Verbindungen für Düngung und Schädlingsbekämpfung müssen industriell hergestellt werden, und nicht zuletzt müßte der Schmutz, den diese 263 000 Menschen mehr täglich erzeugen, beseitigt werden.
Im Jahr 2000 werden etwa 6,3 Milliarden Menschen die Erde bewohnen. Das bedeutet, daß sich im Vergleich zu Beginn dieses Jahrhunderts die Bevölkerung vervierfachen wird. Bei einer Wachstumsrate von 2 Prozent verdoppelt sich die Menschheit innerhalb von 35 Jahren. Höchste Zuwachsraten waren in den sechziger und siebziger Jahren zu verzeichnen, und in der ersten Hälfte der neunziger Jahre beträgt sie jährlich immer noch 1,73 Prozent. Daraus er-

gäbe sich theoretisch eine erneute Verdoppelung der Weltbevölkerung innerhalb von 40 Jahren, was im Jahr 2034 einer Bevölkerungszahl von 11,4 Milliarden Menschen entspräche. Es wird allerdings angenommen, daß die jährlichen Wachstumsraten weiter zurückgehen. Daher sollten im Jahr 2025 nach optimistischen Vorhersagen nicht mehr als 8,5 Milliarden Menschen auf der Erde leben. Eine stabile Bevölkerungszahl von 10 Milliarden wird bei einer Zuwachsrate null um das Jahr 2100 erwartet. Andere Schätzungen allerdings sprechen von 10 Milliarden Menschen schon um 2050 und von 12 Milliarden im Jahr 2100.

Die Lage

Zwischen Lebensstandard und Geburtenzahl besteht ein enger Zusammenhang. Der erreichbare Wohlstand wird durch eine hohe Kinderzahl eingeschränkt. Am langsamsten wächst die Bevölkerung in *Europa*, vor allem in Westeuropa. Da hier für Alte und Kranke durch ein soziales Versicherungssystem gesorgt wird, entfällt die Notwendigkeit, viele Kinder zu haben, die ihre Eltern im Alter versorgen können. In einigen Ländern Europas, z. B. in Deutschland, geht die einheimische Bevölkerung sogar leicht zurück. Da Deutschland aber das bedeutendste europäische Einwanderungsland ist, nimmt die Bevölkerung dennoch zu. 1950 waren 23,6 Prozent der Weltbevölkerung Europäer, 1990 waren es noch 15,9 Prozent, und im Jahr 2025 werden es nur noch 11,3 Prozent sein. Dabei ist in diesen Zahlen der asiatische Teil der ehemaligen Sowjetunion noch mit enthalten! Im Jahr 2000 werden etwa 80 Prozent der Weltbevölkerung in Entwicklungsländern leben.
Die höchsten Wachstumsraten sind gegenwärtig in *Afrika* mit 3 Prozent jährlicher Steigerung zu verzeichnen. Im Jahr 1994 leben auf diesem Kontinent nach statistischen Angaben 723 Millionen Menschen. Daraus folgt, daß alle 17 Tage 1 Million Afrikaner mehr ernährt werden müssen. Zwar wird den Menschen auch in Schwarzafrika seitens der Regierungen Empfängnisverhütung empfohlen, bisher aber mit wenig Erfolg. Während in anderen Teilen der Dritten Welt die Frauen eine Begrenzung der Kinderzahl durchaus begrüßen, streben afrikanische Familien immer noch möglichst viele Kinder an.

Sie sind der Reichtum der Armen, da eine große Nachkommenschaft die Altersversorgung der Eltern sichert. In Schwarzafrika liegt die durchschnittliche Zahl der Geburten je Frau bei 6,5 Kindern.
Innerhalb des Kontinents halten *Kenia* (3,74 Prozent), Sambia (3,80 Prozent), Tansania (3,76 Prozent) und Uganda (3,75 Prozent) bei den Wachstumsraten die Spitze. Eine Kenianerin bringt im Durchschnitt 8,1 Kinder zur Welt, wobei diese Kinder heute viel häufiger überleben als früher. Auch die durchschnittliche Lebenserwartung hat sich erhöht: von 1948 bis 1985 von 39 auf 55 Jahre. Theoretisch verdoppelt Kenia seine Bevölkerung innerhalb von 19 Jahren. Für das Jahr 2025 werden für Kenia fast 80 Millionen Menschen vorhergesagt. Diese Entwicklung vollzieht sich in einem Land, das zwar 1,6mal so groß ist wie Deutschland, in dem aber nur 20 Prozent des Bodens fruchtbar sind. Da in Kenia die Menschen überwiegend auf dem Lande leben und Ackerbau betreiben, wird Ackerland daher schon bald sehr knapp sein.
Hohe Wachstumsraten weisen auch die meisten *islamischen Länder* auf; Irak 3,39 Prozent, Syrien 3,60 Prozent, Jordanien 3,34 Prozent und Saudi-Arabien 3,84 Prozent. Demgegenüber waren die Bemühungen um eine Geburtenbeschränkung in Tunesien recht erfolgreich. Die Wachstumsrate sank hier von 1980 bis 1990 von 2,57 auf 2,08 Prozent.
Die vergleichsweise geringe Wachstumsrate von 1,84 Prozent für *Asien* ergibt sich, weil China, mit 1,2 Milliarden Menschen (1994) das bevölkerungsreichste Land der Erde, eine Zuwachsrate von nur 1,41 Prozent hat. Seit den achtziger Jahren wird dort von der Staatsführung rigorose Familienplanung durch Empfängnisverhütung durchgesetzt. *Ein Kind ist genug!* hämmern Plakate und mobile Propagandisten den Menschen ein. Die Techniken der Familienplanung werden offen dargestellt. Die Pille gibt es kostenlos. Abtreibungen werden bis zum 5. und 6. Schwangerschaftsmonat praktiziert. Werdende Mütter werden hartnäckig bedrängt, ihre Schwangerschaft zu unterbrechen. Sowohl Abtreibung als auch Sterilisationen sind kostenlos und werden von den Ärzten wie am Fließband durchgeführt. Ein chinesischer Regierungsbeamter nannte die Zahl von 6,5 Millionen Sterilisationen für das Jahr 1992.
In den Städten ist diese Kampagne äußerst erfolgreich. Schwieriger hingegen ist die Situation auf dem Lande. Hier herrscht tradi-

tionell die Großfamilie vor. Die Bauern brauchen nach wie vor Söhne für die Arbeit auf den Feldern und widersetzen sich einer Geburtenkontrolle. Daher dürfen Bauern in vielen ländlichen Gebieten zwei Kinder haben, ohne Sanktionen befürchten zu müssen, allerdings nur, wenn das erste Kind ein Mädchen ist. Frauen, die bereits einen Sohn zur Welt gebracht haben, laufen jedoch Gefahr, hart bestraft oder gar sterilisiert zu werden, wenn sie erneut schwanger werden. Trotzdem wächst die Bevölkerung Chinas gegenwärtig täglich um 46 000 Menschen. Das entspricht einer jährlichen Zunahme von 17 Millionen Chinesen. Für das Jahr 2025 wird von der UNO die Bevölkerung Chinas auf 1,5 Milliarden Menschen taxiert.

Wie erfolgreich staatlich geförderte Geburtenbeschränkung sein kann, zeigt das Beispiel *Indonesiens.* Die Kampagne begann offiziell 1970. Bis 1980 hatte die Regierung in über 40 000 Dörfern zentrale Verteilerstellen für Informationen sowie für empfängnisverhütende Mittel eingerichtet. Schulungsprogramme vermittelten das Ziel, eine Familie soll klein, glücklich und wohlhabend sein. Da der Islam gegen Geburtenkontrolle nichts einzuwenden hat, unterstützten seine Exponenten die Bemühungen der indonesischen Regierung. Noch im Jahr 1970 verzeichnete das Land eine Wachstumsrate von 2,41 Prozent, die bis 1990 auf 1,82 Prozent sank, obwohl während der gleichen Zeit die Säuglingssterblichkeit um 40 Prozent abnahm.

Mit einer Zuwachsrate von 2,08 Prozent wächst die Zahl der Menschen in *Indien* immer noch zu stark an. Für 1994 werden 926 Millionen Inder genannt. Fast die Hälfte von ihnen lebt unterhalb des amtlich ermittelten Existenzminimums. Nur 10 Prozent der Bevölkerung erreichen westeuropäischen Lebensstandard. Im Jahr 2025 wird es annähernd 1,5 Milliarden Inder geben, viel mehr also als heute Chinesen.

Mit den schlimmsten Befürchtungen muß die Entwicklung in *Bangladesh* verfolgt werden. Im Jahr 1994 leben 128 Millionen Menschen auf einer Fläche von etwa der doppelten Größe Bayerns. Von 1970 bis 1993 war die jährliche Zuwachsrate nur geringfügig von 2,77 auf 2,69 Prozent zurückgegangen. Im Durchschnitt hat eine Frau in Bangladesh 4,9 Kinder. Die Regierung hat sich das Ziel gesetzt, diese Zahl bis zum Jahr 2000 auf 2,3 Kinder zu senken.

In *Amerika* ist der Unterschied zwischen dem Norden und dem Süden sehr stark ausgeprägt. In vielen lateinamerikanischen Ländern stellt sich das Bevölkerungswachstum prozentual ähnlich dar, wie dies im ostasiatischen Raum der Fall ist. Allerdings mit dem Hintergrund, daß die Bevölkerungsmenge insgesamt erheblich niedriger liegt. ■

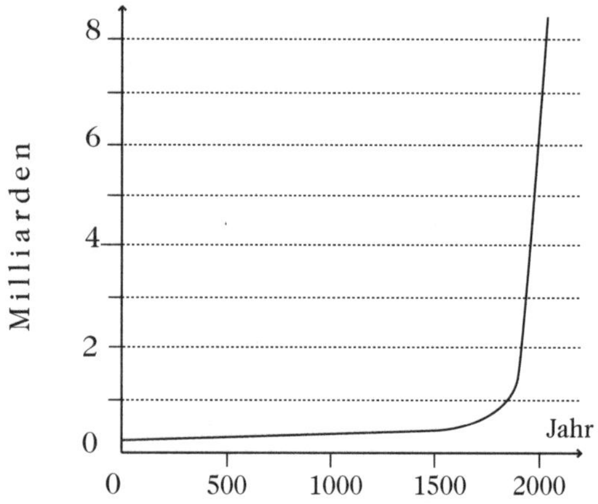

Wachstum der Weltbevölkerung seit Beginn der Zeitrechnung

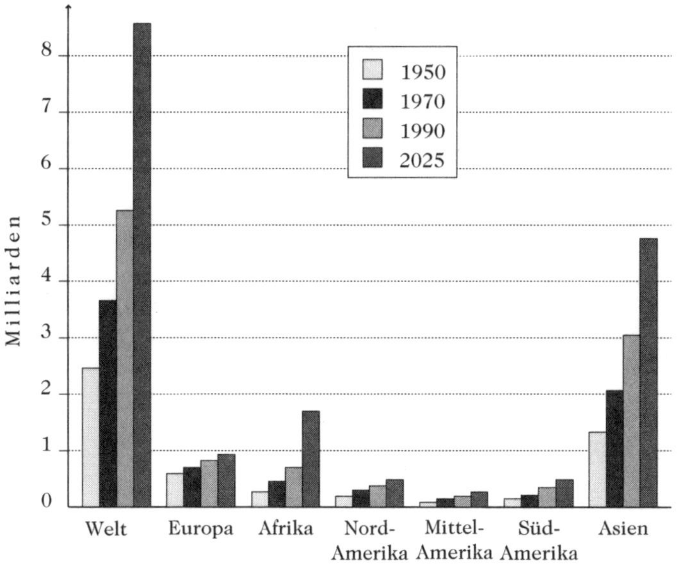

Wachstum der Weltbevölkerung von 1950 bis 2025 (Australien und Ozeanien nicht darstellbar)

Quelle: Statistisches Bundesamt 1992

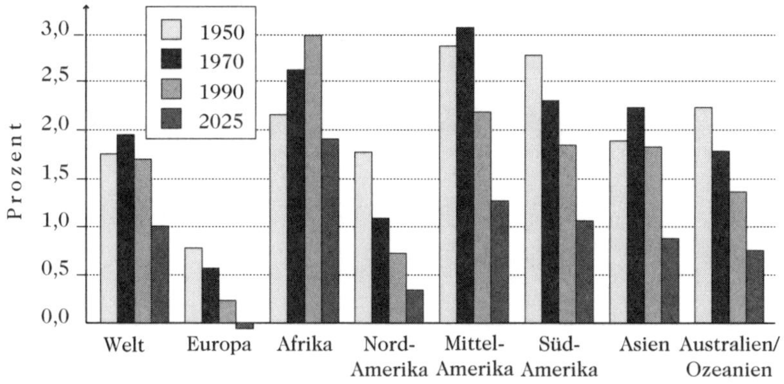

Jährliche Wachstumsraten der Weltbevölkerung von 1950 bis 2025

Quelle: Statistisches Bundesamt 1992

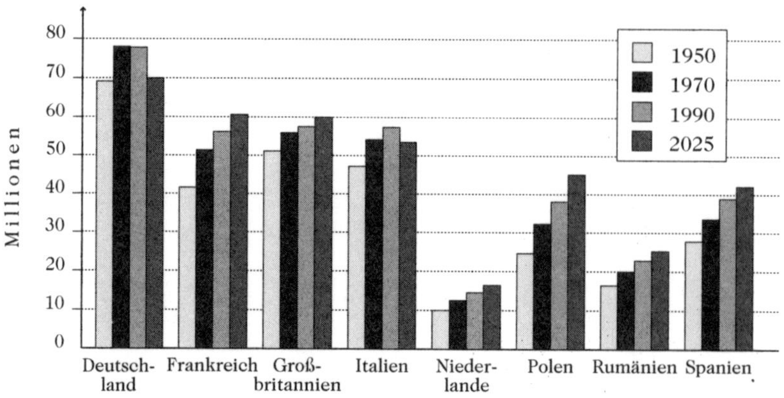

Wachstum der Bevölkerung Europas
(ohne ausländischen Bevölkerungsanteil)

Quelle: Statistisches Bundesamt 1992

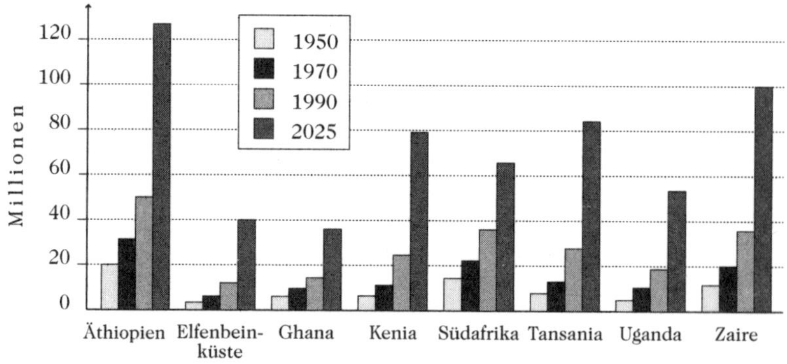

Wachstum der Bevölkerung Afrikas I

Quelle: Statistisches Bundesamt 1992

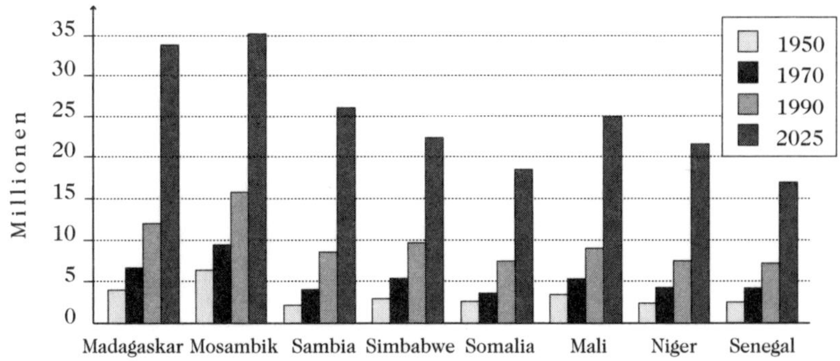

Wachstum der Bevölkerung Afrikas II

Quelle: Statistisches Bundesamt 1992

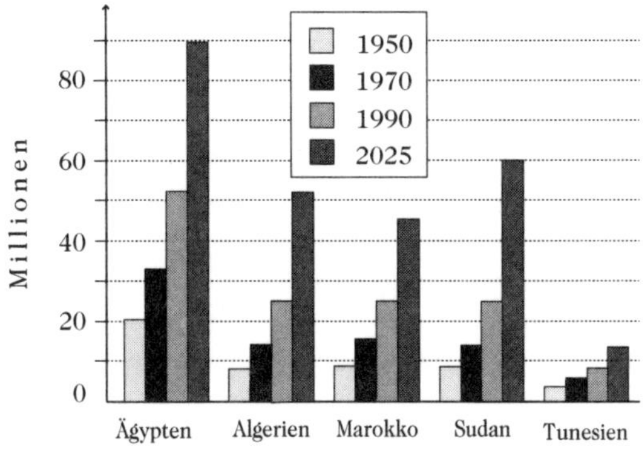

Wachstum der Bevölkerung Nordafrikas

Quelle: Statistisches Bundesamt 1992

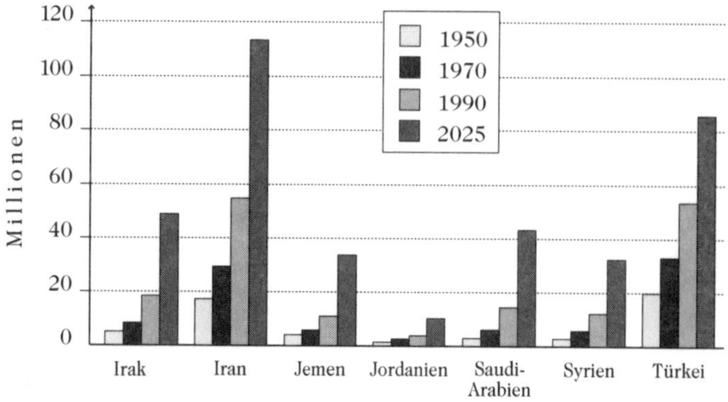

Wachstum der Bevölkerung Westasiens

Quelle: Statistisches Bundesamt 1992

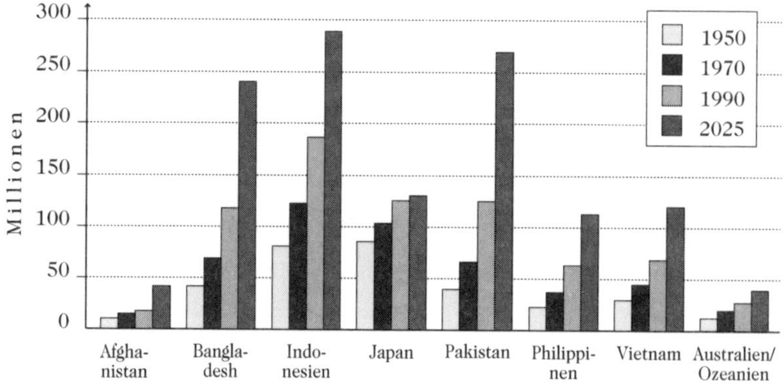

Wachstum der Bevölkerung Asiens sowie Australiens und Ozeaniens

Quelle: Statistisches Bundesamt 1992

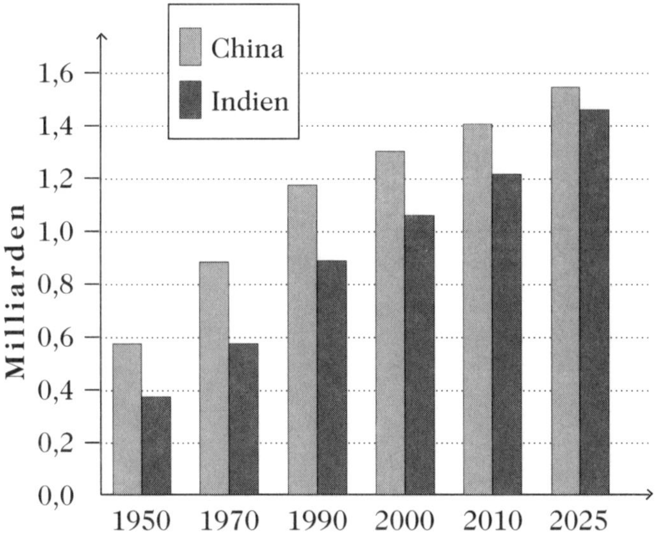

Wachstum der Bevölkerung Chinas und Indiens

Quelle: Statistisches Bundesamt 1992

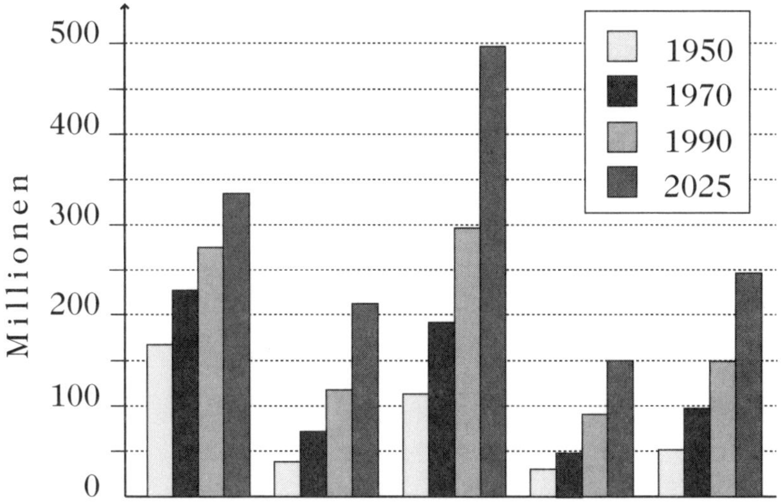

Wachstum der Bevölkerung Amerikas, Mexikos und Brasiliens

Quelle: Statistisches Bundesamt 1992

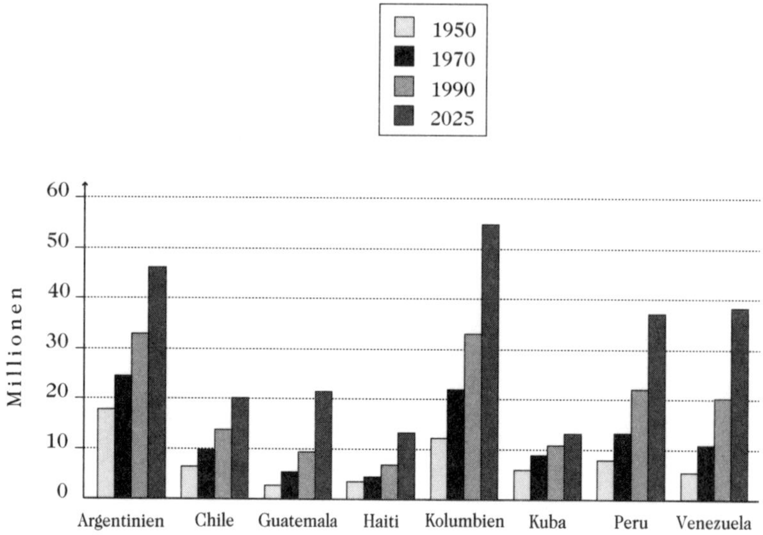

Wachstum der Bevölkerung Lateinamerikas

Quelle: Statistisches Bundesamt 1992

Der gequälte Planet

Der Müll

Als *Hausmüll* werden feste Abfälle bezeichnet, wie sie in einem normalen Privathaushalt entstehen und von der Müllabfuhr weggebracht werden. Im Jahr 1987 lag das Aufkommen an Hausmüll in Westdeutschland bei 20 Millionen Tonnen. Ende der achtziger Jahre waren es in Gesamtdeutschland rund 24 Millionen Tonnen. Der größte Teil des Hausmülls wird auf Deponien gelagert; in Westdeutschland sind dies 70 Prozent. Weitere 25 Prozent werden verbrannt, nur ein geringer Teil wird sortiert und kompostiert. Mit etwa 30 Gewichtsprozent verursachen die Verpackungsmaterialien den größten Teil des Hausmülls. Davon wiederum entfallen 16 Prozent auf Papier und Pappe, 9 Prozent auf Glas und 5,5 Prozent auf Kunststoffe. Rund 30 Prozent der gesamten Müllmenge sind organische Abfälle aus Küche und Garten.
Gewerbeabfälle sind Rückstände der Industrie. Da ihre Zusammensetzung entsprechend der Produktion sehr vielfältig mit unterschiedlichen Schadstoffgehalten ist, können diese Abfälle nicht gemeinsam mit dem Hausmüll entsorgt werden. Im Jahr 1987 fielen in Westdeutschland 61 Millionen Tonnen Gewerbemüll an. Der weitaus größte Teil davon wird durch die chemische Industrie verursacht. Die Menge an Bauschutt, Bodenaushub und Straßenaufbruch dürfte bei weiteren 60 Millionen Tonnen liegen.
Sonderabfälle, oft auch *Giftmüll* genannt, umfassen einen weiten Bereich von Stoffen, die entweder direkt oder über Luft und Wasser gesundheitsschädigend wirken. Weit über die Hälfte der Sonderabfälle kommen aus der chemischen Industrie. Sonderabfälle werden

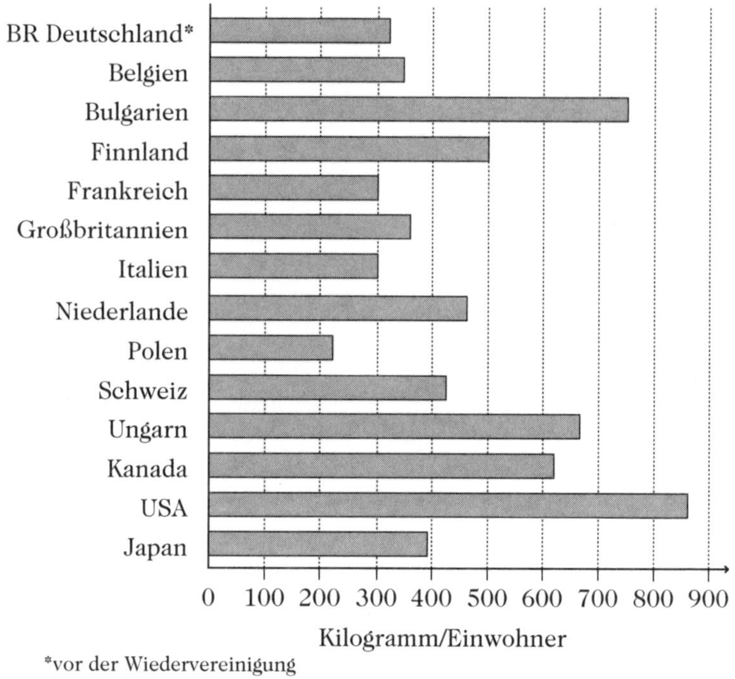

Abfallaufkommen. Hausmüll, hausmüllähnliche Gewerbeabfälle und Sperrmüll, nachgewiesen zwischen 1985 und 1990

Quelle: Statistisches Bundesamt 1992

in ober- oder unterirdischen Sondermülldeponien oder in Sondermüllverbrennungsanlagen entsorgt.
In Deutschland stehen einer wachsenden Abfallmenge begrenzte Entsorgungskapazitäten gegenüber. In Westdeutschland führte das zu einem legalen *Abfalltourismus* einstmals in die damalige DDR, bis 1992 auch nach Frankreich. Weltweit nimmt Deutschland als Müllexporteur die erste Stelle ein.
Bei der *Müllverbrennung* wird das ursprüngliche Gewicht auf 30 bis 40 Prozent Reststoffe verringert. Etwa ein Drittel dieser Rückstände kann im Straßenbau verwendet werden. Der Rest muß deponiert werden. Die Rauchgase, die bei der Müllverbrennung entstehen, ent-

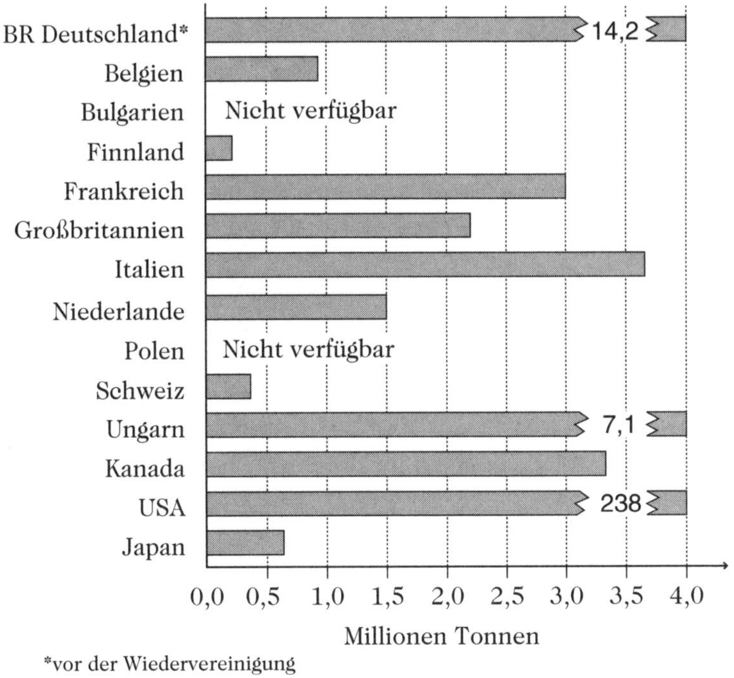

Abfallaufkommen. Gift- und Sondermüll, nachgewiesen zwischen 1985 und 1990

Quelle: Statistisches Bundesamt 1992

halten zahlreiche giftige Stoffe wie Schwefeldioxid, Kohlenmonoxid, Stickoxide, Salzsäure, Schwermetallverbindungen und sogar Dioxine und Furane. Daher müssen die Rauchgase gereinigt werden, wobei giftige Rückstände anfallen, die wiederum als Sondermüll deponiert werden müssen. Hier zeigen sich die Schwierigkeiten der Müllbeseitigung: Zwar wird die Menge durch die Verbrennung erheblich verringert, dafür fällt giftiger Sondermüll an, der aufwendig deponiert werden muß.

Dennoch gilt die Müllverbrennung gegenwärtig als das beste aller Verfahren der Beseitigung. Die Bürger sind auch sehr dafür – nur sollte dieser Vorgang nicht in ihrer Nähe stattfinden. Aber überall, wo Müll verbrannt wird, leben Menschen, die zwar ebenfalls für Müllverbrennung sind, nur eben nicht in ihrer Nähe. Muß der Abfall in der Landschaft gelagert werden, wehren sich die unmittelbar betroffenen, in der Umgebung lebenden Menschen in zunehmendem Maße gegen dieses Vorgehen. Tatsache ist – in Mitteleuropa leben immer Menschen in der Nähe.

Große Probleme bereiten die Industrieabfälle. Die Industrie sucht dringend nach Wegen, ihre Abfälle ohne negative Folgen für die Umwelt zu beseitigen und unschädlich zu machen. Da dies aber schwierig und teuer ist, werden immer wieder Gifte illegal abgelagert oder gegen geringes Entgelt in ärmere Staaten verbracht.

In der Vergangenheit wurden giftige Stoffe oftmals unkontrolliert abgelagert, was zur Vergiftung des Bodens führte. Von diesen *Altlasten* gibt es in Deutschland mehrere zehntausend. Über diesen oft verdeckten Lagerstätten wurden Wohnsiedlungen, Sport- und Spielplätze errichtet. Niemand weiß, wie das Geld für die kostspielige Sanierung aufgebracht werden soll. Allein für die Sanierung von 10 000 der schlimmsten Sondermülldeponien in den USA zum Beispiel werden Kosten von 100 Milliarden Dollar angenommen. Da dieses Geld natürlich nicht verfügbar ist, werden jene Lagerstätten für alle Zeiten so gefährlich bleiben, wie sie es heute schon sind.

Mögen im Westen folgenschwere Fehler und sogar Verbrechen bei der Beseitigung aller Arten von Müll gemacht worden sein, so ist der Zustand in den ehemaligen Ostblockstaaten noch weitaus kritischer. Ausgelöst durch Mißwirtschaft, aber auch bedingt durch ethnische Eigenheiten wurde ohne Rücksicht auf die Umwelt produziert. In den Staaten der ehemaligen Sowjetunion, von den europäischen Industriegebieten bis in die äußersten Winkel Sibiriens, befinden sich überall riesige verseuchte Flächen. Aufs schlimmste wird auch Schlesien geschädigt: Da die finanzschwache polnische Regierung keine Mittel für den Umweltschutz zur Verfügung stellen kann, wird das Land durch die Industrie in Oberschlesien und den Kupferbergbau in Niederschlesien stark mit industriellen Giften belastet.

In den Ländern der Dritten Welt wird ein großer Teil des Hausmülls überhaupt nicht beseitigt. Vom anfallenden Müll werden in Jakarta 30 Prozent, in Daressalam vier Fünftel und in Karatschi mehr als zwei Drittel nicht eingesammelt. In den Städten Südamerikas hingegen ist meist eine bessere Müllabfuhr gewährleistet. So etwa in Ca-

racas, Santiago de Chile, Buenos Aires, São Paulo und Rio de Janeiro, wo zwischen 91 und 99 Prozent des Mülls beseitigt werden. Allerdings leben in diesen Städten viele Menschen auf und von diesem Müll.
In den Slums fallen zwar die geringsten Müllmengen an, hier ist jedoch die Entsorgung auch am schlechtesten. In vielen Ländern der Dritten Welt besteht die Entsorgung in der Ablagerung auf offenen Schutthalden. Hygienisch einwandfreie Deponierung ist die Ausnahme. Zwangsläufig verursacht Müll, der herumliegt oder in Wasserläufe gekippt wird, gefährliche und ansteckende Krankheiten, vor allem, wenn sich Müll und menschliche Exkremente vermischen.

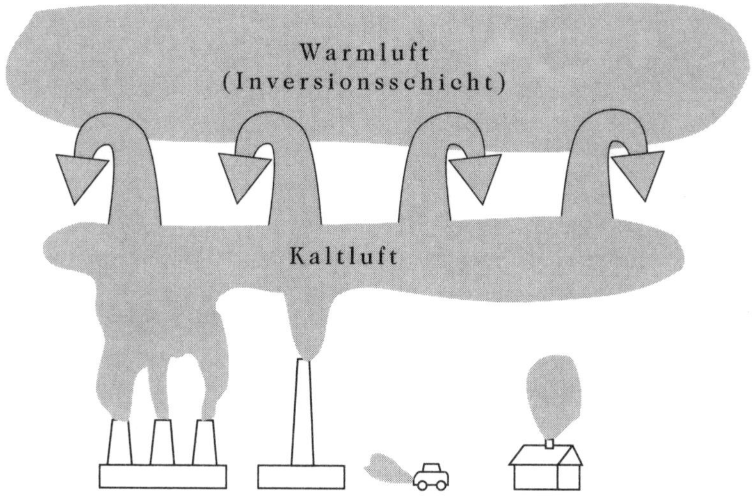

Inversionswetterlage

Der Smog

Das Wort *Smog* wurde künstlich aus den englischen Wörtern *smoke* = Rauch und *fog* = Nebel gebildet und bezeichnet eine gesundheitsschädliche und sichtbehindernde Anreicherung von Schadstoffen in der Luft. Nach der Art der Schadstoffe wird zwischen *Sommersmog* und *Wintersmog* unterschieden. Begünstigt wird der Smog durch die sogenannte *Inversionswetterlage.* Dabei entsteht bei nur schwacher Luftbewegung oder gar Windstille eine außergewöhnliche Luftschichtung. Normalerweise nimmt die Temperatur mit steigender Höhe ab. Die warmen und daher leichteren Abgase steigen dann nach oben und werden durch den Wind verteilt. Bei der Inversionswetterlage jedoch liegt in 300 bis 400 Meter Höhe eine wärmere Luftschicht über der kälteren Luft in Bodennähe. Dadurch verlieren die warmen Abgase in der Höhe im nunmehr wärmeren Bereich ihren Auftrieb und sinken wieder nach unten. Infolge fehlender Winde erfolgt kein wesentlicher Luftaustausch, die Schadstoffe werden nicht verteilt, sondern sammeln sich vielmehr örtlich an. Smog kann dann nur durch Minderung des Schadstoffeintrags verhindert werden.
Hauptbestandteil des Sommersmogs ist das Ozon. Ausgangsstoffe dafür sind verschiedene Verbindungen vorwiegend des industriellen Zeitalters, vor allem die Stickoxide, Kohlenmonoxid und verschiedene Kohlenwasserstoffe. Schlimmste Verursacher dieser Verbindungen sind Autos und Feuerungsanlagen. Aber auch die Rinderhaltung und Mülldeponien tragen durch Freisetzung des Kohlenwasserstoffs Methan dazu bei. Das Ozon entsteht aus den genannten Stoffen auf chemisch komplizierte Weise unter der Wirkung der ultravioletten Sonnenstrahlung, daher wird auch von *photochemischem* Smog gesprochen. Da die UV-Strahlung dann am besten bis zur Erdoberfläche durchdringt, wenn die Sonne am höchsten steht, tritt diese Art Smog bevorzugt im Sommer und am Tage auf. Vor allem die Großstädte leiden dann darunter, da Industrie und Autos Stickoxide, Kohlenmonoxid und Kohlenwasserstoffe ausstoßen. Nachts zerfällt das Ozon; eine Neubildung erfolgt mangels Sonnenlicht nicht.
Ozon ist ein starkes Oxidationsmittel. Es ist daher giftig, weil es die lebenden Zellen angreift. Nicht nur Bakterien werden durch Ozon

getötet, sondern es dringt auch tief in die Lungen von Mensch und Tier ein. Bei Bäumen und Pflanzen läßt es die Blätter absterben und verringert das Wachstum. In hoher Konzentration würde Ozon sämtliches Leben auf der Erde töten. In geringer Konzentration ist seine Wirkung auf den Menschen stark subjektiv. Es verursacht Atembeschwerden, Augenreizungen, Husten, Kopfschmerzen und Übelkeit. Letztlich kann es zu dauernden Lungenschäden führen. Kleinkinder, ältere und kranke Menschen sind besonders gefährdet.

Der natürliche Ozongehalt am Boden liegt heute bei 20 Millionstel Gramm im Kubikmeter Luft (20 $\mu g/m^3$). Natürliche Spitzenwerte betragen nicht mehr als 80 Millionstel Gramm. Durch Schadstoffe verursachte Spitzenwerte jedoch kommen auf 400 Millionstel Gramm. Im Juli 1990 beschloß die Konferenz der westdeutschen Umweltminister einen Grenzwert von 180 Millionstel Gramm im Kubikmeter Luft festzulegen, oberhalb dessen Ozonwarnungen herausgegeben werden sollten. Bedenklich stimmt, daß seit den sechziger Jahren die mittlere Ozonkonzentration jährlich um 1 bis 3 Prozent zunimmt.

Das Ozonproblem machte sich zuerst im riesigen Ballungsraum Los Angeles bemerkbar. Daher wird beim Sommersmog auch von *Los-Angeles-Smog* gesprochen. Zwar haben alle amerikanischen Autos Katalysatoren, die aber nur schlecht gewartet werden. Zu den Abgasen der Autos kommt die südliche Sonne, was zu Ozon-Spitzenwerten von bis zu 1 000 Millionstel Gramm im Kubikmeter Luft führt. In Mexiko-Stadt werden ähnlich hohe Werte gemessen. Hier liegt überdies die Ozonkonzentration an 300 Tagen des Jahres oberhalb von 220 Millionstel Gramm. In Europa ist die Innenstadt Roms schwer betroffen. Rund um das historische Zentrum arbeiten 100 000 kleine und mittlere Industriebetriebe, die, wie die vielen Autos, ihre Abgase in die Luft abgeben. Es gibt keine Pflicht für Filteranlagen, bleifreies Benzin wird nur wenig eingesetzt. In manchen Straßen übersteigen die Schadstoffe in den Hauptverkehrszeiten 1 000 Millionstel Gramm. Die Menschen leiden an Asthma und Bronchitis. Die Krebsgefahr ist höher als im Umland. In Athen ist die Lage ähnlich dramatisch.

Trotz besorgniserregender Spitzenwerte in den Städten liegen die Ozonwerte in ländlichen Gegenden oft sogar noch höher. Dies hat die Ursache in den Stickoxiden, die in der Stadt während der Nacht

von Autos und Industrie ausgestoßen werden, die das Ozon bei Abwesenheit des Sonnenlichts abbauen.
Aus historischen Gründen wird der Wintersmog auch *London-Smog* genannt. Bei dieser Smogart wirken die bei der Verbrennung erzeugten Schadstoffe Schwefeldioxid, Kohlenmonoxid und Staub gesundheitsschädlich. Verursacher sind Industrie, Haushalte und Autos. Die schlimmste Smogkatastrophe ereignete sich 1952 in London. Innerhalb zweier Wochen starben 4 000 Menschen an den Folgen des Wintersmogs. Im Jahr 1962 starben bei einem Smog im Ruhrgebiet 150 Menschen. In Deutschland konnten die Gefahren des Wintersmogs durch Umstellung der Ofenheizung von Kohle und Erdöl auf Erdgas und Fernwärme, Katalysatoren in Autos und die zunehmende Reinigung der industriellen Abgase ganz wesentlich verringert werden.

Der saure Regen

Bei der Verfeuerung fossiler Brennstoffe entsteht neben dem Kohlendioxid auch Schwefeldioxid. Insbesondere Kohle enthält viel Schwefel. Bei der Verbrennung entstehen aus dem Stickstoff der Luft auch Stickoxide, die auch ein wesentlicher Bestandteil der Autoabgase sind. Schwefeldioxid und Stickoxide bilden nach Reaktionen mit dem Sauerstoff der Luft und Wasserdampf Schwefelsäure und Salpetersäure, die sich beide leicht in Wasser lösen, so daß der Regen als saurer Regen zur Erde fällt. Der Begriff *saurer Regen* schließt sauren Schnee, Nebel und Tau ein und wird infolge der Brandrodung auch in kaum industrialisierten Ländern der Dritten Welt nachgewiesen. Der saure Regen verursacht das Waldsterben, das besonders in Europa und Nordamerika immer mehr um sich greift.
Nach einer Studie des *Internationalen Instituts für Angewandte Systemanalyse* aus dem Jahr 1991 sind in den europäischen Wäldern zu 60 Prozent Schwefelverbindungen für das Waldsterben verantwortlich. Anfangs wurden Schäden nur bei Tanne und Fichte beobachtet. Inzwischen hat sich das Baumsterben auf fast alle Baumarten ausgeweitet. In manchen Regionen sind Laubbäume zwischenzeitlich stärker geschädigt als Nadelbäume. Sichtbares Bild der Schäden ist der Verlust von Blättern und Nadeln, so daß man leicht

durch die Kronen der Bäume sehen kann. Unter den westeuropäischen Ländern ist Deutschland besonders stark betroffen. Ganz schlimm sieht es im Erzgebirge auf deutscher wie auch auf böhmischer Seite aus. Ursache dafür ist die massenhafte Verfeuerung schwefelhaltiger Braunkohle in Nordböhmen, die auch das Riesengebirge in Mitleidenschaft zieht. Neben dem sauren Regen werden die Wälder aber auch durch Schadstoffe in der Luft, vor allem durch das Ozon, belastet.
Der saure Regen schädigt nicht nur Bäume, er dringt auch in den Boden und in die Gewässer ein und schadet Tieren und Pflanzen. In den Seen Skandinaviens, des Nordostens der USA und des Ostens Kanadas ist die Zahl der Fische und Fischarten in den letzten Jahren deutlich zurückgegangen. Ursache dafür sind die Abgase aus den Schornsteinen der Kohlekraftwerke und Stahlwerke in den Industriegebieten. Der saure Regen setzt aber nicht nur der Natur, sondern auch den Kunstwerken an alten Bauwerken zu. Der Stein ist vielerorts zerfressen, die Skulpturen müssen durch Kopien ersetzt werden.

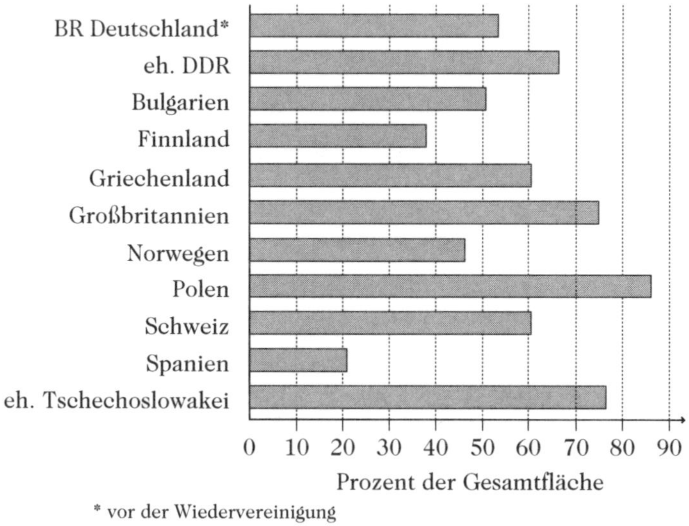

Waldschäden in Europa 1990

Quelle: Statistisches Bundesamt 1992

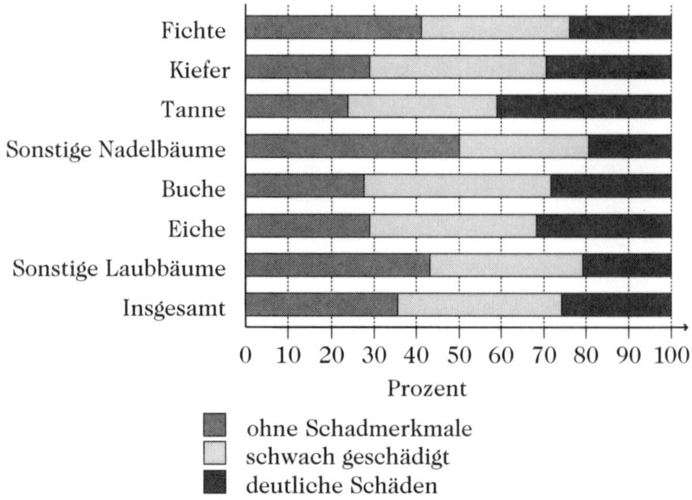

Waldschäden in Deutschland nach Baumarten 1991

Quelle: Statistisches Bundesamt 1992

Um die katastrophalen Folgen des sauren Regens zu vermindern, müßte der Ausstoß des Schwefeldioxids und der Stickoxide durch Abgasreinigung wesentlich verringert werden. Technische Lösungen dafür sind bekannt. In den alten Ländern der Bundesrepublik wurden die Kraftwerke mit solchen Anlagen ausgerüstet. Die Kraftwerke in der ehemaligen DDR sollen bis 1996 nachgerüstet werden.
Innerhalb der *Europäischen Union* widersetzt sich insbesondere Großbritannien einer wesentlichen Verringerung der Schwefel- und Stickoxidemissionen.
Der Waldzustandsbericht der deutschen Bundesregierung vom November 1993 stellte fest, daß der Anteil der deutlich geschädigten Bäume zwar von 27 auf 24 Prozent leicht zurückgegangen sei, dieser geringe Unterschied sich aber im Rahmen von Schätzfehlern bewegt, so daß von einer Besserung nicht gesprochen werden kann.

Wasserverschmutzung

Wasser hat Eigenschaften, die das Leben auf dem Planeten Erde überhaupt erst ermöglichen. Im Vergleich zu anderen Stoffen kann es besonders viel Wärme speichern, was den Erhalt der Temperatur in einem biologischen System begünstigt. Das gute Lösungsvermögen von Wasser erleichtert den Stofftransport durch den lebenden Körper. Außerdem ist Wasser im festen Zustand weniger dicht als im flüssigen. Eis schwimmt daher auf dem Wasser und schützt so das tieferliegende Wasser und das sich darin befindliche Leben vor Abkühlung.

Alles Leben auf der Erde ist vor Milliarden Jahren im Wasser entstanden. Erst vor gut 400 Millionen Jahren verließ es das flüssige Element und siedelte sich auf dem Lande an. Wasser ist nach wie vor Lebensraum für viele Tier- und Pflanzenarten.

Seit es auf der Erde Leben gibt, befand sich das Wasser in einem natürlichen Kreislauf. Das von höherem tierischen Leben verschmutzte Wasser wurde von Mikroorganismen wieder gereinigt. Dieser natürliche Kreislauf wurde durch die wachsende Zahl der Menschen und die Industrialisierung zerstört.

Der Mensch selbst besteht zu 70 Prozent aus Wasser. Er muß täglich etwa 2 Liter Flüssigkeit zu sich nehmen, was nicht nur durch das Trinken, sondern auch über die Nahrung geschieht. Der Mensch braucht Wasser aber längst nicht mehr nur, um seinen Flüssigkeitsbedarf zu decken. In Deutschland liegt der tägliche Pro-Kopf-Verbrauch bei 150 Litern. Davon wird ein Drittel der Menge für die Wasserspülung der WC und ein weiteres Drittel zum Baden und Duschen benötigt. Außerdem wird Wasser zum Geschirrspülen, Autowaschen und Gartensprengen gebraucht. Nur 3 Liter der bereitgestellten Trinkwassermenge werden dem Körper zugeführt oder zum Kochen verwendet.

Wesentlich mehr Wasser als durch Haushalte wird in der Industrie verbraucht. Um einen Liter Bier herzustellen, werden 20 weitere Liter Wasser benötigt. Um 1000 Liter Milch zu Käse und anderen Produkten zu verarbeiten, braucht die Molkerei bis zu 5000 Liter Wasser. Wird ein Rind geschlachtet, fallen 1000 Liter Abwasser an. Für die Erzeugung einer Tonne Papier aber bedarf es gar einer Menge von 100000 Litern oder 100 Tonnen Wasser.

Westdeutschland gehört zu jenen Gebieten auf der Erde, die reichlich mit Wasser versehen sind. Ursprünge des Wasserangebotes sind die Niederschläge sowie die Flüsse, die entweder im eigenen Land entspringen oder aus den angrenzenden Ländern zuströmen. Auf dem Gebiet der ehemaligen DDR sind die Ressourcen wesentlich geringer. In manchen Ländern der Erde, etwa in den arabischen Staaten, muß Süßwasser aus Meerwasser gewonnen werden.
Die Nutzung von Wasser durch den Menschen führt zu dessen *Verschmutzung*. Die Abwässer tragen organische Stoffe der menschlichen und tierischen Ausscheidungen und der nicht verwertbaren Pflanzenteile der Landwirtschaft davon. Viele dieser Abfälle können durch Mikroorganismen bei Sauerstoffverbrauch abgebaut werden. In den Ballungszentren fallen allerdings entsprechend große Mengen organischer Ausscheidungen an. Die damit einhergehende übermäßige Zersetzung der Abwässer in der Natur kann stehenden und fließenden Gewässern zuviel Sauerstoff entziehen, der den in ihnen lebenden Tieren, also vor allem den Fischen, fehlt. Die Selbstreinigungskraft von Gewässern kann auch überfordert werden; die Stoffe bleiben dann im Wasser.
Die Gefahr der Überdüngung besteht in den Nährstoffen, die dem Wasser im Übermaß zugeführt werden. Hierzu gehören Phosphate aus Wasch- und Nitrate aus Düngemitteln. Der Übergang eines Gewässers aus nährstoffarmem in nährstoffreichen Zustand wird *Eutrophierung* genannt. Insbesondere in stehenden und langsam fließenden Gewässern wachsen Algen und andere Wasserpflanzen überreichlich, sterben in entsprechenden Mengen ab, zersetzen sich und entziehen dabei dem Wasser Sauerstoff. Als weitere Folge kommt es durch Fäulnis zur Bildung von Ammoniak und Schwefelwasserstoff. Die Fische in diesen Gewässern sterben an Sauerstoffmangel und Giften.
Abwässer enthalten aber auch chemische Verbindungen, welche die Natur nicht kennt. Sie sind in der Chemie aus den Haushalten, vor allem aber aus der Industrie enthalten, und die Natur wird mit ihnen gar nicht oder nur schwer fertig. Diese Verbindungen können zum Teil nur unvollständig oder sehr langsam in natürliche und daher ungefährliche Verbindungen gespalten oder umgewandelt werden. Zu den unerwünschten Stoffen in den Abwässern zählen

giftige Verbindungen mit Schwermetallen, wie Quecksilber, Nickel, Cadmium und Blei.

Um die Belastung des Wassers durch die Abfälle des Menschen zu verringern, wäre es zumindest notwendig, diese vor dem Rücklauf in die Natur auszusondern, die Abwässer also zu reinigen. Das ist bei organischen Abfällen vergleichsweise einfach. Die Natur ist darauf eingerichtet, durch Mikroorganismen derartige Stoffe zu zersetzen. Schwieriger ist die Entfernung von giftigen Chemikalien und Schwermetallverbindungen. Da vielerorts eine entsprechende Reinigung nicht erfolgt, gelangen diese in die Flüsse und finden sich später verstärkt im Schlick der Mündungsgebiete wieder.

In Westdeutschland werden die häuslichen Abwässer zu über 95 Prozent gereinigt. Die industriellen Abwässer werden zu 60 Prozent ebenfalls in den öffentlichen Kläranlagen gereinigt, die großen Industriewerke aber haben eigene, für die besondere Art des Abwassers ausgelegte Anlagen. Über 90 Prozent der gefährlichen Schwermetalle werden so herausgezogen. Um den Wasserverbrauch zu verringern, muß es das Ziel der Industrie sein, weitgehend möglichst geschlossene Kreisläufe zu nutzen, das Wasser also mehrfach zu verwenden.

Bei der Reinigung der Abwässer fallen allein in den alten Ländern der Bundesrepublik Deutschland jährlich 55 Millionen Tonnen *Klärschlamm* an, der beseitigt werden muß. Der Schlamm ist zwar fruchtbar, aber mit Schadstoffen belastet. Daher werden insgesamt nur 20 Prozent der Menge als Dünger genutzt. Weitere 15 Prozent werden verbrannt, 65 Prozent gelagert.

Zu jenen Ländern Europas, welche die Abwässer weitgehend reinigen, gehören neben Deutschland die Schweiz, Schweden und Dänemark. In anderen Ländern, vor allem in den Staaten des ehemaligen Ostblocks, werden die Abwässer in die Flüsse geleitet. Die Elbe fließt größtenteils durch Deutschland. Wenn sie in Sachsen einfließt, ist sie bereits mit tschechischem Schmutz überladen. Polen leitet seine Abwässer ungeklärt über Weichsel und Oder in die Ostsee.

Jedoch auch in Westeuropa sind die Verhältnisse keineswegs befriedigend. Die Franzosen klären nur 40 Prozent ihrer Abwässer, die Italiener noch weniger. Florenz besitzt keine Kläranlagen; die Ausscheidungen von 500 000 Menschen laufen in den Arno, der sie ins

Meer trägt – in dem die Touristen dann baden. Brüssel, die Stadt der europäischen Verwaltungsbehörden, besitzt ebenfalls keine Kläranlagen. Die Abwässer der Millionenstadt laufen in die Senne, von dort aus in die Schelde und weiter in die Nordsee. Damit der Geruch der Senne wenigstens in der Stadt nicht stört, wurde sie dort überbaut. Noch weniger Kläranlagen als in Belgien gibt es in Griechenland, Irland und Spanien. Sünder werden auch immer wieder in Deutschland entdeckt, wenn sie giftige Abwässer illegal in die Flüsse einleiten.

Das Wasser in der Landschaft wird aber nicht nur durch die Abwässer der Haushalte und der Industrie verschmutzt. Vielerorts gelangt schadstoffbelastetes Sickerwasser aus Mülldeponien in die Flüsse und ins Grundwasser. Die von Kraftwerken und Autos ausgestoßenen Gase Stickoxid und Schwefeldioxid entweichen zunächst in die Atmosphäre, fallen aber danach als saurer Regen wieder auf die Erde zurück. Die größte Gefahr für das Wasser geht jedoch von der Landwirtschaft aus. Ammoniak aus dem Dung der Tierhaltung gelangt zum Teil in die Atmosphäre, ein anderer Teil wird im Boden durch Mikroorganismen in wasserlösliche Nitrate umgewandelt. Waren zunächst nur die Oberflächenwasser verunreinigt, trifft dies bereits vielfach auch auf das Grundwasser zu. Längst finden sich Pflanzenschutz- und Düngemittel auch in Flüssen und Seen. Vor der Verwendung des von der verschmutzten Natur dargebotenen Wassers als *Trinkwasser* muß dieses wegen der vielen darin enthaltenen unerwünschten Stoffe, aber auch wegen möglicherweise ins Wasser gelangter Krankheitskeime gereinigt werden. In Westdeutschland wird dem Bürger gutes Trinkwasser angeboten. Es wird zu über 70 Prozent aus Grundwasser gewonnen. Grundwasser füllt die Hohlräume unter der Erdoberfläche zusammenhängend aus. Es entsteht durch Versickern von Niederschlagswasser sowie durch das Eindringen von Wasser aus Flüssen und Seen. Grundwasser ist erheblich weniger verschmutzt als Oberflächenwasser.

Andernorts steht es nicht so gut: Nach Erhebungen der WHO waren 1980 etwa 60 Prozent der Bevölkerung der Dritten Welt ohne einwandfreies Trinkwasser und drei Viertel ohne Kanalisation. Gemäß dieser Zahlen müssen 1,8 Milliarden Menschen verseuchtes Wasser trinken. Dabei ist der Anteil der Landbevölkerung erheblich höher als jener der Stadtbevölkerung. Abwasserreinigung ist hier eher die

Ausnahme. In Lateinamerika werden nur 2 Prozent der Abwässer gereinigt. Die natürlichen Gewässer sind daher meist außerordentlich verschmutzt.

Verseuchtes Trinkwasser ist in den Entwicklungsländern Ursache vieler Infektionskrankheiten, darunter Cholera, Ruhr und Typhus. Insbesondere Kinder und Arme sind davon betroffen. Jährlich kommt es, so die Weltbank 1992, zu 900 Millionen Durchfallerkrankungen, die wiederum etwa 3 Millionen Tote, meist Kinder, fordern. Dabei könnten bei richtiger Trinkwasserversorgung und Abwasserfortleitung 2 Millionen Todesfälle vermieden werden. Über eine Milliarde Menschen wird jährlich von Wurmerkrankungen heimgesucht.

In vielen Städten der Dritten Welt müssen sich die Bewohner Wasser kaufen, was sie finanziell übermäßig belastet, denn Wasser vom Händler ist viel teurer als Wasser aus der Leitung. Obwohl eine arme Familie in Lima nur ein Sechstel der Wassermenge einer Familie aus der Mittelklasse verbraucht, zahlt sie doch dreimal soviel dafür.

	ohne sauberes Wasser	ohne Kanalisation
Ägypten	25	74
Angola	79	81
Bolivien	63	82
Indonesien	76	76
Kap Verde	50	81
Madagaskar	79	91
Mauretanien	16	99
Nicaragua	47	keine Angaben
Rwanda	46	49
Sierra Leone	84	87
Türkei	24	keine Angaben
Uruguay	20	41

Trinkwasserversorgung und Kanalisation in Ländern der Dritten Welt, 1984. Anteile in Prozent.

Quelle: WHO 1984 (nach N. Wollmann in D. J. McLaren u. B. J. Skinner)

Erosion

Drei Arten der Bodenverschlechterung stehen im Vordergrund: Desertifikation, Erosion und Versalzung. Die Aussagen in der Literatur über das jeweilige Ausmaß der Schädigung sind nicht einheitlich. Nach Meinung der Weltbank verursachen Erosion und Versalzung in der Land- und Forstwirtschaft größere Schäden als Desertifikation.

Unter Erosion wird die Abtragung lockeren Bodens durch Wind oder Wasser verstanden. Dies ist ein natürlicher Vorgang, der so alt wie die belebte Erde ist. Unter Normalbedingungen werden jedes Jahr 0,5 bis 2 Tonnen Boden je Hektar von der bewachsenen Erdoberfläche weggetragen. Die gleiche Menge Humus wird von der Natur neu gebildet. Dieser so vertragene Boden muß aber irgendwo wieder abgelagert werden. Und so schuf die Erosion fruchtbare Täler wie jene des Nil, des Indus, des Ganges und des Mississippi. Dieser Vorgang ist auch heute noch zu beobachten.

Die Erosion kann durch menschliche Einwirkung verstärkt und bisweilen sogar ausgelöst werden. In diesem Fall wird mehr Boden abgetragen, als sich neu bilden kann. In welchem Ausmaß es dazu kommt, hängt von vielerlei Faktoren ab: von der Geländeform, der Vegetationsart, der Menge des Niederschlags und der Bodenbearbeitung. Der Wind trägt jedes Jahr Milliarden Tonnen Erde hinweg. Wissenschaftler auf Hawaii registrieren, wenn in China im Frühjahr mit dem Pflügen begonnen wird, da sich dann eine Staubwolke über den Pazifik legt. An Hängen kann strömendes Wasser bei ungenügendem Pflanzenbewuchs den Boden fortspülen. Pflanzen, die in relativ weitem Abstand voneinander gesetzt werden wie Kohl oder Wein, lassen Raum zum Wegspülen des Bodens. Spätwachsende Pflanzen wie Mais oder Zuckerrüben geben den Boden zu lange Zeit ungeschützt Wind und Regen preis. Besonders gefährdete Gebiete sind die Tropen und Subtropen, da die oft intensiven Niederschläge den Boden nach der Zerstörung der Vegetation wegspülen. Zu durch den Wind bedingter Erosion kommt es bevorzugt in flachen Landschaften wie in den Ebenen Chinas, Nordamerikas oder Australiens. Erosion ist aber auch in Europa zu beobachten. Sehr gefährdet sind hier die Gebirgslagen durch Wirtschafts- und Wanderwege, Skiabfahrten und zu starke Beweidung.

Erosion kann der Landwirtschaft örtlich schwere Schäden zufügen. In Guatemala mußten ehemals landwirtschaftlich genutzte Gebiete aufgegeben werden, da sich die Bewirtschaftung infolge Erosion nicht mehr lohnte. In der Türkei sind 75 Prozent des genutzten Landes von Erosion betroffen. Haiti hat infolge Erosion keine erstklassigen Böden mehr. Gerodete Flächen in Nepal verlieren jährlich auf jedem Hektar zwischen 35 und 75 Tonnen Humus. In Indien erodierten bisher 130 000 Quadratkilometer Land durch Wind und 740 000 Quadratkilometer durch Wasser. Das ist mehr als ein Viertel der Landfläche Indiens. In Asien wird seit uralter Zeit erfolgreich an den Hängen terrassiert, um der Erosion vorzubeugen. Dennoch verlor China seit 1957 11 Prozent seiner Ackerfläche durch Erosion. Auf Grund der wachsenden Bevölkerung werden in Lateinamerika die Berghänge immer stärker genutzt. Die Zeit reicht aber nicht für stabile Terrassen; schlechte Terrassen jedoch fördern die Erosion.

Erosion verschlechtert nicht nur die Qualität des Bodens, die abgetragenen Mengen lagern sich auch ungewollt auf dem Grund der Flüsse und in den Talsperren ab. Der Mangla-Damm am Jhelum in Pakistan, 1967 fertiggestellt, sollte seine Funktion 100 Jahre lang erfüllen, aber schon nach 50 bis 75 Jahren wird er völlig verschlammt sein. Beim Bau des Assuan-Staudammes mußten die Ablagerungen des Nilschlammes bei der geplanten Größe des Stausees berücksichtigt werden.

Der Ganges entwässert eine Million Quadratkilometer intensiv genutzten Landes in Indien, Bangladesh, Nepal und Tibet. Dabei spült er jährlich 1,5 Milliarden Tonnen Boden in die Bucht von Bengalen. Im Vergleich dazu entwässert der Amazonas ein Gebiet von 5,8 Millionen Quadratkilometern, trägt aber von dem mit dichtem Urwald bedeckten Boden nur 360 Millionen Tonnen davon. Die Erosionsrate am menschenreichen Ganges ist damit vierundzwanzigmal so groß wie am menschenarmen Amazonas.

Der Hwangho, der Gelbe Fluß, in China ist der am meisten mit Sediment belastete Fluß der Welt. Er entwässert eine vergleichsweise kleine Fläche von 670 000 Quadratkilometern, darunter die schon stark erodierten Lößflächen südlich von Peking. Dabei trägt er jedes Jahr 1,6 Milliarden Tonnen Erde ins Gelbe Meer. Zuvor lädt der Fluß im Becken des Sanmen-Staudammes 400 Millionen Tonnen

Sediment ab. An einigen Stellen befinden sich 700 Kilogramm Schlamm in einem Kubikmeter Wasser; das ist mehr als die Hälfte des Gewichts. Da sich dieser Schlamm auf dem Flußboden absetzt, wurden immer höhere Dämme erforderlich. Vor seiner Mündung fließt der Hwangho heute in einem Kanal, dessen Boden drei bis zehn Meter oberhalb der Umgebung liegt.

Fluß, Mündung	Einzugsgebiet (1000 Quadratkilometer)	durchschnittl. jährliche Last an Schwebstoffen (Millionen Tonnen)	geschätzte jährliche Ackererosion (Tonnen/Hektar)
Niger, Golf v. Guinea	1114	5	0
Kongo, Atlantik	4014	65	3
Nil, Mittelmeer	2978	111	8
Amazonas, Atlantik	5776	363	13
Mekong, Südchin. See	795	170	43
Irrawady, Bucht v. Bengalen	430	299	139
Ganges, Bucht v. Bengalen	1076	1455	270
Huang (Gelber Fluß), Gelbes Meer	668	1600	479

Geschätzte jährliche Bodenerosion

Quelle: El-Swaify et al., Soil Erosion and Conversation in the Tropics, Society of Agronomy, Madison (Wisconsin) 1982 in World Resources Institute

Der Bergbau

Der überall auf der Erde betriebene Bergbau verändert die Erdoberfläche in einem der Erosion ebenbürtigen Ausmaß. Der Mensch nutzt Bodenschätze:

- Baustoffe, das sind Steine, Sand und Kies;
- Brennstoffe, das sind Kohle, Erdöl, Erdgas (man könnte das Schwermetall Uran noch dazuzählen);
- alle Metalle wie Eisen, Kupfer, Aluminium, Zinn, Zink, Titan, Gold und Platin;
- zahlreiche nützliche chemische Verbindungen wie Salz, Soda, Schwerspat, Kalk, Phosphate.

Soweit die Gewinnung oberflächlich erfolgt, muß zuvor Abraum abgetragen und gelagert werden. Die Verwüstungen sind so weithin sichtbar. Die unter Tage geförderten Erze enthalten Materialien, die nicht verwendet werden können, meist sogar in einem sehr viel höheren Anteil als die gewünschten Stoffe. Der Kupferanteil im Gestein liegt heute im allgemeinen unter einem Prozent. Gold und Platin sind nur in Spuren im geförderten Erz enthalten. Der Mensch holt also Material in großen Mengen aus der Erde und verteilt die Rückstände der Verhüttung und den Abraum in der Landschaft.

Jedes Jahr werden geschätzte 23 Milliarden Tonnen Bodenschätze – ohne Brennstoffe – gefördert. Dazu kommen mindestens 7 Milliarden Tonnen Abraum. Das macht zusammen 30 Milliarden Tonnen bewegtes Material. Demgegenüber werden die von den Flüssen der Welt transportierten Sedimente auf 16,5 Milliarden Tonnen geschätzt. Jahr für Jahr vernichtet die Förderung von Erzen und anderen Materialien ohne Brennstoffen eine Fläche von 5 000 Quadratkilometern (L. R. Brown, 1992).

Überall auf der Erde gibt es zahllose negative Beispiele für die Verwüstung durch den Bergbau.

In Bolivien hat die fünfhundertjährige Förderung von Zinn und Silber Berge von Abraum und Rückständen hinterlassen. Das darin enthaltene Arsen und Quecksilber spült der Regen ins Grundwasser und in die Flüsse. Auf Bougainville, einer Insel Papua-Neuguineas, wurden bis 1989 600 Millionen Tonnen metallverseuchter Rückstände der Kupferförderung abgeladen. Sie bedecken inzwischen eine Fläche von 18 Quadratkilometern. Die nahegelegenen Flüsse sind

Land/Untersuchungsjahr/ Ort	Ausmaß (Quadratkilometer)	Betroffene Fläche (Prozentanteil an Gesamtfläche)	Erosionsmenge (Milllionen Tonnen pro Jahr)	Erosionsrate (Tonnen pro Hektar und Jahr)
Äthiopien / 1970 Zentr. Hochlandplateau	470 000	43	1 600	34
Lesotho / – Weide- und Ackerland	27 000	88	18,5	7
Niger / – Wassereinzugsgebiet	117	0,01	0,47	40
Nigeria / 1974 Bundesstaat Imo	9 000	1	13	14,4
Madagaskar / 1970 meist Ackerland	459 000	79	–	25–250
Simbabwe / 1979 Gebiet mit mittlerer bis schwerer Erosion	3 400	0,8	15	50
Guatemala / 1979 Westliches Hochland	–	–	–	5–35
Jamaika / – Oberes Yalluhs-Tal	–	–	–	90
USA / 1982 gesamte Anbaufläche	1 690 000	19	1 660	9,6
Argentinien, Paraguay und Brasilien / – La-Plata-Becken	–	–	95	18,8
Ecuador / – / Hohe Sierra	–	–	–	210–564
Peru / – / ganzes Land	1 280 000	100	1 900	15
China / 1980 / Lößplateau	600 000	6,4	–	11–251
Indien / 1975 / schwer geschädigte Anbaufläche	800 000	27	6 000	75
Nepal / – / ganzes Land	137 000	100	240	35–70
Belgien / 1970 / Mittelbelgien	600 000	6,4	–	10–25

Bodenerosion auf Anbauflächen ausgewählter Länder, siebziger und achtziger Jahre

– = nicht verfügbar

Quelle: World Resources Institute

tot. Nach dem Abbau der reichen Phosphatlager auf der südpazifischen Insel Nauru in 5 bis 15 Jahren wird die Insel insgesamt eine Erosionswüste sein. In der Goldstrike Mine in Nevada, USA werden täglich 325 000 Tonnen Erz und Abraum bewegt, um 50 Kilogramm Gold zu gewinnen. Ständig und aus gleichem Grund wird Regenwald im Amazonasgebiet vernichtet.
Schlimme Folgen hatte der sowjetische Uranbergbau im deutschen Erzgebirge. Die strahlenden Rückstände wurden offen gelagert. Ebenso hat der in der Welt bedeutendste Braunkohletagebau in der ehemaligen DDR ganze Landschaften in der Lausitz und bei Leipzig zerstört. Hier muß die Rekultivierung nachgeholt werden.

Desertifikation

Darunter versteht man die durch menschliche Tätigkeit verursachte Ausdehnung von Wüsten und wüstenähnlichen Gebieten. Desertifikation ereignet sich meist in den Trockengebieten der Erde, das sind überwiegend die Randgebiete schon vorhandener Wüsten, also die Steppen und Savannen. Etwa ein Drittel der Erdfläche sind Trockengebiete.
Desertifikation ist ein Vorgang, der schon Jahrtausende andauert. In vielen Gebieten der Erde, die heute Wüste oder Halbwüste sind, können frühe Kulturen und Staaten nachgewiesen werden.
Im 9. Jahrhundert v. Chr. wurden die Meder zu einem Machtfaktor in Asien. Ihre Hauptstadt, das prachtvolle Ekbatana, diente nach der Eroberung durch Kyros II. im Jahr 550 v. Chr. den Persern wegen seiner kühlen und quellreichen Lage als Sommerresidenz. Heute ist dort Halbwüste. Noch während der Römerzeit lebten im Inneren der Sahara die Garamanten, ein Volk, über das erstmals Herodot, danach auch Livius, Tacitus und Strabon berichteten. Reste von Bewässerungsanlagen sind erhalten. Im 9. Jahrhundert v. Chr. gründeten phönikische Kaufleute an der Küste des heutigen Tunesien die Stadt Karthago. Das Land war fruchtbar und wurde bewässert. Die Römer bauten in Nordafrika Aquädukte und Bewässerungsanlagen. Das Gebiet wurde zur Kornkammer Roms. Der Reichtum aber verfiel: Die Wälder wurden abgeholzt, der Boden überweidet, die Bewässerungsanlagen in der spät- und nachrömischen Zeit vernach-

lässigt. Auf die Römer folgten die Araber. Unter ihrer Herrschaft erlebte Nordafrika bis in das 11. Jahrhundert eine Blütezeit. Durch anhaltendes Überweiden trugen aber auch sie viel zum Niedergang des Landes bei. Heute sind nur noch schmale Küstenbereiche in Nordafrika fruchtbar.

Die kargen, oft mit Busch bewachsenen Hänge in den Mittelmeerländern erscheinen dem Besucher reizvoll und typisch, einstmals aber war das Land bewaldet. Die Bäume wurden als Bauholz für Häuser und Schiffe gebraucht, oder sie wurden geschlagen, weil die schon damals ständig wachsende Zahl der Menschen neuen Siedlungsraum und natürlich auch Brennholz benötigte. Wind und Wasser aber trugen den nunmehr ungeschützten Boden hinweg, übrig blieb der nackte Fels oder eine ganz dünne Erdschicht, die gerade so viel Wuchs hervorbringt, daß Schafe und Ziegen existieren können.

Heute liegen die Ursachen der Desertifikation vorrangig in übersteigerter Landwirtschaft. Die Bevölkerung steht unter dem Druck der Armut. Die in früheren Zeiten üblichen Nutzungsformen der Weidewanderungen und des Wanderfeldbaus waren den Steppen angemessen. Nun wird die Landwirtschaft ausgeweitet und intensiviert, um eine wachsende Bevölkerung zu ernähren. Der Boden wird umgepflügt und damit gerade in Dürrezeiten durch Wind und Regen der Erosion ausgesetzt. Zu große Viehherden überweiden die Grasflächen und machen sie durchlässig. Wieder tragen Wind und Regen die fruchtbare Bodenschicht ab. Infolge übermäßigen Holzverbrauchs geht der ohnehin geringe Baumbestand weiter zurück und verschwindet letztlich ganz.

Nach Schätzungen der UNO aus dem Jahr 1992 dehnen sich die Wüsten der Welt jährlich um 60 000 Quadratkilometer aus; zusätzlich werden 200 000 Quadratkilometer zu Halbwüsten oder Steppen. Die betroffenen Gebiete liegen überwiegend in der Dritten Welt. Desertifikation wird aber auch in Europa und Amerika beobachtet. In den USA, Kanada und Mexiko sind 10,5 Millionen Quadratkilometer von Verwüstung bedroht; das ist fast die Hälfte der gesamten Fläche Nordamerikas. Bedroht sind weiterhin Südafrika, das südliche Südamerika, vor allem Patagonien, und Australien.

1977 fand in Nairobi die *Konferenz über Desertifikation* (UNCOD, United Nations Conference on Desertification) statt. Seither hat sich das Umweltprogramm der Vereinten Nationen (UNEP, United

Nations Environment Programme) immer wieder in Seminaren und Konferenzen mit diesem Problem beschäftigt. Auf der Umweltkonferenz der UNO im Juni 1992 in Rio de Janeiro war *Desertifikation* Tagesordnungspunkt 21. Wirkliche Erfolge konnten allerdings nicht erzielt werden. Die Armen in den bedrohten Gebieten müssen sich ernähren und können auf die zerstörerischen Folgen ihrer Landnutzung keine Rücksicht nehmen.

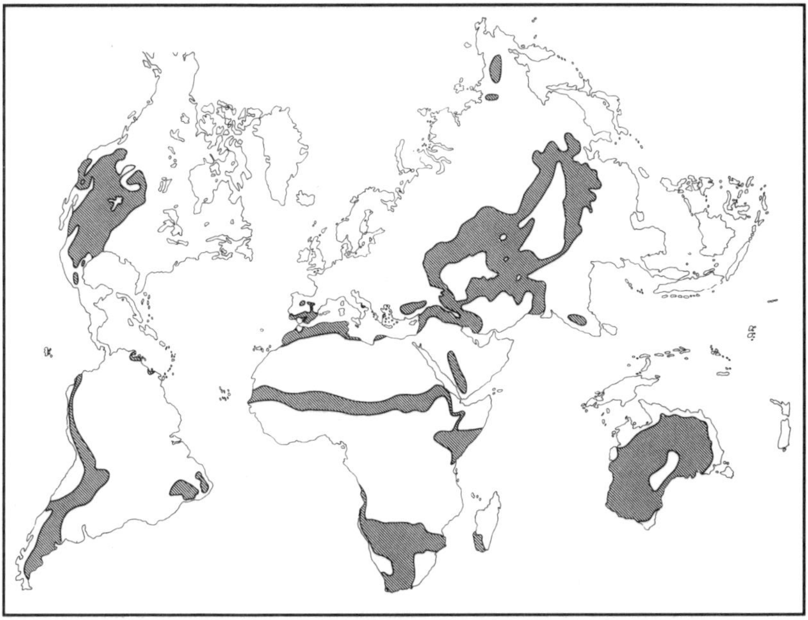

Die durch Desertifikation gefährdeten Halbwüsten-Zonen der Erde

Quelle: H. G. Mensching, aus Geographische Rundschau 6/1993, Westermann Schulbuchverlag GmbH.

Schwer einzuschätzen sind vorerst noch die Einflüsse klimatischer Veränderungen infolge des erwarteten Treibhauseffekts.
Der *Sahel* gehört zu den am meisten durch Desertifikation gefährdeten Gebieten der Erde. Nach verschiedenen Schätzungen verliert die Region jährlich zwischen 20 000 und 70 000 Quadratkilometer Ackerland durch Desertifikation. Die Sahara dehnt sich während des gleichen Zeitraums um 7 bis 12 Kilometer nach Süden aus. Es sind allerdings auch Meinungen zu hören, wonach die Sahara in den

trockenen achtziger Jahren vorrückte und in den regenreichen achtziger Jahren wieder zurückwich.
Von 1968 bis 1974 wurde die Sahelzone von einer der schwersten Dürrekatastrophen der neueren Zeit heimgesucht. Die Herden von Rindern, Schafen und Kamelen fanden kein Futter und kein Wasser. Die Ernte verdorrte. Der Niger wurde zu einem trüben Rinnsal ohne Fische. Selbst der Tschadsee, in normalen Zeiten ein riesiges Wasserreservoir von 25 000 Quadratkilometern, schrumpfte auf ein Drittel seiner Fläche zusammen und teilte sich in vier kleinere Seen. Die Wasserarmut reichte über den Tschadsee hinaus bis nach Äthiopien. Im Jahr 1974 fielen zwar Niederschläge, aber völlig ungenügend und unregelmäßig. In anderen Regionen wurde die Saat von sintflutartigen Regenfällen hinweggespült.
In diesem Jahrhundert erlebte der Sahel vier große Dürren: von 1910 bis 1914, von 1944 bis 1949, von 1968 bis 1974 und von 1981 bis 1984. Im Sudan verhungerten 1984/85 mehrere hunderttausend Menschen. 1989 und 1990 gab es im Sudan erneut Mißernten.
Am Rande von Wüsten und Steppen fallen Niederschläge stets sehr unterschiedlich. Dürren sind daher in solchen Gebieten durchaus normales Naturgeschehen. Aber Dürren sind stets regionale Ereignisse. Daher wird auch der Sahel niemals insgesamt betroffen, wie der Katastrophenjournalismus die Welt allzu oft glauben machen will. Der Regen fehlt immer nur in Teilen der Sahelzone. Während der Dürrejahre 1983/84 waren die Sahelstaaten Burkina Faso, Äthiopien, Mali und Niger tatsächlich nicht von Dürre betroffen. Bei der Dürre 1990 traf es vor allem den Nordosten, während es im Sudan und im südwestlichen Äthiopien zu Überschwemmungen kam. Der Wasserspiegel des Tschadsees scheint jedoch langfristig zu sinken. Einstige Fischerdörfer liegen heute oft kilometerweit im Landesinneren. Schilf und Seegräser breiten sich auf dem See aus. Die Wüste rückt überall näher.
Fehlender Regen mag zwar die Ursache für das Elend in den betroffenen Staaten sein, ganz wesentlich wird dieses aber durch die hohen Geburtenraten und die gerade in den armen Ländern herrschenden Bürgerkriege verstärkt. Bei besserer Infrastruktur und Vorratshaltung wäre die Not ebenfalls wesentlich geringer.

Problem Alpenraum

Um 5000 v. Chr. begann der Mensch, die Alpen zu besiedeln. Zu dieser Zeit war das Gebirge mit Ausnahme der versumpften Täler bis hoch zur Baumgrenze mit Wald bedeckt. Im Verlauf der Besiedlung wurden die Bäume gerodet, um Almen für die Viehwirtschaft zu schaffen. Die Bedeutung des Waldes aber wurde von den Bewohnern erkannt. Als Schutz vor Schnee- und Steinlawinen sowie Erdrutschen blieb der *Bannwald* zwischen Tal und Alm stehen.
Die Natur der Alpen ist heute durch Industrie und Gewerbe, Abbau mineralischer Rohstoffe, Land- und Forstwirtschaft sowie die Nutzung als Transitraum bedroht. Menschliche Tätigkeit führt zu Waldsterben, Artensterben, Felsstürzen, Erdrutschen, Bodenerosion und Gefährdung der Bergbevölkerung durch Lawinen.
Der *Transitverkehr* auf Schiene und Straße belästigt vor allem die Bevölkerung Österreichs und der Schweiz, wo ein Nachtfahrverbot besteht.
Wie andernorts auch, sind die Wälder in den Alpen dem *sauren Regen* ausgesetzt. Ursachen sind Autoabgase und Luftverschmutzung durch nahe und ferne Industrie. Die Bäume sterben ab. Aufforstungen leiden neben dem versauerten Boden auch unter Verbißschäden eines zu hohen Wildbestandes.
Die Gewinnung von elektrischem Strom durch Wasserkraft ist zweifellos umweltfreundlich, da hierbei keine Schadstoffe ausgestoßen werden. Die Beeinträchtigung des Landschaftsbildes durch Staumauern und Hochspannungsmasten wird daher als unvermeidlich hingenommen.
Jahrtausendelang lebte die Alpenbevölkerung fast ausschließlich von der Bergbauernwirtschaft. Im 19. Jahrhundert kam die Industrialisierung dazu. Reisen in die Alpen um der Natur willen waren bis zur Mitte des 19. Jahrhunderts das Vorrecht weniger Privilegierter. Eine Reise in die Alpen war noch mehr Abenteuer als Erholung. Vor allem englische Adlige wußten die Landschaft zu schätzen. Sie erstiegen die Berge und begründeten so den Alpinismus. Mit dem Ausbau der Eisenbahn nahm der Fremdenverkehr bis zum Ersten Weltkrieg ständig zu.
Zwischen den beiden Weltkriegen stagnierte der Fremdenverkehr, erfuhr später aber eine gewaltige Steigerung. Um die Mitte des Jahr-

hunderts wurden die Alpen verstärkt vom Massentourismus heimgesucht; der Fremdenverkehr wurde zum bedeutendsten Arbeitgeber im Alpenraum, Hotels wurden rücksichtslos in die Landschaft gesetzt. Um 1990 reisten jedes Jahr 40 Millionen Feriengäste und 60 Millionen Wochenendbesucher in die Alpen. Berühmte Wintersportorte wie Zermatt oder Davos beherbergen während der Wintermonate neben den 6000 Einheimischen über 50000 Gäste. Bis zum Jahr 2000 wird mit einer weiteren Zunahme des Tourismus um 50 Prozent gerechnet.
Begüterte leisten sich Zweit- und Ferienwohnungen, die meist in attraktiver Landschaft, an einem Hang oder an Gewässern liegen. Nach M. Henselmann werden Zweitwohnungen im Schnitt nur an 44 und Ferienwohnungen an 66 Tagen im Jahr bewohnt.
Im Sommer steigt der Feriengast auf die Berge, oder er wandert. Zu berühmten Sehenswürdigkeiten wie dem Königssee, dem Eiger oder dem Matterhorn sind wahre Menschenschlangen unterwegs. Dabei werden die markierten Wege oft verlassen, um die unberührte Natur zu erleben. Geschützte Pflanzen wie das Edelweiß werden abgerissen und Wildtiere aus ihrem angestammten Lebensraum vertrieben. Überall liegen Abfälle herum. In jüngster Zeit gesellen sich als neue Sommervergnügen das Drachenfliegen und das Hängegleiten hinzu.
Noch nachhaltiger als der Sommertourismus greift der Wintertourismus in die Landschaft ein. Für das Jahr 1985 nannte die *Internationale Alpenschutzkommission* für Österreich 3 400 Schlepplifte, 500 Sessellifte und 150 Seilbahnen. Die Hänge sind von 22 000 Kilometern Skiabfahrten auf einer Fläche von 400 Quadratkilometern belegt. Um 1993 gibt es im Alpenraum nach verschiedenen Quellen zwischen 12 000 und 15 000 Sessel- und Kabinenlifte, Schlepplifte und Zahnradbahnen. Der Bau solcher Anlagen erfordert erhebliche Eingriffe in die Natur: Berg- und Talstationen, Zwischenstützen, Schienen. Das Gelände muß angepaßt, Wald muß gerodet werden. Über 130 000 Kilometer Abfahrts- und 250 000 Kilometer Langlaufpisten wurden in den Alpen angelegt. Oft mußte dafür der Wald weichen. Die Oberflächen auf den Pisten müssen platt und glatt sein, um auch bei geringer Schneedecke befahren zu werden. Was stört, wird von Planierraupen beseitigt. Inzwischen wurden Pisten auch schon mit Flutlicht ausgestattet.

Die Schneekanonen oder Beschneiungsanlagen wurden erfunden. Im Frühjahr 1990 gab es etwa 300 dieser umstrittenen Anlagen, vor allem in Österreich, Frankreich und Italien. Eine wesentliche Zunahme in den nächsten Jahren wird erwartet. Der *technische Schnee* wird aus fein zerstäubtem Wasser, das in der Luft ausfriert, erzeugt. Dazu müssen Wasserrohre und Energieleitungen verlegt werden.
Zu den eigentlichen sportlichen Anlagen gesellen sich die Anfahrtstraßen, Parkplätze und Gastwirtschaften.
Im Sommer bemerkt der Wanderer häßliche braune Wunden an manchen Stellen der winterlichen Skiabfahrten. Der Boden kann hier nicht mehr festgehalten werden; er wird vom Regen fortgespült. Die winterlichen Transportanlagen für die Skifahrer stehen störend in der Landschaft. Die Wälder werden von planierten Schneisen für den Langlauf durchzogen. Die Einheimischen sprechen darüber nicht gern, denn das könnte dem Tourismus, ihrer Einkommensquelle, schaden. Außerdem sind die Alpen außerhalb der Skipisten im Sommer immer noch schön.
Wie leichtfertig mit der Natur der Alpen umgegangen wird, läßt sich an dem einmaligen Ereignis der Olympischen Winterspiele 1992 im französischen Albertville erkennen. Umfangreiche Erdarbeiten waren erforderlich, Wald wurde gerodet und Flächen wurden bebaut. Wasserspeicher für die Menschen und die Schneekanonen wurden angelegt. Neue Autobahnen wurden gebaut. Nach den Spielen wird das alles nicht mehr oder nur noch wenig genutzt. Das gilt auch für die teure Bobbahn. In Albertville wurde eine Landschaft einem einmaligen Ereignis geopfert.
Nach einer von der bayerischen Staatsregierung 1985 durchgeführten Untersuchung werden 45 Prozent der Alpenhänge als *sehr labil* – und das heißt erosionsgefährdet – eingeschätzt. Auf der Alpenschutzkonferenz der Umweltminister der Alpenstaaten und Vertreter der EG in Salzburg im Sommer 1991 wurde eine Konvention unterzeichnet, in der eine ökologisch orientierte Entwicklung für die Alpen vereinbart wurde. Dazu soll zunächst einmal eine Kommission gebildet werden. Dabei wird es wohl auch bleiben.
Um diese neue Zielsetzung anzudeuten, wurde der Ausdruck *sanfter Tourismus* geschaffen, der als Begriff aber recht unscharf ist. Ziel ist es, sowohl Ökologie der Landschaft als auch Ökonomie der einheimischen Bewohner in Einklang zu bringen. In der Praxis gelingt

das nur sehr unvollkommen, oft steht die Ökonomie über der Ökologie. Denn der Tourismus im Sommer wie im Winter ist für viele Einheimische die Haupteinnahmequelle. Niemand kann erwarten, daß sie auf ihren Verdienst verzichten, nur weil die Alpen geschont werden sollen. Kein Skifahrer oder Wanderer wird am Wochenende zu Hause bleiben wegen der Tatsache, daß es der Menschen längst zu viele sind in den Alpen (oder im Schwarzwald oder im Harz oder in der Sächsischen Schweiz). Die Gebirge sind nicht Selbstzweck, auch wenn sie durch die Übervölkerung wie viele andere Landschaften langsam oder schnell zerstört werden. Schöne Alpen, die der Mensch nicht erleben kann, nützen ihm nichts.

Das Jahr 1987 könnte als Markstein und Wendepunkt in der neueren Geschichte der Alpen bezeichnet werden. Der Sommer hatte viel Regen gebracht, und dieser löste aus, was wir *Naturkatastrophen* nennen: Hochwasser, Erdrutsche, Schlammlawinen und als Folge zerstörte Dörfer und Tote. Im italienischen Veltliner Tal, südlich des Wintersportortes Bormio, ereignete sich der gewaltigste Bergsturz der letzten 100 Jahre. Am 28. Juli löste sich am über 3 000 Meter hohen Monte Coppetto in einer Breite von 2 Kilometern eine ganze Flanke. Geschätzte 50 Millionen Kubikmeter Geröll, Erde, Sand und Schlamm stürzt mit Resten eines mitgerissenen Bergwaldes ins Tal der Adda ab. Die Wucht der Geröllmassen war so groß, daß sie sich an den gegenüberliegenden Talwänden wieder 400 Meter nach oben schoben. Im Tal wurden die Ortschaften San Antonio und Morignone 100 Meter tief begraben. Die Zahl der Opfer war gering, da kleinere Geröllströme schon vorher den Berg heruntergekommen waren und die Bevölkerung vorgewarnt hatten. Im Augenblick der großen Katastrophe waren die Orte daher schon fast vollständig geräumt. Dennoch verloren 30 Menschen ihr Leben, Hunderte wurden verletzt, und 30 000 Talbewohner mußten für Wochen evakuiert werden.

Der *Bergsturz* von Veltlin verstärkte die Diskussion über die Gefährdung der Alpen. Dabei ist es gleichgültig, daß dieses Ereignis nicht durch die unheilvolle Tätigkeit der Menschen verursacht wurde, sondern eine wahrhaft naturgemachte Katastrophe war. Dieser Berg war noch nicht so geschunden worden wie andere Berge, der Abbruch erfolgte oberhalb der Baumgrenze, und darunter war der

Wald noch intakt. Trotzdem hätte diese abgleitende gewaltige Geröllmasse kein Wald stoppen können. In vielen anderen Fällen aber, so glauben wir zu erkennen, wurde das, was wir so erschreckend erleben, von Menschen verursacht. Lawinen, Bergstürze und Hochwasser weisen auf eine Erkrankung der Berge hin.

Problem Antarktis

Die Antarktis wird vom südlichen Polarkreis (66° 33' südliche Breite) begrenzt; sie umfaßt eine Fläche von 21,2 Millionen Quadratkilometern. Innerhalb der Antarktis liegt Antarktika, ein riesiger Kontinent von 14 Millionen Quadratkilometern Fläche, nahezu anderthalbmal so groß wie Europa. Das Land ist fast völlig mit Eis bedeckt; es überschreitet im Innern 3 Kilometer Dicke, an einzelnen Stellen sogar 4,5 Kilometer. Nur die höchsten Erhebungen (4000 m) ragen aus dem dicken Eispanzer heraus. Auf Antarktika befinden sich 90 Prozent des gesamten Festlandeises der Erde.

Im Jahr 1961 trat der zwischen zwölf Staaten geschlossene Antarktisvertrag in Kraft. Weitere Staaten traten dem Vertrag später bei. Danach wurde das Gebiet südlich 60° südlicher Breite internationalisiert. Wirtschaftliche Unternehmungen, militärische Operationen und Kernwaffenversuche wurden verboten. Die Antarktis sollte allein der wissenschaftlichen Forschung vorbehalten bleiben. Sieben Staaten erheben territoriale Ansprüche auf die Antarktis: Argentinien, Australien, Chile, Frankreich, Großbritannien, Neuseeland und Norwegen. Mit dem Abschluß des Antarktisvertrages wurden diese Ansprüche vorerst zurückgestellt.

Die Antarktis ist die letzte Wildnis und die lebensfeindlichste Region der Erde. Während vier langen Wintermonaten ist es völlig dunkel; 300 Tage im Jahr bläst der Wind, oft mit Sturmstärke. Die Temperaturen sind die niedrigsten der Erde. Am 21. Juli 1993 maß die sowjetische Forschungsstation Wostok im Osten Antarktikas mit –89,2 °C die niedrigste Temperatur auf der Erde. Nur etwa 2 Prozent der antarktischen Fläche sind eisfrei. Aber auch hier beschränkt sich die Pflanzenwelt auf Moose, Flechten und Algen. Ansonsten ist die Antarktis die Heimat der Pinguine, der Robben und verschiedener Vogelarten, wie Polarmöwen und Sturmvögel.

Nachdem die meisten in den antarktischen Meeren lebenden Walarten ausgerottet waren, konnte 1985 Einigung erzielt werden, daß der zuletzt nur noch von der Sowjetunion und Japan betriebene Walfang bis auf allerdings zweifelhafte Fänge für *wissenschaftliche Zwecke* eingestellt wurde.
Darüber hinaus ist das antarktische Meer reich an Leben; die Tiere der Antarktis ernähren sich fast ausschließlich aus dem Wasser. Neben Fischen kommt hier in großen Mengen der Krill vor, ein etwa streichholzlanges Krebstierchen. Wissenschaftler schätzen den Vorrat an Krill auf 150 Millionen Tonnen (zum Vergleich: Weltfischfang etwa 100 Millionen). Nachdem die Bartenwale, denen Krill als Hauptnahrungsmittel diente, fast ausgerottet wurden, müßte der Krill nun eigentlich überreichlich vorhanden sein. Tatsächlich sind bereits vorwiegend japanische und ehemals sowjetische Fangschiffe unterwegs, die aus Krill eine nahrhafte Fischpaste produzieren, die Japaner obendrein eine Art Pastete. Auch in Großbritannien werden schon eingelegte Krillschwänze angeboten.
Zur Zeit werden weniger als 500 000 Tonnen Krill pro Jahr gefangen. Mit dem Rückgang der Fischbestände in den Weltmeeren, in denen Fisch rücksichtslos gefangen wird, dürfte das Interesse an Krill künftig stark zunehmen. Allerdings sind die kleinen Krebse eine empfindliche Ware, die gleich nach dem Fang verarbeitet werden muß. Krillfischerei ist also aufwendig. Die armen Länder könnten eiweißreiche Nahrung für ihre hungernde Bevölkerung zwar dringend brauchen, werden sich die teuren Fabrikschiffe aber kaum leisten können. Andererseits ist es fraglich, ob sich der Mensch überhaupt an Krill als Nahrungsmittel gewöhnen wird. Dennoch spielt Krill als eiweißreiche Nahrung in der Zukunftsplanung eine außerordentliche Rolle.
Wissenschaftler sind an der Antarktis überaus interessiert, was vor allen Dingen auf die Atmosphärenforscher zutrifft. Auch Physiker studieren intensiv das Magnetfeld am Südpol und schätzen die Antarktis besonders der Meteorite wegen. Die meisten Meteorite, die auf der Erde gefunden werden, fielen innerhalb der letzten 200 Jahre vom Himmel. Das Eis der Antarktis aber konservierte Steine, die vor Zehntausenden Jahren niedergingen. Im Eisinnern werden gar Meteorite vermutet, die vor mehr als einer Million Jahren auf die Erde niedergingen.

Gegenwärtig unterhalten auf Antarktika 16 Nationen ständige Forschungsstationen. Die größte Basis ist jene der USA, wo im Sommer bis zu 1 000 Menschen leben. So entstand eine richtige kleine Stadt mit Restaurants und Nachtlokalen. Die Abfälle und der Schrott nehmen hier und auch auf den anderen Stationen zu. Ganze Buchten sind schon verseucht, Tierkolonien geschädigt. Es besteht auch die Gefahr eines verstärkten Tourismus, der ebenfalls Abfälle hinterlassen würde.
Chile hat in der Nähe seiner Station bereits ein Hotel eröffnet. Insgesamt halten sich während des Sommers etwa 4000, im Winter nur 800 Menschen in der Antarktis auf. Trotzdem gibt es bereits Stimmen, die warnen, daß die 2 Prozent eisfreie Landfläche der Antarktis schon übervölkert seien. Im Januar 1989 lief ein mit Dieselöl beladenes argentinisches Versorgungsschiff vor der Küste der antarktischen Halbinsel auf Grund; 900000 Liter Dieselöl liefen dabei aus.
Die antarktischen Stationen der verschiedenen Staaten dienen offiziell der wissenschaftlichen Forschung, insgeheim dürfte aber ein künftiger Abbau von Bodenschätzen vorbereitet werden, da in der Antarktis viele Arten von Mineralien vermutet werden. Zugänglich wären sie allerdings nur im eisfreien Gebiet. Kohle und Eisenerze sind bereits nachgewiesen. Wesentliche Mineralvorkommen werden bisher nur vermutet. Eine Förderung steht in absehbarer Zeit ohnehin nicht bevor, da die Kosten noch zu hoch wären. Die Erze könnten nicht mit den anderswo abgebauten konkurrieren. Aber niemand weiß, wie sich die Lage in Jahrzehnten entwickeln wird. Möglicherweise könnten dann einige Rohstoffe schon knapp geworden sein.
Schon jetzt sieht es mit den Erdölvorkommen in den küstennahen Gewässern kritisch aus, weil die Erfahrungen bei der Gewinnung von Erdöl in der Nordsee einer Förderung in den arktischen Gewässern zugute kommen würden. Bisher ist allerdings noch nicht bekannt, mit welchen Mengen Öl gerechnet werden kann. Vorausschauend aber hätte ein Unglück auf einer Ölplattform oder eine Tankerhavarie schreckliche Folgen für das Leben in der Antarktis.
Zwischen den Ländern der Welt bestehen durchaus Differenzen über die Zukunft Antarktikas. Australien und Frankreich wollen den Kontinent zu einem dauernden *Naturpark Antarktika* erklären, womit

eine Ausbeutung der Naturschätze ausgeschlossen würde. Dieses Vorhaben wird von Neuseeland und den meisten europäischen Ländern unterstützt. Japan, Großbritannien und die USA hingegen möchten sich einen künftigen Zugriff auf die Ressourcen der Antarktis offenhalten.

Trotz des derzeit noch guten Willens, den die meisten Länder der Welt demonstrieren, muß befürchtet werden, daß die dauernde Schädigung der Antarktis nur aufgeschoben ist. ▬

Der Wald verschwindet

Ein Naturschatz wird geplündert

Holz wächst nach, längst aber wird viel mehr Holz geschlagen, als nachwächst. Jedes Jahr werden riesige Waldflächen auf der Erde vernichtet. Allerdings gilt das nicht erst seit neuerer Zeit. Der Naturschatz Wald wurde von den Menschen schon immer rücksichtslos ausgebeutet. Zahlreiche Landschaften legen noch heute Zeugnis davon ab.

Die Mittelmeerländer waren ursprünglich von dichten Eichenwäldern bedeckt. Über 3000 Jahre hinweg wurde Raubbau betrieben. Zur Zeit der ägyptischen Pharaonen wurde die Insel Zypern abgeholzt. Alexander der Große ließ das Holz für seine Kriegsschiffe in Griechenland und Kleinasien schlagen. Die Römer holten sich das Holz für ihre Schiffe von überall rund um das Mittelmeer. Verursacht wurden diese Rodungen aber auch durch die Bemühung, landwirtschaftliche Flächen für Äcker und Weiden zu gewinnen. Heute sind niedrige Buschwälder charakteristisch für jene Länder. Nur an unzugänglichen Stellen finden sich noch natürliche Wälder.

In Spanien blieb der Wald bis ins 16. Jahrhundert erhalten, dann brauchte die damalige Weltmacht viel Holz für den Bau ihrer Flotte. Daneben drängten Schäfer nach immer neuem Weideland, denn Merinowolle war eine begehrte Handelsware. Heute sind weite Gebiete Spaniens Halbwüste oder Buschwald. Vielleicht 10 Prozent der Fläche des Landes sind noch mit Wald bedeckt (in Deutschland sind es über 30 Prozent). Dennoch wird in Spanien weiterhin Jahr für Jahr mehr Wald abgebrannt als irgendwo sonst in Europa. Der Coto-Doñana, das größte Feuchtreservat Europas, wird immer kleiner.

Jahrhunderte hindurch wurden die Wälder Britanniens geschlagen, um Holz für den Bau von Schiffen und für den Bergbau zu gewinnen. Die Engländer erkannten den Schaden und forsten seit den zwanziger Jahren wieder auf. Gewachsenes Umweltbewußtsein hat aber auch die Regierungen der Mittelmeerländer veranlaßt, sich verstärkt um Aufforstung zu bemühen.

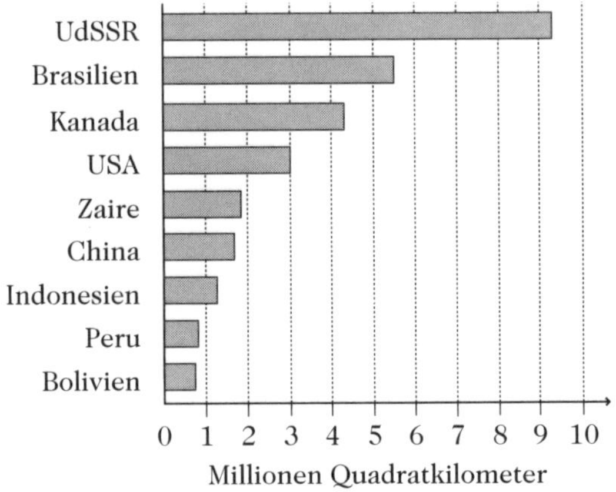

Die Länder mit der größten Waldfläche 1980

Quelle: FAO 1985 (in World Resources Institute)

Vor der Zeit, als der Mensch begann Landwirtschaft zu betreiben, also vor mehreren tausend Jahren, war die Erde mit 60 Millionen Quadratkilometern Wald bedeckt. Heute sind es noch etwa 40 Millionen Quadratkilometer oder 27 Prozent der gesamten Landfläche der Erde von insgesamt 148 Millionen Quadratkilometern. Eine Hälfte des verlorenen Waldes wurde bis 1950, die andere Hälfte in den Jahren danach geschlagen und verbrannt. Als Anteile der Brandrodungen an der Entwaldung werden genannt: Afrika 70 Prozent, Asien 50 Prozent und tropisches Amerika 35 Prozent (J. E. M. Arnold in D. J. McLaren u. B. J. Skinner). Der Begriff *Wald* ist jedoch nicht leicht einzugrenzen. Wald kann dicht und offen sein, und in vielen Entwicklungsländern sind große Landflächen mit Busch bedeckt, der als Wald bezeichnet wird. Die Waldflächen der Erde verteilen sich etwa je zur Hälfte auf die gemäßigten und die tropischen Zonen.

In Asien steht Wald nur noch auf einem Fünftel, in Südamerika noch auf über der Hälfte des Landes. Diese Zahlen sind aber einem schnellen Wechsel unterworfen.

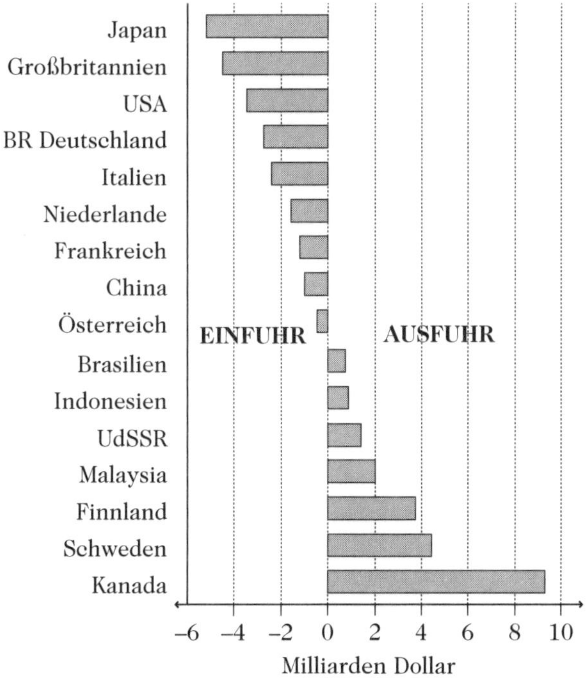

Wichtige Einfuhr- und Ausfuhrländer von Holz und Holzerzeugnissen 1983. Nettohandel, also Differenz von Einfuhr und Ausfuhr

Quelle: FAO 1985 (in World Resources Institute)

In Finnland wie in Kanada wird Holz geschlagen und als Zellstoff in alle Welt exportiert. Im waldreichen kanadischen British-Columbia wird um ein Drittel mehr Holz eingefahren, als nachwächst. In den USA (ohne Alaska) wurde bisher ein Drittel aller Wälder abgeholzt. Der Nordwesten mit den Staaten Washington und Oregon war einstmals ein einziger riesiger Wald. Längst sind überall Lücken entstanden, die die Lebensräume von Tieren vernichteten. Jene aber, die vom Holz leben, nehmen darauf keine Rücksicht, wie die *Kauzdebatte* in Amerika deutlich zeigt. Eine Regierungskommission hat-

te 1990 empfohlen, 12000 Quadratkilometer Staatswald unter Schutz zu stellen, damit der gefährdete Waldkauz überleben könne. Sogleich lief die Holzindustrie dagegen Sturm, indem sie fadenscheinig 150000 Arbeitsplätze zur Disposition stellte. Gegenwärtig verschwinden in den USA immer noch jährlich etwa 250 Quadratkilometer Urwald.
In Australien wurden bisher 410000 Quadratkilometer Wald abgeholzt, darunter drei Viertel des Regenwaldes im Norden des Kontinents. Nun soll wieder aufgeforstet werden. In China sind drei Viertel der einstmals vorhandenen Wälder verschwunden. Weil Nepal am Rande der sogenannten zivilisierten Welt liegt, wird kaum darüber geschrieben, daß hier jährlich 500 Quadratkilometer Wald abgeholzt, aber nur 70 Quadratkilometer wieder aufgeforstet werden. Aber auch in Nepal wächst die Bevölkerung schnell, und die Menschen brauchen Brennholz. Das brauchen aber auch die 250000 Touristen, die jedes Jahr ins Land kommen. Die Hänge des Mount Everest waren einstmals grün von Wäldern und Wacholderbüschen. Inzwischen ist der Bewuchs zu 75 Prozent vernichtet. In 25 Jahren wird laut Vorhersagen der ganze Himalaya kahl sein. Im annektierten Tibet treiben die Chinesen rücksichtslosen Raubbau. Von einstmals 220000 Quadratkilometern Wald sollen bis jetzt nur noch 130000 Quadratkilometer übriggeblieben sein.
Eine Hälfte der Weltbevölkerung benötigt und verbraucht Brennholz. Davon verbrennen 1,6 Milliarden Menschen mehr, als in ihrer Umgebung nachwächst. Äthiopien gehört zu den Ländern der Welt mit dem größten Bevölkerungswachstum, wobei Holz dort auch als Baumaterial gebraucht wird. Um 1890 waren noch 40 Prozent der Landesfläche bewaldet, heute sind es nur noch 3,6 Prozent (World Resources Institute 1987). In großen Teilen Afrikas ist Holz inzwischen so knapp geworden, daß die Frauen in Somalia, Mali und Niger mehrere Stunden täglich benötigen, um weit entfernt von ihrer Wohnstätte ein paar dürre Äste zu beschaffen. Aus dem volkreichen Indien kommen ähnliche Meldungen.
Von der Gefährdung des tropischen Regenwaldes wird viel gesprochen und geschrieben. Wenn der tropische Trockenwald kaum noch Interesse erweckt, liegt das daran, daß nicht mehr viel davon übriggeblieben ist. Tropischer Trockenwald ist offen und mit Gras durchwachsen. Er steht in Gebieten mit ausgeprägten Trockenzeiten. Die-

se Wälder waren in der Vergangenheit noch gefährdeter als der Regenwald, da deren Böden meist fruchtbar sind. Zudem können Trockenwälder durch Feuer leichter gerodet werden als die permanent feuchten Regenwälder. In der Praxis wurden durch Unachtsamkeit oft Flächen abgebrannt, die für eine landwirtschaftliche Nutzung noch gar nicht vorgesehen waren. Der Boden abgebrannten Trockenwaldes ist für die Landwirtschaft auch darum besser geeignet, weil er nicht so sehr der Bodenerosion ausgesetzt ist wie die Böden unter Dauerregen. Zerstört wurden in Unkenntnis dieser Tatsache die Trockenwälder Australiens, Südostasiens, Afrikas und weiter Teile Südamerikas. Entlang der Pazifikküste Mittelamerikas von Panama bis Mexiko wuchs einstmals auf weit über einer halben Million Quadratkilometern – einer Fläche, die der Größe Frankreichs entspricht – tropischer Trockenwald. Davon sind heute noch 480 Quadratkilometer intakt und etwa 11000 Quadratkilometer noch nicht nachhaltig zerstört.
In Sibirien liegt das größte Waldgebiet der Erde, etwa 7 Millionen Quadratkilometer groß. Das entspricht der Fläche der USA ohne Alaska. Die sibirische Taiga umfaßt fast 60 Prozent der Nadelholzbestände und ein Viertel aller Holzbestände der Welt. Auf Grund seiner wirtschaftlich schwierigen Lage kann Rußland kaum darauf verzichten, die sibirischen Naturschätze, und dazu gehören die Wälder, rücksichtslos auszubeuten. Holz wurde schon zu sowjetischer Zeit reichlich geschlagen, viel mehr, als nachwachsen konnte. Nun aber drängen die asiatischen, europäischen und amerikanischen Aufkäufer aggressiv zum sibirischen Holz. Gegenwärtig werden jährlich 40000 Quadratkilometer Holz geschlagen. Waldbrände, die nur selten natürliche Ursachen haben, vernichten weitere 6300 Quadratkilometer, und 2000 Quadratkilometer Waldfläche gehen durch Luftverschmutzung (Waldsterben) verloren.
Schwer bedroht durch die Folgen der Waldvernichtung ist der sibirische Baikalsee. Mit 23000 Quadratkilometern ist er der größte Süßwasserspeicher der Erde. Ein 1960 errichtetes Zellstoff-Kombinat erfordert die Abholzung riesiger Flächen. Sowohl die Abwässer des Kombinats als auch die der Ölraffinerien und der Siedlungen werden ungeklärt in den See geleitet. Wie sehr sich die Wasserqualität dadurch verschlechtert hat, mußten die Fischer der Region erfahren. Wurden 1959 noch 87000 Tonnen Fisch gefangen,

waren es 1993 nur noch 6000 Tonnen. (Zahlen nach Aganchanjanz/Breckle.)

Der Regenwald

Der tropische Regenwald ist eine üppige, immergrüne Vegetationsform in der Klimazone der Tropen beiderseits des Äquators. Er wächst in Gebieten mit hoher Feuchtigkeitsrate, in denen Niederschläge von über 2000 Millimetern etwa gleichmäßig über das ganze Jahr verteilt sind (Deutschland ca. 800 Millimeter pro Jahr mit erheblichen Unterschieden zwischen den Landschaften). Die jahreszeitlichen Schwankungen der hohen Durchschnittstemperatur von 24 bis 28 °C sind gering. Die Regenwälder sind die artenreichsten Lebensräume der Erde. Gegenwärtig werden sie überall auf der Erde mit erschreckender Schnelligkeit vernichtet.
Es sei vorausgeschickt, daß sich Zahlen über den Zustand der Regenwälder in den einzelnen Ländern und Aussagen über die Zukunft in verschiedenen Quellen oft erheblich unterscheiden. Das ist nicht verwunderlich angesichts der Schwierigkeiten, den Zustand in abgelegenen Waldgebieten zahlenmäßig zu erfassen. Keinerlei Meinungsverschiedenheiten hingegen bestehen darüber, daß die Vernichtung des Waldes allgemein schnell voranschreitet.
Die Regenwälder waren im Verlauf der Menschheitsgeschichte bis in unsere Zeit hinein im wesentlichen erhalten geblieben. Um 1960 bedeckten sie noch eine Fläche von fast 15 Millionen Quadratkilometern. Danach setzte die systematische Zerstörung ein. Im Jahre 1980 schätzte die FAO die jährlichen Verluste auf 114000 Quadratkilometer. Bis 1990 war fast die Hälfte der ursprünglichen Regenwaldfläche verschwunden. Schätzungen des World Resources Institute aus dem Jahr 1990 gehen davon aus, daß die Entwaldung jährlich zwischen 164000 und 204000 Quadratkilometer beträgt. Die FAO nannte 170000 Quadratkilometer für 1989. Damit verschwand in jeder Minute tropischer Regenwald auf einer Fläche von mehr als 32 Hektar. Das ist ein Gebiet, das 570 mal 570 Meter mißt. Als verbliebener Regenwaldbestand werden um 1993 8 Millionen Quadratkilometer genannt.

In Mittelamerika und Mexiko werden die Wälder bald nach der Jahrhundertwende bis auf wenige Reste gerodet sein. In West-Ecuador wurden die Bäume weitgehend geschlagen, um Bananenplantagen und Ölfelder anzulegen. Costa Rica will seine Bananenflächen nun ebenfalls auf Kosten des Regenwaldes schnell ausweiten. Schließlich sind Bananen das wichtigste Exportgut des Landes. Das größte Regenwaldgebiet der Erde liegt in Südamerika. Die Zerstörung der Wälder Amazoniens schreitet unaufhaltsam voran. An der brasilianischen Atlantikküste ist die Entwaldung nahezu abgeschlossen. Von der einstmals eine Million Quadratkilometer großen geschlossenen Waldfläche waren 1981 noch 50000 Quadratkilometer übrig. Den Wäldern Ecuadors, Perus und Boliviens bleiben vielleicht noch 20 Jahre, in Kolumbien könnte es länger dauern. Im Vergleich zu anderen Ländern Südamerikas wurde der Wald Venezuelas bisher geschont.

Schneller als irgendwo anders auf der Erde wird der Wald in Westafrika vernichtet. Seit der Unabhängigkeit der Republik Elfenbeinküste im Jahr 1960 wurden bis 1990 zumindest 75 Prozent des Waldes gerodet. Er wurde meist abgebrannt, um Acker- und Weideland für die wachsende Bevölkerung zu gewinnen. Regenwald wurde aber auch gerodet, um Kaffee- und Kakaoplantagen anzulegen und das Holz zu exportieren. In den sechziger und siebziger Jahren begrüßte man den Weg der Elfenbeinküste, Regenwald in exportorientierte Plantagen umzuwandeln. Als Ende der siebziger Jahre die ökologischen Folgen sichtbar wurden, war es bereits zu spät; der Markt war stärker, und die Abholzung ging weiter.

Das benachbarte Ghana verlor bis 1990 sogar 80 Prozent seines Waldes, wobei nur ein Bruchteil dieses Holzes wirtschaftlich genutzt wurde. Nigeria dürfte um das Jahr 2000 ohne Wald sein. In Kamerun sind lediglich der Süden und Südosten noch mit dichten Regenwäldern bedeckt. Dort leben 50000 Pygmäen, außerdem die vom Aussterben bedrohten Gorillas. Jährlich werden 2000 Quadratkilometer gerodet, vor allem um Kaffee und Baumwolle anzubauen. Kamerun ist auf diese Exportartikel angewiesen, da die Erdölvorräte des Landes stark abnehmen. Für die Zukunft plant Kamerun, zum bedeutendsten Exporteur von Holz und Holzerzeugnissen in der Welt zu werden.

Auf Madagaskar wurde in den letzten 40 Jahren mehr gerodet als in den 1500 Jahren davor, seit die Insel besiedelt wurde. Aber die

Bevölkerung wächst und wächst und benötigt neues Ackerland. Nur 15 Prozent des Landes sind noch bewaldet, und Jahr für Jahr verschwinden weitere 1500 bis 2000 Quadratkilometer. Die Bevölkerung Madagaskars von 13,6 Millionen im Jahr 1993 wächst jährlich um 3,24 Prozent, verdoppelt sich so innerhalb von 22 Jahren. In West- und Ostafrika sowie auf Madagaskar, so muß befürchtet werden, wird es bald nach dem Jahr 2000 keinen Wald mehr geben.
Anders ist die Lage im Kongobecken mit den Staaten Zaire, Gabun und Kongo. In Zaire leben 1994 auf der gewaltigen Fläche von 2,3 Millionen Quadratkilometern nur 40 Millionen Menschen. Der tropische Regenwald bedeckt eine Fläche von einer Million Quadratkilometern. Der Wanderfeldbau konnte diese Fläche bisher nicht nachhaltig schädigen, und der kommerzielle Holzeinschlag beschränkte sich weitgehend auf die Gebiete entlang der Flüsse, die als natürliche Transportwege dienen. Nun soll der Holzschlag nach dem Willen der Regierung aber erheblich gesteigert werden. Zweifellos werden bei einer schnell wachsenden Bevölkerung in den nächsten Jahren auch die Brandrodungen erheblich zunehmen. Dennoch scheinen die Wälder des Kongobeckens vorerst als Ganzes nicht gefährdet.
Der Export von Edelhölzern aus Asien und Afrika macht ein vielfaches des Exports aus Südamerika aus. Die Länder Südostasiens sind die absolut bedeutendsten Exporteure von Tropenholz. Auf den Philippinen standen 1960 noch 160000 Quadratkilometer Wald, heute sind es weniger als 10000, überwiegend in entlegenen Berggebieten. Die wirtschaftliche Lage ist verzweifelt, das Land kann sich daher keinen Umweltschutz leisten. Der Export seltener Hölzer wurde 1990 dennoch verboten. Thailand hat 1989 ein totales Verbot des kommerziellen Holzeinschlags verfügt. Erhebungen hatten ergeben, daß die Waldfläche allein von 1985 bis 1988 von 29 auf 19 Prozent der Landesfläche zurückgegangen war.
Indonesien verstärkt seinen Holzexport, um gesunkene Einnahmen aus dem Ölexport auszugleichen. Diese Entwicklung erlebt gegenwärtig Siberut. Die UNESCO hatte die Insel vor der Westküste Sumatras 1981 als biologisch höchst wertvolles Gebiet unter ihren Schutz gestellt. Heute arbeiten Holzfällerkolonnen in den Wäldern. Die 18 000 Angehörigen des einheimischen Stammes der Mentawai stören dabei. Sie werden daher in regierungseigene Dörfer umge-

siedelt. Die meisten Holzfirmen gehören pensionierten Offizieren und Politikern.
Der kommerzielle Holzeinschlag ist dennoch nicht die Hauptursache der Waldvernichtung. Im Jahr 1994 leben auf den Inseln Indonesiens fast 200 Millionen Menschen, und jedes Jahr kommen 3,35 Millionen hinzu. Eine Million Familien wurde mit hohen Kosten vom überfüllten Java, wo es kaum noch Wald gibt, auf andere Inseln umgesiedelt. Dort leben sie überwiegend auf einem Boden, der früher von Regenwald bedeckt war. Auf diese Weise gehen jährlich etwa 10000 Quadratkilometer Wald verloren. Die Ureinwohner auf Ost-Kalimantan und West-Papua aber betrachten die Javaner als Eindringlinge, die ihr Land rauben und ihre Kultur zerstören. Inzwischen strömen Menschen von Java und Sumatra auch nach Siberut. Im Jahr 1985 vernichtete die Holzwirtschaft Sarawaks (Malaysia) 2700 Quadratkilometer Regenwald. Wie in anderen Ländern Südostasiens waren die Holzkonzessionäre auch hier Politiker und Militärs, darunter der Umweltminister. In Vietnam dürfte es um die Jahrhundertwende kaum noch Wald geben. Auf Papua-Neuguinea mit seiner kleinen Bevölkerungsanzahl aber könnten die Bestände bis weit ins nächste Jahrhundert hinein erhalten bleiben.

Eine Wertung

Nicht der Holzeinschlag, sondern Brandrodung und Wanderfeldbau sind die Hauptursache für die Vernichtung der Wälder; sie machen mindestens 60 Prozent aus. Von Großgrundbesitzern vertriebene Bauern strömen in die Wälder und nehmen ursprüngliches Waldland in Besitz. Brandrodung ist aber auch eine Folge der wachsenden Bevölkerung in den armen Ländern. Das soeben gewonnene Land, nährstoffarm und primitiv bewirtschaftet, verliert jedoch schnell seine Fruchtbarkeit. Dann wird neuer Wald abgebrannt, während von den zurückgebliebenen ungenutzten Flächen der Boden durch heftige Tropenregen fortgespült wird.
Der Brandrodung folgt als zweitwichtigste Ursache der Entwaldung die Gewinnung von Weideland. Von 1970 bis Anfang der neunziger Jahre wurden in Lateinamerika 200000 Quadratkilometer Tropenwald in Rinderweiden umgewandelt. Im brasilianischen Amazonas-

Land	Ursprüngliche Waldbedeckung	Gegenwärtige Waldbedeckung	Gegenwärtiger Primärwald	Gegenwärtige Abholzung pro Jahr	Prozent
Bolivien	90000	70000	45000	1500	2,1
Brasilien	2860000	2220000	1800000	50000	2,3
Ecuador	132000	76000	44000	3000	4,0
Elfenbeinküste	160000	16000	4000	2500	15,6
Gabun	240000	200000	100000	600	0,3
Guayanas[1]	500000	410000	370000	500	0,12
Indien	1600000	165000	70000	4000	2,4
Indonesien	1220000	860000	530000	12000	1,4
Kambodscha	120000	67000	20000	500	0,75
Kamerun	220000	164000	60000	2000	1,2
Kolumbien	700000	278000	180000	6500	2,3
Kongo	100000	90000	80000	700	0,8
Laos	110000	68000	25000	1000	1,5
Madagaskar	62000	24000	10000	2000	8,3
Malaysia	305000	157000	84000	4800	3,1
Mexiko	400000	166000	110000	7000	4,2
Birma	500000	245000	80000	8000	3,3
Nigeria	72000	28000	10000	4000	14,3
Papua-Neuguinea	425000	360000	180000	3500	1,0
Peru	700000	515000	420000	3500	0,7
Philippinen	350000	50000	8000	2700	5,4
Thailand	435000	74000	22000	6000	8,4
Venezuela	420000	350000	300000	1500	0,4
Vietnam	260000	60000	14000	3500	5,8
Zaire	1245000	1000000	700000	4000	0,4
Mittelamerika	500000	90000	55000	3300	3,7
Gesamt	13626000[2]	7783000[3]	5321000[4]	138600	1,8

[1] (Franz. Guayana, Guayana, Surinam)
[2] = 97 Prozent der geschätzten ursprünglichen Gesamtfläche der Tropenwälder (ca. 14 Millionen Quadratkilometer)
[3] = 97,5 Prozent der gegenwärtigen Gesamtfläche der Tropenwälder (8 Millionen Quadratkilometer)
[4] = 67 Prozent der Gesamtfläche der verbleibenden Tropenwälder (8 Millionen Quadratkilometer)

Der Zustand tropischer Feuchtwälder in ausgewählten Ländern (Flächen in Quadratkilometern) vor 1989

Quelle: Norman Myers in J. Leggett

gebiet waren es 100000, im kolumbianischen Teil 15000 und in Peru 5000 Quadratkilometer. Mexiko hat bisher 180000 Quadratkilometer Wald in Weiden umgewandelt; 55000 Quadratkilometer davon waren tropischer Regenwald.
Dagegen ist das Holzfällen meist ein selektiver Vorgang, bei dem nur die wertvollen Bäume, die Edelhölzer, aus dem Wald geschlagen werden. Das schädigt zwar den Wald, vernichtet ihn aber nicht. Allerdings werden vor allem in Asien auch ganze Waldflächen abgeholzt. Für viele hochverschuldete Länder der Dritten Welt ist der Verkauf der wertvollen Hölzer die beste oder gar einzige Möglichkeit, kurzfristig Gewinne zu erzielen, um bei den Industrieländern Zinsen für die Kredite zahlen und Schulden begleichen zu können. Die Holzindustrie hilft aber ungewollt den Landnehmern bei der Brandrodung. Sind einmal Schneisen in den Wald geschlagen und Straßen für den Abtransport des Holzes angelegt, rücken die Siedler nach. Das Verhältnis zwischen Waldvernichtung und Wiederaufforstung liegt in Südamerika bei 10:1, in Asien bei 4,5:1 und in Afrika bei 30:1. Eine einheitliche Aussage über das natürliche Nachwachsen von Primärwald auf gerodeten und nach Erschöpfung des Bodens verlassenen Flächen läßt sich nicht machen. Die Erfahrung hat gezeigt, daß in der Tat manchmal Wald nachwächst, in den meisten Fällen jedoch nur Gestrüpp. In Indonesien wiederum breitet sich auf verlassenen Flächen das Dschungelgras aus. Nach dem Wald entstanden also Steppen. Dieses Phänomen ist auch in anderen Ländern zu beobachten. Aber auch wo Sekundärwälder nachwachsen, erreichen sie meist nicht die Biomasse des ehemaligen Tropenwaldes.
Mit der Zerstörung der Regenwälder berauben sich die betreffenden Länder einer künftigen sinnvollen wirtschaftlichen Nutzung dieses Naturschatzes. Die Bodenerosion schreitet voran, das globale Klima verändert sich, weil nach der Zerstörung einer so gewaltigen Pflanzenmasse weltweit weniger Kohlendioxid aufgenommen und Sauerstoff abgegeben wird. Wir kennen keineswegs alle Zusammenhänge, eine so gewaltige Veränderung der Natur auf der Erde aber könnte auch Naturkatastrophen wie Hochwasser, Dürre und Wüstenbildung verstärken.
Die Regierenden in den Industriestaaten bringen immer wieder ihre Bedenken gegen die Rodung der Regenwälder vor. Aber nicht nur

die Brasilianer – als Besitzer der größten Regenwaldfläche der Erde – verbitten sich jede Einmischung in ihre Angelegenheiten. Sie halten den Industriestaaten vor, die größten Verursacher von Umweltschäden zu sein, und dem wird ein sachlicher Kritiker wohl kaum widersprechen können.
Oft genug handeln Angehörige der Industriestaaten gänzlich gegen ihre eigenen Forderungen. Französisch-Guayana an der Nordküste Südamerikas ist 91 000 Quadratkilometer groß, das entspricht der Fläche von Portugal. Nur 100 000 Menschen leben vorwiegend in drei großen Siedlungen. Das Land ist zu 90 Prozent mit Regenwald bedeckt. Dieser Wald aber ist völlig ungeschützt. Jedermann kann beliebig jagen und roden. Nun werden Stauseen angelegt, um Elektrizität vor allem für das Raumfahrtzentrum Kourou zu gewinnen. Das Holz auf der benötigten Fläche von 310 Quadratkilometern wird nicht einmal geschlagen – man läßt es im angestauten Wasser verrotten.
Ein generelles Verbot des Imports von Tropenhölzern hat bisher kein Land der Erde erlassen. Allerdings wäre das auch eine recht zweifelhafte Maßnahme, da gegen eine beschränkte Nutzung des Holzes ja nichts einzuwenden ist.
Schwer bedroht sind auch die Mangrovenwälder, eine besondere Art von Feuchtgebiet an den Küsten mit einer reichen Vielfalt an Leben, an Fischen und anderen Wassertieren. Mangrovenwälder schützen aber auch das Festland vor der Erosion des Meeres und das Meer vor Verschmutzungen aus dem Land. In Ecuador wurde fast die Hälfte dieser Wälder gerodet, um an ihrer Stelle Garnelenteiche anzulegen. Indien, Pakistan und Thailand besitzen nur noch ein Viertel des ursprünglichen Bestandes, das inselreiche Indonesien ein wenig mehr.

Die Arten sterben

Mit dem Wald verschwindet das Leben. Innerhalb der globalen Vernichtung der Natur vollzieht sich im Regenwald ein Artensterben gewaltigen Ausmaßes. Mehr als die Hälfte aller biologischen Arten werden dort vermutet. Größere Tiere sind rar, Insekten und Blütenpflanzen kommen aber in unzähligen, noch weitgehend unbekannten Arten vor.

E. O. Wilson von der Harvard-Universität entdeckte auf einem einzigen Baum in Peru 43 Ameisenarten, so viele, wie es etwa in Großbritannien insgesamt gibt. Sein Kollege P. Ashton, ebenfalls von Harvard, fand auf zehn ausgewählten, jeweils einen Hektar großen Flächen auf Kalimantan 700 Baumarten. Das entspricht der Zahl sämtlicher in Nordamerika vorkommenden Baumarten. In einem Quadratkilometer Wald in Mittel- oder Südamerika leben bisweilen mehrere hundert Vogelarten und mehrere tausend Arten von Schmetterlingen, Käfern und anderen Insekten. Niemand könnte angeben, wie viele Arten, die oft sehr selten und nur lokal verbreitet sind, schon von der Erde verschwunden sind.
Wo nicht einmal die Art bekannt ist, kann erst recht keine chemische Verbindung, die von ihr als Gift oder Lockstoff synthetisiert wird, bekannt sein. Schon immer wurden Pflanzen als Heilmittel geschätzt. Das Chinin aus der Borke des Chinarindenbaums etwa ist ein bekanntes Mittel gegen die Malaria. In China mit seiner alten Kultur spielen Heilmittel aus Pflanzen seit alters her eine große Rolle. Viele Völker, die heute noch im Regenwald leben, verfügen über ähnliche Kenntnisse. Dieses Wissen geht schnell verloren, wenn die Zivilisation vordringt und die überkommene Lebensweise zerstört oder die kleinen Völker sogar ausgerottet werden. Längst sucht die pharmazeutische Industrie im Regenwald nach Stoffen, die als Heilmittel genutzt werden können. Vieles aber wird unwiederbringlich verloren sein, ehe es der Mensch kennengelernt hat. Es könnte durchaus sein, daß im Regenwald Jahr für Jahr mehrere tausend Arten für immer von der Erde verschwinden.

Amazonien

Mit 3500 Kilometern Länge und bis zu 2000 Kilometern Breite ist Amazonien eine der ausgedehntesten Großlandschaften mit einheitlichem Charakter auf der Erde. Das Gebiet beiderseits des Amazonas umfaßt knapp 5 Millionen Quadratkilometer, fast ein Viertel der Fläche Südamerikas. Davon sind nahezu 4 Millionen Quadratkilometer tropischer Regenwald. Amazonien ist damit das größte zusammenhängende Regenwaldgebiet der Erde. Das Klima ist heiß und feucht, die mittlere Jahrestemperatur liegt zwischen 24 und 28 °C mit nur geringen jahreszeitlichen Schwankungen. Mehr als zwei Drittel des Amazonasgebiets gehören zu Brasilien, darunter wiederum der weitaus größere Teil zum Bundesstaat Amazonas mit der Hauptstadt Manaus und zum südlich gelegenen Staat Pará mit der Hauptstadt Belém. Brasilien besitzt damit die weitaus größte Tropenwaldfläche der Erde. Randgebiete Amazoniens gehören zu Venezuela, Kolumbien, Peru und Bolivien.

Im Jahr 1970 wurde mit dem Bau der *Transamaconica*, einer Straße quer durch den Urwald begonnen. Das Land sollte beiderseits der Straße besiedelt werden. Die Arbeiten wurden schnell und rücksichtslos durchgeführt. Waren Indianerdörfer im Weg, wurden die Bewohner vertrieben. Der Transamaconica folgten weitere Straßen durch den Urwald, darunter die Nord-Süd-Verbindung Belém – Brasilia. Dann wurde beiderseits der neuen Verkehrswege Holz geschlagen und verbrannt. Bauern siedelten sich an. Wie überall auf der Erde ist die Gewinnung von Flächen für die Landwirtschaft Hauptursache auch für die Vernichtung der Wälder im Amazonasbecken. Die Projekte müssen aber als gescheitert angesehen werden, denn das gerodete Land ist für den Feldbau nicht geeignet. Die Erträge sinken schnell, neue Flächen müssen gerodet werden. Selbst Gras wächst nicht genug, so daß bei der Anlage von Rinderfarmen überproportional große Flächen den Ertrag bringen müssen.

Im Jahr 1989 gaben die brasilianischen Behörden den Verlust an Wald in Amazonien mit 250 000 Quadratkilometer oder 5 Prozent an. Kenner der Region halten diese Zahlen für zu niedrig. Das WRI schätzte die Waldvernichtung in Amazonien 1990 auf 40 000 bis 80 000 Quadratkilometer pro Jahr, zusätzlich 10 000 Quadratkilometer in anderen Landesteilen Brasiliens. Im August 1988 registrierte ein amerikanischer Beobachtungssatellit im Amazonasurwald an einem einzigen Tag 8 500 Brände. Der August ist der Monat, in dem die trockene Jahreszeit beginnt. Dann ist es günstig, Felder durch Brandrodung zu gewinnen. Im Verlaufe des September 1991 zählte ein Beobachtungssatellit 290 000 Brände.

Das Grande-Carajás-Projekt

Die brasilianische Regierung betont vor der Weltöffentlichkeit, sie wolle Amazonien *vernünftig nutzen*, und sie verweist auf das *Grande-Carajás-Projekt* im Staate Pará. In den siebziger Jahren waren im Boden Ost-Amazoniens gewaltige Rohstoffvorkommen entdeckt worden: Eisen, Bauxit (Aluminium), Zinn, Kupfer, Mangan, Nickel und Gold. Mit dem Abbau und dem Verkauf der Erze möchte Brasilien seine wirtschaftliche Dauerkrise zumindest mildern. Ein Gebiet, zweieinhalbmal so groß wie Deutschland, wurde zur Industrieregion erklärt. Das Ausland gab Kredite: Weltbank 300 Millionen Dollar, Europäische Gemeinschaft 600 Millionen Dollar, Deutsche Kreditanstalt für Wiederaufbau 300 Millionen Dollar, andere deutsche Banken weitere 30 Millionen Dollar. Auch japanische Banken streckten Geld vor. Die Geldgeberländer erhalten die Erze zu Vorzugspreisen.

Bedeutendster Teil dieser Industrieregion ist die größte Eisenerzmine der Welt in den Bergen von Carajás. Der Abbau begann 1986. Fast ein Drittel des Erzes geht nach Europa. Das Firmengelände umfaßt 900 Quadratkilometer. Davon wurden – zumindest bis Mai 1992 – nur etwa 55 Quadratkilometer zerstört; das übrige Gebiet steht unter Naturschutz. Die genutzten Flächen sollen wieder aufgeforstet werden. Den 7000 Arbeitern der neuen Stadt geht es zweifellos viel besser als dem Durchschnitt der Brasilianer. Das alles ist sehr positiv, und dennoch zeigt sich erneut, daß der Wald nicht zu retten ist, dringt erst einmal die Industrie ein.

Eine 900 Kilometer lange Bahnlinie zur Hafenstadt São Luis an der Atlantikküste, wo die Rohstoffe verladen werden, und auch Straßen wurden gebaut. Eisenbahnlinie und Straßen aber zogen sofort Menschen und Industrie an. Die der Mine nahegelegene Stadt Marabá wurde zu einem neuen Verkehrsknotenpunkt. Die Bevölkerung stieg von 1980 bis 1985 von 60000 auf 134000 Einwohner an. Zwischen dem Atlantik und dem Grande-Carajás-Gebiet wird nun fleißig illegal Wald gerodet. Industrien siedeln sich an. Dazu zählen die Eisenhütten, die das Erz zu Roheisen verarbeiten. Sie verwenden dazu Holzkohle.

Das ist billiger, als über weite Strecken Kohle heranzuschaffen. Für 4 Tonnen Eisen muß ein Hektar Regenwald gerodet werden, insgesamt mindestens 500 Quadratkilometer jährlich. Die neuen Industrien wiederum ziehen Hunderttausende Arme aus dem Nordosten Brasiliens in den Wald. Aber die neuen Arbeitsplätze reichen bei weitem nicht aus. So werden die Armutsviertel in den Urwald verlagert.

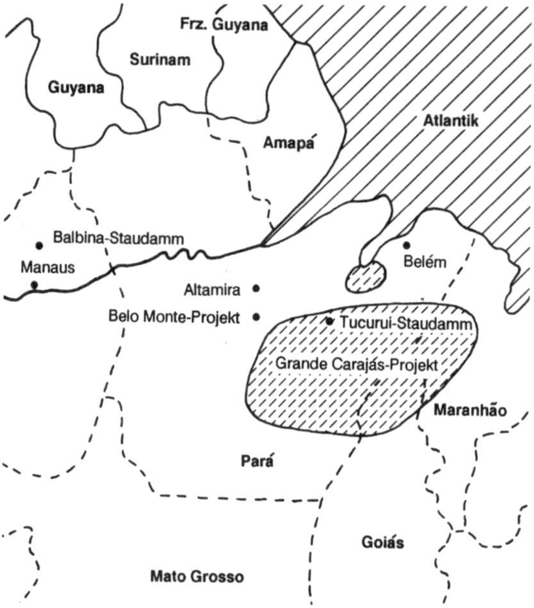

Das Carajás-Projekt

Quelle: Naturwissenschaftliche Rundschau 10/90

Mit der Eisenbahn als Transportmittel besteht auch die Voraussetzung für die Abholzung von Tropenwäldern als Exportgut. Neue Rinderfarmen produzieren Fleisch für die amerikanischen Schnellimbißketten *(Fast-Food-Industrie)*. Es sind nicht viele Rinder, die auf den Flächen weiden, da das gerodete Land nicht viel hergibt. Aber die Masse bringt den Profit, und steuerliche Vorteile erhalten die Unternehmer obendrein, weil sie unbebautes Land nutzen. Wälder gehören nach brasilianischem Recht zur Kategorie *unbebautes Land.*

So wirkte die Eisenerzmine als Auslöser für die Vernichtung eines gewaltigen Stückes Urwald. Letztlich wird wohl nur das geschützte Gebiet in den Bergen von Carajás als Urwald übrig bleiben, durchsetzt von industriellen und zersiedelten Zonen. Zweifellos haben die Kreditgeber die Entwicklung vorausgesehen. Vor der Öffentlichkeit hatten sie die Wiederaufforstung des vernichteten Waldes verlangt, die Regierung aber schweigt. Über 13 000 Indianer sind von dem Carajás-Projekt direkt bedroht. Auch den Kautschuksammlern der Gegend wurde die Lebensgrundlage entzogen. Aber darauf kann angesichts des gewaltigen Elends in Brasilien tatsächlich keine Rücksicht genommen werden.
Ende der achtziger Jahre wurden in West-Amazonien Öl- und Gaslager entdeckt. Die Vorräte Brasiliens an fossilen Energieträgern sind ansonsten unbedeutend. Niemand kann gegenwärtig die weitere Entwicklung vorhersagen. Eine Erschließung der Öl- und Gaslager in jenem vorerst noch weitgehend unberührten Gebiet würde wiederum Zehntausende und mehr Menschen ins Land ziehen. Die Abholzung großer Waldflächen wäre die Folge.

Stauseen im Urwald

Den Strom erhält die Industrieregion Grande Carajás vom Tucurui-Wasserkraftwerk am 2 500 Kilometer langen Rio Tocantins, 300 Kilometer südlich von Belém. Es war das erste große Staudammprojekt in Amazonien. Am Höhepunkt der Arbeiten waren bis zu 30 000 Menschen beschäftigt. Fertiggestellt wurde die Anlage 1984. Der Stausee überschwemmte 2 430 Quadratkilometer Wald, das ist knapp die Fläche des Saarlandes. Das Holz wurde zuvor nicht geschlagen, es wurde einfach überflutet, darunter Edelhölzer im geschätzten Wert von 1 Milliarde DM. Die auf dem Gelände ansässigen 20 000 Indianer wurden umgesiedelt, eher vertrieben. In den neuen Siedlungsgebieten kam es dann zu Auseinandersetzungen mit den Alteingesessenen. Rund um den Stausee haben Stechmücken, die Malaria und die Bilharziose zugenommen. Die Fischer nahe dem Stausee konnten sich allerdings freuen, denn ihre Fänge nahmen stark zu. Dafür ging unterhalb des Stausees die Wasserqualität zurück. Während der Trockenperiode mangelte es an Trinkwasser.

Auch der Fischbestand nahm ab. Mit 4000 Megawatt liegt die elektrische Leistung des Kraftwerkes erheblich unter den geplanten 7260 Megawatt.

Nun aber soll weitergearbeitet werden. Die Brasilianer möchten südlich des Tucurui-Stausees am Rio Tocantins ein gewaltiges Projekt zur Energiegewinnung verwirklichen. Geplant sind Dutzende von Staudämmen. Die Kraftwerke sollen insgesamt die phantastische Leistung von 86000 Megawatt elektrischer Energie bringen. Aber diese Energie wäre teuer erkauft. Da das Gefälle der Ströme im Amazonasbecken verhältnismäßig gering ist, entstehen bei einem Stau riesige flache Seen; es würden also entsprechend große Urwaldflächen überflutet.

Ähnliches geschah beim Bau des Staudammes Balbina am Rio Negro, fertiggestellt 1987. Der Stausee überflutete in dem flachen Gelände ein Gebiet von 2360 Quadratkilometern, was in etwa der Fläche des Tucurui-Stausees entspricht. Die durchschnittliche Tiefe liegt bei nur 7,4 Metern. Eine unbekannte Zahl nur hier heimischer Pflanzen und Tiere verschwand, dazu 120 Millionen Bäume, die einfach überflutet wurden. Nun verfault diese gewaltige Biomasse auf dem Grund des Sees und setzt Methan und riechbare Mengen an Schwefeldioxid frei. Niemand weiß bisher, wie lange es dauern wird, bis sich das Wasser so reinigt, daß Fische darin leben können. Die auf dem Gelände des Stausees ansässigen Indianer waren vertrieben worden. Etwa 200 Quadratkilometer Wald wurden für die Schneisen der Hochspannungsleitungen geschlagen. Mit 240 Megawatt reicht die Leistung des Kraftwerkes aber nicht einmal aus, die nahegelegene Urwaldgroßstadt Manaus mit Strom zu versorgen.

Die Pläne der Brasilianer für weitere Staudämme stoßen zunehmend auf Widerstand im In- und Ausland. Da sind zunächst einmal die Indianer, die sich gegen die Zwangsumsiedlung wehren und auf ihrem Heimatrecht beharren. Sie werden von Menschenrechtlern, Umweltschützern und auch von der internationalen Öffentlichkeit unterstützt. Die Weltbank geriet unter öffentlichen Druck, als sie den Brasilianern eine Anleihe zur Finanzierung ihrer gigantischen Projekte geben wollte. Die Bank blockierte daraufhin 1987 ihre zunächst zugesagten 500 Millionen Dollar. Für die Indianer vor Ort könnte das die Rettung bedeuten.

Goldsucher

Ein sagenhaftes Goldland im Innern des nördlichen Südamerika wird *Eldorado* oder *el dorado* genannt. Bis zur Mitte unseres Jahrhunderts gelangten aber nur einzelne Männer oder kleine Gruppen auf der Suche nach Gold in das Urwaldgebiet am Amazonas. Die Natur konnte von ihnen nicht nachhaltig geschädigt werden, und viele starben an den Strapazen. Aber die Technik schritt voran, Straßen wurden durch den Wald geschlagen, vor allem aber wurden Flugplätze angelegt, so daß Menschen und technisches Gerät an fast jeden Ort im Wald gebracht werden konnten. Und es wurde Gold gefunden, darunter kiloschwere Goldklumpen. Ein wahrer Goldrausch brach daraufhin aus. Immer mehr Menschen strömten in den Amazonasurwald. Um 1991 wurden Zahlen zwischen 500 000 und einer Million Menschen in 22 Goldschürfgebieten genannt, 1993 zählte man schon 1,4 Millionen Goldsucher. Diese förderten nach Angaben der brasilianischen Regierung in den achtziger Jahren insgesamt 651 Tonnen Gold, eine Zahl, die aber weit unter der tatsächlichen Menge liegen dürfte. Denn das meiste Gold geht ohne Kenntnis der Regierung an illegale Aufkäufer. Realistischere Schätzungen sprechen daher von der fünf- bis achtfachen Fördermenge.

Die Gewinnung des Goldes aber ist außergewöhnlich problematisch. Nach der Anreicherung des goldhaltigen Gesteins auf Schüttelrutschen erfolgt die Extraktion durch Amalgamierung. Denn auch Gold löst sich hervorragend in flüssigem Quecksilber, wobei es einen erkennbaren Klumpen bildet. Wird das Amalgam danach erhitzt, verdampft das Quecksilber, und das Gold bleibt zurück. Das Gold löst sich aber nur dann vollständig im Quecksilber, wenn das flüssige Metall reichlich vorhanden ist. Da die zu erwartende Goldmenge stets nur geschätzt werden kann, wird dem Gold-Sand-Gemisch reichlich Quecksilber zugesetzt, oft im Verhältnis 5:1.

Das beim Erhitzen des Amalgans verdampfende Quecksilber gelangt in die Atmosphäre, oxidiert dort und wird dann aber über den Regen auf die Erde und in die Flüsse zurückgespült. Nun wandeln Bakterien das Quecksilber in gefährliches Methylquecksilber um, das von Pflanzen und Tieren aufgenommen wird und zur gefährlichen Minamata-Krankheit führen kann.

Das überschüssige, also nicht mit Gold gebundene Quecksilber wird über das Waschwasser direkt in die Flüsse gespült. Niemand weiß, wieviel Quecksilber bereits in die Flüsse im Amazonasgebiet gelangt ist. Die kleinste Schätzung gibt 850 Tonnen an, andere Zahlen sprechen von 800 Tonnen während eines einzigen Jahres. Einige Flüsse innerhalb der Goldschürfgebiete sollen wegen der hohen Quecksilberbelastung bereits biologisch tot sein. Dies trifft die Menschen in weitem Umkreis. Zuerst werden jene Waldbewohner erkranken, die sich vorwiegend von Fisch ernähren, also die Armen unter den Weißen und Mischlingen sowie die indianische Urbevölkerung an den Ufern der Ströme und Flüsse. Aber dabei wird es nicht bleiben, denn das Quecksilber gelangt über die Wasserpflanzen als Nahrung auch in die Körper der Landtiere. Von Symptomen der Minamata-Krankheit und auch von Toten wird bereits berichtet. Noch weit entfernt von den Schürforten konnte Quecksilber nachgewiesen werden. Die brasilianische Regierung steht der Entwicklung bisher hilflos gegenüber.
Darüber hinaus werden Flüsse und Seen im Urwald verschlammt. Die Goldsucher bespritzen den goldhaltigen Boden mit unter hohem Druck stehendem Wasser und leiten das Gemisch durch Rinnen, wo die kleinen Mengen des schweren Goldes von der Masse des leichteren Schlamms getrennt werden. Der Schlamm wird danach in die Flüsse geleitet.

Die Indianer

In Brasilien wurden nach dem Eindringen der Europäer 90 Prozent der Urbevölkerung vorwiegend durch eingeschleppte ansteckende Krankheiten ausgerottet. In die Wälder am Amazonas konnten die Eroberer zunächst nicht massiv eindringen, und es war auch nicht nötig – das Land bot ja anderswo genügend Naturschätze. Das ist heute anders. Wie zur Zeit der Eroberung aber liegt die größte Gefahr für die Urwaldbewohner in der Berührung mit den Weißen. So harmlose Ansteckungskrankheiten wie Masern oder Erkältungen können für sie tödlich sein. In der ersten Hälfte unseres Jahrhunderts verschwanden 87 Indianervölker durch Kugeln und Krankheiten.

Heute wird die Zahl der Indianer im Amazonasgebiet auf 150 000 geschätzt. Die Gesamteinwohnerzahl dieses Gebietes aber wuchs von 1960 bis 1980 von 5 auf 11 Millionen; Anfang der neunziger Jahre dürften es über 20 Millionen sein. Am schnellsten erfolgte diese Entwicklung in Rondonia, einem brasilianischen Bundesstaat im Süden Amazoniens. Die Bevölkerung wuchs hier von 1975 bis 1986 von 111 000 auf über eine Million. Entsprechend schnell nahmen die entwaldeten Flächen zu, von 1250 Quadratkilometern im Jahr 1975 auf über 30 000 Quadratkilometer im Jahr 1988. Der Export von Tropenholz allein aus diesem Gebiet stieg von 1976 bis 1986 von 75 000 auf 2,7 Millionen Tonnen.
Die erst in jüngster Zeit gebauten großen Überlandstraßen durch Amazonien durchqueren 40 Indianergebiete, an 31 führen sie in unmittelbarer Nähe vorüber. Die etwa 100 Kilometer breiten Einflußzonen berührten 62 Indianergebiete. Von der Transamaconica sind 20 000 Indianer betroffen. Mit dem Bau der Straße von Porto Velho nach Cuiabá wurde 1981 begonnen; sie berührt 15 Indianergebiete, darunter jenes vom Stamm der Nambiquana. Sie zählten zu Beginn des Jahrhunderts noch 20 000 Stammesangehörige, von denen heute noch ganze 550 übrig blieben. Im Mai 1988 räumte der Präsident der Weltbank ein, daß es ein Fehler gewesen sei, den Bau der Straße zu finanzieren.
Zu den vom Goldrausch Betroffenen und Geschädigten gehört auch das größte Urwaldvolk Südamerikas: die *Yanomami,* von denen es noch 18 000 bis 25 000 Stammesangehörige geben soll (1990). Anderen Angaben zufolge gibt es nur noch 9 000 Yanomamis (1993). Ihre Heimat ist das gebirgige Grenzgebiet zwischen Brasilien und Venezuela, das noch mit dichtem Regenwald bedeckt ist. Mitte der siebziger Jahre hatten die Brasilianer dieses Gebiet durch Straßen erschlossen, da dort wertvolle Rohstoffe entdeckt worden waren: Diamanten, Uran, Zinn, Titan, Thorium, Molybdän und Tantal. Als 1987 im Yanomami-Gebiet Gold gefunden wurde, kamen auch die Goldsucher oder *Garimpeiros.* Waren es 1987 erst einige hundert, wurden für 1990 schon Zahlen zwischen 40 000 und 80 000 genannt. Das ist ein Mehrfaches der Zahl der Indianer. Pisten für Flugzeuge wurden in den Wald geschlagen, Barackenstädte mit Spielsalons, Bordellen und Schnapsbrennereien errichtet. Das Wild wurde abgeschossen, um die *Garimpeiros* mit Fleisch zu versorgen. Neben-

her plünderten sie die primitiven Felder der Yanomami, überfielen ihre Dörfer, ermordeten die Männer und vergewaltigten die Frauen. Sie brachten Malaria, Tuberkulose, Masern, Grippe und Aids ins Land, Krankheiten, die den Indianern bislang unbekannt waren und sie dahinrafften, weil sie keine Abwehrkräfte dagegen hatten. Die Fremden lassen die Indianer für sich arbeiten. Viele der überlebenden Yanomami laufen schon in Jeans herum, tragen Armbanduhren, rauchen Zigaretten, graben selbst nach Gold oder betteln. Die Eindringlinge vernichten so eines der allerletzten natürlichen Gebiete dieser Erde. Die *Garimpeiros* holten 1990 mindestens 12 Tonnen Gold aus der Urwalderde.

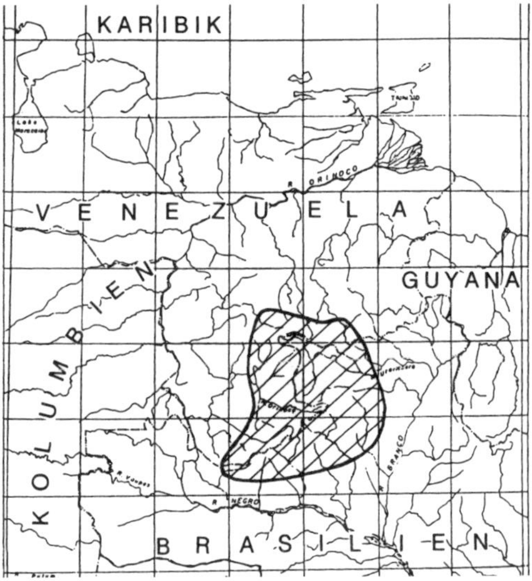

Das Verbreitungsgebiet der Yanomami

Quelle: R. Schmid

Im Jahr 1991 wurde das Gebiet der Yanomami von der brasilianischen Regierung zum Reservat erklärt. Die *Garimpeiros* wurden von den staatlichen Behörden aus dem Gebiet der Yanomami vertrieben; die Landepisten wurden gesprengt. Zurück blieben Schrott, zerstörter Wald und bis dahin für die Naturvölker unbekannte Krankheiten. Die Maßnahmen der Regierung werden kaum etwas ändern.

Wirtschaft und Militär sind gegen Indianerreservate. Die weißen Goldsucher zogen lediglich in andere Gebiete des Urwalds oder kamen bald wieder zurück. Eine Schätzung aus dem Jahr 1993 nennt bereits wieder 11000 Garimpeiros im Gebiet der Yanomami. Die Eindringlinge haben sich bewaffnet; sie wollen sich einer erneuten Ausweisung widersetzen.
Im August 1993 erfuhr die Öffentlichkeit von der Ermordung von 73 Yanomami-Indianern in einem abgelegenen Dorf durch *Garimpeiros.* Die Männer waren erschossen, Frauen und Kinder mit Macheten getötet worden. Die Bluttat war angeblich die Rache für die Ermordung dreier Goldsucher durch Indianer. Die brasilianische Polizei führte eine großangelegte Fahndung nach den Tätern durch. Sie setzte dabei auch Hubschrauber ein. Anlaß für den Eifer waren wohl die Berichte der internationalen Presse über das Massaker. Die Polizei hatte aber offensichtlich wenig Hoffnung, die Mörder zu ergreifen. Sie wies auffallend frühzeitig darauf hin, daß die Täter leicht über die Grenze nach Venezuela entwischen könnten. In unserer ereignisreichen Zeit war der Vorfall ohnehin bald vergessen.
Man mag die Industrie- und Staudammprojekte der Brasilianer aus ökologischen Gründen ablehnen, und man mag sich gegen die Suche nach Gold im Urwald durch Millionen bettelarmer Menschen wenden. Aber die Bevölkerung wächst auch in Brasilien unaufhaltsam, 1994 leben 162 Millionen Brasilianer. Der Staat ist im Ausland hoch verschuldet. Wie soll Brasilien denn seine Schwierigkeiten meistern? ▬

Das Meer

Die Ozeane haben eine wichtige Funktion im Ablauf der natürlichen Prozesse auf der Erde. Die pflanzlichen Organismen im Meer nehmen Kohlendioxid auf und erzeugen Sauerstoff. Die Mengen sind kaum abzuschätzen, könnten aber sogar größer sein als jene, die von den Wäldern auf dem Festland abgegeben werden.

Der Schmutz

Das Meer ist die Endstation gigantischer Schmutzmengen aus Luft, Boden und Wasser. Der Schmutz aus der Luft kommt über den sauren Regen wieder auf die Erde zurück. Stickoxide, Schwefelsäure und Salpetersäure gelangen auf diesem Weg ins Wasser. Die Flüsse transportieren außerdem den ganzen Schmutz des Hinterlandes heran: das sind die Exkremente von Menschen und Tieren, die giftigen Abfälle der Industrie und die aus dem Boden gewaschenen Dünge- und Pflanzenschutzmittel der Landwirtschaft. Die Meere der Welt werden aber auch direkt zur Abfallbeseitigung genutzt. Feste Abfälle der Industrien und Atommüll werden versenkt, flüssige Industrierückstände werden abgelassen, andere Abfälle auf See verbrannt. Hinzu kommen noch die Ölrückstände und Altöle von Tankern und Frachtschiffen und die oft großen Ölmengen von Tankerunfällen. Die Meeresverschmutzung umfaßt sowohl die hohe See als auch die Küstengewässer, Strände und den Meeresboden. Zu den am stärksten verschmutzten Gewässern der Welt gehören die Nordsee, die Ostsee, das Mittelmeer und die japanischen Gewässer.
Die Fremdstoffe im Meer schaden dem Leben im und über dem Meer. Ungezählte Meeressäuger und Seevögel werden Opfer des Mülls. Ver-

packungsmaterial, Blechdosen und Reste von Plastiknetzen werden den Tieren vielfach gefährlich. Die Meerestiere verfangen sich in Netzen und Leinen. Sie versuchen den ihnen unbekannten Stoff aber auch zu fressen. Im Schlund eines 1984 im Mittelmeer krank an die Küste geschwemmten Pottwals wurden 50 Plastiktüten gefunden. Der ins Meer versenkte Müll schadet aber auch den Menschen an den Küsten wirtschaftlich, denn die Strände für die Touristen werden durch den Abfall verunreinigt.

Die Fische

Die Auswirkungen der Meeresverschmutzung auf den Fischbestand in den Ozeanen werden wegen der großen Wassermenge als nicht kritisch angesehen. Das gilt allerdings nicht für die flachen Randmeere mit geringem Wasseraustausch. Über die Hälfte des Lebens im Meer hält sich in den flachen, küstennahen Bereichen bis zu 320 Kilometern Landabstand auf. Diese Gebiete aber sind durch menschliche Eingriffe besonders stark betroffen.
Die Erträge des Weltfischfangs wurden nach dem Krieg ständig gesteigert: von 17 Millionen Tonnen im Jahr 1948 bis auf rund 100 Millionen Tonnen Anfang der neunziger Jahre (laut FAO). Eine Gesamtmenge von 100 Millionen Tonnen sollte den Fischbestand noch nicht gefährden, allerdings werden die einzelnen Meere und die verschiedenen Arten nicht gleichmäßig befischt. Insbesondere die fischreichen küstennahen Gewässer werden örtlich sehr stark ausgebeutet. Die immer leistungsfähigere Fangtechnik zieht so auch junge Fische an Bord, die sich noch gar nicht fortpflanzen konnten. Im Nordatlantik einschließlich der Nordsee sind die Bestände an Heringen, Makrelen und Dorschen stark zurückgegangen. Im Jahr 1970 wurden im Atlantik mit seinen Nebenmeeren 850000 Tonnen Heringe gefangen, 1989 waren es noch 275000 Tonnen. Im Jahr 1970 wurden über 3 Millionen Tonnen Dorsch gefangen, 1991 war es nicht einmal mehr eine Million Tonnen, und die Fänge nehmen weiter ab. Wurden 1973 noch 420000 Tonnen Makrelen gefangen, lagen die Fänge in den neunziger Jahren bei 60000 Tonnen. Der meistgefangene Fisch ist gegenwärtig der Alaska-Seelachs. Zwischen 6 und 7 Millionen Tonnen werden jährlich angelandet. Es folgt die Ancho-

veta, von der vor Südamerikas Westküste über 5 Millionen Tonnen gefangen werden.
Die Gewässer vor Neufundland waren einstmals berühmt für ihre riesigen Kabeljauschwärme. Im August 1992 verbot die kanadische Regierung für 18 Monate den Fang des beim Konsumenten geschätzten Fisches. Die kanadische Fischindustrie mußte 25 000 Arbeiter entlassen. Im September 1993 verbot die kanadische Regierung dann im größten Teil ihrer Hoheitsgewässer sogar jeglichen Fischfang. Nur noch ein Viertel der Mengen an Dorsch, die 1985 gefangen wurden, gingen den Fischern in die Netze. Als Folge mußten noch einmal 12 000 Arbeiter der kanadischen Fischindustrie entlassen werden. Meeresforscher erklären das neben der Überfischung mit der Vermehrung der Robben, die kaum noch gejagt werden dürfen, und der Abkühlung der Gewässer vor der kanadischen Atlantikküste, was sich negativ auf Fortpflanzung und Wachstum der Fische auswirkt.
Über die oft unverantwortlich hohen Fangmengen hinaus stellt sich die Frage, ob mit dem Leben im Meer tatsächlich verantwortungsvoll umgegangen wird. Ein Drittel der angelandeten Fischmenge auf der Erde – rund 30 Millionen Tonnen – wird zu Fischmehl und Fischöl verarbeitet. Mit dem Fischmehl werden Lachse, Schweine und Hühner gefüttert; aus dem Fischöl werden Margarine und Kerzen hergestellt. Im Pazifik legen vor allem die Japaner riesige, bis zu 60 Kilometer lange Treibnetze für den Fang der begehrten Thunfische aus. Sie fangen damit aber auch unerwünschte Fische, kleine Wale und Haie, Wasservögel und vor allem Delphine.
Die Delphine folgen den Fischen bis in die Netze. Dort verstricken sie sich in dem hauchdünnen, aber festen Gewebe, und das ist ihr Tod. Denn als Meeressäuger müßten sie ja auftauchen, um Luft zu holen; die Delphine ertrinken also. Eine halbe Million Delphine, so wird geschätzt, kommt auf diese Weise jedes Jahr um. Während der Zeit des japanischen Tintenfischfangs im Nordpazifik von Juni bis Dezember 1989 starben nebenher 52 000 Delphine, fast 30 000 Albatrosse und 480 000 Sturmtaucher in den Maschen der Treibnetze (Angaben nach Greenpeace; es stellt sich allerdings die Frage, wie so genaue Zahlen ermittelt werden können).
Mit Treibnetzen fischen auch Spanier, Franzosen und Italiener. Eine UNO-Resolution verbot den Treibnetzfang ab Ende 1992. Es muß

jedoch befürchtet werden, daß zumindest im Pazifik weiter mit Treibnetzen gefischt wird.
Inzwischen sind sogar mehrere Haifischarten gefährdet. Im März 1992 fand in Sydney die erste internationale Konferenz zum Schutz der Haie statt. Die meisten der rund 350 Haifischarten sind für den Menschen ganz ungefährlich. Aber das Image dieser Fische ist schlecht, so daß es schwierig sein dürfte, sie zu schützen. Jährlich werden in den Meeren der Erde etwa 100 Millionen Haie getötet. In den achtziger Jahren fand Haifischfleisch immer mehr Abnehmer in den USA, so daß die Fänge vor den Küsten Nordamerikas von 500 Tonnen im Jahr 1980 auf 7 144 Tonnen im Jahr 1989 gesteigert wurden. Aber schon 1990 gingen die Fänge wegen Überfischung wieder zurück. Begehrt sind Fleisch und Flossen der Haie. Japanische Fischer schneiden den gefangenen Haien die begehrten Flossen ab und werfen die noch lebenden, aber dem Tode geweihten Tiere wieder ins Meer.

Die Wale

Es gibt kaum ein Beispiel, das die ungezügelte Ausbeutung der Natur durch den Menschen besser darstellt, als der Walfang.
Die Jagd galt ursprünglich dem bis zu 18 Meter langen Grönlandwal in den Küstengewässern Spitzbergens. Schon im 17. Jahrhundert gingen die Fänge daher stark zurück. Die Bejagung der Wale durch harte Männer mit der Handharpune vom kleinen Boot aus konnte zwar einstmals reiche Fanggründe leerjagen, der Bestand der Tiere wurde dadurch aber nicht ernsthaft gefährdet. Doch die Technik schritt voran. Nach 1864 wurde die Harpunierkanone eingesetzt. War eine Walart überjagt und damit fast ausgerottet worden, gingen die Walfänger zu anderen Arten über. Ende des 18. Jahrhunderts wurden Wale auch in südlichen Gewässern entdeckt. Ab 1924 zogen ganze Walflotten mit Fabrikschiffen auf die Ozeane.
Der Wal war dem Menschen eine einzige große Schatzkammer. Das Fleisch konnte gegessen werden, das Walöl war Lampen- und Heizöl, Schmiermittel und Grundstoff für Seife und Farben. Später wurde Walöl zum billigen Rohstoff für Margarine, die Knochen wurden zu Gelatine und Leim zerkocht. Das Fischbein der Bartenwale, zu

deren Familie der Grönlandwal, der Blauwal und der Finnwal gehören, wurde zu verschiedenen Gebrauchsgegenständen verarbeitet, zu Korsett- und Schirmstangen etwa. Der Kopf des Pottwals enthält das begehrte Walrat, einstmals bestes Öl für Salben und wissenschaftliche Präzisionsgeräte. In Magen und Darm des Pottwals findet sich das Ambra, ein begehrter Duftstoff für die Parfüm- und Seifenindustrie.

In der Fangsaison 1930/31 wurden 43000 Wale erlegt, darunter 29000 Blauwale. Diese gewaltigsten aller Tiere mit einer Länge von 30 Metern und 130 Tonnen Masse bevölkern alle Meere der Erde. Im Frühjahr 1938 erreichten die Walfänge mit über 46000 getöteten Tieren einen Höhepunkt. Die folgende Saison verzeichnete über 38000 erlegte Wale. Der Krieg unterbrach das Geschäft für einige Jahre, und die Bestände konnten sich ein wenig erholen. Nach dem Krieg aber wurden wieder Wale gefangen. Während der Saison 1954/55 wurden über 55000 Tiere überwiegend in der Antarktis erlegt, darunter 32000 Finnwale und über 15000 Pottwale. Heute sind die meisten Walarten vom Aussterben bedroht. Der gewaltige Blauwal ist fast ausgerottet. Es ist zweifelhaft, ob die verbliebenen einzelnen Tiere, weit verstreut im Ozean, trotz der Schonung überleben werden.

Im Jahr 1946 wurde die Internationale Walfang-Kommission (IWC) mit dem Ziel gegründet, den Fang der bedrohten Meeressäuger zu regeln und zu kontrollieren. Besonders gefährdete Arten wie Blau-, Grönland- und Buckelwal wurden geschützt. 1981 gab die IWC insgesamt 13581 Wale frei. Auch das waren noch zu viele, also wurde 1986 der kommerzielle Walfang vorübergehend vollständig verboten. Norwegen, Island und Japan aber jagten weiterhin Wale unter dem Vorwand wissenschaftlicher Untersuchungen. Das Walfleisch wird dann in japanischen Luxusrestaurants als Delikatesse angeboten. Im Mai 1993 fand im japanischen Kyoto die 45. Jahrestagung der IWC statt. Die meisten Staaten der Erde wollen die Wale heute schützen, Japan und Norwegen dagegen fordern höhere Abschußquoten, vor allem für den Zwergwal. Auf Island hingegen, wo der Walfang einstmals ein wichtiger Wirtschaftsfaktor war, ist die Beobachtung der Wale durch Touristen attraktiv geworden. Es blieb dann in Kyoto bei der Vereinbarung, daß kommerzieller Walfang verboten, Fang für wissenschaftliche Zwecke aber erlaubt sei.

Angaben über die heutigen Bestände sind sehr unsicher. Das IWC nennt für den Zwergwal Zahlen von 75000 bis 145000. Demgegenüber schätzen die Norweger allein für die Barentssee 86000 Zwergwale.

Korallen

Die Korallenriffe der tropischen Meere werden durch Korallentiere aufgebaut. Diese scheiden ein kalkiges Skelett ab, das den in riesigen Kolonien lebenden und nur wenige Millimeter großen Tieren Halt gibt. Die Riffe sind die Summe der Kalkskelette zahlloser im Laufe der Zeit gestorbener Tiere.
Seit den achtziger Jahren wird weltweit eine Bleichung der Korallen – *coral bleaching* – beobachtet. Die Korallentiere werfen die farbigen, mit ihnen in Symbiose lebenden Algen ab, wonach das helle Kalkskelett durchscheint. Die Korallen können von den verbleibenden Algen aus wieder besiedelt werden, ein Teil von ihnen aber stirbt ab. Die Ursachen sind nicht klar, jedoch wurde in den betroffenen Gebieten eine Erwärmung der oberen Wasserschichten festgestellt. Die größte Gefährdung für die Korallen geht aber einmal mehr vom Menschen aus. Die Bevölkerung nimmt auch an den Küsten der tropischen Meere zu. Neue Siedlungen und touristische Anlagen werden gebaut und Häfen erweitert. Die Korallentiere sind sehr empfindlich gegenüber Veränderungen ihrer Umwelt. Wenn verstärkt Abwässer und Nährstoffe in das küstennahe Meer gelangen, wirkt sich das schädigend auf die vorgelagerten Riffe aus. Diese werden aber auch mechanisch durch Fischer und Touristen beschädigt. Der Tauchsport wurde zu einer beliebten Freizeitbeschäftigung. Parallelen zu den Folgen des Skisports in den Bergen sind unübersehbar. Die Zerstörung der lebenden Korallenriffe hätte örtlich katastrophale Folgen. Die Bewohner der unzähligen Inseln und Atolle im pazifischen Raum decken ihren Eiweißbedarf beinahe vollständig aus dem Meer. Die Korallenriffe zählen zu den dichtbevölkertsten Lebensräumen der Erde. Nach Vernichtung der Korallenkolonien verschwänden auch die riesigen Fischschwärme. Außerdem werden viele Inseln und Teile des Festlandes durch ausgedehnte Korallenriffe vor der Brandung und den Fluten tropischer Wirbelstürme ge-

schützt. Wenn die ständige Aufbauarbeit der aktiven kleinen Tiere erlösche, wären die Korallenriffe den zerstörenden Kräften von Brandung und Sturm ausgesetzt.

Die Nordsee

Im Januar 1994 wurden deutsche Leser durch Berichte in der Presse aufgeschreckt. Ein französischer Frachter hatte bei schwerer See Container voller Beutel mit einem giftigen Pflanzenschutzmittel verloren. Die Beutel trieben dann an die holländische und deutsche Küste. Weite Bereiche mußten daraufhin vorübergehend gesperrt, die Strände kostenaufwendig abgesucht werden.
Das Randmeer des Nordatlantiks ist von dichtbesiedelten und hochindustrialisierten Staaten umgeben und gehört zu den am umfassendsten untersuchten Meeren der Erde. Die Nordsee ist stark verschmutzt. Flüsse tragen die Abwässer der Kommunen und der Industrie sowie das mit Düngern – Phosphaten und Nitraten – und Pestiziden angereicherte Wasser von den intensiv genutzten landwirtschaftlichen Flächen heran. Die Viehfabriken im Inland produzieren Gülle; diese wird zum Teil auf den Äckern verspritzt, von wo aus sie der Regen in die Flüsse spült. Die gleiche Menge an Nitraten wie über die Flüsse dürften aus der Luft über den sauren Regen in die Nordsee gelangen, die als Ganzes gesehen allerdings noch nicht überdüngt ist, vor allem nicht in den mittleren und nördlichen Teilen. Belastet sind in erster Linie der südliche Teil und die Küstenregionen.
Auf dem Luftweg, über die Flüsse und durch Abfallbeseitigung gelangen jährlich geschätzte 40000 Tonnen gefährlicher Schwermetalle wie Cadmium, Quecksilber, Blei, Kupfer, Nickel und andere in die Nordsee. Klärschlämme sind die wasserhaltigen festen Rückstände der Kläranlagen an Land. Im Jahr 1987 wurden 5 Millionen Tonnen dieser mit Schwermetallen belasteten Menge ins Meer entsorgt. Besonders umfangreich ist die Verklappung von Baggergut; im Jahr 1985 waren es 65 Millionen Tonnen. Das Baggergut fällt an, wenn die Hafenbecken und Schiffahrtswege freigehalten werden. Hier wird das Material also vom Rande des Meeres ins Innere verlagert. Das Baggergut aus den Häfen ist jedoch stark mit Schadstoffen,

darunter wieder Schwermetallen, belastet. Was zur Folge hat, daß über 30 Prozent der Schwermetallbelastung mit dem Baggergut in die Nordsee gelangt.
Der Eintrag von CKWs, darunter das hochgiftige Dioxin TCDD, erfolgt über die Flüsse, die Atmosphäre, die Verklappung von Baggergut und Klärschlämmen sowie durch die Verbrennung von Industrieabfällen auf See. Innerhalb des Küstenbereichs setzen sich überwiegend die Schadstoffe aus den Flüssen und von den direkten Einleitungen der industriellen und kommunalen Abwässer ab. Viele Jahre hindurch wurde in die Nordsee auch Sondermüll entsorgt. Nach Angaben des deutschen BMU wurden allein 1983 insgesamt 1315 000 Tonnen Dünnsäure in die Nordsee geschüttet und 50 000 Tonnen halogenierte Kohlenwasserstoffe auf Spezialschiffen verbrannt.
Die Nordsee hat lediglich einen geringen Wasseraustausch mit dem Nordatlantik, der jeweils 1 bis 3 Jahre dauert. Den geringsten Wasseraustausch hat dabei die Deutsche Bucht. Dadurch bleiben die Schadstoffe verhältnismäßig lange in der Nordsee. Die Meinungen in dieser Frage gehen zwar auseinander, aber Krankheiten bei Fischen als Folge der eingeleiteten Schadstoffe sind wahrscheinlich.
Phosphate und Nitrate lassen die Algen in den flachen Gewässern der Nord- und Ostsee überreichlich wachsen (Algenblüte, Algenpest), wodurch das ökologische Gleichgewicht der Meere empfindlich gestört wird. Im Sommer 1988 kam es als Folge des massenhaften Auftretens der sogenannten Goldalge *Chrysochromulina polylepis* zu einem großen Fischsterben in der Nordsee. Die Goldalge, ein leuchtend goldgelber Einzeller, wurde daraufhin von der Presse als *Killeralge* gebrandmarkt. Warum sich gerade diese Alge so vermehrte, ist unbekannt. Der Tod der Fische wurde möglicherweise dadurch verursacht, daß sich die Alge an die Kiemen der Fische heftete und sie so erstickte.
Der Eintrag von Erdöl durch Tankerunfälle ist, wie in anderen Meeren auch, insgesamt gering. Größer ist die Verschmutzung durch die Ölförderung. Bei der Bohrtätigkeit erfolgt eine Schädigung des Meeresbodens. Die Bohrlöcher werden mit Dieselöl gespült, um die gelockerten Gesteine und den Lehm herauszudrücken. Der mit dem Dieselöl gemischte Bohrschlamm setzt sich dann auf dem Meeresboden ab und vergiftet dort alles Leben. In der Nordsee sollen schon

15 000 Quadratkilometer Meeresboden zerstört sein. Einen wesentlichen Beitrag zur Ölverschmutzung leistet der Schiffsverkehr – die Nordsee ist eine der meistbefahrenen Wasserstraßen der Welt – durch die verbotene Einleitung von Ölrückständen und Altölen. Das meiste Öl aber gelangt über die Flüsse aus Raffinerien, kommunalen und industriellen Abwässern in die Nordsee. Schätzungen für den jährlichen Öleintrag differieren stark. Es werden Zahlen zwischen 70 000 und 400 000 Tonnen genannt.

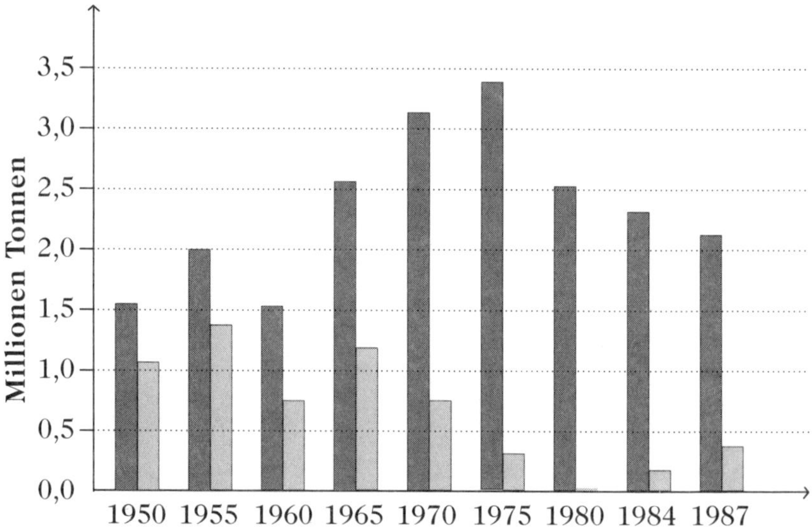

Gesamtfangmengen und Menge der Heringsfänge von 1950 bis 1987 in der Nordsee

Quelle: Bulletin Statistque (in J. L. Lozán)

Die Notwendigkeit, die Nordsee zu schützen, wurde schon in den frühen fünfziger Jahren erkannt. Ab den siebziger Jahren kam es dann zwischen den Anrainern zu ersten Vereinbarungen über eine Verringerung der Schmutzeinträge. Die 1. Internationale Nordseekonferenz (INK) fand 1984, die zweite 1987 statt. Dabei wurden folgende Beschlüsse gefaßt:

- Bis 1995 sollen die Einträge einer Liste gefährlicher Stoffe – Schwermetalle, halogenierte Kohlenwasserstoffe – halbiert werden.

- Die Einträge von Stickstoff und Phosphor sollen bis 1995 halbiert werden.
- Ab 1989 sollten Industrieabfälle nicht mehr verklappt werden.
- Bis 1. Januar 1991 sollte die Abfallverbrennung um zwei Drittel verringert, bis 31. Dezember 1994 völlig eingestellt werden. (Deutschland hat die Verbrennung von Abfällen auf See Ende 1989 eingestellt.)
- Schiffsmüll darf nicht mehr über Bord entsorgt werden.
- Die Einleitungen radioaktiver Abfälle, vor allem aus Wiederaufbereitungsanlagen, sollen verringert werden.

Schon auf der 3. INK am 7./8. März 1992 in Den Haag zeigte sich, daß die Vorgaben zu optimistisch gewesen waren. Insbesondere Großbritannien wurde kritisiert, da es nicht bereit war, die Einträge an Klärschlamm und Industrieabfällen zu beenden, sondern vielmehr auf einer mehrjährigen Übergangsfrist bestand. Dennoch wurden neue Beschlüsse gefaßt:

- Für Dioxin, Quecksilber, Cadmium und Blei soll bis 1995 eine Verringerung in Luft und Wasser erreicht werden.
- Für eine Liste von 18 Pestiziden wurden Verbote oder Begrenzungen vereinbart.
- Die auf der 2. INK vereinbarte Verbrennung von Abfällen auf See sollte nunmehr schon 1991 eingestellt werden.
- Die Reinigung industrieller und kommunaler Abwässer sollte verbessert werden.

Die deutschen Vorgaben für den Gewässerschutz sind vergleichsweise streng. Es gelang aber nicht, sie bei allen Nordseeanrainern durchzusetzen. Nur die skandinavischen Länder waren bereit, sie anzunehmen. Die 4. INK findet 1995 in Kopenhagen statt.

Fischfang

Der Nordatlantik mit der Nord- und Ostsee gehört zu den bedeutendsten Fischfanggebieten der Welt. Hier liegen auch die traditionellen deutschen Fanggründe. Von den etwa 200 Fischarten werden 30 bis 40 Arten genutzt. Wegen Überfischung und Verschmutzung sind die Bestände seit den sechziger Jahren stark zurückgegangen. Heute sind sämtliche als Speisefische geschätzte Arten wie Kabeljau, Dorsch, Seelachs, Schellfisch, Makrele, Scholle und Seezunge in der Nordsee infolge Überfischung stark gefährdet. Um den Hering zu retten, verhängten die sieben Anrainerstaaten von 1977 bis 1980 ein Fangverbot.

In der Nordsee dürfen heute nur noch die Anrainerstaaten festgelegte Mengen Fisch fangen, die sich gegenwärtig auf etwa 2 Millionen Tonnen belaufen. Dazu kommen noch 185000 Tonnen Muscheln und Krebse. Für die Maschen der Fangnetze wurden Mindest-, für die Längen der Treibnetze Höchstgrößen festgelegt. Jungfische sollen geschont werden, um kommende Fischgenerationen zu ermöglichen. Aber immer noch sind zwei Drittel aller Fänge *Industriefisch* und werden zu Fischmehl und Fischöl verarbeitet. Bei diesem Vorgehen werden viele Jungfische vernichtet.

Der deutsche Anteil an der Nordseefischerei liegt heute bei nur noch einem Prozent. Die deutsche Fischerei war früher vor allem Fernfischerei. Mit der Annahme der neuen Seerechtskonvention am 30. April 1982 durch die dritte Seerechtskonferenz der Vereinten Nationen wurde das exklusive Recht der fischereilichen Nutzung innerhalb einer 200-Meilen-Zone legalisiert, wodurch die deutsche Fernfischerei, etwa vor Island, erheblich eingeschränkt wurde.

Die Erträge an Aal nahmen in der Nordsee ebenso ab wie in den Flüssen. Im Jahr 1970 wurden in der Nordsee 1800 Tonnen Aal gefangen, 1987 waren es nur noch 388 Tonnen. Die Aalfischerei in der Nordsee lohnte sich damit nicht mehr und wurde aufgegeben. Der Verkauf von Aalen aus der Unterelbe wurde wegen der Verschmutzung des Stromes 1983 verboten.

Einstmals stand auf dem berühmten Hamburger Fischmarkt eine Störhalle. Der europäische Stör wurde 5 bis 6 Meter lang und 400 Kilogramm schwer. Der Stör wandert zum Laichen flußaufwärts. Bis zur Mitte des 19. Jahrhunderts war der Fisch von den nordeuropäischen Küsten bis zum Mittelmeer und dem Schwarzen Meer verbreitet. Von 1890 bis 1910 gingen die Erträge ständig zurück. Im Jahr 1892 wurden in der Nordsee und in ihren Flüssen fast 5000 Störe gefangen, schon 1914 waren es keine 100 mehr. Die angebotenen Fische waren meist kleiner als 150 Zentimeter und fast ohne Ausnahme leichter als 20 Kilogramm. Die Tiere wurden weggefangen, noch ehe sie laichen konnten. In den zwanziger Jahren war der

Fang eines Störs an der Küste bereits zur Sensation geworden; die Zeitungen berichteten darüber.
Die Elbe war einst das fischreichste Gewässer Europas, in ihr wurden selbst Lachse gefangen. Um die Jahrhundertwende lagen die Fangquoten dieses geschätzten Fisches noch bei über 2000 Exemplaren, um 1920 waren es nur noch einzelne Tiere. Neben der allgemeinen Verschmutzung sind für das Verschwinden der Lachse die Wehre in den Flüssen verantwortlich, die den Fischen den Aufstieg in ihr Laichgebiet unmöglich machen.

Das Wattenmeer

Zwischen der Küste und den Friesischen Inseln liegt das Wattenmeer, ein seichter Wasserbereich von etwa 450 Kilometern Länge, der sich mit im Durchschnitt 15 Kilometern Breite von den Niederlanden über Deutschland bis nach Dänemark erstreckt und eine Fläche von etwa 7500 Quadratkilometern bedeckt. Im Watt herrscht mit Ebbe und Flut ein ständiger Wechsel von Hoch- und Niedrigwasser. Tiere und Pflanzen haben sich diesem Wechsel angepaßt.
Das Wattenmeer bietet reichlich Nahrung. Die Flut bringt Plankton aus der Nordsee, die Flüsse tragen Nährstoffe aus dem Hinterland heran. Die Algen wachsen in dem nährstoffhaltigen, von der Sonne erwärmten flachen Wasser reichlich. Sie ernähren ihrerseits Würmer, Schnecken und Muscheln, die wiederum Nahrung für Fische, Krebse und Vögel sind. Wegen seines reichlichen Nahrungsangebotes bietet das Wattenmeer eine außergewöhnliche Artenvielfalt. Wirtschaftlich bedeutend waren einstmals die Austernbänke. Sie wurden im vorigen Jahrhundert allerdings bis zum Verschwinden ausgebeutet. Das Watt ist auch Laichgebiet für viele Fischarten, darunter Hering, Scholle und Seezunge, und Rastplatz für zahlreiche Vogelarten. Das ökologische Gleichgewicht des Wattenmeeres ist jedoch durch übermäßigen Eintrag von Schad- und Nährstoffen gefährdet. In den Jahren 1989 und 1990 gediehen auf dem Wattboden üppige Matten von Grünalgen und erstickten das Leben unter sich. Im Jahr 1986 wurde das deutsche Wattenmeer zum Nationalpark erklärt.

An den europäischen Atlantikküsten leben Seehunde, eine Robbenart. Anfang 1989 umfaßte die gesamte Population in der Nordsee etwa 50 000 Tiere. Der Seehund ist ein Säugetier und galt einstmals als Fischräuber, frißt er doch täglich 5 bis 7 Kilogramm Fisch. Geschätzt wurde er aber als Fleisch- und Pelzlieferant. Also wurde er eifrig gejagt. Als seine Ausrottung drohte, wurde er unter Schutz gestellt, in den Niederlanden 1961, in Deutschland Anfang der siebziger Jahre. Im Sommer 1988 kam es zu einem Massensterben unter den Seehunden: Von 10 500 Tieren im Wattenmeer waren im Frühjahr 1989 nur noch 2 000 am Leben. Wie die Zoologen herausfanden, waren die Robben an einer Virusinfektion erkrankt. Das Virus breitete sich in Gehirn, Lunge, Darm und anderen lebenswichtigen Organen aus. Die Frage nach der Ursache der Epidemie konnte nicht beantwortet werden, der Schmutz im Wasser könnte aber in einem unbekannten Zusammenhang dazu beigetragen haben. Nach der Epidemie stieg die Zahl der Seehunde wieder an.

Die Ostsee

Die Ostsee ist ein flaches Binnenmeer mit einer mittleren Tiefe von 55 Metern. In ihrem Einzugsbereich leben auf 1,7 Millionen Quadratkilometern fast 80 Millionen Menschen. Nicht nur die Anliegerstaaten, sondern auch Teile Tschechiens und Norwegens entwässern in die Ostsee. Die hohe Bevölkerungsdichte im Küstenbereich und entlang der einmündenden Flüsse belastet die Ostsee äußerst stark mit allen Arten von Schadstoffen.

Die Abwasserreinigung ist in den skandinavischen Ländern zwar gut entwickelt, durch deren Papier- und Zellstoffproduktion aber wird die Ostsee dennoch stark belastet. Im Jahr 1988 wurden in diesem Raum 15 Millionen Tonnen Papierbrei hergestellt, ein Achtel der Weltproduktion. Davon wurden 10 Millionen Tonnen mit Chlor und Chlorverbindungen gebleicht. Da das Abwasser in die Ostsee geleitet wird, gelangen jährlich allein aus Schweden und Finnland 200 000 Tonnen chlorhaltige Verbindungen in den Bottnischen Meerbusen. Aus anderen Ländern kommen noch weitere 40 000 Tonnen hinzu. Bis zu 300 000 Tonnen chemischer Kampfstoffe der deutschen Wehrmacht wurden nach dem Zweiten Weltkrieg von den

Siegern in die Ostsee versenkt. Nun besteht die Gefahr, daß die Behälter durchrosten und der Inhalt ins Wasser gelangt. Die Sowjetunion entsorgte radioaktive Abfälle und mindestens 15 Kernreaktoren aus U-Booten in die Ostsee.

Der meiste Schmutz wird aus den ehemaligen Ostblockstaaten eingeleitet. Veröffentlichungen über die Mengen und die Art sind noch spärlich. Da es in den östlichen Staaten aber kaum moderne Kläranlagen für die industriellen und kommunalen Abwässer gibt, ist der Schmutzeintrag außerordentlich hoch. In einem *Umweltbericht der DDR,* veröffentlicht 1990 von einem *Institut für Umweltschutz* in Berlin, wird die Verschmutzung der Ostsee durch die ehemalige DDR angesprochen, Einzelheiten werden aber nicht genannt.

Die gesamte Ostsee ist mit anorganischen Nährstoffen belastet. Sie stammen aus den kommunalen und industriellen Abwässern und aus der Landwirtschaft. Die ehemalige DDR trug hierzu wesentlich bei. Bedenkenlos wurden die Abwässer der Haushalte und der Industrie ungeklärt abgeleitet. Die Massentierhaltung lieferte reichlich Gülle. Auf den Wiesen Mecklenburgs und Vorpommerns weideten zu viele Rinder, deren Jauche letztlich ebenfalls in die Ostsee gelangte. Auf die Felder wurde reichlich Kunstdünger gestreut. Durch Überdüngung mit Phosphaten und Nitraten wachsen so in den flachen und stillstehenden Boddengewässern vor den Küsten Mecklenburgs und Vorpommerns die Algen. Bei der Zersetzung der toten Algen auf dem Meeresgrund wird Sauerstoff verbraucht und Schwefelwasserstoff gebildet, was dem Leben im Meer schadet (Algenpest).

Nach der deutschen Wiedervereinigung wurden Maßnahmen zur Verringerung der Verschmutzung ergriffen: die Zahl der Rinder auf den Weiden Mecklenburgs und Vorpommerns wurde auf zwei je Hektar verringert, auf Hiddensee weiden nun weniger Schafe auf größeren Flächen, und auch Kläranlagen werden gebaut.

Die größte Schmutzfracht für die Ostsee kommt aus Polen. Ein Drittel der polnischen Abwässer wird nur mechanisch und fast 40 Prozent werden überhaupt nicht geklärt (zum Vergleich: in den westdeutschen Ländern werden fast 90 Prozent der Abwässer mechanisch und biologisch geklärt). Der Wirkungsgrad der polnischen Kläranlagen ist überdies gering. Tausende Dörfer, Siedlungen und landwirtschaftliche Betriebe sind gar nicht an eine Kanalisation an-

geschlossen. In Warschau beispielsweise arbeitet keine einzige Kläranlage (1992). Da praktisch das gesamte Staatsgebiet in die Ostsee entwässert, gelangt der weitaus größte Teil aller Abwässer im wesentlichen ungeklärt in die Ostsee.
Den meisten Schmutz trägt dabei die Weichsel heran. Die Oder hat einen geringeren Abfluß, ist aber noch stärker verschmutzt als die Weichsel. Hierbei ist mangels Daten nicht auszumachen, ob Polen oder das Gebiet der ehemaligen DDR den meisten Schmutz in die Ostsee einleiteten oder noch heute einleiten. In Frankfurt an der Oder etwa gibt es keine Kläranlagen (1992). Die Ölchemie in Schwedt und das Stahlwerk in Fürstenberg (Eisenhüttenstadt) leisteten bis zur Wiedervereinigung Deutschlands ebenfalls einen wesentlichen Beitrag zur Verschmutzung der Oder.
Zu der Belastung der Ostsee durch die Flüsse kommen noch die direkten Einleitungen der kommunalen und industriellen Abwässer an den Küsten Pommerns, West- und Ostpreußens hinzu. Schwerpunkte sind hier die stark industrialisierten Gebiete Danzig – Zoppot – Gdingen und Stettin – Pölitz – Swinemüde. Die Abwässer des polnischen Chemiewerks Pölitz unterhalb von Stettin fließen weitgehend ungeklärt ins Oder-Haff. Die Häfen Danzig und Stettin leiten ihre Abwässer ebenfalls ungeklärt ins Meer. Die Danziger Bucht gehört mit den Industriegebieten in Oberschlesien, um Krakau und dem niederschlesischen Kupfererzbecken bei Liegnitz und Glogau zu den ökologischen Katastrophengebieten Europas. Mitte der achtziger Jahre gab es an der Danziger Bucht nur eine einzige Kläranlage mit biologischer Reinigungsstufe. Das Wasser ist hier heute so stark verschmutzt, daß nur noch wenig Leben vorhanden ist. Was an Fischen gefangen wird, ist ungenießbar. Seit 1980 sind sämtliche Badestrände in der Bucht wegen Gesundheitsgefährdung geschlossen. Aber auch an der Pommerschen Küste zwischen Stettin und Danzig müssen die Strände um Köslin und Stolp in den Sommermonaten geschlossen werden.
St. Petersburg leitet seine gesamten kommunalen und industriellen Abwässer ungereinigt in den Finnischen Meerbusen und somit in die Ostsee.
Der Öleintrag in die Ostsee ist, anders als in der Nordsee, gering. Eine übermäßige Belastung mit Schwermetallen konnte bisher nicht beobachtet werden.

Insgesamt sind heute etwa 100 000 Quadratkilometer, ein Viertel der Meeresfläche, infolge Zersetzung überreichlicher Mengen toter Algen eine biologische Wüste. Ein vertikaler Wasseraustausch findet in der Ostsee kaum statt. Der verbrauchte Sauerstoff kann dadurch nicht ersetzt, der entstandene Schwefelwasserstoff nicht verdrängt werden. Dort, wo auf dem Meeresboden eigentlich Seegras und Muscheln sein sollten, liegt der Schlamm abgestorbener Algen. Im Oktober 1986 kam es als Folge übermäßigen Algenwachstums in einem Gebiet von 100 Quadratkilometern im Kattegatt zu einem gewaltigen Fischsterben.
In Abständen von Jahren bessert sich die Lage, wenn Stürme salzhaltiges, sauerstoffreiches Wasser von der Nordsee her in die Ostsee drücken. Das ereignete sich 1976 und während des Winters 1992/93. Das bodennahe sauerstoffarme Wasser der Ostsee wurde so durch sauerstoffreiches Wasser aus der Nordsee ersetzt.
Nach internationalen Übereinkommen wurde die Ostsee zum Sondergebiet erklärt. Die Schiffe dürfen keinen Müll über Bord entsorgen. Die erste Ostsee-Schutzkonferenz 1974 in Helsinki verpflichtete die Anrainerstaaten zur Verminderung des Schadstoffeintrags. Die Verwirklichung solcher allgemeiner Beschlüsse scheitert aber immer wieder an der Armut der östlichen Staaten. Im Februar 1988 verpflichteten sich die Unterzeichner der *Helsinki-Konvention,* die Schmutzeinträge in die Ostsee bis 1995 gegenüber dem Stand von 1987 zu halbieren.
Am 5. und 6. März 1992 trafen sich die Außenminister Dänemarks, Deutschlands, Estlands, Finnlands, Lettlands, Litauens, Norwegens, Polens, Rußlands, Schwedens und ein Vertreter der Europäischen Kommission in Kopenhagen. Um die allgemeine Zusammenarbeit zu verstärken, beschlossen die Minister die Einrichtung eines *Rates der Ostseestaaten.* In einer Erklärung äußerten sie sich besorgt über die Verschmutzung der Ostsee. Von einer engeren Zusammenarbeit zwischen ihnen wird eine Besserung der Umweltprobleme im Ostseeraum erwartet.
Die deutsche Ostseeküste mit ihren Boddengewässern von Fischland bis Usedom ist eine reizvolle, noch weitgehend intakte Naturlandschaft. Nach der Wiedervereinigung ist die Küste das Ziel vieler Besucher aus Westdeutschland. Die größte und schönste deutsche Insel – Rügen – wird von Autos überflutet. An den

Küsten wird gebaut. Die Naturlandschaft ist heute zweifellos hochgefährdet.
Anfang der dreißiger Jahre wurden in der Ostsee jährlich 80000 bis 100000 Tonnen, 1970 sogar 700000 Tonnen Fisch gefangen. Über 80 Prozent der Fangmenge waren Heringe, Sprotten und Dorsche. Im Jahr 1980 wurden über eine Million Tonnen der geschätzten Fischarten angelandet. Danach gingen die Fänge zurück. Ursachen waren Überfischung und Sauerstoffmangel im Wasser. Der Dorschbestand nahm sogar drastisch ab, denn der Dorsch lebt am Meeresboden, und dort fehlt der Sauerstoff. Seit 1973 werden die Fangquoten für die Anliegerstaaten durch die *Konvention von Danzig* geregelt. Bei den Aalfängen ist das Problem ähnlich gelagert: Wurden 1950 noch 8000 Tonnen Aal in der Ostsee gefangen, waren es 1987 nur noch 2000 Tonnen.
Im Frühjahr 1994 meldete das Institut für Meereskunde in Kiel eine Besserung in der Ostsee infolge eines gewaltigen Wassereinbruchs aus der Nordsee und reichlicher Regenfälle während der vorherigen Monate.

Das Mittelmeer

Das Nebenmeer des Atlantiks gilt neben der Ostsee als das am stärksten verschmutzte Meer der Welt. Insbesondere küstennahe Zonen wie die nördliche Adria, der Golf von Tunis oder die Bucht von Izmir sind stark betroffen. Ursachen sind die direkt und über Flüsse eingeleiteten kommunalen und industriellen Abwässer, die Einleitungen über die Atmosphäre, die Entsorgung von Abfällen und Ölrückstände der das Mittelmeer durchfahrenden Schiffe und auch Tankerunfälle. An den Küsten des Mittelmeeres leben 130 Millionen Menschen, deren kommunale Abwässer vorwiegend ungeklärt eingeleitet werden. Im Jahr 1985 wurden 85 Prozent des Abwassers der 120 größten Küstenstädte nur unzureichend gereinigt ins Mittelmeer abgelassen. Insgesamt stammen zwei Drittel des organischen Materials im Meer von den Küstengemeinden, ein Drittel tragen die Flüsse heran.
Die Schwedische Akademie der Wissenschaften schätzte Ende der siebziger Jahre, daß jährlich 12 Millionen Tonnen organischer

Schadstoffe, außerdem 360 000 Tonnen Phosphat, 21 000 Tonnen Zink und eine Million Tonnen Erdöl ins Mittelmeer gelangen. Von dem eingeleiteten Schmutz stammen 70 bis 80 Prozent aus Italien, Frankreich und Spanien. Die südlichen Anrainer beklagen sich, daß der Schmutz des Nordens von den Strömungen an die südlichen Küsten getragen würde. Seit Ende der siebziger Jahre bilden sich an den Stränden der Adria immer wieder große Algenteppiche. Sie werden durch den starken Eintrag von Nitraten und Phosphaten aus dem Hinterland plus starker Sonneneinstrahlung erzeugt und genährt.

Als Folge der Verschmutzung des Meeres bleiben die Touristen aus. Die Anrainerstaaten haben erkannt, daß das ihren wirtschaftlichen Interessen gleichermaßen schadet wie der Rückgang der Fischerei. Die erste Konferenz zur Reinhaltung des Mittelmeeres fand 1975 in Barcelona statt. Die dort gefaßten Beschlüsse werden von den Anrainerstaaten aus Geldmangel aber nur zögernd umgesetzt. Nach der 1990 von der *Europäischen Gemeinschaft* und den 18 Mittelmeeranrainerstaaten beschlossenen *Charta von Nikosia* soll das Mittelmeer spätestens 2025 sauber sein. Vorerst sollen die Häfen mit Anlagen zur Aufnahme ölverschmutzten Wassers und die Städte mit über 100 000 Einwohnern mit Kläranlagen ausgerüstet werden. Nach vorläufigen Berechnungen eines technischen Instituts würden die Abwasseraufbereitung und die Beseitigung des dabei anfallenden Schlamms bis zum Jahr 2000 über 95 Milliarden Mark erfordern. Davon müßte Italien mit fast 40 Milliarden Mark die höchste Summe aufbringen. Das saubere Mittelmeer wird daher vorerst wohl noch Illusion bleiben, denn solche Summen stehen nicht zur Verfügung.

Zum Schmutz der Anwohner kommt noch die Verschmutzung durch den Tourismus. Die Küsten der Mittelmeerländer sind klassische Urlaubsgebiete, der Raum ist sogar das größte geschlossene Fremdenverkehrsgebiet der Erde. Im Jahr 1991 reisten 120 Millionen Touristen an. Bis 2025 rechnen die Anrainerstaaten mit einer Zunahme auf das Drei- bis Sechsfache.

Die Konzentration der Urlauber an den Küsten schafft nicht nur bei der Abwasserbeseitigung Probleme, sondern auch bei der Bereitstellung sauberen Wassers. Hierzu kommt der enorm große Flächenverbrauch. Die Bebauung erfolgt oft ohne Rücksicht auf die Natur, gewaltige Betonburgen werden in die schöne Landschaft gesetzt. Die nördliche Küste des Marmarameeres zwischen Istanbul und Tekirdağ wurde auf einer Länge von 125 Kilometern mit Ferienanlagen und Luxusvillen überbaut. Das Umweltbewußtsein der Urlauber ist allerdings stark gestiegen. Sie sind inzwischen weniger bereit, in häßlichen Betonburgen zu wohnen.

Öl im Meer

Erdöl ist neben Kohle der bedeutendste Energieträger der Welt. Es wird zu Benzin, Dieselkraftstoff und Heizöl weiterverarbeitet und dient der chemischen Industrie als Rohstoff. Förderung, Transport, Verarbeitung und Nutzung des Erdöls und seiner Erzeugnisse führen zu einer Verschmutzung von Land und Wasser. Lecks in Erdölleitungen und Tanks verunreinigen den Boden und das Grundwasser. Bereits ein Liter Öl kann eine Million Liter Wasser für Menschen ungenießbar machen. Die Verschmutzung der Umwelt mit Öl wird drastisch *Ölpest* genannt. Sie kann akut wie bei einem Tankerunfall oder chronisch infolge andauernder Verschmutzung auftreten.

Im Jahr 1967 zerbrach der Tanker *Torrey Canyon* mit 120000 Tonnen Rohöl vor der Küste von Cornwall. Im Jahr 1978 liefen 230000 Tonnen Rohöl aus der havarierten *Amoco Cadiz* aus und verschmutzten die bretonische Küste. Danach wurden 14 Jahre lang Prozesse geführt, ehe der amerikanische Ölkonzern Amoco 1992 bereit war, dem französischen Staat und den bretonischen Gemeinden 345 Millionen Mark Schadenersatz zu zahlen. Im Jahr 1991 explodierte im nördlichen Mittelmeer der zyprische Tanker *Haven*. Danach strömten allerdings nur geschätzte 5000 bis 10000 Tonnen Öl ins Meer. Niemand konnte oder wollte sagen, wieviel Öl sich wirklich noch in den Tanks befand. Das Schiff wurde mit seiner Ladung in 60 Metern Tiefe als ökologische Zeitbombe auf Grund gesetzt.

Am 24. März 1989 kam der Supertanker *Exxon Valdez* während der Ausfahrt aus dem Prince-William-Sund im Süden Alaskas vom Kurs ab und lief auf ein Riff auf. Danach flossen 42000 Tonnen Öl, ein Viertel der Ladung, ins Meer. Menschliches Versagen des Kapitäns soll die Ursache gewesen sein, aber Mängel bei den Sicherheitsvorkehrungen waren für das Ausmaß der Katastrophe sicher mitverantwortlich.

Am Prince-William-Sund wird das im Norden Alaskas geförderte und über eine Pipeline herangebrachte Erdöl auf Tanker verladen. Der Sund hat eine Fläche von 7300 Quadratkilometern. Hier leben mehrere Walarten, Seelöwen, Seeotter sowie unzählige Vögel an den Küsten des Sundes und der zahlreichen Inseln. Neben der Ölverladung stellt die Fischindustrie, und hier vor allem der Fang und die Verarbeitung des Lachses, die wirtschaftliche Grundlage der kleinen Küstenorte dar. Am Sund liegen mehrere Lachsaufzuchtstationen, darunter auch die größte derartige Anlage der Welt.

Nach dem Unfall der *Exxon Valdez* wurden während der nächsten beiden Monate weit über den Sund hinaus 1100 Kilometer Küste mit Öl verschmutzt. Tausende von Arbeitskräften bemühten sich in der Folgezeit, die Küsten vom Öl zu säubern. Die Geröll- und Kiesstrände sowie die Felsküsten wurden mit kaltem oder heißem Wasser gewaschen. Der Erfolg war mäßig. Das abgewaschene Öl konnte nur selten in Setzbecken aufgefangen werden, sondern wurde meist ins Meer gespült und von der nächsten Flut wieder zurückgebracht. Viele schwer zugängliche Stellen konnten die Arbeiter gar nicht erreichen. Als die Bemühungen nach drei Jahren eingestellt wurden, hatte der Konzern nach eigenen Angaben 2,5 Milliarden Dollar ausgegeben. Bis zu 12000 Menschen hatten mitgearbeitet. An den Küsten wurden über 34000 Seevögel, 10000 Seeotter und 150 Weißkopfadler tot aufgefunden. Noch viel mehr Tiere aber dürften auf See verendet und versunken sein.

Ein Teil des Öls, das ins Meer gelangt, verdunstet, ein anderer Teil wird von Mikroorganismen zersetzt. Da dies aber recht lange dauert, wird eine Ölpest in der Regel den lokalen Gegebenheiten entsprechend bekämpft. Bei ruhiger See kann die Ausbreitung durch schwimmende Barrieren verhindert werden, bei leichtem Seegang das Öl von der Wasseroberfläche abgesaugt werden. Das ausgetretene Öl läßt sich auch durch Chemikalien zersetzen, was dem Leben im Meer aber schaden kann. Auf das Meer geworfene Ölbindemittel wie Kunststoffschäume oder Gemische aus Torf, Stroh und Papier sollen das Öl aufsaugen, damit es danach aus dem Wasser entfernt werden kann. Die evolutionäre Natur hat auch ölzersetzende Bakterien hervorgebracht; Züchtung und Einsatz befriedigen aber noch nicht.

Es gibt auch Meinungen von Wissenschaftlern, die Beseitigung der Verschmutzung sollte gänzlich der Natur überlassen werden. Nach den Reinigungsarbeiten am Prince-William-Sund etwa konnte beobachtet werden, daß jene Bereiche, die mit heißem Wasser abgespritzt worden waren, Jahre danach sichtbar weniger neues Leben zeigten als die unbehandelten Flächen. Durch das heiße Wasser waren offensichtlich mehr Tiere, Pflanzen und Mikroorganismen im Boden getötet als gerettet worden.

Die Meinungen der Fachleute hierzu sind noch gegensätzlich. Weitere Erfahrungen müssen gesammelt werden. Seit dem Unfall der *Exxon Valdez* beschäftigen sich die Wissenschaftler aber intensiver mit diesem wichtigen Problem. Die örtlichen Gegebenheiten der verschmutzten Flächen unter bestimmten klimatischen Bedingungen und die chemische Zusammensetzung des Öls werden jedenfalls mitentscheidend dafür sein, wie Verschmutzung des Meeres und der Küsten durch Rohöl künftig besser behandelt werden können, oder ob die Reinigung gar gänzlich der Natur überlassen wird.

Die meisten Tankerunfälle könnten vermieden werden, herrschte auf den Weltmeeren nicht ein harter Konkurrenzkampf um Tankerkapazitäten. Um das Öl möglichst billig zu transportieren, werden veraltete Tanker mit schlecht ausgebildeten Mannschaften aus Billiglohnländern eingesetzt.

Neben den plötzlichen, aber lokalen Verschmutzungen durch Tankerunglücke oder Unfällen auf Ölplattformen im Meer gibt es auch eine schleichende Verschmutzung mit Öl. Schätzungen nennen Mengen von 2 bis 6 Millionen Tonnen Erdöl, die jährlich ins Meer gelangen. Ein kleiner Teil – eine Größenordnung von 200000 Tonnen – tritt aus natürlichen Quellen auf dem Meeresboden aus. Der größte Teil jedoch fließt mit den Abwässern der Städte und Industrien ins Meer. Tankerunfälle tragen insgesamt höchstens ein Zehntel zur allgemeinen Verschmutzung mit Erdöl bei. Ein wesentlich größerer Teil stammt aus jenen Tankern, die ihre Laderäume reinigen und das ölige Schmutzwasser ins Meer ablassen. Frachtschiffe entsorgen Rückstände ihres billigen Treibstoffs ebenso wie das gebrauchte Schmieröl der Maschinen ins Wasser. In der Nordsee dürften jährlich mehrere hunderttausend Seevögel der chronischen Ölverschmutzung zum Opfer fallen. In die Ostsee darf

seit 1983 grundsätzlich kein Öl abgelassen werden. Das gilt auch für das Mittelmeer.
Schlimmste Umweltschäden werden in den sibirischen Fördergebieten verursacht. Die Fördertechnik in diesem Raum ist veraltet, die Pipelines sind vielfach leck.
Der Persische Golf muß seit jeher mit einer chronischen Ölverschmutzung fertig werden. Jährlich fließen bei Ölverladestationen und von Tankern etwa 160000 Tonnen Öl ins Wasser. Während des irakisch-iranischen Krieges flossen 1983 geschätzte 300000 Tonnen Erdöl in den Golf. Dann ereignete sich während des Golfkrieges im Januar/Februar 1991 eine doppelte Ölkatastrophe: Ursachen waren zum einen bewußte Einleitungen durch die irakischen Truppen und zum anderen gezielte Angriffe der Amerikaner auf die Ölanlagen. Eine Million Tonnen Erdöl floß so in den Golf. Letztlich waren die Schäden aber nicht so groß wie befürchtet. Der Meeresboden mit seinen Korallenriffen, Seegras- und Tangwiesen wurde nur wenig geschädigt, denn das Öl sank nicht ab, sondern wurde an die Küste gespült. Im Herbst 1993 waren noch über 700 Kilometer Küste mit Öl bedeckt.
Die Amerikaner setzten – wie schon erwähnt – durch Luftangriffe Ölquellen in Brand. Als die irakischen Truppen Kuwait räumen mußten, steckten sie ihrerseits Ölquellen in Brand. Insgesamt brannten am Ende des Krieges etwa 550 Quellen. Täglich verbrannten so mehrere hunderttausend Tonnen Öl. Schwarze Wolken legten sich über den Golf. Im Umkreis von 200 Kilometern sank die Temperatur damals zeitweise um 10 Grad. Im November 1991 wurden die letzten brennenden Ölquellen gelöscht.

Die Fauna

Ausgerottet

Höhere Intelligenz erlaubte den Jägern der Urzeit ein gemeinsames gezieltes Handeln, und das führte schon während der Steinzeit zur Ausrottung vieler europäischer Arten größerer Tiere: Mammut, Wollnashorn, Rentier, Antilope, Wildpferd und mehrere Büffelarten. Allerdings dürfte hier der Mensch nicht allein Ursache gewesen sein. Naturkatastrophen und Änderungen der natürlichen Lebensbedingungen mögen etwa zur Ausrottung des Mammuts beigetragen haben.
Als Nutztiere geeignete Arten wurden noch in vorgeschichtlicher Zeit domestiziert, andere weiterhin in freier Wildbahn gejagt. Der Ur oder Auerochse ist die Wildform der heutigen Rasse des Hausrindes. Das mächtige Tier war einstmals von Westeuropa bis Südasien, aber auch in Nordafrika heimisch. Frühe Höhlengemälde zeigen es als beliebtes Jagdobjekt des Steinzeitmenschen. Noch vor Beginn der Zeitrechnung wurde der Ur im größten Teil seines Verbreitungsgebietes ausgerottet. Letztlich verschwand er Anfang des 17. Jahrhunderts in Polen, wo es noch letzte Exemplare gab, von der Erde. Die Feinde und Nahrungskonkurrenten des Menschen und der Haustiere wurden ebenfalls ausgerottet. In Mitteleuropa traf das den Wolf (Lüneburger Heide 1842), den Luchs (Thüringen 1843) und den Bären (Bayern 1850). In den Randgebieten Europas überlebten einige dieser Tierarten und sind heute geschützt.
Als der Mensch vor 20000 Jahren über die Beringstraße in Amerika eindrang, schädigte er die Fauna des Kontinents beträchtlich. Die Wissenschaft glaubt einen Höhepunkt in der Vernichtung der ein-

heimischen Fauna vor 10000 bis 12000 Jahren erkannt zu haben. Zu dieser Zeit verschwanden drei Viertel aller Großtierarten, darunter das Mammut, mehrere Elefantenarten, das ebenfalls mit Rüssel versehene Mastodon, Riesenrinder, Riesenbüffel, Pferd und Kamel. Auch hier können zusätzliche Klimaeinflüsse am Ende der letzten Eiszeit allerdings nicht ausgeschlossen werden.
Als sich der Europäer den nordamerikanischen Kontinent aneignete, war er von der Menge an Wild begeistert, und er jagte es bedenkenlos. Die Zahl der nordamerikanischen Wandertauben etwa war unvorstellbar groß, betrug vielleicht sogar mehrere Milliarden. Vor allem die jungen Vögel schmeckten den Menschen gut. Durch ihre Vielzahl konnten die Tauben schon zur Plage werden. Oft flogen sie in so dichten Schwärmen, daß mit einer einzigen Schrotladung Dutzende auf einmal erlegt werden konnten. Ein Jäger mit Fangnetz brachte es an einem Tag auf 6000 erlegte Vögel. Die Farmer verfütterten Wandertaubenfleisch an ihre Schweine. Zwischen 1867 und 1877 wurden im Mittelwesten jährlich 10 Millionen Vögel getötet. Im Jahr 1878 wurde eine riesige Brutkolonie ausgerottet. 30 Tage lang wurden täglich fünf Güterwaggons mit erlegten Tauben abgefahren. In Gefangenschaft wollten sich die Vögel nicht vermehren; wahrscheinlich war die Fortpflanzung in der Masse artbedingt. Im September 1914 starb *Martha*, die letzte amerikanische Wandertaube, im Zoo von Cincinnati.
Auf den Westindischen Inseln lebten zur Vorzeit mehrere Faultierarten, Nagetiere, Insektenfresser, eine Affenart, Riesenschildkröten, Eidechsen und viele Vogelarten, darunter Riesenadler, Rieseneulen, mehrere Uhuarten und der Kondor. Manche dieser Arten sind allerdings vielleicht schon vor der Ankunft des Menschen um 3000 v. Chr. infolge von Klimaänderungen ausgestorben. Unklar ist auch, ob andere Arten vor oder nach der Ankunft der Weißen und der damit einhergehenden Ausrottung der Ureinwohner verschwanden.
In Australien sind seit der Besiedlung vor 50000 Jahren Riesenschlangen, Rieseneidechsen, Riesenschildkröten, flugunfähige Riesenvögel, alle Säugetierarten und viele Beuteltiere verschwunden. Auf Neuseeland lebte eine ganze Reihe von Vogelarten, die keine natürlichen Feinde hatten. Als Folge fehlender Gefahr verloren sie ihre Flugfähigkeit und wurden zu Laufvögeln. Als die Inseln vor

1000 bis 1500 Jahren von den Maori besiedelt wurden, rotteten diese 50 Vogelarten aus, darunter den 3,5 Meter hohen Riesen-Moa. Da es nun an Fleisch fehlte, wurden die Maori nach Meinung mancher Anthropologen zu Menschenfressern. Die Europäer ließen dann weitere acht Vogelarten und auf der Nordinsel neben anderen Tieren auch die Pelzrobben verschwinden. Auf Tasmanien wurden von den Einwanderern die Urmenschen und der Wolf ausgerottet. Auf den Inseln Polynesiens ist die Hälfte aller Vogelarten in neuerer Zeit durch Jagd und Rodung der Wälder verschwunden.
Hawaii wurde vor 1500 Jahren besiedelt. In der Folge kam es zur Ausrottung von 40 Vogelarten, darunter mindestens sieben zum Teil flugunfähige und daher leicht jagbare Gänsearten. Nachdem die Europäer die Inseln unterworfen hatten, starben mindestens weitere 15 Vogelarten aus. Ursachen waren Jagd, Landwirtschaft, bis dahin unbekannte Krankheiten und eingeschleppte Räuber wie Mungos, Hunde, Katzen und Ratten. Die Hawaii-Gans konnte jüngst durch aufwendige Zucht gerettet werden.
In Afrika kam es erst zur systematischen Ausrottung so mancher Tiergattungen, nachdem der weiße Mann den Kontinent in Besitz genommen hatte. Südafrika war einstmals ein Wildparadies mit Elefanten, Giraffen, Flußpferden, Spitzmaulnashörnern, Löwen, Leoparden und vielen Antilopenarten. Die Tiere wurden abgeschossen. Das letzte Quagga, ein südafrikanisches Steppenzebra mit nur gering ausgeprägten Streifen, wurde um 1858 erlegt.
Madagaskar wurde um das Jahr 500 besiedelt. Danach verschwanden neben anderen Tieren 14 Riesenlemurenarten, mehrere Riesenstrauße, zwei Riesenschildkröten, das Erdferkel und das Zwergflußpferd. Die Lemuren gehören zu den sogenannten Halbaffen. Sie leben ausschließlich auf Madagaskar, und ihre Bestände sind durch die voranschreitende Zivilisation stark bedroht.
Der Dodo war ein großer, plumper, flugunfähiger Vogel auf den Maskarenen, östlich von Madagaskar. Das Fleisch ausgewachsener Tiere soll nicht sehr schmackhaft gewesen sein, die Matrosen der Segelschiffe auf dem Weg nach Indien nahmen aber die Vögel dennoch mit. Die neuen Siedler aus Holland schätzten die Eier, außerdem pökelten sie Massen von Jungvögeln ein und verkauften sie den Matrosen vorüberfahrender Schiffe. Um 1680 wurde irgendwo auf den Inseln der letzte Dodo getötet.

Der Riesenalk hatte die Größe einer Gans; er lebte in großer Zahl an den Küsten des Nordatlantiks. Die Vögel sollen ausgezeichnet geschmeckt haben, und die Eier galten gar als Delikatesse. Der letzte Riesenalk wurde um 1844 erlegt. Die Riesenseekuh (Stellers Sehkuh) wurde 1741 auf den Kommandeurs-Inseln im Beringmeer entdeckt. Das Fleisch des Tieres wurde gegessen, seine dicke, derbe Haut konnte zu Schiffsplanken verarbeitet werden. Schon 1768, nur 27 Jahre nach seiner Entdeckung, wurde das letzte Tier von einem Pelztierjäger geschossen.

Dezimiert

Auf den Inseln im Beringmeer lebten auch Seeottern und Seelöwen, deren Felle von den Weißen sehr geschätzt wurden. Im Jahr 1856 konnten die Jäger der *Russisch-Amerikanischen Gesellschaft* 118 000 der weichen, glänzenden Seeotterfelle – auch *Kamtschatka-Biber* genannt – verkaufen, 1910 waren es nur noch 40. Dann wurden die letzten Tiere unter Schutz gestellt. Auch Seebären wurden in den Gewässern zwischen Asien und Amerika von der Gesellschaft gejagt. Zwischen zwei und vier Millionen Seebären soll es 1867, als die Amerikaner den Russen Alaska abkauften, gegeben haben, 1912 wurde ihr Rest auf 150 000 Tiere geschätzt. Daraufhin wurden auch die Seebären erst einmal zeitlich begrenzt unter Schutz gestellt.
Pelze waren für den Menschen ursprünglich Kleidung, später wurden sie zum Luxus. Kaninchen, Schaf, Biber, Otter, Luchs, Fuchs und Wolf waren einstmals in Eurasien reichlich vorhanden. Die russischen Fürsten schmückten sich mit prächtiger Kleidung, in ihren Zelten zeigten sie stolz die Felle von Zobel und Hermelin. Der Überlieferung zufolge wurden für die Krönungsrobe eines frühen Zaren 250 000 Hermelinfelle verwendet. Hermelinmäntel trugen auch europäische Könige. Durch Jagd und Einengung des Lebensraumes verschwanden die Pelztiere zunehmend aus Europa. Im Jahr 1526 wurde der letzte britische Biber erlebt. Die grausame Jagd mit Fallen auf Pelztiere erfuhr nach der Entdeckung Nordamerikas eine Renaissance. In Südamerika hatten schon die Inkas die feine Wolle des Vikunjas geschätzt, was den Bestand der Tiere aber nicht gefährdete. Als die Spanier kamen, nahm die Zahl der Vikunjas schnell ab. Nach

dem Zweiten Weltkrieg war das Vikunja fast ausgerottet. Heute ist es geschützt.
In Nordamerika durchstreiften einst 60 Millionen Büffel die Prärie. Sie wurden getötet, um die Felle der Tiere zu verwerten, um die Prärie zu besiedeln und zu bebauen, um Indianern die Lebensgrundlage zu nehmen oder auch nur zum Spaß. Die Eisenbahngesellschaften stellten Büffeljäger ein, die ihre Arbeiter mit Fleisch versorgen mußten. Buffalo Bill, mit bürgerlichem Namen William Frederick Cody, rühmte sich, innerhalb von 18 Monaten über 4000 Büffel geschossen zu haben. Büffeljagd wurde in Amerika zu einem beliebten Freizeitvergnügen. Besonders bequem und sicher konnten die Tiere vom Zug aus geschossen werden. Nachdem die Gleise gelegt waren, veranstalteten die Eisenbahngesellschaften Sonderfahrten zu diesem Zweck. Hatte jemand mit seinem Gewehr aus dem bequemen Waggon heraus ein Tier tot- oder angeschossen, hielt der Lockführer an, und der Schütze schnitt sich Fleischteile heraus. Die übrigen tausend Kilogramm Fleisch blieben liegen. Büffelzungen galten dabei als besondere Delikatesse. Die letzten Büffel konnten gerade noch unter Schutz gestellt werden.
Schöne Federn haben den Menschen immer gefallen, und sie schmückten sich damit. Nach 1750 wurden Federn zum Bestandteil eleganter Kleidung. Dieser Modetrend verstärkte sich im 19. Jahrhundert noch. Die Dame liebte es nun, ihre Frisur mit Straußen- oder Reiherfedern zu schmücken. In aller Welt wurden Vögel gejagt, um deren Federn und Beläge zu Kopfschmuck zu verarbeiten. In Venezuela wurden 1898 geschätzte anderthalb Millionen Reiher erlegt. In Peru, Kolumbien, Ecuador, Mexiko und Ägypten wurden die Reiherkolonien systematisch ausgerottet. Die Federn der Paradiesvögel aus dem heutigen Papua-Neuguinea galten als besonders schön. Sie waren heiß begehrt, und die Vögel wurden entsprechend eifrig gejagt. Heute sind von den 9000 auf der ganzen Erde bekannten Vogelarten 1000 ausgestorben oder vom Aussterben bedroht.
Millionen Krokodile wurden abgeschlachtet, um ihre Haut zu Leder für Handtaschen und andere Luxusgüter zu verarbeiten. Nachdem noch 1989 in Mexiko das Schildpatt von 75000 Meeresschildkröten zu Schuhen, Gürteln und Handtaschen verarbeitet wurde, stellte die Regierung die Tiere 1990 nach internationalem Druck unter Schutz.
Elfenbein wurde schon immer geschätzt. Es läßt sich leicht schnit-

zen, sowohl zu Gebrauchsgegenständen als auch zu kleinen Kunstwerken oder Schmuckstücken. Die Araber hatten Jahrhunderte hindurch damit Handel getrieben. Der Bestand der Elefanten war dadurch jedoch nicht gefährdet. Im 19. Jahrhundert kamen dann die europäischen Großwildjäger nach Afrika, und alles änderte sich. Denn auch die Europäer schätzten das Elfenbein. Sie stellten aus der massiven Spitze des Elefantenstoßzahns Billardkugeln, aus dem hohlen Teil Armreifen her.
Noch laufen eine Million Elefanten durch den afrikanischen Busch und werden auch überall geschützt. Dennoch müssen wir fürchten, daß die Gattung in freier Wildbahn nur noch wenige Jahrzehnte überlebt. Ein Tier, das soviel frißt wie ein Elefant und höchstens etwa Elfenbein produziert, hat neben Milliarden Menschen keine Daseinsberechtigung. Gleiches gilt auch für das Nashorn. Die beiden afrikanischen Arten, das Spitzmaul- und Breitmaulnashorn, sind zwar geschützt, für einen dauernden Bestand sind die Areale aber bereits zu klein. Von den drei asiatischen Arten ist das Java-Nashorn am meisten gefährdet; 1992 lebten noch etwa 60 Tiere in Zoos und in der Wildnis. Aber auch die noch lebenden 700 Sumatra-Nashörner dürften den Bestand kaum sichern können; ihr Lebensraum wird ständig kleiner, denn überall sind Menschen. Vorerst geht die größte Gefahr aber von den Wilderern aus, die das Horn der Tiere als Verkaufsprodukt schätzen, da es gemahlen angeblich die Manneskraft stärkt. Im Simbabwe ging die Zahl der Nashörner innerhalb zweier Jahre von 1500 auf 300 zurück. Daraufhin wurden den Tieren nach Betäubung die Hörner abgesägt, um sie für Wilderer uninteressant zu machen. Berichten vom November 1993 zufolge werden die Nashörner auch ohne Horn geschossen, denn die Stümpfe enthalten noch immer 15 Prozent der ursprünglichen Hornmasse.
Der Mensch gehört, gemeinsam mit den Menschenaffen, zur Ordnung der Primaten, der Herrentiere. Während er sich immer weiter vermehrt, geht die Zahl der Menschenaffen stetig zurück. Wahrscheinlich leben in den letzten Urwäldern Äquatorialafrikas nur noch 300 Berggorillas (1993). Die Bestände des Wolligen Spinnenaffen in Brasilien wurden einstmals auf 400000 Exemplare geschätzt, heute dürften es nur noch 200 bis 300 Tiere sein. Von dem ebenfalls in Brasilien lebenden Löwenäffchen sind es kaum mehr.

Ein Kontinent wird überrannt

Im Jahr 1859 führte ein Farmer in der Provinz Victoria im Südosten Australiens 24 Wildkaninchen ein und ließ sie frei. Der Erfolg war unbestritten. Ein Wildkaninchen kann in der warmen Jahreszeit alle fünf bis sechs Wochen einen Wurf setzen. Außer dem Menschen hatten die Tiere keine Feinde, und so wurde Australien von Kaninchen überrannt.

Die Nation war verzweifelt. Importierte Füchse nützten fast nichts, da diese lieber die ebenfalls kaninchengroßen, aber viel behäbigeren Känguruhratten fingen und fraßen. Vergiftete Köder erwiesen sich als ebenso unzureichend wie das Ausgraben der oft weit verzweigten Baue. Selbst ein 11000 Kilometer langer Maschendraht quer über den Kontinent vermochte die Ausbreitung der Wildkaninchen nicht zu verhindern. Die Regierung zahlte Abschußprämien, und die Kaninchenjäger schossen die Tiere auch zu ungezählten Millionen, eine Wende aber trat nicht ein.

Das ging so bis 1950. In Australien lebten zu dieser Zeit etwa fünf Milliarden (nach anderen Angaben nur 600 Millionen) Kaninchen. Da hörten die Australier von einem Myxomatose-Virus in Südamerika, der nur für Kaninchen und in geringem Maße für den Hasen, nicht aber für andere Nagetiere, krankheitserregend ist. Also ließen die Australier infizierte Tiere frei, und die Kaninchen starben. Die Kaninchenkrankheit ist für die Tiere allerdings äußerst qualvoll. Die Haut bricht in großen Geschwüren auf, und die Tiere gehen elend zugrunde. Das konnte niemanden befriedigen, aber schon 1953 waren die Tiere bereits auf kleine Restbestände zusammengeschrumpft.

Dann traf es Europa. In Frankreich ärgerte sich 1952 Dr. Armand-Delile, bekannter Kinderarzt in der Nähe von Chartres, über die Kaninchen, die immer wieder in seinen Garten eindrangen. Er beschaffte sich das Virus und infizierte einige Kaninchen. Als Folge wurden die Kaninchen auf dem Kontinent fast ausgerottet. In England ging der Bestand ebenfalls zurück, dagegen nahm die Wirkung des Virus während seiner Ausbreitung über Mittel- nach Osteuropa hin stark ab.

Aber Australien hat seine Kaninchen inzwischen wieder, wenn auch nicht im vorherigen Umfang. Wahrscheinlich konnten einige Tiere ihre Resistenz weitervererben. Im Jahr 1990 wurden die australischen Kaninchen wieder auf 200 Millionen Tiere geschätzt. Nun wurde erwogen, einen Virus unbekannter Herkunft einzuführen. Die neue Kaninchenseuche trat erstmalig in China, später auch in Deutschland und anderen europäischen und außereuropäischen Ländern auf. Allerdings wurden Proteste laut, denn die Art, die Tiere umzubringen, ist wiederum sehr häßlich. Die Kaninchen bekommen Fieber, Atemnot, Krämpfe und blutigen Nasenausfluß, Leber und Milz werden angegriffen. Die Tiere sterben unter großen Schmerzen. Wissenschaftler protestieren diesmal gemeinsam mit Umweltschützern.

Die neue Fauna

Ein ganz entscheidender Grund für den Rückgang der Arten ist der gewollte oder ungewollte Export von Tieren in andere Biotope.
Im Lauf der Zeit, oft innerhalb von Jahrmillionen, haben sich überall auf der Erde stabile Biotope, also durch bestimmte Pflanzen und Tiere gekennzeichnete Lebensräume, herausgebildet. Jede Veränderung der Flora und viel mehr noch der Fauna bringt ein solches Biotop aus dem Gleichgewicht, läßt Arten aussterben. Das Ergebnis solcher Tierverpflanzungen war oft nicht vorhersehbar, und es kümmerte sich in frühen Zeiten auch niemand darum. Heute kümmert man sich sehr wohl um Störungen natürlicher Gleichgewichte innerhalb eines Biotops. Dabei sind die großen Tiere meist weniger gefährlich, denn diese können notfalls abgeschossen werden. Bei den kleinen Geschöpfen hingegen, die sich leicht verstecken und häufig auch schnell vermehren können, gelingt dies nicht.
Schon vor Jahrhunderten, als die Europäer begannen, sich über die ganze Erde zu verbreiten, nahmen sie ihre Haustiere mit: Rinder, Schweine, Hühner, Gänse, Hunde, Katzen und viele andere. Die Haustiere konnten auch meist unter Kontrolle gehalten werden. Richteten sie dennoch Schäden in der Landschaft an, wurde und wird das hingenommen.
Bei anderen Tierarten, die nicht zum Haus gehören und bewußt oder irrtümlich weltweit verbreitet wurden, ist der Schaden aber oft viel größer als ein möglicher Nutzen. Der Mensch hat auf diese Weise die

natürliche Welt ziemlich durcheinandergebracht. Die Kaninchenplage in Australien ist ein spektakulärer Fall, aber es lassen sich noch viele andere Beispiele anführen, bei denen Tiere in eine fremde Umwelt verschleppt wurden und diese dann nachhaltig störten und zerstörten. Von den Matrosen der Segelschiffe wurden auf Inseln weit weg von Europa Schweine und Ziegen ausgesetzt, um künftigen Schiffbrüchigen zu helfen. Das konnte gutgehen, es konnte aber auch ökologische Schäden verursachen. Auf den Galapagosinseln wurden die Jungen der Riesenschildkröten von den Schweinen gefressen. Die Schildkröten konnten schließlich nur gerettet werden, indem ihr Lebensraum eingezäunt wurde.
Kröten stehen in dem Ruf, nützlich wegen ihrer Vorliebe für Schädlinge – Schnecken und Insekten – zu sein. In alten Zeiten hielten sich daher Gärtner Erdkröten in ihren Gewächshäusern. Also wurde in zahlreichen tropischen und subtropischen Ländern die in Süd- und Mittelamerika heimische, 15 bis 20 Zentimeter lange, plumpe Riesenkröte Aga ausgesetzt, auf daß sie schädliche Insekten vor allem in Zuckerrohrplantagen vertilge. Das Tier hat sich auch in Florida, auf Hawaii, Puerto Rico, den Philippinen und anderen pazifischen Inseln durchaus bewährt. Die Kröte sondert jedoch einen Schleim ab, der wie der Laich giftig ist und vielen Tieren zum Verhängnis wird. Die Kröten kennen aber auch nicht die menschliche Einteilung in Schädlinge und Nützlinge und fressen entsprechend wahllos auch solche Arten, die am Leben bleiben sollten.
Gegenwärtig hat Australien seine Sorgen mit der Kröte. Sie war 1935 auf den Kontinent gebracht worden, um die Zuckerrohrplantagen in Queensland zu schützen. Das ging auch ganz gut, bis die Kröte plötzlich nach Süden vordrang. Die eingesessenen Tiere, die das Gift der Kröte nicht kennen, fressen sie und sterben danach recht schnell. Bei der Bekämpfung verhält sich die australische Regierung noch abwartend. Zu oft schon wurde überall auf der Welt eine Katastrophe durch eine andere ersetzt.
Im ostafrikanischen Victoriasee wurde 1960 der räuberische Nilbarsch ausgesetzt, weil der Fisch bei einer Länge von 2 Metern ein Gewicht von 90 Kilogramm erreicht und entsprechend großes Nahrungsangebot versprach. Er breitete sich rasch aus, dafür verminderten sich allerdings die heimischen Arten so schnell, daß für die Bevölkerung am Seeufer zuvor wichtige Fischarten bald kaum noch

gefangen wurden. Viele Arten sind in ihrem Bestand bedroht. Der Nilbarsch aber gilt bei den Einheimischen als wenig schmackhaft.
Auf der australischen Lord-Howe-Insel wüten die Ratten. Sie wurden 1918 durch ein gestrandetes Schiff eingeschleppt. Nun bedrohen sie die Existenz eines ohnehin schon gefährdeten Waldhuhns. Daraufhin holten sich die Bewohner Eulen auf die Insel, die aber fraßen statt den Ratten die einheimischen Vögel und vermehrten sich dabei gewaltig.
Die neuseeländische Insel Mana wiederum muß mit einer Mäuseplage fertig werden. Die Mäuse waren irgendwann von einem Schiff an Land gegangen; ihre Zahl hatte sich aber in Grenzen gehalten. Dann wurde die Viehzucht auf der Insel aufgegeben, und den Mäusen standen von da an reichlich Gras und Samen als Futter zur Verfügung. Die kleinen Nagetiere sind dabei, Vögel, Eidechsen und Insekten auszurotten. Versuche mit Gift brachten nur geringen Erfolg.
Im Verlauf von über 100 Jahren breitete sich die Afrikanische Riesenschnecke über den gesamten pazifischen Raum aus. Ihr Gehäuse wird über 20 Zentimeter hoch. Sie ist sehr gefräßig und kann in Pflanzungen beträchtliche Schäden anrichten. Nach dem Zweiten Weltkrieg setzten sich die Tiere auf Hawaii fest. Dann brachte 1966 ein kleiner Junge drei Exemplare von einem Ferienaufenthalt auf Hawaii nach Miami mit. Bald danach hatte Florida seine Schneckenpest. Die Tiere fressen ganze Grasflächen ab sowie die Rinde von den Bäumen und fallen über Zitruspflanzen her. Um die Schnecke zu bekämpfen, wurden an verschiedenen Orten Raubschnecken aus Südafrika eingeführt. Der Erfolg war unterschiedlich. Während sich auf Hawaii nichts änderte, sollen die Raubschnecken auf verschiedenen pazifischen Inseln die Afrikanische Riesenschnecke fleißig fressen.
Guam ist eine Insel der Marianen im Pazifik, gut 500 Quadratkilometer groß und ein bedeutender Flotten- und Luftstützpunkt der Amerikaner. Bevor die Weißen hierherkamen, waren Fauna und Flora auf der Insel im biologischen Gleichgewicht. Dann aber wurde in den fünfziger Jahren aus Neuguinea eine gut einen Meter lange *Baumschlange* eingeschleppt. Die Lebensbedingungen in der neuen Umgebung waren hervorragend, und die Schlange vermehrte sich geradezu unheimlich. Wenn sie gereizt wird, greift sie an; für Kinder kann ihr Biß lebensgefährlich sein. Die Gesamtzahl dieser

Schlangen wird inzwischen auf über 2 Millionen geschätzt. Elf der zwölf einheimischen Vogelarten wurden ausgerottet, die zwölfte Art ist gefährdet. Mehrere Fledermaus- und Eidechsenarten verschwanden ebenfalls. Die Schlangen tauchen überall auf, auch in den Wohnhäusern der Zivilisten und Soldaten. Die Geflügelzüchter wurden ruiniert, denn die Schlangen fressen Küken und Eier.

Im 17. Jahrhundert erlebte die Plantagenwirtschaft des Zuckerrohrs auf den Westindischen Inseln einen Aufschwung. Sicher schon viel früher waren durch Schiffe Ratten eingeschleppt worden, die sich nun ans Zuckerrohr machten und dabei gut gediehen. Sie wurden zur Plage, denn sie schädigten die Pflanzer durch beträchtliche Zuckerrohrverluste. Um 1870 gaben die Behörden auf Jamaika die Verluste durch Ratten mit 100000 Pfund Sterling an. Im Mittel verlor jeder Pflanzer ein Fünftel seines Ertrages.

Also holten sich die Jamaikaner 1872 aus Indien den Mungo, einen bekannten Schlangen- und Rattengegner. In *Rudyard Kiplings* »Dschungelbuch« ist der Mungo als Rikki-Tikki-Tavi angesehen bei Mensch und Tier, da er die giftigen Kobras tötet. Der Erfolg war auch nicht zu leugnen, die Mungos vermehrten sich und dezimierten die Ratten bis auf Restbestände. Die Pflanzer empfahlen das Tier auch anderen Inseln: Puerto Rico, Kuba, Haiti. Die Mungos verhielten sich auch dort wie erwartet. Aber dann wurden die Ratten knapp, und die Mungos fraßen nun Hühner, kleine Säuger, Vögel, Amphibien und Reptilien. Heute gilt der Mungo auf Westindien mit Ausnahme jener wenigen Inseln, auf denen Giftschlangen leben, als Schädling.

Innerhalb begrenzter Flächen, also auf Inseln, sind Tierarten stets besonders gefährdet. Auf den Hawaii-Inseln etwa sind mehr Vogelarten vom Aussterben bedroht als in den gesamten kontinentalen Vereinigten Staaten.

Auf die Seychellen wurden Ratten und Mäuse eingeschleppt. Sie machten sich sogleich über die Eier der einheimischen Vögel her. Bisher starben zwei Vogelarten aus. Nun ist die Indische Hauskrähe auf den Inseln aufgetaucht. Sie erbeutet und vertreibt die einheimischen Vögel, frißt aber auch gern Eidechsen und Geckos. Die gefährliche Krähe breitet sich inzwischen mit schweren Folgen über den ganzen Indischen Ozean aus. An den Küsten Afrikas und Malaysias wurde sie bereits heimisch.

Das alles geht trotz mancherlei Vorsichtsmaßnahmen immer so weiter und trägt wie die Vernichtung der Wälder und die reichliche Verwendung von Dünger und Pestiziden in der Landwirtschaft zur schnellen Verarmung unserer Welt bei.

Die Lage

Die Gefährdung und Ausrottung der biologischen Arten ist die schwerwiegendste aller gegenwärtigen schädlichen Eingriffe in die Natur, da sie nie mehr rückgängig gemacht werden kann. Wurde eine Pflanzen- oder Tierart erst einmal ausgerottet, bleibt sie für immer von der Erde verschwunden. Bemühungen, die andauernde Vernichtung der Arten aufzuhalten, gibt es sowohl örtlich als auch weltweit. 1973 wurde das Washingtoner Artenschutzabkommen abgeschlossen. Es verbietet den Handel mit Pflanzen- und Tierarten, die vom Aussterben bedroht sind. Das Abkommen verlangt für gefährdete Arten Ausfuhrgenehmigungen des Exportstaates. Zu diesen Arten gehören alle Menschenaffen, alle Nashornarten, Jaguare, Tiger, alle Meeresschildkröten, einige Papageienarten, der asiatische und seit 1990 auch der afrikanische Elefant sowie zahlreiche Kakteen. Im Jahre 1990 konnte ein weltweites Handelsverbot für Wildkatzenfelle, darunter Ozelot und Tiger, vereinbart werden.
Weiter aber wird illegal gejagt, weil die Stoßzähne der Elefanten zu Schmuck verarbeitet werden, den dann vorzugsweise weiße Touristen irgendwo auf der Welt kaufen, weil gemahlenes Horn von Nashörnern in asiatischen Ländern als durchaus zweifelhaftes Aphrodisiakum geschätzt wird und weil jemand in der Ersten Welt gerne ein Tigerfell besäße. Weiter blüht überall der Handel mit geschützten, weil selten gewordenen lebenden Tieren, vor allem Vögeln, aber auch Amphibien. Unzählige Tiere sterben an den Strapazen des Transports; was am Leben bleibt, wird mit Gewinn verkauft. Im Jahr 1983 verbot die Europäische Gemeinschaft die Einfuhr von Fellen junger Robben. Daraufhin jagten die Norweger ausgewachsene Tiere. Neben norwegischen stellen auch russische Jäger den Robben nach.
Ausrottung oder Bedrohung einer Art innerhalb eines natürlichen ökologischen Systems hat oft unerwartete Folgen. In Bangladesh

werden jährlich 250 Millionen Frösche gefangen und für Feinschmecker in andere Länder exportiert. Die Frösche fehlen aber als natürliche Feinde der Insekten, und das ließ die Malaria-Erkrankungen ansteigen. Was das arme Bangladesh durch den Export von Fröschen an Devisen erzielt, muß es nun verstärkt für die Schädlingsbekämpfung ausgeben. Die Feinschmecker im Westen aber erhalten ihre Frösche, und die chemische Industrie im Westen kann ihre Produkte verkaufen.

	Säugetiere			Vögel		
	bek. Arten	be- droht	abneh- nehmend	bek. Arten	be- droht	abneh- nehmend
Kanada	94	6	5	434	10	8
USA[1]	466	35	X	1090	69	X
Japan	186	4	A	632	35	A
Australien	320	43	X	700	23	X
Neuseeland	68	14	21	282	16	46
Deutschland[2,3]	94	44	A	455	98	A
Italien	97	13	35	419	60	X
Niederlande	60	29	28	257	85	52
Spanien[4]	100	53	34	389	142	122
Schweden	63	11	X	250	34	X
Türkei	31	11	11	217	36	81
Großbritannien[5]	51	12	X	200	24	X

Gefährdete Säugetiere und Vögel in verschiedenen Ländern Anfang der achtziger Jahre

A = mehrere Arten
X = nicht verfügbar
[1] einschließlich Pazifik und Inseln der Karibik
[2] zu *bedroht* zählen auch ausgestorbene und verschwundene Arten
[3] zu den *bekannten Vogelarten* zählen auch gelegentliche Besucher
[4] Spanische Halbinsel und Balearen
[5] nur auf dem Land lebende Säugetiere

Quelle: OECD, Paris, 1985 (nach World Resources Institute)

In vielen Ländern werden immer noch Jahr für Jahr Zugvögel getötet, um angeblichen Feinschmeckern einen winzigen Leckerbissen

bieten zu können. Während also in Deutschland Vögel wie der Pirol streng geschützt sind, gehen sie in anderen Ländern den Jägern in die Netze. Das müßte innerhalb der EU nicht geduldet werden, für europäische Politiker ist das aber kein wichtiges Thema. Die Italiener sind besonders eifrig beim Fang der Vögel, aber auch Franzosen, Belgier, Spanier und Nordafrikaner sind daran beteiligt. Deutsche Tierschützer schätzen, daß in Belgien, Frankreich und Italien jährlich rund 400 Millionen Zugvögel gefangen werden. Im Oktober 1993 wurde gemeldet, der Belgische Staatsrat habe den Vogelfang im Königreich durch eine Verfügung vorläufig verboten.
Dennoch ist die Hauptursache für das gegenwärtige Artensterben nicht mehr die direkte Verfolgung, sondern die Vernichtung der Lebensräume von Tieren und Pflanzen. Die Gründe hierfür sind vielfältig:

- das Roden der Wälder;
- das Trockenlegen von Feuchtgebieten, wie Moore und Flußauen, um sie danach landwirtschaftlich zu nutzen;
- die Verschmutzung der Gewässer;
- die intensive Düngung und der massive Einsatz von Pflanzenschutzmitteln in der Landwirtschaft;
- die Zerstückelung von Landschaften durch Verkehrswege;
- Landwirtschaft ist heute vor allem Anbau von Monokulturen. Eine kostengünstige Bearbeitung verlangt große Flächen. Daher werden Hecken und Büsche beseitigt und Bäche begradigt.

Deutschland

In Deutschland als dichtbesiedeltem Industrieland sind zahlreiche Pflanzen- und Tierarten bedroht. Die Landschaft wird immer eintöniger und lebloser. Die Älteren erinnern sich noch der selten gewordenen Kornfelder mit bunten Mohn- und Kornblumen. Die Landwirtschaft ist der größte Verursacher des Artensterbens. Feuchtgebiete wurden beseitigt, um noch mehr Äcker und Wiesen für die Produktion landwirtschaftlicher Überschüsse zu gewinnen. Im Jahre 1958 gab es in Deutschland noch 5 000 Brutpaare des Weißstorches, heute sind es noch 3 200 Paare, davon die weitaus meisten auf dem

Gebiet der ehemaligen DDR. Neben der Trockenlegung der Feuchtgebiete sind die Gifte der Pflanzenschutzmittel Grund für diesen Rückgang des größten einheimischen Vogels.
Die Deutschen bemühen sich trotz intensiver und subventionierter Landwirtschaft sowie wachsender Industrie, das Artensterben aufzuhalten. Die sogenannte Rote Liste der gefährdeten Tiere und Pflanzen, in der damaligen Bundesrepublik erstmalig 1971 erstellt, umfaßt etwa 17 000 Tier- und mehrere tausend Pflanzenarten. In der zuletzt 1988 vorgelegten Liste gefährdeter Farn- und Blütenpflanzen wurde von 2 728 Arten etwa ein Drittel als gefährdet beurteilt. Bis 10 Prozent der Arten sind schon ausgestorben oder verschollen, darunter 12 Vogelarten. Jedes Jahr verschwindet in Deutschland weiterhin durchschnittlich eine Pflanzen- und Tierart.
Zahlreiche Schutzmaßnahmen wurden ergriffen. Die Großtrappe ist mit 18 bis 20 Kilogramm der schwerste flugfähige Vogel Europas. Die letzten Bestände von 200 Tieren in ganz Mitteleuropa leben in Brandenburg, Sachsen und Sachsen-Anhalt. Um die Art zu retten, wurden in Brandenburg eigens Trappenschutzgebiete eingerichtet. In Schleswig-Holstein und Bayern werden die letzten Fischadler- und Wanderfalkenhorste von Vogelfreunden rund um die Uhr bewacht, um zu verhindern, daß die Eier gestohlen werden. Der Biber konnte vereinzelt wieder angesiedelt werden, nachdem er in Deutschland bereits ausgestorben war. Sämtliche Fledermausarten sind geschützt, ebenso der Fischotter. Die Zahl der geschützten Areale ist groß, die Flächen hingegen sind, mit Ausnahme zweier Schutzgebiete, dem Ostufer der Müritz und dem Wattenmeer, jeweils klein. Die Gefahr für die Natur liegt aber auch darin, daß Schutzgebiete zu Sehenswürdigkeiten werden, die dann die Menschen anziehen, um dort die selten gewordene Natur zu erleben. ▬

Weltproblem Wasser

Zuviel und zuwenig Wasser

Im Dezember 1876 verstopfte Schlamm, den der Brahmaputra reichlich aus dem Himalaya mitbrachte, an vielen Stellen den Flußlauf und ließ das Wasser mit ungewöhnlicher Schnelligkeit steigen. In Assam kamen in den Wasserfluten 200 000 Menschen ums Leben.
Immer wieder werden die Staaten Nordost-Brasiliens von Dürre und Hunger heimgesucht. Mit Ausnahme eines schmalen Küstenstreifens ist das Land wegen der unregelmäßigen Niederschläge trocken. Oft fällt der Regen innerhalb eines Jahresdrittels, während in den anderen zwei Dritteln Trockenheit herrscht. Dann wieder führt ein Übermaß an Niederschlägen zu starken Überschwemmungen.
Nach einem Monat der Wolkenbrüche trat im September 1887 der Hwangho in China über die Deiche und überschwemmte eine Fläche von 22 000 Quadratkilometern der fruchtbaren, dichtbesiedelten Ebene. Bei Kaifeng erzwang sich der Strom über eine Länge von 800 Kilometern ein neues Flußbett. Die Zahl der Opfer dieser beispiellosen Naturkatastrophe wurde niemals ermittelt, Schätzungen nennen eine bis sechs Millionen. Das Hwangho-Becken ist die Kornkammer Chinas, aber der Fluß ist unberechenbar. Jahre mit wenig Wasser wechseln sich mit katastrophalen Hochwassern ab. Die Dürrejahre von 1876 bis 1899 forderten 13 Millionen Menschenleben.
In den Jahren 1914/15 verdursteten auf den australischen Weiden 18 Millionen Schafe und 3 Millionen Rinder. Von 1944 bis 1946 verendeten 25 Millionen Schafe.
Von Januar bis April 1927 fielen an Mississippi, Missouri und Ohio überreiche Niederschläge. Der Mississippi stieg sechs Meter über die

mittlere Hochwassermarke, die Deiche gaben nach und brachten den Vereinigten Staaten das längste und zerstörendste Hochwasser ihrer Geschichte. Die Katastrophe wurde möglicherweise noch durch jene im Juli/August 1993 übertroffen, als Mississippi und Missouri nach andauernden Regenfällen Zehntausende Quadratkilometer Land überschwemmten.

Von 1933 bis 1937 wurde der mittlere Westen der USA – die *Great Plains* – von der *Dust Bowl,* der schlimmsten und ausdauerndsten Dürreperiode in der Geschichte des Landes heimgesucht. Die Dürre war begleitet von Bodenzerstörungen durch Windverwehungen. Mehrere Ernten fielen aus, die Viehbestände gingen dramatisch zurück. Die verarmten Farmer verließen das Land. Auch 1992 wurden die USA von einer Dürre heimgesucht, die viele kleine Farmer ruinierte. Die USA, normalerweise bedeutender Getreideexporteur, mußten Getreide einführen. Im gleichen Jahr erlebte Südafrika eine Jahrhundertdürre.

In der Nacht vom 3. zum 4. November 1966 ging in der Toskana ein schwerer Dauerregen nieder. Am nächsten Morgen erlebten die Bürger von Florenz, wie der Arno durch die Straßen der berühmten Hauptstadt der Toskana floß. Die Schäden an den schönen Renaissancebauten, an den Skulpturen, Fresken und Gemälden sowie an den alten Büchern ehrwürdiger Bibliotheken waren unermeßlich.

Im Sommer 1974 brachte der Monsun für Bangladesh ein verheerendes Hochwasser. Allein das Gebiet von Rangpur am Brahmaputra meldete 50 000 Tote. Geschätzte 80 bis 90 Prozent der Reisernte des Landes wurde vernichtet oder beeinträchtigt. Die Regierung sprach von einem Defizit von 2,3 Millionen Tonnen. Im Jahr 1988 standen erneut zwei Drittel des Landes unter Wasser. Im Juli 1993 verwüstete Hochwasser Nepal, Bangladesh und Nordostindien.

Im September 1992 verursachten schwere Regenfälle in Pakistan die schlimmste Hochwasserkatastrophe in der Geschichte des Landes. Über 1 000 Menschen ertranken in den Fluten. Die Getreideverluste lagen zwischen 15 und 30 Prozent der Ernte. Rund 70 Prozent der Baumwollernte, des bedeutendsten Exportartikels des Landes, wurden vernichtet.

Hochwasser, Dürre, Hochwasser – diese Liste könnte immer weiter fortgeführt werden. Hier zuviel, dort zuwenig Wasser. Aber auch heute zuviel und morgen zuwenig Wasser. Es ist ein Teufelskreis, den der Mensch durch Raubbau an Feld und Wald mitverschuldet hat. Ein Ausweg muß dennoch gefunden werden, damit immer mehr Nahrungsmittel für immer mehr Menschen erzeugt werden können. Diesen Ausweg sehen die Menschen seit jeher in der Bewässerung und in …

Talsperren

Die Bedeutung der Talsperren als Hochwasserschutz und Wasserspeicher war schon von den alten Bewässerungskulturen erkannt worden. Mit primitivsten Hilfsmitteln errichteten Sklavenheere gewaltige Erddämme. Im mittelalterlichen Europa wurden Erddämme aufgeschüttet, um die Wasserkraft zum Antrieb von Mühlen und Hammerwerken zu nutzen, oder einfach, um Fischteiche anzulegen. Vereinzelt wurden auch Staudämme errichtet, um eine gleichbleibende Wasserführung für die Flößerei zu sichern. Als der Wasserbedarf im Zuge der industriellen Revolution in der zweiten Hälfte des 19. Jahrhunderts stark anstieg, baute Europa Talsperren. Mit der weiteren Industrialisierung und einem stark gestiegenen Wasser- und Energieverbrauch hat der Talsperrenbau in der ganzen Welt einen außerordentlichen Aufschwung genommen.

Talsperren sind heute fast immer Mehrzweckanlagen. Insgesamt können folgende Verwendungsmöglichkeiten angegeben werden:

- Hochwasserschutz.
- Speicher, um Trinkwasser für die Menschen und Brauchwasser für die Industrie zu gewinnen.
- Sicherung der Flußschiffahrt. In Trockenzeiten erhält der Fluß einen Zuschuß aus der Talsperre, um eine Mindesttiefe zu gewährleisten.
- Stauseen als Erholungsgebiete.
- Durch Sicherung einer Mindestwassermenge kann die Verschmutzung der Flüsse verringert werden.
- Viele Talsperren werden vorrangig für die Energieerzeugung gebaut. Zwar sind die Investitionskosten im Schnitt höher als für ein Wärme- oder Kernkraftwerk, dafür sind dann die Betriebskosten erheblich niedriger. Und: Wasserkraftwerke sind umweltfreundlich!

– Stauseen als Speicher für die Bewässerung landwirtschaftlicher Flächen.

Kaum eine Talsperre wird alle, fast immer aber werden sie mehrere Funktionen zu erfüllen haben.

Mit fortschreitender Technik wurden die Staudämme immer höher, die Stauräume und Stauflächen immer größer. In unserem Jahrhundert wurden verstärkt und bevorzugt in den Ländern der Zweiten und Dritten Welt oft gigantische Stauwerke errichtet, die heute zumindest umstritten sind. Denn neben dem unzweifelhaften Nutzen führten sie zu vielfältigen, nicht vorhergesehenen Schäden. Daher würden viele Projekte der letzten Jahrzehnte heute anders, und das heißt kleiner, ausgeführt werden. Insbesondere würden sich jene Menschen, die aus dem Gebiet des künftigen Stausees umgesiedelt werden müssen, mit größerer Aussicht auf Erfolg dagegen wehren. Dennoch sind gewaltige Staudämme mit riesigen Stauseen an großen Strömen weiterhin im Bau und geplant – auch gegen die Proteste der Betroffenen.

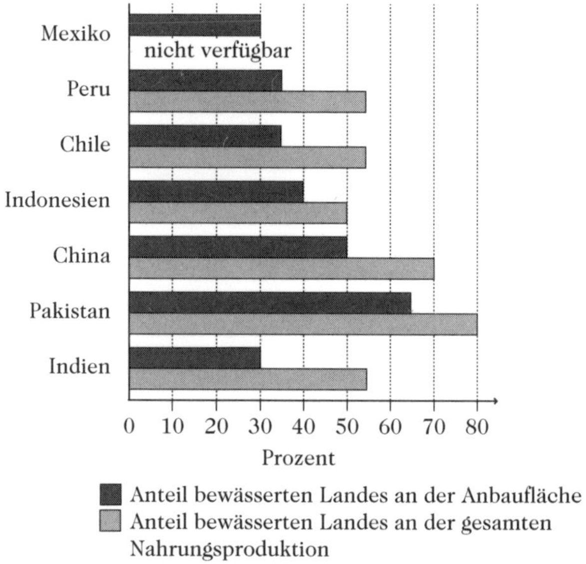

Bewässerte Fläche und ihr Anteil an der Nahrungsproduktion

Quelle: W. R. Rangeley, Irrigation and Drainage in the World (Conference on Water Policy in World Food Supplies, Texas A&M University, 1985 [in World Resources Institute])

Katastrophen an Talsperren sind selten. Ereignen sie sich aber doch, fordern sie oft zahlreiche Menschenleben. Als 1911 der Austin-Damm am Colorado, Texas, brach, kamen 80 Menschen ums Leben. Der Bruch des Dammes von Johnstown in Pennsylvania/USA 1889 forderte 2200 Tote. Als am 2. Dezember 1959 die Bogenstaumauer von Malpasset/Südfrankreich zerbarst, wurde die unterhalb gelegene Stadt Fréjus verwüstet; über 400 Menschen fanden den Tod. Die 262 Meter hohe Vaiont-Bogenstaumauer in den italienischen Alpen war 1960 zur Stromerzeugung erbaut worden. Die Mauer staute mehrere Flüsse in einem Nebental der Piave. Im Sommer 1963 ließen schwere Regengüsse in den Bergen den Wasserspiegel ansteigen. Am 9. Oktober abends lösten sich 200 Meter über der Talsperre am Monte Toc gewaltige Felsmassen und stürzten in den Stausee. Der Staudamm hielt zwar stand, aber eine todbringende Flutwelle schwappte über die Mauer in das Tal hinunter. Die Stadt Longarone wurde von der Schlammflut zerstört, anschließend noch ein Dutzend Dörfer im dichtbesiedelten Piavetal. Die Flut forderte 1900 Menschenleben. In der heutigen und zukünftigen Welt mit ihren zahllosen Konflikten können terroristische Anschläge auf Staudämme nicht ausgeschlossen werden.

Bewässerung

Jahrtausende der Menschheitsgeschichte hindurch war Bewässerung Voraussetzung für das Leben der Menschen und die Entwicklung ihrer Kulturen in vielen Gebieten der Erde. Die Geschichte Mesopotamiens ist eng mit Euphrat und Tigris, jene Chinas mit dem Hwangho verknüpft. Herodot nannte Ägypten ein Geschenk des Nils. Bewässerung ist auch in unserer Zeit die Grundlage für die Landwirtschaft vieler Völker. Längst aber wissen wir, daß Wasser und Bewässerung sehr ernste Probleme schaffen können.
Die bewässerten Flächen haben in unserer Zeit überall auf der Erde zugenommen. Diese Entwicklung ist zum einen die zwangsläufige Folge einer ständig wachsenden Bevölkerung und höherer Lebensansprüche, zum anderen ist sie durch die gestiegenen technischen Möglichkeiten bedingt. Bewässerung, gesichert durch das Speichervermögen von Talsperren, garantiert stabile und reiche Ern-

ten. Im Durchschnitt bringen bewässerte Flächen doppelt so viele landwirtschaftliche Erzeugnisse hervor wie unbewässerte Felder. Asien war und bleibt der Erdteil mit der größten bewässerten Fläche. Hier wiederum hält China die Spitze. Ein klassisches Bewässerungsland ist ebenfalls Vietnam. Sehr hoch ist der Anteil bewässerter Flächen auch auf Taiwan.

Indien wurde in seiner Geschichte häufig von Dürre und Hunger betroffen. Statistiken zeigen, daß das große und volkreiche Land im vergangenen Jahrhundert im Durchschnitt alle 12 Jahre eine entsetzliche Hungersnot durchmachte. Während der großen Hungerkatastrophe von 1887 starben vier Millionen Menschen. Alle fünf Jahre kam der Hunger in eine einzelne Provinz. In den Jahren 1943/44 traf es Bengalen so schwer, daß es in Kalkutta nicht mehr gelang, die Verhungerten von den Straßen wegzuschaffen. Die ständige Verbesserung und Ausweitung der Bewässerungssysteme zur Bekämpfung des Hungers ist für Indien eine vordringliche Aufgabe. Gleiches gilt für Pakistan und Bangladesh.

Die Vereinigten Staaten können für sich in Anspruch nehmen, das bestverwaltete Bewässerungssystem der Erde zu besitzen. Sie stützen sich dabei auf Stauseen. Auch die ehemalige Sowjetunion hat ihre bewässerten Flächen schnell ausgedehnt. Das riesige Land hält in Europa die Spitze, gefolgt von Italien. Spanien hat seine bewässerten Flächen ebenfalls schnell vergrößert. In Südamerika steht Brasilien an erster Stelle. In Afrika ist es Ägypten, das seine bewässerten Flächen durch den gewaltigen Assuan-Stausee erheblich vermehrte.

Dort aber, wo bewässert wird, ist die Versalzung ein wesentliches Problem. Selbst gutes Flußwasser enthält immer noch 200 bis 500 Milligramm Salz pro Liter. Bei einer Bewässerungsanlage mit 10 000 Kubikmetern bleiben nach der Verdunstung immerhin zwei bis fünf Tonnen Salz zurück. Nach 10 bis 20 Jahren Bewässerung ist der Boden versalzt. Um das zu verhindern, müßte eine Drainage durchgeführt, das Salz also herausgewaschen und über Röhren fortgeleitet werden. Aber das kostet Geld und treibt die Preise der landwirtschaftlichen Erzeugnisse in die Höhe. Außerdem fehlt den armen Ländern das Geld für solche Maßnahmen.

Einstmals gepriesene Bewässerungsprojekte haben längst ihre Schwierigkeiten mit dem Salz. Kalifornien ist ein Land der Wüsten und schneebedeckten Gebirge. Zwischen der Sierra Nevada und den Küstengebieten liegt in einer Länge von 650 Kilometern und einer Breite von 60 bis 85 Kilometern das Große Kalifornische Längstal (Central Valley of California). Hier entstand mit Hilfe von Bewässerung eines der hervorragendsten landwirtschaftlichen Zentren der USA – ein wahrer Garten Eden. Auf den Feldern wachsen in aller Welt begehrte Früchte: Zitrus, Pfirsiche, Aprikosen, Trauben, Äpfel, Erdbeeren, Tomaten, Spargel. Aber die Farmer bemerken Anzeichen von Versalzung. Insgesamt sollen in den USA schon über 20 Prozent der bewässerten Flächen von Versalzung bedroht sein.

Ist das Oberflächenwasser knapp, muß Grundwasser genutzt werden. Das gilt besonders für Nordafrika und Saudi-Arabien. Aber auch in anderen Teilen der Welt, sehr stark beispielsweise in Nordamerika, wird Grundwasser auf die Felder gepumpt. Die Vorräte reichen vielerorts längst nicht mehr aus, um den Verbrauch zu decken. In den USA werden über 40000 Quadratkilometer Land mit Grundwasser versorgt, das nicht so rasch nachfließen kann, wie es abgepumpt wird. Im Westen der USA ist der Grundwasserspiegel schon so sehr gesunken, daß der Wassermangel die Landwirtschaft ernsthaft bedroht. In Nordchina fällt der Grundwasserspiegel jährlich um einen bis vier Meter. Im tamilischen Bundesstaat Nadu in Indien ist der Grundwasserspiegel seit den dreißiger Jahren um 25 Meter abgesunken.

Auch Israel nutzt reichlich Grundwasser. Fast 40 Prozent davon stammen aus Vorräten der besetzten Westbank. Im israelischen Küstenbereich dringt Salzwasser in die überbeanspruchten unterirdischen Speicher ein. Zusätzlich wird das Wasser durch die Nitrate der Dünger in der hochintensiven israelischen Landwirtschaft verunreinigt.

Überall auf der Welt gibt es Probleme mit dem Wasser. Aber die Zahl der Menschen, die Nahrung benötigen, wächst weiter. Wird es künftig, im Nahen Osten und in Afrika, Kriege um fruchtbare Böden und um Wasser geben? Israel, der Libanon und Jordanien müssen sich das knappe Wasser des Jordan teilen. Die durch intensive Bewässerung sehr erfolgreiche israelische Landwirtschaft hat die Wasserreserven des Landes überfordert. Das Grundwasser sinkt ab. Die großen Ströme, deren Wasser intensiv genutzt wird, fließen durch mehrere Länder. Ägypten braucht wie der Sudan das Nilwasser. Die

am Oberlauf eines Stromes gelegenen Länder sind allemal in einer günstigeren Lage. Syrien und der Irak mißtrauen dem Euphrat-Projekt der Türkei. Oberhalb des Atatürk-Dammes stauen bereits der Karakaya- und der Keban-Damm den Euphrat. Unterhalb des Atatürk-Dammes aber strömt der Euphrat durch Syrien und den Irak. Der Irak braucht das Wasser von Euphrat und Tigris. Nach den schlechten Erfahrungen des Golfkriegs will das Land die Erzeugung von Nahrungsmitteln erhöhen. Syrien hängt fast vollständig vom Wasser des Euphrat ab. Es wird sicher einmal ein regenarmes Jahr in den Bergen geben. Wie wird das Euphratwasser dann verteilt? Syrien und der Irak sind jedenfalls sehr besorgt. Sie fürchten, dereinst von der Türkei mit Wasser, das sie nicht erreicht und sie doch dringend benötigen, erpreßt zu werden.
Schwere Fehler wurden in den Ländern der ehemaligen Sowjetunion gemacht. Am 1. Februar 1989 faßte das *Staatliche Plankomitee* der UdSSR den Beschluß, den Bau des Kanals von der Wolga in die Kalmückensteppe hinein einzustellen. Das Projekt sei wissenschaftliche nicht ausreichend begründet, unrentabel und ökologisch bedenklich, wurde gesagt. Tatsächlich hatten mutige Wissenschaftler schon in den siebziger Jahren ihre Bedenken vorgebracht, die Verwirklichung des Projektes wurde dennoch begonnen. Der Kanal beginnt bei Astrachan und sollte über 350 Kilometer bis in die Gegend von Stavropol verlaufen, um so die westlich der unteren Wolgamündung gelegene Steppe zu bewässern. Nur 30 Kilometer wurden fertiggestellt. Die negativen Folgen könnten den Zugewinn an

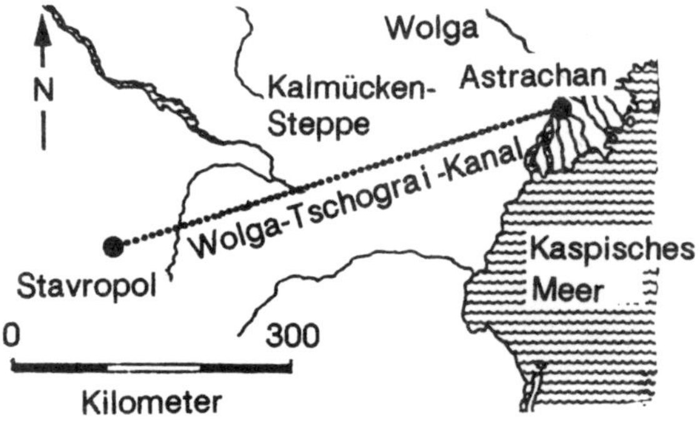

Aufgegeben: Kanal von der Wolga in die Kalmückensteppe

Quelle: H.-H. Vogt, Naturwissenschaftliche Rundschau 11/89

landwirtschaftlicher Fläche durchaus übertreffen. Die Gefahr besteht in einer Versalzung der Kalmückensteppe. Zudem könnte das Kaspische Meer durch den verringerten Zufluß der Wolga austrocknen. Die Verschmutzung der Wolga nahm bei abnehmendem Wasser bereits zu. Der Fischbestand ging zurück. Während 1910 noch 27 000 Tonnen Stör, Lieferant des Kaviars, gefangen wurden, sind es heute noch 4 000 bis 6 000 Tonnen. In der Kalmückensteppe soll nun das Grundwasser stärker genutzt werden.
Ursprünglich war der Kanal nur Teil eines viel umfassenderen, geradezu gigantischen Projekts, nämlich der Umleitung sibirischer Ströme in den trockenen Süden. Davon ist die einstige Sowjetregierung aber wieder abgekommen.

Der Aralsee

Zu welchen Schäden eine falsche Bewässerungstechnik führen kann, zeigt sich erschreckend deutlich am Aralsee. Durch die mittelasiatischen Wüsten Karakum und Kysylkum fließen die etwa 2 500 Kilometer langen Flüsse Amudarja und Syrdarja. Beide Flüsse münden in den abflußlosen Aralsee. Dieser gehört zu je etwa der Hälfte zu Usbekistan und Kasachstan. Im Jahr 1960 hatte der See eine Fläche von 69 500 Quadratkilometern und ein Wasservolumen von 1 040 Kubikkilometern.
Amudarja und Syrdarja wird viel Wasser für die Bewässerung entnommen. Reichlich unterstützt durch Dünger, werden Baumwolle und Reis angebaut. In vorsowjetischer Zeit um 1900 wurden 28 000 Quadratkilometer Fläche bewässert. Ab den sechziger Jahren wur-

Der Aralsee trocknet aus

Quelle: Naturwissenschaftliche Rundschau 10/1988

den die bewässerten Flächen wesentlich ausgedehnt. Im Jahre 1980 waren es 60 000 und 1993 schon 75 000 Quadratkilometer.
Die Sowjets begannen 1954 sogar damit, bei Kerki einen Kanal zu bauen, durch den das Wasser des Amudarja in die westlich gelegene Wüste Karakum geleitet werden sollte. Der Kanal erreichte 1962 die Oasenstadt Aschchabad. Er hatte damit eine Länge von 790 Kilometern und war bis zu fünf Meter tief und 80 Meter breit. Der Kanal wurde dann in Richtung der Erdölfelder östlich des Kaspischen Meeres weitergebaut. Er soll bisher eine Länge von fast 1400 Kilometern erreicht haben. Allerdings ist es inzwischen recht still um dieses Projekt geworden.
Denn erneut hatte sich gezeigt, wie notwendig das genaue Studium möglicher negativer Folgen bei der Verwirklichung wasserwirtschaftlicher Projekte ist. Amudarja und Syrdarja war zuviel Wasser entnommen worden. Ohne ausreichenden Zufluß aber verschwindet der Aralsee. Bis 1960 lieferten die Flüsse jährlich 55 Kubikkilometer Wasser, seit Ende der achtziger Jahre sind es nur noch fünf Kubikkilometer. Die einstige Wasserfläche des Aralsees ging bis 1992 auf 33 000 Quadratkilometer oder 47 Prozent der ursprünglichen Fläche zurück. Das Wasservolumen verringerte sich auf 231 Kubikkilometer oder 22 Prozent des ursprünglichen Volumens. Die Wassertiefe von maximal 68 Metern fiel um 16 Meter. Der Salzgehalt von ursprünglich fünf Gramm pro Liter Wasser versechsfachte sich auf 30 Gramm. Weite Teile der Deltas liegen nun trocken. Wo in früheren Zeiten Schilf wuchs, haben sich Trockenpflanzen angesiedelt. Im Jahr 1987 zerfiel der See in einen kleineren nördlichen und einen größeren südlichen Teil. Beide Teile waren zunächst durch einen Kanal verbunden. Dieser wurde 1992 geschlossen, so daß der nördliche Teil nun allein das Wasser des Syrdarja erhält. Das soll die Lage in diesem Teil bessern.
Die Fischereiindustrie am Aralsee beschäftigte einstmals 60 000 Menschen. Im Jahr 1950 wurden 44 000 Tonnen Fisch gefangen, 1980 waren es nur noch 16 000 Tonnen – und 1992 überhaupt nichts mehr! Die ehemals 20 Fischarten im See sind verschwunden. Die Fischverarbeitungsbetriebe liegen heute ebenso wie die einstigen Fischerdörfer und Häfen weit im Landesinneren. Über Jahre hinweg versuchten die Fischer, dem Wasser hinterherzulaufen, indem sie Kanäle gruben, auf denen ihre Schiffe das Wasser des Aralsees noch

erreichten. Das wurde längst aufgegeben, da es im See keine Fische mehr gibt. Um Arbeitsplätze zu erhalten, wird Fisch vom Kaspischen Meer oder der Ostsee herangefahren – eine völlig unwirtschaftliche Art der Fischverarbeitung. Fast 100 Schiffe liegen auf Sand, wo früher Seegrund war. Die Zahl der Tierarten ging zurück. Von den einstmals 319 Vogelarten in den Deltas nisten nur noch 170.
In alten Zeiten wirkte die große Wasserfläche bei Klimaschwankungen ausgleichend. Im Sommer nahm der See Wärme auf, im Winter gab er sie wieder ab. Das hat nachgelassen. Schwere Stürme tragen Sand und Salz vom Seeboden ins Land hinein und schädigen so die Pflanzen auf den Feldern und Weiden in einem Gebiet von 200 000 Quadratkilometern.
Am Aralsee lebt das Volk der Karakalpaken. Etwa 70 Prozent von ihnen hat das wüste Land schon verlassen. Krankheiten wie Kehlkopfkrebs, Nieren- und Leberschäden und die Cholera breiten sich aus. Ursachen sind der hohe Salzgehalt der Luft und die Verunreinigung des Trinkwassers durch den an den Oberläufen der Flüsse reichlich verwendeten Dünger, die Herbizide und Pestizide. Kinder werden mit schweren körperlichen und geistigen Schäden geboren. Die Austrocknung des Aralsees kam für die sowjetischen Behörden nicht überraschend; sie war vorhergesehen worden. Die Funktionäre hatten gemeint, auf den Aralsee verzichten zu können. Nicht vorhergesehen hatten sie die Folgen der Austrocknung. Um der schweren Umweltkatastrophe Einhalt zu gebieten, müßte die Wasserentnahme aus den Zuflüssen Amudarja und Syrdarja erheblich verringert werden. Das sahen schon die Kommunisten ein und beschlossen 1988 einen Plan, wonach dem See künftig eine steigende Mindestmenge Wasser garantiert werden soll. Die Anbauflächen sollten wesentlich verringert werden, denn längst gibt es durch das Versalzen des Bodens auch Probleme auf den bewässerten Flächen entlang der Flüsse. Das gesparte Wasser könnte dann dem Aralsee zugute kommen und bevorzugt auf die am besten für Bewässerung geeigneten Flächen geleitet werden.
Nach dem Zerfall der Sowjetunion wird es jedoch schwer sein, solche Pläne zu verwirklichen. Der stete Rückgang des Sees wird vorerst nicht verhindert werden können. Für das Jahr 2000 werden 18 500 Quadratkilometer Fläche und 102 Kubikkilometer Volumen erwartet, insgesamt ein Rückgang auf 27 Prozent der Fläche und 10

Prozent des Volumens. Dann muß mit etwa 70 Gramm Salz im Liter Wasser gerechnet werden.

Der Nil

Der Strom war für Ägypten stets segensreich, aber auch immer unberechenbar. Jahrtausendelang hatten geringe Abweichungen vom mittleren Hochwasser schlimme Folgen für die im Stromtal gelegenen Städte und Dörfer.
Ägypten hat eine Fläche von einer Million Quadratkilometern und ist damit fast dreimal so groß wie Deutschland. 99 Prozent der Bevölkerung aber wohnen seit jeher auf nur 5 Prozent der Fläche in einem engen Schlauch entlang des Nils. Dabei kommt es gegenwärtig schon zu Bevölkerungsdichten bis 1600 Menschen pro Quadratkilometer, das sind siebenmal so viele wie im dichtbesiedelten Deutschland. Nur 40000 Quadratkilometer, das sind 4 Prozent der Gesamtfläche, konnten in der Vergangenheit landwirtschaftlich genutzt werden, da es sonst an Wasser fehlte.
Von 1960 bis 1971 wurde der 3830 Meter lange und 110 Meter hohe Erddamm von Assuan errichtet. Weltberühmte altägyptische Kulturdenkmäler, die im See versunken wären, wurden unter großem Aufwand zerlegt und an trockener Stelle wieder zusammengebaut. Hierzu gehört der berühmte Tempel von Abu Simbel aus der Zeit Ramses' II. (1290–1224 v. Chr.). Gegen ihren Willen mußten 120000 Nubier aus dem Niltal umgesiedelt werden.
Der neuentstandene Nasser-See – so benannt nach dem damaligen Staatspräsidenten – ist fast 600 Kilometer lang und zieht sich damit weit in den Sudan hinein. Die Wasseroberfläche beträgt 5500 Quadratkilometer, das Zehnfache des Bodensees. Der Speicherraum faßt 169 Kubikkilometer, von denen 30 Kubikkilometer für die Ablagerung des Nilschlamms vorgesehen wurden. Um diese Mengen aufzufüllen, sollten fast 300 Jahre vergehen. Das Kraftwerk war für eine Leistung von 2100 Megawatt ausgelegt worden, doppelt soviel, wie vorher das ganze Land erzeugte.
Der neue Stausee bewahrt das Land zwar vor Überschwemmungen und Hungerzeiten, manches aber kam anders als geplant oder wurde bei der verbreiteten Euphorie nicht gesehen. Da der fruchtbare

Nilschlamm im Stausee zurückgehalten wird, verschlechterte sich die Bodenqualität. Künstlicher Dünger muß im Ausland gekauft oder mit hohem Energieaufwand im Inland hergestellt werden. Die Neulandgewinnung blieb weit hinter den Erwartungen zurück, denn die Kosten hierfür sind außerordentlich hoch.
Der Boden versalzt. Bei der großen Hitze unter der ägyptischen Sonne verdunstet das Wasser schnell, und das gelöste Salz bleibt zurück. Früher, bei der Bewässerung durch Überschwemmung, wurde es regelmäßig wieder ausgewaschen. Nun schadet das Salz den Pflanzen. Das reichlich vorhandene Wasser verleitet die Bauern zur Verschwendung, was wiederum zur Versumpfung des Bodens führt. Versumpfung und Versalzung könnten durch Drainage, also die Entwässerung des Bodens durch ein Netz von Kanälen aus Tonröhren und vielen Pumpen, vermieden werden. Die Regierung bemüht sich auch, aber die Aufgabe ist riesig und das Geld knapp. Das nunmehr ständig vorhandene Wasser in den Kanälen und auf den Feldern begünstigt Krankheiten wie Malaria und Bilharziose.
Zufrieden sind die Fischer am Stausee, denn der Schlamm brachte Nährstoffe für Kleinstlebewesen mit. Der jährliche Ertrag an Fischen dürfte bei 25 000 Tonnen liegen. Dafür ging der Fischfang unterhalb des Damms infolge des Kunstdüngers und der chemischen Schädlingsbekämpfung im Wasser zurück. Die Stromerzeugung bleibt offensichtlich hinter dem geplanten Ziel zurück.
Bei seinem gewaltigen Bevölkerungswachstum müßte Ägypten schon längst den nächsten großen Staudamm bauen, aber das Wasser selbst des gewaltigen Nils ist begrenzt, und es gibt keinen anderen Strom.

Die Wolga

Die Herrscher der ehemaligen Sowjetunion hatten eine Vorliebe für bombastische Staudämme und riesige Stauseen. In der hier wiedergegebenen Liste der größten Stauseen der Erde tritt die UdSSR zehnmal, die USA dagegen nicht ein einziges Mal auf. Die meisten Riesen liegen in Sibirien, an der Angara allein vier Stück. Sie sollten bevorzugt der Energieerzeugung für gewaltige Industrien dienen, die zur Zeit des Kommunismus errichtet wurden. Aber auch

die wirtschaftliche Erschließung Sibiriens hat den Menschen in der Sowjetunion nicht den jahrzehntelang versprochenen Überfluß gebracht.
Einer der am meisten gequälten Ströme der Welt ist die Wolga. Die Wolga-Kaskade wurde unter Stalin verwirklicht, und wer hätte es gewagt, dem großen Diktator zu widersprechen? Vielleicht wußte man es damals auch nicht besser. Im Jahre 1937 wurde an der oberen Wolga das erste Wasserkraftwerk in Betrieb genommen. Danach entstanden an diesem gewaltigen Strom und seinem Nebenfluß Kama ein Staudamm und Kraftwerk nach dem anderen, insgesamt zehn Stück. Die Wolga verschwand als Strom und wurde zu einer Kette von Stauseen. Wie viele Dörfer im Wasser untergingen, ist schwer zu erfahren, das Rybinsker Meer allein überflutete 1941 497 Dörfer und sieben Städte. Der Stausee ist 4550 Quadratkilometer groß; das ist die achtfache Größe des Bodensees.
Die Kraftwerke erzeugen zwar viel Strom, bei Beachtung der unter Wasser gesetzten Flächen aber ist es wenig. Bei Kuibyschew werden 2300 Megawatt Leistung erreicht, aber dafür mußten 6450 Quadratkilometer Land überflutet werden, insgesamt sind es fast 30000 Quadratkilometer. Durch die Landschaft bedingt, sind die Stauseen flach und erstrecken sich bei weniger als 2 Metern Tiefe über Tausende Quadratkilometer. Die Seen versumpfen, unterhalb der Dämme aber sank der Grundwasserspiegel, die Wiesen trocknen aus.

Das falsche Konzept

Inzwischen wurden in den Ländern der Dritten Welt Staudämme für rund 100 große bis gigantische Stauseen fertiggestellt. Großzügig waren dafür von der Weltbank Kredite gewährt worden. Diese Zeit scheint nun vorbei zu sein. Zunehmend wird gefragt, ob die negativen Folgen die positiven Auswirkungen nicht übertreffen. Damit wird nicht der Bau von Staudämmen überhaupt in Frage gestellt. Die ehrgeizigen Pläne aber, mit der durch Wasserkraft erzeugten Elektroenergie gewaltige Industrieanlagen anzutreiben und auf diese Weise Wohlstand zu erreichen, sind überall in der Dritten Welt gescheitert. Zwar wurde Energie erzeugt, es fehlten dann aber die Leitungen zur Verteilung. Zwar wurden Industrien aufgebaut, sie ar-

beiten aber unwirtschaftlich. Zwar wurde Wasser für die Felder bereitgestellt, auf dem Grund der Stauseen aber ging oft fruchtbarer Boden verloren. Die Menschen, die ihre Heimat wegen des Baus von Staudämmen verlassen müssen, wehren sich zunehmend dagegen.
Der *Volta-Staudamm* bei Akosombo in Ghana gehört zu den ältesten Anlagen. Mit 8 730 Quadratkilometern hat der Stausee die größte Fläche aller künstlichen Seen der Welt. Das Ufer ist 7 200 Kilometer lang. Der Damm gehört zu den einstigen Prestigeobjekten der Dritten Welt. Mit seiner Hilfe sollte wirtschaftlicher Fortschritt in dem nun vom Kolonialismus befreiten Kontinent erreicht werden. Das Land verfügt über reiche Bauxitvorkommen, die erschlossen werden sollten, um mit dem billigen Strom des Kraftwerkes Aluminium zu erzeugen. Die Pläne sahen neue Eisenbahnstrecken und in der Nähe der Hauptstadt Accra einen Tiefseehafen vor. Die politische Führung unter dem damaligen Präsidenten Kwame Nkrumah glaubte, die städtischen Haushalte kurzfristig, die ländlichen Bezirke nach und nach an das Stromnetz anschließen zu können. Das Wasser sollte zur Bewässerung landwirtschaftlicher Flächen genutzt werden.
Allzuviel davon wurde nicht verwirklicht. Die Aluminiumindustrie ist unbedeutend, denn die eigenen Bauxitvorkommen sind zu wenig erschlossen. Der zu verarbeitende Bauxit wird aus Jamaica importiert. Die Elektrifizierung ist kaum vorangekommen.
Aus dem Areal des Stausees mußten 77 400 Personen umgesiedelt werden. Dazu wurden 52 Ortschaften an den Ufern des Sees gegründet. Für die Bauern sollten 400 Quadratkilometer Land bereitgestellt werden, was allerdings nicht annähernd verwirklicht wurde. Viele Menschen verließen die neuen Wohnorte wieder. Die bereitgestellten Traktoren waren bald defekt und wurden nicht repariert. Wie bei anderen Stauseen auch, verbreiteten sich Krankheiten: In Ghana sind es die Bilharziose und die sogenannte Flußblindheit (Onchocerciasis). Es gibt auch Vermutungen, denen zufolge der See, der immerhin 6 Prozent der gesamten Landesfläche umfaßt, das örtliche Klima beeinflußt. Die Ghanesen glauben, es würde weniger regnen. Ein solcher Zusammenhang ist allerdings bisher nicht bewiesen.
Eine Verbesserung der Lage der Bevölkerung im Uferbereich wäre durchaus denkbar, es wurden aber noch kaum Bewässerungsanla-

gen gebaut. Im Stausee werden jährlich 40 000 Tonnen Fisch gefangen; es fehlt jedoch an Kühlhäusern und Kühlfahrzeugen, um den wertvollen Eiweißträger vermarkten zu können.
Dergleichen negative Berichte werden von überall her aus den Entwicklungsländern gemeldet.
Etwa 5 Kilometer lang und 60 Meter hoch, riegelt der *Assad-Damm* in der Nähe der syrischen Stadt Raqqa den Euphrat ab. Ziel des Stausees, der etwa so groß ist wie der Bodensee, sollte es sein, Überschwemmungen zu vermeiden, Wasser für die Landwirtschaft bereitzustellen und Elektroenergie zu erzeugen. Und in der Tat, über zahlreiche Kanäle wird heute das Wasser auf 6 400 Quadratkilometer Land gebracht, wo Weizen, Gerste und Baumwolle angebaut werden. Mit den 800 Megawatt Elektroenergie wird der Norden Syriens versorgt. Aber die künstliche Bewässerung hat auch hier zur Versalzung des Bodens geführt, vor allem an den Enden der Bewässerungskanäle.

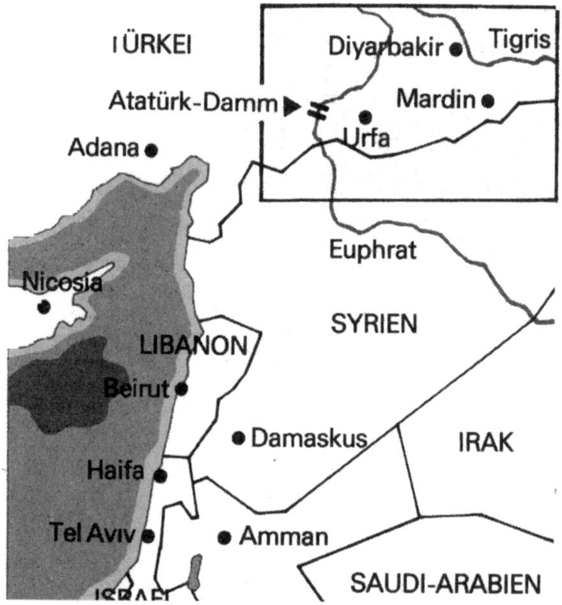

Lage des Atatürk-Dammes in Anatolien

Quelle: P. Rost

Südlich der Stadt Urfa im türkischen Südostanatolien liegt die heiße und trockene Harran-Ebene. Sie zählt zu den ärmsten Regionen der Türkei. Hier fällt den ganzen Sommer hindurch kein Regen, dafür können die Temperaturen 50 °C erreichen. Das Land bringt nur dürren Trockenweizen hervor. Das soll nun anders werden, denn 50 Kilometer nordwestlich von Urfa wird der Euphrat durch den Atatürk-Damm aufgestaut. Der Damm wurde 1988 fertiggestellt. Seitdem wird am Kraftwerk und seinen Zuleitungen gebaut. Insgesamt sollen 3000 Quadratkilometer fruchtbares, aber trockenes Land bewässert werden, eine Fläche, die größer als das Saarland ist. Dabei ist der Atatürk-Damm nur Teil des viel größeren *Südostanatolischen Projekts.* Bis weit in das nächste Jahrhundert hinein sollen ein Dutzend weiterer kleinerer Dämme und Tunnels entlang des Euphrat, des Tigris und deren Zuflüsse gebaut werden, um insgesamt 18000 Quadratkilometer Land bewässern zu können.

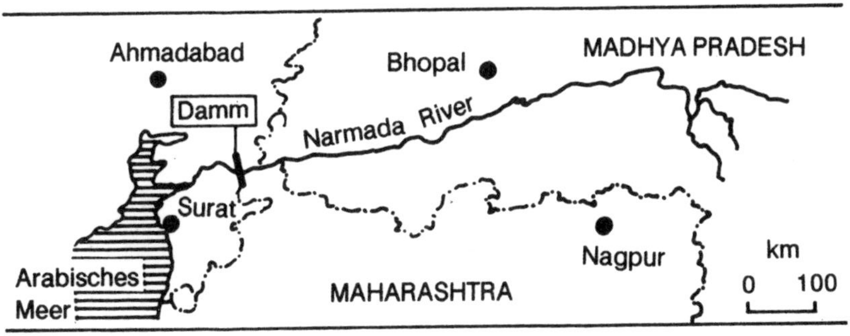

Der Sardar-Sarovar-Damm am Narmada in Indien

Quelle: H.-H. Vogt, Naturwissenschaftliche Rundschau 2/90

In dem Gebiet leben Kurden; die Türkei hofft, mit diesem Projekt zur Beruhigung der unruhigen Kurdenregion beizutragen. Ob dieses gigantische Projekt jemals verwirklicht wird, ist ebenso unsicher, wie die ökologischen Schäden einzuschätzen sind, die sich daraus ergeben könnten. Ein anderes Problem aber könnte alle gutgemeinten Pläne zunichte machen: das starke Bevölkerungswachstum. In jener Gegend sind sieben Kinder pro Familie der Durchschnitt.

Name	Land	Fluß	Fertigstellg.	Inhalt in km^3	Fläche in km^2
Owen Falls*	Uganda	Victoriasee/Nil	1954	270	–
Kakhowskaja	UdSSR	Dnjepr	1955	182	–
Kariba	Simbabwe, Sambia	Sambesi	1959	180	5200
Bratsk	UdSSR	Angara	1963	169	5470
Assuan	Ägypten	Nil	1968	169	5900
Akosombo	Ghana	Volta	1965	148	8730
Daniel Johnson	Kanada	Manicougan	1969	142	1942
Guri	Venezuela	Caroni	1986	138	–
Krasnojarsk	UdSSR	Jenissei	1967	73	2130
W. A. C. Bennett	Kanada	Peace	1967	70	–
Zejskoje	UdSSR	Zeja	1978	68	2740
Cabora Bassa	Mozambique	Sambesi	1974	63	–
La Grande 2	Kanada	La Grande	1978	62	–
La Grande 3	Kanada	La Grande	1981	60	–
Ust-Ulim	UdSSR	Angara	1977	59	1873
Boguchany	UdSSR	Angara	1989	58	–
Kuibyschew	UdSSR	Wolga	1955	58	6450
Caniapiscau	Kanada	Caniapiscau	1981	54	–
Buchtarma	UdSSR	Irtysch	1960	50	5490
Atatürk	Türkei	Euphrat	1990	49	1065
Irkutsk	UdSSR	Angara	1956	46	–
Tucurui	Brasilien	Tocantins	1984	46	2430
Untere Kama	UdSSR	Kama	1987	45	–
Viljui	UdSSR	Viljui	1967	36	–
Sanmen	China	Hwangho	1960	35	2350

Die größten Stauseen der Erde

* Der größte Teil des Stausees ist der natürliche Victoriasee.
Der Damm fügte 270 km^3 hinzu.

Quelle: T. W. Mermel, Dams & Hydro Plants, Water Power Handbook 1991, ergänzt

Indien will sein bisher größtes Bewässerungsprojekt im Tal des Narmada verwirklichen. Während der nächsten 50 Jahre sollen 30 große, 135 mittlere und rund 3000 kleinere Dämme gebaut, elektrische Energie erzeugt und 50000 Quadratkilometer Land bewässert werden. Als Gesamtkosten werden 26 Milliarden DM angegeben. Die Weltbank genehmigte 1985 zunächst einmal 450 Millionen Dollar. Damit wurde der *Sardar-Sarovar-Damm* begonnen. Er soll den Fluß um das Jahr 2000 über 200 Kilometer weit aufstauen und 5,8 Kubikkilometer Wasser speichern. Aber 350 Quadratkilometer Felder und Wälder und der Siedlungsraum von über 100000 Menschen versinken dadurch in den Fluten. Die Wälder werden bereits abgeholzt. Insgesamt müßten durch das Riesenprojekt 500 Dörfer mit dem Siedlungsraum von einer Million Menschen aufgegeben werden. Das führt seither zu nationalen und internationalen Protesten. Die Menschen wollen ihre Heimat am Ufer des Stroms nicht verlassen. Andere, die bereits umgesiedelt wurden, kehren in ihre Dörfer zurück. Für ihr Land, das sie aufgeben mußten, hatten sie Geld, aber kein anderes Land erhalten.
Die Behörden treiben das Projekt trotzdem voran. Es gab Zusammenstöße zwischen Demonstranten und der Polizei. Die Weltbank verweigerte den Indern daraufhin 1993 das zunächst zugesagte Geld, gefolgt von anderen westlichen Ländern, darunter Deutschland. Die indische Regierung mußte eine erneute Prüfung des Projekts zusagen. Da gerade in Indien bereits mehrmals Staudämme begonnen, aber niemals fertiggestellt wurden, hoffen viele Staudammgegner, daß sich das Problem von allein erledigt.
Brasilien erbaute am Paraná an der Grenze zu Paraguay den gewaltigen, 195 Meter hohen und 6,4 Kilometer langen Damm von Itaipú. Der Stausee faßt 29 Kubikkilometer Wasser. Die Turbinen haben eine Leistung von 12600 Megawatt, damit ist das Kraftwerk das größte der Welt. Damals wurden 40000 Menschen, vorwiegend Kleinbauern, aus dem 1400 Quadratkilometer großen Gebiet des künftigen Stausees umgesiedelt. Dadurch wurde die Lebenslage der Betroffenen kaum verbessert, ihr Schicksal 1974 aber um eines übergeordneten Zieles willen doch weitgehend hingenommen. Inzwischen sind die Menschen überall in der Welt viel kritischer geworden.
Im Sommer 1993 wurden in China die Arbeiten am Bau eines gewaltigen Staudamms am *Jangtsekiang* begonnen. Der Damm wird

an einer berühmten Schlucht errichtet, wo die Talwände 500 Meter über die Wasseroberfläche hoch aufsteigen. Der Damm wird fast 2 Kilometer lang werden, und der Stausee wird sich über 560 Kilometer hinziehen. Die Kosten werden auf 50 Milliarden DM geschätzt. Die Talsperre soll das Land vor den immer wieder auftretenden Überschwemmungen schützen. Immerhin leben unterhalb des künftigen Stausees 300 Millionen Menschen, was beinahe ein Viertel der chinesischen Bevölkerung ausmacht. Die Wasserkraftwerke sollen elektrische Energie erzeugen. Insgesamt müssen 1,2 Millionen Menschen umgesiedelt werden. Von Einwänden gegen das gewaltige Projekt ist aus dem kommunistisch regierten Land nichts zu hören. ▬

Die modernen Risiken

Der Treibhauseffekt

Die Atmosphäre besteht zu über 99,9 Prozent aus Stickstoff, Sauerstoff und den Edelgasen. Hierzu kommt eine Reihe anderer Gase in sehr geringer Konzentration, daher *Spurengase* genannt. Es sind dies das Kohlendioxid, die Fluorchlorkohlenwasserstoffe oder FCKWs, das Methan, das Ozon und das Distickoxid oder Lachgas. Trotz ihrer sehr geringen Menge bestimmen die Spurengase ganz wesentlich die Temperatur der Luft.

Der Boden und die Luft nahe dem Boden werden von den einfallenden Sonnenstrahlen erwärmt. Dieser Bereich gibt danach seinerseits eine Wärmestrahlung ab. Bestünde die Atmosphäre nur aus Stickstoff und Sauerstoff, würde diese Strahlung schnell wieder in den Weltraum gelangen. Nahe dem Erdboden herrschte dann eine mittlere Temperatur von – 18 °C. Die Spurengase nehmen aber einen Teil der von der Erde zurückgeworfenen Wärmestrahlen vorübergehend auf und verzögern so deren Abstrahlung in den Weltraum. Die Temperatur in den unteren Luftschichten erhöht sich dadurch um 33 Grad auf einen Mittelwert von 15 °C. Das nennt man den Treibhauseffekt.

Nimmt der Anteil der Spurengase in der Luft zu, wird sich die mittlere Temperatur durch Verstärkung des Treibhauseffekts erhöhen, was künftig auch erwartet wird.

Kohlendioxid ist das wichtigste aller Spurengase. Seit 1958 wird sein Gehalt in der Luft gemessen. Dieser stieg seither bis 1990 von 0,031 Prozent auf 0,035 Prozent an. Die Ursachen liegen im andauernd wachsenden Energieverbrauch der Erdbewohner. Bestritten wird

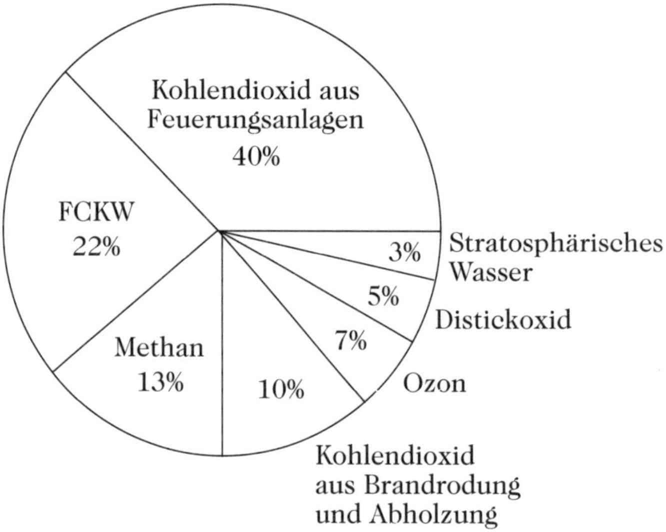

Anteil der anthropogenen Spurengase am Treibhauseffekt

Quelle: Enquete-Kommission des 11. Deutschen Bundestages 1990 (in IZE; Strom BASISWISSEN)

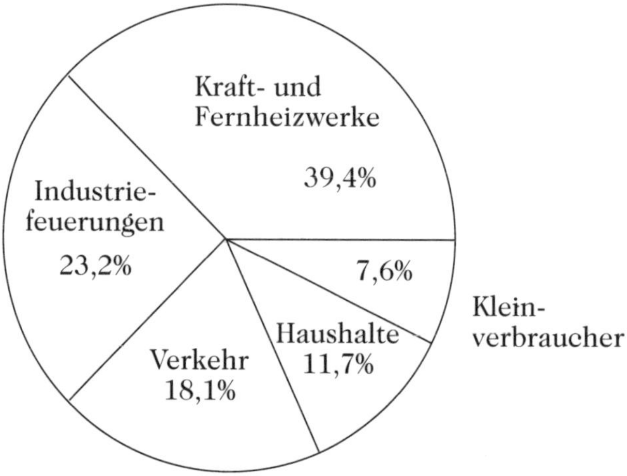

Verursacher der energiebedingten Kohlendioxid-Emissionen, Deutschland 1989

Quelle: Umweltbundesamt 1991 (in IZE; Strom BASISWISSEN)

dieser im wesentlichen durch das Verfeuern der fossilen Brennstoffe Kohle, Erdöl und Erdgas. Benzin wird ebenfalls aus Erdöl gewonnen und anschließend in den Autos verbrannt. Hinzu kommen die weltweiten Brandrodungen der Wälder, bei denen ebenfalls Kohlendioxid entsteht. Die Wälder nehmen aber auch wie alle Pflanzen Kohlendioxid aus der Luft auf und geben Sauerstoff ab. Nach der Vernichtung der Wälder fehlen sie zur Sauerstofferzeugung innerhalb des überkommenen Naturhaushalts. Die Ursachen für den Treibhauseffekt liegen also in unserer Zivilisation.

Um Ergebnisse über die Auswirkungen eines vermehrten Gehaltes an Kohlendioxid und anderer Spurengase in der Atmosphäre zu gewinnen, bedarf es komplizierter Klimamodelle. Darunter versteht man die mathematische Nachbildung sämtlicher Abläufe in der Atmosphäre der Erde. In diese Modelle gehen ein: die Zusammensetzung der Luft, die vielfältigen Wechselbeziehungen zwischen den Ozeanen, dem Eis, der Vegetation und der Atmosphäre, der Einfluß der Bewölkung auf den Wärmefluß zwischen Erdoberfläche und Atmosphäre und viele andere Größen. Von erheblicher Bedeutung ist der Kohlendioxidfluß zwischen der Atmosphäre und dem Meer. Kohlendioxid löst sich in kaltem Wasser besser als in warmem Wasser. Bei zunehmender Erwärmung verringert sich somit die Aufnahmefähigkeit der Meere für das Gas. Die Ozeane geben also Kohlendioxid an die Atmosphäre ab, wodurch die vom Menschen indizierte Erwärmung der Atmosphäre noch weiter verstärkt wird.

Verschiedene Wissenschaftler kommen zu unterschiedlichen Ergebnissen. Ein Ergebnis aber ist im wesentlichen gleich: Bis zur Mitte des nächsten Jahrhunderts wird sich der Kohlendioxidgehalt der Luft etwa verdoppeln, und das müßte zu einer Erwärmung der Atmosphäre führen. Die genauen Vorhersagen über das Ausmaß dieser Erwärmung unterscheiden sich erwartungsgemäß. Das Internationale Komitee für Klimaveränderungen (IPCC, Intergovernmental Panel for Climate Change), das im Auftrag der UNO arbeitet, nannte 1990 2 bis 5°C bis zum Jahre 2100.

Die Meinungen über die Ursachen für diese Erwärmung sind allerdings nicht einheitlich. Manche Klimaforscher glauben, der Kreislauf des Kohlendioxids zwischen Atmosphäre, Ozeanen und Vegetation sei natürlichen Schwankungen unterworfen, denen gegenüber der menschliche Eintrag von rund 20 Milliarden Tonnen im Jahr durch Verbrennung vernachlässigbar klein wäre. Der Mensch könne daher auch nicht durch Verfeuern fossiler Brennstoffe eine Klimakatastrophe verursachen. Diese Meinung scheint gegenwärtig aber nur von einer Minderheit vertreten zu werden.

Die Klimakatastrophe

Eine Erwärmung der Atmosphäre um mehrere Grad hätte eine erhebliche Veränderung der gegenwärtigen Klimazonen zur Folge. Der Nadelwaldgürtel würde sich als Ganzes nach Norden schieben, die Tropen würden nachrücken. Eine Verringerung der Niederschläge bei gleichzeitiger Erhöhung der Lufttemperatur würde die Landwirtschaft in wichtigen Anbaugebieten schwer schädigen, die Wasserführung der Flüsse würde sich ändern. Da die Flüsse in vielen Teilen der Welt zur Bewässerung genutzt werden und die Talsperren für eine bestimmte Wasserführung ausgelegt wurden, wären die derzeitigen Anlagen für die neue – vergrößerte oder verringerte – Wasserführung nicht mehr optimal. Die Flüsse des amerikanischen Südwestens beispielsweise werden fast vollständig für die Bewässerung genutzt. Eine Verringerung der Wasserführung würde in der Landwirtschaft dieser Region zu Wassermangel führen. Zur Zeit ist es aber noch sehr schwierig, das Schicksal einzelner Bereiche der Erde vorherzusagen. Wird es in Griechenland trockener oder feuchter werden? Was geschähe beiderseits des Äquators? Neben Verlierern sollte es auch Gewinner geben. Zur Zeit vermag aber niemand zu sagen, wo diese möglichen Gewinner wohnen. Wenn etwa gesagt wird, die Kornkammern des amerikanischen mittleren Westens und der Ukraine würden austrocknen, während andere Gebiete im Norden fruchtbar würden, so ist das vorerst reine Spekulation.
Gefahr geht von den Eismassen an den Polen aus. Die Wissenschaftler glauben, daß die Temperatur an den Polen stärker ansteigen wird als am Äquator. Würde alles Eis auf der Erde schmelzen, stiege der Meeresspiegel um über 80 Meter an – eine Schreckensvision. Das wird allerdings nicht geschehen. Der Eispanzer auf Grönland ist zwei, der der Antarktis drei Kilometer dick. Selbst bei verhältnismäßig hohen Temperaturen würde es Jahrtausende dauern, bis solche Mengen schmelzen. Aber wenn auch nur wenig Eis

schmilzt, reicht dies aus, um den Wasserspiegel der Ozeane schon um 30 bis 100 Zentimeter ansteigen zu lassen, ein Wertebereich, den das IPCC für 2100 erwartet. Der Mittelwert brächte Küstenbereiche bereits in die Gefahr einer Überflutung. Mit großer Sorge müßten jene Länder der Zukunft entgegensehen, deren Flächen ganz oder teilweise unterhalb des Meeresspiegels liegen wie etwa in den Niederlanden. In die großen Flußdeltas würde salziges Meerwasser eindringen und wertvolle landwirtschaftliche Flächen vernichten. Im Mississippi-Delta wird mit mindestens 5000 Quadratkilometern Verlust um 2050 gerechnet. Die dichtbevölkerten Inseln in vielen Mündungsgebieten großer Flüsse wie des Ganges würden überflutet werden.

Wahrscheinlich würde nur selten bedrohtes Land aufgegeben werden. Wo immer es geht, werden die Menschen gewaltige Deiche bauen, um dahinter weiterzuleben und zu arbeiten. Das Katastrophenpotential durch Hochwasser würde dadurch allerdings erheblich vergrößert, sind doch auch terroristische Anschläge auf Deiche nicht auszuschließen.

Es gibt aber auch dichtbevölkerte Gebiete auf der Erde, wo Deiche gegen die drohende Überflutung nicht helfen werden. Im Nil- oder Gangesdelta beispielsweise ist das Land zu zerrissen, als daß es durch Deiche vor einer Überflutung geschützt werden könnte. Die Menschen müßten dann umgesiedelt werden. Wohin aber sollten sie auf der übervölkerten Erde gehen? Die Flüchtlingsströme dürften wohl zu einem der schlimmsten Dauerprobleme der Erde werden.

Innerhalb der letzten 100 Jahre soll der Meeresspiegel infolge einer Erwärmung der Luft um 1 °C um insgesamt 20 Zentimeter angestiegen sein. Nach ersten, noch unsicheren Meßergebnissen steigt der Meeresspiegel gegenwärtig um zwei Millimeter pro Jahr an. Auch die Natur scheint Hinweise auf eine globale Temperaturerhöhung zu geben. So gehen die Gletscher in den Alpen seit 100 Jahren zurück. Gleiches gilt für die Eisflächen in der Arktis, nicht hingegen für jene in der Antarktis. In den arktischen Gebieten Kanadas und Alaskas tauen die Dauerfrostböden immer tiefer auf.

Die achtziger Jahre waren die bisher wärmste Dekade unseres Jahrhunderts. Auch die fünf heißesten Jahre dieses Jahrhunderts lagen ausnahmslos in den achtziger Jahren. Der Sommer 1988 brachte Nordamerika den trockensten Sommer, seit dort europäische Auswanderer siedeln. Der Mississippi war über weite Strecken nicht mehr schiffbar, in den Städten wurde das Wasser knapp, und auf den Feldern verdorrte die Ernte. In den Vereinigten Staaten sank die Getreideproduktion um 31, in Kanada um 27 Prozent. Für die USA war dies das erste Mal in ihrer Geschichte, daß die Inlandsproduktion an Getreide nicht ausreichte, die Bevölkerung zu versorgen. Im Frühjahr 1990 rasten mehrere schwere Stürme über Europa hinweg, die gerade in Deutschland erhebliche Schäden an den Wäldern verursachten. Nordamerika und die Karibik wurden in den letzten Jahren von schwersten Hurrikans heimgesucht. Sind das schon Anzeichen zunehmender Erwärmung oder nur ganz natürliche Schwankungen?

Nach hypothetischen Überlegungen müßte bei einem Anstieg der Temperatur der Luft auch die Wassertemperatur steigen. Damit würde der Wasserdampfgehalt der Luft über den tropischen Meeren zunehmen, was mehr Wirbelstürme zur Folge hätte. Zumindest sollten diese Stürme sich weiter nach Norden verlagern und somit noch einmal neue Bedingungen für die Menschen in ihren angestammten Lebensräumen schaffen. Vorerst aber sind die Stürme im statistischen Mittel weder schwerer noch zahlreicher als in früheren Zeiten.

Auswege

Zur Zeit kann es schon nicht mehr darum gehen, die Klimaänderung zu verhindern, ihr Fortschreiten kann nur noch verlangsamt werden. Dafür müßte sehr schnell der Verbrauch an fossilen Brennstoffen erheblich verringert, die Abholzung der Wälder beendet und ein umfassendes Wiederaufforstungsprogramm begonnen werden. Es wird aber kaum gelingen, solche Forderungen durchzusetzen. Einigkeit ist ja nicht einmal innerhalb der Europäischen Union zu erzielen. Die armen Länder der Dritten Welt haben einen großen Nachholbedarf an Industrialisierung, den sie nur durch die Verbrennung von Kohle, Öl und Erdgas zur Energieerzeugung verwirklichen können. Arm sind aber auch die ehemals kommunistischen Staaten Europas. Die hochindustrialisierten westlichen Länder können kaum verlangen, daß die armen Länder zur Vermeidung der Klimakatastrophe auf ihre Industrialisierung verzichten. China beispielsweise erzeugt seine benötigte Energie zu drei Vierteln aus Kohle. Gegenwärtig werden in den USA 20 bis 25 Tonnen Kohlendioxid pro Bürger und Jahr erzeugt. Das macht zusammen ein Viertel des Ausstoßes auf der ganzen Erde aus. In Westeuropa sind es 11 und in der Dritten Welt 0,7 Tonnen. Die Industriestaaten waren bisher nicht bereit, ihren hohen Kohlendioxidausstoß in nennenswerter Weise herabzusetzen, denn das würde ihren gegenwärtigen Lebensstandard drücken. Im März 1992 versicherte Präsident Bush den Amerikanern, er denke gar nicht daran, in den USA den Ausstoß von Kohlendioxid zu senken, denn ihm gehe es vor allem darum, Arbeitsplätze zu sichern. Andererseits trifft die Forderung der Industriestaaten, die Vernichtung der Regenwälder zu beenden, fast nur die armen Länder der Dritten Welt.

Der Wunsch nach einer stärkeren Nutzung der Kernenergie kann in dem Zusammenhang nicht ausbleiben, wird doch bei dieser Art Energieerzeugung kein Kohlendioxid gebildet. Die Kernenergie kommt insgesamt auf fünf Prozent der Weltenergieerzeugung. Wie gefährlich sie sein kann, hat die Katastrophe von Tschernobyl gezeigt. Außerdem fällt radioaktiver Müll an, dessen Entsorgung Probleme bereitet. Die Nutzung sogenannter erneuerbarer Energien wäre zweifellos eine umweltschonende Alternative. Aber obwohl die Wasserkraft schon stark genutzt wird, liefert sie dennoch insgesamt nur sechs Prozent der weltweit erzeugten Energie. Bei Wind- und Sonnenenergie ist die Ausbeute zur Zeit und in einer überschaubaren Zukunft viel zu gering, als daß der gewaltige Energiebedarf der Industriestaaten dadurch auch nur annähernd gedeckt werden könnte. Die Nutzung der Erdwärme oder der Gezeiten ist zwar zu empfehlen, sie reicht aber bei weitem nicht aus, um Kohle und Öl überflüssig zu machen. Viel würde eine verbesserte Energieausnutzung bringen. Da das aber wiederum Geld kostet, haben die Industriestaaten auch hier ihre Probleme. Welche Regierung würde die Energie hoch besteuern, wenn nicht auch die Regierungen der anderen Industriestaaten ein Gleiches täten? Ansonsten käme es doch zu *Wettbewerbsverzerrungen.*

In manchen Ländern wird sehr verschwenderisch mit Energie umgegangen. Der Lebensstandard in Deutschland ist nicht niedriger als in den USA, trotzdem verbraucht ein Amerikaner fast die doppelte

Energiemenge wie ein Deutscher. Um Energie zu sparen, müßte aber auch in das gegenwärtige System der Weltwirtschaft eingegriffen werden. Ist es denn wirklich notwendig, Blumen, Obst und Gemüse mit Flugzeugen in alle Welt zu transportieren?

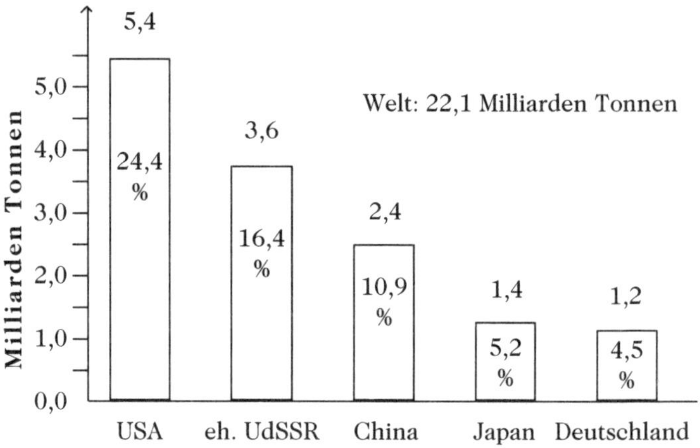

Die größten Kohlendioxid-Emittenten der Welt 1990

Quelle: Bundesministerium für Wirtschaft, Kernforschungsanlage Jülich (in IZE; Strom-DISKUSSION)

Eine wesentliche Verringerung der Produktion von FCKWs wird schon in den nächsten Jahren erreicht werden, da hier internationale Absprachen bereits bestehen. Den Methangehalt der Luft zu verringern dürfte aber kaum gelingen.

Dioxin

Am 10. Juli 1976 gegen Mittag verpuffte in Seveso nördlich von Mailand in einer Fabrik bei der Herstellung eines Infektionsmittels ein Zwischenprodukt. Eine weiße Wolke legte sich über Seveso sowie über fünf weitere Gemeinden und drang in die Häuser ein. Damit begann eine der größten Katastrophen der neueren Industriegeschichte, denn diese weiße Wolke enthielt unter anderem Dioxin. Die Angaben über die Menge differierten erwartungsgemäß, je nachdem ob die Zahlen von der Herstellerfirma oder von Umweltschützern genannt wurden. Wir hörten also von Mengen zwischen 135 Gramm und zwei Kilogramm. Vier Tage nach dem Unfall starben Vögel, Hunde, Katzen, Schafe und Rinder. Kinder erkrankten an Chlorakne, Menschen mußten evakuiert, über 70000 Stück Vieh notgeschlachtet werden. Etwa 160000 Kubikmeter Erde wurden mit Baggern ausgehoben und verlagert. Die Bilder von der Katastrophe in Seveso gingen um die Welt. Bis heute darf eine Fläche von 87 Hektar nicht betreten werden.

Die Dioxine sind eine Gruppe von 75 chemischen Verbindungen auf der Grundlage des ringförmigen Benzol-Moleküls. Die im Benzol enthaltenen Wasserstoffatome werden dabei teilweise oder gänzlich durch Chlor, gelegentlich auch durch Brom, ersetzt. Dioxine mit Brom-Atomen wurden bisher aber noch wenig untersucht. Eng verwandt mit den Dioxinen ist eine Gruppe von 135 Verbindungen mit der Sammelbezeichnung Furane.

Manche der 210 Dioxine und Furane sind harmlos, andere wiederum höchst gefährlich. Eine Verbindung, die abgekürzt *TCDD* genannt wird, gilt als die giftigste aller Dioxin- und Furan-Verbindungen. Wenn von Dioxin gesprochen wird, ist daher oft diese Verbindung gemeint. Sie wird auch *Ultragift* genannt, da sie zweifellos zum Giftigsten gehört, was menschliche Tätigkeit jemals hervorbrachte. Als vermutete Folgen von TCDD-Einwirkung gelten Übelkeit, Kopfschmerzen, Sehstörungen, Zahnausfall, Leberentzündung, Krebs, Hautkrankheiten. Die Zahl der Mißgeburten nimmt offensichtlich zu. Dabei sind genaue Angaben über die Wirkung unterschiedlicher Mengen bisher nicht bekannt. Im Tierversuch bringen schon kleinste Mengen den Tod. Beim Menschen können solche Erkenntnisse nur schwer gewonnen werden, da keine Experimente durchgeführt werden können. Daher ist lediglich bekannt, daß bereits winzigste Mengen genügen, den Menschen zu schädigen, ein Millionstel oder auch nur ein Billionstel Gramm, in Zahlen 0,000001 oder 0,000000000001 Gramm.

Das Gift war schon lange vor Seveso vorhanden, es wurde nur nicht erkannt. Bereits um die Jahrhundertwende litten Arbeiter in chemischen Fabriken, in denen mit Chlor gearbeitet wurde, an einer häßlichen Hautkrankheit, die von den Ärzten Chlorakne genannt wurde. Gesicht, Hals, Brust, Bauch, Rücken und die angrenzenden

Glieder bedecken sich bei dieser Krankheit mit Knoten unterschiedlicher Größe bis zur Ausdehnung einer Walnuß. Dazu gesellen sich weitere Beschwerden wie Husten, Schlaflosigkeit, Schwindel und Gewichtsverlust. In den alten Fabriken verschwand die Krankheit mit den technischen Verbesserungen, kam aber wieder, sobald mit neuen Verfahren neue chlorhaltige Stoffe hergestellt wurden. Schließlich konnte das Gift 1956 als 2,3,7,8-Tetrachlordibenzodioxin erkannt und isoliert werden.

Im Vietnamkrieg setzten die Amerikaner von 1965 bis 1971 die Chemikalie *Agent Orange* zur Entlaubung des Dschungels ein. Sie enthielt Dioxin. Dem Gift waren aber nicht nur die Vietnamesen, sondern auch die amerikanischen Soldaten ausgesetzt. Fehlgeburten bei ihren Frauen und Mißbildungen bei den Kindern werden auf das Dioxin in jenem Entlaubungsmittel zurückgeführt. Eine unbekannte Zahl von Menschen, vor allem natürlich Vietnamesen, dürfte an den Folgen des Agent Orange gestorben sein. Allerdings ist nicht ganz sicher, daß gerade Dioxin der Verursacher war, da das Entlaubungsmittel auch andere Gifte enthielt.

Im US-Bundesstaat Missouri wurden in den siebziger Jahren Pferdearenen und Sandwege mit Altöl besprüht, um den Staub zu binden. Unter das Altöl waren Chemieabfälle gemischt worden, die auch Dioxin enthielten. Pferde und Vögel starben. Im Jahr 1983 mußten 2000 Einwohner des Ortes Time Beach daraufhin evakuiert werden.

In der deutschen Öffentlichkeit wurde Dioxin bekannt, als es 1984 auf mehreren Mülldeponien, in der Nähe von Müllverbrennungsanlagen und auf dem Gelände einer Chemiefabrik gefunden wurde. Seither macht das Gift immer wieder Schlagzeilen; so 1990, als es im Umfeld einer stillgelegten Metallhütte im badischen Rastatt entdeckt wurde.

Dioxin entsteht bei vielerlei Produktionsprozessen. Es kommt bei der Verbrennung von chlorhaltigen Kunststoffen aus den Schloten – allerdings könnten die Konzentrationen hier unterhalb einer gefährlichen Schwelle liegen, was bei viel Sorgfalt auch für die Verbrennung von Sondermüll gilt. Dioxin sickert aus Mülldeponien, auf denen die chemische Industrie einst ihre Abfälle entsorgte, ins Grundwasser. Dioxin ist fettlöslich und reichert sich so in Fleisch, Milch und Fisch an. Die Belastung des Menschen mit dem Gift

stammt daher überwiegend aus der Nahrung. Der Stoff kann heute in kleinsten Mengen fast überall nachgewiesen werden: im Straßenstaub, in Vogeleiern und im menschlichen Fettgewebe. Es sammelt sich auch in der menschlichen Muttermilch an.
Dioxin wird in der Natur durch Mikroorganismen und durch das Licht zersetzt. Das geschieht allerdings sehr langsam. Im Mittel dürfte das Gift mehrere Jahre erhalten bleiben.
Im Herbst 1993 ging die Meldung durch die Medien, 41 dioxinhaltige Fässer aus Seveso seien auf die deutsche Mülldeponie Schönberg entsorgt worden.

Methylisocyanat

Die Industriegeschichte kennt viele Unfälle mit zahlreichen Toten. Insbesondere Unglücke unter Tage forderten oft Hunderte von Opfern. In der jüngeren Geschichte ereigneten sich gerade in Entwicklungsländern sehr schwere Unfälle. Im Jahr 1984 explodierte in Mexiko-Stadt ein Gastank, wobei 452 Menschen getötet wurden. Im gleichen Jahr starben 500 Menschen in der mexikanischen Stadt Cubato bei der Explosion einer Pipeline. In der Nacht zum 3. Dezember 1984 aber ereignete sich in der zentralindischen Stadt *Bhopal* die größte Katastrophe der gesamten Industriegeschichte.
In einer Fabrik für die Herstellung von Insektenvertilgungsmitteln des amerikanisch-indischen Gemeinschaftsunternehmens *Union Carbide Corporation* war Wasser in einen Lagertank für das Zwischenprodukt *Methylisocyanat* gelaufen. Das Wasser bewirkte eine chemische Reaktion mit einem Anstieg von Druck und Temperatur. Dadurch verdampfte das äußerst giftige Methylisocyanat.
Die chemische Fabrik stand mitten in einem Wohngebiet. Es war Nacht, die Menschen hielten sich daher überwiegend in ihren Häusern auf. Die giftige Wolke trieb über ein besonders dicht besiedeltes Gebiet. Hunderte von Menschen starben sofort, andere erkrankten. Nach offiziellen indischen Angaben aus dem Jahr 1989 starben damals insgesamt 2660 Menschen, zwischen 30000 und 40000 Personen erkrankten zum Teil schwer. Nichtoffizielle Zahlen von 1990 sprechen von bis zu 4000 Toten und 600000 Verletzten.

Herz, Leber, Nieren und Gehirn wurden geschädigt, Tausende erblindeten.
Ohne Zweifel muß bei technischen Anlagen mit einem Restrisiko gelebt werden. Untersuchungen nach dem Unglück ergaben aber, daß sich die Anlage in einem schlechten Zustand befunden hatte. Notwendige Sicherheitsvorkehrungen waren außer acht gelassen worden, Lecks waren ein durchaus gewohnter Defekt; sie wurden mit der Nase aufgespürt. Daher könnten durchaus Fahrlässigkeiten und Sorglosigkeit zu der Katastrophe geführt haben. Vertreter von Union Carbide erklärten jedenfalls danach, daß ein ähnliches Unglück in anderen Fabriken des Konzerns unvorstellbar wäre. Deutsche Chemieunternehmen versicherten ebenfalls, daß ein solches Unglück sich in deutschen Anlagen nicht ereignen könne.
Die Fabrik in Bhopal wurde stillgelegt. Nach jahrelangen Prozessen in den USA und in Indien kam es 1989 zu einem Vergleich zwischen Union Carbide und dem indischen Staat. Union Carbide verpflichtete sich zu einer Zahlung von 470 Millionen Dollar Schadenersatz unter der Bedingung der Freistellung von weiteren Ansprüchen. Insgesamt waren nach dem Unglück von Opfern und deren Angehörigen 575 000 Anträge auf Entschädigung gestellt worden. Die indische Regierung erachtete zwei Drittel der Ansprüche für nicht gerechtfertigt.

Gefahr durch Quecksilber

Zwischen 1950 und 1960 leitete das japanische Chemieunternehmen Chisso AG, das Düngemittel und Kunststoffe herstellte, Abwässer mit Quecksilber in die Bucht bei dem Fischerstädtchen Minamata auf Kyushu. Das Quecksilber wurde danach von Mikroorganismen in Methylquecksilber umgewandelt, das sich seinerseits in den Fischen anreicherte. Diese aber waren das Hauptnahrungsmittel der Bewohner der Bucht. Über 10 000 Menschen erkrankten. Es kam zu Schädigungen des Zentralnervensystems, zu Sehstörungen, Lähmungen und Verkrüppelungen der Gliedmaßen. Fast 1 000 (nach anderen Angaben 2 000) Menschen sind seither an den Folgen der Minamata-Krankheit gestorben. Sie kann nicht behandelt werden. Noch Jahre nach der Vergiftung der Bucht wurden in

Minamata überdurchschnittlich viele Kinder mit Mißbildungen geboren.
Die Chemiefabrik wurde 1978 zur Zahlung von Entschädigungen verurteilt. Von rund 13000 gestellten Anträgen wurden bis 1990 etwa 2300 anerkannt.
Vergiftungen durch Methylquecksilber traten auch 1965 in der Küstenstadt Niigata auf Honshu auf. Im Irak gab es nach dem Verzehr von Backwaren aus mit Quecksilberverbindungen gebeiztem Saatgetreide bis 1971 mehr als 500 Todesfälle und über 6000 Erkrankte. Ähnliches wird aus Pakistan gemeldet.
Die Gefahr von Quecksilber-Erkrankungen besteht heute in starkem Maße in der Nähe der Goldwaschanlagen in Amazonien.

Das Ozonloch

Von der Erdoberfläche bis in etwa 10 Kilometer Höhe erstreckt sich die Troposphäre. In dieser Luftschicht spielen sich die Wettervorgänge ab. Hier ist Ozon Bestandteil des schädlichen Smogs. Eine ganz andere Wirkung hat das Ozon in der Stratosphäre, die sich der Troposphäre bis in etwa 50 Kilometer Höhe anschließt. Hier ist eine sehr dünne Ozonschicht Schutz für das Leben auf der Erde. Während das sichtbare Sonnenlicht ungehindert bis zur Erdoberfläche durchdringen kann, wird der größte Teil der energiereicheren, unsichtbaren ultravioletten Strahlung durch das Ozon aufgenommen. Die UV-Strahlung dringt somit nicht bis zur Erdoberfläche durch. Die Stratosphäre erwärmt sich durch die Aufnahme der UV-Strahlung.
Seit 1957 wird die Konzentration des Ozons in der antarktischen Atmosphäre von britischen Wissenschaftlern ständig gemessen. Dabei wurden anfangs zwar erhebliche Schwankungen von Tag zu Tag, innerhalb von Monaten und auch über Jahre gemessen, diese Schwankungen hielten sich jedoch in Grenzen. Ab 1975 aber ergaben die Messungen eine so starke Abnahme des Ozongehalts, daß es sich um keine natürlichen Schwankungen mehr handeln konnte. Als die britischen Atmosphärenforscher 1985 erstmalig über ihre Entdeckung berichteten, hatte der Ozongehalt in der Atmosphäre der Antarktis bereits um 40 Prozent abgenommen. Besonders dra-

matisch ist die Abnahme in der Stratosphäre in einer Höhe zwischen 12 und 20 Kilometern. Die Entdeckung war so bedeutend, daß sich gleich weitere Forschergruppen mit diesem Phänomen zu beschäftigen begannen. Sie mußten das Ergebnis bestätigen. Der Effekt tritt verstärkt auf, wenn auf der Südhalbkugel Frühling ist, also im September/Oktober.
Die Ozonschicht in der Stratosphäre wirkt als Schutzschild. Eine Ausdünnung ließe verstärkt UV-Strahlung bis zur Erdoberfläche gelangen. Da sich das Leben während seiner Evolution nicht an eine verstärkte UV-Strahlung anpassen mußte, schadet diese ihm nun. Die Strahlung erzeugt beim Menschen Hautkrebs und fördert den grauen Star. Schäden werden auch am menschlichen Erbgut befürchtet, und es kann zu einer Schwächung des Immunsystems kommen. Pflanzen wachsen langsamer, verkrüppeln, manche Arten drohen auszusterben. Die Ernährung der immer weiter wachsenden Bevölkerung könnte künftig ebenfalls dadurch gefährdet sein. Die Strahlung kann auch mehrere Meter tief in das Wasser eindringen. Wodurch das Phytoplankton, jene mikroskopisch kleinen Pflanzen im Meer, die am Anfang einer Nahrungskette bis zu den Fischen stehen, geschädigt werden kann. Bestimmten Arten von Jungfischen würde dann die Nahrung fehlen. Von den Fischen wiederum hängen viele Menschen an den Küsten und alle Tiere ab, die ihre Nahrung im Meer suchen. Die Vernichtung des Planktons könnte auch dazu führen, daß weniger Kohlendioxid gebunden wird, das dann aus dem Meer in die Atmosphäre entweichen und so einen Beitrag zum Treibhauseffekt leisten würde. Eine Abnahme des Ozons um ein Prozent läßt die Intensität der UV-Strahlung am Erdboden um zwei Prozent steigen.
Der Rückgang des Ozongehalts über dem Südpol, auch kurz *Ozonloch* genannt, hat seine Ursache in den Fluorchlorkohlenwasserstoffen, kurz FCKWs. Deren Reaktionsträgheit ist es, die diese chemischen Verbindungen in der Industrie so nützlich, sie aber gleichzeitig auch so schädlich macht. Denn dadurch haben sie nach Freisetzung genügend Zeit, bis hoch in die Stratosphäre zu steigen, ohne durch chemische Reaktionen zerstört zu werden. In der Stratosphäre aber verändern sich die FCKW-Moleküle in nicht erwünschter Weise. Das kurzwellige, also energiereiche ultraviolette Licht spaltet von den FCKW-Molekülen Chloratome ab. Danach läuft

vorwiegend über der Antarktis innerhalb sehr kalter stratosphärischer Wolken aus Wasser und Salpetersäure ein sehr komplizierter chemischer Vorgang ab. Dabei zerstört ein Chloratom ein Ozonmolekül, und das Chloratom bleibt letztlich erhalten. Das Chlor regt die Umwandlung des Ozons in normalen Sauerstoff also nur an, es wirkt katalytisch und kann daher immer aufs neue Ozonmoleküle zerstören. Die Salpetersäure bildet sich aus den Stickoxiden in der Luft.

Die Wissenschaftler glauben, ein einziges Chloratom könnte 100 000 Ozonmoleküle zerstören, ehe es durch ein Methan- oder Stickoxid-Molekül in eine unschädliche Verbindung überführt wird. Insgesamt wird so mehr Ozon zerstört, als durch UV-Strahlung neu gebildet wird. Ein stabiler Luftwirbel während des Polarfrühlings im September/Oktober verhindert überdies den Luftaustausch mit der Umgebung. Es kann also nur wenig Ozon, das anderswo in der Stratosphäre reichlich gebildet wird, einströmen. So entsteht über der Antarktis das Ozonloch.

Da sich über dem Nordpol kein stabiler Luftwirbel über längere Zeit ausbildet, wurde die Gefahr eines Ozonlochs über den nördlichen Breiten vorerst als gering erachtet. Dann verkündeten Wissenschaftler von der US-Raumfahrtbehörde NASA im Februar 1992, ihr Satellit Nimbus 7 hätte auch auf der Nordhalbkugel ein Ozonloch festgestellt. Die Wissenschaftler sagten weiterhin voraus, die Ozonschicht auf der Nordhalbkugel könnte am Ende des Winters 1991/92 um 30 bis 40 Prozent vermindert sein. Das schreckte die Nordamerikaner und Europäer auf. Die Medien berichteten darüber. Die Meldung war aber verfrüht. Das Dementi der Wissenschaftler kam im März. Zwar hatte es über der Nordhalbkugel noch kein Ozonloch wie über dem Südpol gegeben, der Ozongehalt ging aber meßbar zurück. Seit 1980 verringert er sich im Mittel jährlich um drei bis vier Prozent.

Die einstmals verbreitete Verwendung der FCKWs als Treibgas in Spraydosen ist inzwischen rückläufig, für andere Zwecke werden FCKWs aber weiterhin hergestellt, 1992 weltweit immer noch etwa zwei Millionen Tonnen. Ein 1990 in London beschlossenes Protokoll hatte die EG-Länder verpflichtet, den Gebrauch von FCKWs bis 1997 einzustellen. Auf der 4. Ozonkonferenz der UNO in Kopenhagen im November 1992 beschlossen die Umweltminister von 81 Staa-

ten angesichts der katastrophalen Meßergebnisse, die Produktion von FCKWs schon 1996 zu beenden.
Aber Millionen Tonnen FCKWs sind bereits in die Atmosphäre gelangt. Selbst wenn die Einleitung sofort gestoppt würde, wäre die Gefahr nicht gebannt, denn die Stoffe sind noch in genügender Menge in der Luft, und sie dringen weiterhin hoch in die Stratosphäre vor. Das negative Maximum des Effekts wird erst um die Jahrtausendwende oder noch später erwartet. Insgesamt sollte die Zerstörung der Ozonschicht dann noch für ein weiteres Jahrhundert andauern.
Unter Wissenschaftlern noch umstritten ist der Einfluß massenhaft in die Atmosphäre gelangter vulkanischer Gase. Im Juni 1991 hatte der philippinische Vulkan Pinatubo in einer gewaltigen Explosion Millionen Tonnen Schwefeldioxid und Chlorwasserstoff in die Atmosphäre geschleudert. Einigen Meinungen zufolge gelangten diese Gase in die Stratosphäre und verstärkten dort den Ozonabbau.
Die Bewohner Australiens und Neuseelands müssen inzwischen mit der verstärkten UV-Strahlung leben. Jeden Abend wird nach den Nachrichten neben dem Wetter die am nächsten Tag zu erwartende UV-Intensität vorhergesagt. Selbst bei größter Hitze tragen die Kinder Mützen, lange Hosen und Hemden mit langen Ärmeln. Auch einen Slogan gibt es: *Between eleven and three slip under a tree.* Die Statistik beweist, daß die Zahl der Erkrankungen an Hautkrebs in Australien in den achtziger Jahren um 30 bis 40 Prozent zugenommen hat. Im Süden Südamerikas berichten Schafzüchter, daß ihre Tiere erblinden. Sie sehen ihre Existenz bedroht. Nach Schätzungen der amerikanischen Umweltschutzagentur (U.S. Environmental Protection Agency) vom April 1991 müssen die USA im Laufe der nächsten 50 Jahre mit 200 000 Todesfällen durch Hautkrebs als Folge des Ozonlochs rechnen. Jährlich werden auch mindestens 400 000 Neuerkrankungen an grauem Star erwartet. In der Dritten Welt wird die Erblindung von 25 000 Menschen pro Jahr befürchtet, da es an Behandlungsmöglichkeiten fehlt.

Elektrosmog

Unter diesem Begriff versteht man die Gefahr elektromagnetischer Strahlung für die Gesundheit, die von Stromnetz, elektrischen Haus-

halts- und Unterhaltungsgeräten, Rundfunk, Fernsehen, Radar, Computerbildschirmen, Mobiltelefonen und Hochspannungsleitungen ausgeht.
Viele Menschen reagieren offensichtlich auf schwache elektrische und elektromagnetische Wellen – der Physiker spricht auch von Feldern. Elektrische Wellen breiten sich bereits aus, wenn in der Leitung eine elektrische Spannung anliegt. Im Haushalt sind das 220 Volt mit einer Frequenz von 50 Hertz. Es muß dabei noch gar kein Strom fließen, also eingeschaltet sein. Die schwachen, den Raum erfüllenden Wellen erzeugen offensichtlich elektrische Ströme im lebenden Körper. Diese können Schlaflosigkeit, Kopfschmerzen und Appetitlosigkeit hervorrufen. Möglicherweise werden dadurch auch ernste Erkrankungen verursacht. Wirkungen etwa auf das Hormon- oder das Immunsystem werden diskutiert. Gesicherte wissenschaftliche Erkenntnisse liegen allerdings bisher noch nicht vor.
Es gibt im Handel sogenannte Netzfreischalter zu kaufen. Diese schalten die Netzspannung aller dahinter liegenden Stromleitungen ab und sorgen so dafür, daß ein Raum, etwa das Schlafzimmer, frei von elektrischen Feldern ist.
Hochspannungsleitungen übertragen elektrische Energie bei hohen Spannungen bis zu 380 000 Volt und mehr über große Entfernungen. Überträger elektrischer Energie sind auch die Hochspannungsleitungen der Eisenbahn sowie der Schnell- und Straßenbahnen. Von diesen Leitungen gehen elektromagnetische Wellen aus. Untersuchungen zufolge, die 1988 in den USA durchgeführt wurden, ist das Leukämierisiko bei Kindern, die in der Nähe von Hochspannungsleitungen wohnen, doppelt so groß wie im Durchschnitt. Untersuchungen aus dem Jahr 1992 in Schweden weisen ebenfalls auf ein erhöhtes Leukämierisiko bei betroffenen Kindern hin. Bei einer Entfernung von weniger als 50 Metern von einer Hochspannungsleitung lag die Leukämierate wiederum doppelt so hoch wie beim Durchschnitt. Die Nähe von Hochspannungsleitungen wird inzwischen als Wohnplatz gemieden.
Elektromagnetische Wellen hoher Frequenz, wie die Radio- und Mikrowellen, haben eine andere Wirkung auf den lebenden Körper als Wellen niederer Frequenzen. Die hochfrequenten Wellen erwärmen den angestrahlten Stoff, also auch die biologischen Zellen.

Unser Lebensraum ist von *Mikrowellen* erfüllt. In diesem Wellenbereich arbeiten die Radarsender, das Mobiltelefon, Polizei- und Taxifunk, Nachrichten- und Wettersatelliten, die Mikrowellenherde in den Haushalten und vieles andere.

Die Zahl der Teilnehmer am Netz der Mobiltelefone nimmt ständig zu. Die Abstrahlleistung liegt bei Handgeräten bei einem Watt und erreicht bei Autotelefonen 25 Watt. Der integrierte Sender arbeitet unmittelbar am Kopf. Die Erwärmung der Zellen durch die elektromagnetischen Wellen des Senders könnte zu Nervenschäden und zur Trübung der Augenlinse führen. Elektromagnetische Wellen gehen auch von den Sendestationen des Mobilfunknetzes aus, dessen Leistungen zwei Kilowatt erreichen. Das höchste Risiko bestünde dann für die in der Nähe des Senders wohnenden und arbeitenden Menschen. Für ein flächendeckendes Mobilfunknetz müßten die Sender alle 20 bis 30 Kilometer errichtet werden. Neuerdings wehren sich die Bürger gegen solche Sender in ihrer Nähe.

Die schnurlosen Telefone in den Wohnungen arbeiten zwar auch mit Mikrowellen, ihre Abstrahlleistung ist mit nur einem hundertstel Watt aber sehr gering. Die Strahlen der Mikrowellenherde sind normalerweise abgeschirmt.

Weitere Risiken elektromagnetischer Wellen werden vermutet. Bei Radartechnikern, die in der Nähe starker Sender arbeiteten, trat verstärkt der graue Star auf. Bei Arbeitern in Elektroberufen dürfte die Leukämierate, bei Frauen, die an Bildschirmgeräten arbeiten, die Fehlgeburtenrate erhöht sein. Die ermittelten Abweichungen von der Normalität sind aber sehr klein und die Untersuchungsmethoden und Ergebnisse daher umstritten. Langzeituntersuchungen wurden bisher nicht durchgeführt. Eine gewisse Vorsicht ist aber in jedem Fall zu empfehlen. Insbesondere im Schlafzimmer sollte auf Radiowecker und elektrische Heizdecken verzichtet werden.

Ergebnisse von Tierversuchen liegen bisher nur wenige vor. Hühner beispielsweise, die in den Eiern elektromagnetischen Feldern ausgesetzt wurden, wiesen nach der Bestrahlung eine erhöhte Todes- und Mißbildungsrate auf. Inzwischen laufen in den industrialisierten Ländern Untersuchungen über die Wirkung elektromagnetischer Strahlung auf das Leben.

Im Jahr 1991 erklärte die deutsche Strahlenschutzkommission, daß es nach derzeitigen Erkenntnissen keinen Zusammenhang zwischen der Einwirkung magnetischer oder elektrischer Felder und dem Auftreten von Kopfschmerzen, Erschöpfung, Allergien oder Spätwirkungen wie Erbschäden oder Krebs gäbe.

Seuchen

Die fortgeschrittene Medizin konnte die Infektionskrankheiten zunehmend ausschalten, aber nicht beseitigen. Immer noch sterben vorwiegend in den armen Regionen der Erde Menschen infolge fehlender Behandlung. Besonders stark betroffen ist Schwarzafrika. Neben der Malaria treten dort auch Diphterie und die Schlafkrankheit verbreitet auf.
Der Erreger der *Schlafkrankheit* wird von der Tsetsefliege übertragen. Die Symptome sind Fieberanfälle, Schwellung der Lymphknoten und der Milz, danach Schädigung des Zentralnervensystems. Daraus folgt eine Lethargie, die der Krankheit den Namen gab. Ohne Behandlung führt sie zum Tod. Da die Krankheit in Ost- und Westafrika Huftiere und Menschen gleichermaßen befällt, führte sie in der Vergangenheit zu schlimmen Hungersnöten. Zeugnisse dafür fehlen zwar, aber es muß angenommen werden, daß die Krankheit in der Geschichte Afrikas von großer Bedeutung war. Heute leben mindestens 50 Millionen Menschen in Gebieten südlich der Sahara, in denen die Tsetsefliege als Überträger vorkommt. Uganda und der Sudan zählen zu den betroffenen Ländern. Um die Krankheit zu bekämpfen, muß der Überträger zurückgedrängt werden. Hierfür wurden Fliegenfallen entwickelt.
Nach Angaben der WHO sind gegenwärtig vorwiegend in den warmen und armen Ländern der Erde 3,1 Millionen Menschen an Lepra erkrankt. Vor zehn Jahren waren es noch 12 Millionen. Bis zum Jahr 2000 soll die Krankheit in allen Teilen der Welt ausgerottet sein. Behandelt wird die Lepra mit Chemotherapeutika, also chemisch hergestellten Arzneimitteln.
Positives kann von den sehr ansteckenden Pocken oder Blattern berichtet werden. Erreger ist ein Virus, das durch Tröpfcheninfektion übertragen wird. Die Krankheit führt zu Fieber, Kopf-, Kreuz-, Gliederschmerzen und Erbrechen. Ein masernähnlicher Hautausschlag tritt auf, aus dem sich eitrige Bläschen entwickeln. Schwere Fälle

verlaufen tödlich. Die Bläschen trocknen später ein und hinterlassen bleibende Narben (Pockengesicht). Einst eine der verbreitetsten Krankheiten, wurden die Pocken durch Massenimpfungen ausgerottet. Der letzte Pockenfall trat 1977 in Somalia auf.
Die *Cholera* ist eine Darmkrankheit. Ihr Erreger, ein Bakterium, wurde 1883 von Robert Koch entdeckt. Die Krankheit wird vom Menschen übertragen. Der Kranke scheidet die Erreger aus, die dann über verschmutzte Nahrung und über das Trinkwasser verbreitet werden. Die Cholera verursacht Durchfall, Erbrechen und durch hohen Wasserverlust eine schnelle Gewichtsabnahme. Ohne Behandlung kann der Kranke innerhalb von Tagen oder Wochen an Austrocknung sterben. Durch verbesserte Hygiene verschwand die Cholera in diesem Jahrhundert weitgehend aus Europa. In Südostasien aber tritt sie immer wieder auf. Im November 1993 berichtete eine in Aden erscheinende Zeitung, daß in der Republik Jemen jährlich 70000 Kinder an der Cholera sterben. Mit Antibiotika kann die Cholera heute erfolgreich behandelt werden. Allerdings sind jüngst Cholerafälle aufgetreten, bei denen die klassische Prophylaxe und Therapie nicht wirksam waren. Hier ist eine Mutation des Erregers wahrscheinlich.
Erreger der *Lungentuberkulose* sind die Tuberkelbakterien. Die Krankheit wird direkt auf dem Atemweg übertragen. Die Symptome sind fortschreitende Gewichtsabnahme, Mattigkeit und Husten mit Blut im Auswurf. Bis Anfang dieses Jahrhunderts war Lungentuberkulose in den westlichen Ländern eine der häufigsten Todesursachen. Infolge verbesserter Wohnverhältnisse und Hygiene sowie Impfung war die Krankheit aus Europa fast völlig verschwunden. Dagegen beherrscht sie weiterhin die Länder der Dritten Welt, wo die hygienischen Verhältnisse oft katastrophal und die Ernährung unzureichend sind. Für das Jahr 1993 nennen die Quellen weltweit acht Millionen Erkrankungen und drei Millionen Tote. Es wird befürchtet, daß diese Zahlen in den nächsten Jahren weiter ansteigen werden. Durch den weltweiten Reiseverkehr wird die Krankheit auch wieder in die Erste Welt eingeschleppt. Durch Impfung kann ihr Ausbruch allerdings verhindert und der Erkrankte durch Behandlung mit Medikamenten geheilt werden. Dennoch sterben in Deutschland gegenwärtig jährlich etwa 2500 Menschen an Tuberkulose.

Eine deutliche Zunahme von Tuberkulose-Erkrankungen wird in den USA verzeichnet. Ursache dürfte die zunehmende Verschlechterung der Lebensbedingungen sein. Die Krankheit kann zwar Menschen aller Bevölkerungsschichten treffen, die Geschichte lehrt uns aber, daß vor allem die Ärmsten erkranken.

Die *Grippe* ist eine Viruserkrankung, die einzeln oder in kleinen Gruppen, immer wieder aber auch als Epidemie auftritt. Die Ansteckung erfolgt direkt durch Tröpfchen. Das Krankheitsbild zeigt Fieber, Husten, Kopf-, Kreuz- und Gliederschmerzen. Es kann zu gefährlichen Komplikationen wie Gehirnhaut- und Lungenentzündung kommen. Eine vorbeugende Impfung gegen die häufigsten Grippeformen ist jährlich zu wiederholen.

Die *Malaria,* das *Sumpf-* oder *Wechselfieber,* forderte im Verlauf der Geschichte wahrscheinlich die meisten Opfer. In Europa war besonders Italien betroffen. Die Malaria tritt allerdings nicht als Epidemie auf, sondern ist vielmehr eine dauernde Gefahr.

Der Malaria-Erreger ist ein Einzeller, der durch die Anophelesmücke übertragen wird. Die Krankheit erzeugt beim Infizierten Schüttelfrost und Fieber, Kopf- und Gliederschmerzen. Die Milz schwillt an. Hirn, Nieren und andere Organe können so schwer angegriffen werden, daß dies zum Tod führt. Die Malaria kann mit Chemotherapeutika behandelt werden. Das aus dem Chinarindenbaum gewonnene Chinin ist ein seit langem bekanntes natürliches Mittel. Zur Vorbeugung müssen die Brutstätten der Anophelesmücke bekämpft werden. Europa ist seit 1975 malariafrei. Das gilt auch für viele andere Teile der Welt, so für Mittelasien, China, Japan, Amerika jenseits der Tropen, Nord- und Südafrika. Dennoch sterben heute immer noch mindestens eine Million Menschen jährlich an Malaria, vor allem in Schwarzafrika. Für die Malaria gibt es keinen Impfschutz.

Die *Flußblindheit* oder *Onchozerkose* wird von Fadenwürmern verursacht, die von einer Mücke übertragen werden. Im menschlichen Körper können die Larven die Augen zerstören. Die Krankheit ist an den Flüssen der Tropen und vor allem in Schwarzafrika verbreitet. Die WHO nannte für 1993 allein in Westafrika 18 Millionen Erkrankte. Mindestens 340 000 davon sind bereits erblindet.

Die *Bilharziose* oder *Schistosomiasis* wird durch kleine Saugwurmarten verursacht. Die Erreger brauchen als Zwischenwirt eine Was-

serschnecke, die im warmen Süßwasser lebt. Die Larven des Wurms bohren sich in die Haut des Menschen und hinterlassen juckende rote Flecken. Sie wandern dann in den Körper und setzen sich in Leber, Darm und Blase fest. Blutige Durchfälle und Blut im Harn sind Symptome dieser Krankheit. Zur Bekämpfung der Infektion stehen Chemotherapeutika zur Verfügung. Die Quellen nennen 200 Millionen Menschen auf der Erde, die von der Krankheit befallen sind. Unbehandelt kann sie zum Tod führen. Die Bilharziose ist eine unangenehme Begleiterscheinung der Anlage von Stauseen und der Ausweitung bewässerter Flächen in den Ländern der Dritten Welt.
Nach Angaben der Weltbank treten jedes Jahr 900 Millionen *Durchfallerkrankungen* infolge verseuchten Wassers auf. Daran sterben allein 2 Millionen Kinder pro Jahr.
Die Indianer im tropischen Regenwald des Amazonas blieben von den ansteckenden Krankheiten der Europäer zunächst verschont, da die Weißen den Dschungel mieden. Das hat sich aber inzwischen geändert.
Von großer Bedeutung ist eine zunehmend beobachtete *Resistenz,* also Widerstandsfähigkeit, krankheitserregender Mikroorganismen gegenüber anfänglich wirksamen chemischen Arzneimitteln. Die Erreger konnten durch sprunghafte Veränderung, also Mutation, vererbbare neue Strukturen schaffen, denen die schädigenden Mittel nichts mehr anzuhaben vermögen. Bemerkenswert ist auch die Entwicklung einer Resistenz der Krankheitsüberträger, vor allem der Insekten, gegenüber Schädlingsbekämpfungsmitteln. So konnte die Anophelesmücke, die Überträgerin des Malaria-Erregers, eine Resistenz gegenüber dem einstmals sehr wirksamen DDT entwickeln. In jüngster Zeit häufen sich auch Berichte, wonach der Tuberkulose-Erreger gegen Antibiotika resistent wird.

Aids

Am 5. Juni 1981 berichtete das Mitteilungsblatt des *Centers of Diseases* in Atlanta/USA, daß der Institution innerhalb eines Monats fünf an einer seltenen Lungenentzündung erkrankte Personen aus Los Angeles gemeldet worden seien. Alle fünf waren homosexuell. Die aufgetretene Art der Lungenentzündung ist für gesunde Menschen eigentlich ganz harmlos, gefährlich konnte sie bis dahin nur solchen Personen werden, die wegen Krebs oder Leukämie an Immunschwäche litten. Die genauere Untersuchung zeigte, daß die fünf Patienten noch an anderen, an sich wiederum durchaus harmlosen Infekten schwer gelitten hatten. In den folgenden Monaten traten weitere Fälle der rätselhaften Krankheit auch in anderen Städten auf. Dabei handelte es sich bei den Betroffenen stets um Homosexuelle oder um intravenös spritzende Drogenabhängige. Bei allen Erkrankten war die Immunabwehr zusammengebrochen, so daß selbst harmlose Infekte zum Tod führten. Die neue Krankheit breitete sich schnell über das gesamte Gebiet der USA aus, und sie erreichte auch Europa. Inzwischen war klargeworden, daß sie sich durch Sexualkontakte und über das Blut gemeinsam benutzter Spritzen überträgt.

Der Begriff Aids wird von der Bezeichnung *acquired immunodeficiency syndrome* abgeleitet, was mit *Erworbene Immunschwäche* übersetzt wird. Ursache der Krankheit ist das HI-Virus. Der Begriff HIV ist eine Abkürzung für *human immunodeficiency virus* = *Menschliche-Immunschwäche-Virus*. Die Krankheit bricht bei Erwachsenen im Durchschnitt acht bis zehn Jahre nach der Ansteckung aus. Sie zerstört das Immunsystem und schwächt so die

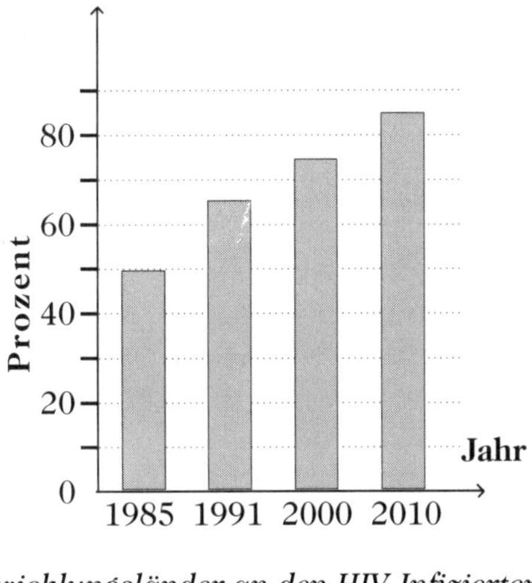

Anteil der Entwicklungsländer an den HIV-Infizierten

Quelle: Weltbank 1991

Abwehrkraft gegen Infektionen. Die Krankheit führt zum Tod, da es bisher weder einen Impfstoff noch Medikamente gibt, die ein Fortschreiten der Krankheit in ihrem fortgeschrittenen Stadium verhindert.

Nach Angaben der Weltbank stieg die Zahl der HIV-Infizierten von 2,5 Millionen im Jahr 1985 auf acht bis zehn Millionen im Jahr 1991 an. Mitte 1992 waren weltweit 350 000 Aids-Kranke gemeldet. Tatsächlich dürfte die Zahl bei einer Million gelegen haben.

Die meisten Erkrankungen treten in Afrika auf. Hier stieg die Zahl der Infizierten von 1,5 Millionen im Jahr 1985 auf 5,5 Millionen im Jahr 1991. In manchen großen Städten, aber auch in ländlichen Gebieten Afrikas lag die Zahl der Infizierten 1991 bei 25 Prozent. Infizierte Mütter bringen bis zu einem Drittel HIV-infizierte Kinder zur Welt. Für 1992 schätzte die Weltbank eine Million infizierte afrikanische Kinder. Aids wurde in manchen afrikanischen Städten zur häufigsten Todesursache bei Erwachsenen und zu einer maßgeblichen Todesursache bei Kindern. Nach Afrika nimmt die Zahl der Infizierten am raschesten in Indien und in Südostasien zu.

Anläßlich der 9. Internationalen Aids-Konferenz im Juni 1993 in Berlin wurden folgende Zahlen genannt: Insgesamt 12 Millionen Infizierte. Etwa 2,5 Millionen Menschen starben bis dahin an der Krankheit. Im Dezember 1993 nannte die WHO weltweit 14, im Juni 1994 schon 17 Millionen Infizierte. Bei 4 Millionen ist die Krankheit ausgebrochen. Für Deutschland nannte das Bundesgesundheitsamt Anfang 1994 etwa 61 000 Infizierte. Bei 11 000 Menschen brach die Krankheit seit 1982 aus; davon starben bis 31. Dezember 1993 etwa 6 000 Personen. Es wurde festgestellt, daß die Krankheit nach wie vor überwiegend die Risikogruppen trifft, also Homosexuelle und Fixer.

Über die menschliche Tragödie hinaus führt die Pandemie gerade in den Entwicklungsländern zu schwersten wirtschaftlichen Belastungen, da die Krankheit ja vorrangig die arbeitsfähigen Menschen erfaßt. Viele Kinder werden durch den HIV-Tod ihrer Eltern zu Waisen. Die Krankheit belastet aber auch das Gesundheitswesen in diesen armen Ländern. Gelingt es Aids-Patienten, in einem Krankenhaus aufgenommen zu werden, belegen sie Plätze, die anderen, von heilbaren Krankheiten befallenen Patienten nicht mehr zur Verfügung stehen. Im Jahr 1991 machten in manchen Hauptstädten Zen-

tralafrikas die Aids-Fälle bereits mehr als 50 Prozent aller Neuaufnahmen in Krankenhäusern aus. Die Kosten der Aids-Behandlung sind überdies sehr hoch und von den armen Ländern kaum aufzubringen.
Nach letzten Meldungen der amerikanischen Gesundheitsbehörde vom Juni 1994 ist Aids nun Haupttodesursache bei farbigen Amerikanern zwischen 25 und 44 Jahren.

Atomprobleme

Strahlen

Gefahren für das Leben gehen von den energiereichen *ionisierenden Strahlen* aus. *Ionen* sind elektrisch geladene Atome, die überall im lebenden Körper wichtige Funktionen zu erfüllen haben. Eine ionisierende Strahlung erzeugt aus neutralen Atomen zusätzliche Ionen: diese können die natürlichen Funktionen im Körper erheblich durcheinanderbringen.
Die biologische Wirksamkeit von Strahlen auf den Menschen wird *Äquivalentdosis* genannt. Ihr Maß ist das *Sievert* (Sv) oder der tausendste Teil davon, das *Millisievert* (mSv). Wir kennen verschiedene Quellen für Strahlenbelastungen.
Die *natürliche Strahlung* hat folgende wesentliche Ursachen:
Die *kosmische Strahlung* erreicht die Erde aus dem Weltraum. Mittlere Strahlenbelastung: 0,3 mSv im Jahr.
Die *terrestrische Strahlung* kommt aus dem Boden und den Gesteinen. Mittlere Belastung: 0,5 mSv im Jahr.
Die Strahlung aus dem Boden, aber auch aus den Baumaterialien der Häuser erzeugt das radioaktive Edelgas *Radon.* In der Raumluft ist fünf- bis achtmal soviel Radon enthalten wie in der Außenluft. Der Mensch atmet das strahlende Gas und seine Zerfallselemente mit der Luft ein. Das führt zu einer Belastung von 1,3 mSv im Jahr.
Natürliche radioaktive Elemente in Trinkwasser, Nahrung und Atemluft führen zu einer Belastung von 0,3 mSv im Jahr.
Das ergibt eine *mittlere jährliche Strahlenbelastung* aus natürlichen Quellen von 2,4 mSv. Das dadurch verursachte Risiko ist gering. Allerdings handelt es sich hier um einen Mittelwert mit ganz er-

bis 0,5 Sv	Geringfügige Blutbildveränderungen, sonst keine nachweisbaren Wirkungen.
0,8–1,2 Sv	Bei 5–10 Prozent der Exponierten etwa ein Tag lang Erbrechen, Übelkeit und Müdigkeit.
1,3–1,7 Sv	Bei etwa 25 Prozent der Exponierten etwa ein Tag lang Erbrechen und Übelkeit, gefolgt von anderen Symptomen der Strahlenkrankheit; keine akuten Todesfälle zu erwarten.
1,8–2,6 Sv	Bei etwa 25 Prozent der Bestrahlten etwa ein Tag lang Erbrechen und Übelkeit, gefolgt von anderen Symptomen der Strahlenkrankheit; einzelne Todesfälle zu erwarten.
2,7–3,3 Sv	Bei fast allen Bestrahlten Erbrechen und Übelkeit am ersten Tag, gefolgt von anderen Symptomen der Strahlenkrankheit; etwa 20 Prozent Todesfälle innerhalb von 2 bis 6 Wochen; etwa 3 Monate lange Rekonvaleszenz der Überlebenden.
4,0–5,0 Sv	Bei allen Bestrahlten Erbrechen und Übelkeit am ersten Tag, gefolgt von anderen Symptomen der Strahlenkrankheit; etwa 50 Prozent Todesfälle innerhalb eines Monats; etwa 6 Monate lange Rekonvaleszenz der Überlebenden.
5,5–7,7 Sv	Bei allen Bestrahlten Erbrechen und Übelkeit innerhalb von 4 Stunden nach der Bestrahlung, gefolgt von anderen Symptomen der Strahlenkrankheit; bis zu 100 Prozent Todesfälle; wenige Überlebende mit Rekonvaleszenzzeiten von etwa 6 Monaten.
10 Sv	Bei allen Bestrahlten Erbrechen und Übelkeit innerhalb von 1–2 Stunden; wahrscheinlich keine Überlebende.
50 Sv	Fast augenblicklich einsetzende schwerste Krankheit; Tod aller Bestrahlten innerhalb einer Woche.

Akute Wirkungen durch hohe Strahlendosis

Quelle: J. Seidel

heblichen Schwankungen. In der Höhe wirkt die kosmische Strahlung viel stärker als in der Ebene; auf dem Großglockner beispielsweise mit dem Faktor 10. Die *terrestrische Strahlung* schwankt in Deutschland zwischen 0,04 und 2,9 mSv. Erhebliche Schwankungen gibt es natürlich auch weltweit. Im dichtbesiedelten südindischen Kerala ist der Boden thoriumhaltig und belastet die Menschen mit 10 bis 40 mSv im Jahr.

Zur natürlichen Strahlenbelastung kommt noch eine zivilisationsbedingte, also *künstliche Strahlenbelastung,* vor allem durch Röntgenuntersuchungen, mit einem Mittelwert von 1,5 mSv hinzu.

Die Strahlenbelastung der deutschen Bevölkerung durch den weiter unten beschriebenen Unfall von Tschernobyl war mit fünf Prozent der natürlichen Belastung gering.

Radioaktive Stoffe gelangen über Atmung, Nahrung und Wasser in den lebenden Körper. Sie können dort Zellen verändern und zerstören. *Akute Strahlenschäden* treten auf, wenn der Körper hohen Strahlendosen von mehreren Sievert ausgesetzt ist. *Spätschäden* sind die Folge viel geringerer Strahlendosen; diese machen sich erst nach Jahren oder Jahrzehnten bemerkbar. Hier bestimmt nicht die Höhe der Strahlendosis die Schwere der Schädigung, vielmehr ist diese ein Maß für die Wahrscheinlichkeit, geschädigt zu werden. Die Strahlung verändert den Informationsgehalt von Körperzellen, ohne sie abzutöten. Folgenschwer können Veränderungen des menschlichen Erbgutes sein, da das zu schweren Mißbildungen bei Neugeborenen führt.

Bestimmte chemische Elemente lagern sich an bestimmten Stellen im Körper ab. Die Schilddrüse braucht Jod, so daß dieses Element bevorzugt in die Schilddrüse gelangt. Das gilt natürlich auch für radioaktives Jod. Da die künstlichen Isotope des Cäsiums Cs-134 und Cs-137 dem Kalium chemisch ähnlich sind, nimmt sie der Körper auf und lagert sie wie das Kalium in den Muskeln ab. Strontium ähnelt chemisch dem Calcium und wird daher wie dieses in die Knochen eingefügt. Gelangt radioaktives Strontium Sr-90 in die Knochen, bestrahlt es dort das blutbildende Knochenmark, was Leukämie verursachen kann.

Tschernobyl . . .

Schon vor Tschernobyl hatte es im Osten wie im Westen Unfälle mit Atomreaktoren gegeben. Die teils katastrophalen Ereignisse im Osten blieben vorerst noch geheim. Der bekannteste Unfall im Westen war jener vom 28. März 1979 bei Harrisburg im amerikanischen Bundesstaat Pennsylvania. Der Vorfall war ernst, technisches Versagen und menschliches Fehlverhalten hatten zusammengespielt. Radioaktive Gase und verseuchtes Wasser waren in die Umgebung entwichen. Die Gefahr einer Explosion im Kernreaktor hatte aber nicht bestanden. Die Bevölkerung war nicht ernsthaft gefährdet. Medien und Öffentlichkeit hatten dennoch heftig reagiert. Kleinere Störfälle hatten sich auch anderswo ereignet, so etwa am 17. Dezember 1987 im deutschen Kraftwerk Biblis. Die Kraftwerkbetreiber der westlichen Welt konnten noch darauf verweisen, daß außerhalb von Kernkraftwerken oder militärischen Anlagen Menschen nicht geschädigt worden waren. Radioaktive Stoffe waren stets nur in geringem Maße freigesetzt worden.
Mit dem Super-GAU von Tschernobyl wurde das Atomzeitalter von vielen Menschen mit anderen Augen gesehen. Tschernobyl hat den Glauben der Bevölkerung in die Sicherheit der Kernkraftwerke schwer erschüttert.
Ein **GAU** (**G**rößter **A**nzunehmender **U**nfall) ist der größte technische Störfall, für den in einem Kernkraftwerk Sicherheitsvorkehrungen getroffen sind, so daß radioaktive Stoffe nicht oder nur in geringen Mengen in die Umwelt gelangen können. Ein GAU ist nach dieser Definition ein beherrschbarer Unfall. Bei einem *Super-GAU* schmilzt der Reaktorkern mit den für die Spaltung vorgesehenen Brennelementen, wodurch wesentliche Mengen radioaktiver Stoffe in die Umwelt gelangen. Ein *Super-GAU* ist damit ein nicht mehr beherrschbarer Unfall. Am 26. April 1986 ereignete sich im Reaktor des Kernkraftwerks Tschernobyl in der Ukraine ein solcher Super-GAU und damit der bisher bei weitem folgenschwerste Unfall in einem Kernkraftwerk.
Im Jahre 1986 waren im Kernkraftwerk Tschernobyl in der Ukraine vier Reaktoren in Betrieb, zwei weitere waren im Bau. Am 25. April sollten am Reaktor IV sicherheitstechnische Versuche durchgeführt werden. Dabei stieg am 26. April um 1.24 Uhr die Leistung

des Reaktors plötzlich steil bis auf das Hundertfache der Normalleistung an, das Kühlwasser erhitzte sich schlagartig, verdampfte explosionsartig und stellte den 1000 Tonnen schweren Stahlbetondeckel über dem Reaktor senkrecht. Bei einer zweiten Explosion wurde das Reaktorgebäude zerstört und hochradioaktives Material aus dem Reaktor geschleudert. Der als Moderator verwendete Graphitblock im Reaktor fing Feuer und brannte danach tagelang. Die Kernbrennstäbe schmolzen. Radioaktive Stoffe gelangten durch thermischen Auftrieb in Höhen bis zu 1500 Metern und wurden durch Luftströmungen weiträumig verteilt. Sie verbreiteten sich zunächst nach Nordeuropa, später nach Süd-, Mitteleuropa und weite Gebiete innerhalb der damaligen Sowjetunion. Nach späteren offiziellen sowjetischen Angaben traten 3,5 Prozent der insgesamt 216 Tonnen Kernbrennmaterial (Urandioxid) aus. Der weitaus größte Teil davon befände sich demnach noch im zerstörten Reaktor. Diese Angaben wurden allerdings im Westen bezweifelt.
Die diensthabenden Feuerwehren der nahegelegenen Städte Tschernobyl und Pripjat trafen angeblich schon 6 Minuten nach der Explosion am Reaktor ein. Sie konnten das Feuer löschen und so ein Übergreifen auf den benachbarten Reaktor verhindern. Der Block war zunächst nicht abgeschaltet worden. Gleich nach dem Unfall waren auch die Behörden in Moskau alarmiert worden. Sie schickten eine Gruppe von Spezialisten, die den Ernst der Lage erkannten und die sofortige Evakuierung der vom Reaktor nur zwei Kilometer entfernten Stadt Pripjat anordneten. Die notwendigen Mannschaften und 1000 Busse wurden bereitgestellt und die 49000 Einwohner am Nachmittag des 27. April evakuiert. In den folgenden Tagen wurden alle Bewohner aus dem am meisten radioaktiv verseuchten Gebiet in einem Umkreis von 30 Kilometern um den Reaktor evakuiert, darunter 18300 Menschen aus Tschernobyl, insgesamt 135000 Menschen aus dem gefährdeten Gebiet. Über 10000 Ärzte, Angehörige des unteren medizinischen Personals und Studenten wurden zur Betreuung der Evakuierten zusammengezogen.
Zwar entsprechen die sowjetischen Reaktoren nicht dem Sicherheitsstandard westlicher Kernkraftwerke, damit allein ist der Unfall von Tschernobyl aber noch nicht zu erklären. Normalerweise hätte der starke Leistungsanstieg, hervorgerufen durch eine Kettenreaktion der Atomkerne im Reaktor, durch automatische Regelungen ge-

bremst und der Reaktor notfalls abgeschaltet werden müssen. Das Regelsystem war aber nur teilweise automatisiert, der Mensch mußte noch eingreifen, und in Tschernobyl griff der Mensch falsch oder ungenügend ein. Vor allem wurde der Reaktor nicht rechtzeitig abgeschaltet. Ein ungünstiger Reaktortyp, ein mangelhaftes automatisches Sicherheitssystem, gröbliche Mißachtung von Sicherheitsvorschriften und wahrscheinlich auch mangelnde Sachkunde beim Bedienungspersonal waren die gemeinsamen Ursachen der Katastrophe.

Ein geschmolzener strahlender Reaktorblock ist nicht einfach zu handhaben. In Tschernobyl wurde um das zerstörte und stark strahlende Reaktorgebäude ein 400 000 Tonnen schwerer massiger Betonbau, oft als der *Sarkophag* bezeichnet, errichtet. Im Innern herrschte zunächst eine Temperatur von 200 °C. Anfang 1993 wurden weniger als 100 °C genannt. Die *Dekontamination* der strahlenverseuchten Landschaft um Tschernobyl ist schwierig, wenn nicht unmöglich. Dort, wo die Strahlung am stärksten war, wurde eine fünf bis zehn Zentimeter starke Erdschicht abgetragen und irgendwo gelagert. Je nach Quelle arbeiteten nach dem Unfall zwischen 300 000 und 600 000 sogenannte *Liquidatoren* in dem betroffenen Gebiet. Die meisten von ihnen waren junge Soldaten. Sie wuschen in Pripjat Häuser ab, sammelten verstrahlte Möbel und bespritzten die Straßen mit einer kunststoffhaltigen Flüssigkeit, um den radioaktiven Staub zu binden.

Die nicht zerstörten Kernreaktoren I, II und III arbeiten seit Herbst 1986 wieder. Die zur Zeit des Unglücks im Bau befindlichen Blöcke V und VI wurden aufgegeben. Die Mannschaft bleibt während ihrer freien Zeit nicht in dem immer noch radioaktiv verseuchten Gelände, sondern wird täglich ein- und ausgefahren. Anfang des Jahres 1991 arbeiteten in einer 30-Kilometer-Zone 11 000 Menschen. Sie halten sich dort nach Plan immer nur zwei Wochen auf. Danach verlassen sie die Zone für zwei Wochen und leben außerhalb bei ihren Familien. Pripjat hat keine Bewohner mehr. Nur kurzfristig wird die Geisterstadt von Beschäftigten des Kernkraftwerks betreten.

... und die Folgen

In den außersowjetischen Ländern wiesen Frischgemüse und Milch noch Wochen nach dem Unfall erhöhte Strahlungsmeßwerte auf. Es gab auch Meldungen über andere Lebensmittel mit erhöhter Strahlung. Noch Jahre nach dem Unfall wurde in Deutschland vor einem zu reichlichen Verzehr von Waldpilzen, Beeren und Wild gewarnt. Dem Bestand der deutschen Pilze kam das zugute. Geradezu furchtbar aber waren die Folgen für die Bewohner weiter Gebiete vor allem der Ukraine und Weißrußlands.

Da waren zunächst einmal die unmittelbaren Folgen. Die Feuerwehrleute hatten es nicht gewußt, aber sie waren während der Löscharbeiten einer extrem hohen Strahlenbelastung ausgesetzt gewesen. Von den 31 Menschen, die im Verlauf von wenigen Tagen bis zu einigen Wochen starben, gehörten einige zum Reaktorpersonal, die meisten aber waren Feuerwehrleute. Einige hundert Menschen trugen schwere Strahlenschäden davon; viele von ihnen wurden invalid.

In Tschernobyl wurde fünfzigmal soviel Strahlung freigesetzt wie 1945 bei den Atombombenabwürfen über Hiroshima und Nagasaki. Weit über die 30-Kilometer-Zone hinaus weisen seither große Gebiete Rußlands, der Ukraine und Weißrußlands eine erhöhte Strahlung auf. In den gefährdeten Gebieten leben insgesamt 4 Millionen Menschen. Die Wahrscheinlichkeit für Krankheiten, die durch Strahlenbelastungen hervorgerufen werden, nimmt mit der Dosis zu. Zu diesen Krankheiten zählen zuallererst Krebserkrankungen, darunter Leukämie, und genetische Mutationen, also Mißbildungen bei Neugeborenen. Viele der Liquidatoren erkrankten bereits an Krebs, und zwischen 6000 und 10000 von ihnen sollen schon gestorben sein. Nach allen Erfahrungen mit Strahlenwirkungen steht die Mehrzahl strahlenbedingter Erkrankungen aber noch bevor. Immer wieder wird die internationale Öffentlichkeit durch schreckliche Meldungen aus den Katastrophengebieten aufgerüttelt. Im Oktober 1993 stellte die WHO fest, daß die Fälle von Schilddrüsenkrebs in Weißrußland erheblich zugenommen hätten. Bei der Explosion war unter anderem radioaktives Jod frei geworden. Jod aber gelangt im Körper vorwiegend in die Schilddrüse. Schätzungen sagen für die Zukunft zwischen 14000 und 475000 Krebstote als Folge von

Tschernobyl voraus. Mit dem Höhepunkt der Krankheitswelle wird erst um das Jahr 2005 gerechnet. In der Bevölkerung herrscht Unsicherheit und Furcht. Häufig werden daher ganz normale Erkrankungen dem Reaktorunfall zugeschrieben. Andererseits kann die psychische Spannung, unter der diese Menschen leben, durchaus zu Krankheiten führen.

Tschernobyl bleibt im Gespräch. So sollen inzwischen Risse im Betonmantel um den Reaktor festgestellt worden sein. Regenwasser soll nach innen, strahlende Luft nach außen dringen. Die Menschen in der Ukraine und in Weißrußland sind bettelarm. In dieser verzweifelten Lage müssen die neuen Regierenden auch noch mit den Folgen von Tschernobyl fertig werden. Folgekosten in einer Größenordnung von mehreren hundert Milliarden Mark werden genannt; das kommt dem Umfang des gesamten Staatshaushalts Deutschlands nahe.

Allgemein bestehen im Bereich von Kernreaktoren in den Nachfolgestaaten der ehemaligen Sowjetunion und ihren einstigen Satellitenstaaten erhebliche Risiken. Die sowjetischen Reaktoren werden von westlichen Fachleuten als nicht sicher genug eingeschätzt. Sie stellen auch für die umliegenden Staaten eine Gefahr dar. Eine Sanierung der Kernkraftwerke im gesamten ehemaligen Ostblock wäre also erforderlich. Darüber wird auf internationalen Konferenzen auch viel gesprochen, ansonsten geschieht jedoch so gut wie nichts. Wer sollte denn die vielen Milliarden dafür zur Verfügung stellen?

Ganz allgemein kann es in Kernkraftwerken zu keiner Atomexplosion kommen. Das gilt auch für Tschernobyl. Die Physik ist in beiden Fällen unterschiedlich. Die Gefahr bei Kernkraftwerken besteht also nicht in einer atombombenartigen Explosion, sie liegt vielmehr in der Gefahr eines Unfalls mit einer darauf folgenden unsichtbaren, unheimlichen, heimtückischen Strahlenverseuchung einer größeren Fläche oder der Atmosphäre und daraus resultierenden Folgen für das Leben.

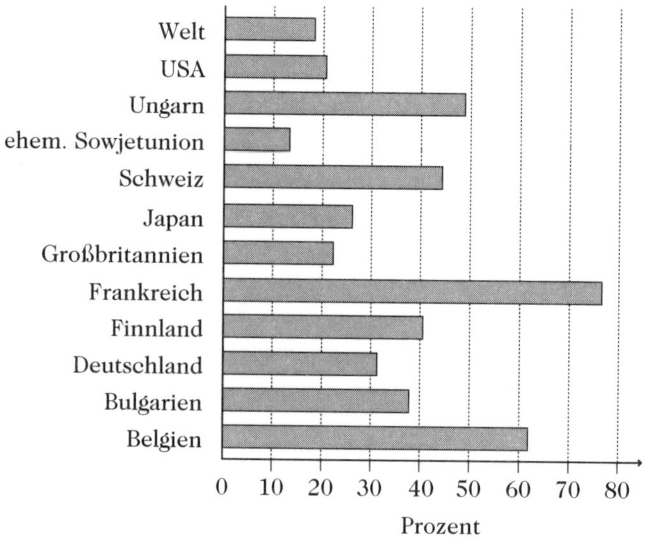

Anteil der Kernenergie an der öffentlichen Stromversorgung 1989

Quelle: Statistisches Bundesamt 1992

Kernenergie

Die im *Kernreaktor* eines *Kernkraftwerks* durch Spaltung schwerer Atomkerne gewonnene Energie heißt *Kernenergie.* Die Energiefreisetzung im Kernreaktor erfolgt langsam und kontrolliert. Bei der Atombombe dagegen wird die Kernenergie plötzlich, explosiv freigesetzt.

Ein *Atomkraftwerk* ist ein solches *Kernkraftwerk.* Der viel verwendete Ausdruck Atomkraftwerk ist nach Meinung der Physiker nicht ganz korrekt, da nicht das Atom, sondern der Atomkern gespalten wird. Daher ist auch der Ausdruck *Atomenergie* mit dem Begriff *Kernenergie* synonym.

Ende 1988 waren global 432 Kernreaktoren in Kernkraftwerken für die Stromerzeugung in Betrieb (J. Seidel). In Deutschland waren es 1992 20 Reaktoren. Sie stehen ausschließlich in Westdeutschland, nachdem das Kernkraftwerk Greifswald stillgelegt und der Weiter-

bau in Stendal aufgegeben wurde. Eine weltweite Stagnation im Kernkraftwerksbau ist seit 1993 zu beobachten.
Die Öffentlichkeit erfährt immer wieder von Untersuchungsergebnissen, denen zufolge Arbeiter in und die Bevölkerung um Atomanlagen erhöhter Strahlung wegen verstärkt an Krebs und Leukämie erkrankten. Solche Meldungen kamen aus *Oak Ridge Laboratory* im amerikanischen Bundesstaat Tennessee und aus der Wiederaufbereitungsanlage im britischen *Sellafield*. Eine Studie der Universität Mainz aus dem Jahr 1992 ortete ein erhöhtes Risiko für Kinder unter fünf Jahren in der Nähe deutscher Kernkraftwerke, an Leukämie zu erkranken. Andere Untersuchungen konnten solche Ergebnisse jedoch nicht bestätigen, etwa bei der Bevölkerung von Three Mile Island nach dem erwähnten Unfall. Weltweite Furcht herrscht vielmehr vor einem folgenschweren Unfall in einem Kraftwerk. Nach dem Unfall von Tschernobyl wurde überall auf der Erde die Frage nach der Sicherheit der Kernkraftwerke gestellt. Kann sich ein ähnliches Ereignis wie in Tschernobyl auch anderswo ereignen?
Tatsächlich wären die Folgen eines ähnlichen Unfalls etwa im dichtbesiedelten Europa unvorstellbar. In den meisten Ländern der Welt wurden also von den für die Reaktorsicherheit zuständigen Ministerien die eigenen Sicherheitsstandards überprüft, auch in Deutschland. Die für Kernkraft zuständigen Fachleute bei den Energieerzeugern versicherten danach den Bürgern, ein Unfall wie in Tschernobyl könne sich in Deutschland nicht ereignen, da die deutschen Reaktoren ein anderer, sehr sicherer Typ wären. Das ist auch glaubhaft, dennoch können wir davon ausgehen, daß die Industrie in aller Stille ihre Sicherheitskonzepte noch einmal überprüft hat und ständig weiterhin verbessert.
Die Diskussionen um die Kernenergie werden aber anhalten. Mögen die Kernkraftwerke in Deutschland und anderswo so sicher sein, wie es die gegenwärtige Technik zuläßt, nirgendwo gibt es die hundertprozentige technische Sicherheit oder das Risiko null. Es bleibt dennoch ein Restrisiko. Auch Eisenbahnen und Flugzeuge sind sehr sicher, und doch ereignen sich Unfälle. Niemand aber käme auf den Gedanken, deswegen Bahn oder Flugzeug abschaffen zu wollen. Es kommt immer auf das Risikomaß an. Bei einem Eisenbahnunglück können nur jene gewaltsam sterben, die im Zug sitzen, in seltenen Fällen noch Menschen, die sich gerade nahe der Bahnstrecke auf-

halten. Bei einem Flugzeugunglück trifft es die Passagiere und jene, auf die das Flugzeug fällt. Bei einem Kernkraftwerksunfall aber könnten durch die Strahlung, deren verursachende Atome durch die Luft schnell weitergetragen werden, sehr viel mehr Menschen Leben und Gesundheit verlieren. Die schnelle Evakuierung von Millionen Menschen könnte erforderlich sein – ein entsetzlicher Gedanke. Die Folgen eines europäischen oder nordamerikanischen Atomunfalls könnten den Industriestaat ebenso wie ein schweres Erdbeben in Kalifornien oder eines im Raum Tokio an den Rand seiner Existenz bringen. Nicht nur harmlose Demonstrationen, nein, Aufstände könnte es geben. Der Mensch neigt dazu, Schuldige für sein Unglück zu suchen. Und das wären in diesem Fall die Politiker und die Manager der Industrie.

Gerade wegen dieser weitreichenden Folgen des Restrisikos wird immer wieder gefordert, gänzlich auf die Kernenergie zu verzichten. Dabei wird häufig übersehen, daß die heutige Industriegesellschaft in einer längst überbevölkerten Welt noch ganz anderen Gefahren ausgesetzt ist, Gefahren, die vielleicht noch wesentlich weitreichender sind. Das soll heißen, daß diese Gefahren viel mehr Opfer fordern, als die Kernenergie fordern könnte und denen wir täglich ausgesetzt sind: der Hunger, die medizinischen Folgen der durch Verbrennung von Kohle, Öl und Benzin in die Luft gestoßenen Schadstoffe, die Verseuchung des Bodens und des Wassers durch Düngemittel, Pestizide, Herbizide und viele andere Produkte der Industriegesellschaft. Im Gegensatz zur Katastrophe von Tschernobyl und denkbaren künftigen Katastrophen wirken jene anderen Katastrophen aber nicht konzentriert. Wenn sie töten, tun sie es über die ganze Erde verteilt, in ihren Ursachen auch viel weniger deutlich. Die Menschen nehmen Dauerkatastrophen wie den Krebs oder den Hunger und seine Folgen nicht plötzlich und innerhalb eines begrenzten Gebietes wahr. Sie werden ihnen dadurch nicht nachhaltig bewußt.

Atommüll

Dieser Begriff umfaßt alle Stoffe, die bei der Nutzung der Radioaktivität anfallen und nicht mehr weiterverwendet werden können. Hierzu gehören ausgediente Kernbrennstäbe, Rückstände aus der dauernden Reinigung des Kühlwassers und eine Vielzahl verstrahlter Materialien aus den Kernkraftwerken, Abfälle der Atomwaffenproduktion, aber auch strahlende Stoffe, die bei der Forschung anfallen. Sehr gering ist der Anteil radioaktiver Abfälle aus der Medizin. Unabhängig von der Herkunft wird zwischen schwach-, mittel- und hochaktivem Atommüll unterschieden. Dieser Müll muß – wie anderer Müll auch – entsorgt werden. Bei radioaktiven Stoffen ist dies allerdings wesentlich schwieriger, denn diese können nicht verbrannt werden, da ihre Strahlung dadurch nicht beseitigt würde. Strahlung nimmt lediglich nach physikalischen Gesetzen ab. Die Halbwertszeit der Stoffe kann Hunderttausende Jahre betragen. Atommüll kann also nur gelagert werden, und das muß so sicher erfolgen, daß die Strahlung eine vorgegebene Zeit, die von wenigen Jahren bis zu mehr als 100000 Jahren reichen kann, nicht in die Umwelt gelangt. Für diese Art Lager wurde der Begriff *Endlager* geprägt.

Die kommerzielle Nutzung der Kernenergie erzeugt den weitaus größten Teil des gesamten radioaktiven Abfalls. Schätzungen des *Worldwatch Institute* aus dem Jahr 1992 zufolge fielen allein aus der Stromerzeugung durch Kernkraftwerke bis 1990 84000 Tonnen ausgediente Brennelemente und Hunderttausende Tonnen andere radioaktive Abfälle an. Zu Atommüll werden letztlich auch die Kernkraftwerke selbst. Nach 30 Jahren Betriebszeit müssen sie stillgelegt werden, da sie nach fortgeschrittener Technik nicht mehr kostengünstig arbeiten und inzwischen auch radioaktiv verseucht sind. Bis 1990 wurden auf der Erde 58 meist kleinere Atomkraftwerke stillgelegt, bis zum Jahr 2000 werden es weitere 60 größere Anlagen sein. Nach einer Beruhigungszeit von etwa 25 Jahren müssen die Kraftwerke abgerissen und Tausende Tonnen schwachradioaktiven Bauschutts beseitigt werden. Die vergleichsweise geringe Menge an verbrauchten Brennelementen aber ist das eigentliche Problem bei der Entsorgung, denn sie enthalten 99 Prozent der Radioaktivität sämtlicher in Kernkraftwerken anfallender Abfälle.

Auf Grund der geforderten Sicherheit über lange Zeiträume stellt die Endlagerung ein bislang nicht befriedigend gelöstes Problem dar. Die Menschen unserer Zeit haben nicht das Recht, die Kernenergie zu nutzen und die Bewältigung der Abfälle künftigen Generationen

zu überlassen. Schwach- und mittelaktiver Müll wird bisher in Fässern in ausgedienten Bergwerksstollen und in Salzstöcken gelagert. Salzstöcke werden normalerweise nicht vom Grundwasser erreicht. Erdbebensicherheit ist ebenfalls notwendig. Bis 1984 wurden radioaktive Abfälle sogar ins Meer versenkt. Im Oktober 1993 wurde bekannt, daß sowjetische Schiffe flüssige radioaktive Rückstände ins Japanische Meer schütteten.
Hochaktiver Atommüll, also vor allem die ausgedienten Brennelemente aus den Kernreaktoren, soll künftig ebenfalls in Salzstöcken gelagert werden. Bisher wurden diese Stoffe noch weitgehend oberirdisch in Zwischenlagern, häufig auf dem Kraftwerksgelände in großen Kühlwasserbecken, aufbewahrt. Sämtliche auf der Erde vorgesehenen Endlager für Brennelemente werden erst nach dem Jahr 2000 aufnahmebereit sein.
In Deutschland ist die stillgelegte Eisenerzgrube *Konrad* bei Salzgitter als Endlager für leicht- und mittelaktive Abfälle vorgesehen. Das Lager liegt 1200 Meter unter der Erde. Die Geologen versichern, daß das umliegende Gestein seit Millionen Jahren stabil sei und gefährliche Erdbewegungen auch künftig kaum zu befürchten sind. Das Genehmigungsverfahren für die erforderlichen Baumaßnahmen läuft seit Ende der siebziger Jahre. Als ein weiteres Endlager für leicht- und mittelaktiven Müll ist das Salzbergwerk Asse bei Braunschweig vorgesehen. Von 1965 bis 1978 wurden hier bereits 124500 Fässer mit schwachaktivem und 1300 Behälter mit mittelaktivem Müll abgelegt. Als Endlager für hochaktiven Müll bemühen sich die deutschen Stromerzeuger seit 1979 um einen Salzstock beim niedersächsischen Gorleben. Gegenwärtig befindet sich auf dem Gelände bereits ein Zwischenlager. Ein zweites Zwischenlager soll in Ahaus in Westfalen errichtet werden. In der ehemaligen DDR wurde seit 1981 in einem Salzstock bei Morsleben nahe Helmstedt schwach- und mittelaktiver Müll endgelagert. Die Bevölkerung wehrt sich überall gegen derartige Anlagen in ihrer Nähe.
Ausgediente Brennelemente können auch aufgearbeitet werden, und die meisten Länder gehen diesen Weg. Die Brennelemente enthalten noch ein Viertel des Kernbrennstoffs Uran-235 und mehr als 30 weitere radioaktive Elemente, darunter das gefährliche Plutonium, das während der Kernspaltung im Kernreaktor entsteht. Durch die Aufarbeitung werden Uran und Plutonium auf chemischem Wege

von den anderen Stoffen abgetrennt. Das Uran kann erneut als Kernbrennstoff, das Plutonium als Kernbrennstoff und in Atombomben verwendet werden. Übrig bleiben jene mehr als 30 radioaktiven Elemente, die sich im Verlauf der Kernspaltung des Urans im Kernreaktor gebildet haben. Sie enthalten 97 Prozent der Radioaktivität der abgebrannten Brennelemente. Viele dieser Stoffe zerfallen schnell weiter zu stabilen, also nicht mehr strahlenden Isotopen, andere brauchen dazu eine lange Zeit. Im bayerischen Wackersdorf war eine deutsche Wiederaufbereitungsanlage vorgesehen. Nach massiven Protesten wurde dieser Plan 1989 aufgegeben. Die deutschen Brennstäbe sollen nun im französischen La Hague und im britischen Sellafield aufgearbeitet werden.
Wiederaufbereitete Brennelemente enthalten nach 2000 Jahren nicht mehr Radioaktivität wie die entsprechende Menge Uranerz. Unverarbeitete benutzte Brennelemente brauchen dafür mehrere 10 000 Jahre. Es sei hier darauf hingewiesen, daß ein allerorten produziertes nichtradioaktives Umweltgift, nämlich die Schwermetalle, praktisch unbegrenzt haltbar bleibt.
Eine scheinbar sichere Möglichkeit der Entsorgung wäre der Transport hochaktiven Mülls in den Weltraum. Dort könnte er dem Leben auf der Erde in der Tat nicht mehr schaden. Die Technologie, also die Raketentechnik, ist vorhanden. Dennoch ist diese Art Entsorgung nicht durchführbar, da ein Fehlstart die Erde schwer mit den geladenen Abfällen belasten würde.

Uranbergbau

Wenn es um strahlendes Material geht, müssen auch jene Rückstände einbezogen werden, die im Bergbau und in der Hüttenindustrie entstehen. Dieses Problem betrifft vor allem die Förderländer. In Australien, Frankreich, Indien, Kanada, Namibia, Niger, der ehemaligen Sowjetunion, Südafrika, in Tschechien und den USA liegen Berge von Rückständen aus dem Uranerzbergbau. Kanada war in den achtziger Jahren der bedeutendste Uranerzeuger der westlichen Welt. Von dort bezogen die westdeutschen Kraftwerke mehr als die Hälfte ihres Bedarfs. Zurück blieben in Kanada 200 Millionen Tonnen strahlender Abraum.

Der deutsche Uranbergbau unter dem Decknamen *Wismut* gehört zu den dunkelsten Kapiteln der früheren DDR und den schlimmsten Erblasten für das vereinigte Deutschland. Um möglichst viel Uran für die sowjetischen Atombomben zu gewinnen, wurde weder auf die Umwelt noch auf die Gesundheit der Arbeiter oder der umliegenden Bevölkerung Rücksicht genommen. Die Sowjets hatten wohl gewußt, welcher Schatz ihnen nach dem Kriege zugefallen war. Gleich im Herbst 1946 kamen sowjetische Geologen ins Erzgebirge, und ab 1947 wurde dort unter Tage Uranerz abgebaut. Für 1948/49 werden je nach Quelle 80 000 bis über 300 000 Beschäftigte genannt. Das kleine Johanngeorgenstadt wuchs bis 1952 durch Zuwanderung von 10 000 auf 90 000 Einwohner an. In den sechziger Jahren dehnte sich die Uranförderung nach Ostthüringen aus, wo das Erz bei Gera und Ronneburg im Tagbau gefördert wurde. Die beiden großen kegelförmigen Halden bei Ronneburg waren von der Autobahn Dresden – Eisenach aus stets deutlich zu sehen. Neue Lagerstätten wurden auch bei Königstein in der Sächsischen Schweiz aufgeschlossen.

Nach der Wiedervereinigung wurde der Uranerzbergbau am 1. Januar 1991 offiziell eingestellt. Überall aber war die Landschaft zerstört, blieben die Halden des tauben Gesteins, das beim Stollenvortrieb angefallen war, und der Erze, die zu arm an Uran waren, als daß sich eine Aufarbeitung gelohnt hätte. Die Halden strahlen, und sie enthalten giftige Elemente wie Arsen und Blei. Das reichere Erz war gemahlen, das Uran herausgelaugt und die Schlämme in Absetzanlagen geleitet worden. Sie enthalten noch fünf bis zehn Prozent des ursprünglichen Urans und weitere radioaktive Elemente wie Radium und Thorium. Dadurch verbleiben 85 Prozent der Radioaktivität des ursprünglichen Erzes im Schlamm. Weitere giftige Bestandteile des Schlamms sind unter anderem Arsen, Selen und Blei. Die Absetzanlage Culmitzsch bei Seelingstädt zwischen Gera und Zwickau allein enthält 85 Millionen Tonnen solcher Schlämme. Nach der Wiedervereinigung wurde die zerstörte Landschaft der Bundesrepublik Deutschland überlassen. Die leitenden Genossen bei der vorhergehenden Umweltzerstörung wurden – nichts Seltenes im wiedervereinigten Deutschland – zu nunmehr parteilosen Managern für die Sanierung. Die neue deutsche *Wismut GmbH* schätzte die Gesamtkosten einer Sanierung 1992 auf 13 bis 15 Mil-

liarden Mark. Im Jahr 1993 wurden im Bundeshaushalt 774 Millionen DM bereitgestellt.
Über die Umweltzerstörung hinaus bleibt die Gefährdung der Bevölkerung durch Strahlen. In dem betroffenen Gebiet im Erzgebirge, so wissen wir seit dem 16. Jahrhundert, trat immer wieder eine tödliche Lungenkrankheit, *Schneeberger Krankheit* genannt, auf. Sie wurde 1879 als Lungenkrebs erkannt. Auf die strahlende Ursache kamen die Ärzte erst in den fünfziger Jahren. Es ist schwierig bis unmöglich, genaue Zahlen über die Erkrankungen zu erhalten. Im Jahr 1990 waren für die gesamte Betriebszeit des Uranerzbergbaus 7000 Fälle von Lungenkrebs und 21000 Fälle von Silokose gemeldet. Viele Arbeiter aber hatten die *Wismut* ja schon vor Ausbruch ihrer Krebserkrankung verlassen. Zusammenhänge zwischen Radioaktivität und Krebs sind vor allem bei niedrigen Dosen im Einzelfall kaum nachzuweisen. Daher können auch Zusammenhänge zwischen vermehrt auftretenden Fällen von Leukämie bei Kindern in den Gebieten des einstigen Uranbergbaus nur vermutet werden. Die Gefährdung der Bevölkerung durch Strahlung aus Halden und Schlammdeponien hält an. Sie besteht im Austreten des radioaktiven Gases Radon und in den Belastungen von Grund- und Oberflächenwasser durch radioaktives Sickerwasser.

Atomrüstung

Mögen die radioaktiven Abfälle aus den Kernkraftwerken zwar den weitaus größten Teil des zu bewältigenden Atommülls ausmachen, der Hauptgrund für die Strahlenverseuchung in großen Teilen der Erde sind aber nicht die Kernkraftwerke und auch nicht der Super-GAU von Tschernobyl, sondern die Atomrüstung. Statt des hier verwendeten Begriffs *Kernwaffen* ist auch der Begriff *Atomwaffen* üblich.
Stand 1993: Kernwaffenmächte sind die USA, Rußland, China, Großbritannien und Frankreich. Als Erbschaft der Sowjetunion stehen noch Atomwaffen in der Ukraine, in Weißrußland und Kasachstan. Israel, Indien und Pakistan besitzen Atomwaffen, geben das aber nicht zu. An der Entwicklung von Kernwaffen arbeiten Algerien, Irak, Iran, Libyen, Nordkorea und Syrien.
Von 1945 bis 1991 wurden von den USA, der UdSSR, Großbritan-

nien, Frankreich und China über 1900 Atomexplosionen durchgeführt. Auf der Grundlage eines Abkommens führen Amerikaner und Russen seit 1963 nur noch unterirdische Tests durch. Großbritannien, Frankreich und China hielten sich zunächst nicht an das Abkommen und erprobten weiterhin auch oberirdisch. Eine Studie der internationalen Vereinigung *Ärzte gegen den Atomkrieg* stellte 1991 fest, daß bedingt durch die bei oberirdischen Explosionen freigesetzte Strahlung bis zum Jahr 2000 auf der ganzen Erde 430000 Menschen an Krebs sterben werden. In den nächsten Jahrhunderten würden weitere 2,4 Millionen Menschen sterben.
In der Überzeugung, möglichst billig immer mehr und immer wirksamere Atombomben herstellen zu müssen, wurden in den USA in erschreckendem Maße Umweltschäden verursacht. Gasförmige radioaktive Abfälle wurden einfach in die Luft abgeblasen, feste Abfälle wurden vergraben. Flüssige Stoffe lagern weiter in riesigen Stahltanks, wenn sie nicht einfach weggeschüttet wurden und so ins Grundwasser gelangen konnten. Die Öffentlichkeit erfährt im nachhinein von Lecks in den Tanks und von radioaktiven Abfällen, die der Columbia River in den Pazifik transportierte. Nach einer Studie des UNDP aus dem Jahr 1991 wären über 300 Milliarden Dollar erforderlich, um die Atomwaffenanlagen in den USA zu sanieren. Diese Summe ist so groß, daß an eine Sanierung nicht einmal zu denken ist.
Im Herbst 1993 wurde bekannt, daß in den USA von den Militärs Versuche an Menschen hinsichtlich ihrer Strahlenbelastbarkeit veranlaßt wurden. Die Öffentlichkeit reagierte empört. Mit weiteren Enthüllungen muß gerechnet werden.
Aus der Sowjetunion gelangten nur wenige Nachrichten über die Folgen der Atomrüstung an die Öffentlichkeit. Erst seit dem Umbruch werden Einzelheiten bekannt. Inzwischen steht außer Zweifel, daß die Umweltschäden in der ehemaligen Sowjetunion jene in Westeuropa und den USA bei weitem übertreffen.
Die sowjetischen Atomversuche wurden auf Nowaja Semlja und in Kasachstan durchgeführt. Die beiden Inseln von Nowaja Semlja waren zuvor durch Zwangsumsiedlung der Bewohner menschenleer gemacht worden. Daher müssen die Folgen in Kasachstan zwangsläufig viel schlimmer sein als auf den menschenleeren Inseln. Mit rund 20000 Quadratkilometern ist das kasachische Versuchsgebiet etwa

so groß wie Hessen. Die erste Atombombe wurde am 29. August 1949 gezündet. Die Strahlen einer Atomexplosion wurden zu dieser Zeit noch nicht so sehr ernst genommen, auch im Westen nicht. Diese Meinung änderte sich erst Mitte der fünfziger Jahre. Durch die erste sowjetische Explosion wurden 100 000 Menschen um das Versuchsgelände strahlengeschädigt.

Von 1949 bis 1989 wurden in Kasachstan 166 – nach anderen Angaben 161 – Atomexplosionen in der Atmosphäre und 343 Explosionen unter der Erde durchgeführt. Während der ganzen Zeit lag die Strahlung für die Menschen bis zu etwa 300 Kilometern um das Testgelände erheblich über den Normalwerten. Folgen für die Bevölkerung wurden geheimgehalten. Nun werden nach und nach Einzelheiten bekannt. In Semipalatinsk, der nächsten großen Stadt, sind die Kinder dreimal so häufig krank wie in ganz Kasachstan, die geistige Unterentwicklung ist dreimal so hoch. Überdurchschnittlich viele Menschen in Semipalatinsk und in den umliegenden Dörfern sterben an Krebs, viel zu viele Kinder kommen mißgebildet oder tot zur Welt. Die Zahl der Leukämietoten ist doppelt so hoch wie anderswo. Das Immunsystem der Kinder ist geschädigt, sie leiden überdurchschnittlich häufig an Infektionskrankheiten.

Ende der achtziger Jahre hörten die sowjetischen Atomtests in Kasachstan auf. Im Juli 1992 wurde das Atomtestgelände zum Katastrophengebiet erklärt, eine landwirtschaftliche Nutzung damit verboten.

In der ehemaligen Sowjetunion haben sich auch Atomunfälle ereignet, deren Ausmaße zwar hinter jenem des Tschernobyl-Unfalls zurück blieben, die aber dennoch Hunderttausende damaliger SU-Bürger betrafen. Viele Dörfer wurden aufgegeben, die Menschen umgesiedelt.

Zwischen Jekaterinenburg, dem früheren Swerdlowsk, und Tscheljabinsk liegt bei Kyshtym der einstmals streng geheime Ort Tscheljabinsk-40, in dem zu sowjetischer Zeit fünf Kernreaktoren Plutonium für die Atombomben erzeugten. Hier gelangte ständig Strahlung in die Umgebung. Das Institut für Biophysik des ehemaligen sowjetischen Gesundheitsministeriums in Tscheljabinsk berichtet, daß dadurch im Verlauf von 32 Beobachtungsjahren über 8 000 Menschen getötet und 28 000 Menschen gesundheitlich geschädigt wurden. Die Leukämiefälle hatten stark zugenommen.

Bis 1956 wurden radioaktive Flüssigkeiten einfach in den Fluß Techa geleitet. Die Stoffe gelangten dadurch in den Ob und weiter in die Arktis. Dem Fluß aber wurde Trinkwasser für die Bevölkerung entnommen, und dem Bericht zufolge wurden so 124000 Menschen einer erhöhten Strahlung ausgesetzt. Am 29. September 1957 explodierte in Tscheljabinsk-40 infolge Überhitzung ein mit 80000 Tonnen flüssiger radioaktiver Abfälle gefüllter Tank und verteilte einen großen Teil des Inhalts über 23000 Quadratkilometer, das entspricht etwa der Fläche von Hessen. Daraufhin wurden 10000 Menschen umgesiedelt. Radioaktive Flüssigkeiten wurden bis in die sechziger Jahre hinein auch in den Karachai, einen künstlichen Stausee bei Kyshtym, geleitet. Im Jahre 1967 trocknete der See während eines heißen Sommers aus. Der Staub des Seebodens wurde vom Wind erfaßt und über 2700 Quadratkilometer verteilt, wo zu dieser Zeit 41500 Menschen lebten. Der See ist heute noch 25 Hektar groß. Wer sich länger als eine Stunde an seinem Ufer aufhält, riskiert eine tödliche Strahlendosis.
Auch in die Weltmeere wurde vielerorts atomarer Abfall versenkt. Im Westen dürfte Großbritannien die Liste der Sünder anführen. Aber auch die USA und Frankreich entsorgten ins Meer. Die Sowjets haben große Mengen fester und flüssiger radioaktiver Abfälle in die Barentssee vor der Halbinsel Kola und in die Karasee vor Nowaja Semlja versenkt. Flugzeugträger, Schlachtschiffe und U-Boote werden atomar angetrieben. Im Hafen von Murmansk auf der sowjetischen Halbinsel Kola liegen mehrere Schlachtschiffe und über 100 Atom-U-Boote. Die Kernreaktoren dieser Schiffe müssen noch beseitigt werden.
Für den Durchschnittsbürger ist es kaum verständlich, daß die Atommächte atomare Waffen so reichlich anhäuften, daß das Leben der Erde gleich mehrfach vernichtet werden könnte. In der Karasee liegen 16 sowjetische Kernreaktoren, im Japanischen Meer sind es zwei; 15 dieser Reaktoren stammen von außer Dienst gestellten U-Booten, drei vom Atomeisbrecher »Lenin«. Davon enthalten sechs Reaktoren noch den Kernbrennstoff. Insgesamt sollen die Russen 228 Atom-U-Boote besitzen – ein unvorstellbares Vernichtungs- und Gefahrenpotential. Im Jahre 1989 sank bei der Bäreninsel in der Arktis das sowjetische U-Boot *Komsomolets,* und das selbstverständlich inklusive der Kernreaktoren und Atomwaffen. Weitere

U-Boot-Wracks sollen in den Buchten Nowaja Semljas liegen. Aber auch die Amerikaner sprechen nicht gern über die von ihnen verursachte Strahlungsbelastung der Weltmeere. Immerhin sanken 1963 und 1968 die U-Boote *Thresher* und *Scorpion.*

Nichts wird bekannt über den Umgang mit radioaktiven Abfällen in jenen Ländern der Dritten Welt, die trotz großer Armut Atombomben entwickeln oder bauen.

Da ist aber auch das Problem der Kernwaffen selbst. Über 20000 atomare Sprengköpfe lagern auf der Erde. Vorerst haben die USA und Rußland beschlossen, innerhalb von 10 Jahren zwei Drittel ihrer Bestände zu vernichten. Das wird Milliarden kosten. Es bleiben ihnen dann noch jeweils 3000 Bomben. Es gibt aber noch weitere Atommächte. Und werden es die atomaren Habenichtse hinnehmen, daß die Erde in Staaten mit und ohne Atombomben eingeteilt bleibt? Da die Technik auch auf diesem Gebiet voranschreitet, werden immer mehr Länder solche Waffen herstellen können. Der Zusammenbruch der Sowjetunion und die katastrophale wirtschaftliche Lage der Nachfolgestaaten stellen eine zusätzliche Gefahr dar. Nach dem Abrüstungsabkommen zwischen den USA und den Nachfolgestaaten der Sowjetunion müssen Tausende Sprengköpfe zerlegt werden. Dabei fallen Uran und Plutonium an, das gelagert werden muß. Bombenfähiges Material und Raketen, aber auch Technologie zur Entwicklung und Herstellung von Atombomben und Raketen werden bereits heute illegal exportiert. Eine unbekannte Zahl von Fachleuten der sowjetischen Atomwaffen- und Raketenindustrie arbeitet bereits gegen gute Bezahlung in den islamischen Ländern. ▬

Die Verstädterung

Ballungsräume – unsere Zukunft?

Die Weltbevölkerung lebt zunehmend in städtischen Ballungsräumen. Diese Entwicklung wird *Urbanisierung* oder *Verstädterung* genannt. In den Ländern der Dritten Welt ist dieser Vorgang verbunden mit einer zunehmenden Verelendung der Bewohner. In Europa führt Verstädterung nicht zwangsläufig zur Verelendung, allerdings sind die Unterschiede beträchtlich. In einigen europäischen Städten haben die Verhältnisse die Grenze zur Katastrophe überschritten. Selbst dort aber ist die Lage mit jener in den großen Städten der Dritten Welt noch nicht zu vergleichen.
Im Jahr 1900 gab es auf der Erde 13 Städte mit mehr als einer Million Einwohnern, 1980 waren es 230. Im Jahre 1914 gab es zwei Städte – eher Ballungsräume – mit mehr als 5 Millionen Einwohnern: New York mit 6,0 und London mit 7,3 Millionen. Paris hatte zu dieser Zeit 4,5 und Berlin 3,8 Millionen Einwohner. Im Jahr 1992 weist die Statistik 27 Städte oder Stadtagglomerationen – einschließlich der Umlandgemeinden – mit mehr als 5 Millionen Einwohnern auf. Die meisten davon liegen in Ländern der Dritten Welt. Im Jahr 2000 werden mehr als 50 5-Millionen-Städte erwartet, die weitaus meisten davon wieder in den Ländern der Dritten Welt. Anfang unseres Jahrhunderts lebten 10 Prozent der Menschen auf der Erde in einer Stadt, 1985 waren es knapp 42 Prozent, und im Jahre 2000 werden es nach Schätzungen der Vereinten Nationen 60 Prozent sein. Allein in den Entwicklungsländern werden dann mindestens zwei Milliarden Menschen in Städten leben, davon wiederum die Hälfte – also eine Milliarde – in Millionenstädten. Das Wachs-

tum der Städte wird in diesen Ländern aber vor allem Ausdehnung der Slums und Elendsquartiere bedeuten. Die Städteentwicklung vorwiegend in den Ländern der Dritten Welt ist neben der Bevölkerungsexplosion das erschreckendste Merkmal unserer Zeit.

Deutschland

Im Jahr 1990 lebte jeder dritte Deutsche in einer der 83 Großstädte mit mehr als 100 000 Einwohnern. Deutschland hat 13 Großstädte mit mehr als einer halben Million Einwohner.
Deutschlands Städte werden immer größer. Sie entwickeln sich dabei nicht in Richtung größerer Wohndichte, sondern dehnen sich vielmehr aus. Denn der Anspruch auf Wohnfläche wächst weiter, und die flächenaufwendigen Einpersonenhaushalte nehmen zu. Im Jahr 1990 waren dies bereits die Hälfte aller Wohnungen. Viele Bürger zieht es hinaus in die Vorstädte, eine Trabantensiedlung, eine Kleinstadt oder in eines der Dörfer, die den großstädtischen Ballungsraum umgeben. Durch diese *Stadtflucht* dehnen sich die Städte immer weiter aus. Stadtflucht und Urbanisierung sind kein Widerspruch. Die Flucht aus der Stadt soll Ausweg aus der Verstädterung sein, wodurch allerdings das stadtnahe natürliche Umland zerstört wird und nun seinerseits verstädtert wie beispielsweise im Ruhrgebiet.
Zwischen den Wohngebieten liegen Industrie und Handel. Der Bürger muß sich täglich in einer nur langsam vorankommenden Autoschlange zu seinem Arbeitsplatz quälen. Deutschlands Landschaft wird so immer stärker zersiedelt. In vielen Regionen geht sie letztlich über in ein Geflecht von Wohnsiedlungen unterschiedlicher Größe vom Dorf über die Klein- bis hin zur Großstadt, von Industrien jeglicher Art und Größe und dazwischen Hochspannungsmasten, Straßen und Parkplätze. So ist es im Ruhrgebiet. Wir erkennen sogar ein ganzes Band von Siedlungszentren, das sich von Braunschweig über Hannover, Bielefeld, das Ruhrgebiet, weiter den Rhein aufwärts, vorbei an der Industrielandschaft am Main, über Mannheim und Karlsruhe bis nach Stuttgart erstreckt. In den Großstädten führt die Wohnungsnot zu einem dramatischen Anstieg der Mieten. Die ärmere Bevölkerung weicht in Wohnhoch-

häuser im billigeren Umland aus. Oder sie zieht in die vernachlässigten Stadtviertel. Vielfach nehmen Ausländer dort Wohnung. So können Ghettos entstehen. Die Obdachlosigkeit hat in den letzten Jahren stark zugenommen. Im Jahr 1993 fehlten in Deutschland zwischen 2 und 2,5 Millionen Wohnungen.
Anfang der neunziger Jahre sind auf der Fläche der alten Bundesrepublik (248 000 Quadratkilometer) 30 000 Quadratkilometer bebaut, etwa 12 Prozent der Gesamtfläche. Aber täglich geht Naturland verloren. Die angegebenen Zahlen darüber sind nicht einheitlich. Für den Teil der alten Bundesrepublik liegen sie zwischen 120 und 160 Hektar. Wenn wir einen mittleren Wert von 140 Hektar Verlust pro Tag annehmen, sind das über 500 Quadratkilometer jährlich. Im Verlauf von 40 Jahren wird so eine Fläche von der Größe Hessens (21 114 Quadratkilometer) aus der Natur der alten Bundesrepublik herausgenommen. Hierzu kommen innerhalb Deutschlands nocht die verbrauchten Flächen der ehemaligen DDR.
Aber der Verlust ist in Wirklichkeit viel größer. Ein Supermarkt auf der grünen Wiese mit seinem notwendig riesigen Parkplatz nimmt eine bestimmte Fläche ein, aber wer will schon in der Nähe eines Supermarktes Erholung suchen? Wer will nahe einem Chemiewerk wohnen? Außerdem zerschneiden immer mehr Straßen einstmals zusammenhängende Landschaften. Eine Fernverkehrsstraße mag nur den ganz geringen Teil eines Tals ausmachen, für erholungsuchende Städter dürfte diese Landschaft dennoch nicht mehr interessant sein.

Europa

Obwohl allgemein reich – verglichen mit den anderen Ländern der Welt – bestehen innerhalb Westeuropas doch schroffe soziale Gegensätze. Es gibt sie sowohl zwischen einzelnen Ländern als auch innerhalb mancher Länder.
In den dichtbevölkerten und reichen westeuropäischen Ländern ähneln die Verhältnisse jenen in Deutschland. In *Großbritannien,* der *Schweiz, Österreich* und den *Niederlanden* ziehen die Menschen von den Zentren nach den Rändern der Städte. In Frankreich und Schweden wachsen die Großstädte noch an.

Süditalien, Südspanien, Portugal und *Griechenland* zählen zu den armen Regionen und Ländern Westeuropas; sie haben viel Ähnlichkeit mit Entwicklungsländern. Hier wachsen auch die Städte wie in den Entwicklungsländern schnell an. Für den Ballungsraum Athen wurden 1984 gut 3 Millionen Einwohner geschätzt; das waren 30 Prozent der griechischen Bevölkerung. Hier sind etwa 40 Prozent aller griechischen Industriebetriebe angesiedelt. Die Stadt ist berüchtigt wegen ihres Lärms und ihres Smogs. Aber es zieht die Menschen nach Athen, in die Hauptstadt, die größere Chancen bietet als ihr abgelegenes Dorf. Rom, Neapel, Palermo, Madrid und Lissabon sind ebenfalls schnell wachsende Städte mit so armen Vierteln, daß sie durchaus als Slums bezeichnet werden können.

Stadt	Land	Jahr	Einwohner (Mill.)	
			Stadtgebiet	Ballungsraum
Paris	Frankreich	1990	2,2	9,1
Moskau	Rußland	1990	8,8	9,0
Istanbul	Türkei	1987	4,7	8,5
London	Groß-britannien	1990		6,8
St. Petersburg	Rußland	1990	4,5	5,0
Mailand	Italien	1989	1,4	4,0
Rom	Italien	1989	2,8	3,8
Berlin	Deutschland	1990	3,4	
Neapel	Italien	1989	1,2	3,2
Madrid	Spanien	1990	3,1	
Athen	Griechenland	1984	0,9	3,0

Die 10 größten Städte Europas

Quelle: Statistisches Bundesamt 1992

In *Frankreich* hat es die Menschen schon immer nach Paris gezogen. Heute zählt der Pariser Ballungsraum über 9 Millionen Einwohner. Zwar gibt es auch hier ärmliche Stadtviertel und sogar Notunterkünfte, die überwiegend von Nordafrikanern bewohnt werden, von Slums kann im Großraum Paris aber nicht gesprochen werden.

Schlimmer sieht es in *Großbritannien* aus. Einstige weltberühmte Industriestädte, wie Manchester oder Liverpool, haben den Anschluß an die moderne Produktionsweise nicht gefunden. Die Industrie kann vielerorts mit den Produkten vom Kontinent und aus Fernost nicht konkurrieren. In den einstigen Weltzentren industriellen Fortschritts herrscht eine hohe Arbeitslosigkeit, erkennt der Besucher verkommene, ja, zerfallene Wohnviertel. Zahlreiche einstige Fabriken stehen als Ruinen da. In diesen Städten ist die Kriminalität hoch, kam es zu Aufständen von arbeitslosen Jugendlichen mit Zerstörungen, Brandanschlägen und Plünderungen. Besonders hoch ist die Arbeitslosigkeit unter den Farbigen aus den einstigen Kolonien. Hierzu gesellt sich wie auch anderswo in Europa die Meinung der Ansässigen, die Ausländer nähmen ihnen die Arbeit weg.
In *Rußland* sind die Städte ebenfalls schnell gewachsen. Moskau hat heute fast 9, St. Petersburg 5 Millionen Einwohner. Gerade nach Moskau, dem Zentrum des Riesenreiches, zog es stets viele Menschen aus der Provinz. Da der Sowjetstaat aber auch straff zentralistisch geleitet wurde, sammelte sich in Moskau eine Unzahl Bürokraten. Außerdem steht in Moskau ein großer Teil der russischen Industrie. In der Stadt ist zwar inzwischen die Mehrheit der Bevölkerung verarmt, die enge Behausung aber hat wenigstens einen Stromanschluß und ist an das Abwassernetz angeschlossen. Viele, wenn nicht die meisten Wohnungen sind heruntergekommen, Slums gibt es in Moskau oder anderen russischen Städten jedoch nicht.
In den ehemals von Rußland abhängigen Ländern *Ukraine, Weißrußland,* den *baltischen Staaten, Polen, Tschechien,* der *Slowakei, Rumänien, Bulgarien, Albanien* und *Ungarn* herrschen Wohnungsnot und Armut ähnlich wie in Rußland.

Nordamerika

Die Vereinigten Staaten von Amerika haben viele Millionenstädte, und New York ist immer noch die größte. Im Jahre 1990 wurde die Zahl seiner Einwohner mit 7,3 Millionen angegeben, der gesamte Ballungsraum aber umfaßt 18 Millionen Menschen. New York wiederum liegt innerhalb eines über 600 Kilometer langen Siedlungsgürtels von Boston im Norden über Providence, Hartford, New York,

Philadelphia und Baltimore bis nach Washington im Süden. Hier wohnen 35 Millionen Menschen.
New York, so wußte einst die Welt, ist ein Zentrum des Wohlstands und des Fortschritts. Hier sitzen die großen Konzerne und das Geld. Das hat sich in den letzten Jahrzehnten allerdings erheblich geändert. Zwar sind die Vereinigten Staaten noch immer die stärkste Militärmacht, hier liegt aber auch ein wesentlicher Grund dafür, daß sie wegen des reichlich für Rüstung ausgegebenen Geldes nicht mehr das anerkannte Land des technischen Fortschritts und des beneideten hohen Lebensstandards sind. Europa und einige Länder Ostasiens sind den USA längst auf vielen technischen Gebieten überlegen. Es ist auch viel schwieriger geworden, in den Ländern der Dritten Welt Rohstoffe für wenig Geld einzukaufen. Das mußte sich auf die amerikanische Wirtschaft und auf den durchschnittlichen Lebensstandard auswirken. Die Amerikaner leben mehr auf Kredit als die Staaten Europas, Italien vielleicht ausgenommen. Das jährliche Haushaltsdefizit ist ebenso gewaltig wie die gesamte Staatsverschuldung. Amerika hat ein dauerndes Handelsdefizit. Einstmals vergaben die USA ihre Kredite in alle Welt, heute sind sie überall in der Welt verschuldet. Das Land hat darüber hinaus ein Bildungsproblem. Den einstmals geschätzten amerikanischen Universitäten fehlt das Geld.
New York ist eine Stadt der Gegensätze. Manhattan mit seinen Wolkenkratzern ist weiterhin das Zentrum des Geldes und der Macht, andere Stadtviertel aber, wie die Bronx oder Harlem, sind elende Slums mit zerfallenden Häusern. Hier leben die schwarzen Arbeitslosen ohne Aussicht auf eine Änderung ihrer Lage. Für Detroit werden über 4 Millionen Einwohner genannt. Die Stadt des Autobaus hat ebenfalls ihr glänzendes Zentrum, aber der amerikanische Straßenkreuzer ist nicht mehr das Symbol für Wohlstand. Viele Kunden bevorzugen die besseren und billigeren Autos aus Japan und Europa. Die Stadt spürt das: Zehntausende Autobauer mußten Ende der achtziger Jahre entlassen werden. Gleich jenseits des Machtzentrums zerfallen die Stadtviertel, hausen die Arbeitslosen. Wie in New York und Detroit sieht es in vielen amerikanischen Großstädten aus. Die amerikanischen Kommunen haben hohe Schulden, Schulen müssen schließen, Straßen verrotten.
Zerfallende Stadtviertel nehmen die Amerikaner allerdings nicht tra-

gisch. Das Land ist groß, und Platz gibt es genug, ganz anders als in Europa. Da kann schon einmal ein Stadtviertel sich selbst überlassen und anderswo ein neues aufgebaut werden. Kann er es sich leisten, wohnt der Amerikaner im Einfamilienhaus mit Garten. Das kostet Raum, so daß sich die Vororte der großen Städte immer weiter in das Land hinein ausdehnen. Während die Bevölkerung New Yorks im Verlauf von 25 Jahren nur um 5 Prozent zunahm, vergrößerte sich die Fläche der Stadt auf Kosten des Umlandes um 61 Prozent. Für den öffentlichen Nahverkehr wurde seitens der Regierenden noch niemals viel getan; der Individualverkehr beherrscht die Straßen. So sind amerikanische Städte häufig gigantische Wohnsiedlungen, von mehrspurigen Autostraßen – den Highways – durchschnitten. Amerikanische Städte sind ein Stadtland, eine Mischung aus Enge und Weite, Reichtum und Armut, Eleganz und Häßlichkeit, Wohnsilos und Einfamilienhäusern mit Gärten, umgeben von Natur. Amerikanische Städte sehen so ganz anders aus als europäische. Ein historisches Zentrum fehlt.

Stadt	Land	Jahr	Einwohner (Mill)	
			Stadtgebiet	Ballungsraum
New York	USA	1990	7,3	18,1
Los Angeles	USA	1990	7,3	14,5
Chicago	USA	1990	2,8	8,1
San Francisco	USA	1990	0,7	6,3
Philadelphia	USA	1990	1,6	5,9
Detroit	USA	1990	1,0	4,7
Boston	USA	1990	0,6	3,9
Washington	USA	1990	0,6	3,9
Houston	USA	1990	1,6	3,7
Toronto	Kanada	1986	0,6	3,4

Die 10 größten Städte Nordamerikas

Quelle: Statistisches Bundesamt 1992

Herausragendstes amerikanisches Beispiel ist das berühmte kalifornische Wirtschaftszentrum Los Angeles, eine Stadt mit endlosen bebauten Flächen, die Häuser oft inmitten von Gärten, hie und da

Gruppen von Wolkenkratzern als Zeichen eines Geschäftszentrums, dazwischen auch riesige Parkplätze, die zu einem *Shopping Center* oder einer Fabrik gehören. L. A. ist aus Dutzenden von Städten und Siedlungen zu einem einzigen riesigen Ballungsraum mit vielen Stadtmitten zusammengewachsen. Der öffentliche Nahverkehr fehlt, jedermann fährt mit seinem Auto über die Highways zur Arbeit, zum Einkaufszentrum, zu seinen Freunden und wieder nach Hause. Nach wissenschaftlichen Untersuchungen ist die Luft von Los Angeles an 232 Tagen im Jahr gesundheitsschädigend. Der Smog schädigt die Lungen der Einwohner von L. A.

	Stadtbevölkerung		Bev. in Städten mit 1 Million und mehr	
	1965	1990	1965	1990
Welt	36	50	14	16
Europa	40	60	12	16
Belgien	93	97	–	–
Bulgarien	46	68	10	13
Deutschland	78	84	–	–
Finnland	44	60	12	20
Frankreich	67	74	20	19
Großbritannien	87	89	28	23
Italien	62	69	26	25
Niederlande	86	89	16	14
Portugal	34	34	11	16
Rumänien	38	53	8	9
Ungarn	43	61	19	20
eh. Sowjetunion	52	66	–	–
USA	72	75	35	36

– = nicht verfügbar
Quelle: Weltbank 1992

Prozentanteil der Stadtbevölkerung und der Bevölkerung in Städten mit 1 Million und mehr Einwohnern in den Jahren 1965 und 1990

Die Dritte Welt

In den Ländern der Dritten Welt erleben wir zur Zeit eine Völkerwanderung vom Lande in die Stadt, wie es sie auf Grund der viel geringeren Weltbevölkerung früherer Zeiten niemals zuvor in der Weltgeschichte gab. Zehntausende strömen in den armen Ländern des Südens täglich in die Städte. Die Bevölkerung der Dritten Welt wächst schnell, in den Städten aber wächst sie doppelt so schnell. Die Probleme sind nicht mehr lösbar. Städte wie Mexiko-Stadt, Bombay, Lagos, Kairo oder Kalkutta können längst nicht mehr regiert werden.
Das Wachsen der Städte in Europa und Nordamerika während des 19. Jahrhunderts war begründet in der zunehmenden Bevölkerung und der parallel verlaufenden Industrialisierung. Die neuen Industrien in den Städten nahmen den Bevölkerungsüberschuß vom Lande wie aus den Städten auf und gaben den Menschen Arbeit. Es war schlechtbezahlte Arbeit. Wir wissen vom Elend der Menschen in den Vorstädten der neuen industriellen Zentren. Zwar wird auch in den Ländern der Dritten Welt industrialisiert, das Wachstum der Industrien kann der Bevölkerungsentwicklung aber keineswegs folgen. Das Elend der Menschen in den großen Städten der Dritten Welt ist viel schlimmer als in den einstigen Mietskasernen Europas während der Industrialisierung.
Schon zur Zeit des Kolonialismus waren die Städte immer größer geworden. Die traditionelle, vergleichsweise bescheidene Wirtschaft der unterworfenen Länder war im Interesse der Kolonialherren umgestaltet worden. Das Interesse hieß nun: Rohstoffe aus der Erde und landwirtschaftliche Erzeugnisse von der Erde, und alles natürlich möglichst billig. In der Landwirtschaft führte das zur Großfarm- und Plantagenwirtschaft. Einheimische und eingewanderte Großgrundbesitzer eigneten sich immer mehr Land an, vertrieben die Bauern oder machten sie zu schlechtbezahlten Tagelöhnern. Die großen Flächen wurden zunehmend modern, also mit Hilfe von Technik bewirtschaftet, und gaben damit gewiß mehr her an Rindern, Kakao, Reis, Bananen oder Baumwolle, aber das wurde ja in die Herrenländer verbracht. Viele einheimische Bauern aber sanken zu bettelarmen Landarbeitern herab, und so zogen sie aus ihren Dörfern fort in die Städte in der Hoffnung, in deren Industrien Arbeit zu finden. Zu diesem Trend gesellte sich das natürliche, viel zu starke Be-

völkerungswachstum. Immerhin hatten die Kolonialherren den fremden Kulturen mit ihrer Zivilisation auch die Medizin und die Hygiene gebracht. Die bescheidene Industrie in den Städten aber konnte keineswegs allen Menschen Arbeit geben, und die Armen blieben arm.

In der nachkolonialen Zeit wuchsen die Städte weiter. Der anhaltende Fortschritt in der Landwirtschaft durch die Technisierung nahm den Menschen weiterhin die Arbeit. Insbesondere die jungen Menschen versuchen daher, der unerträglichen Armut in den Dörfern durch die Flucht in die Stadt zu entrinnen. Andere ziehen die Stadt dem Lande ohnehin vor. Auch die einheimischen Diktatoren dachten so und ließen sich durch Entwicklungshilfe oft gewaltige Industrieanlagen in ihre Hauptstädte setzen. Dorthin mußten dann die ehemaligen Bauern gehen, wollten sie wieder Geld verdienen. Da mehr Menschen auch mehr Kinder zeugen, wird das Wachstum der Städte nur in zweiter Linie durch den Zustrom vom Land bestimmt. Etwa 60 Prozent der Einwohner in der Dritten Welt werden in Städten geboren, nur 40 Prozent sind Zuwanderer aus Dörfern und Kleinstädten. Eine Ausnahme ist Afrika; hier übersteigt die Zuwanderung den Geburtenüberschuß.

Die Verkehrssysteme sind hoffnungslos überfordert. Unzählige Autos verstopfen die Straßen. Die verschmutzte Luft gefährdet die Gesundheit. Wenn die Menschen überhaupt eine Behausung haben, leben sie in verwahrlosten, übervölkerten Mietskasernen oder in endlosen Barackensiedlungen, oft genug große Familien in einem einzigen Raum. Ganz grob kann geschätzt werden, daß ein bis zwei Viertel aller Einwohner in den Großstädten der Dritten Welt in *wilden Siedlungen (popular settlements)* hausen. Das sind illegale, meistens in eigener Arbeit errichtete Behausungen aus Brettern oder Blech, oft ein einziger Raum ohne Fenster. Hier fehlt es an sauberem Wasser und an Kanalisation, Elektrizität, Müllabfuhr, normaler Schulbildung und medizinischer Versorgung. Der Boden wird verunreinigt. Leben die Menschen an Flüssen, werden diese verseucht. Streß, Drogenkonsum, Kriminalität und Krankheiten breiten sich aus.

Um Zwangsräumungen zu entgehen, wurden viele der wilden Siedlungen auf einem Gelände errichtet, das für den legalen Bau von Wohnungen ungeeignet ist. In Rio de Janeiro (Brasilien), La Paz (Bolivien), Guatemala-Stadt und Caracas (Venezuela) handelt es sich um erdrutschgefährdetes Gelände. In den Millionenstädten Recife (Brasilien), Guayaquil (Ecuador), Lagos (Nigeria), Bombay, Delhi (Indien) und Bangkok (Thailand) sind ganze Stadtviertel hochwassergefährdet.

Die Welt des Islam

Die Städte in den islamischen Ländern explodieren. Unter den iranischen Ajatollahs konnte das Problem der Bevölkerungsexplosion mit seinen Folgen elender Wohnsiedlungen ebensowenig gelöst werden wie in der westlich ausgerichteten Türkei, in Ägypten oder in Algerien.

Im Jahr 1985 lebte schon fast die Hälfte der ägyptischen Bevölkerung in Städten, die meisten in Kairo, der Stadt der Banken, der Verwaltungsbauten, der Luxushotels und der schönen Häuser reicher Geschäftsleute. In Kairo befindet sich mehr als die Hälfte der Hoch- und Fachschulen sowie der Krankenhäuser des Landes. Vor allem aber ist in Kairo mehr als ein Drittel der ägyptischen Industrie angesiedelt. Hierher strömen die Bauern aus den übervölkerten Dörfern. Findet die Familie keine Wohnung, zieht sie zu Freunden oder Verwandten in einem der überfüllten Wohnblocks.

Um die Jahrhundertwende hatte Kairo eine halbe Million Einwohner, in den zwanziger Jahren war es eine Million. Für 1986 werden 6,1 Millionen für die Stadt und fast 8 Millionen für den gesamten Großraum angegeben. Für 1993 liegen keine offiziellen Zahlen vor. Schätzungen aber nennen Zahlen zwischen 13 und 16 Millionen Einwohnern auf einer Fläche von 150 Quadratkilometern. Damit wäre Kairo nach Mexiko-Stadt an die zweite Stelle der weltgrößten Städte gerückt. Jeden Tag, so wird angenommen, ziehen 1000 bis 2000 Landbewohner in die Riesenstadt. Natürlich kann der Wohnungsbau mit einer solchen Entwicklung auch nicht annähernd Schritt halten. In den am dichtesten besiedelten Teilen der Stadt sollen daher bis zu 150000 Menschen pro Quadratkilometer leben. Zum Vergleich: In Städten wie Frankfurt am Main kommen in den dichtesten Wohngebieten 2900 Einwohner auf jeden Quadratkilometer. Die Kairoer Stadtverwaltung schafft es nicht mehr, in den neuen

Wohngebieten Wasser einzuleiten und eine Kanalisation zu bauen. Es gelingt auch nicht, den Müll vollständig abzufahren. Das Recycling des Mülls aber ist wie in anderen großen Städten der Dritten Welt auf schreckliche Weise gesichert, denn 50000 Menschen lebten 1993 auf dem Müll und vom Müll, und es werden immer mehr. Sie sammeln und sortieren Weißblech, Aluminium und Gummi. Selbst Plastikteile werden der Wiederverwertung zugeführt. Das Verkehrschaos ist normaler Zustand. Der giftige Ausstoß der Industrieschornsteine und der Autos läßt die vorgegebenen Grenzwerte für Ozon und Stickoxide in weiten Teilen der Stadt um ein Mehrfaches übersteigen.

In der zweitgrößten Stadt Ägyptens, Alexandria, wurden 1986 knapp 3 Millionen Einwohner gezählt. Im Jahre 1993 dürften es 4 Millionen sein.

Der Iran besitzt reichlich Erdöl. Schon Schah Reza Pahlawi hatte mit dem Geld, das er für den Export des schwarzen Goldes erhielt, seine Industrien vorwiegend in Teheran angesiedelt. Heute zählt der Ballungsraum Teheran wahrscheinlich mehr als 9 Millionen Menschen.

40 Prozent der Industrie der Türkei liegen in Istanbul. Also zieht es die arbeitsuchenden Bauern an den Bosporus, in jene Stadt, die seit jeher wirtschaftliches und kulturelles Zentrum des Landes ist.

Schwarzafrika

Südlich der Sahara vollzieht sich die Entwicklung zu großen Städten mit beängstigender Schnelligkeit. Im Jahr 1930 lebten rund 6 Prozent der Schwarzafrikaner in Städten, 1986 waren es schon mehr als 30 Prozent, und Berichten der UN zufolge werden nach dem Jahre 2000 43 Prozent aller Schwarzafrikaner in Städten leben. Der Anteil der Slums ist erschreckend hoch. Im äthiopischen Addis Abeba sind es 80 bis 90 Prozent, in Daressalam (Tansania, 1,1 Mill. Einwohner) 70 Prozent. Selbst kleinere Großstädte bestehen oft bis zur Hälfte aus Slums, so in Abidjan, Accra (Ghana, 1,1 Mill. Einwohner), Ibadan (Nigeria, 1,2 Mill. Einwohner) und Nairobi (Kenia, 1,1 Mill. Einwohner).

Mit Wirtschaftswachstum hat die Stadtentwicklung in Schwarzafrika wenig zu tun. In den Ländern südlich der Sahara ist das Wirtschaftswachstum eher bescheiden, obwohl vorhandenes Geld von den schwarzen Herrschern in die Industrialisierung gesteckt wurde, oft in dem wahnwitzigen Irrglauben, es den Europäern gleichtun zu können. Für die Landbevölkerung hingegen wurde praktisch nichts getan. Die Nahrungsmittelproduktion pro Kopf der Bevölkerung ist gesunken. Die hungernden Bauern mit ihren kargen, oft vertrockneten Böden suchten ihre Zukunft darum in der Stadt, zumal auch Nahrungsmittelimporte meistens in den großen Städten verbleiben.

Stadt	Land	Jahr	Einwohner (Mill.)	
			Stadtgebiet	Ballungsraum
Kinshasa	Zaire	1985	3,6	8,8
Kairo	Ägypten	1986	6,1	7,9
Lagos	Nigeria	1988	1,3	4,6
Alexandria	Ägypten	1986	2,9	2,9
Casablanca	Marokko	1987		2,9
Abidjan	Elfenbeinküste	1985		2,5
Algier	Algerien	1987	1,5	2,2
Kapstadt	Südafrika	1985	0,8	1,9
Addis Abeba	Äthiopien	1987	1,7	
Soweto	Südafrika	1985	0,9	bis 2,0

Die 10 größten Städte Afrikas

Quelle: Statistisches Bundesamt 1992

Schwarzafrika wird in den nächsten Jahren im Hinblick auf das Städtewachstum gegenüber Lateinamerika und Asien stark aufholen. Die afrikanischen Städte werden aber voraussichtlich nicht ins Gigantische wie in Lateinamerika oder Asien wachsen, vielleicht mit Ausnahme von Lagos, der Hauptstadt Nigerias. Mit erschreckenden 3,25 Prozent wächst die Bevölkerung hier schnell an. Eine Nigerianerin bringt im Durchschnitt 6,2 Kinder zur Welt. Bis zum Jahre 2000 soll diese Zahl auf 4 verringert werden. Nigeria zählt zu den ärmsten Ländern der Welt. Für Lagos werden schon Mitte der neunziger Jahre 8 Millionen Einwohner erwartet. Jede Woche strömen 25 000 Menschen neu in die Stadt. Lagos hat sein Geschäftszentrum wie andere große Städte der Dritten Welt auch, es hat seine Stadtviertel mit Wohnblocks und Villen für die wenigen Gutverdienenden und heruntergekommene Mietskasernen für jene, die ein geringes Einkommen haben. Lagos hat aber vor allem seine riesigen Elendsviertel ohne sauberes Wasser, Abwasserleitungen und Müllbeseitigung. Drei Viertel aller Familien leben in einem einzigen Raum, und fast 9 von 10 Einwohnern haben kein fließendes Wasser. Lagos gilt als eine der schmutzigsten Städte der Welt. Die Kriminalität ist extrem hoch, vergleichbar jener in Rio de Janeiro und damit noch vor New York.

Lateinamerika

Auch in Lateinamerika ballen sich Wirtschaft und Industrie in wenigen Zentren zusammen. Auf dem Lande herrschen die Großgrundbesitzer. In Brasilien, Kolumbien, Ecuador, Peru, Surinam, Uruguay und Venezuela machen die Anwesen über 50 Hektar 80 Prozent des landwirtschaftlich genutzten Landes aus. Nur 2 Prozent des Agrarlandes werden auf Anwesen mit weniger als 5 Hektar bewirtschaftet. Immer mehr Landarbeiter werden durch moderne Technik überflüssig, oder sie erhalten auf den Großplantagen mit Monokulturen – etwa Zuckerrohr – nur ein paar Monate im Jahr eine Arbeit. Die übrige Zeit müssen sie wie die verarmten Bauern Arbeit in den Städten suchen. Nur wenigen aber gelingt das.

Im Jahr 1986 meldeten die Vereinten Nationen, daß sich die Bevölkerung in den 20 größten Städten Lateinamerikas seit 1970 von 40 auf 85 Millionen Menschen mehr als verdoppelt habe. Insgesamt leben heute mehr als zwei Drittel aller Lateinamerikaner in Städten. In den Millionenstädten wiederum hausen zwischen 40 und 80 Prozent der Menschen ins Slums. Eine schnelle weitere Vergrößerung der Städte wird erwartet.

Über 70 Prozent der Brasilianer leben in Städten. Davon hat die knappe Hälfte keinen Anschluß an die Kanalisation. Aber auch jene Abwässer, die durch Kanäle laufen, werden nur zu 10 Prozent geklärt. Nur 3 Prozent des städtischen Mülls werden vernünftig entsorgt, 97 Prozent werden in Flüsse oder ins Meer gekippt. Millionen von Brasilianern sind so von Krankheiten bedroht. Durch Fernsehsendungen sind die lateinamerikanischen Straßenkinder weltweit bekannt geworden. Die Zahl der brasilianischen Straßenkinder wird auf 7 bis 8 Millionen geschätzt. Sie haben keine Eltern mehr, oder die Eltern haben ihre Kinder ausgesetzt. Jugendliche Banden beherrschen die Slums. Hier wird vergewaltigt und gemordet. Todesschwadronen jagen und töten Kinder, meistens im Auftrag von Geschäftsleuten und kleinen Unternehmern, die zuvor von den Opfern bedroht oder betrogen wurden. Die Polizei kümmert sich wenig darum. Es ist bekannt, daß auch Polizisten in den Todesschwadronen Kinder ermorden.

São Paulo hatte Anfang des Jahrhunderts gerade 250000 Einwohner, 1965 waren es schon 5,3 Millionen, danach ging es steil aufwärts. Im Jahre 1980 wurde im Großraum São Paulo ein Viertel des brasilianischen Nettosozialprodukts erarbeitet, bei damals 10 Prozent der brasilianischen Bevölkerung. Aber riesige Holz-, Blech- und Zeltsiedlungen besitzen keine Kanalisation. Für 2025 werden in São Paulo 30 Millionen Menschen erwartet; die meisten von ihnen werden in Slums leben. Rio de Janeiro wird noch immer wegen seiner zauberhaften Lage an märchenhaften Buchten mit spitzen Bergen gepriesen, aber der Zauber verdeckt nur das Elend einer Stadt mit mehr als 10 Millionen Einwohnern. Die Favela Rocinha in Rio de Janeiro gilt mit 200000 Bewohnern als das größte Elendsviertel Lateinamerikas. Für 2025 werden für Rio de Janeiro 20 Millionen Einwohner vorhergesagt. Der Ballungsraum Recife umfaßte 1989 fast 3 Millionen Einwohner; mehr als die Hälfte der Menschen lebt in Slums.

Guatemala gilt als das gewalttätigste Land Lateinamerikas. Für die Hauptstadt werden 5000 Straßenkinder angegeben. Sie betteln und stehlen um ihr Leben. Staatliche Todesschwadronen der Polizei räumen auch hier unter ihnen auf.

Mexiko-Stadt ist der größte Ballungsraum der Welt. Hier haben sich über 40 Prozent der nationalen Industrie angesiedelt. Im Jahre 1925 hatte die Stadt 625000 Einwohner, 1965 waren es 5,6 Millionen, und 1990 wurde die Einwohnerzahl des gesamten Ballungsraumes auf 18,75 Millionen geschätzt. Für das Jahr 2000 werden zwischen 24 und 26, und für 2025 sogar 37 Millionen Einwohner erwartet. Jeden Tag lassen sich 1000 Neuankömmlinge in den Slums am Rande der Stadt nieder. Mehr als ein Viertel der Familien – im Durchschnitt 5,5 Personen – haust in einem einzigen Raum. Zehntausende leben auf dem Müll und vom Müll. An Umweltschutz denkt hier niemand, jedenfalls nicht freiwillig. Um den Schadstoffausstoß durch die Autos zu senken, führte die Regierung bleifreies Benzin ein und verhängt gelegentlich Fahrverbote. Die mittlere Oberschicht umgeht diese Fahrverbote durch Zweit-, Dritt- und Viertwagen. Es wird geschätzt, daß in Mexiko-Stadt jährlich 30 000 Kinder durch Erkrankungen der Atemwege und des Verdauungstrakts sterben. Das Blut der Kinder enthält fünfmal so viel Blei, wie als normal angesehen wird. Das Leitungswasser in den Slums ist oft gelb und enthält Würmer. Händler verkaufen den Armen Wasser aus Fässern. Sauberes Wasser ist längst auch in anderen Millionenstädten der Dritten Welt knapp.

Stadt	Land	Jahr	Einwohner (Mill.)	
			Stadtgebiet	Ballungsraum
Mexiko-Stadt	Mexiko	1990	8,2	18,7
São Paulo	Brasilien	1989	11,0	16,8
Buenos Aires	Argentinien	1988		11,1
Rio de Janeiro	Brasilien	1989	6,0	11,1
Santiago	Chile	1990	4,4	5,2
Lima	Peru	1990	0,4	6,4
Bogotá	Kolumbien	1985	4,0	4,2
Belo Horizonte	Brasilien	1989	2,3	3,4
Recife	Brasilien	1989	1,4	2,9
Guadalajara	Mexiko	1986	1,6	2,6

Die 10 größten Städte Lateinamerikas

Quelle: Statistisches Bundesamt 1992

Eine Ausnahme unter den lateinamerikanischen Städten bildet Havanna mit gut 2 Millionen Einwohnern. Hier gibt es keine Elendsviertel. Fidel Castro hatte die Großgrundbesitzer enteignet, und er förderte danach nicht nur die Großstädte, er siedelte auch in kleinen Städten Industrien an. Aber für alles reichte das Geld auch in Kuba nicht. Die einstmals prächtigen Bauten in der Innenstadt Havannas verfallen, ein Merkmal, das wir von allen einstmals sozialistisch regierten Ländern kennen. Kuba hat heute große wirtschaftliche Schwierigkeiten.

Asien

Die Länder Asiens unterscheiden sich in ihrer sozialen Lage und in ihrem Entwicklungsstand erheblich voneinander. Südkorea, Singapur und Hongkong können nicht zu den Ländern der Dritten Welt gezählt werden, sie besitzen vielmehr eine moderne Industrie, und die Geburtenraten sind wie in den vergleichbaren europäischen Ländern niedrig. Dennoch wächst die Bevölkerung auch hier in den Städten schnell. Der fernöstliche Kapitalbesitzer investiert bevorzugt in den Ballungsräumen. Das wiederum garantiert den Menschen in den Städten, so sie Arbeit haben, einen vergleichsweise hohen Lebensstandard, der immer weitere Menschen aus den ländlichen Gebieten anlockt. Sie leben dann aber wesentlich menschenwürdiger als in den armen Ländern. Der Wohnraum ist zwar knapp, Elendsviertel entstanden hier aber nicht.
Japan war schon vor dem Zweiten Weltkrieg ein technisch hochentwickeltes Land, nach dem Krieg wuchs es zu einem der Wirtschaftsgiganten der Erde. In einer frühen Phase ungehemmten Wachstums wurde ein großer Teil der japanischen Industrie um die Bucht von Tokio konzentriert. So entstand eine einzige große Wohn- und Industrielandschaft mit 15 Millionen Menschen. Wohnraum ist knapp und daher teuer. Vielspurige Autostraßen in drei Ebenen durchziehen kreuzungsfrei das Gebiet, dennoch sind die Verkehrsverhältnisse katastrophal. Der Tokioter braucht im Schnitt 3 Stunden pro Tag, um von der Wohnung zu seiner Arbeitsstätte und wieder zurück zu gelangen. Luft und Wasser sind in der Bucht von Tokio hoffnungslos verschmutzt. Für das Jahr 2000 sagen die Experten der UNO für den Ballungsraum Tokio 24 Millionen Einwohner voraus.
Aber Asien heißt auch Dritte Welt, heißt das Nebeneinander von Hochhäusern in modernen Geschäftsvierteln, zerfallenden Altstädten und endlosen Barackensiedlungen. Das indonesische Jakarta hatte 1925 nur 250000 Einwohner, heute sind es um 8 Millionen, und im Jahre 2000 könnten es 14 oder 16 Millionen sein. Nur ein

Viertel des täglichen Mülls wird aus der Stadt herausgebracht, denn geschätzte 40 000 Menschen leben vom Müll. Die Müllberge aber sind Tummelplätze der Ratten. Aus dem indischen Bombay wurde bekannt, daß jährlich 20 000 Menschen mit Rattenbissen in die Krankenhäuser eingeliefert werden, und das sind nur die schweren Fälle. Der Ballungsraum Bombay, die heimliche Hauptstadt Indiens, dürfte heute mindestens 12 Millionen Einwohner haben. Bombay ist ein Geschäfts- und Industriezentrum, aber jenseits der Wolkenkratzer und Luxushotels hausen Millionen in Slums. Von 1981 bis 1987 stieg die Zahl der Obdachlosen in der Stadt von 300 000 auf 500 000 an. Andere Schätzungen nennen schon für 1984 eine Zahl von 600 000 Obdachlosen. Im Jahr 2000 sollten nach Schätzungen in Bombay mehr als 16 und 2025 fast 30 Millionen Menschen leben. Für den indischen Ballungsraum Kalkutta wurden 1981 über 9 Millionen Einwohner genannt. Inzwischen ist die 10-Millionen-Grenze längst überschritten. Kalkutta zählt zu den schlimmsten Menschenzusammenballungen der Dritten Welt. In der Altstadt leben 50 000 Menschen auf jedem Quadratkilometer, ein entsetzlicher Zustand und doch nicht vergleichbar mit Kairo, das es auf das Dreifache bringt. Über zwei Drittel der Bevölkerung verdienen weniger als 8 Dollar im Monat (1984). Sie können nicht anders als in Slums und Elendsquartieren zu hausen.

Delhi ist nicht so groß wie Kalkutta, aber fast 6 Millionen Menschen lassen Tag für Tag 200 Millionen Liter ungeklärter Fäkalien in den Yamura laufen, der sie zu den Siedlungen stromabwärts trägt.

Auf den Philippinen konzentrieren sich heute 60 Prozent der Wirtschaft des Landes in Manila. Im Jahre 1925 zählte die Stadt weniger als 300 000 Einwohner, heute gibt die Statistik für die eigentliche Stadt 1,9 Millionen an, der gesamte Ballungsraum aber ist um ein Mehrfaches größer. Für das Jahr 1986 wurden 2 Millionen Obdachlose geschätzt. Die Stadt wird vom Verbrechen beherrscht – die Triebfedern sind Hunger und Elend. Die Polizisten sind korrupt, aber das ist in allen Stadtgiganten der Dritten Welt so. Nur 11 Prozent der Häuser Manilas haben Abwasserleitungen.

Thailand war niemals Kolonie, die Gegensätze aber sind deshalb nicht weniger groß als in den einstigen kolonialen Ländern. Auch hier herrschen Großgrundbesitzer, auch hier sind die Bauern arm und müssen ihr Land oft genug wegen Überschuldung verkaufen.

Bangkok wird oft das *Venedig Ostasiens* genannt, mindestens so bekannt ist die Stadt als Ort des Sextourismus für Europäer und Amerikaner. Zu Beginn des Jahrhunderts hatte Bangkok 400000 Einwohner. Dann wurde in der Stadt die thailändische Industrie konzentriert. Die heutige Zahl der Einwohner für den Ballungsraum ist nicht genau bekannt, sie dürfte zwischen 6 und 7 Millionen liegen. Davon leben rund anderthalb Millionen Menschen in Slums. Von 1974 bis 1984 wurden 320 Quadratkilometer Ackerland neu bebaut. Bangkok wächst weiter.

Stadt	Land	Jahr	Einwohner (Mill.)	
			Stadtgebiet	Ballungsraum
Seoul	Südkorea	1985	9,6	
Kalkutta	Indien	1981	3,3	9,1
Tokio	Japan	1989	8,3	
Bombay	Indien	1981	8,2	
Jakarta	Indonesien	1985	7,8	
Schanghai	China	1987	7,2	7,3
Manila	Philippinen	1990	1,9	7,2
Peking	China	1989	5,6	6,8
Teheran	Iran	1986	6,0	
Hongkong	Britische Besitzung	1989		5,8
Bangkok	Thailand	1988	5,7	
Delhi	Indien	1981	4,9	5,7

Die 12 größten Städte Asiens

Quelle: Statistisches Bundesamt 1992

Im Jahre 1960 gab es in der Dritten Welt 106 Städte mit mehr als einer halben Million Einwohnern, 1980 waren es 276, davon lagen 114 in China und in Indien. Nach dem Sieg Mao Tse-tungs 1949 waren nach sowjetischem Vorbild auch in China gewaltige Industrieanlagen errichtet worden. So wuchsen die Städte. An die Spitze setzten sich Schanghai und Peking. Zwar wurden wie überall, wo der

Kommunismus herrschte, vorwiegend häßliche Betonhochhäuser für die Wohnungssuchenden errichtet, zwar ist der Wohnraum sehr knapp und sind die Wohnungen heruntergekommen, von Elendsvierteln kann bei Chinas Städten bisher aber nicht gesprochen werden. Für Schanghai und Peking wird ein weiteres starkes Wachstum vorausgesagt.

	Stadtbevölkerung		Bev. in Städten mit 1 Million und mehr	
	1965	1990	1965	1990
Welt	36	50	14	16
Afrika südlich der Sahara	14	29	4	9
Naher Osten und Nordafrika	35	51	15	21
Ägypten	41	47	22	24
Äthiopien	8	13	2	4
Algerien	38	52	9	12
Elfenbeinküste	23	40	7	18
Kamerun	16	41	–	–
Kenia	9	24	4	6
Kongo	32	41	–	–
Libyen	26	70	14	45
Marokko	32	48	12	17
Senegal	33	38	13	20
Südafrika	47	60	19	18
Tunesien	40	54	14	20
Zaire	26	40	5	10

Prozentanteil der Stadtbevölkerung und der Bevölkerung in Städten mit 1 Million und mehr Einwohnern in den Jahren 1965 und 1990

Fortsetzung	Stadtbevölkerung		Bev. in Städten mit 1 Million und mehr	
	1965	1990	1965	1990
Lateinamerika				
und Karibik	53	71	24	33
Haiti	18	28	8	16
Honduras	26	44	–	–
Kanada	73	77	27	30
Mexiko	55	73	22	32
Nicaragua	43	60	15	26
Argentinien	76	86	40	42
Brasilien	50	75	24	35
Chile	73	86	28	36
Kolumbien	54	70	20	27
Peru	52	70	19	29
Venezuela	70	84	24	27
Ostasien				
und Pazifik	19	50	9	11
Südasien	18	26	6	9
China	18	56	9	9
Indien	19	27	6	9
Irak	51	71	20	21
Iran	37	57	16	23
Japan	67	77	25	27
Jordanien	–	61	15	26
Philippinen	32	43	9	14
Saudi-Arabien	39	77	9	23
Thailand	13	23	8	13
Türkei	34	61	14	22
Australien	83	86	50	51
Neuseeland	79	84	–	–

– = nicht verfügbar

Quelle: Weltbank 1992

Leben mit dem Risiko

Vulkane

Nach Erkenntnissen des deutschen Vulkanologen Karl Sapper forderten von 1500 bis 1914 alle bis dahin bekannten Vulkanausbrüche 190000 Opfer. Der Schweizer Alfred Rittmann nennt für 1750 bis 1960 die Zahl von 210000 Opfern. Die Erfahrungen zeigen dabei, daß die meisten Menschen bei verhätnismäßig wenigen, aber besonders katastrophalen Ausbrüchen ums Leben kamen. Die Zahl der Opfer hängt nur bedingt von der Gewalt des Ausbruchs, viel mehr aber von der Besiedlungsdichte ab.

Der *Katmai*-Ausbruch im Juni 1912 war eine der heftigsten bekannten Eruptionen, trotzdem kam niemand ums Leben, weil der Vulkan im äußersten Winkel Alaskas liegt. Weit weg von menschlichen Behausungen liegt auch der *Besimjannyi* auf Kamtschatka. Bei einem der größten explosiven Ausbrüche der Vulkangeschichte sprengte der Vulkan im März 1956 seinen Gipfel weg und warf eine riesige schwarze Fontäne bis über 40 Kilometer hoch in den Weltraum. Aber nicht ein einziger Toter war bei diesem gigantischen Naturereignis zu beklagen.

Als dagegen 1815 der *Tambora* auf der kleinen Sundainsel Sumbawa östlich von Java ausbrach, ereignete sich eine der größten Naturkatastrophen der Menschheitsgeschichte. Riesige Mengen heißer Steine und Asche wurden ausgeschleudert. Dörfer verbrannten, die Menschen wurden erschlagen oder starben in der intensiven Hitze, die vom Vulkan ausströmte. Infolge der beträchtlichen Temperaturunterschiede entstand über der Insel ein heftiger Sturm. Häuser, Bäume, Menschen und Tiere wurde in die Luft gerissen und ins Meer

geschleudert. Eine 4 Meter hohe Woge wälzte sich auf die Küste zu, spülte Häuser hinweg und warf Schiffe auf das Land. Die Insel Sumbawa wurde völlig verwüstet: 12000 Menschen starben. Sehr viel größer aber war die Zahl der Opfer in der Folgezeit durch Hunger und Seuchen. Auf den Nachbarinseln starben an den Folgen des Ausbruchs zwischen 60000 und 80000 Menschen.
Auf einer durch Bevölkerungswachstum zunehmend enger werdenden Erde nehmen die Menschen auf die Gefahr durch nahegelegene Vulkane längst keine Rücksicht mehr. Wo nutzbarer Boden ist, wird gelebt und gearbeitet, und vulkanischer Boden ist fruchtbar. Zu den schrecklichsten Vulkanausbrüchen der Geschichte zählt jener des *Mont Pelé,* der 1902 auf der Kleinen-Antillen-Insel Martinique stattfand. Am 8. Mai gegen 20.00 Uhr stieß der Berg in einer gewaltigen Explosion eine riesige Glutwolke aus. Von Blitzen durchzuckt, angefüllt mit Asche und Steinen, rollte die heiße, schwarze Wolke sich ständig vergrößernd den Berg hinunter auf die nur 9 Kilometer entfernte Küstenstadt *Saint Pierre* zu. Von den 28000 Einwohnern kamen nur zwei mit dem Leben davon.
Glutwolken rasten auch die Täler hinunter, als Anfang 1982 der El Chichón in Mexiko dreimal innerhalb kurzer Abstände ausbrach. Dabei starben 2000 Menschen.
Eine entsetzliche Katastrophe ereignete sich beim Ausbruch des 5400 Meter hohen *Nevado del Ruiz* in Kolumbien am 13. November 1985. Eis und Schnee auf dem Gipfel eines Vulkans schmelzen bei dessen Ausbruch rasch und können Ursache todbringender Schlamm- und Wasserfluten sein. So war es auch hier. Das Schmelzwasser, vermischt mit Vulkanasche, stürzte die Hänge hinab. Ein Teil der Masse schoß ein Flußtal entlang bis zur Provinzstadt Armero, die 45 Kilometer östlich und 5 Kilometer tiefer als der Vulkangipfel lag. Armero wurde von der Schlammflut begraben. Mindestens 19000 Menschen fanden den Tod. Weitere 6000 Menschen starben durch Schlammfluten in den Dörfern auf der anderen Seite des Vulkans.

Erdbeben

Erdbeben können verschiedene Ursachen haben. Liegen unter der Erde ausgedehnte Lagerstätten an Salzen oder Kalk, kann das Wasser bei beharrlicher Tätigkeit große Hohlräume auswaschen, in welche die darüberliegenden Gesteinsschichten hineinstürzen. Solche *Einsturzbeben* sind aber selten und erreichen meist keine gefährlichen Ausmaße. Auch der Bergbau schafft Hohlräume, die einstürzen können. In der Nähe von Bad Salzungen in Thüringen wird seit jeher Kali abgebaut. Am 13. März 1989 ereignete sich hier das bis heute schwerste künstliche Erdbeben der Welt. in 13 Städten und Gemeinden gab es schwere, in 29 weiteren Ortschaften noch leichte Gebäudeschäden.

Häufiger jedoch sind vulkanische Beben. Sie werden durch die Bewegungen des Magmas und der Gase in den tiefen Magmakammern und im Vulkanschlot verursacht. Diese Beben können in der Nähe von Vulkanen sehr heftig sein, ihre Wirkung bleibt aber auf die unmittelbare Umgebung beschränkt.

Die häufigste Ursache aller Erdbeben aber liegt im tektonischen Bereich. Nach der neueren *Plattentheorie* besteht die Gesteinsschale der Erde aus einzelnen riesigen Platten, die sich gegeneinander bewegen. Dabei entstehen an den Rändern der Platten Spannungen. Erdbeben treten dann auf, wenn sich diese Spannungen plötzlich ausgleichen. Die beanspruchten Teile streben so nach einer neuen, spannungsfreien Gleichgewichtslage. Die meisten Mittelbeben und alle Groß- und Weltbeben sind solche tektonischen Beben.

Agadir liegt im südlichen Marokko am Atlantik. In der Nacht vom 29. Februar auf den 1. März 1960 wurde die Stadt durch ein Erdbeben zerstört. Das Epizentrum lag in nur wenigen Kilometern Tiefe unter der Altstadt. Etwa 12 000 Menschen fanden den Tod. Die Stadt wurde danach eingeebnet und in 5 Kilometern Entfernung wieder aufgebaut.

Am Nachmittag des 22. Mai 1960 wurde Südchile von einem schweren Erdbeben heimgesucht, dessen Epizentrum in der Nähe der Insel Chiloé lag. Nur 30 Sekunden später folgte ein zweites Beben mit Epizentrum rund 150 Kilometer westlich der Hafenstadt Valdivia. Der gesamte Küstenbereich muß stark in Bewegung geraten sein, denn während der nächsten drei Tage wurden weitere elf starke Beben wahrgenommen und in den beiden folgenden Monaten noch über 100 Beben geringerer Stärke aufgezeichnet.

Das Beben wirkte mit 1000 Kilometern Reichweite auf der größten horizontalen Ausdehnung, die bisher beobachtet wurde. Es richte-

te furchtbare Verwüstungen an: gähnende Spalten öffneten sich, Vulkane brachen aus. Inseln vor der Küste versanken, andere tauchten auf. Flüsse wurden gestaut und veränderten ihren Lauf. Verschiedene Gebietsteile senkten sich bis zu 50 Metern. Valdivia, Concepción, Puerto Montt und viele andere kleinere Städte wurden zerstört. Die Behörden meldeten 7000 Tote und 2 Millionen Obdachlose.
Skopje, der kulturelle und wirtschaftliche Mittelpunkt Makedoniens, hatte Anfang der sechziger Jahre 200000 Einwohner. Die Altstadt barg zahlreiche wertvolle Bauten aus vergangenen Epochen. Industrien, moderne Wohnhäuser und die Universität prägten das andere Gesicht dieser reizvollen Stadt. Am frühen Morgen des 26. Juli 1963 jedoch versank Skopje. Zerstörungsgrad 80 Prozent, 1200 Menschen starben unter den zusammenstürzenden Mauern.
Eines der schwersten Erdbeben der neueren Zeit ereignete sich am 4. Februar 1976 in Mittelamerika. Honduras und El Salvador meldeten beträchtliche Schäden, mit Guatemala aber wurde eines der ärmsten Länder Südamerikas besonders hart getroffen. Die Katastrophe forderte über 20000 Tote und 60000 Verletzte. Eine weitere traurige Bilanz dieses schweren Bebens waren 250000 zerstörte Wohnungen und über eine Million obdachlose Menschen, darunter allein 300000 in der Hauptstadt Guatemala-Stadt.
Das Erdbeben in der nordchinesischen Provinz *Kansu* im Jahr 1920 forderte 100000 oder 200000 Opfer; genauere Zahlen wurden nie veröffentlicht. Es galt als das opferreichste Beben der neueren Zeit, bis es am 28. Juli 1976 durch jenes von *Tangshan* übertroffen wurde. Das Hypozentrum lag in einer Tiefe von 11 Kilometern direkt unter der Millionenstadt. Die Zahl der Toten wird sehr unterschiedlich zwischen 240000 und 850000 angegeben.
Am 19. September 1985 kam es an der Westküste Mexikos zu einem verheerenden Erdbeben. Große Teile von *Mexiko-Stadt* wurden verwüstet; mindestens 7000 Menschen starben, etwa 400 Gebäude stürzten ein, Tausende weitere wurden beschädigt.
Bei dem schweren Erdbeben, das am 31. Mai 1970 Peru heimsuchte, starben 70000 Menschen. Dabei wurden in weniger als einer Minute fast sämtliche Orte im dichtbesiedelten und intensiv genutzten Tal des Rio Santa zerstört. Überdies löste das Beben am Berg eine Masse von rund einer Million Kubikmeter Eis, die auf einen Gletscher fielen und dadurch weitere große Mengen Eis, Erde und Geröll

lockerten. Mit einer Geschwindigkeit von ca. 200 Kilometern pro Stunde bewegte sich die Masse den Gletscher hinunter und danach entlang des Tales des Rio Santa auf das 14 Kilometer entfernte Yungay zu. Die Stadt wurde von einer 10 bis 15 Meter dicken Schlammschicht bedeckt. Dabei kamen 15 000 Einwohner um ihr Leben, und nur einige Dutzend entkamen dem Inferno.

Nicaragua 1972: 10 000 Opfer; China 1974: 20 000 Opfer; Pakistan 1974; 5 500 Opfer; Philippinen 1976: 3 500 Opfer; Westirian (Indonesien) 1976: 6 000 Opfer; Türkei 1976: 3 600 Opfer; Rumänien 1977: 1 500 Opfer; Iran 1978: 20 000 Opfer; Algerien 1980: 2 600 Opfer; Italien 1980: 3 100 Opfer; Mexiko 1985: 10 000 Opfer; Armenien 1988: 25 000 Opfer; Afghanistan und Pakistan 1991: 1 700 Opfer.

Erdbeben können verheerende Schäden in einem großen Gebiet verursachen und dabei zahllose Todesopfer fordern. Im Verlauf des 20. Jahrhunderts wurden über 2 Millionen Menschen durch Erdbeben getötet – das ist ein Mehrfaches der durch Vulkanausbrüche ums Leben gekommenen Bevölkerung. Erdbeben ereignen sich überwiegend in Ländern der *Dritten Welt*. Eine Statistik zeigt, daß Japan von allen Ländern am häufigsten von Erdbeben heimgesucht wird. Es folgen Indonesien, Neuseeland, die Philippinen und die Westküsten Nord- und Südamerikas.

Wissen um die Gefahr

Zu keiner Zeit haben sich die Menschen davon abhalten lassen, in erdbebengefährdeten Gebieten zu siedeln. Stets bauten sie nach einer Katastrophe ihre eingestürzten Häuser am gleichen Ort wieder auf und hofften auf sichere Zeiten. Die Welt aber blickt auf zwei gewaltige Stadtregionen. Hier wissen wir von der bevorstehenden furchtbaren Gefahr gewaltiger Erdbeben mit unübersehbaren Folgen für die Wirtschaft und die soziale Lage der betroffenen Länder und für die Wirtschaft in der ganzen Welt.

Das Erdbeben von San Francisco im Jahre 1906 ist berühmt, kann aber in seinen unmittelbaren Auswirkungen nicht als schweres Beben bezeichnet werden. Schätzungen nennen Zahlen zwischen weniger als 400 und bis zu 2 000 Toten. Die Sachschäden werden auf 25 Prozent direkte Erdbebenschäden und 75 Prozent Feuerschäden

geschätzt. Daher wird in Amerika auch nicht vom Erdbeben, sondern vom großen Brand von San Francisco gesprochen. Innerhalb von vier Tagen brannte das Geschäftsviertel auf einer Fläche von 10 Quadratkilometern mit 28000 Häusern nieder.
Kalifornien ist besonders bebengefährdet, da hier die Pazifische und die Nordamerikanische Platte auf dramatische Weise aneinander vorbeischrammen. Die relative Bewegung der beiden Platten zueinander erfolgt dabei nicht stetig, sondern ruckweise. Die Platten verhaken sich, es baut sich eine zunehmende Spannung zwischen den Platten auf, bis sie sich in einem plötzlichen Ruck entlädt. Beim Erdbeben von 1906 gerieten die Platten beiderseits in einer Länge von 400 Kilometern in Bewegung. Die senkrechten Verschiebungen der Blöcke gegeneinander waren gering, dagegen kamen horizontale Verschiebungen von 6,5 Metern vor. Häuse, Zäune, Gärten, Alleen wurden sauber durchschnitten und gegeneinander verschoben.

Die Lage in Kalifornien

Das riesige Ballungszentrum Los Angeles liegt nahe der Plattengrenze, San Francisco aber liegt ihr am nächsten. Hier kommt das nächste große Beben mit Sicherheit. Am 17. Oktober 1989 abends wurde die Stadt von Erdstößen heimgesucht. Dies war zwar noch nicht das erwartete und befürchtete Beben, dennoch starben Menschen unter den Trümmern ihrer Wohnhäuser. Um die Welt aber ging das Bild der zusammengestürzten doppelstöckigen Stadtautobahn *Nimitz Freeway*. Bei dieser Brücke kam es zu einem klassischen Dominoeffekt. Obgleich zunächst nur wenige Träger nachgaben, wurde die obere Autobahnstrecke aufeinanderfolgend in einer Länge von fast 2 Kilometern herabgerissen. Die Betonplatten fielen auf die untere Fahrbahn und zerquetschten zahlreiche Autos und mit ihnen über 50 Insassen.

Nicht nur in Kalifornien, sondern überall auf der Welt werden immer mehr Staudämme gebaut, um das Wasser der Flüsse möglichst vollständig für die Bewässerung zu nutzen und um immer mehr Nahrungsmittel für immer mehr Menschen – oft auch Überschüsse – zu erzeugen. Der Bruch eines Dammes durch ein schweres Erdbeben kann nicht ausgeschlossen werden, sosehr sich die Konstrukteure auch bemühen, das Risiko zu verringern. Gerade Kalifornien, das auf das nächste große Beben wartet, ist übersät von Stauseen. Nach dem Beben vom 17. Oktober 1989 wurden 102 Dämme untersucht. Bei 12 Dämmen wurden Schäden festgestellt.

Das mit einer geradezu morbiden Spannung erwartete große Beben in Kalifornien würde viele Opfer fordern und der amerikanischen Wirtschaft schwersten Schaden zufügen. Niemand kann die sozialen und wirtschaftlichen Folgen für Kalifornien, die USA und die ganze Welt detailliert vorhersagen, sie dürften aber riesig sein in einer Zeit, da das Wohl der Industriestaaten von Wechsel- und Aktienkursen abhängt.

Am 17. Januar 1994 ereignete sich im Gebiet von Los Angeles ein Erdbeben. Mindestens 60 Menschen starben, der Schaden lag bei einer Größenordnung von 10 Milliarden Dollar. Aber es war noch nicht das große Beben. Ein Nachbeben am 20. März 1994 verursachte Sachschäden, wenn auch nicht in dem Umfang, wie dies im Januar der Fall war.

Ein sehr viel größeres Ausmaß als 1906 in San Francisco erreichten die Schäden durch Feuer beim großen japanischen Beben gegen Mittag des 1. September 1923 in der Sagami-Bucht, in der die Großstädte Tokio und Yokohama liegen.

In Tokio wurden durch das Erdbeben 10000 Häuser zerstört. Die Zahl der Toten ist nicht bekannt, sie dürfte einige tausend betragen haben. An 200 Stellen der Stadt aber brachen Brände aus. So wurden 366000 Häuser auf einer Fläche von 36 Quadratkilometern ein Raub der Flammen. Tausende Menschen verbrannten und erstickten, viele ertranken auf der Flucht vor dem Feuer im Fluß Sumida oder im Hafenbecken. Das Entkommen wurde überdies durch die Unpassierbarkeit von fast 300 Brücken erschwert, von denen die meisten verbrannten. In Yokohama brannte nach dem Erdbeben fast die ganze Stadt nieder. Folgende Zahlen wurden genannt:

völlig zerstörte Häuser	130000
beschädigte Häuser	130000
verbrannte Häuser	450000
Tote	100000
Verletzte	100000
Vermißte	40000

Der Sachschaden wurde offiziell mit 5,5 Milliarden Yen angegeben. *Tokio* ist in einer ähnlichen Lage wie San Francisco und Los Angeles. Hier schieben sich die Philippinische und die Pazifische unter die Eurasische Platte. Jahr für Jahr erleben die Bewohner der Inseln etwa 1000 Erdbeben. Der Großraum Tokio aber stellt eine der gewaltigsten Bevölkerungszusammenballungen dieser Erde dar. Seit 1923 ereignete sich kein weiteres Beben von größerem Ausmaß. Dennoch wissen die Japaner ebenso wie die Kalifornier, daß die ganz große Katastrophe mit schweren Auswirkungen in absehbarer Zukunft bevorsteht.

Tsunamis

Tsunamis schrauben die Zahl der Opfer und die Schwere der Schäden bei Erdbeben häufig noch nach oben. Der Begriff kommt aus dem Japanischen und könnte mit *Buchtenwellen* übersetzt werden. In der Fachwelt spricht man auch von *seismischen Wogen*. Sie entstehen bei Seebeben, wenn auf dem Grunde des Meeres geologische Veränderungen stattfinden. Die Bewegungen übertragen sich dabei auf das Wasser und erzeugen Schwingungen, deren Wellenlängen – das Auf und Ab einer Bewegung – zwischen 100 und 1 000 Kilometern liegt. Wenige Schwingungen bringen eine Woge über den ganzen Atlantischen oder Pazifischen Ozean.

Die Amplitude, das ist die größte relative Höhe der Woge auf dem Meer, ist klein, einige Zentimeter bis Dezimeter. Für Schiffe auf dem Meer sind die Wellen daher ungefährlich. Zur furchtbaren Gefahr werden die Wogen erst an den Küsten, besonders in Buchten und an Flußmündungen. Das aber sind gerade jene Plätze an den Küsten, die von den Menschen bevorzugt besiedelt wurden. Im flachen Wasser stauen sich die Wogen und branden mit vernichtender Gewalt gegen das Ufer.

Im tektonisch unruhigen Mittelmeerraum sind Tsunamis eine häufige Erscheinung. Im Jahr 1956 verursachte ein Seebeben östlich der Insel Amorgos in der Ägäis bis zu 30 Meter hohe Wellen, die glücklicherweise keinen großen Schaden anrichteten, da sie gegen hohe, felsige Inseln brandeten.

Weit mehr gefährdet als die Mittelmeerstaaten sind die Länder um den Pazifischen Ozean. Beim großen japanischen Erdbeben in der Sagami-Bucht 1923 erreichten die Wogen eine Höhe von 13 Metern; viele Menschen ertranken in den Fluten der gegen die Küsten brandenden Wogen. Eine Tsunami von 9 Metern Höhe zerstörte das Hafenviertel von Yokohama.

Da der Herd des Erdbebens von 1960 in Südchile unter dem Ozean lag, entstanden ebenfalls Tsunamis. Sie überrannten 15 Minuten nach dem Beben in drei großen Wogen Dutzende von Küstenstädten. Etwa 1 000 Tote werden den Tsunamis zugeschrieben; dazu kamen fast noch einmal so viele Vermißte. Mit 650 bis 800 Kilometern pro Stunde raste die Woge dann über den Pazifik. Gegen Hawaii – 10 600 Kilometer entfernt – stürmte sie mit 6 bis 10 Metern Höhe an und verwüstete Hilo. In Japan erreichten die Wogen nach 22 Stunden noch 4 Meter Höhe, zerstörten 4 000 Häuser und setzten weitere 43 000 unter Wasser. Über 2 000 Schiffe und Boote sanken oder wurden auf Land geschleudert.

Weltweite Beachtung fand der Ausbruch des in der Sundastraße zwischen Sumatra und Java gelegenen Inselvulkans Krakatau im Jahr 1883. Zur eigentlichen Katastrophe wurden dabei die seismischen Wogen. Der Inselvulkan explodierte, und die dabei verursachten ausgedehnten Veränderungen des Meeresbodens erzeugten Flutwellen gewaltigen Ausmaßes. Sie liefen durch die Sundastraße, überrollten die zahlreichen Inseln und brandeten in Höhen von 30 bis 40 Metern mit ungeheurer Wucht an die Küsten von Sumatra und Java. Die Schiffe in den Häfen wurden von der Kraft der Woge hochgehoben und an Land zerschmettert. Die Folgen für die Küstenbewohner waren entsetzlich. Das Unglück wurde noch dadurch verstärkt, daß viele Bewohner in elenden Hütten, die auf Pfählen standen, in den Küstengewässern hausten. Nach offiziellen Angaben kamen in der Flut über 36000 Menschen ums Leben.

Stürme

Von allen Naturgewalten richten Stürme auf der Erde die größten Schäden an. Das gilt für alle Arten von Sturmereignissen: tropische Wirbelstürme, Sturmfluten, Gewitter- und Hagelstürme, Tornados und örtliche Stürme. Ein einziger schwerer Sturm kann Schäden in Milliardenhöhe verursachen. Anfang 1990 raste eine ganze Serie von Orkanen, darunter *Vivian* und *Wiebke,* über Mitteleuropa hinweg. Es wurden Windgeschwindigkeiten von 150, auf der Zugspitze sogar von 200 Kilometern pro Stunde gemessen. In Westdeutschlands Wäldern wurden so viele Bäume umgelegt, wie es dem Holzeinschlag von zwei Jahren entspricht.
Oft wird vermutet, die Anzahl der Stürme und Orkane auf der Erde habe sich in den letzten Jahren gegenüber früheren Zeiten erhöht. Sie seien, so meint man, erste Anzeichen der erwarteten Klimakatastrophe. Die Statistik widerlegt diese Ansicht jedoch.
An den Küsten von Buchten stellen Stürme eine besondere Gefahr dar. Der Winddruck verursacht einen Massentransport, da das Wasser in Buchten aber nicht ausweichen kann, staut es sich dort und drückt gegen das Land. Die Hochwasserwirkung des Sturmes wird durch die Flut der Gezeiten noch verstärkt, so daß vernichtende Sturmfluten entstehen können. Eine solch gewaltige Sturmflut traf die Niederlande am 1. Februar 1953. Über den ungeheuren materiellen Schaden hinaus mußten 1800 Menschen ihr Leben lassen. Die Sturmflut vom 17. Februar 1962 an der deutschen Nordseeküste richtete Schäden in Höhe von 2 Milliarden DM an und forderte 341 Tote.

Viel gefährlicher als die atlantischen Stürme sind die tropischen Wirbelstürme. Diese dauern bis zu einigen Tagen, manchmal sogar über eine Woche an. Dabei muß sich das Sturmgebiet allerdings dauernd über tropische Meere bewegen. Tritt es auf das Festland über, schwächt es sich meistens rasch ab. Tropische Wirbelstürme verheeren daher vor allem Inseln und schmale Küstenstreifen. Zu der Gewalt des Windes gesellen sich katastrophale Sturmfluten. Tropische Wirbelstürme werden überdies von heftigen Niederschlägen begleitet.

Im September 1974 tobte der Wirbelstum *Fifi* drei Tage lang über Mittelamerika. Nicaragua, Honduras, El Salvador, Guatemala, Belize und der äußerste Südosten Mexikos wurden furchtbar verwüstet. In Honduras wurde von der größten Naturkatastrophe in der Geschichte des Landes gesprochen. Insgesamt 140000 Wohnungen wurden zerstört oder schwer beschädigt. Weitere Bilanz der Katastrophe: 10000 bis 15 000 Tote und 600000 Obdachlose.

Das Jahr 1988 brachte der Karibik den Hurrikan *Gilbert,* der vielfach als Jahrhundertsturm bezeichnet wurde. Mit 720 Kilometern Breite und Windgeschwindigkeiten von über 340 Kilometern pro Stunde tobte er über die Inseln. Hunderte Menschen starben und 500000 wurden allein auf Jamaika obdachlos.

Die Schäden, die tropische Wirbelstürme anrichten, sind für Europäer unvorstellbar. Von 1961 bis 1970 hatten nach Ermittlungen der UNO 22 Länder Asiens im Durchschnitt jährliche Schäden von 930 Millionen Dollar durch derartige Stürme zu verzeichnen. In den Industriestaaten steigen diese Verluste ständig an. In Japan erhöhten sich die Schäden von 1945 bis 1970 von 273 auf 600 Millionen Dollar im Jahr.

Infolge zunehmend dichterer Besiedlung vor allem an den Küsten steigen die Kosten für die Behebung der Schäden immer weiter an. Der Hurrikan *Andrew* vom August 1992 riß eine 50 Kilometer breite Schneise in die Landschaft Süd-Floridas. Dabei wurden 250000 Menschen obdachlos und 44 Menschen starben. Der Gesamtschaden wurde mit unvorstellbaren 30 Milliarden Dollar angegeben. Die Versicherungsgesellschaften zahlten 16 Milliarden Dollar - ein neuer Rekord. Der Taifun Mireille vom September 1991 über Japan kostete die Versicherungen umgerechnet immerhin 5,2 Milliarden Mark.

Infolge der hohen Bevölkerungsdichte erreicht die Zahl der Opfer im Golf von Bengalen erschreckende Rekorde. Im Jahre 1737 drang eine 12 Meter hohe Flutwelle in den Hugly, den westlichen Mündungsarm des Ganges, ein. Etwa 20 000 Schiffe und Boote auf Fluß und Meer versanken oder wurden, selbst über Wälder hinweg, ins Land hineingeschwemmt. Die Zahl der Ertrunkenen lag bei mehr als 250 000. Im Jahr 1864 kamen durch einen Zyklon und die nachfolgenden Seuchen an den Ufern der Hugly-Mündung 80 000 Menschen ums Leben. Dann drang 1876 die 14 Meter hohe Flutwelle eines Zyklons in den Meghna ein, den zweiten großen Mündungsarm des Ganges, und setzte 7 000 Quadratkilometer Land unter Wasser. Bei der Katastrophe fanden 100 000 Menschen den Tod durch unmittelbare Flutwirkung und noch einmal 100 000 durch Seuchen. Die größte Wirbelsturmkatastrophe der letzten Jahrzehnte ereignete sich wahrscheinlich im November 1970, ebenfalls im Golf von Bengalen. Bis zu 9 Meter hohe Flutwellen drangen in die Meghna-Mündung des Ganges ein und setzten 5 000 Quadratkilometer Land unter Wasser. Dabei wurden mindestens 250 000 Menschen und eine Million Stück Vieh Opfer der Überschwemmungen, die Reisernte wurde vernichtet, und eine Choleraepidemie brach aus. Das Jahr 1991 bescherte Bangladesh einen Zyklon mit 140 000 Toten. ▬

Zeit der Krisen

Armut

Die Welt ist deutlich zweigeteilt in reiche und arme Länder, wobei der Anteil der Armen an der Weltbevölkerung immer größer wird und die Unterschiede zwischen Arm und Reich, Nord und Süd, Erster und Dritter Welt immer deutlicher werden. Die Lage ist nicht überall gleich. Während die Armut in Asien im Durchschnitt leicht zurückgeht, nimmt sie in Afrika südlich der Sahara, in Nordafrika, im Nahen Osten, in Lateinamerika und in der Karibik zu.

1985 legte die Weltbank als Armutsgrenze ein Jahreseinkommen von 370 Dollar pro Person fest. Unter Berücksichtigung des Preisverfalls entspricht das 1990 einem Einkommen von 420 Dollar. Nach dieser Festlegung lebten 1990 insgesamt 1,1 Milliarden Menschen auf der Erde unterhalb der Armutsgrenze. Von 1985 bis 1990 nahm die Zahl der Armen um annähernd 100 Millionen zu. Über die Hälfte der Armen, etwa 600 Millionen, sind extrem arm mit einem Einkommen von weniger als 300 Dollar im Jahr.

Im Jahr 1988 lebte der größere Teil der Ärmsten, nämlich 650 Millionen von ihnen, auf dem Land. Für die Städte werden 130 Millionen angegeben (H.-J. Harborth in H. Sautter).

Die Wahrscheinlichkeit, daß eine Frau bei der Geburt stirbt, liegt in den Industrieländern bei 1 : 4000 bis 1 : 7000, in Afrika bei 1 : 13, in Teilen Asiens bei 1 : 18. Jährlich sterben 500000 Frauen bei der Geburt eines Kindes, 99 Prozent davon in den Entwicklungsländern (H. Franz).

Die Weltbank nennt 1992 die Zahl von 10 Millionen Kindern, die jedes Jahr in den Entwicklungsländern sterben. Im armen Nordosten

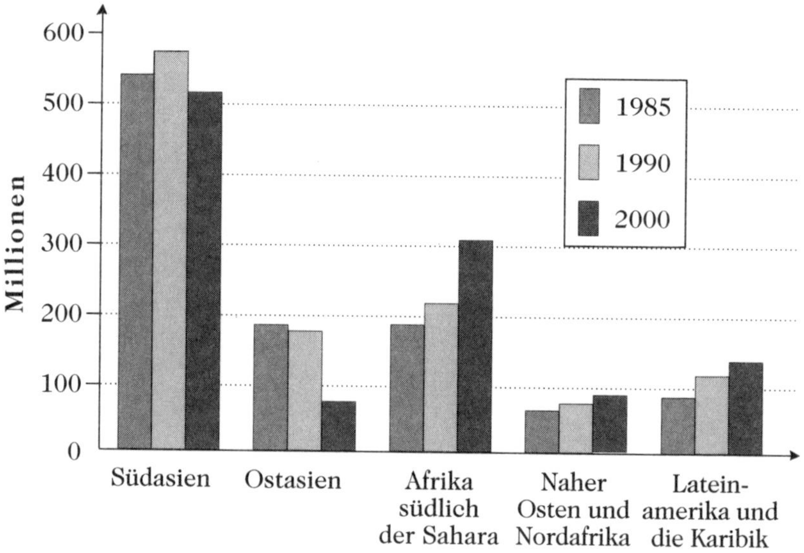

Zahl der Armen in den Entwicklungsländern

Quelle: Weltbank 1992

Brasiliens erleben mehr als 10 Prozent aller Neugeborenen ihren ersten Geburtstag nicht. Die Säuglingssterblichkeit ist hier höher als in manchen Teilen Afrikas und Asiens.
Das Einkommen des durchschnittlichen amerikanischen Haushalts lag 1992 bei 30 786 Dollar. Dabei standen einem weißen Haushalt durchschnittlich 32 368, einem hispano-amerikanischen Haushalt 22 848 und einem Haushalt von Schwarzen 18 660 Dollar zur Verfügung (U.S. Bureau of the Census).
Nach dem U.S. Bureau of the Census, dem amerikanischen Amt für Statistik, lebten 1992 in den USA 14,5 Prozent der Einwohner, das sind 36,9 Millionen Menschen oder jeder siebte Amerikaner, in Armut. Das waren 1,2 Millionen mehr als 1991. Die Armutsgrenze wird auf der Grundlage von Verbraucherpreisen und Inflation jährlich neu berechnet. Arm waren demzufolge im Jahr 1992 Einzelpersonen mit einem Jahreseinkommen bis zu 7 143 Dollar oder eine vierköpfige Familie mit einem Einkommen bis zu 14 335 Dollar (U.S. Bureau of the Census).

Im April 1992 stellte die UNO fest, daß 25 Prozent der Erdbevölkerung 70 Prozent der erzeugten Energie und 60 Prozent der gewachsenen Nahrungsmittel verbrauchen. In den USA verbrauchen 4 Prozent der Erdbevölkerung 20 Prozent der auf der Erde erzeugten Energie.
Der gesamte afrikanische Kontinent hat weniger Telefonanschlüsse als Tokio. 1991 fuhren die Japaner 33 Millionen Autos, doppelt so viele wie im gesamten übrigen Asien gefahren wurden. Die Hälfte aller Algerier kann nicht lesen und schreiben. Auf der ganzen Erde leben eine Milliarde Analphabeten.
In jedem Jahr werden 1 Billion Dollar oder jeden Tag 2,7 Milliarden Dollar in die Rüstung gesteckt. Das sind 180 Dollar für jeden Menschen auf der Erde, unabhängig davon, ob er arm oder reich ist. Die Militärausgaben der Völker der Erde entsprechen dem gesamten Bruttosozialprodukt Lateinamerikas und Afrikas zusammen. Der Anteil der Entwicklungsländer an den Rüstungsausgaben beträgt 200 Milliarden Dollar. Das sind 20 Prozent und doppelt so viel, wie diese Länder für Gesundheit und Bildung ausgeben.
Dem Kinderhilfswerk der Vereinten Nationen steht im ganzen Jahr so viel Geld zur Verfügung, wie für die Rüstung auf der Erde innerhalb von 4 Stunden ausgegeben wird: 450 Millionen Dollar. Familienplanung mit dem Ziel, das Bevölkerungswachstum zu verlangsamen, ist wichtig; also werden dafür weltweit immerhin 4,5 Milliarden Dollar ausgegeben, und doch sind das nur 0,45 Prozent der Militärausgaben. Nach Schätzungen der Vereinten Nationen würden zusätzliche Mittel in der Höhe von 20 Milliarden Dollar jährlich, das sind 2 Prozent der Militärausgaben, ausreichen, um allen Menschen auf der Welt sauberes Trinkwasser zu garantieren und nebenher noch die Familienplanung wesentlich zu verbessern.

Die Dritte Welt

Eine Verringerung oder gar Beseitigung der Armut setzt Wirtschaftswachstum voraus. In keinem Lande der Dritten Welt aber gelang es, die Wirtschaft so zu entwickeln, daß sich die Armut der Menschen in einen bescheidenen Wohlstand gewandelt hätte. Unter Berücksichtigung wachsender Bevölkerung gerade bei den armen

Völkern müßte die Wirtschaft sogar stärker wachsen, als es die Beseitigung der gegenwärtigen Armut erforderte. Tatsächlich müssen wir davon ausgehen, daß die Zahl der Armen auf der Erde absolut und prozentual weiter zunehmen wird.
Die Reichen helfen den armen Ländern nur in bescheidener Weise. Manch armes Land steht gelegentlich im Mittelpunkt öffentlichen Interesses, wenn dort der Hunger zur Katastrophe wird, wie in Äthiopien, in Somalia oder in Ruanda. Wer aber denkt an die Millionen Armen in Indien, Indonesien, auf den Philippinen, in Mittel- und Südamerika? Keines der westlichen Industrieländer wäre bereit, seinen Lebensstandard geringfügig zu verringern, um die Armen der Welt etwas weniger arm zu machen. Überdies wird eine Verbesserung der Lage in den armen Ländern durch eigene Kraft oder fremde Hilfe ganz wesentlich durch Bürgerkriege erschwert.

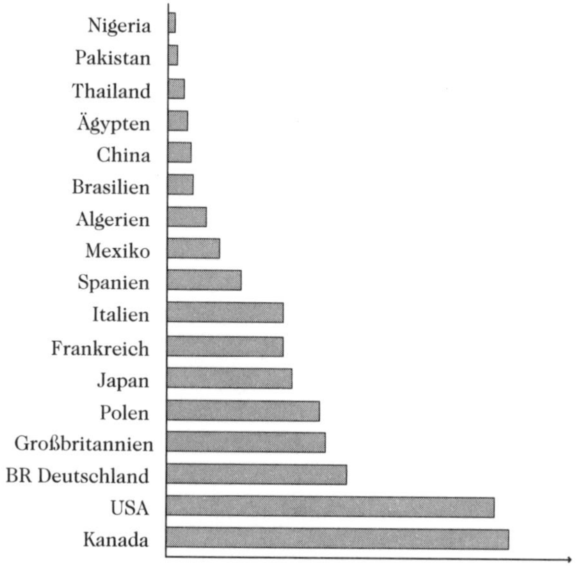

Relativer Energieverbrauch pro Person in ausgewählten Ländern der Erde, 1988

Quelle: Statistisches Bundesamt 1992

Land	Jahr	Anzahl	Land	Jahr	Anzahl
BR Deutschland*	1990	432	Niederlande	1990	367
Belgien	1990	385	Norwegen	1990	379
Bulgarien	1990	142	Polen	1990	138
Dänemark	1989	323	Portugal	1990	161
Frankreich	1990	416	Schweden	1989	420
Großbritannien	1990	353	eh. Sowjetunion	1987	51
Italien	1989	439	Ungarn	1989	175
Äthiopien	1989	1	Südafrika	1989	110
Marokko	1986	26	Tunesien	1989	40
Argentinien	1986	126	Kolumbien	1989	33
Brasilien	1988	104	Puerto Rico	1976	34
Kanada	1989	486	USA	1989	576
Indien	1989	2	Kuwait	1989	238
Indonesien	1986	6	Malaysia	1987	91
Japan	1990	282	Philippinen	1988	6
Jordanien	1987	57	Thailand	1989	12

*) vor der Wiedervereinigung

Bestand an Personenkraftwagen je 1000 Einwohner in ausgewählten Ländern der Erde

Quelle: Statistisches Bundesamt 1992

Die Länder der Dritten Welt sind bei den Banken der Industrienationen hoch verschuldet. Und die *Schwellenländer,* die mit riesigen Krediten aus dem Ausland schnell zu Industriestaaten nach westlichem Muster werden wollten, wie Brasilien und Mexiko, sind am höchsten verschuldet. Nach wie vor aber leben in diesen Ländern wenige ganz Reiche und viele ganz Arme. Und die Reichen legen ihr Geld in der Schweiz und in den USA sicher an, anstatt es im eigenen Lande zu investieren.
Wir müssen uns allerdings auch die Frage stellen, ob das westliche Wirtschaftsmodell für die armen Länder immer das geeignete ist. Die Angehörigen von Völkern, die über Jahrtausende als Bauern ge-

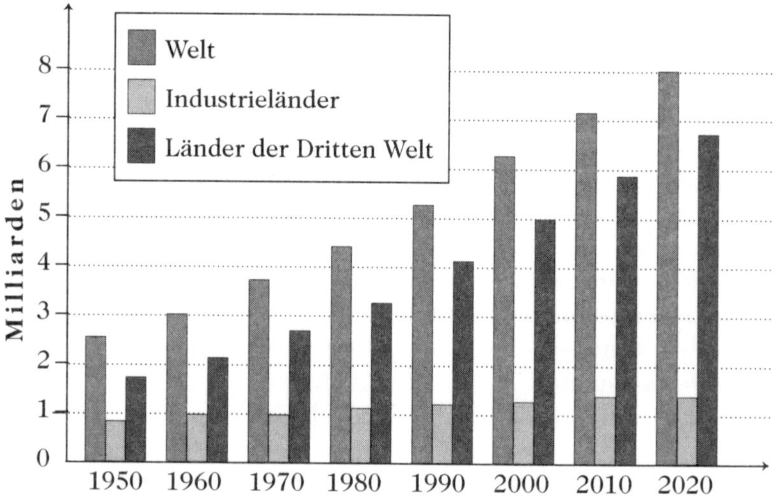

Die Entwicklung der Weltbevölkerung von 1950 bis 2020, unterteilt in Industrie- und Entwicklungsländer

Quelle: H. Faßmann et al., (in H. Franz)

prägt wurden, werden nicht so leicht zu Industriearbeitern umfunktioniert werden können.
Eine Verbesserung der Lebenslage der Menschen gelingt häufig nur durch Umweltzerstörung. Die Armen der Welt sind dabei Opfer und Täter zugleich. Viele von ihnen leben in ökologisch gefährdeten Gebieten. Sie überweiden mit ihren Herden die trockenen und halbtrockenen Gebiete wie im Sahel oder in Nordost-Brasilien. Sie schlagen mehr Brennholz, als nachwachsen kann. Sie nehmen Land in Besitz, das an Hängen liegt und daher erosionsgefährdet ist wie im Himalaya oder in Mittelamerika. Sie roden tropische Wälder, aber der Ertrag auf den so gewonnenen Feldern geht schnell zurück, was zu neuer Rodung zwingt. Die Armen können die Natur nicht schützen. Ihre Familien müssen jetzt und an dem Ort, wo sie leben, ernährt werden. Im übrigen hat der reiche Norden die Natur ebenfalls und seit jeher rücksichtslos geplündert, und er tut es noch immer.

Die Erste Welt

Obgleich sich die Lage in den Industriestaaten ganz anders darstellt, sind die Unterschiede innerhalb der Gesellschaft dennoch bedenklich groß. Denn immer weniger Menschen werden benötigt, um Überfluß zu produzieren. Die Fabriken laufen mit viel Energie und wenig Personal. Eine gleichmäßige Verteilung der Arbeit und der Produkte will dabei nicht gelingen. Während eine Minderheit immer reicher wird, sind immer mehr Menschen arbeitslos. Es wird auch immer schwieriger, aus einer Beschäftigungslosigkeit wieder in den Arbeitsprozeß eingegliedert zu werden. Damit aber kommt die Armut. Der Lebensstandard der Industrieländer ist zwar hoch, aber nur im Schnitt; innerhalb der einzelnen Länder werden die Unterschiede immer größer, klafft die Schere immer weiter auseinander.
In den Vereinigten Staaten ist die Kindersterblichkeit unter den Schwarzen mehr als doppelt so hoch wie bei den Weißen. In den Slums herrschen Armut, Verzweiflung und Drogen. Das Gesundheitssystem ist längst zusammengebrochen. Die Arbeitslosigkeit erreicht und übersteigt 50 Prozent. Tätigkeiten, mit denen ein Schwarzer ganz normal seine Familie ernähren kann, sind eher die Ausnahme. Jugendliche Banden beherrschen in den Großstädten die Straße und bekämpfen sich erbittert. Für Los Angeles werden 100 000 in Banden organisierte Jugendliche genannt. Die Kriminalität ist groß, und sie steigt immer weiter an. Die häufigste Todesursache männlicher Schwarzer zwischen 15 und 34 ist Mord und Totschlag. In Amerika sitzen mehr Schwarze in Gefängnissen als in Hörsälen.
In der EU werden alle jene Bürger eines Landes zu den Armen gezählt, die weniger als die Hälfte des in ihrem Lande üblichen Durchschnittseinkommens zur Verfügung haben. Nach dieser Definition leben in der EU 17 Prozent Arme. Bei 326 Millionen EU-Einwohnern sind das immerhin 55 Millionen. Deutschland hätte nach obiger Definition 4 Millionen Arme. Die westeuropäischen Länder verfügen wenigstens über ein soziales System, so daß es den Armen zwar vorläufig nicht gut geht, sie aber auch nicht hungern.
Gelegentlich erfährt der Bürger von Jahreseinkommen, die in die Hunderttausende und Millionen gehen. Unterschiede müssen sein, der Arbeiter oder Angestellte in einer Welt zunehmender Vertei-

lungskämpfe fragt aber immer dringender, wie ein Politiker, Gewerkschaftsfunktionär, hoher Staatsbeamter, Fußballspieler, Manager oder Theaterregisseur zehn- bis hundertmal soviel leisten kann wie eine Verkäuferin, ein Postbote oder ein Ingenieur? Welche Partei aber wollte die Einkommensteuer so erhöhen, daß die überhöhten Einkünfte der Privilegierten auf ein zwar hohes, aber doch erträgliches Maß beschränkt würden?
Einstmals schon bewältigt, wurde die Wohnungsnot in den neunziger Jahren zu einem der großen Probleme der Industriestaaten. Viele Menschen haben überhaupt keine Wohnung mehr. In Frankfurt am Main beispielsweise lebten 1993 rund 4000 Obdachlose. Es besteht auch keine Hoffnung, daß bald wieder eine Zeit kommen könnte, in der die Gesellschaft über ausreichend viele bezahlbare Wohnungen verfügt. Viel eher muß mit einer weiteren Verschärfung der Lage gerechnet werden. Die Gründe dafür sind vielfältig: die Zunahme an Singles, der Anspruch auf größere Wohnungen und anhaltende Zuwanderung.
Die Zahl der Arbeitslosen wird wieder zurückgehen; die Zeiten der Vollbeschäftigung früherer Jahre aber erwartet niemand mehr. Eine Lösung des Wohnungsproblems ist nicht in Sicht. Armut, Arbeitslosigkeit und Wohnungsnot aber könnten während einer überschaubaren Zeit ganz wesentlich zu schweren sozialen Konflikten zwischen Arm und Reich in der Ersten Welt führen.

Hunger

Wo Armut ist, ist auch Hunger. Anfang der achtziger Jahre waren nach Angaben der FAO zwischen 335 und 494 Millionen Menschen auf der Erde unterernährt. Für das Jahr 1990 werden 870 Millionen Menschen mit unzureichender Ernährung angegeben; das ist ein Viertel der Bevölkerung in den Entwicklungsländern. Die Menschen leiden an Mangelkrankheiten. Jährlich sterben 20 Millionen der Ärmsten an den Folgen des Hungers (F. Müller in H. Franz).
Malthus hatte zwar richtig erkannt, daß die zügellose Vermehrung des Menschen zu bedrohenden Schwierigkeiten der Art führt. Was die Ernährung anbelangt, irrte er aber. Die Erzeugung von Nahrungsmitteln wurde gesteigert. Sie verdoppelte sich in den Ent-

wicklungsländern in weniger als 25 Jahren, was durch die Züchtung neuer, leistungsfähiger Pflanzensorten und Tierrassen gelang. Dennoch herrscht allenthalben auf der Erde der Hunger. Die Unterschiede in den einzelnen Regionen sind erheblich. Die Einwohnerzahl Chinas wuchs von 1978 bis 1988 um 13 Prozent, die Nahrungserzeuger aber um 51 Prozent. In Indien wuchs die Zahl der Menschen im gleichen Zeitraum um 21 Prozent, die Nahrungserzeugung um 31 Prozent. In Lateinamerika stiegen sowohl die Zahl der Menschen als auch die der Nahrungserzeugung ungefähr gleich stark an. Dagegen wuchs die Zahl der Menschen in Afrika von 1978 bis 1988 um 34 Prozent, die Nahrungserzeugung aber nur um 24 Prozent (H. Faßmann et al., in H. Franz).

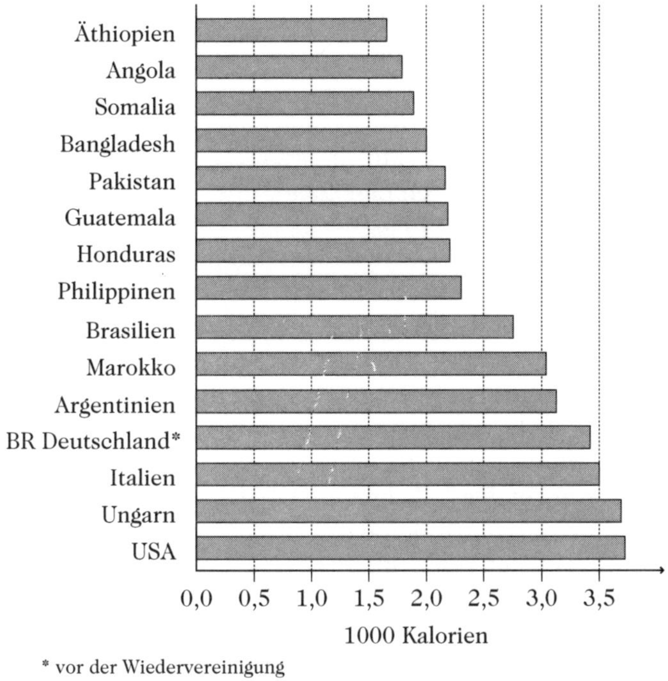

Tägliches Kalorienangebot pro Person in ausgewählten Ländern der Welt

Quelle: Weltbank 1992

Zum Hunger trägt ganz entscheidend das schnelle Bevölkerungswachstum gerade in den Ländern der Dritten Welt bei. Dem verfügbaren Land können nicht mehr genug Nahrungsmittel abgerungen werden. Ursachen für ungenügende Bodenerträge sind Bodenverschlechterung durch Erosion und Versalzung bewässerter Flächen. Ein ganz wesentlicher Grund für den katastrophalen Hunger aber sind die Kriege und in unserer Zeit noch mehr die Bürgerkriege. Das Jahr 1992 brachte dem Sudan Bürgerkrieg und Dürre und als Folge eine der schlimmsten Hungerkatastrophen seit Menschengedenken. Im gleichen Jahr erfuhr die Welt von einer entsetzlichen Hungerkatastrophe in Somalia. Ursache war ein Krieg von Banden gegeneinander. Auch am Rande der zerfallenen Sowjetunion lösen Elend und Hunger Bürgerkrieg aus.
Dabei könnte zumindest für die kleineren Länder der Dritten Welt das kleine mittelamerikanische Costa Rica ein Vorbild sein. Das Land schaffte 1949 seine Armee ab. Für Recht und Ordnung sorgt seither allein die Polizei. Die außergewöhnliche Maßnahme hatte unzweifelhaft vorteilhafte Auswirkungen. Costa Rica wird heute in den Bereichen, Gesundheit, Mütter- und Säuglingssterblichkeit und Bildung von keinem anderen Land der Dritten Welt übertroffen. Die Lebenserwartung liegt bei 77 Jahren, 2 Jahre über jener in den USA.

Flüchtlinge

Armut bringt Flüchtlinge hervor. Die Welt erlebt gegenwärtig die gewaltigste aller Völkerwanderungen in der Geschichte der Menschheit. Die Kommunikationstechnik hat die Menschen zusammengerückt, überall auf der Erde können sie von den Verhältnissen und Ereignissen in anderen Teilen der Welt erfahren. Die Armen hören vom Reichtum in anderen Ländern und sehen ihn. Sie möchten daran teilhaben und reisen in zunehmendem Maße dorthin, wo der Reichtum ist. Bevorzugte Ziele sind die USA und die westeuropäischen Länder.
Die Vereinigten Staaten grenzen im Süden an Mexiko, das ein armes Land ist. Der Grenzfluß Rio Grande und ein 3 Meter hoher Stahlzaun können nicht verhindern, daß die Menschen aus dem Nachbarstaat und den weiter südlich gelegenen Ländern die Grenze nach Nord-

amerika überschreiten. Südöstlich der amerikanischen Küsten liegen die Inseln der Karibik. Auch diese sind arme Länder, und die Menschen drängen über das Meer nach den USA. Die eingesessene Bevölkerung im einstmals bedeutendsten Einwanderungsland der Welt will den Flüchtlingsstrom nicht. Die Behörden schicken illegale Einwanderer, die sie aufgreifen, in ihre Heimatländer zurück. Die Landwirte auf den Plantagen Kaliforniens kümmert das nicht. Sie beuten jene, denen es gelang, die Grenze zu überschreiten, auf ihren Feldern skrupellos aus.

Flüchtlinge aus aller Welt drängen auch in das reiche Europa. Für die Menschen in Nordafrika liegen Italien, Frankreich und Spanien sozusagen direkt vor der Haustüre. Diese Zielländer aber achten bei steigenden Flüchtlingszahlen kaum noch auf humanitäre Prinzipien. Sie sind nicht mehr bereit, Armutsflüchtlinge aufzunehmen. Die Behörden schicken jene, die illegal einreisen und von der Polizei aufgegriffen werden, in ihre Heimatländer zurück. Die meisten Flüchtlinge kommen wegen der sehr liberalen Aufnahmebedingungen nach Deutschland.

Dem anhaltenden Strom von Armutsflüchtlingen aus der Dritten Welt haben sich in der jüngeren Vergangenheit Flüchtlinge aus der Zweiten Welt hinzugesellt. Als die Sowjetunion das Wettrüsten mit den USA nicht mehr durchhalten konnte, brach mit dem politischen System auch die Wirtschaft zusammen. Die Hoffnungen der Menschen auf einen höheren Lebensstandard, am besten eine schnelle Angleichung an jenen des Westens, erfüllten sich nicht: Heute herrscht die Armut in den Ländern der ehemaligen Sowjetunion, in Polen, Rumänien, Bulgarien oder Albanien.

Diese Menschen aber, die Opfer des kalten Krieges der Supermächte sind und über Jahrzehnte vom Wohlstand des Westens gehört hatten, wollen nicht warten. Sie sind unzufrieden und ziehen nach Westen. So wurde die einstige Grenze zwischen Ost und West, nämlich die innerdeutsche Grenze, durch eine Armutsgrenze an Oder, Neiße, Erzgebirge und Böhmerwald ersetzt. Und diese Grenze suchen nun neben den Flüchtlingen aus der Dritten Welt auch jene aus der ehemals Zweiten Welt zu überwinden.

Die reichen Länder Westeuropas rücken von ihrem einstmals verkündeten Prinzip der Reisefreiheit nun plötzlich ab. Sie weigern sich, die neuen Flüchtlinge aus den östlichen Armutsgebieten aufzuneh-

men. Italiener transportierten Tausende Albaner rigoros in deren Heimatland zurück. Die weitaus meisten Flüchtlinge aus dem Osten kommen allerdings nach Deutschland, denn Deutschland liegt ihnen am nächsten und ist ihnen nach langer gemeinsamer Geschichte bis zum Zweiten Weltkrieg immer noch am vertrautesten. Oder und Neiße wurden so zum Rio Grande der Deutschen.
Zu den Armutsflüchtlingen gesellen sich die Flüchtlinge aus Kriegs- und Bürgerkriegsgebieten.
Die Flüchtlinge aus aller Welt stellen ein ernstes Problem für die reichen Länder und deren Politiker dar. Nirgendwo wollen es die Wähler hinnehmen, daß immer mehr Fremde in ihr Land kommen und damit die eigenen Probleme noch verschärfen. Wohnungsnot und Arbeitslosigkeit werden verschlimmert, die Löhne werden durch billige illegale Einwanderer gedrückt. Diese Tatsache führt bei der einheimischen Bevölkerung zu Vorurteilen und Fremdenhaß.
Aber auch eine großzügige Einwanderungspolitik könnte die Probleme nicht lösen. Denn mag der Strom von Einwanderern in die reichen Länder auch noch viel stärker werden, so ist die Zahl der Ankömmlinge doch immer nur eine Minderheit verglichen mit jenen, die zurückbleiben. Deren Zahl wächst durch den weiterhin kaum gebremsten Bevölkerungsanstieg dennoch unaufhörlich.
Das Problem der Armutsflüchtlinge stellt sich nicht nur für die westeuropäischen, amerikanischen und asiatischen Industriestaaten. Eine wenig bekannte Massenwanderung findet seit Jahrzehnten von Bangladesh nach Indien statt. Verglichen mit den Verhältnissen in Bangladesh sind die indischen Staaten jenseits der Grenze reich. Seit 1947, dem Jahr der Unabhängigkeit Pakistans von Großbritannien, sind etwa 15 Millionen Menschen aus dem damaligen Ostpakistan – seit 1974 Bangladesh – nach Indien gezogen. Diese Bevölkerungsbewegung verläuft keineswegs spannungsfrei, die Einwanderung führte vielmehr wiederholt zu Unruhen, Aufständen und sogar zu Massakern.

Kennzahlen ausgewählter Länder mit niedrigem und mittlerem Einkommen 1990

Land	BSP/Kopf (Dollar)	Auslandsschulden gesamt (Mill.Dollar)	Auslandsschulden pro Person (Dollar)	Lebens-erwartung (Jahre)	Analpha-beten-quote (Prozent)
Welt	4 200	...	...	66	35
Europa	2 400	...	...	70	15
BR Deutschland	22 320	...	...	76	<5
Großbritannien	16 100	...	...	76	<5
Frankreich	19 490	...	...	77	<5
USA	21 790	...	...	76	<5
Japan	25 430	...	...	79	<5
Australien	17 000	...	...	77	<5
eh. UdSSR	–	–	–	71	–
Bulgarien	2250	9 564	1 087	73	–
Polen	1 690	39 282	1 028	71	–
Rumänien	1 640	19	0,8	70	–
Tschechoslowakei	3 140	5 346	340	72	–
Ungarn	2 780	18 046	1 702	71	–
Ägypten	600	34 242	657	60	52
Äthiopien	120	3 116	70	48	–
Algerien	2 060	24 316	969	65	43
Elfenbeinküste	750	10 050	845	55	46
Kamerun	960	4 784	409	57	46
Kenia	370	4 810	199	59	31
Kongo	1 010	4 380	1 904	53	43
Madagaskar	230	3 677	314	51	20
Mali	270	2 306	271	48	68
Marokko	950	22097	880	62	51
Nigeria	290	33 709	292	52	49
Senegal	710	2 954	399	47	62
Tunesien	1 440	6 506	803	67	35
Zaire	220	8 851	237	52	28
Argentinien	2 370	46 146	1 429	71	5
Brasilien	2 680	82 098	546	66	19
Chile	1 940	10 330	783	72	7

Land	BSP/Kopf (Dollar)	Auslandsschulden gesamt (Mill.Dollar)	Auslandsschulden pro Person (Dollar)	Lebens-erwartung (Jahre)	Analpha-beten-quote (Prozent)
Guatemala	900	2179	237	63	45
Haiti	370	745	115	54	47
Honduras	590	3159	619	65	27
Jamaika	1500	3873	1614	73	<5
Kolumbien	1260	14680	454	69	23
Mexiko	2490	76204	884	70	13
Nicaragua	–	8067	2068	65	–
Peru	1160	13343	615	63	15
Venezuela	2560	24643	1251	70	12
Bangladesh	210	11464	107	52	65
China	370	45319	40	70	27
Indien	350	61097	72	59	52
Indonesien	570	44974	252	62	23
Iran	2490	1797	32	63	46
Jordanien	1240	6486	2027	67	20
Madagaskar	230	3677	314	51	20
Malaysia	232	16107	900	70	22
Nepal	10	1557	82	52	74
Pakistan	380	16532	147	56	65
Philippinen	730	24108	392	64	10
Syrien	1000	14959	1206	66	36
Thailand	1420	12572	225	66	7
Türkei	1630	38595	688	67	19

– = nicht verfügbar   <5 = weniger als 5 Prozent

Quelle: Weltbank 1992

Die Gesellschaftskrise

Die Industriegesellschaft hat alte Probleme behalten und neue geschaffen: Armut, Streß, psychische Störungen, Selbstmord, Gewalt, Zerfall der Familie und Kindesmißhandlung. Extremismus und Radikalismus machen sich breit. Wir können kaum anders, als den Ersten Weltkrieg als Einstieg und den Zweiten Weltkrieg als Fortführung und deutliches Zeichen für einen geistigen Niedergang des Menschen anzusehen. Die unerhörte Brutalität, mit der gegen die Zivilbevölkerung vorgegangen wurde, kam als ganz neue Art der Kriegsführung in die moderne Welt. Es muß mit der Masse zusammenhängen, denn niemals zuvor hatten einander so viele Menschen feindlich gegenübergestanden.

Den Politiker aus einer ethischen Grundhaltung heraus, wie er unter der Erbelite des 18. und 19. Jahrhunderts fast selbstverständlich war, gibt es nicht mehr. Es ist kaum noch vorstellbar, aber ein berühmter Mann wie der Arzt Rudolf Virchow saß im vorigen Jahrhundert aus Verantwortung für sein Volk im Reichstag. Und nach dem Zweiten Weltkrieg gehörte immerhin der Mitbegründer der Quantenmechanik Pascal Jordan dem Bundestag an. Der Gedanke, heute könnte sich ein angesehener Wissenschaftler mitverantwortlich fühlen und im Parlament mitentscheiden wollen, ist abwegig geworden. Politik aus Überzeugung und Verantwortung für das eigene Volk wie zu Zeiten der Monarchie gehört der Vergangenheit an.

Politik wurde vielmehr zum Geschäft. Auf allen Ebenen, bis hinunter zu den Kommunen, arbeiten Regierung und Opposition zusammen, um eine möglichst gerechte Verteilung von lukrativen Posten zu regeln. Den ersten Diener seines Staates gibt es nicht mehr, dafür aber viel zu viele Spitzenverdiener am Staate. Die ebenfalls hoch bezahlte Ministerialbürokratie ist aufgebläht, denn schließlich haben noch genügend Mitglieder etablierter Parteien Anrecht auf einen guten Posten. Da das noch nicht reicht, werden Institute und Stiftungen geschaffen.

Neben den Parteien bestehen unzählige Vereinigungen, gewissermaßen Nebenparteien, die sich organisiert, also zusammengeschlossen haben, um ihre besonderen Interessen durchzusetzen. Das wird *Lobbyismus* genannt. Die Interessen sind üblicherweise nichts anderes, als viel Geld für tatsächliche oder scheinbare be-

rufliche Leistungen zu erhalten. Jedermann und jede Gruppe versucht, aus dem großen Topf des Nettosozialprodukts einen möglichst großen Anteil für sich herauszuholen.
Die Korruption nimmt zu. Staatsanwälte und Richter, Frauen und Männer in einflußreicher Stellung der höheren Verwaltung sind bestechlich geworden. Unternehmer und Manager in den Konzernen bedienen sich des Mittels der Bestechung. Delikte solcher Art sind nichts Neues, sie waren aber einstmals in Europa, und hier insbesondere in Preußen-Deutschland, außerordentlich selten.
Die Demokratie hat offensichtlich ihre Grenzen erreicht, jedenfalls die Demokratie überkommener Art. Wahrscheinlich müßten allerdings weniger die demokratischen Prinzipien reformiert als die Art ihrer Verwirklichung geändert werden. Wer aber sollte das tun? Bestimmt nicht diejenigen, die etabliert, also in Regierung oder Opposition, auf jeden Fall in den Parlamenten vertreten sind! Vorerst wächst also die Partei der Nicht- und Protestwähler als Zeugnis der Parteien-, Demokratie- und Politikverdrossenheit immer weiter an. Wie aber könnte die neue Art von Demokratie gestaltet sein? Vielleicht gibt es im Zeitalter der Bevölkerungsexplosion, der Hochindustrialisierung und der daraus folgenden Weltkrisen gar keine vernünftige Form der Demokratie mehr. Vielleicht wird nun das, was einst Staatsräson genannt wurde, durch den rücksichtslosen Kampf um Anteile, wie wir es in zunehmenden Maße erleben, ersetzt.
Auch die Kriminalität nimmt zu. Verwilderung der Sitten und Brutalisierung insbesondere in den Städten erschrecken den Bürger. Amerika schreitet wieder voran, die europäischen Länder folgen im Abstand von wenigen Jahren. So unbedeutende Straftaten wie Wohnungseinbrüche oder Diebstähle werden von der Polizei kaum noch verfolgt. Die Zahl der Autodiebstähle durch organisierte ausländische Banden steigt überdurchschnittlich stark an, und der Bürger hört mit Erstaunen, daß die Polizei nicht viel dagegen tun könne, da die gesetzlichen Voraussetzungen und eine ausreichende Zahl von Mitarbeitern fehlten.
Das organisierte Verbrechen, die Mafia also, wächst in allen Ländern an. In den USA und in Süditalien ist sie längst etabliert. Beim organisierten Verbrechen geht es um Rauschgifthandel, Erpressung und organisierte Prostitution. Auch Mord gehört zum Geschäft. Hohen Gewinn verspricht auch der Menschenhandel. Menschen aus armen

Ländern werden in reiche Länder geschmuggelt. Diese bedauernswerten Menschen haben dabei oft ihren ganzen Besitz veräußert, um das Geld für die Bezahlung der Menschenschmuggler aufzubringen. Die Ärmsten können sich nicht schmuggeln lassen; sie haben nicht das Geld dafür.
Italien erlebte im Sommer 1992 einen neuen Höhepunkt der Gewalt, als auf Sizilien innerhalb von nur zwei Monaten zwei bekannte Mafiajäger einschließlich ihrer Familienangehörigen und Wachmänner sowie ein Polizeibeamter ermordet wurden. Italien hat den Kampf mit der Mafia inzwischen ernsthaft aufgenommen.

Die Weltkrise

Überall auf der Erde verstärkt sich der Nationalismus, verschärfen sich alte und bilden sich neue Konflikte zwischen Völkern und Rassen. Von 1991 bis 1993 entstanden 23 neue Staaten, und wenn es nach dem Willen örtlicher Nationalisten geht, werden noch viele Staaten hinzukommen. Nationalisten wollen Grenzen sichern und verändern. Wir erleben das heute in Ost- und Südosteuropa. Aus der zerfallenen Sowjetunion entstanden wieder Nationalstaaten. Dort aber, wo historisch oder durch staatlichen Zwang mehrere Völker durchmischt leben, kam es schnell zu militärischen Auseinandersetzungen. Im ehemaligen Jugoslawien brach ein Krieg zwischen den Serben und den anderen Völkern des ehemals zwangsweise zusammengefügten Staates aus. Die Sieger wenden dabei ein wirksames Verfahren an, um erobertes Land zu sichern: Die alteingesessenen Bewohner werden aus den annektierten Gebieten vertrieben. Danach lassen sich die Eroberer in dem Lande nieder. Es muß befürchtet werden, daß es in Zukunft auch anderswo zu Vertreibungen kommen wird, wenn es um die Sicherung eroberter Gebiete geht.
In Südafrika herrscht nicht nur Rassismus zwischen Weißen und Schwarzen, hier bekämpfen sich auch die schwarzen Stämme untereinander. Zwar wurden im April/Mai 1994 allgemeine und freie Wahlen abgehalten, wurde die Apartheid damit formal beendet, es bestehen aber weiterhin Zweifel, ob in Südafrika Schwarze und Weiße friedlich zusammenleben werden.

Gerade der afrikanische Kontinent ist vom Mittelmeer bis zum Kap in dauernder Unruhe. Das kleine Ruanda durchlebt 1994 ein schreckliches Blutbad. In Somalia und im Sudan bekämpfen sich einzelne Stämme, Banden und Ideologien. Millionen Menschen hungern, mindestens Zehntausende verhungern. Auf Ceylon ermorden sich gegenseitig Singhalesen und Tamilen. Die Kurden leben über fünf Staaten verteilt, aber niemand würde ihnen einen eigenen Staat zubilligen. Also wird gekämpft und gemordet, oft im Ausland, weil dies einen höheren Aufmerksamkeitsgrad sichert. In Afghanistan tobt der Bürgerkrieg nach Abzug der Russen in veränderter Gegnerschaft, aber in gnadenloser Härte weiter.
Ursache für die gewaltigste aller Völkerwanderungen in der Geschichte der Menschheit ist daher nicht allein die Armut. Kriegsflüchtlinge und Asylsuchende, Menschen also, die einem Krieg oder

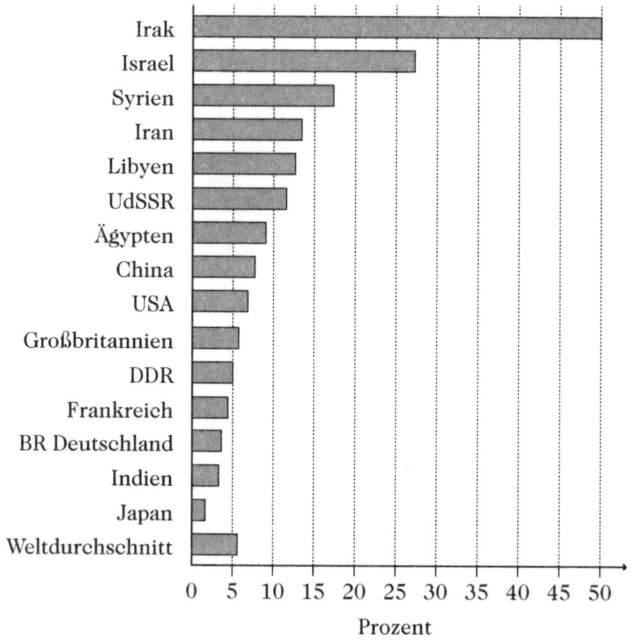

Rüstungsanteil am Bruttosozialprodukt in ausgewählten Ländern der Erde, 1984

Quelle: L. R. Brown 1992

politischer Verfolgung entgehen wollen, gesellen sich hinzu. Noch beachten einige wenige europäische Staaten die humanitären Prinzipien und nehmen Bürgerkriegsflüchtlinge und Asylsuchende auf. In einer Welt zunehmender kriegerischer Auseinandersetzungen und ethnischer Gegensätze aber könnte die Zahl aller Arten von Flüchtlingen auch die noch geordneten und wohlhabenden Länder bald veranlassen, ihre vorerst offengehaltenen Grenzen zu schließen.

Auch der sogenannte Westen ist keineswegs frei von Nationalismus. Tschechen und Slowaken trennten sich, aber es geschah wenigstens friedlich. In Kanada treiben die englisch- und die französischsprechenden Landesteile auseinander. Selbst in Westeuropa breitet sich der Nationalismus aus: in Spanien wollen Basken und Katalanen mehr Selbständigkeit; in Großbritannien sterben Menschen in und wegen Nordirland; viele Bürger im reichen Norden Italiens möchten sich am liebsten vom armen Süden befreien.

Die Welt blickt besorgt auf die aktiven *islamischen Fundamentalisten.* Diese geben sich religiös, aber die Ursachen für die Erfolge von Ideologien in aller Welt sind meistens umfassender. Den westlichen Stand von Technik und Zivilisation haben die arabischen Völker nicht erreichen können. Der berechtigte Stolz auf ihre Geschichte und Kultur aber ist geblieben, was die gewaltigen sozialen Probleme in ihren Ländern aber auch nicht ändern kann. Die unzufriedene Bevölkerung jedoch nimmt Versprechen für eine Verbesserung ihrer Lage stets freudig auf.

Schon in den kommenden Jahren muß mit einem Rückgang des Tourismus in vielen Ländern der Dritten Welt gerechnet werden. Bereits heute reist niemand dorthin, wo Bürgerkrieg ist. Künftig wird aber ein wesentlicher Grund für die Reiseunlust eine weitere Verschlechterung der sozialen Lage in den armen Ländern sein. Viele sehenswerten historischen Zentren liegen zunehmend innerhalb eines Gürtels elender Barackensiedlungen. Das ist Westeuropäern, Japanern und Nordamerikanern lästig. Es wird aber auch zunehmend gefährlich. Wo Menschen hungern, ist mit kleinen Betrügereien und Diebstahl bei Einheimischen nichts zu holen. Also werden die Fremden bevorzugt Opfer derartiger Aktivitäten. Inzwischen melden sich überdies auch Fanatiker mit Überfällen auf Touristen, um auf diese Weise die herrschenden Regierungen zu destabilisieren.

Ein Schlußwort

Schon in wenigen Jahrzehnten werden auf der Erde 8 bis 10 Milliarden Menschen leben. Die Wälder werden dann wohl bis auf Reste abgeholzt, die Landschaft wird öde, Luft, Boden und Wasser werden verunreinigt sein. Zahllose Städte werden sich zu gigantischen Ansammlungen von Elendsvierteln entwickelt haben. Wasser für die Menschen, die Tiere und die Felder wird vielerorts knapp sein. Nicht immer sind die Zusammenhänge und Ursachen einfach zu durchschauen, aber offensichtlich wachsende Gegensätze zwischen Völkern, Stämmen und Rassen führen zu grausamen Kriegen überall auf der Erde. Höhere Temperaturen der Luft müßten zu einem Anstieg des Wasserspiegels der Weltmeere und als Folge zur Überflutung dichtbesiedelter Inseln, Flußdeltats und meernaher Ebenen führen. Viele Millionen Flüchtlinge werden aus vielerlei Gründen Schutz in anderen Ländern suchen. Und über allem steht die Drohung schrecklicher Atomwaffen im Besitz mehr oder weniger verantwortungsbewußter Staaten.

Der Bürger hört von solchen Vorhersagen, und er denkt darüber nach. Der Wille zu einer Änderung weltweiter Verhaltensweisen ist gewiß vorhanden, er läßt sich in unserer realen Welt aber kaum durchsetzen. Milliarden arme Menschen wollen ihre kargen Lebensverhältnisse verbessern, und Millionen Reiche wollen ihren Wohlstand immer noch weiter steigern. Die Natur des Planeten wird so von der Art Mensch immer weiter ausgebeutet und immer stärker belastet. Wirksame weltweite Übereinkommen zum Schutze unserer Lebenswelt können nicht gelingen.

Wir sollten wirklich sehr beunruhigt sein!

Glossar

Äquivalentdosis – Strahlungsschäden hängen von einer ganzen Reihe von Einflüssen ab. Das ist zuallererst die Art der Strahlung, die auf den Menschen einwirkt. Die Äquivalentdosis versucht, die biologische Wirksamkeit verschiedener Strahlungsarten – Alpha-Strahlen, Elektronen-, Gamma-, Röntgen-Strahlen – auf den lebenden Körper zu berücksichtigen. Das Maß der Äquivalentdosis, also das Maß für die Wirkung einer Strahlung auf den Menschen, ist das *Sievert* (Sv). Der tausendste Teil davon ist das *Millisievert* (mSv). Die Äquivalentdosis kann keine exakt meßbare physikalische Größe sein, vielmehr wurde die Wirkung der Strahlung über Tierversuche, die Folgen der Atombombenabwürfe in Japan und Atomunfälle abgeschätzt.

Afrika südlich der Sahara – Alle Länder südlich der Sahara ohne Südafrika.

Algen – niedere Pflanzen. Mehrere Stämme mit etwa 30000 Arten sind bekannt. Algen sind von unterschiedlicher Farbe und Größe von Einzellern bis zum 60 Meter langen Riesentang. Algen schweben als Phytoplankton im Meer, sie wachsen in Seen und Teichen sowie auf feuchtem Holz. Algen produzieren wie alle Pflanzen mit Hilfe von Chlorophyll und der Energie des Sonnenlichts aus Kohlendioxid und Wasser Stärke und geben dabei Sauerstoff ab.

Algenblüte → Algenpest

Algenpest – Massenhaftes Auftreten von Algen in Gewässern. Durch zu große Mengen Stickstoff- und Phosphorverbindungen aus der Landwirtschaft (Düngemittel) und den häuslichen Abwässern (Waschmittel) kommt es zur Überdüngung (Eutrophierung) in stehenden und langsam fließenden Gewässern. Das führt zu einem übermäßigen Wachstum von Algen (Algenblüte). Danach sterben entsprechend mehr Algen ab. Die organischen Stoffe der toten Algen sinken zu Boden und werden dort bakteriell zersetzt. Das verbraucht den Sauerstoff im Tiefenwasser, erzeugt aber auch giftige Stoffe wie Schwefelwasserstoff. Als Folge sterben Fische, Robben und andere Meerestiere. Ost- und Nordsee sowie das Mittelmeer sind als vergleichsweise flache Meere besonders gefährdet.

Ammoniak – NH_3, ist ein farbloses, stechend riechendes Gas. Es wird vielfach in der Industrie zur Herstellung komplizierterer Verbindungen, darunter Kunststoffe, Chemiefasern und Düngemittel, verwendet.

Atomwaffen → Kernwaffen.

Biotop – Der natürliche Lebensraum einer Gemeinschaft von Tieren und Pflanzen.

Brennstäbe, Brennelemente → Kernenergie

Bruttoinlandsprodukt – BIP, ist die gesamte in einem Land erzielte wirtschaftliche Leistung.

Bruttosozialprodukt – BSP, ist die wertmäßige Summe aller erwirtschafteten Güter und Dienstleistungen der Bewohner eines Landes. Das BSP setzt sich zusammen aus dem BIP zuzüglich der Einkommen, die Inländern aus dem Ausland für Arbeit und Kapital zufließen, abzüglich ähnlicher Zahlungen von Inländern an das Ausland. Das BSP ist die zentrale Größe der Leistung einer Volkswirtschaft.

chlorierte Kohlenwasserstoffe – CKWs → halogenierte Kohlenwasserstoffe

Chlorwasserstoff – HCl, ein farbloses, stechend riechendes Gas. In Wasser gelöst, ist es die Salzsäure.

DDT – Dichlordiphenyltrichlorethan, ein chlorierter Kohlenwasserstoff (CKW), wurde 1939 in der Schweiz als Kontakt- und Fraßgift für viele Insektenarten entdeckt und danach als Insektizid mit breitem Wirkungsspektrum und langer Wirkungsdauer eingesetzt. Infolge der hohen Stabilität bleibt das Gift lange in der Umwelt. Es reichert sich im Fettgewebe und in den Organen von Menschen und Tieren an. Seine Verwendung wurde daher in vielen Ländern verboten.

dekontaminieren → kontaminieren

Dioxine → TCDD

Dünnsäure – Abfallprodukt der chemischen Industrie. D. fällt bei der Herstellung von Titandioxid und anderen chemischen Stoffen an. D. enthält etwa 20 Prozent Schwefelsäure, daneben Schwermetalle und halogenierte Kohlenwasserstoffe.

elektromagnetische Wellen, Strahlung, Schwingungen - Gekoppelte elektrische und magnetische Felder. Sie breiten sich im Raum mit Lichtgeschwindigkeit, das sind 300 000 Kilometer pro Sekunde, aus. Die Wellen werden durch ihre Länge oder Frequenz charakterisiert. Diese Werte liegen für die verschiedenen Wellenarten innerhalb eines sehr weiten Bereichs. Beispiele für Wellenarten:

	Wellenlänge	Frequenz
Wechselstrom	6 000 km	50 Hz
Rundfunkwellen	10 km – 1 m	$3 \cdot 10^4 - 3 \cdot 10^8$ Hz
Mikrowellen	1 m – 1 mm	$3 \cdot 10^8 - 3 \cdot 10^{11}$ Hz
sichtbares Licht	0,8 µm – 0,4 µm	$3{,}8 \cdot 10^{14} - 7{,}5 \cdot 10^{14}$ Hz
Röntgenstrahlen	< 0,01 µm	$> 3 \cdot 10^{16}$ Hz

µm = Mikrometer = 1/1 000 mm

Epidemie – Zeitlich und örtlich begrenzt, aber verstärkt auftretende Infektionskrankheit.
Epizentrum – Die tatsächliche Lage des Erdbebenherdes innerhalb der Erde ist das Hypozentrum. Die Projektion des Hypozentrums auf die Erdoberfläche ist das Epizentrum. Das Hypozentrum eines Bebens kann zwischen 1 und 700 Kilometer tief liegen.
Erdgas – Besteht aus gasförmigen Kohlenwasserstoffen, vor allem Methan, daneben Kohlendioxid und Schwefelwasserstoff. Es entstand mit dem Erdöl und der Kohle. Wie beim Erdöl wird ein zusätzlicher anorganischer Ursprung für möglich gehalten. E. kommt meistens gemeinsam mit Erdöl vor. Es wird zur Erzeugung von Strom und Wärme genutzt. Da es vergleichsweise wenig Kohlendioxid und Schwefeldioxid freisetzt, ist es der umweltfreundlichste fossile Energieträger. Allerdings wird bei seiner Gewinnung, seinem Transport und seinem Einsatz Methan frei, was den Treibhauseffekt verstärkt.
Eutrophierung → Algenpest
Fluorchlorkohlenwasserstoffe – FCKWs sind nicht natürlichen Ursprungs, sondern werden industriell hergestellt. Wir erhalten sie formal, wenn wir bei den Kohlenwasserstoffverbindungen die Wasserstoffatome teilweise oder ganz durch Fluor und Chlor ersetzen. Der einfache Kohlenwasserstoff Methan CH_4 beispielsweise wird bei vollständigem Ersatz des Wasserstoffs etwa zu $CFCl_3$ oder CF_2Cl_2. Die F. sind farb- und geruchlos, sehr reaktionsträge und daher unbrennbar und ungiftig. Da sie sich leicht verflüchtigen, können sie nicht ins Grundwasser gelangen. Da sie überdies billig in der Herstellung sind, werden sie vielfältig verwendet, so als Treibmittel in Spraydosen, als Kältemittel in Klimaanlagen und Kühlschränken, als

Reinigungsmittel für elektronische Bauteile und zum Aufschäumen von Schaumstoffen.

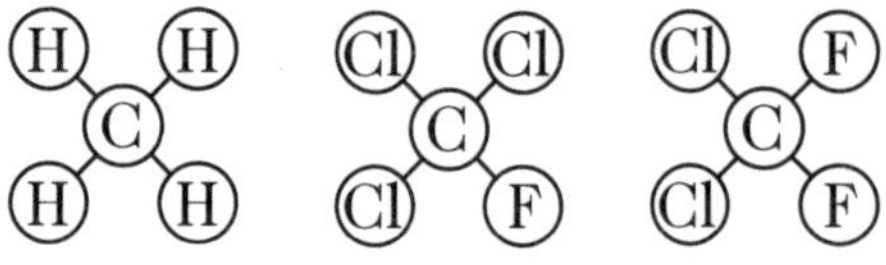

Methan FCKW-Molekül

CH_4 $CFCl_3$ CF_2Cl_2

fossile Brennstoffe – Der aus dem Lateinischen kommende Ausdruck *fossil* bedeutet *ausgegraben* und soll im Zusammenhang mit den Brennstoffen aussagen, daß diese in früheren Zeiten entstanden sind. Der Begriff bezieht sich daher auf Kohle, Öl und Erdgas. Der Weltenergiebedarf wird zu 90 Prozent aus f. B. gedeckt. Die Vorräte sind begrenzt. In der folgenden Tabelle werden Schätzungen über den Zeitraum in Jahren wiedergegeben, den die f. B. bei gegenwärtigem Verbrauch voraussichtlich noch zur Verfügung stehen werden:

	pessimistisch	realistisch	optimistisch
Kohle	258	–	2900
Erdöl	50	80	120
Erdgas	130	215	380

Quelle: D. A. White in D. J. McLaren u. B. J. Skinner

Frequenz – Schwingungszahl, Anzahl der Schwingungen pro Sekunde. Die Frequenz wird in Hertz (Hz) gemessen. 1 Hz = 1 Schwingung pro Sekunde; 10 Hz = 10 Schwingungen pro Sekunde.
Fungizide – Pflanzenschutzmittel, chemische Verbindung für die Bekämpfung von Pilzen.
Halbwertszeit – Die Zeit, in der die Atome eines radioaktiven Elements auf die Hälfte ihrer ursprünglichen Anzahl zerfallen sind. Das Radium-Isotop Ra-226 hat eine Halbwertszeit von 1602 Jahren, Strontium-90 von 28,5 Jahren. – Auch eine biologische Halbwertszeit wird genannt. Das ist jene Zeit, in der die Hälfte einer dem lebenden Körper zugeführten Substanz infolge der Stoffwechselvorgänge den Körper wieder verlassen hat. Das gefährliche Plutonium-Isotop Pu-239 hat eine biologische Halbwertszeit von 120 Jahren.

halogenierte Kohlenwasserstoffe – Sammelname für zahlreiche organisch-chemische Verbindungen. Wie der Name besagt, ist in den Kohlenwasserstoffen der Wasserstoff teilweise durch Halogene – Fluor, Chlor, Brom, Jod – ersetzt. H. K. werden vielfältig verwendet, so als Lösungsmittel, Treibgase und Pflanzenschutzmittel. H. K. sind stabile Verbindungen und daher in unserer Umwelt weit verbreitet. Sie können sich im lebenden Körper anreichern. Es wird vermutet, daß sie Krebs verursachen. Als gefährlich gelten vor allem die chlorierten Kohlenwasserstoffe (CKW). Zu den h. K. gehören die Dioxine und Furane sowie die FCKWs.
Herbizide – Pflanzenschutzmittel, chemische Verbindungen für die Beseitigung von Unkraut.
Hertz → Frequenz
Hypozentrum → Epizentrum
Isotop – Atome eines chemischen Elements mit der gleichen Ordnungszahl, also gleicher Anzahl von Protonen, aber unterschiedlicher Anzahl von Neutronen im Kern. Die Isotope eines Elements haben damit unterschiedliche Masse, aber gleiche chemische Eigenschaften. Vom Uran gibt es zwei Isotope: Uran-235 mit 92 Protonen und 235 – 92 = 143 Neutronen und Uran-238 mit 92 Protonen und 238 – 92 = 146 Neutronen.
Kernreaktor → Kernenergie
Kernenergie – Schwere Atomkerne können mit Neutronen beschossen und dadurch gespalten werden. Dabei wird eine große Energiemenge frei. Hierfür besonders geeignet ist das Isotop U-235 des Schwermetalls *Uran.* Diese Uranart ist in der Natur vorhanden. Bei der *Kernspaltung* entstehen aus dem ursprünglichen Uranatom zwei Teilstücke, die neue Elemente bilden, etwa Krypton und Barium. Außerdem werden Neutronen freigesetzt, die ihrerseits weitere Uranatome spalten können. Wir sprechen daher von einer *Kettenreaktion.* – Die Kernspaltung erfolgt im *Kernreaktor.* Wesentlicher Bestandteil des Kernreaktors ist der Reaktorkern mit den *Brennelementen.* Die Brennelemente bestehen aus einzelnen *Brennstäben,* die den Spaltstoff Uran enthalten. Der Begriff *Brennelemente* ist nicht ganz korrekt, da nichts *verbrannt* wird, vielmehr Atome gespalten werden.

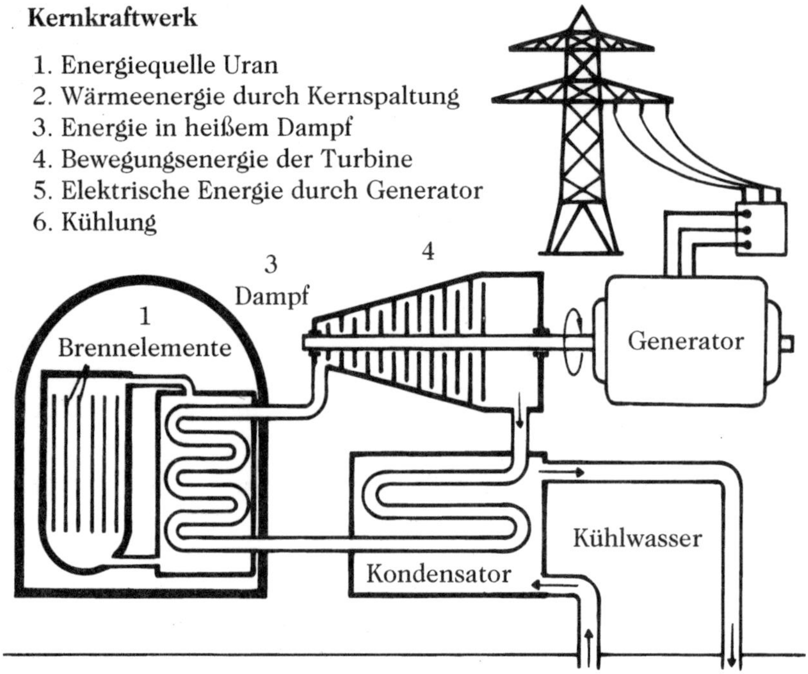

Funktionsprinzip eines Kernkraftwerkes
Quelle: J. Seidel

Kernwaffen – Sie gründen sich entweder auf die Spaltung schwerer Atome (Uran, Plutonium) oder auf die Verschmelzung leichter zu schwereren Atomen (Wasserstoffbombe). Bei beiden Waffentypen wird explosionsartig viel Energie in Form von Wärme, Luftdruck und Strahlung freigesetzt. Atomwaffen wurden bisher zweimal im Jahr1945 über Hiroshima und Nagasaki in Japan eingesetzt. Dabei kamen etwa 300 000 Menschen ums Leben, die meisten starben erst im Verlauf von Jahrzehnten an den Spätfolgen der beim Abwurf der Bomben erlittenen Strahlung.

Klärschlämme – Der in den Kläranlagen dem Wasser entzogene Schmutz. Die Gefährlichkeit der K. liegt in ihrem Gehalt an Schwermetallen, giftigen organischen, also Kohlenstoff enthaltenden Verbindungen und Dioxinen. Daher werden K. in Deutschland nur zu weniger als einem Drittel als Dünger in der Landwirtschaft verwendet. Der größte Teil wird deponiert oder verbrannt.
Kohlendioxid – CO_2, ist ein farb- und geruchloses, unbrennbares Gas. Es ist zu etwa 0,03 Prozent in der Luft enthalten. Es entströmt an verschiedenen Stellen der Erde, ist in vulkanischen Gasen und im Wasser der Mineralquellen enthalten. K. ist nicht giftig, es kann dem tierischen Organismus aber durch Verdrängung des Sauerstoffs gefährlich werden. Bei 8 bis 10 Prozent Anteil in der Atmungsluft ruft es daher Kopfschmerzen und Schwindel, ab etwa 15 Prozent Bewußtlosigkeit und Krämpfe hervor. Noch höhere Werte führen zum Tod durch Erstickung. K. hat eine überragende Bedeutung innerhalb der lebenden Natur. Die Pflanzen nehmen K. aus der Luft auf und zerlegen es mit Hilfe der Energie des Sonnenlichts in Kohlenstoff C und Sauerstoff O (Assimilation). Der Sauerstoff wird an die Luft zurückgegeben, der Kohlenstoff mit Wasser (H_20) zum Aufbau von Kohlehydraten verwendet. Die Tiere nutzen diese energiereichen Verbindungen durch Verbrennung zur Aufrechterhaltung ihres Lebens. Dabei wird neben Wasser K. erzeugt und an die Luft abgegeben. Die vom Menschen ausgeatmete Luft enthält etwa 4 Prozent K.
Kohlenmonoxid – CO, entsteht bei unvollständiger Verbrennung, wenn die Temperatur nicht hoch genug ist oder der Sauerstoff fehlt, überwiegend in Autos, daneben bei der Ofenheizung und in der Industrie. Es ist ein farb-, geruch- und geschmackloses Gas. Wird K. eingeatmet, ruft es Kopfschmerz, Sehstörungen, Schwindel, bei hohen Konzentrationen gar Lähmung, Bewußtlosigkeit und den Tod hervor.
Kohlenwasserstoffe – Sammelbezeichnung für die zahlreichen, aus Kohlenstoff und Wasserstoff zusammengesetzten einfachsten Verbindungen der organischen Chemie. Erdgas besteht aus niedermolekularen K., das ist vor allem Methan CH_4, dazu Ethan C_2H_6 und Propan C_3H_8. Andere bekannte einfache K. sind der Alkohol oder Ethanol C_2H_5OH und das Benzol C_6H_6. Die Kohlenstoffatome können in Ketten (Propan) oder Ringen (Benzol) miteinander verbunden sein. K. dienen als Brenn- und Kraftstoffe und sind Ausgangs-

stoffe für zahlreiche höherwertige Chemikalien. Benzin besteht aus einer Mischung von K. Viele dieser Verbindungen sind gesundheitsschädigend. Ringförmige Verbindungen, wie das Benzol, wirken krebserregend. Niedermolekulare Verbindungen werden infolge ihrer leicht berauschenden Wirkung als Schnüffelstoffe mißbraucht.
kontaminieren – Verseuchen eines Objekts mit schädlichen, besonders radioaktiven Stoffen. Der Begriff *dekontaminieren* umfaßt alle Maßnahmen, mit deren Hilfe die Voraussetzungen dafür geschaffen werden, daß Menschen wieder ohne Schutzvorkehrungen mit dem verseuchten Objekt in Berührung kommen können.
kosmische Strahlung – Sie kommt aus dem Weltall und besteht zunächst vor allem aus Protonen. Durch Zusammenprall mit den Atomen der Atmosphäre erreicht die Erde dann ein ganzer Schauer verschiedenster Teilchen.
Lachgas → Stickoxide
Methan – CH_4, ist ein farb- und geruchloser, gasförmiger, ungiftiger Kohlenwasserstoff. Es ist Hauptbestandteil des Erdgases, bildet sich bei der Zersetzung organischer Stoffe unter Luftabschluß, wie in Sümpfen, beim Reisanbau, in Kläranlagen und Mülldeponien sowie in den Mägen von Wiederkäuern. M. entweicht bei der Förderung von Kohle und Erdöl, entsteht bei deren Verbrennung sowie bei der Brandrodung. M. ist auch Hauptbestandteil des Biogases, eines erneuerbaren Energieträgers. Biogas bildet sich bei der Zersetzung pflanzlicher und tierischer organischer Stoffe unter Luftabschluß durch Mikroorganismen. Es wird in der Landwirtschaft zum Heizen, Kochen und zum Antrieb von Fahrzeugen verwendet. In der Atmosphäre ist M. mit einem Anteil von etwa 0,00015 Prozent enthalten. M. ist ein wichtiger Rohstoff der Chemie für die Synthese zahlreicher kohlenstoffhaltiger Verbindungen.
Methylisocyanat – $H_3C\text{-}NCO$, das in Bhopal ausgetretene Gift, eine farblose, leicht flüchtige Flüssigkeit.
Methylquecksilber → Quecksilber
Mikrowellen → elektromagnetische Wellen
Moderator – Bremst die Geschwindigkeit der schnellen Neutronen, die bei der Kernspaltung im Kernreaktor frei werden. Die Abbremsung ist erforderlich, da langsame Neutronen das Uran-235 besser spalten können als schnelle Neutronen. Als Moderator wird Wasser oder Graphit verwendet.

Neutron – Elektrisch neutrales Kernteilchen.

Nitrate – Salze der Salpetersäure HNO_3. Sie sind natürlicher Bestandteil des Bodens und normalerweise in geringen Mengen im Grundwasser und in Gemüsen enthalten. Durch den Einsatz stickstoffhaltiger Düngemittel und den Anfall großer Dungmengen bei der Massentierhaltung wird das Grundwasser in vielen Gebieten übermäßig mit N. belastet. Bei der Verwendung als Trinkwasser muß dann der Nitratgehalt verringert werden.

Orkan – Windstärke 12 auf der seit 1949 international gültigen Beaufortskala. Die Windgeschwindigkeit übertrifft 120 Kilometer pro Stunde. Ein Orkan richtet schwerste Verwüstungen an.

Ozon – Der Sauerstoff der Luft tritt normalerweise zweiatomig als O_2 auf. Eine sehr viel seltenere Verbindung ist das dreiatomige O. O_3. Es bildet sich überall dort, wo den normalen Sauerstoffmolekülen O_2 Energie zugeführt wird: bei elektrischen Entladungen von hohen Spannungen wie bei Blitzen und an Hochspannungsleitungen, bei ultraviolettem Licht und beim Schweißen. Das Sauerstoffmolekül O_2 wird dabei in die beiden Sauerstoffatome O gespalten, die mit je einem O_2-Molekül zu O. O_3 reagieren. O. hat einen typischen, leicht stechenden Geruch. Es ist in der Atmosphäre nur in ganz geringen Mengen – weniger als ein Millionstel – vorhanden, O. zerfällt nach kurzer Zeit wieder in normale Sauerstoffmoleküle.

Pandemie – Eine sich weit verbreitende, ganze Länder oder große Gebiete erfassende Seuche, eine Epidemie großen Ausmaßes.

Pestizide – Pflanzenschutzmittel. Ein Oberbegriff, der vor allem im Bereich des Umweltschutzes gebraucht wird. Bei den Herstellern und den Nutzern in der Landwirtschaft ist der Begriff Pflanzenschutzmittel gebräuchlicher.

Phosphate – Salze der Phosphorsäure H_3PO_4. P. kommen in der Natur vor. Der Mensch stellt sie industriell her und verwendet sie als Düngemittel. Da P. die Gewässer überdüngen, wurde ihre frühere Einsatzmenge in Waschmitteln deutlich verringert, in Deutschland sogar völlig aufgegeben. Die Belastung der Gewässer mit P. n ist dadurch erheblich zurückgegangen.

Plankton – Im Wasser schwebende mikroskopisch kleine Tiere und Pflanzen. Das pflanzliche P. (Phyto-P.) ist Lebensgrundlage für viele Wassertiere.

Plattentheorie – Den Grundgedanken hat Alfred Wegener, ein deut-

scher Meteorologe und Geologe, 1912 entwickelt. Die Hypothese wurde nach der Jahrhundertmitte wiederaufgenommen und weitergeführt. Diese moderne Form der Plattentheorie ist heute weitgehend anerkannt. – Die Geologen nehmen an, daß unter der Erdoberfläche in 100 bis 300 Kilometern Tiefe eine schmale, fließfähige Zone, die *Asthenosphäre,* liegt. Das ist eine Zone hohen Drucks und hoher Temperatur. Die darüberliegende Gesteinsschale, die *Lithosphäre,* schwimmt daher gewissermaßen auf der Asthenosphäre, die auch die Quelle der glühenden Gesteinsschmelze, des Magmas, ist. Die Magmazone ist wahrscheinlich erdumspannend, aber nicht durchgängig. Die feste Lithosphäre wiederum ist kein zusammenhängender, erdumfassender Block, sondern besteht vielmehr aus sechs großen und mehreren kleineren Platten, die sich gegeneinander bewegen.
Plutonium – Pu, ein chemisches Element mit der Ordnungszahl 94. Es kommt in der Natur nicht vor, sondern entsteht im Kernreaktor aus Uran-238. Von P. gibt es mehrere Isotope, die sämtlich radioaktiv sind. Das Pu-239 hat eine Halbwertszeit von 24 110 Jahren. P. wird als Spaltstoff in Atombomben verwendet.
Proton – Elektrisch positiv geladenes Kernteilchen. P.en und Neutronen bilden in unterschiedlicher Anzahl die Atomkerne der chemischen Elemente.
Quecksilber – Hg, ist das einzige bei Normaltemperatur flüssige Metall. Es wird in Thermometern und Barometern verwendet. Andere Metalle lösen sich gut in Q. Solche Amalgame mit Silber, Kupfer, Zinn und Zink werden in der Zahnarztpraxis verwendet. Dem Menschen wird metallisches Q. als Dampf gefährlich. Es schädigt das Zentralnervensystem und die Lungen. Gelangt Q. durch Verdampfen in die Atmosphäre, wird es durch Bakterien in organische Verbindungen überführt, darunter Methylquecksilber, die giftigste aller Quecksilberverbindungen. Eine von mehreren dieser Verbindungen ist Methylquecksilberchlorid CH_3HgCl.
Radioaktivität – Die Atomkerne bestimmter chemischer Elemente – Uran, Thorium, Radium und andere – zerfallen von selbst, also ohne äußere Einwirkung. Diese Eigenschaft wird Radioaktivität genannt. Der Atomzerfall erfolgt unter Abgabe verschiedener Arten von Strahlung. Durch den Zerfall der Atomkerne entstehen neue chemische Elemente, die meistens wieder radioaktiv sind, also un-

ter Abgabe von Strahlung weiter zerfallen. Radium beispielsweise strahlt einen Heliumatomkern – auch Alpha-Teilchen genannt – ab und geht dadurch in das Edelgas Radon über. Das Radonatom zerfällt seinerseits weiter. Die Physiker sprechen hier von *natürlicher Radioaktivität.* Atomkerne können aber auch künstlich durch Beschuß mit Teilchen – etwa Neutronen, das sind ungeladene, also elektrisch neutrale Atomkernteilchen – umgewandelt werden. Das ist die *künstliche Radioaktivität.* – Die Radioaktivität kann gemessen werden. Maßeinheit der sogenannten *Aktivität* ist das *Becquerel,* benannt nach dem französischen Physiker Antoine–Henri Becquerel, der die Radioaktivität 1896 entdeckte. Die Aktivität 1 Becquerel (Bq) legt fest, daß in dem betreffenden Stoff im Mittel in jeder Sekunde 1 Atomkern zerfällt. Eine ältere Einheit der Aktivität ist das *Curie:* 1 Curie = 1 Ci = 37 Milliarden Bq = $3{,}7 \cdot 10^{10}$ Bq.

Sahel – Das arabische Wort für Ufer oder Grenze. Der Begriff bezieht sich auf ein steppenartiges Gebiet südlich der Sahara, das die sechs Staaten Mauretanien, Mali, Niger, Senegal, Tschad und Burkina Faso (Obervolta) umfaßt. Meist werden noch die Kapverdischen Inseln und Gambia mit einbezogen. Ähnliche klimatische Bedingungen herrschen aber auch im Sudan, in Äthiopien und Somalia.

Salpetersäure – HNO_3, eine helle, an der Luft rauchende, sehr starke Säure des Stickstoffs. Sie wird technisch aus Ammoniak NH_3 hergestellt und in der Industrie vielfältig, darunter für Düngemittel, verwendet.

Savanne – Graslandschaft der äußeren Tropen mit periodischer Trockenzeit. Die Tropen sind die Zone zwischen den beiden Wendekreisen 23° 27′ nördlicher und südlicher Breite. Man unterscheidet zwischen immerfeuchten inneren Tropen und den äußeren Tropen mit Trockenzeiten.

Schwefeldioxid – SO_2, ist ein farbloses, stechend riechendes Gas. Es tritt in der Natur vielfach auf, so in den vulkanischen Gasen und im Erdgas. Die Industrie nutzt es als Konservierungsstoff in der Lebensmittelindustrie, als Bleich- und Lösungsmittel in der Zellstoff- und Textilindustrie sowie bei der Abwasseraufbereitung. S. ist die Ausgangsverbindung für die Herstellung der in großen Mengen in der Industrie verwendeten Schwefelsäure. S. entsteht bei der Verbrennung von Kohle und Erdöl, was die Atmosphäre erheblich belastet. Mit Wasser bildet S. die schweflige Säure H_2SO_3, welche die Lungen von Menschen und Tieren schädigt. In Westdeutschland konnte der S.-Ausstoß seit den siebziger Jahren durch den Einbau von Rauchgasentschwefelungsanlagen in Kraftwerken erheblich gesenkt werden. In der ehemaligen DDR wurde bei der Verbrennung stark schwefelhaltiger Braunkohle ohne die Verwendung von Filtern in den Kraftwerken außergewöhnlich viel S. abgegeben.

Schwefelsäure – H_2SO_4, eine ölige, farb- und geruchlose, stark ätzende Flüssigkeit. Die S. wird in der chemischen Industrie vielfach angewendet, so zur Herstellung von Kunststoffen, Farben, Wasch- und Düngemitteln und Arzneien.

Schwefelwasserstoff – H_2S, ein farbloses, nach faulen Eiern riechendes, giftiges Gas. Es tritt häufig aus der Erde, beispielsweise in Mineralquellen und aus Vulkanen. In der Natur entsteht es, wenn Bakterien Eiweißmoleküle zersetzen.

Schwermetalle – Metalle mit einer Dichte größer als 5 Gramm pro Kubikzentimeter. Einige dieser Schwermetalle – Eisen, Kupfer, Zink, Mangan – sind in sehr geringen Mengen lebensnotwendig. Andere S. – Blei, Cadmium, Quecksilber, Chrom, Nickel – sind für Mensch und Tier giftig. Da S. vielfältig industriell genutzt werden, gelangen sie mit den Abfällen in die Umwelt. Pflanzen nehmen die S. auf, die so über die Nahrung das Tier und den Menschen erreichen.

Sievert → Äquivalentdosis

Spurengase – Häufigkeit der wichtigsten Spurengase in der Erdatmosphäre:

Gas	Häufigkeit	Zunahme (%/Jahr)	Beitrag zum Treibhauseffekt (%)
Kohlendioxid	0,0338 %	0,5	46
Methan	1,5 ppm	1–2	10
Distickoxid	0,5 ppm	1,3	6,5
Ozon	20–50 ppb	0	9,7
Kohlenmonoxid	0,05 ppm	1–2	< 1
FCKW	– ppb	< 9	28

ppm: parts per million = 0,000001 = 0,0001 Prozent
ppb: parts per billion = 0,000000001 = 0,0000001 Prozent

Quelle: E. Keppler

Steppe – Infolge geringer Niederschläge ist die Steppe eine baumlose, aber strauch- oder grasbedeckte Ebene.
Stickoxide – Die beiden Verbindungen Stickstoffmonoxid NO und Stickstoffdioxid NO_2 werden unter der Formel NO_x zusammengefaßt und S. genannt. Sie entstehen bei allen Verbrennungsvorgängen. NO ist ein farbloses Gas, das an der Luft sofort zu NO_2 oxidiert. Dieses ist ein rotbraunes, unangenehm riechendes Gas, das die Schleimhäute stark angreift. Am unkontrollierten Ausstoß der S. hat sich während der letzten Jahre wenig geändert. Zwar wurden in die Kraftwerke Rauchgasentstickungsanlagen eingebaut, dafür nahm der Ausstoß beim Verkehr zu. Die Kraftfahrzeugbauer sind insofern in einem Dilemma, als hohe Verbrennungstemperaturen angestrebt werden, um den Wirkungsgrad zu verbessern und damit den Kraftstoffverbrauch zu senken. Höhere Verbrennungstemperaturen begünstigen aber die Bildung von S. Der Ausweg beim Benzinmotor ist der Katalysator, in dem die S. zu Stickstoff reduziert werden. Distickoxid oder *Lachgas* N_2O ist eines der ursächlichen Gase für den Treibhauseffekt. Es entsteht bei Überdüngung und Verbrennung von Biomasse.
TCDD – Tetrachlordibenzodioxin ist ein Dioxin. Die Dioxine werden aus dem ringförmigen Benzol-Molekül C_6H_6 hergeleitet. In Abb. a) wurden zwei Benzolmoleküle nebeneinander gezeichnet. Wir erhalten daraus die Dioxine, wenn die vier innersten Wasserstoffatome H entfernt und durch zwei Sauerstoffatome O ersetzt werden.
Da Sauerstoff zweiwertig ist, können die beiden Benzolreste über den Sauerstoff miteinander verbunden werden. Übrig bleiben in dieser Verbindung 8 Wasserstoffatome H, die ganz oder teilweise durch Chlor Cl ersetzt werden können. Insgesamt ergeben sich dann 75 verschiedene Dioxine. In Abb. b) wurde der Wasserstoff an den vier äußeren Stellen durch Chlor ersetzt. Dieses Dioxin wird 2,3,7,8-TCDD oder einfach TCDD genannt. Die Bezeichnung ergibt sich aus dem Fachausdruck 2,3,7,8-Tetrachlordibenzodioxin. Das schreckliche Wort kann erklärt werden. *Tetra* (griech.) = vier sagt mit dem folgenden *chlor* aus, daß das Molekül vier Chloratome enthält. Die Ziffern 2, 3, 7, 8 geben die Stellung dieser vier Chloratome im Molekül an; *di* (griech.) = 2 und das folgende *benzo* stellen fest, daß das Molekül aus zwei Benzolringen besteht. Letztlich erfahren wir vom Restwort *dioxin,* daß die beiden Benzolringe von zwei *(di)* Sauer-

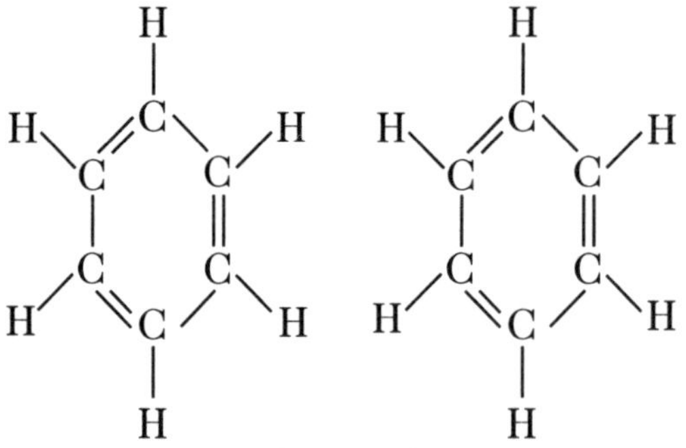

a) Benzol

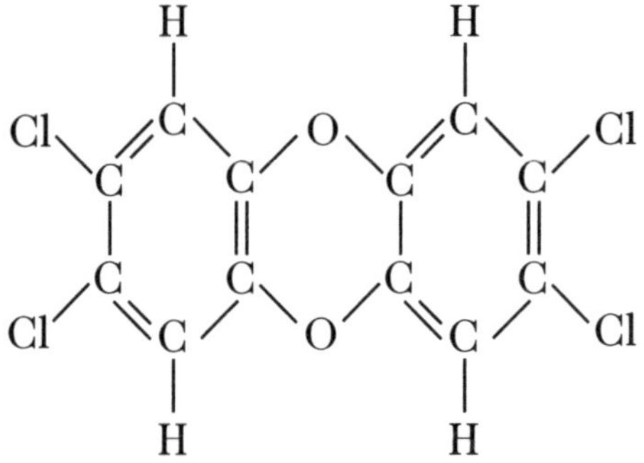

b) 2,3,7,8 – Tetrachlordibenzodioxin = TCDD

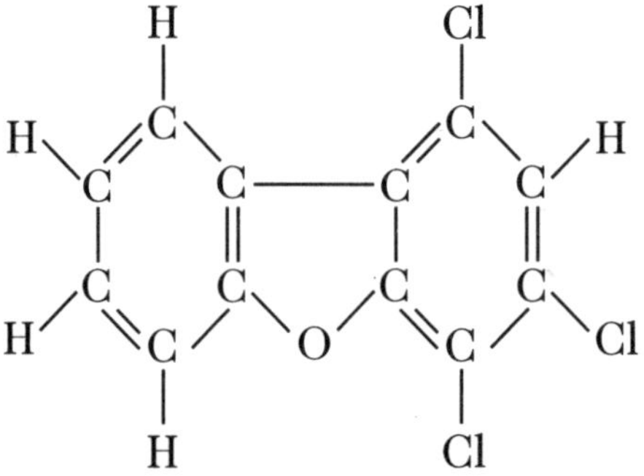

c) 1,3,4 – Trichlordibenzofuran = Tri-CDF

Struktur der Dioxine und Furane

stoffatomen *(Oxygenium)* als Brücken verbunden werden. – Bei den Furanen ist eine Sauerstoffbrücke durch die direkte Verbindung ersetzt. Die Kombinationsmöglichkeiten ergeben 135 Furane.

Tektonik – Ein Fachgebiet der Geologie, das sich mit dem Bau und den inneren Bewegungen der Erdkruste beschäftigt.

terrestrische Strahlung – Sie hat ihren Ursprung in natürlichen radioaktiven Stoffen und deren Zerfallselementen. Die wichtigsten Elemente sind Uran, Thorium und Kalium-40, ein radioaktives Isotop des Kaliums.

Titandioxid – Weißpigment, also ein gekörnter weißer Farbstoff. Es wird zur optischen Aufhellung von Farben, Lacken, Seifen, Pudern und Salben und zum Färben von Papier und Kunststoffen verwendet.

Uran – Das schwerste in der Natur vorkommende chemische Element mit der Ordnungszahl 92. Das Uranatom erhält damit 92 positiv geladene Protonen. Natürliches U. besteht zu 0,7 Prozent aus dem Isotop U-235 und zu 99,3 Prozent aus dem Isotop U-238. U. ist natürlich radioaktiv mit Halbwertszeiten von 700 Millionen Jahren für U-235 und 4,5 Milliarden Jahren für U-238. Für die Kernspaltung wird U-235 genutzt. Zuvor muß sein Anteil im Uran auf etwa 3 Prozent angereichert werden.

Wachstum – Das andauernde Wachstum einer Größe – etwa einer Bevölkerung – erfolgt nach der Zinseszinsformel:

$$Z = (1 + p/100)^t$$

Z: Wachstum
p: Prozent des Wachstums
t: Zeit des Wachstums in Jahren

Aus obiger Formel kann die Mathematik eine einfache Formel für die Verdoppelungszeit t bei einem Wachstum von p Prozent herleiten:

$$t \approx 70/p$$

Die Formel ergibt für die Verdoppelungszeit bei unterschiedlichem Wachstum p:

p (%)	0,5	1,0	1,5	2,0	2,5	3,0	4,0	5,0
t (Jahre)	140	70	46,7	35	28	23,3	17,5	14

Bei einer Wachstumsrate von p = 1,73 Prozent, wie sie für die Entwicklung der Erdbevölkerung in der ersten Hälfte der neunziger Jahre gilt, ergibt sich ein Verdoppelungszeitraum von t = 40,46 Jahren.

Literaturverzeichnis

bw	bild der wissenschaft, Stuttgart
GR	Geographische Rundschau, Braunschweig
NWR	Naturwissenschaftliche Rundschau, Stuttgart
SpeW	Spektrum der Wissenschaft, Heidelberg
StuW	H. Elsässer (Hg.), Sterne und Weltraum, Zeitschrift für Astronomie, Heidelberg
WP	Water Power & Dam Construction, London

Agachanjanz, Okmir u. Breckle, Siegmar-W.; Umweltsituation in der ehemaligen Sowjetunion, NWR 3/94 S. 99–106

Bähr, Jürgen; Weltbevölkerung 1990, GR 1/90 S. 48–54

–; Verstädterung der Erde, GR 7–8/93 S. 468–472

Bähr, Jürgen u. Mertins, Günter, Verstädterung in Lateinamerika, GR 6/92 S. 360–370

Bätzing, Werner; Die Alpen. Entstehung und Gefährdung einer europäischen Kulturlandschaft, München 1991

Bischoff, Roland; Der Ölteppich am Nordseegrund, bw 7/91 S. 68–70

BMU; Der Schutz unserer Gewässer, Bonn September 1991

BMU; Den Abfall in den Griff bekommen, Bonn Juli 1992

BMU; Strahlung und Strahlenschutz, Bonn November 1992

Bohle, Hans-Georg; Hungerkrisen und Ernährungssicherung, GR 2/92 S. 78–87

–; Hungersnöte, Unterernährung und staatliches Krisenmanagement in Südasien, GR 2/92 S. 98–104

Brown, Lester R. (Hg.); Worldwatch Institute Report, Zur Lage der Welt – 89/90, Daten für das Überleben unseres Planeten, Frankfurt/Main 1989

–; Worldwatch Institute Report, Zur Lage der Welt – 1992, Daten für das Überleben unseres Planeten, Frankfurt/Main 1992

Bührke, Thomas u. Arnold, Frank; Das Ozonloch, StuW 7–8/87 S. 394–396

Bundesministerium für Forschung und Technologie, AIDS. Eine Herausforderung an die Wissenschaft. 4. Bericht, Bonn 1990

Caldwell, John C. u. Caldwell, Pat; Ursachen der Übervölkerung Schwarzafrikas, SpeW 7/90 S. 122–130

Caufield, Catherine; Der Regenwald, Frankfurt/Main 1987

Dech, Stefan Werner u. Ressl, Rainer; Die Verlandung des Aralsees, GR 6/93, S. 345–352

Feldmeier, Hermann; Goldgräber, Quecksilber und die Folgen, NWR 7/91 S. 260–262

Fischer, Axel; Der Ozonschild bricht, bw 2/93, S. 46–51

Franz, Herbert (Schriftl.); Die Bevölkerungsentwicklung und ihre Auswirkungen auf die Umwelt, Österreichische Akademie der Wissenschaften, Wien 1990

Gatzweiler, Cornelia; Die ökologischen Folgen des Uranbergbaus in Thüringen und Sachsen, GR 6/93 S. 330–335
Geipel, Robert; Naturrisiken, Katastrophenbewältigung im sozialen Umfeld, Darmstadt 1992
Haury, Heinz-Jörg et al.; Tschernobyl. Die unendliche Katastrophe, bw 4/91 S. 44–67
–; Die Wahrheit aus dem Sarkophag, bw 4/93 S. 68–75
Heineberg, Heinz et al.; Verstädterung in Mexiko, GR 7–8/93 S. 400–407
Henselmann, Maria; Fremdenverkehr versus Umweltschutz im Alpenraum, München 1991 (Diss.)
Holzner, Lutz; Stadtland USA. Die Kulturlandschaft des American Way of Life, GR 9/90 S. 468–475
Ibrahim, Fouad N.; Der Assuan-Staudamm – Vom Scheitern eines Großprojekts, bw 4/83, S. 76–83
–; Hunger am Nil, GR 2/92 S. 94–97
IZE - Informationszentrale der Elektrizitätswirtschaft e.V.; StromBASISWISSEN Nr. 104, Frankfurt/Main
IZE – Information zur Elektrizität; StromDISKUSSION Nr. 183, Frankfurt/Main
Jacobi, Claus; Uns bleiben 100 Jahre – Ursachen und Auswirkungen der Bevölkerungsexplosion, Frankfurt/Main 1987
Jansen, Walter et al.; Saurer Regen: Ursachen, Analytik, Beurteilung, Stuttgart 1987
Jayaraman, K. S.; Artikel zur Bhopal-Katastrophe, Nature Bd. 319 vom 2. 1. 86 S. 7, Bd. 377 vom 23. 2. 89 S. 679, Bd. 346 vom 9. 8. 90 S. 503
Keppler, Erhard; Klimaentwicklung und mögliche Vermeidungsstrategien, StuW 1/89 S. 21–25
Keyfitz, Nathan; Probleme des Bevölkerungswachstums, SpeW 11/89 S. 98–106
Kremer, Bruno, P.; Robbenepidemie in der Nordsee, NWR 9/89 S. 359–361
Kulinat, Klaus; Fremdenverkehr in den Mittelmeerländern, GR 43/91 S. 430–436
Leggett, Jeremy (Hg.); Der Greenpeace Report, Global Warming – Die Wärmekatastrophe und wie wir sie verhindern können, München 1991
Lichtenberger, Elisabeth; Die Auswirkungen der Ära Reagan auf Obdachlosigkeit und soziale Probleme in den USA, GR 9/90 S. 476–481
Loddenkemper, Robert; Tuberkulose – nach wie vor ein medizinisches und gesellschaftliches Problem, SpeW 2/94 S. 115–116
Lozán, José L. et al. (Hg.); Warnsignale aus der Nordsee, Berlin u. Hamburg 1990
Magens, Klaus; Armut in der Bundesrepublik Deutschland, SpeW 3/92 S. 127–128
Malle, Karl-Geert; Die Wasserqualität der Ostsee, SpeW 2/92 S. 95–110
McLaren, Digby J. u. Skinner, Brian, J. (Hg.); Resources and World Development, Dahlem Workshop Report 12. – 17. Jan. 1986 in Berlin, Chichester, 1987

Mensching, Horst G.; Die globale Desertifikation als Umweltproblem, GR 6/93 S. 360–365
Möhlenbruch, Norbert u. Schölmerich, Uwe; Landschaften nach der Auskohlung, SpeW 4/92 S. 105–119
Monosowsky, E.; Lessons from the Tucurui experience, WP 2/90 S. 29–34
Mosimann, Thomas; Skitourismus und Umweltbelastung im Hochgebirge, GR 38/86 S. 303–311
Muszarska-Garber, Barbara; Der Anteil Polens an der ökologischen Belastung der Ostsee, TU Berlin 1992
Nehring, Dietwart; Die Nährstoffbelastung der Ostsee, SpeW 2/92 S. 110–118
Niemetz, Carsten (Hg.); Das Regenwaldbuch, Berlin u. Hamburg 1991
Nissel, Heinz; Die Metropole Bombay. Ein Opfer ihres eigenen Erfolges?, GR 2/89 S. 66–74
Perera, Judith; Sowjet plutonium plant 'killed thousands', New Scientist 134/92 Nr. 1826 S. 10
Reise, Karsten; Ökologische Erforschung des Wattenmeeres, SpeW 5/91, S. 52–63
Repetto, Robert; Die Entwaldung der Tropen: ein ökonomischer Fehlschlag, SpeW 6/90 S. 122–129
Robey, Bryant et al.; Familienplanung in Entwicklungsländern, SpeW 2/94 S. 32–39
Rose, Wulf-Dietrich; Elektrosmog – Elektrostreß, Köln 1990
Rost, Peter; Der neue Garten Eden, bw 4/88 S. 78–91
Rostankowski, Peter; Zur Frage der Umgestaltung der Natur in der Sowjetunion, GR 11/83, S. 566–570
Sahrhage, Dietrich; Nutzung der lebenden Ressourcen in den Polarmeeren, GR 4/92 S. 217–222
Sautter, Hermann (Hg.); Entwicklung und Umwelt. Schriften des Vereins für Sozialpolitik, Berlin 1992
Schmid, Roswitha; Yanomami – Indianer im Kampf ums Überleben, NWR 6/90 S. 258–259
Schmidt-Kallert, Einhard; Der Volta-Stausee in Ghana, GR 6/88 S. 40–46
Schweizer, Gerhard; Zeitbombe Stadt – Die weltweite Krise der Ballungszentren, Stuttgart 1987
Seidel, Jürgen; Kernenergie: Fragen und Antworten, Düsseldorf 1990
Sen, Amartya; Lebensstandard und Lebenserwartung, SpeW 11/93 S. 38–45
Statistisches Bundesamt, Statistisches Jahrbuch 1992 für die Bundesrepublik Deutschland, Wiesbaden 1992
Statistisches Bundesamt, Statistisches Jahrbuch 1992 für das Ausland, Wiesbaden 1992
Sternberg, Hilgard O'Reilly; Gegenwärtige Siedlungsfronten im brasilianischen Amazonien, GR 11/88 S. 44–49
Strauß, Volkward E.; Ozonalarm, bw 7/91 S. 16–20
Stüben, Peter E. et al. (Hg.); WüstenErde – Der Kampf gegen Durst, Dürre und Desertifikation, Gießen 1991

Umweltbundesamt, Sachstand Dioxine, Berichte 5/85, Berlin 1985
Venzke, Jörg-Friedhelm; Das Öltankerunglück im Prince William Sound, Süd-Alaska, GR 12/90 S. 667–671
Vogt, Hans-Heinrich; Wolgakanalprojekt aufgegeben, NWR 11/89 S. 462
–; Tiere auf fremden Inseln, NWR 12/89 S. 496–497
–; Gigantisches Staudammprojekt in Indien, NWR 2/90 S. 84–85
Warnecke, Günter (Hg.); Tatort Erde: menschliche Eingriffe in Naturraum und Klima, Berlin 1992
Weltbank, Weltentwicklungsbericht 1991, Washington 1991
Weltbank, Weltentwicklungsbericht 1992, Washington 1992
White, Robert M.; Die große Klimadebatte, SpeW 9/90 S. 72–81
Wilson, Edward O.; Bedrohung des Artenreichtums, SpeW 11/89 S. 88–95
World Resources Institute; Internationaler Umweltatlas, Jahrbuch der Welt-Ressourcen, Bd. 1 Landsberg, München 1988
Der Aralsee in höchster Gefahr, NWR 10/88, S. 418–419
Twelve dams affected by San Francisco earthquake, WP 12/89 S. 2
Carajás–Projekt, NWR 10/90 S. 452
Biologische Wirkung elektromagnetischer Felder, NWR 11/93 S. 450–451

Sachregister

Ortsregister